MONDE PRIMITIF,

ANALYSÉ ET COMPARÉ

AVEC LE MONDE MODERNE,

CONSIDÉRÉ

DANS L'HISTOIRE NATURELLE

DE LA PAROLE;

OU

GRAMMAIRE UNIVERSELLE

ET COMPARATIVE.

Οἷα τοι Μουσάων ἱερὴ δόσις ἀνθρώποισιν.
C'est le préfent le plus précieux des Mufes.
　　　　　　　　　　　Hésiode, *Théogonie.*

MONDE PRIMITIF,

ANALYSÉ ET COMPARÉ

AVEC LE MONDE MODERNE,

CONSIDÉRÉ

DANS L'HISTOIRE NATURELLE

DE LA PAROLE;

OU

GRAMMAIRE UNIVERSELLE

ET COMPARATIVE;

AVEC DES FIGURES EN TAILLE-DOUCE.

PAR M. COURT DE GEBELIN, 55&

De la Société Economique de Berne, & de l'Acad. Royale de la Rochelle.

Chez
- L'Auteur, rue Poupée, maison de M. Boucher, Secrétaire du Roi.
- BOUDET, Imprimeur-Libraire, rue Saint Jacques.
- VALLEYRE l'aîné, Imprimeur-Libraire, rue de la vieille Boucferie.
- Veuve DUCHESNE, Libraire, rue Saint Jacques.
- SAUGRAIN, Libraire, quai des Augustins.
- RUAULT, Libraire, rue de la Harpe.

M. DCC. LXXIV.

AVEC APPROBATION ET PRIVILÉGE DU ROI.

A
LA REINE.

Madame,

Votre amour pour les Sciences & pour les Arts, la protection dont vous honorez ceux qui les cultivent, la bonté qui vous fait agréer l'hommage de leurs découvertes, m'ont inspiré le defir de vous préfenter L'Histoire naturelle de la Parole.

ÉPITRE

Deſtinée à rendre l'étude des Langues plus facile & plus agréable, elle devoit paroître ſous les auſpices d'une Princeſſe qui conçoit elle-même l'importance de cette étude, & qui l'embellit par l'uſage qu'elle en fait.

Qu'il ſeroit flatteur pour moi, MADAME, ſi les Principes que j'y expoſe, ſi les dévelopemens & les conſéquences qui en réſultent, pouvoient mériter Votre attention; ſi vous retrouviez dans la maniere dont on y réſout les difficultés qui accompagnoient cette étude, une partie des vues qui Vous ont fait faire tant de progrès dans cette partie des Belles-Lettres!

J'aurai, du moins, la ſatisfaction d'avoir offert à l'Auguſte REINE ſur laquelle repoſent les eſpérances de l'Empire François, l'hommage que rendent à ſes talens & à ſes vertus, ceux même d'entre ſes Sujets qui vivent le plus loin des Cours; hommage qui eſt, pour la vie des Princes dignes d'un nom immortel, ce que la poſtérité eſt pour tous les Grands-Hommes.

Elevée par la Providence ſur un des premiers Trônes de l'Univers, les vertus qui brillerent en Vous dans le tems que Vous en occupiez la ſeconde Place, vont paroître avec un nouvel éclat: elles aſſureront à VOTRE MAJESTÉ les

ORPHÉE
ou les Effets du Discours.
Frontisp. de la Gramm. Univ.

« L'Harmonie en naissant produisit ces miracles ».
Boileau Art Poétiq.

DÉDICATOIRE.

cœurs des François : ils contemplent déja avec une vive joie l'union de la Puissance, de la Sagesse & des Graces ; déja ils se promettent l'avenir le plus flatteur.

Je suis, avec le plus profond respect,

MADAME,

DE VOTRE MAJESTÉ

Le très-humble & très-obéissant serviteur,
COURT DE GEBELIN.

DISCOURS.

DISCOURS PRÉLIMINAIRE.

L'ACCUEIL dont le Public a honoré les Essais que nous avons fait paroître pour sonder son goût sur nos recherches relativement à l'origine des connoissances humaines & aux raports des Langues, est trop flatteur pour ne nous avoir pas déterminés à persévérer dans notre entreprise, & à redoubler nos efforts afin de répondre de plus en plus à sa confiance. Dans cette vue, nous commençons l'exécution de notre projet, par l'Histoire naturelle de la parole, Histoire qui sert de base à tout ce que nous aurons à dire sur les Langues; mais qui par ses détails est peut-être la moins satisfaisante pour l'imagination, la moins flatteuse pour une oreille françoise accoutumée aux sons agréables de ses Poëtes & de ses Auteurs répandus dans toute l'Europe; Histoire cependant nécessaire, puisque sans la connoissance des mots, il n'y en a point de certaine, puisqu'on ne va aux choses que par leur moyen, & qu'il est très-intéressant de connoître l'origine & l'énergie de ces mots qu'on employe tous les jours, & par lesquels la communication la plus intime est ouverte entre les hommes.

Cette portion de nos recherches est d'ailleurs aussi piquante par sa nouveauté, que décisive pour le succès de notre travail. En effet, si nous réussissons à démontrer l'analogie de toutes les Langues, à les réduire toutes à une seule, à une Langue primitive & donnée par la Nature, dans laquelle les hommes aient toujours été & feront toujours obligés de puifer leurs mots, il ne reftera plus de doute fur les autres portions de notre entreprife, qui n'en feront que des conféquences.

L'Hiftoire naturelle de la parole, trop peu connue parce que fon objet n'excite aucune fenfation, comme tous ceux auxquels on eft habitué, & parce qu'on fupofe fans doute que le méchanifme en eft fi fimple, qu'il n'y auroit aucun mérite à l'analyfer, eft cependant auffi fatisfaifante qu'utile. C'eft pour n'avoir pas connu les détails qu'elle offre, c'eft pour avoir ignoré l'effence de fes Elémens & leurs raports avec la Nature & avec l'homme lui-même, qu'on n'a pu découvrir l'origine du Langage, celle de fes mots, & le raport des Langues; que l'art étymologique a été une fcience vaine & frivole, faftidieufe & fans principes; que l'étude des mots a toujours été livrée au hazard, toujours rebutante, toujours pénible; qu'on n'a jamais vu leur raport avec les objets qu'ils étoient deftinés à peindre; & que jamais on n'a pu faire de la parole, un art femblable à ceux où l'on procéde d'une maniere affurée, en s'élevant aux conféquences les plus lumineufes par les principes les plus fimples. Cette Hiftoire manquoit donc effentiellement à la Littérature, & c'eft celle que nous entreprenons.

Le fujet ne peut être plus beau. C'eft la parole, cet Art par lequel nos connoiffances ne font pas fimplement bornées à celle des corps dont l'Univers eft rempli, mais par lequel l'ame d'un homme fe montre à découvert à celle d'un autre; cet Art qui eft la bafe de la lumiere & de l'inftruction; l'ame de la fociété; fans lequel l'Univers ne feroit qu'un vafte défert, qu'un affemblage d'Etres muets, ifolés, incapables de perfection; fans lequel il n'y auroit point de correfpondance d'une Famille à une autre Famille, d'une Nation à une autre Nation, d'un fiécle à un autre fiécle :

Art qui entra néceffairement dans le plan de la Providence, pour faire l'apanage diftinctif de l'homme, & pour rendre complet l'œuvre de la Création. C'eft par lui que les hommes fe foutiennent, fe confolent & s'encouragent, qu'ils peignent ce que l'Univers renferme de plus invifible, qu'ils s'élevent jufques à la connoiffance d'une premiere caufe qui leur parle par fes Ouvrages, comme ils fe parlent eux-mêmes par les Tableaux du Langage.

Un Art auffi vafte dans fes effets, auffi lié avec notre exiftence, auffi effentiel pour notre bonheur, auroit-il été livré au hazard ? Auroit-il abfolument dépendu de l'induftrie humaine ? Celui qui créa l'homme, & qui le créa avec les organes néceffaires pour parler, auroit, fi on ofe le dire, manqué fon but, s'il n'eût pas établi entre l'homme & l'inftrument vocal une correfpondance fi intime & fi prompte, qu'il fe prêtât à l'inftant aux befoins de ceux auxquels il fut donné, s'il n'avoit pas rendu les hommes capables de parler, même fans effort & fans peine, par un effet de leur nature & des défirs qui en font la fuite.

La parole eft donc donnée par la Nature elle-même ; & c'eſt-là qu'il faut puifer fes Elémens, fes principes, fes modifications, les conféquences qu'on en a tirées, les régles auxquelles elle a conduit, tous les dévelopemens qui en réfultent.

La Nature, qui peut feule nous conduire dans la recherche de tout ce qu'elle a produit, peut feule nous expliquer les merveilles de la parole, & nous les rendre plus précieufes en nous faifant voir qu'elles ne furent pas abandonnées à notre propre foibleffe, qu'elles viennent de la même fource que toutes les autres merveilles qui nous environnent & qu'offre le corps humain lui-même ; ce corps dont la parole eft une des plus belles prérogatives, & dont la réunion avec l'intelligence humaine, feroit fuffifamment juftifiée, quand elle n'auroit servi qu'à créer & à perfectionner l'Art de la parole qui ne peut exister sans organes.

On ne sauroit donc commencer l'instruction par un objet plus important : puisque la parole est la base de toute instruction, le dévelopement en devient précieux à ceux qui profitent de ses avantages. On se plaît à voir comment elle put naître, à contempler les merveilles qui en résultent, à sentir combien la Divinité enrichit l'homme en le douant de cet art. On en est plus rempli du desir de le faire servir au bonheur de ses semblables.

L'HISTOIRE naturelle de la parole se divise en deux parties générales. Elle présente d'abord les Elémens par lesquels la parole existe ; elle fait voir ensuite le méchanisme qui réunit ces Elémens entr'eux pour en former des Tableaux qui peignent les idées.

C'est ce qui constitue les deux premiers objets de nos recherches, sous le nom particulier de *Principes sur l'origine du Langage & de l'Ecriture*; & de *Grammaire Universelle & comparative*: PRINCIPES où l'on considere tout ce qui a raport aux Elémens de la parole, à leur origine, à leurs diverses espèces, à leurs modifications, aux valeurs qui leur sont propres, aux mots qui en résulterent, à la maniere dont on les peignit, & dans lesquels rien ne put être arbitraire; GRAMMAIRE où l'on examine les diverses combinaisons qu'éprouvent ces Elémens pour former des Tableaux, au moyen desquels l'homme puisse représenter ses idées.

Le dévelopement de ces diverses parties exigeant pour chacune un Volume séparé, nous nous proposions de faire précéder celui qui regarde les Elémens du Langage; lorsque, pour satisfaire l'empressement de nos Souscripteurs qui ont désiré de préférence la Grammaire, nous avons été obligés de commencer par celle-ci,

PRÉLIMINAIRE.

mais afin que nos Lecteurs puissent également apercevoir ses raports avec les Elémens même du Langage, nous allons tracer une esquisse de ces Elémens, de leur origine, & de leur liaison avec nos Principes Grammaticaux.

L'origine de la parole est un problême sur lequel nombre de Savans se sont exercés avec plus ou moins de succès ; mais qu'on n'a pu résoudre jusques à présent, parce qu'on n'avoit pu réunir un nombre suffisant d'observations, ensorte qu'on se perdoit dans le vague des hypothèses, comme il arrive toutes les fois qu'on veut supléer aux faits par la force du génie ou par celle de l'imagination.

Les uns suposent que la parole ou le Langage est un pur effet de l'invention humaine ; ils croyent que pendant long-tems les hommes furent réduits à de simples cris ; que d'heureux hazards leur firent apercevoir qu'ils pouvoient exprimer par ce moyen non-seulement leurs sensations, mais leurs idées, peindre les objets eux-mêmes par des sons quelconques ; & que ces foibles commencemens donnerent lieu aux Langues, par une marche aussi lente que pénible.

D'autres, ne pouvant concevoir que l'homme ait pu inventer un Art pour lequel il n'auroit eu aucune disposition naturelle, & désespérant de découvrir des raisons physiques du Langage, se sont réfugiés dans la Toute-Puissance de Dieu ; ils suposent qu'il donna aux hommes les mots même dont ils se servent ; & qu'étant purement passifs à cet égard, ils tinrent immédiatement de la Divinité jusqu'à la Grammaire.

Ces systêmes, exactement oposés l'un à l'autre, nous paroissent faux étant pris dans le sens le plus absolu ; quoiqu'ils renferment du vrai, en les prenant dans le sens le plus restraint.

Le Langage vient de Dieu, en ce qu'il forma l'homme avec tous les organes nécessaires pour parler, qu'il le rendit capable d'idées & de sentimens, qu'il lui fit un besoin de les exprimer, qu'il l'environna de modèles propres à le diriger dans cette expression.

Mais il est en même tems l'effet de l'industrie humaine, en ce que l'homme sut déveloper ces organes, imiter ces modèles, suivre les combinaisons dont ils étoient susceptibles, & sur un petit nombre de mots radicaux donnés par la Nature, élever cette masse immense de mots qui nous étonnent, & que la vie la plus longue ne peut épuiser, lorsqu'on ne sait pas les ramener à leurs premiers principes.

Il n'est cependant pas l'effet de la convention, puisqu'il est celui de l'imitation donnée par la Nature & par les besoins qu'elle nous faisoit sentir; & qu'il seroit impossible à des êtres qui ne parlent pas, & qui n'ont aucune idée de cet Art, de convenir d'un Langage intelligible, & de former des mots quelconques.

Il n'est pas non plus l'effet d'une imitation lente & qui procédoit au hazard & à tâtons, puisque dès les premiers instans l'homme eut besoin de parler, qu'il avoit déja les organes & les modèles du Langage, & que la Nature s'avance toujours à ses fins d'une maniere ferme, rapide & sûre. Le sentiment lui faisoit trouver le cri ou le *son* nécessaire pour l'exprimer; l'idée lui faisoit trouver le *ton* nécessaire pour la rendre sensible.

La perfection du Langage & la multiplication des mots pour exprimer les idées factices, dépendirent seules de l'industrie humaine, & d'une convention tacite; mais il y avoit une distance prodigieuse d'ici à la naissance du Langage, déja formé par la nature de l'homme & déterminé par ses besoins.

Lorsque nous disons que le Langage naquit par imitation, nous ne prenons pas ce mot dans le sens le plus resserré, comme si l'on s'étoit borné à imiter les fons & les cris donnés par des objets naturels, le fouffle des vents, l'éclat du tonnerre, le mugiffement des vagues, les cris des animaux, ceux de l'homme lui-même, d'où réfultent tous ces mots renfermés fous le nom générique d'*Onomatopées*. Nous étendons encore ce nom à une imitation d'analogie exécutée au moyen du raport que l'on apercevoit entre les qualités d'un objet & celles des organes de la voix: car il étoit impoffible de défigner tous les Etres par l'Onomatopée; dès-lors, on les défigna par les tons qui avoient le plus d'analogie à l'idée qu'on s'en formoit: les objets agréables furent peints par des tons agréables; les objets fâcheux, par des tons aigres ou rudes; les objets mobiles & roulans, par des tons du même genre; les fixes & les lents à fe mouvoir, par des tons graves & décidés: & dans toutes ces occafions, ces tons devinrent toujours le nom de ces objets & les fources de Familles immenfes, où fe réuniffoient tous les êtres dans lefquels on apercevoit des qualités communes.

Tels furent l'origine & le dévelopement du Langage donné à l'homme par le Créateur, mais affujetti à la nature de l'Etre pour qui il fut fait, & à celle des objets qu'il avoit à peindre; & par fa beauté, par fon méchanifme, par fes effets auffi vaftes que diverfifiés, par les douceurs qu'il répand fur la vie de l'homme, digne de l'Etre infini qui lui en donna tous les Elémens, qui le forma être parlant, qui revêtit fes organes de la plus grande fléxibilité, & qui mit en lui un penchant à parler, auffi naturel, auffi irréfiftible que toutes fes autres facultés. On parle en effet avec d'autant plus de facilité & le filence devient d'autant plus à charge, qu'on vit davantage en fociété, qu'on a des occafions plus fréquentes de parler, qu'on a des organes plus fléxibles, plus délicats, plus aifés à émouvoir, qu'on eft moins diftrait par des occupations férieufes.

De-là, les effets différens avec lesquels la parole se manifeste dans les divers individus de la société; le plus ou moins d'agrément avec lequel elle est maniée, suivant à cet égard le génie, les occupations & le caractère des Peuples, des âges, des sexes, des conditions. Les Peuples qui sont bornés à la simple vie animale, sont réduits à un Dictionnaire fort restreint & n'ont aucune idée des avantages dont la parole est pour la société : ceux qui ont tous les arts & toutes les sciences, perfectionnent sans cesse l'Art de la parole : ceux qui mènent une vie sédentaire & retirée, parlent peu : ceux qui sont obligés de répondre à une multitude de personnes, parlent beaucoup plus; & cet art aquiert pour le bonheur du genre humain, une étendue & une grace infinie dans les personnes du sexe, destinées à former l'esprit & le cœur des jeunes gens qui leur doivent le jour & dont dépendent les premieres impressions, ces impressions qui décident du reste de leur vie.

Sexe aimable, sur qui nous nous réglons, & qui avez un si grand pouvoir sur tout ce qui vous environne, de quelles ressources ne seriez-vous pas pour vos familles & pour l'humanité entiere, si, en nous parlant dès notre enfance, vous pouviez, avec ces mots qui acquierent tant de grace sur vos lèvres & qui sont si flatteurs à nos oreilles, nous inspirer en même tems le goût des connoissances les plus utiles, nous en donner les premiers principes, former notre cœur & notre esprit; si vos discours étoient pour nous une source abondante de connoissances & de vertus, d'autant plus agréable, que nous la devrions à tout ce que nous avons de plus cher ! Heureux, si par mes Essais sur le Langage, je puis vous rendre agréable à vous-même le germe des sciences, & vous mettre à portée de faire de vos nourrissons, des hommes qui soient un jour l'honneur de la Nation, l'apui de leurs familles, la consolation & la gloire de votre vie !

L'organe

PRÉLIMINAIRE.

L'organe de la parole, semblable en cela aux autres organes de notre corps, est tel qu'il se prête à l'instant à nos désirs. Comme nos bras, nos pieds, notre tête, s'ébranlent, s'agitent, se remuent à notre simple volonté, ainsi l'instrument de la parole fait entendre des sons dès que nous désirons qu'il en rende : notre désir met le sang en mouvement, le sang pèse sur les poumons, & chasse l'air qu'ils contiennent, cet air est comprimé par les divers muscles du gosier ou du larynx, d'où il raisonne dans la cavité de la bouche, comme l'air dans le corps d'un instrument : mais il y raisonne d'une maniere différente, selon les diverses compressions qu'il a reçues du larynx, & le plus ou le moins d'ouverture de la bouche, toujours correspondante à la maniere dont le larynx a comprimé l'air; ou selon les parties même de la bouche qui ont été ébranlées pour le même effet : car toutes ces choses contribuent à modifier la voix.

Il est même à présumer, d'après les expériences d'un habile Physicien (1), que les muscles du larynx sont tels qu'ils ne sont pas tous mis en jeu à la fois lorsqu'on parle, qu'ils different les uns des autres relativement à leur force; & que, suivant qu'on veut produire des sons plus ou moins graves, on ébranle des muscles qui exigent pour se mouvoir plus ou moins de force, une contraction plus ou moins sensible.

La voix modifiée par le larynx & par le plus ou le moins d'ouverture de la bouche, produit les SONS, qu'on peint par les caractères apellés *Voyelles* : cette même voix modifiée par le larynx & par la pression des diverses parties qui constituent la caisse de l'instrument vocal, produit les TONS, qu'on peint par les caractères apellés *Consonnes*.

---

(1) M. FERREIN, Mém. de l'Acad. des Sc. ann. 1741.

Ainſi l'inſtrument vocal, réunit en lui les avantages des inſtrumens à vent & des inſtrumens à touche. Comme inſtrument à vent, on en tire des ſons. Comme inſtrument à touche, on en tire des tons.

L'homme ne peut augmenter ni le nombre des ſons, ni le nombre des tons. Donnés par la Nature, formant l'étendue de l'inſtrument vocal, réſultant de ſon organiſation, ils ſont indépendans de l'homme; ce n'eſt point lui qui a inventé ces choſes merveilleuſes: ce n'eſt point lui qui les rendit propres à peindre ſes idées. Tout ce qu'il peut faire, c'eſt de combiner ces Elémens entr'eux, & par cette combinaiſon donner à l'art de la parole toute l'étendue poſſible.

Les ſons & les tons ne different pas ſeulement quant à leur origine; ils different encore par la durée dont ils ſont ſuſceptibles. Les ſons étant produits par l'émiſſion de l'air, ſe ſoutiennent autant que cette émiſſion a lieu. Les tons étant produits par un raprochement inſtantané de quelques parties de l'inſtrument vocal, n'ont que la durée d'un inſtant: on peut à la vérité en renouveller le jeu auſſi-tôt; mais il en réſulte une répétition, & non une continuité du même ton.

Les uns & les autres different d'une maniere encore plus ſenſible par les objets qu'ils ſont propres à peindre; & c'eſt pour n'avoir pas aperçu cette différence, qu'on n'a pas juſqu'ici rendu raiſon d'une maniere ſatisfaiſante de l'origine de la parole. Les ſons peignent nos ſenſations; & cette vérité, tout le monde l'a aperçue: mais les tons peignent nos idées, & c'eſt ce qu'on ignoroit; enſorte que pour n'avoir pas ſenti que nous trouvions dans l'inſtrument vocal lui-même, les Elémens de la peinture des idées, comme nous y trouvons ceux de la peinture des ſenſations, on ne pouvoit apercevoir nettement l'origine de cette peinture des idées.

PAGINATION DECALEE

qualités de cet objet & un *sens négatif* directement opofé au sens phyſique. De cette maniere, l'enſemble des mots radicaux d'une Langue, offre toujours trois ſéries différentes, une Langue phyſique & poſitive, une Langue figurée, une Langue négative, ce qui répand une uniformité conſtante entre chaque famille; & jette une vive lumiere ſur les cauſes des divers ſens d'un même mot, qui toujours préſentés ſans aucune liaiſon entr'eux, n'offroient qu'un cahos dont on ne pouvoit rendre raiſon.

On montre enſuite les moyens par leſquels l'homme parvint à fixer ſur des objets durables & à peindre aux yeux les Tableaux de la parole; comment l'Ecriture ainſi formée, fut diſtinguée en alphabétique & en hiéroglyphique, moins par une différence réelle, que relativement à leur étendue: on voit en effet que l'alphabet eſt lui-même un hiéroglyphe, & qu'il peint l'homme conſidéré en lui-même & dans les raports de ſes diverſes parties avec les ſens & les idées: l'ouie ayant été repréſentée par l'oreille, la vue par l'œil, l'attouchement par la main, la parole par les lèvres entr'ouvertes, la protection par les bras, &c. Enforte que les idées ſe peignent aux yeux de la même maniere qu'elles ſe peignent à l'ouie.

Par cette invention admirable, la parole ſe communique aux Peuples les plus éloignés & aux Générations les plus reculées, les influences de la ſociété s'étendent auſſi loin qu'il eſt poſſible, les leçons des Sages acquierent une durée qui n'aura d'autre fin que celle de l'Univers; l'eſprit des hommes ſurvit à eux-mêmes, ils continuent d'éclairer & de gouverner les Nations, lors même qu'ils ne ſont plus.

Ces effets s'opérerent auſſi par des moyens que la Nature fournit elle-même; & qui furent pour les Peuples ce que la mémoire eſt pour les individus. Et cette parole écrite ſuivit les mêmes regle que la parole parlée ; & elle put se prononcer, lorsqu'on donna à chacun de ses Elémens le nom même de la chose qu'elle peignoit ; tandis que chez ceux qui ne connurent pas cette pratique, la Langue parlée & la Langue écrite n'eurent pas la même correspondance ; l'une ne fut que pour les oreilles, & l'autre que pour les yeux ; notre Langue écrite sert, au contraire, tout à la fois pour les yeux & pour les oreilles ; effet du génie de ceux qui surent saisir cette voie que leur offroit la Nature pour le bonheur des sociétés. Dès-lors, en effet, ce qui les intéresse essentiellement, n'étoit plus confié à une tradition infidelle : les fondemens de leur prospérité se transmettoient invariablement d'âge en âge, & le passé étant toujours présent à chaque Génération, on profitoit à chaque instant de l'expérience de tous les siécles.

C'est ainsi que dans cet Ouvrage nous profiterons de ceux qui furent composés il y a trois, quatre, & cinq mille ans, qui ont survécu aux Peuples pour lesquels ils furent faits, qui nous font voir l'esprit dont ils étoient animés, & jusques à quel point ils avoient porté leurs connoissances.

A ces divers Langages se joint encore celui du geste ; donné également par la Nature, il leur prête une énergie dont ils seroient privés sans ce secours : il contribue sur-tout à perfectionner le Langage d'analogie, qui ayant un raport moins direct avec la Nature, & ne l'imitant que par réflexion, a besoin d'un secours très-actif pour ne donner lieu à aucune méprise : tandis que la Langue d'imitation s'explique si naturellement par le geste, qu'on peut dire qu'elle est elle-même une espèce de geste.

L'on peut aussi former du geste un Langage assujetti aux mêmes principes, à la même marche, aux mêmes régles que

PRÉLIMINAIRE.

On reconnoit à ces procédés l'ordre naturel qui régle toutes choses: car il eût été inutile de former l'homme avec des idées & avec le défir de les communiquer, si on ne lui eût donné le moyen propre à les exprimer. Ce moyen devoit en même tems différer de celui par lequel nous exprimons nos fenfations, puifqu'il régne une différence prefqu'infinie entre ces idées & ces fenfations; les unes devant plus aux fens, les autres à la réflexion; & les unes étant auffi vives, que les autres font froides & tranquilles.

Auffi verrons-nous conftamment que tout ce qui eft relatif aux fenfations, a toujours été exprimé par des voyelles; & que tout ce qui a eu un raport plus étroit avec les idées, a toujours été exprimé par des confonnes, chez quelque Peuple que ce foit. C'eft cette conformité de nos principes avec l'ordre naturel, c'eft l'attention que nous avons de raprocher fans ceffe de la nature nos obfervations & nos recherches fur les Langues, qui rend notre marche auffi fûre que facile, & qui nous fait efpérer que nos Lecteurs nous fuivront avec intérêt, même dans les portions de notre travail qui paroiffent à la premiere vue les plus féches & les plus propres à rebuter.

Outre les *fons* fimples, tels que *a*, *e*, *i*, &c.; & les *tons* fimples, tels que *b*, *c*, *d*, &c., il n'eft aucune Nation qui n'ait eû recours à des *fons* & à des *tons* compofés; tels que les *diphtongues* par raport aux fons, comme *au*, *oi*, *ei*, &c. tels que les *confonnes afpirées*, comme *bh*, *ch*, *ph*, & les confonnes *fifflantes*, telles que *x*, *z*, *th* chez plufieurs Peuples, &c.

On voit à cet égard dans l'Hiftoire naturelle de la parole, que les fons & les tons fimples ne varient jamais, & qu'ils ont une prononciation conftante; tandis que les Elémens compofés varient au gré des Nations, & s'alterent fans ceffe.

On examine enfuite la propriété de chacun de ces Elémens,

on montre quels objets ils font capables de peindre par leur nature. On voit les fens fe diftribuer entr'eux tous les fons; le fon E peindre l'exiftence; le fon A, la propriété; le fon OU, l'ouie, &c. tandis que le ton B peignit les idées de *bonté*, de *beauté*, de *bien*, tout ce qui étoit agréable & doux; que le ton R peignit toutes les idées de *rudeffe*, de *roideur*, de *roulement*; le ton F, l'idée de *fuite*, de ce qui paffe & n'eft plus, de tout ce qu'on doit fuir.

Chaque ton, après avoir défigné une claffe générale d'idées, devint propre à exprimer toutes les efpèces différentes renfermées dans cette claffe, par les divers fons avec lefquels il s'affocia; enforte que BA, BE, BO, furent, par exemple, autant de mots fubordonnés au tronc général *B*.

Ce même ton, en fe modifiant par une prononciation plus ou moins forte, devenoit également propre à exprimer des idées fubordonnées aux idées générales qu'il repréfente.

Ainfi fe forme la diftribution la plus naturelle, la plus fimple, la plus énergique, la plus étendue de tous les mots qui compofent une Langue; diftribution inconnue, ce femble, jufqu'ici, d'où naiffent cependant toutes les richeffes de l'étymologie, du raport & de l'origine des Langues; & au moyen de laquelle on voit fe former fans peine, & d'une maniere toujours conforme à la raifon & à l'expérience, cette maffe de mots radicaux, qui eft devenue la bafe de toutes les Langues.

Ces mots préfentoient d'abord les objets phyfiques; mais on avoit également des objets moraux & fpirituels à peindre: il fallut donc encore des mots pour ceux-ci: mais comme l'étendue de l'inftrument étoit épuifé, on y remédia en affignant à chaque mot qui peignoit un objet phyfique, un *fens figuré* analogue aux

le Langage ordinaire, puisqu'il peut peindre les mêmes objets, les mêmes idées, les mêmes sentimens, les mêmes passions. Il peut également exister un Langage de physionomie, plus actif & aussi intelligible que celui de la parole.

Cette variété de Langages, tous assujettis à des principes fixes & parfaitement analogues, parce qu'ils sont tous donnés par la Nature pour peindre le même objet, prouve d'une maniere victorieuse que le Langage n'a pû être l'effet du hazard ; que la Nature nous y conduit par les moyens les plus directs & les plus efficaces ; que plus on observera la marche qu'elle nous trace à cet égard, plus il sera aisé d'en découvrir & d'en expliquer tous les procédés. Rien encore ne prouve mieux que l'homme fut fait pour la parole, que cette diversité de moyens que la Nature lui donne pour faire connoître ses idées & pour tirer par-là le plus grand parti de l'avantage qu'il a de vivre en société.

En prenant ainsi la Nature pour guide, & la substituant à ce qui nous manque en fait de monumens sur l'Histoire naturelle de la parole, on parvient à former un systême complet sur l'origine du Langage & de l'Ecriture, & sur les raports que l'un & l'autre conservent chez tous les Peuples ; systême qui s'apuyant sur tous les Monumens échapés aux ravages du tems, & procédant toujours par des principes très-clairs, nous met enfin en état de jetter un nouveau jour sur les grandes questions que présente cette matiere, & qui ont été dans tous les tems l'objet des recherches des hommes les plus éclairés, & sur lesquelles les Académies même commencent à jetter les yeux. On a vu en effet paroître depuis quelques années & comme par un concours général, nombre de bons Ouvrages sur ces objets ; en France, ceux de M. le Président de Brosses, de M. l'Abbé Bergier, de M. l'Abbé de Condillac, les Annonces de M. le Brigand, &c. En Allemagne, ceux de M. Fulda, de M. Buttner, de M. Schlozer Profeſſeur de Gottingue, &c. En Angleterre, ceux du D. Sharp, de M. Parsons, de M. Cleland, de M. Rowland Jones, de M. Nelmes, du Lord Burnet, de M. le Major Vallancey, &c. L'Académie de Berlin a même propoſé deux prix conſécutifs; l'un, ſur l'influence réciproque du Langage & des mœurs; l'autre, ſur l'origine même du Langage.

Des principes clairs & inconteſtables ſur ces objets deviennent donc de la plus grande utilité: ils mettront en état de juger les diverſes hypothèſes formées à ce ſujet, de voir juſques à quel génie de l'homme a pu deviner la vérité, & comment, par les choſes qu'il voyoit, il a pû juger de celles même qu'il ne voyoit pas.

Mais les mots, conſidérés comme Elémens du Langage, ne peignent que des objets iſolés : il faut, de plus, les réunir pour peindre ſes penſées, pour rendre ſenſibles les idées qu'on ſe forme des objets, les qualités qu'on y remarque, les raports qui les lient entr'eux, ceux qu'ils ont avec nous. Et de-là naît la *Grammaire Univerſelle*, ſource de toutes les Grammaires particulieres.

Cette Grammaire nous aprend par quel moyen on lie les mots entr'eux pour en former des Tableaux qui repréſentent aux autres hommes les Tableaux que notre eſprit ſe forme de tout ce qui eſt en nous & hors de nous. Elle eſt par conſéquent pour tous les hommes un objet de premiere néceſſité, parce que tous ſont apellés à étudier de pareils Tableaux, à en compoſer, à les tranſpoſer d'une Langue dans une autre ; & parce qu'à meſure qu'ils en connoîtront mieux le méchaniſme, ils auront moins de peine à les entendre & à les compoſer.

Il n'eſt donc pas étonnant que l'on ait fait les plus grands efforts

PRÉLIMINAIRE.

efforts pour parvenir à la connoissance la plus parfaite de ce méchanisme, & pour la présenter de la maniere la plus lumineuse : aussi depuis un siécle, les Ouvrages sur cet objet ont paru coup sur coup. Tels sont ceux de PORT-ROYAL, du P. LAMY, de REGNIER Desmarais, de l'Abbé DANGEAU, du P. BUFFIER, de LA TOUCHE, de RESTAUT dont il s'est fait au moins dix Editions, de M. de WAILLY, qui en a déja eu six, de M. d'AÇARQ, de M. LE BLAN, de M. DUCLOS, de M. l'Abbé d'OLIVET, de M. l'Abbé FROMANT, de M. l'Abbé GIRARD, de M. du MARSAIS, de M. BEAUZÉE, &c. toutes en France, & presque toutes intitulées *Grammaire Générale & raisonnée*. La Bibliothéque Grammaticale de M. CHANGEUX ; les Dissertations sur la Syntaxe par M. GOULIER, à la suite de sa Grammaire Latine ; Ouvrages qui paroissent depuis peu : l'Hermès ou la Grammaire Générale de M. HARRIS, Gentilhomme Anglois, dont il se fait une seconde Edition, celles de M. BAYLY, &c.

Le concours de tant de Savans démontre tout à la fois l'importance & la difficulté d'une Grammaire Générale, dont les Principes soient à la portée de tout le monde : cependant l'objet de nos recherches nous rendoit la connoissance de ces Principes de la plus grande nécessité ; il est impossible en effet de saisir la nature & le génie des Langues sans le secours de la Grammaire ; & plus on embrasse de Langues, plus on doit avoir des idées justes & claires de tout ce qui concerne les régles du Langage. Comme les Grammaires qui ont paru jusques ici ne nous fournissoient pas les Principes dont nous avions besoin pour lier l'ensemble de nos recherches, que plusieurs même de leurs Principes se trouvoient en contradiction entr'eux & avec les découvertes que nous avions faites, nous avons été obligés de faire nous-mêmes une Grammaire Univerſelle; mais en profitant le plus qu'il nous a été poſſible des obſervations de ceux qui nous ont précédé.

Nous nous ſommes ſur-tout attachés de préférence à celle qui a paru la derniere, à la Grammaire de M. BEAUZÉE; c'eſt celle que nous citons le plus, & dont nous nous apuyons le plus, parce qu'elle tient lieu de toutes les autres, ſon Auteur ayant réuni les bonnes obſervations qui y ſont diſperſées; parce qu'il y a mis plus d'enſemble; qu'il s'eſt ouvert des routes nouvelles, intéreſſantes; & que notre eſtime & notre conſidération pour cet Académicien, ſont telles, que nous ne pouvions négliger ſon Ouvrage & nous diſpenſer de juſtifier notre ſentiment toutes les fois qu'il pouvoit ſe trouver contraire aux ſiens.

Nous faiſons voir comment les hommes prenant la Nature pour guide, parvinrent à peindre leurs idées; comment les noms dont ils ſe ſervent pour cette peinture, furent eux-mêmes donnés par la Nature; comment les autres eſpèces de mots qui entrent dans le Diſcours ne ſont que des modifications de ces noms. On y voit les diverſes diviſions de tous ces mots, les formes qu'ils prennent & les raiſons de ces formes; la maniere dont on les raſſemble & dont on les groupe, pour en faire un Tout lumineux & pittoreſque; de quelle maniere les préceptes & les formules des Grammaires particulieres, naiſſent de ces Principes Généraux & s'expliquent conſtamment par eux: ainſi, de la nature même de l'homme, & des idées qu'il veut communiquer aux autres, dérivent toutes les régles qui le guident dans cette peinture; & elles s'y montrent ſous des traits ſi ſenſibles que le ſeul Hiſtorique en fait déja la démonſtration.

A cette ſource de la Grammaire, l'imitation de la Nature, nous en ajoutons une autre qui a déja été entrevue, mais dont nous faiſons un uſage beaucoup plus étendu & que nous apliquons aux mots mêmes : c'eſt l'Ellipſe, cette diſpoſition qu'ont toutes les Langues de faire entrer le moins de mots poſſibles dans le diſcours, afin qu'il ſe raproche plus de la Nature, où la penſée n'eſt qu'un point : de-là naiſſent non-ſeulement des phraſes dans leſquelles on ſous-entend des mots, en nombre plus ou moins grand, mais des *mots* qui réuniſſent en eux la valeur de pluſieurs : artifice qu'on n'avoit pas encore ſoupçonné, & dont l'ignorance ſuffiſoit pour répandre ſur les Grammaires la plus grande obſcurité, parce qu'on rencontroit à chaque inſtant des mots qui ſe refuſoient à toute analyſe, qui ne pouvoient être ramenés aux Principes Généraux, & pour leſquels il falloit inventer des régles particulieres, des exceptions, qui, loin d'augmenter la lumiere, obſcurciſſoient même ce qu'on connoiſſoit le mieux. Nous faiſons voir, par exemple, que la Partie du Diſcours, apellée VERBE, ſe réduit au ſeul Verbe *Etre*; que tous les autres Verbes ne ſont que la réunion de ce Verbe avec le Participe; que ce qu'on a apellé ſi long-temps, ſi mal-à-propos *Pronom poſſeſſif*, ne répond également à aucune Partie du Diſcours en particulier ; mais s'eſt formé par la réunion d'un Article, d'une Prépoſition & d'un Pronom perſonnel ; qu'il n'eſt aucune Partie du Diſcours à laquelle on n'ait attribué excluſivement de pareils mots, qui étoient en même tems communs à pluſieurs autres Parties du Diſcours. C'eſt à cette méthode que nous devons la lumiere que nous avons répandue ſur cette partie de notre ouvrage

Des cinq Livres dans leſquels eſt diviſée notre Grammaire Univerſelle, le premier a pour objet des Obſervations générales & préliminaires : nous y donnons d'abord l'étymologie de ce mot ; & d'après cette étymologie, nous en donnons une définition nouvelle, & qui, n'étant point métaphyſique, mais d'action ou hiſtorique, ſert à déveloper ſans effort tout ce qui conſtitue la

Grammaire : nous faisons voir ensuite qu'elle existe nécessairement, étant déterminée par les objets même qu'elle doit peindre : on examine ces objets eux-mêmes ; on voit comment la Grammaire nous aprend à les peindre, les qualités qu'elle doit avoir pour nous conduire à ce but, les avantages qui résultent de ces observations, & ce qui distingue les Grammaires Particulieres de la Grammaire Universelle.

Passant, dans le second Livre, à ce qui fait la matiere de la Grammaire, ou aux mots par lesquels on peint les idées, nous voyons que les Tableaux de nos idées par la parole, doivent être composés de diverses parties, afin de rendre ces idées d'une maniere plus distincte ; nous déterminons les caractères auxquels on peut reconnoître une Partie du Discours, le nombre de ces Parties, & les trois espèces de Tableaux différens qui en sont la suite ; *Tableaux énonciatifs*, où le sujet du Tableau est accompagné des qualités qui lui sont inhérentes ; *Tableaux actifs*, où ce sujet est peint avec des qualités relatives à d'autres objets, auxquels il en fait éprouver l'impression : *Tableaux Passifs*, où ce même sujet est peint comme recevant, au contraire, les impressions d'un autre objet.

La seconde Partie de ce Livre, est destinée au dévelopement des dix Parties entre lesquelles nous avons distribué tous les mots qui entrent dans le Discours pour toutes les Langues : comme ceci forme la base de tout ce qui constitue la Grammaire, nous sommes entrés à cet égard dans le plus grand détail, & il renferme à peu près la moitié du Volume.

A la tête des Parties du Discours est le Nom: nous faisons voir son utilité & ses diverses espèces ; son étymologie qui remonte à la Langue primitive elle-même ; la maniere dont il réunit toutes les parties qui composent les divers Tableaux de la parole ; comment la Nature elle-même a conduit aux Noms *Propres* pour les êtres qui sont seuls de leur espèce, & aux Noms *Apellatifs* pour les êtres dont les individus sont plus multipliés ; comment cette même Nature fit naître les Genres, & pourquoi des noms tels que ceux du soleil & du tems sont masculins, tandis que d'autres, tels que ceux de la terre, de vertu & de beauté, sont féminins ; nous montrons les avantages qui résultent de cette distinction des Genres ; que tous les mots sont nés des Noms : dans quelles sources on a puisé les Noms, racines de toutes les Langues ; ce que nous justifions par l'exemple de la famille GUR ou GYR qui signifie *Tour, Révolution, Cercle* : nous finissons par quelques détails sur les diminutifs, les augmentatifs & les mots figurés.

Après le Nom, nous traitons de l'ARTICLE fait pour l'annoncer & l'individualiser : nous exposons les raisons qui nous ont déterminés à en faire une partie absolument distincte, & à en reconnoître trois dans notre Langue, un énonciatif, un indicatif & un démonstratif : nous prouvons que les Latins ont connu cette Partie du Discours ; nous faisons voir les heureux effets qu'elle produit dans les Tableaux de nos idées : le rang qu'on doit assigner aux autres mots qu'on regardoit comme des Articles, & qui ne sont que des mots *elliptiques* ; & nous donnons l'étymologie des Articles de la Langue Françoise.

Par raport aux ADJECTIFS, nous faisons voir en quoi ils différent des Noms & des Articles ; quelle est leur origine, d'où naissent leurs genres & leurs degrés de comparaison ; l'intérêt, l'énergie qu'ils répandent dans les Tableaux de la parole.

La nécessité pour les hommes de se peindre comme Agens, fait naître les PRONOMS, & les divise en trois classes : subdivisées elles-mêmes en *Pronoms Actifs* & en *Pronoms Passifs*, suivant que nous agissons sur d'autres êtres, ou que ceux-ci agissent sur nous : & en Pronoms *réciproques* & en Pronoms *terminatifs*, suivant que nous agissons sur nous-mêmes, ou que nos actions se raportent à d'autres : nous donnons l'étymologie du mot PERSONNE lié intimement à la doctrine des Pronoms ; & l'histoire intéressante de *Tu* & de *Je* : nous finissons par l'étymologie de nos Pronoms, & par les mots *elliptiques* que mal-à-propos on regarda comme Pronoms.

Le mot qui doit lier le nom avec son Adjectif, tout comme l'Être indiqué par ce nom est uni avec la qualité désignée par cet Adjectif, nous donne le VERBE & sa définition : nous faisons voir comment il fut pris dans la Nature même ; pourquoi on l'apelle *Verbe* ; la cause des méprises dans lesquelles on est tombé à son sujet ; qu'il n'en peut exister qu'un seul, le Verbe *est* ; quelle fut son origine ; comment il s'unit aux Personnes, & comment il se diversifia pour peindre l'union du nom avec son Adjectif, comme présente, passée ou future.

La sixiéme Partie du Discours est le PARTICIPE : il donne lieu à des questions aussi épineuses qu'importantes : nous exposons les raisons qui nous ont determinés à le distinguer de l'Adjectif avec lequel il a tant de raports, & du Verbe dans lequel on l'incorporoit : nous donnons une nouvelle raison de son étymologie, différente de celle qu'on alléguoit, & parfaitement conforme à sa nature & à notre maniere de l'envisager : on voit ensuite l'agrément qu'il répand dans les Tableaux de la parole ; comment on avoit cependant negligé cette Partie du Discours ; quelle fut son origine ; les diverses propriétés de notre Participe en ANT, & celles de notre Participe en É ; & comment nos Principes donnent une solution aisée & satisfaisante de toutes les difficultés auxquelles ils ont donné lieu jusques ici.

Passant de-là aux mots elliptiques qui tiennent lieu des Participes & du Verbe EST, nous dévelopons tout ce qui a raport aux Verbes actifs, que mal-à-propos on avoit mis dans la classe du Verbe, & qui ne servoient qu'à y jetter de la confusion; nous faisons voir l'avantage qui résulte pour la parole, d'avoir trouvé le moyen de réunir en un seul mot le Verbe & le Participe, & comment tous ces Verbes Actifs sont toujours nés du Nom. Nous en donnons divers exemples, & entr'autres les Verbes formés du mot primitif BEL, VEL, FEL, FLE, signifiant *Flèche, Trait*, tout ce qui s'élance & qui va vite. Nous faisons voir comment ces Verbes se sont chargés de divers Tems, & quels Tems en sont nés : nous raportons les diverses distributions qu'ont proposées de ces Tems l'Abbé GIRARD, M. HARRIS, & M. BEAUZÉE qui a laissé tous les autres fort en arrière, en portant le nombre des tems jusqu'à vingt; nous exposons ensuite nos idées sur la ligne du tems; nous faisons voir qu'on pourroit encore aller au-delà du nombre des Tems indiqués par M. Beauzée, & nous proposons quelques doutes sur quelques-uns de ces Tems; nous avons beaucoup insisté sur cette portion à cause de son importance.

Il a fallu des mots pour désigner les raports d'un objet avec un autre objet, & ceux d'un objet avec une qualité. De-là deux Parties du Discours, dont on avoit peine à saisir les différences, fixées maintenant d'une maniere inaltérable. Ce sont les PRÉPOSITIONS & les ADVERBES.

Quand aux Prépositions, nous dévelopons les effets qu'elles produisent dans les Tableaux de la parole; nous étendons ce nom à des mots qu'on croyoit devoir exclure du nombre des prépositions, parce qu'ils s'accompagnent d'une autre préposition; de la préposition *a* ou de la préposition *de*, & nous en alléguons des raisons auxquelles on ne pourra pas sans doute se refuser: nous divisons ensuite les prépositions en deux grandes Classes, les *Enonciatives* qui indiquent des raports d'existence, tels que ceux de situation, de lieu, de tems, d'existence relative, & de dépendance. Et les prépositions d'*Action* qui en indiquent l'origine, les causes, l'objet, le moyen & le modèle.

Nous prouvons qu'il n'en est aucune qui n'ait un sens propre & général, auquel on doit ramener toutes les significations diverses qu'elles offrent, & qui persuaderoient qu'elles n'ont aucune valeur fixe : nous faisons voir ensuite comment elles dépendent chacune d'un Nom primitif, auquel elles doivent toute leur énergie ; & nous finissons par le dévelopement des prépositions inséparables, employées dans les Langues Françoise, Italienne & Allemande.

L'Adverbe se trouve expliqué par notre méthode d'une maniere très-claire : on voit qu'il s'est formé par ellipse, & on donne à ce sujet l'étymologie d'un grand nombre, & sur-tout celle de la terminaison *ment*, commune à plusieurs, & jusques ici absolument inconnue ; mais empruntée d'un nom primitif existant dans toutes nos Langues d'Europe, & parfaitement assorti au sens de cette terminaison.

L'on avoit très-bien vu avant nous, que le nombre des CONJONCTIONS étoit beaucoup moins considérable qu'on ne pensoit ; mais on croyoit l'avoir diminué autant qu'il étoit possible en les réduisant de soixante à quatorze. D'après les mêmes principes, nous faisons voir qu'elles se bornent à quatre, & que toutes les autres, telles que *si*, *or*, *mais*, &c. ne sont que des Phrases elliptiques ; nous le faisons voir par le fait ; & nous montrons en même tems que le relatif *qui*, dont on ne pouvoit donner une juste idée, n'est lui-même qu'une Conjonction elliptique.

Ce Livre est terminé par les INTERJECTIONS ; nous disons

en

en quoi elles different des autres Parties du Discours, & nous indiquons les principales.

On n'aura pas de peine à s'apercevoir, sans doute, par cette Analyse, que nous avons envisagé ces objets sous un point de vue qui nous est presque absolument particulier, qu'il en résulte plus de facilité pour saisir tout cet ensemble, & pour s'en former des idées plus justes, plus nettes, & plus liées.

LE TROISIEME LIVRE expose les FORMES que doivent revêtir les mots qui composent ces diverses Parties, afin de pouvoir se lier entr'eux; quels sont ceux qui en sont susceptibles; ou n'en changent jamais; & quelles sont les causes de ces différences.

De-là naissent pour certains mots, les Genres, les Nombres & les Cas ou la *Déclinaison*; & pour d'autres, les Tems, les Modes, & les Formes ou la *Conjugaison*. Les Cas sont donnés par la Nature elle-même; il n'étoit pas possible qu'on désignât de la même maniere le Pronom Actif & le Pronom Passif; de ces deux mots, l'un étant le sujet de la phrase, & l'autre étant l'objet, il en résulte pour les Pronoms deux Cas existans dans toute Langue, & même dans la Françoise où *je* & *me* sont parfaitement correspondans à l'*ego* & au *me* des Latins & des Grecs; mais tandis que nous les restraignons aux Pronoms, ces derniers Peuples transportent par analogie les Cas à tous les Noms. L'on voit en même tems que les Pronoms qui ne renferment, quant à la *forme*, que trois Cas dans notre Langue, en offrent, quant au *fait*, jusques à DIX fortement caractérisés. Observation qui répand plus de jour sur les Pronoms & donne une grande facilité pour leur comparaison d'une Langue à l'autre.

De-là, une discussion importante relativement à la préférence qu'on doit accorder à la méthode Grammaticale, qui met en ligne de compte les diverses valeurs d'un mot, sur celle qui ne fait attention qu'à ses formes, & celle-ci domine dans les Ouvrages des anciens Grammairiens pour qui c'étoit déja beaucoup que d'observer les différentes formes des mots; mais il en résulta cette confusion d'idées qui n'a jamais permis de s'entendre sur le nombre des Parties du Discours, sur le nombre des Cas, & des Tems, &c. puisque les formes variant sans cesse d'une Langue à l'autre, il étoit impossible d'arriver par ce seul secours aux Principes généraux de la Grammaire & des Langues. Aussi nos derniers Grammairiens ont commencé de se tourner vers l'autre méthode, comme vers une lumiere nouvelle; mais n'ayant pu entiérement secouer les préjugés de l'ancienne méthode, ils sont quelquefois en suspens, là où il ne devroit plus y avoir de doute; & je ne serois pas surpris, qu'on me trouvât moi-même en faute à cet égard, & que trop de circonspection, m'eut empêché de retirer de ce principe toute l'utilité dont il est susceptible.

Comme les Verbes tirent toute leur force du seul Verbe EST, on ne sera pas surpris de voir ici que les Infinitifs dans les Langues Persane, Gothique, Teutonne, Grecque, &c. & dans toutes celles qui en sont dérivées, soient terminés en EN, Infinitif du Verbe *est*; & qu'il en seroit de même encore des Infinitifs Latins dont la terminaison en *er*, *ir*, *ar*, étonne tous les Grammairiens, si ce Peuple n'avoit pas changé le son nazal d'*en* dans le son plus ouvert d'*er*, changement qui a eu lieu dans plusieurs autres occasions. On parcourt aussi les formes des Verbes en usage chez divers Peuples, & on rend compte de la controverse élevée au sujet de la Forme moyenne des Grecs.

LE QUATRIÉME LIVRE traite de l'arrangement de tous ces mots pour se réunir en un Tableau, afin de présenter un sens suivi. Il est divisé en trois parties. La premiere indique les Régles à

PRÉLIMINAIRE.

obſerver, afin que ces mots offrent un Tout unique; & ces Régles ſont diſtribuées en deux claſſes, la premiere regarde les mots qui marchent ſur la même ligne ou en concordance, parce qu'ils déſignent le même objet; la ſeconde ſe raporte aux mots qui ſont dans la dépendance des autres, parce qu'ils déſignent des objets différens: ce qui forme la SYNTAXE.

La ſeconde Partie offre les Régles par leſquelles ces mots ſont placés de la maniere la plus propre à ne former qu'un Tout; ce qui conſtitue la CONSTRUCTION. Mais comme les Langues ſe partagent ici, que les unes mettent à gauche ce que d'autres placent à droite, on examine les Régles que doivent ſuivre à cet égard la Langue Françoiſe & la Langue Latine, dont la marche eſt directement opoſée. Ce qui donne lieu de faire le précis de la diſpute élevée à ce ſujet entre pluſieurs Grammairiens célébres. On indique enſuite les cauſes qui donnerent à la Langue Françoiſe une marche différente de celle que ſuivirent les Latins.

A cet objet, ſuccede l'ELLIPSE, cette conſtruction abrégée qui écarte du Tableau tous les mots qui n'y ſont pas abſolument néceſſaires; & l'on finit par l'expoſition de la Phraſe ou de la PROPOSITION, qui n'eſt autre choſe que le Tableau même d'une idée, réſultat de tous les dévelopemens de la Grammaire.

Enfin, pour rendre ces dévelopemens plus ſenſibles, on donne dans la troiſiéme partie l'Analyſe Grammaticale de deux Fables, l'une Françoiſe, l'autre Latine.

Ces quatre Livres, qui ont pour objet la Grammaire conſiderée en elle-même, indépendamment de l'aplication qu'on en a faite dans chaque Grammaire Nationale, & où l'on raporte néanmoins les procédés d'un grand nombre de Peuples, à cauſe de leur conformité avec ces Principes, ſont ſuivis d'un cinquiéme Livre, deſtiné, ſous le nom de GRAMMAIRE COMPARATIVE, à faire voir qu'il n'existe aucun procédé, dans quelque Langue que ce soit, dont on ne puisse rendre raison par ces Principes combinés avec l'esprit individuel de chaque Langue, & que toutes les Langues ont le plus grand raport entr'elles.

Nous avons choisis, dans cette vue, les procédés les plus importans des trois Langues qui contrastent le plus avec la Françoise ; les Langues Chinoise, Latine & Grecque.

On voit par l'abrégé que nous donnons de la Syntaxe Chinoise, que cette Langue divisée en Langue parlée & en Langue écrite, s'est le moins écartée des procédés de la Grammaire Universelle ; ensorte que toutes ses opérations sont parfaitement analogues aux Principes de la Grammaire Universelle, & en sont une vérification continuelle.

A l'égard de la LATINE, plus connue, nous nous bornons à quelques-unes de ses Régles, à celles qui nous ont paru les plus difficiles à saisir d'après les explications ordinaires. Nous avons été encore plus courts sur la Langue GRECQUE, à cause de ses grands raports avec la Latine.

Tous ces détails sont accompagnés d'un grand nombre d'exemples, choisis dans les Ouvrages de plusieurs Poëtes François, Latins & Italiens, comme étant écrits dans les Langues les plus généralement connues & les plus agréables à la plûpart de nos Lecteurs. Ces exemples égayent la sécheresse de la discussion, ne sont pas suspects comme ceux que forge un Auteur, & donnent lieu quelquefois à des Observations utiles. L'on a, en même tems, la satisfaction de voir que les grands Maîtres sont constamment d'accord avec le principe général, lors même qu'ils semblent s'en éloigner.

Telle est l'analyse du Volume que nous faisons paroître, & qui est un préliminaire des objets que nous avons à présenter.

PRÉLIMINAIRE.

C'est peut-être la portion la plus difficile de nos recherches, par sa profonde Métaphysique, par l'obscurité de ses Principes cachés dans la nuit des tems, par l'agrément qu'il faudroit y répandre, par la nécessité de se mettre à la portée de tout le monde, sur-tout des Jeunes Gens pour lesquels l'étude de la Grammaire est indispensable : nous n'avons du moins rien négligé pour la leur rendre plus agréable, plus aisée; & nous profiterons avec autant d'empressement que de reconnoissance, de toutes les Observations dont on voudra bien nous honorer; & que nous continuons de demander avec instance à tous les Savans, regardant notre Ouvrage plutôt comme celui du siècle, que comme le nôtre propre.

Afin de répondre mieux à ces vûes, & d'être utiles à un plus grand nombre de personnes, nous procéderons incessamment à un Abrégé de notre Grammaire, dégagé de toute controverse; & nous prions instamment ceux qui auroient quelques remarques & quelques observations à nous proposer, de vouloir bien nous les faire parvenir le plutôt qu'il leur sera possible, afin que le Public en puisse profiter.

Quant à nos Principes sur l'origine du Langage & de l'Ecriture, nous les publierons le plutôt qu'il nous sera possible ; la plus grande partie des gravures pour ce Volume est déja prête ; déja nous avons reçu d'Angleterre, pour cet Ouvrage, des caractères, ARABES, COPTES, ETHIOPIENS, ANGLO-SAXONS & GOTHIQUES, fondus par les Sieurs CASLON Pere & Fils, avec ce zèle & cette habileté qui distinguent les grands Artistes.

Tandis que le nombre de nos Souscripteurs se multiplie, au point que nous sommes en état d'en ajouter ici, par suplément, une seconde liste presqu'aussi nombreuse que la première, quoiqu'il y ait encore un grand nombre de lieux où notre Ouvrage ne foit pas parvenu, le nombre des Savans qui nous honorent de leurs lumieres, & du fecours de leurs Bibliothéques, fe multiplie également, foit en France, foit dans les Pays Etrangers.

M. BRYANT, Secrétaire du Duc de Marlborough dans fa qualité de Général des Armées de la Grande-Bretagne, &c. nous a envoyé les deux premiers Volumes de fes Recherches fur l'Hiftoire & la Mythologie ancienne, Ouvrage rempli d'une grande érudition, de chofes neuves bien vûes, & que nous nous empreffons de faire connoître à nos Lecteurs.

M. ROWLAND JONES nous a également envoyé les fiens fur l'origine des Langues; nous en parlerons également dans la fuite.

M. le Major VALLANCEY, Secrétaire de la Société des Antiquaires d'Irlande, nous a fait auffi parvenir fes Ouvrages fur l'origine de la Langue Irlandoife & fur la Grammaire de cette Langue; ceux-ci ne font pas moins dignes d'attention, fur-tout par les raports qu'ils offrent entre la Langue Irlandoife & les Langues Hébraïque, Punique, Ofque, Celte, & Algonquine.

On nous a fait paffer également les Ouvrages de M. PARSON fur l'origine de la Langue Celtique, & de M. NELME fur l'origine de l'Ecriture & de l'Alphabet.

Tous ces Ouvrages qui ont paru peu depuis, démontrent combien on s'occupe en Angleterre des objets dont nous nous occupons nous mêmes, & ne peuvent que jetter de grandes lumieres fur ces importantes queftions.

M. le Baron de COLLENBACH fils, ne ceffe de nous envoyer de Vienne en Autriche, avec une complaifance fans égale, & malgré fes occupations importantes, non-feulement des Ouvrages entiers, mais auffi des Extraits très-étendus, & fouvent des Traductions de plusieurs Traités relatifs à nos recherches; entr'autres les Dissertations de MM. SCHLOZER, GATTERER, Professeurs à Gottingen, sur l'origine des Peuples, & sur celle des Langues; & l'Ouvrage non-moins intéressant de M. FULDA, Pasteur dans le Duché de Wirtemberg, sur les Dialectes de la Langue Allemande.

M. SEGUIER, de l'Académie des Inscriptions & Belles-Lettres de Paris, & Secrétaire de l'Académie Royale de Nimes, nous a aussi fait passer des Observations très-précieuses sur des objets relatifs à l'Antiquité.

M. CHAILLOU DE LIZY, Avocat & Bibliothécaire de M. le Comte d'Hautefort, & plusieurs autres Personnes de Lettres nous ont communiqué des Ouvrages Italiens, Espagnols, Allemands, &c. peu connus, remplis de vues & de monumens relatifs à nos Travaux.

L'intérêt que tant de personnes distinguées prennent à nos Recherches, la maniere dont elles concourent à les rendre plus complettes, & l'indulgence du Public à notre égard, seront de puissans motifs pour redoubler nos efforts, afin d'aprocher le plus qu'il nous sera possible de ce qu'on attend de nous.

Nous n'avons pas été traités, il est vrai, aussi favorablement par l'Auteur anonyme des deux Extraits de notre Ouvrage qu'on a insérés dans le Journal des Savans à la fin de l'année derniere; loin d'encourager notre entreprise, il l'a présentée comme une témérité impardonnable, & qui ne pouvoit avoir que le plus mauvais succès. Nous avons lu cette Critique avec soin, dans la vue de profiter des observations utiles qu'elle pourroit contenir; nous n'y avons trouvé malheureusement que des objections vagues, des jugemens sans objet, des défis de prouver la justesse de quelques-unes de nos étymologies, desquelles on ne pouroit d'ailleurs rien conclure contre la vérité de nos principes, lors même qu'elles se trouveroient aussi hazardées qu'il le prétend.

Notre premier dessein fut donc de laisser cette critique sans réponse, dans la crainte de nous détourner de notre travail en pure perte, d'autant plus que nous avions remarqué que l'Auteur des Extraits avoit moins pour objet d'éclairer le Public que de le prévenir contre notre Ouvrage : qu'il y avoit même fait paroître une humeur qui a indisposé les personnes les plus indifférentes ; ensorte que nous pourrions dire ici avec M. d'ALEMBERT : » Si la » satyre & l'injure n'étoient pas aujourd'hui le ton favori de la cri- » tique, elle seroit plus honorable à ceux qui l'exercent, & plus » utile à ceux qui en sont l'objet. On ne craindroit point de s'a- » vilir en y répondant ; on ne songeroit qu'à s'éclairer avec can- » deur, & une estime réciproque ; la vérité seroit connue, & per- » sonne ne seroit offensé : car, c'est moins la vérité qui blesse, que » la maniere de la dire.

Mais la plûpart de nos Souscripteurs ayant désiré que, par égard pour le Journal des Savans dans lequel cette critique étoit insérée, nous justifiassions nos Principes contre les attaques qu'on a voulu y donner, ce motif l'a emporté sur toute autre vue ; nous allons donc publier incessamment la défense de nos Princi- pes ; & afin de rendre du moins utile la nécessité qu'on nous fait de nous justifier, nous en prendrons occasion de développer en même tems quelques-unes des idées que les bornes de notre Plan général & raisonné nous avoient obligé de resserrer, & nous les apuyerons d'un si grand nombre d'autorités qu'on pourra juger si le Critique a raison, en cherchant à persuader que nous sommes seuls de notre sentiment, & que ce que nous avançons ne mé- rite aucune considération.

SUPLÉMENT

SUPLÉMENT

Pour les pages 84 & suivantes.

UN Ouvrage que M. GENET a eu la complaisance de faire venir de Rome, tandis que l'impression de ce Volume étoit déja avancée, nous a mis à même de vérifier que la Langue du TIBET, sur laquelle nous n'avions eu encore aucun secours, se prêteroit à nos Comparaisons de Langue avec autant de facilité, que toutes celles dont nous donnâmes la liste dans notre Plan Général. C'est un Ouvrage du P. GEORGES, sur l'Origine, la Religion, les Mœurs & la Langue du Tibet. Cet Auteur a lui-même aperçu un grand nombre de raports entre cette Langue & plusieurs autres d'Asie & d'Afrique ; sur-tout dans la nouvelle Explication qu'il donne de la Table, en caractères du Tibet, trouvée sur les bords de l'Irtis, que BAYER inséra dans les Journaux de Leipsick, & que M. FOURMONT avoit essayé d'expliquer.

C'est-là que nous avons trouvé un mot primitif dont nous avions déja raporté la Famille dans ce Volume, pag. 84. & suiv. C'est le mot GUR, GOR, &c. signifiant *Tour, révolution*, commun aux Hébreux, aux Arabes, aux Grecs, aux Celtes, aux Basques, aux Latins, &c. & aux *Tibetans*. Ce Peuple apelle une roue, une révolution, COR (pag. 219), KHOR (p. 511), GHOR ou CHOR (pag. 691).

Si le P. Georges n'a pas vu le raport de ce mot avec la Famille dont nous parlons, & qu'il ne connoissoit pas, sur-tout à cause de l'affoiblissement de la voyelle O en *ou, u* & *i*, il en a vu un grand nombre d'autres, & la plûpart relatifs à des Familles que nous indiquons dans ce Volume.

Il a très-bien observé, par exemple, que le mot King, dont nous avons parlé comme radical, (p. 579.) existe aussi dans la Langue du Tibet. « Cihen-po, dit-il (p. 686.), signifie *sublime* : c'est le » *Cen-pho* des Chaldéens, & le *Zen-fa* des Ethiopiens, qui signi-» fient *sommet*, *faîte*. Otant de ce mot la terminaison *po*, c'est le » mot Syriaque & Ethiopien *Chahen* qui signifie, 1°. grand » Propriétaire ; 2°. Grand-Prêtre. C'est le *Cohen* (ou *Khen*), » des Hébreux, & le *Kan* des Tartares ».

Nous y avons aussi trouvé notre racine primitive KE, QUE, qui signifie FORCE. « KE, ajoute-t-il (p. 695.), joint à l'article » Egyptien *The*, TA-KE signifie *puissance*, *faculté*, *force*. C'est » le Chaldéen *Khéhe*. Apliqué à la Loi, il désigne la force avec » laquelle elle dissipe les ténèbres. C'est le CHE des Chinois, qui » signifie *entendement*, & leur KE, par lesquel ils désignent *péné-» tration* & *cuirasse*.

Ajoutons deux autres racines. 1°. : celle de MERE, qui s'apelle en Latin *Mater* : mais *ter* n'est ici qu'une terminaison, qui signifie la supériorité, l'excellence : reste MA, qui est la véritable racine de ce mot, le nom primitif, commun par-là même aux Langues : aussi MA, dit notre Auteur (p. 718.), signifie *Mere* dans la Langue du Tibet, de même que dans celle des Chinois ; tandis que les Indiens le prononcent *Mae*, & les Egyptiens *Maou*.

MRE est un mot du Tibet (p. 701.), qui signifie *précepte* ; & d'où vient MRE-PHA (p. 736.), *il dit*. Ce mot MERI, signifie également *il dit* dans la Langue des anciens Perses, apellée PEHLEVI. C'est la racine primitive MAR, MR, AMR, *il dit*, *il ordonna* : mot qui tient à la Famille Grecque MAR, MER, qui signifie *lumiere*, *jour*, & dont nous avons parlé dans notre Plan Général.

Il est digne de remarque, qu'une Langue comme celle du

Tibet, parlée dans la Région la plus élevée de l'Asie, par un Peuple avec lequel les autres ont eu si peu ou point de communication, & qu'on a cru un des plus anciens de ce continent, qu'une pareille Langue, dis-je, ait des raports si étroits avec tant d'autres : raports d'autant plus incontestables, qu'ils sont donnés par un Auteur qui n'avoit nul intérêt à les chercher, & qui prouvent qu'à mesure que nous pourrons apliquer nos principes à un plus grand nombre de Langues, nous verrons les preuves s'accroître & les raports devenir toujours plus sensibles.

SUPLÉMENT

Relatif à l'Art. V. page 269. sur les TEMS.

DANS ce moment, M. l'Abbé C... fait paroître un Ouvrage sur la formation du Langage; & il a la complaisance de nous en donner un exemplaire. Sans nous être consultés, nous nous rencontrons sur un grand nombre d'objets essentiels, ce qui est une forte présomption en notre faveur. M. l'Abbé C... recherche les moyens par lesquels le Langage a pu se déveloper & donner lieu aux Parties du Discours, aux Noms, aux Adjectifs, aux Verbes, &c. Il voit que le mot EST, unit seul toutes les idées isolées : il explique comment ce Verbe se chargea de *formes temporelles*, expression heureuse : l'Adverbe est aussi défini de la même maniere que dans notre Grammaire Universelle ; il en est de même du Verbe actif. On y trouve d'heureux aperçus sur les Prépositions & sur les Conjonctions. Nous avions dit en analysant le système des Tems par M. Beauzée, avec les éloges qu'il mérite, qu'on pouroit peut-être l'étendre & mettre sur des lignes différentes, quel-

ques tems que M. Beauzée raporte au préfent ; M. l'Abbé C...
eſt allé fort au-delà de ce que nous diſons. Nous ne ſaurions trop
inviter les Savans à comparer ces diverſes vues avec ſoin, & à
fixer enfin cette portion de la Grammaire. Il ſeroit digne des
Académies du Royaume, & de celles de l'Europe, d'exciter à cet
égard le concours, & d'y travailler elles-mêmes : qui pourroit
mieux ſeconder leurs vûes, que les Savans qu'elles réuniſſent
dans leur ſein ?

Nous avons dit que le Paſſé donnoit lieu à plus de Tems que
le Futur; & M. l'Abbé C... s'accorde encore avec nous en cela,
quoique la liſte qu'il nous donne des Futurs excède celle qu'il nous
donne des Paſſés : car la plûpart de ces Futurs étant des Tems
antérieurs, ils appartiennent en effet à une époque paſſée.

Et quoique nos preuves, de cet Abbé & de moi, ſur l'Inverſion,
ſoient d'un genre différent, nous nous ſommes cependant ren-
contrés dans les réſultats.

Nous ſommes fâchés que cet Ouvrage n'ait pas paru plutôt,
& que nous ayons été privés de l'avantage d'en parler plus au
long & plus à propos. Cet Ouvrage eſt d'autant plus intéreſſant,
qu'il peut donner lieu à des diſcuſſions importantes & utiles par les
queſtions qu'il élève, dignes d'être aprofondies par ceux même
dont il combat les idées.

EXPLICATION
DU FRONTISPICE.

CEtte Eſtampe repréſente les heureux effets de la Parole, pour l'inſtruction du genre humain, & pour la gloire & la proſpérité des Empires. Ils ſont peints ſous l'emblême d'Orphée, Fils de la Lumiére & de l'Ordre. La Lumiére & l'Ordre peuvent ſeuls en effet inſtruire & diriger les Hommes. Auſſi, à la voix d'Orphée, la Nature change de face, les Hommes ſortent de leurs ſombres cavernes; & du fond des forêts, ils admirent la doctrine ſalutaire qu'il a portée au monde, ils béniſſent l'inſtruction qui va faire leur félicité, aſſurer leur ſubſiſtance, agrandir leurs familles, devenir leur conſolation, établir entr'eux la correſpondance la plus douce & la plus ſatisfaiſante. Les Animaux, frapés eux-mêmes de cette Lumiére, la recherchent; ils ſe raſſemblent autour de l'Homme, devenu l'inſtrument de la Nature; & par leurs cris & par leurs chants ils témoignent quels avantages ils en retirent eux-mêmes.

C'eſt ce Spectacle raviſſant qu'Horace célèbre dans ces vers :

> Sylveſtres homines, ſacer interpreſque Deorum
> Cædibus & victu fœdo deterruit Orpheus,
> Dictus ob hoc lenire tigres rabidoſque leones.
> Dictus & Amphion Thebanæ conditor urbis
> Saxa movere ſono teſtudinis, & prece blanda
> Ducere equo vellet. Fuit hæc ſapientia quondam
> Publica privatis ſecernere, ſacra profanis,
> Concubitu prohibere vago, dare jura maritis,
> Oppida moliri, leges incidere ligno. (1)

Et que notre Poëte ſatyrique a tâché de rendre par ces vers (2) :

> Mais du Discours enfin l'harmonicuſe adreſſe
> De ces ſauvages mœurs adoucit la rudeſſe,
> Raſſembla les Humains dans les forêts épars ;

---

(1) Hor. Art. Poëtique.
(2) Art Poët. Chant IV.

Enferma les cités de murs & de remparts,
De l'aspect du supplice effraya l'insolence,
Et sous l'appui des loix mit la foible innocence.
Cet ORDRE fut, dit-on, le fruit des premiers vers,
De-là sont nés ces bruits reçus dans l'Univers,
Qu'aux accens dont ORPHÉE emplit les monts de Thrace,
Les tigres amollis dépouilloient leur audace ;
Qu'aux accords d'Amphion les pierres se mouvoient,
Et sur les murs Thébains en ordre s'élevoient.
L'HARMONIE EN NAISSANT PRODUISIT CES MIRACLES.

Observons que les diverses Étymologies qu'on a données du nom d'Orphée, & suivant lesquelles il eût signifié, selon les unes, un Savant; selon d'autres, un Médecin ; selon des troisièmes, un Enchanteur, ou le fils du Jour, du Soleil, & qui sembloient augmenter l'incertitude de la Science Étymologique, sont toutes fondées. On ne peut être Fils de la Lumière sans être savant, ou éclairé ; on ne peut être éclairé sans être Médecin, c'est-à-dire sans être en état de guérir les maux physiques & moraux auxquels l'humanité est en proie ; on ne peut opérer ces merveilles sans être un Enchanteur, un Génie extraordinaire, un Homme descendu du Ciel pour le bonheur de l'humanité. Aussi Esculape étoit comme Orphée, Fils d'Apollon & grand Philosophe : aussi les Législateurs du Pérou furent regardés comme les enfans du Soleil & de la Lune.

EXPLICATION DE LA VIGNETTE.

Cette Vignette offre les noms des Savans de la Grèce les plus illustres, par l'art avec lequel ils manierent la Parole, par leurs vues sur son Origine, par leurs travaux sur la Grammaire.

Le sujet principal est PLATON. Ce Philosophe médite sur l'Origine du Langage, & il trace ces mots tirés de son Cratyle : LES CHOSES SE PEIGNENT PAR LES LETTRES ET PAR LES SYLLABES : vérité fondamentale & qu'on n'auroit jamais dû perdre de vûe. Devant lui est le buste de son illustre Maître, de SOCRATE, le premier qui ramena parmi les Grecs le bon usage de la Parole, & qui fit la guerre à l'art des Sophistes pour lui substituer l'étude de la Logique. Sur le piédestal de son buste sont les Graces, les Graces auxquelles Socrate vouloient que les Auteurs sacrifiassent, & qui donnoient tant de mérite

EXPLIC. DE LA VIGNETTE. xlvij

à ſes Diſcours. Au-deſſous de Platon, on voit divers Ouvrages Grammaticaux, ceux d'ARISTOTE, ceux d'APOLLONIUS, le Cratyle de notre Philoſophe.

Le Tapis ſur lequel il écrit, repréſente la célèbre diſpute qui s'éleva entre NEPTUNE & MINERVE, pour donner un nom à la Capitale de l'Attique, & que devoit décider l'utilité du Chef-d'œuvre qu'ils produiroient. On voit ces deux Divinités, ayant à leur côté, l'un le cheval qu'il fit ſortir de terre, l'autre l'olivier qu'elle fit naître; Minerve l'emporta ſur le terrible Dieu des Mers, & la Ville en fut apellée ATHÈNES du nom Grec de Minerve; qu'eſt en effet la puiſſance, ſans la bonté & l'utilité? Par cette Fable, les Athéniens juſtifioient très-ingénieuſement le nom qu'ils avoient pris, & le choix qu'ils avoient fait de Minerve pour leur Déeſſe Tutélaire, & pour le ſymbole de leur Ville. C'eſt ainſi que tout a ſa raiſon, & qu'aucun Nom ne fut jamais impoſé au hazard.

C'eſt ce combat que peint OVIDE dans ſes Métamorphoſes (1), d'une manière ſi agréable, & ſi conciſe contre ſon ordinaire.

> Cecropia Pallas ſcopulum Mavortis in arce
> Pingit, & antiquam de terræ nomine litem.
> Bis ſex cœleſtes, medio Jove, ſedibus altis
> Auguſta gravitate ſedent, ſua quemque Deorum
> Inſcribit facies. Jovis eſt regalis imago.
> Stare Deum pelagi, longoque ferire tridente
> Aſpera ſaxa facit, medioque è vulnere ſaxi
> Exiluiſſe ferum, quo pignore vendicet urbem.
> At ſi dat clypeum, dat acutæ cuſpidis haſtam,
> Dat galeam capiti, defenditur ægide pectus;
> Percuſſamque ſua ſimulat de cuſpide terram
> Edere cum baccis fœtum canentis olivæ:
> Mirarique Deos; operis victoria finis.

Deſcription que l'ingénieux la Fontaine a imitée dans ces vers (2).

> Climéne, en un tiſſu riche, pénible & grand,
> Avoit preſque achevé le fameux différend
> D'entre le Dieu des eaux & Pallas la ſavante.
> On voyoit au lointain une Ville naiſſante:

---

(1) Liv. VI. Fab. III.
(2) Fables, Tom. II. les Filles de Minée, p. 357. Edit. de 1759.

EXPLIC. DE LA VIGNETTE.

L'honneur de la nommer, entr'eux deux contesté,
Dépendoit du préfent de chaque Déité.
Neptune fit le sien d'un symbole de guerre;
Un coup de son Trident fit sortir de la terre
Un animal fougueux, un Coursier plein d'ardeur;
Chacun, de ce préfent admiroit la grandeur.
Minerve l'effaça, donnant à la Contrée
L'Olivier, qui de Paix est la marque assurée;
Elle emporta le prix, & nomma la Cité.
Athène offrit ses vœux à cette Déité.

TABLE

TABLE

Des Objets contenus dans la Grammaire Universelle & Raisonnée.

LIVRE PREMIER.

Définitions et autres Préliminaires.

Chap. I. *Objet de cet Ouvrage*, 1
Chap. II. *Étymologie, ou origine du mot Grammaire*, 4
Chap. III. *Définition de la Grammaire, & sa division en deux Classes*, 6
Chap. IV. *Existence nécessaire de la Grammaire Universelle*, 7
Chap. V. *Quels sont les Modèles qu'elle nous aprend à peindre*, 8
Chap. VI. *Comment la Grammaire nous aprend à imiter & à peindre ces modèles*, 11
Chap. VII. *En quoi la Grammaire differe de la Logique & de la Rhétorique, relativement à la peinture des idées*, 12
Chap. VIII. *Diverses manieres dont on peut peindre ses idées*, 14
Chap. IX. *Que la Grammaire Universelle préside à ces diverses manieres de peindre*, 16
Chap. X. *Des qualités que doit avoir la peinture des idées, & qui deviennent la base de la Grammaire*, 17
Chap. XI. *Utilités de la Grammaire Universelle*, 18
Chap. XII. *Pourquoi ces avantages n'ont pas été aussi sensibles jusques à présent*, 21
Chap. XIII. *Des Grammaires particulieres & de leurs causes*, 24
Chap. XIV. *Effets des Grammaires particulieres sur les Tableaux intérieurs, & observations sur ce qu'on apelle penser dans une Langue*, 27
Chap. XV. *Division de la Grammaire Universelle*, 29

TABLE DES OBJETS, &c.

LIVRE II.

DES PARTIES DU DISCOURS.

PARTIE PREMIERE.

DES PARTIES DU DISCOURS EN GÉNÉRAL.

CHAP. I. *Les Tableaux des idées par la parole composés de diverses Parties*, 30

CHAP. II. *Variations & oppositions des Grammairiens sur les Parties du Discours*, 32

CHAP. III. *Caractères distinctifs de ces Parties*, 34

CHAP. IV. *Leur Enumération*, 36

    I. Classe. *Celles qui changent de formes, afin de concourir à présenter le même raport*, 37

    II. Classe. *Celles dont les mots ne changent jamais de forme*, 44

CHAP. V. *Tableaux qui en résultent*, 48

    Considérés; 1°. relativement à leur simplicité, 49

    2°. Relativement aux qualités de leurs objets, ib.

    3°. Relativement à l'expression de leurs diverses Parties, 51

PARTIE SECONDE.

DES PARTIES DU DISCOURS QUI CHANGENT DE FORME.

CHAP. I. DU NOM. *Premiere Partie*, 55

    §. 1. *Pourquoi le Nom est la premiere de ces Parties*, ib.

    §. 2. *Utilités des Noms*, 56

    §. 3. *Des différentes espèces de Noms*, 57

    §. 4. *Origine ou Étymologie du mot* NOM, 59

    §. 5. NOMS *considérés comme le* SUJET *des Tableaux des idées*, 61

    §. 6. *Noms distingués en sujet & en objet dans un même Tableau*, 65

    §. 7. *De l'Origine des Noms propres & des Noms apellatifs*, 66

    §. 8. *Des Genres*, 69

        2°. *Genres par Analogie*, 72

        3°. *Bizarrerie des Genres*, 74

        4°. *Avantage de la distinction des Genres*, 76

TABLE DES OBJETS, &c.

§. 9. *Des Nombres,* 78
§. 10. *Noms, source ou racine de tous les mots,* 80
§. 11 *De l'invention des Noms,* 82
§. 12. *Des Noms divisés, composés & figurés,* 90
CHAP. II. *Des Articles. Seconde Partie du Discours,* 101
§. 1. *Destination des Articles,* ib.
§. 2. *Ils forment une des Parties générales du Discours,* 102
§. 3. *Idée plus précise des Articles,* 105
§. 4. *Leurs Caractères,* 107
§. 5. *Leur Nombre.* ib.
§. 6. *Des Articles, relativement aux Noms propres,* 109
§. 7. *Livrées qu'ils portent,* 110
§. 8. *De la place qu'ils doivent occuper; & que les Latins en ont eu,* 111
§. 9. *Heureux effets des Articles dans les Tableaux de la parole,* 115
§. 10. *Des mots qu'on a regardés comme des Articles,* 122
§. 11. *Articles devenus inséparables de quelques Noms,* 124
§. 12. *Origine des mots qui servent d'Articles,* 125
§. 13. *Si LE & LA employés sans Noms, sont des Articles,* 127
CHAP. III. DES ADJECTIFS. *Troisième Partie du Discours,* 129
§. 1. *Nécessité d'avoir des mots pour désigner les qualités des objets,* ib.
§. 2. *Pourquoi on les appelle Adjectifs,* 130
§. 3. *Propriétés des Adjectifs, & en quoi ils different des Noms & des Articles,* 131
§. 4. ORIGINE DES ADJECTIFS. 1°. *Par comparaison,* 132
2°. *Par Dérivation,* 136
§. 5. *Des Phrases Elliptiques occasionnées par les Adjectifs,* 139
§. 6. *Les Adjectifs portent la livrée des Noms,* ib.
§. 7. *Des Terminaisons Adjectives,* 141
§. 8. *Dégrés de comparaisons,* 142
§. 9. *Des liaisons comparatives,* 146
§. 10. *Intérêt & énergie que les Adjectifs répandent dans le Discours,* 148
CHAP. IV. DU PRONOM. *Quatriéme Partie du Discours,* 151
§. 1. *Nécessité des Pronoms,* ib.
§. 2. *Quels ils sont,* 153
§. 3. *Des Pronoms Actifs & Passifs,* 154

TABLE DES OBJETS, &c.

§. 4. *Des Pronoms réciproques*, 156
§. 5. *Des Pronoms Terminatifs*, ib.
§. 6. *Fonctions des Pronoms actifs dans les Tableaux passifs*, 157
§. 7. *Le Pronom n'est point un Nom*, 158
§. 8. *Du mot* PERSONNE, 161
§. 9. *Du nombre des Pronoms*, 162
§. 10. *Histoire de* TU *&* de JE, 163
§. 11. *Origine des mots qui nous servent de Pronoms*, 165
§. 12. *Pronoms Elliptiques*, 167

CHAP. V. DU VERBE. *Cinquième Partie du Discours*, 169
§. 1. *Nécessité d'un mot qui serve de point de réunion aux diverses portions des Tableaux de nos idées*, ib.
§. 2. *Que ce mot est donné par la Nature*, 170
§. 3. *Qu'il est apellé* VERBE, *& pourquoi*, 173
§. 4. *La Grammaire & la Logique comparées à cet égard*, 174
§. 5. *Sources des méprises dans lesquelles on est tombé au sujet du Verbe*, 175
§. 6. *Réponse à quelques objections*, 178
§. 7. *Origine du Verbe* EST, *le seul qui existe*, 179
§. 8. *Langues dans lesquelles il existe*, 180
§. 9. *Diverses familles de mots qui en descendent*, 181
§. 10. *Comment il s'associa avec les Pronoms*, 184
§. 11. *Diverses manieres dont il se combine avec eux*, 185
§. 12. *Origine des mots qui marquent en Latin le passé & le futur du Verbe Être*,

CHAP. VI. DES PARTICIPES. *Sixième Partie du Discours*, 189
§. 1. *Raport & différence des Participes & des Adjectifs*, ib.
§. 2. *Définition des Participes*, ib.
§. 3. *Leur Division*, 190
§. 4. *Objets à considérer dans les Participes*, ib.
§. 5. *Tableaux qui en résultent*, 191
§. 6. *Que les Participes sont une des Parties du Discours*, ib.
§. 7. *Pourquoi ils furent apellés Participes*, 192
§. 8. *Utilités & beauté des Participes*, 195
§. 9. *Pourquoi on avoit négligé jusques-ici cette portion du Discours*, 196
§. 10. *Formation & Origine des Participes*, 197

TABLE DES OBJETS, &c.

§. 11. *De leur forme Adjective,* 200
§. 12. *Du Participe en* ANT, *& si notre Langue a des Gérondifs,* ib.
ART. II. *Du Participe qui sert à former les Verbes Passifs,* 204
  §. 1. *État de la question,* ib.
  §. 2. *Opinions de divers Grammairiens à ce sujet,* 205
    1°. MM. DE PORT-ROYAL, ib.
    2°. L'ABBÉ GIRARD, ib.
    3°. M. DU MARSAIS, 206
    4°. M. DUCLOS, 207
    5°. M. BEAUZÉE, ib.
    6°. M. FRISCH, 209
  §. 3. *Résumé de ces opinions,* 210
  §. 4. *Observations Préliminaires,* ib.
  §. 5. *Du Participe ou Adjectif-verbal joint au Verbe* ÊTRE 212
  §. 6. *Comment s'ellipse le Participe passé actif,* 215
  §. 7. *De l'Adjectif-verbal joint au Verbe* J'AI, 216
  §. 8. *Pourquoi le Participe elliptique ne se décline pas toujours,* 217
  §. 9. *Le Participe Passif employé comme circonstantiel, & comme simple Adjectif,* 219
CHAP. VII. *Des Participes Elliptiques, ou des Verbes différens du Verbe Être. Suite de la sixième Partie du Discours,* 221
ART. I. *Nécessité de cette espèce de mots; & comment ils ont lieu,* ib.
  §. 1. *Difficultés qu'offre cet objet, & leur source,* ib.
  §. 2. *Nécessité de réunir en un seul Nom les Participes & le Verbe,* 223
  §. 3. *Tout Verbe Actif est elliptique & vient d'un Nom,* 226
  §. 4. *Erreurs dans lesquelles on est tombé à cet égard,* 227
  §. 5. *Les Verbes qui paroissent ne tenir à aucun Nom radical, viennent également d'un Nom: exemple tiré des Verbes* BEL ou VEL, *aller vite; &* HUNT, *chasser,* 228
  §. 6. *Comment se formerent les Verbes Elliptiques Actifs, chez les Hébreux, les Grecs & les Latins,* 234
  §. 7. *Comment se forment les Verbes Elliptiques Passifs,* 235
ART. II. *Invention des Tems & leur Gradation,* 239
  §. 1. *Des Tems en général,* ib.
  §. 2. IMPÉRATIF, *premier des Tems,* 240
  §. 3. PRÉTÉRIT, *second des Tems,* 242

§. 4. *Du FUTUR*, ib.
§. 5. *L'inspection des Langues prouve que l'Impératif fut le premier des Tems*, 243
§. 6. *Comment les Orientaux formerent le Prétérit & le Futur*, 245
ART. III. *Division des Tems, & sur-tout dans la Langue Françoise*, 247
§. 1. *Les Langues n'ont pas toutes le même nombre de Tems*, ib.
§. 2. *D'où vient la différence qu'on observe entre les Langues sur le nombre des Tems*, 248
§. 3. *Système des Tems, suivant M. l'Abbé GIRARD*, 250
§. 4. *Système de M. HARRIS*, 252
ART. IV. *Système de M. BEAUZÉE*, 255
§. 1. *Il admet vingt Tems*, ib.
§. 2. *Tableaux qui en résultent*, 257
ART. V. *Observations Particulieres, & Conclusion*, 269
§. 1. *Simplicité de ce Système, & ses avantages*, ib.
§. 2. *Tems qu'on pourroit ajouter à ceux-là*, 270
§. 3. *Ligne du Tems*, 272
§. 4. *Si un Tems doit être retranché du nombre des Tems, par la raison qu'il forme une phrase*, 273
§. 5. *Correspondance de ces Tems avec ceux des Latins*, 275
CHAP. VIII. DES PRÉPOSITIONS, *septiéme Partie du Discours*, 276
ART. I. *Des Prépositions en général*, ib.
§. 1. *Leurs effets*, ib.
§. 2. *Objets de la Nature, liés entr'eux par des raports*, 278
§. 3. *Tableaux résultans de ces raports*, 279
§. 4. *Origine du mot* PRÉPOSITION, 280
§. 5. *Les Prépositions lient quelquefois deux mots dont l'ensemble désigne un seul objet*, 281
§. 6. *Préposition sous-entendue*, 282
ART. II. *Prépositions Françoises, distribuées en diverses Classes*, 283
§. 1. *Nécessité de classer les Prépositions*, ib.
§. 2. *Observations préliminaires sur les mots qu'on doit regarder comme des Prépositions*, ib.
§. 3. *Prépositions divisées en deux classes générales*, 288
I. Classe, *Prépositions énonciatives*, ib.
II. Classe, *Prépositions relatives aux Actions*, 295

TABLE DES OBJETS, &c.

Art. III. *Les Prépositions ont un sens propre & général*, 301
Art. IV. *Origine des Prépositions*, 304
Art. V. *Prépositions Initiales ou Inséparables*, 309
Chap. IX. Des ADVERBES. *Huitiéme Partie du Discours*, 313
  §. 1. *Examen de ce qu'en ont dit les Grammairiens*, ib.
  §. 2. *Définition de l'Adverbe & ses preuves*, 318
  §. 3. *En quoi different l'Adverbe & la Préposition*, 320
  §. 4. *L'Adverbe est une ellipse*, 321
  §. 5. *L'Étymologie le prouve*, 323
  §. 6. *Origine de notre terminaison adverbiale*, MENT, 325
  §. 7. *Division des Adverbes*, 326
Chap. X. Des CONJONCTIONS. *Neuviéme Partie du Discours*, 327
  Art. I. *Des Conjonctions qui servent uniquement à lier ; & 1°. de celles qu'on appelle Copulatives*, 331
    §. 1. *Conjonctions Copulatives, au nombre de trois*, ib.
    §. 2. *Origine des Conjonctions*, 334
    §. 3. *De la Conjonction déterminative* QUE, 335
    §. 4. *Origine de* QUE, 342
  Art. II. *Des Conjonctions nées de l'Ellipse*, 343
Chap. XI. Des INTERJECTIONS. *Dixiéme & derniere Partie du Discours*, 352
  §. 1. *Les Interjections sont au nombre des Parties du Discours*, ib.
  §. 2. *Définition des Interjections*, 353
  §. 3. *Desférence essentielle entre l'Interjection & les autres Parties du Discours*, ib.
  §. 4. *Énumération des principales Interjections*, 355
  §. 5. *Du nom de* PARTICULES *donné aux Interjections*, 358

LIVRE III.

DES FORMES *que prennent pour se lier entr'eux les mots qui composent les Parties du Discours*, 360
Chap. I. *Différence des Parties du Discours à cet égard*, ib.
Chap. II. *Division des Parties du Discours à cet égard*, 362
Chap. III. *Division des Parties du Discours qui reçoivent diverses modifications*, 363
Chap. IV. *Cause générale de ces modifications*, ib.

CHAP. V. *Division générale de ces modifications,* 365

PARTIE II.

DE LA DÉCLINAISON.

CHAP. I. *Des Genres,*	367
§. 2. *Genres des Pronoms,*	368
§. 3. *Diverses classes des Genres,*	369
CHAP. II. *Des Nombres,*	371
CHAP. III. *Des Cas,* ART. PREMIER.	372
§. 1. *Définition des Cas,*	ib.
§. 2. *Leur Origine,*	373
§. 3. *Effets qu'ils produisent,*	376
ART. II. *Du nombre des* CAS *& de leurs Noms,*	379
ART. III. CHAP. I. *Ces Cas sont naturels,*	399
CHAP. II. *Et ne dépendent pas des Prépositions,*	400
CHAP. III. CAS *des Pronoms en François,*	401

PARTIE III.

DE LA CONJUGAISON.

ARTICLE I. DES MODES.

CHAP. I. *Diverses espéces de Modes,*	406
CHAP. II. *De l'Impératif,*	409
CHAP. III. *De l'Optatif,*	416
CHAP. IV. *Du Conditionel ou Supositif,*	417
CHAP. V. *Du Subjonctif,*	421
CHAP. VI. *De l'Infinitif,*	428
CHAP. VII. *Des Tems de l'Infinitif Latin, appellés Gérondifs,*	435
CHAP. VIII. *Des Supins,*	441

ARTICLE II. DES FORMES.

CHAP. I. *Origine des Formes que prennent les Verbes,*	443
CHAP. II. *Forme des Verbes de la Langue Françoise,*	445
CHAP. III. *Des Formes Latines,*	447
CHAP. IV. *De la Forme moyenne en usage chez les anciens Grecs,*	451
CHAP. V. *Des Formes en usage dans quelques autres Langues,*	455

LIVRE

LIVRE IV.

DE LA SYNTAXE.

ART. I. *De la Syntaxe proprement dite,* 460
CHAP. I. *Ses objets,* ib.
CHAP. II. *De la Concordance,* 461
CHAP. III. *Concordance du Verbe avec le Nom ou avec le Pronom,* 463
CHAP. IV. *De la Concordance du Nom avec l'Adjectif,* 465
CHAP. V. *De la Dépendance,* 467
CHAP. IV. *Moyens par lesquels on peut désigner ces diverses dépendances,* 468
CHAP. VII. *Mots en dépendance du Nom ou du sujet,* 599
CHAP. VIII. *Mots en dépendance du Verbe,* 471
CHAP. IX. *Mots en dépendance de l'Adjectif,* 475
    Du Complément complexe, 478
    Du Régime, 479
CHAP. XI. *De l'arangement dont peuvent être susceptibles les Complémens d'un même Tableau,* 486
CHAP. XII. *Des Parties constitutives d'une phrase,* 482

ART. II. *DE LA CONSTRUCTION,* 487
CHAP. I. *Qu'elle dépend de la Nature chez tous les Peuples,* ib.
CHAP. II. *Régles de construction, suivies par la Langue Françoise,* 490
CHAP. III. *Sources de ces Régles,* 464
CHAP. IV. *Régles de la Construction Latine,* 497
CHAP. V. *Des Noms qu'on donne à ces deux formes de Construction,* 501
CHAP. VI. *Précis de ce qu'on a écrit pour déterminer quelle de ces deux Constructions est la plus naturelle,* 502
    I. M. *l'Abbé BATTEUX,* ib.
    II. M. *du MARSAIS,* 502
    III. M. *l'Abbé Batteux, sur le systéme de M. du MARSAIS,* 513
    IV. M. *BEAUZÉE,* 516
    V. *Nouvel Examen,* 521
CHAP. VII. *Conclusion des divers systêmes relatifs à la construction du Langage,* 526
    §. 1. *Nécessité pour les Langues de varier leur Construction,* 526
    §. 2. *Preuves qu'une double Construction existe dans toutes les Langues,* 528
    §. 3. *Examen de l'objection tirée de la nécessité d'un Modéle,* 530

§. 4. *La diversité qu'on remarque à cet égard entre le Latin & le François, effet de la Nature,* 531
Chap. VIII. *De l'Ellipse,* 534
Chap. IX. *Du Pléonasme,* 537
Chap. X. *De la Phrase, ou du Tableau même de nos idées,* 539
§. 2. *De la Ponctuation,* 541
Art. III. *Analyses d'une Fable Françoise & d'une Fable Latine,* 545

LIVRE V.

Grammaire Comparative.

En quoi consiste cette Grammaire, 558
Art. I. *Grammaire de la Langue Chinoise, comparée à nos Principes généraux,* 560
Si la Langue Chinoise est barbare, &c. 575
Des Caractères Chinois & des erreurs dans lesquelles on étoit à leur égard, 577
Art. II. *Grammaire Latine comparée,* 581
Art. III. *Observations sur la Grammaire de la Langue Grecque,* 592
Conclusion, 598

TABLES.

Grammairiens cités, 603
Observations Grammaticales sur diverses Langues. 607
Familles Primitives, 611
Étymologies Françoises, 612
Étymologies de Langues Étrangeres, 616
Table des Matieres, 621
Discours Préliminaire, ix
Suplément, xli
Explications du Frontispice & de la Vignette; xlv

Fin de la Table des Objets.

APPROBATION.

J'ai lû, par ordre de Monseigneur le Chancelier, un Manuscrit qui a pour titre, *Monde Primitif analysé & comparé avec le Monde Moderne, considéré dans l'Histoire Naturelle de la Parole*, ou *Grammaire Universelle & Comparative*: je n'ai rien trouvé qui puisse en empêcher l'impression. A Paris le 17 Mai 1774.

RIBALLIER.

PRIVILÉGE DU ROI.

LOUIS, par la grace de Dieu, Roi de France & de Navarre : A nos amés & féaux Conseillers les Gens tenans nos Cours de Parlement, Maîtres des Requêtes ordinaires de notre Hôtel, Grand Conseil, Prevôt de Paris, Baillifs, Sénéchaux, leurs Lieutenans Civils, & autres nos Justiciers qu'il appartiendra : SALUT. Notre amé le sieur COURT DE GEBELIN nous a fait exposer qu'il desireroit faire imprimer & donner au Public le *Monde Primitif analysé & comparé avec le Monde Moderne*; s'il nous plaisoit lui accorder nos Lettres de Privilége pour ce nécessaires. A CES CAUSES, voulant favorablement traiter l'Exposant, Nous lui avons permis & permettons par ces Présentes, de faire imprimer ledit Ouvrage autant de fois que bon lui semblera, & de le vendre, faire vendre & débiter par-tout notre Royaume, pendant le temps de six années consécutives, à compter du jour de la date des Présentes. Faisons défenses à tous Imprimeurs, Libraires & autres personnes, de quelque qualité & condition qu'elles soient, d'en introduire d'impression étrangère dans aucun lieu de notre obéissance Comme aussi d'imprimer ou faire imprimer, vendre, faire vendre, débiter ni contrefaire ledit Ouvrage, ni d'en faire aucuns Extraits, sous quelque prétexte que ce puisse être, sans la permission expresse & par écrit dudit Exposant, ou de ceux qui auront droit de lui, à peine de confiscation des Exemplaires contrefaits, de trois mille livres d'amende contre chacun des contrevenans, dont un tiers à Nous, un tiers à l'Hôtel-Dieu de Paris, & l'autre tiers audit Exposant, ou à celui qui aura droit de lui, & de tous dépens, dommages & intérèts ; à la charge que ces Présentes seront enregistrées tout au long sur le Registre de la Communauté des Imprimeurs & Libraires de Paris, dans trois mois de la date d'icelles ; que l'impression dudit Ouvrage sera faite dans notre Royaume & non ailleurs, en beau papier & beaux caractères, conformément aux Réglemens de la Librairie, & notamment à celui du dix Avril mil sept cent vingt-cinq, à peine de déchéance du présent Privilége ; qu'avant de l'exposer en vente, le manuscrit qui aura servi de copie à l'impression dudit Ouvrage, sera remis dans le même état où l'Approbation y aura été donnée, ès mains de notre très-cher & féal Chevalier Chancelier Garde des Sceaux de France, le sieur de MAUPEOU; qu'il en sera ensuite remis deux Exemplaires dans notre Bibliothéque publique, un dans celle de notre Château du Louvre, & un dans celle dudit sieur DE MAUPEOU, le tout à peine de nullité des Présentes : du contenu desquelles vous mandons & enjoignons de faire jouir ledit Exposant & ses ayans-cause, pleinement & paisiblement, sans souffrir qu'il leur soit fait aucun trouble ou empêchement. Voulons que la copie des Présentes, qui sera imprimée tout au long, au commencement ou à la fin dudit Ouvrage, soit tenue pour duement signifiée, & qu'aux copies collationnées par l'un de nos amés & féaux Conseillers-Secrétaires, foi soit ajoutée comme à l'original. Commandons au premier notre Huissier ou Sergent sur ce requis, de faire pour l'exécution d'icelles, tous actes requis & nécessaires, sans demander autre permission, & nonobstant clameur de Haro, Charte Normande, & Lettres à ce contraires : CAR tel est notre plaisir. DONNÉ à Paris le vingt-sixiéme jour du mois de Juin l'an de grace mil sept cent soixante douze, & de notre Régne le cinquante-septieme. Par le Roi en son Conseil.

LEBEGUE.

Registré sur le Registre XVIII. de la Chambre Royale & Syndicale des Libraires & Imprimeurs de Paris, no. 1972. fol. 727. conformément au Réglement de 1723, qui fait défenses Art. 4 à toutes personnes de quelque qualité & condition qu'elles soient, autres que les Lib. & Imp. de vendre, débiter, faire afficher aucuns livres pour les vendre en leurs noms, soit qu'ils s'en disent les Auteurs ou autrement, & à la charge de fournir à la susdite Chambre huit exemplaires prescrits par l'Article 108 du même Réglement. A Paris ce 12 Sept. 1772.

F. P. HARDY, Adjoint.

GRAMMAIRE

GRAMMAIRE UNIVERSELLE.

LIVRE PREMIER.

DÉFINITIONS ET AUTRES PRÉLIMINAIRES.

CHAPITRE PREMIER.

OBJET DE CET OUVRAGE.

LES avantages que les Hommes retirent de l'Art par lequel ils peignent leurs idées, sont inappréciables : cet Art est la base de la Société & la source des douceurs qu'on y éprouve.

Par cet Art admirable, qui nous distingue de tous les autres Êtres, nous manifestons nos besoins, nos craintes, nos plaisirs, nos lumieres ; nous recevons de la part des autres les secours, les conseils, les avis, les connoissances qui nous sont nécessaires. Par lui, une ame se dévelopant à une autre, acquiert toutes les perfections dont elle peut être susceptible : sentimens du cœur, feu du génie, richesses de l'imagination, profondeur d'esprit, tout devient un bien commun aux hommes : les connoissances de l'un, sont les connoissances de tous : ainsi en ajoutant sans cesse découvertes à découvertes, arts sur arts, lumieres sur lumieres, l'esprit de l'homme s'embellit, s'agrandit, se perfectionne sans cesse ; s'embrâsant mutuellement, il s'élève aux plus grandes choses, rien ne lui paroît au-dessus de ses forces, il ose tout, & tout paroît s'aplanir devant son audace : tandis que sans cette émulation, l'homme seul, isolé, plongé dans une langueur stupide, n'auroit presqu'aucune supériorité sur les Animaux qui vivent en famille, & que des cris avertissent de leurs besoins mutuels.

Mais l'Homme ne peint pas seulement ses idées à ceux qui l'environnent, & au milieu desquels il vit ; comme s'il remplissoit la Terre, comme s'il vivoit dans l'étendue des siécles, il a trouvé le moyen de peindre ses idées d'une maniere qui les rende sensibles à ceux dont il est éloigné, comme s'ils étoient sous ses yeux : la peinture de ses idées, si dégagées de toute matiere, prend la consistence du marbre, elle se transporte d'un bout du Monde à l'autre, elle pénétre à travers l'immensité des âges.

Ainsi l'esprit de tel Homme est présent pour tous les Peuples, lors même que cet Homme n'est plus : ainsi nous pouvons profiter des connoissances, des charmes de la conversation, du génie de tous les Sages, dans quelque tems & en quelque lieu qu'ils ayent existé.

En vain, les Hommes ont vécu épars, à de grandes distances & dans des époques prodigieusement éloignées : leur esprit se concentre en un seul point, & toujours leur génie anime & réjouit les Mortels ; d'autant plus grand qu'il s'étend sur la Nature entiere, qu'il en emprunte les couleurs & les graces ; qu'avec elle, il tonne, il fulmine, il éclate ; & qu'après nous avoir agités & émus par les Tableaux les plus terribles, s'adoucissant avec elle, il nous charme par les accens les plus doux, par le coloris le plus flatteur & par la peinture des objets les plus délicieux.

Par quel moyen l'homme est-il parvenu à cet Art admirable ? Comment a-t-il pu descendre au dedans de lui-même, démêler ce qui s'y passe, saisir les Tableaux qui s'y forment ; & se repliant hors de lui, rendre ces Tableaux sensibles aux hommes, toutes les fois qu'il espéroit quelqu'avantage de cette communication ?

Depuis que le Monde existe, l'Homme n'a pu être insensible à ces merveilles : déja depuis long-tems, il a dû rechercher comment elles s'opé-

UNIVERSELLE.

toient; & les régles nécessaires pour les exécuter de la maniére la plus propre à produire les effets qu'on en attend : déja, nombre de Savans distingués, se sont exercés sur cet objet.

Ils sont allés aussi loin qu'on pouvoit aller; & si leurs Ouvrages ne produisent pas tout l'effet qu'on en devroit recueillir, s'ils paroissent quelquefois trop métaphysiques, si l'on n'en voit pas les diverses Parties naître les unes des autres avec toute la clarté qu'il seroit à désirer; s'ils nous apprennent plutôt ce qui est, que les raisons de ce qui est, ne nous en prenons pas à eux; ce n'est nullement leur faute; ce n'est ni manque de soins ni infériorité de génie : ils ne pouvoient faire autrement, parce qu'ils n'avoient encore pu remonter à l'origine primitive du langage, & parce qu'on n'avoit pu par-là même ramener l'art de peindre les idées à un principe simple & sensible, qui devenant le fondement de cet art, portât dans toutes ses parties une vive lumiere, & les rendît aussi énergiques qu'elles sont sans lui froides & pénibles.

Nos recherches sur les connoissances primitives des Hommes, & sur les causes de ces connoissances, ont dû au contraire nous conduire à ces premiers principes, qui une fois donnés, deviennent le fondement de cet Art & la raison de ses régles.

Ce sont ces recherches que nous mettons ici sous les yeux du Public, sous le nom de *Grammaire Universelle*.

Nous dirons moins en quoi consiste cet Art, que nous ne le laisserons deviner à nos Lecteurs : ils présideront eux-mêmes à sa formation; ils verront naître ses préceptes : dépouillé ainsi de sa fine métaphysique, qui faisoit croire qu'il étoit au-dessus des forces d'un commençant, il sera tout en action; & il deviendra intéressant pour ceux qu'on destine à l'étude des Langues, dont cet Ouvrage sera une clef indispensable, ainsi que de toutes les Grammaires qu'on a déja composées, qui n'en seront que des conséquences, & qui en deviendront plus utiles.

CHAPITRE II.

Etymologie ou origine du mot GRAMMAIRE.

Mais comme ce mot GRAMMAIRE est barbare pour nous & ne présente par lui-même aucune idée à notre esprit, remontons à son origine ; nous verrons combien on eut raison de le choisir ; & il nous préparera en quelque sorte lui-même à tout ce que nous aurons à dire.

Car telle est l'utilité de l'Étymologie, qu'elle rétablit l'énergie de chaque mot & en fait voir à l'instant la valeur, qu'avoient obscurcie la longueur des siécles & les altérations successives des Langues.

Ce mot qui paroît avoir été inventé par hazard, parce qu'il n'offre dans nos Langues modernes, & même dans celle des Latins, aucun raport avec l'Art qu'il désigne, étoit cependant très-expressif dans la Langue de ceux qui le consacrérent à cet usage.

Il vient du Grec GRAMMA, qui signifie une Peinture, un Tableau, & qui, prononcé GRAB, GRAV ou GRAF, fit dans la même Langue les mots GRAPH-eus, un Peintre, & GRAPH-ein, peindre.

De cette racine, se forma en Grec & en Latin l'adjectif *Grammatica*, qui désignoit manifestement chez eux l'Art de peindre ; mot que nous avons adopté & altéré ensuite en celui de GRAMMAIRE, qui ne peint plus rien à l'esprit.

Ce mot n'est pas même d'origine grecque : il leur étoit commun avec les Celtes & avec les Orientaux qui le prononçoient : ceux-ci, GRAB כתב, ceux-là, CRAFF & GRABH ; & chez qui il signifioit dans son sens propre & universel, INCISION ; & ensuite les SILLONS d'un champ, qui en sont les incisions ; ensorte qu'il signifia au sens figuré, le LABOURAGE lui-même, qui consiste à tracer des sillons. Il existe encore avec ces divers sens chez les Arabes, qui le tiennent de la plus haute antiquité.

Ce mot devenu GREC, signifia chez eux tout ce que peut désigner un Trait : mais en se partageant en deux mots, *Graptys* & *Gramma*,

Celui de *Graptys*, offroit ces sens :
{ 1°. Une Incision en général.
2°. Une Incision sur le corps humain, une déchiquetture, ou scarification.
3°. Ces Caractères ou figures qu'on traçoit sur le corps humain en faisant des incisions sur la peau, & qu'on remplissoit de couleurs, comme chez les Sauvages.

UNIVERSELLE.

Celui de *Gramma*, offroit ceux-ci :
- 4°. Un Trait.
- 5°. Une Ligne.
- 6°. Une Lettre, parce qu'elles étoient sillonnées ou gravées profondément sur le marbre, &c.
- 7°. Un Tableau, une Peinture quelconque, qui sont formés de traits.

C'est de-là que nous sont venus nos mots GRAVER, avec toute sa famille ; GRAMMAIRE, ORTHO-GRAPHE, GREFFIER, GREFFER, MONO-GRAMME.

D'un autre côté, le verbe GRAPH-ein, signifiant écrire, s'altéra en passant chez les Latins : il se chargea de la sifflante s : A s'adoucit en *ai* & puis en *i* : PH en *b* : ainsi les Latins le prononcerent SCRAIB-ere, comme les Allemans qui le prononçant encore de même, disent SCHREIB-en, pour écrire ; & puis SCRIB-ere dont nous fîmes *scribe*, & *escribre*, *escrire* & enfin ÉCRIRE, qu'on ne croiroit jamais être frere de *graver*, & descendu d'un même pere.

Ce mot GRAB ou GRAPH tenoit lui-même à un mot plus ancien & primitif qui subsiste encore dans les Langues Orientales, le mot GRA, en Hébreu & en Arabe כרה KRAH ou *Krha*, qui signifie *incision* ; *faire une incision* ; & qui est lui-même une onomatopée, l'imitation du bruit que l'on fait en déchirant, en fendant, en faisant une entaillade ; que nous peignons par notre *Cri-Cra* ; & qui a formé un grand nombre d'autres familles.

C'est ainsi qu'en remontant à l'origine des mots, on voit qu'ils porterent toujours leur signification avec eux ; & que puisés dans la Nature, ils en eurent toujours l'énergie.

CHAPITRE III.

Définition de la GRAMMAIRE, & sa division en deux Classes.

LA GRAMMAIRE est donc le dévelopement des régles que l'Homme est obligé de suivre pour peindre ses idées.

Dans ce genre de peintures, l'on est dirigé nécessairement par deux points de vûe différens : il faut premierement, se conformer au modéle de cette peinture ; il faut secondement, le tracer d'une maniere qui soit intelligible à ceux dont on veut être entendu.

De-là résultent deux sortes de Grammaires : l'une, UNIVERSELLE ; l'autre, PARTICULIERE. L'une qui nous fait connoître tout ce qui doit entrer dans la peinture que nous faisons de nos idées, afin qu'elle soit conforme à son original : l'autre qui nous aprend les diverses couleurs que nous devons employer, afin de nous mettre à la portée de ceux dont nous voulons être entendus. Celle-là qui s'occupe du FOND du Tableau, ou des objets qui doivent y entrer : celle-ci qui traite des FORMES qu'on doit donner à ces objets : celle-là immuable comme la Nature dont elle est la copie ; commune à tous les siécles, & à tous les Peuples ; celle-ci variable à l'infini, & se prêtant au génie inconstant de chaque Peuple, de chaque siécle ; parce que la Nature qui oblige nécessairement les Peuples à se conformer à elle lorsqu'ils veulent l'imiter, sans quoi ils ne seroient plus que des portraits de fantaisie, les abandonne à leur propre génie dans la maniere d'exprimer cette imitation.

Ainsi, un même Tableau est exécuté de différentes manieres dans les diverses Écoles de Peinture, sans cesser d'être le même ; le fond est semblable, mais les formes varient sans cesse & portent toujours avec elles, l'empreinte particuliere du Peuple pour qui & chez qui ce Tableau fut exécuté.

Mais les Grammaires particulieres, effet de l'Universelle, ne doivent rien avoir de contraire à celle-ci ; aucun procédé chez elles dont on ne puisse rendre raison & dont on n'aperçoive la cause de la maniere la plus sensible, dès qu'on le combine avec les régles de la Grammaire Universelle, déterminées par le Génie particulier du Peuple chez lequel existe ce procédé.

CHAPITRE IV.

Exiſtence néceſſaire de la Grammaire Univerſelle.

Ceux qui ſont dans le cas d'étudier un grand nombre de Langues, ne tardent pas à s'apercevoir que les Grammaires particulieres de toutes ces Langues, ont un fonds commun par lequel elles ſe reſſemblent; & que lorſqu'on en a appris une, on a beaucoup moins de peine à apprendre les autres.

C'eſt ce fonds commun qui forme la Grammaire Univerſelle, qui la conſtitue.

Antérieure à toute Grammaire particuliere, elle les anime toutes, les dirige toutes, eſt le fondement néceſſaire de toutes.

C'eſt qu'elle n'eſt point l'effet du hazard, ni du caprice, & de la fantaiſie des Peuples: comment tous les Peuples ſe ſeroient-ils accordés dans une choſe arbitraire? Comment un même hazard ſe ſeroit-il répété conſtamment?

Puiſée dans la Nature, toujours la même, toujours invariable, & modéle de tout ce que les Hommes exécutent, cette Grammaire Univerſelle exiſte indiſpenſablement pour eux, dès qu'ils veulent peindre leurs idées: elle leur dicte impérieuſement ſes loix; & tandis qu'ils ſe croyent libres à cet égard, qu'ils s'imaginent être les Créateurs de l'art de peindre leurs idées, ils obéiſſent aux régles invariables que leur preſcrit la Nature.

En effet, tout modéle de peinture, dirige néceſſairement dans le choix des moyens propres à le peindre: ſans cela, on ne peindroit pas, ou l'on ne feroit qu'un portrait de fantaiſie qui ne repréſenteroit rien de réel. Le but pour lequel on peint ſes idées, ſeroit totalement manqué, puiſqu'on peindroit toute autre choſe, que ce qu'on auroit deſſein de peindre.

Pour peindre ſes idées, l'Homme n'eut qu'à ſe rendre attentif à ce qui étoit néceſſaire pour remplir ce but, & la Grammaire exiſta; & elle exiſta invariablement & pour tous les Peuples.

Quoiqu'elle ne fût point écrite, quoiqu'on n'en fît point d'étude, on obſervoit ſes régles, ſans s'en écarter jamais dans l'étendue des ſiécles, ſans les oublier, ſans les violer, parce que la Nature toujours la même, les faiſoit toujours connoître avec la même promptitude, & avec cette aſſurance qu'elle met dans toutes ses opérations : ensorte qu'on ne sauroit s'en écarter sans être mauvais peintre, ou sans se rendre inintelligible.

D'ailleurs, dès qu'on sçut peindre une idée, on sçut les peindre toutes : la même méthode qui avoit présidé à l'expression de la première, présida également à l'expression de toutes les autres : ainsi les préceptes de la Grammaire devenoient universels & invariables : on ne pouvoit plus s'en écarter, sans être en contradiction avec soi-même & avec la Société entiere.

CHAPITRE V.

Quels sont les Modéles qu'elle nous aprend à peindre.

Toute peinture est l'imitation d'un modéle, & l'art du Peintre consiste à rendre cette imitation aussi exacte qu'il lui est possible.

La Grammaire nous offre également des modéles à imiter, par cela même qu'elle est un art de peindre, & ces modeles sont les IDÉES.

Mais en quoi consiste une idée, & comment peut-on imiter des objets intellectuels tels que les idées qui n'ont point de corps, qui ne tombent pas sous les sens, dont on ne peut imiter les traits ? Questions importantes & sans la solution desquelles, la Grammaire ne pourroit avoir ni clarté ni précision.

Le mot IDÉE que les Latins & nous, avons emprunté des Grecs, signifie mot à mot une *image*, une *figure* ; les formes d'un objet : 2°. la connoissance ou la vue de ces formes, de ces images : 3°. tout ce qui se peint dans notre esprit, tout ce qu'il considere, tout ce qu'il se dit :

Soit qu'il se peigne un objet qu'il a sous les yeux.

Soit qu'il s'en rapelle le souvenir.

Soit qu'il s'occupe de quelqu'objet qui n'a aucun modéle hors de lui.

Ce mot s'est formé du mot ID, qui signifia *image*, vue, connoissance, d'où vinrent les mots Grecs,

Ἴδι, ID-e, il a vu, il vit.
ἰδί, ID-e, voyez, voilà.

ὑδω,

UNIVERSELLE.

ἴδω, EID-ó,
ἰδέω, ID-eó, } je vois.
εἰδέω, EID-eó, je fais.
εἶδος, EID-os, forme, figure ; 2°. visage, vue.
εἴδωλον, EID-olon, Statue, Idole, imitation de formes.
ἴδρις, ID-ris, savant, habile.

D'où vinrent aussi les mots Latins, VID-eo, je vois ; VIS-us, vue, &c. & nos mots *voir*, *vue*, *vision*, *idole*, &c. qui n'ont presque plus de raport pour le son avec le mot IDÉE.

Cette Famille tient elle-même à un mot primitif qui s'est prononcé ID, EID, AID, AD, qui signifie la main, & qui a donné des dérivés à une multitude de Langues. En effet, nous ne voyons, nous ne connoissons dans le sens physique, que ce qui est sous notre main, que ce que nous pouvons manier, toucher, tourner & retourner sous toutes ses faces : aussi des Aveugles ont été habiles Statuaires, parce que la main suffit pour connoître & pour imiter les formes des corps.

Mais tout ce que notre esprit considere, tout ce qui lui est présent, s'y présente & l'affecte toujours d'une certaine maniere : c'est par-là qu'il y trouve de l'attrait ; qu'il distingue cet Être des autres, qu'il existe pour lui.

Ce sont les qualités qu'il y aperçoit qui le rendent attentif, qui décident de l'idée qu'il s'en forme, & du raport qu'il y découvre avec lui-même ou avec les autres Êtres.

Comment décidons-nous en effet de la bonté des Êtres, si ce n'est par les bons ou les mauvais effets que nous en voyons découler ? Le même objet ne sera-t-il pas bon & mauvais tout à la fois pour diverses personnes, selon qu'elles en éprouveront du bien ou du mal ?

Le SOLEIL, par exemple, nous affecte par son éclat, par sa chaleur, par sa forme, par sa place, &c. nous en aurons donc l'idée, lorsque nous nous le représenterons comme un Globe élevé & brillant, qui éclaire & échauffe l'Univers.

L'EAU nous affecte par sa limpidité, par sa fluidité, par sa vertu désaltérante ; nous en aurons l'idée, lorsque nous nous la représenterons sous ces qualités qui lui sont propres.

Nous aurons l'idée d'un ROI, lorsque nous nous le représenterons comme le Chef suprême & unique d'une société nombreuse & Maître d'une vaste Contrée.

Nous aurons l'idée de la GRAMMAIRE, lorsque nous nous la représenterons comme l'assemblage des régles par lesquelles nous peignons nos idées & les rendons sensibles à nos semblables.

Ainsi nous ne nous représenterons jamais un objet, sans l'accompagner des qualités par lesquelles il nous affecte, qui font qu'il est cet objet, & non un autre; qui forment ses caractères distinctifs, son essence en quelque sorte.

On ne sauroit se représenter une Montagne, sans son élévation ; une Vallée, sans son enfoncement ; une Mer, sans la vaste étendue de ses Eaux.

Observons que les idées ne naissent pas toujours des objets extérieurs; nous en avons qui viennent de notre ame elle-même ; qui sont produites par la considération de notre état intérieur, de ce qui se passe au dedans de nous-mêmes ; qui donnent la connoissance de notre état actuel. Car telle est l'excellence de notre nature, que nous ne recevons pas seulement les impressions des objets extérieurs ; mais que nous connoissons aussi notre propre état, que nous devons une partie de nos idées à l'impression des objets intérieurs qui se font sentir en nous ; à cette puissance active de notre ame qui agit sur elle-même : ainsi le sentiment de nos besoins fait naître diverses idées en nous : ainsi nos affections, nos désirs, nos volontés, &c. nous occupent tour-à-tour, & nous élévent à des idées fort différentes de celles que nous devons aux objets extérieurs.

On peut dire, que par raport à la premiere de ces deux classes d'idées, nous sommes passifs ; & que relativement à la seconde, notre ame y déploye toute sa puissance active.

Ainsi, les idées que nous avons du Soleil, de l'Eau, de tous les objets physiques, &c. sont en quelque sorte des idées passives ; car elles nous sont données par la contemplation ou par la vue de ces objets extérieurs.

Tandis que les idées relatives aux besoins, aux désirs, à la volonté, sont actives, en ce qu'elles naissent de la considération de nous-mêmes, & par cette faculté que nous avons d'agir par nous-mêmes, indépendamment de tout objet extérieur.

Par-là, deux Mondes s'ouvrent en quelque sorte à nous : le Monde Physique, qui nous donne l'idée de tout ce qui est extérieur, de tout ce qui tombe sous les sens.

Et le Monde Intellectuel, qui nous donne l'idée de tout ce qui est intérieur, qui nous dévelope notre esprit & ses facultés ; qui renferme la connoissance de tout ce qui n'est pas physique.

Et tous les deux sont la source féconde des modéles divers que la Grammaire nous aprend à imiter, & des Tableaux qui en résultent.

CHAPITRE VI.

Comment la Grammaire nous aprend à imiter & à peindre ces modéles.

Il ne suffit pas d'avoir des idées, & de savoir en quoi elles consistent : il faut encore, & c'est ici où naît pour nous la Grammaire, où elle vient nous prêter son secours ; il faut connoître les moyens par lesquels nous pourons communiquer nos idées à nos semblables, & devenir participans des leurs ; faire un commerce réciproque d'idées ; en donner & en recevoir.

Rien ne seroit plus aisé, si nos idées étoient des objets corporels qui fussent hors de nous : mais elles sont dans notre esprit ; elles sont notre esprit lui-même affecté dans ce moment d'une certaine maniere : on ne peut donc transmettre ces idées au dehors de soi, comme on transmet un objet physique ; elles ne seront cependant pas perdues pour les autres, dès que cela leur deviendra nécessaire, à eux ou à nous ; nous trouverons dans notre génie, dans nos organes, dans les facultés dont nous doua la Divinité, les moyens nécessaires pour faire passer dans l'esprit des autres hommes les idées qui nous occupent, nos désirs, nos volontés, nos connoissances, le feu de notre génie, la profondeur de nos pensées ; pour leur dévoiler notre esprit, & le leur montrer comme à découvert, soit que des objets extérieurs l'affectent, soit qu'il se replie sur lui-même & qu'il soit la propre cause de ses idées.

Ces moyens consistent dans la peinture de ces idées par des signes correspondans à ces idées & qui affectent l'esprit de nos semblables de la même maniere que nous sommes affectés, en leur présentant les objets qui sont la cause de nos idées, & en les leur faisant voir précisément sous ces mêmes raports.

Et afin que cette peinture produise exactement les effets que nous en attendons, nous serons dirigés par la Grammaire. Elle nous dit :

Parlez aux autres comme vous vous êtes parlé : que les signes que vous employerez dans cette vue, produisent sur leur esprit, par leur valeur & par leur arrangement, le même effet que produit sur le vôtre la considération de l'objet qui vous occupe & dont vous voulez leur donner la connoissance.

Si ce font des mots que vous employez pour cela, que les uns expriment les objets qui vous frapent; que d'autres peignent les effets que ces objets produifent fur vous; que des troifiémes fervent à unir tous ceux-là en marquant leurs raports; & qu'il en réfulte un Tout lumineux qui peigne votre idée à l'efprit de vos femblables avec la même exactitude & la même précifion, qu'elle eft peinte dans votre efprit par la vue des objets qui la firent naître : que ce tableau foit une glace, qui réfléchiffe dans leur efprit l'état actuel du vôtre.

Par cette imitation, on marche d'une maniere fûre dans la peinture de fes idées, parce qu'elle ne renferme rien d'arbitraire, parce qu'elle eft exactement conforme à fon modéle, parce qu'elle eft la peinture fimple & fidelle de l'idée, qu'elle en eft en quelque forte la réflexion.

Et ces procédés font de tous les Peuples, & de tous les Tems, parce que dans aucun tems, dans aucun lieu & dans aucune Langue, on ne peut peindre une idée que par fes dévelopemens, que par la diftribution des diverfes parties qui la conftituent & qui font elles-mêmes les dévelopemens des objets dont on a l'idée.

CHAPITRE VII.

En quoi la Grammaire différe de la Logique & de la Rhétorique, relativement à la peinture des idées.

La Logique a un fi grand raport avec la Grammaire, que des *Savans* diftingués ont fouvent emprunté de l'une des principes pour expliquer l'autre; & qu'il femble que la Grammaire foit fondée fur une Logique naturelle, que l'homme aporte avec lui. Toutes les deux s'occupent en effet d'idées, de ce que l'homme fe dit, de ce qu'il dit aux autres : mais elles envifagent ces objets fous des faces différentes.

La Grammaire ne s'occupe que de l'expression des idées.

La Logique en examine la vérité.

La Rhétorique y met le coloris néceffaire.

La Grammaire nous aprend à peindre nos idées, telles qu'elles exiftent dans notre efprit.

La Logique, à les rendre telles qu'elles doivent être pour avoir la plus parfaite conformité à leurs modéles.

La Rhétorique, à les peindre de la maniere la plus propre à réveiller l'attention, & à émouvoir.

Elle parle au cœur & à l'imagination qu'elle ébranle & qu'elle touche par la beauté & la richeffe de l'image, tandis que les deux autres parlent à l'efprit & à l'entendement qu'elles éclairent par la préfentation fimple & nue de l'image & par fa vérité.

L'une cherche à rendre les idées avec toute la fidélité poffible.

L'autre, à leur donner toute la certitude poffible.

La troifiéme, à en faire un Tableau animé, auffi pittorefque & auffi énergique qu'il fe peut.

Toutes font néceffaires & intéreffantes, parce que de leur réunion réfulte la communication des idées, la plus parfaite, la plus agréable & la plus conforme à la Nature, qui ne fe contente pas de donner l'éxiftence aux Êtres, mais qui les accompagne de toutes les graces & de tout l'embelliffement dont ils font fufceptibles : de même, plus on peut rendre une idée exacte dans fon expreffion, conforme à la vérité dans fon enfemble, harmonieufe & agréable dans fes dévelopemens, & plus on remplit le but de la parole.

La GRAMMAIRE précedera toutes les autres ; car afin de pouvoir décider fi l'on fe forme des idées vraies des objets, il faut avoir des idées & être en état de les exprimer : il faut pouvoir fe parler, afin d'être en état de juger fi l'on fe parle bien : & il faut s'être affuré qu'on s'eft bien parlé, qu'on a aquis des idées vraies, avant de chercher à les faire goûter & rechercher des autres : c'eft abufer du difcours que d'embellir la fauffeté, des charmes de la vérité.

La Logique & la Rhétorique fuivront donc la marche & les procédés de la Grammaire, puifqu'elles ne viennent qu'après elle.

La Grammaire ayant apris à préfenter une idée dans tout fon enfemble, à la préfenter avec toutes fes parties, à défigner l'objet qui l'occafionne, les qualités qu'on y aperçoit & qui en conftituent l'idée, & à les lier d'une maniere qui en faffe un Tout, la Logique examine fi l'on a envifagé en effet par-là cet objet fous fon véritable point de vue ; & la Rhétorique orne ce point de vue, cette perfpective, de tous les agrémens dont elle peut être fufceptible.

Ainfi plus l'on aura de juftes idées de la Grammaire, plus il fera aifé de simplifier & de se former de saines idées des deux autres arts avec lesquels nous ne la comparons ici, qu'afin d'avoir un principe propre à distinguer dans la suite tout ce qui est du ressort de la Grammaire, de ce qui apartient aux deux autres; & sur-tout à la Logique, avec laquelle il est si aisé de confondre son méchanisme.

CHAPITRE VIII.

Diverses manieres dont on peut peindre ses idées.

TEL est le Génie de l'Homme, telles sont les ressources immenses que lui ménagea la Divinité, afin qu'il pût pourvoir à ses besoins, de quelque nature qu'ils fussent, que l'on pût peindre ses idées d'un grand nombre de manieres différentes.

A ceux qui sont près de nous, nous les peignons de deux manieres. Par des SONS que nous prononçons, composés d'une suite de mots ou de signes vocaux qui correspondent parfaitement aux idées que nous voulons peindre, & qui en tracent l'imitation fidelle dans leur esprit.

Nous les peignons, en second lieu, par des gestes de la main, de la tête, &c. qui correspondent également à nos idées; & qui font connoître, à ceux qui les aperçoivent, les idées dont nous voulons leur donner la communication.

Ces gestes sont même de deux espéces très-différentes : les uns libres & naturels, tels que ceux qu'on emploie dans la conversation, ou dans les récits.

Les autres, plus aprofondis, plus recherchés, & qui tiennent lieu de mots, de syllabes & de tout signe vocal, par leur parfaite correspondance avec ces signes.

L'on se sert de ces derniers avec les Sourds, tandis qu'on emploie les premiers avec ceux qui entendent, afin qu'ils comprennent mieux : souvent même on ne les emploie qu'avec ceux-là seuls qui peuvent les voir, afin qu'ils sachent notre idée de préférence à tous ceux qui les entendroient si on les peignoit par des signes vocaux.

Ces deux sortes de signes, ceux de la parole & ceux du geste naturel, sont aussi différens par leurs effets qu'ils le sont par leur nature. Les derniers font plus prompts, plus animés, plus rapides dans leurs effets : les premiers font plus exacts, plus sûrs, plus dévelopés : ils détaillent mieux l'idée : ils la présentent avec plus de précision & la font infiniment mieux connoître.

Les uns sont plus propres pour peindre les idées dont on est vivement affecté, & qui demandent d'être peintes avec la plus grande rapidité, pour obtenir un secours pressant.

Les autres sont plus propres à peindre les idées qui tendent à instruire, à éclairer, à agrandir l'ame & à l'élever.

Mais ces signes, soit vocaux, soit du geste, ne sont que pour le moment actuel : & même ils sont resserrés dans un espace très-étroit, & bornés à un petit nombre de Personnes.

Il falloit donc en avoir d'autres par lesquels on pût se faire comprendre de ceux auxquels on ne pouvoit se faire entendre, à cause de leur absence ; & par lesquels les Instructions qu'on avoit à donner, pussent passer d'une génération à une autre & de Peuples en Peuples, afin que l'Univers sût les choses importantes qu'on avoit à lui dire pour son avantage ; & que les lumières d'un siécle ne fussent pas perdues pour le siécle suivant.

Dans cette vue, on inventa des signes permanens, pris d'Objets corporels, arrangés ou tracés de manière à présenter des Tableaux qui rapellassent toujours les idées qui y étoient attachées.

C'est ainsi qu'on peut peindre ses idées avec des vases à fleurs, arrangés de différentes manières, mais auxquels on ne peut se méprendre.

C'est ainsi que divers Peuples anciens transmettoient leurs connoissances à la postérité, par le moyen de fils de diverses couleurs arrangés & noués d'une manière propre à dire tout ce qu'on vouloit.

C'est ainsi que d'autres peignirent les Objets même sur des corps solides ; & que depuis quelques milliers d'années, les Peuples d'Asie & d'Europe ont des Caractères alphabétiques qui, étant peints sur le papier, réveillent les mêmes idées que les signes vocaux dont on se serviroit.

Cette dernière Méthode a même fait disparoître les autres dans toutes les Contrées savantes, parce qu'elle leur est infiniment supérieure à tous égards.

Mais, comme il n'y a pas deux choses parfaitement égales sur la Terre, & que les avantages & les désavantages sont toujours compensés, la peinture des idées par signes vocaux & par gestes, & celle des idées par Caractères tracés, ont chacune des avantages & des désavantages différens.

Si la première est perdue pour les momens futurs, elle est plus vive, plus animée, plus agréable pour la Société.

Et si la dernière transmet les idées aux tems les plus reculés, elle n'a rien d'animé, rien de vif; c'est le silence de la solitude, c'est la profondeur de la nuit, c'est le froid des glaces du Nord; c'est la vérité dépouillée des graces du sourire, des charmes de la voix, du feu de la conversation, des effets du son qui changent totalement l'expression des idées.

Ajoûtez à cela les révolutions des siécles qui font périr ces monumens, ou qui les rendent plus obscurs en faisant perdre, en tout ou en partie, la valeur des mots qui les composent, & sur-tout la connoissance des choses auxquelles on y fait allusion & sans lesquelles on ne sauroit cependant les entendre.

CHAPITRE IX.

Que la Grammaire Universelle préside à ces diverses manieres de peindre.

M AIS de quelque manière qu'on peigne ses idées, il faut qu'elles soient toujours assorties aux régles de cette Grammaire Universelle qui préside à la peinture des idées, qui nous aprend en quoi consiste, à cet égard, l'imitation la plus parfaite de la Nature.

En effet, les règles à suivre dans toutes ces Méthodes doivent être les mêmes, puisque ce ne sont que diverses manières de peindre le même objet: il doit se retrouver dans toutes, toutes doivent exprimer la manière dont il nous affecte, les idées que nous nous en faisons, les qualités que nous y voyons: toutes doivent mettre l'accord le plus parfait entre ces diverses parties d'un même tout.

Ainsi, soit que nous parlions, soit que nous écrivions, nous le faisons d'après les mêmes principes: il en est de même des autres.

Les Sourds & les Muets auxquels on aprend actuellement d'une manière aussi belle que simple, à entendre & à composer en quelque Langue que ce soit, & dont on ne peut voir les exercices sans attendrissement, n'ont pas eu d'autre instruction. Non-seulement on leur a apris à exprimer leurs idées par le geste & par l'écriture, en diverses Langues; mais on les a élevés jusques aux principes qui constituent la Grammaire Universelle, & qui pris dans la Nature & dans l'ordre des choses, sont invariables, & donnent la raison de toutes les formes dont la peinture des idées se revêt chez chaque Peuple, ou dans chaque Méthode différente.

CHAPITRE X.

CHAPITRE X.

Des qualités que doit avoir la peinture des idées, & qui deviennent la base de la Grammaire.

Afin que la peinture de nos idées produise les effets auxquels elle est destinée, il faut qu'elle se raproche le plus qu'il est possible de l'idée elle-même; qu'elle revête ses qualités essentielles.

L'idée est claire, vive & rapide, c'est l'éclat & la rapidité de l'éclair; sa peinture doit avoir les mêmes qualités: elle doit être lumineuse, énergique, & aussi prompte qu'il est possible: de-là, la marche entière de la Grammaire, puisqu'elle doit tendre à peindre les idées de la manière la plus parfaite.

Ainsi, nos phrases, peinture de nos idées, doivent revêtir la plus grande clarté; n'avoir rien d'obscur & d'équivoque: chaque portion en doit être bien dessinée, tranchante & distincte.

Plus elles seront claires, & plus elles seront susceptibles d'énergie: y en a-t-il dans les discours obscurs? Ils ne parlent ni aux yeux ni aux oreilles: ils n'ont donc nulle efficace.

Ce n'est pas tout: l'idée d'un objet se peint dans notre esprit, tout à la fois, d'un clin d'œil; il seroit donc à désirer, qu'elle pût être rendue avec la même rapidité; cela seroit d'autant plus nécessaire, que les Hommes réunis en Société & liés les uns avec les autres, ont une multitude d'idées à se communiquer, & qu'on a outre cela autant d'impatience à savoir promptement ce qu'on nous veut dire, qu'on en a à le dire.

L'on fera donc succéder les paroles avec rapidité; mais comme cela n'est pas encore suffisant, on économisera encore sur le nombre des paroles; on suprimera toutes celles qui ne seront pas absolument nécessaires pour la clarté du Discours, toutes celles qui pourront se supléer par l'ensemble, & souvent l'on mettra deux ou trois mots en un seul, pour aller plus vite.

De-là naîtront des façons de parler singulières, & dont il semblera qu'on ne peut pas rendre raison, & qu'elles ne sont que l'effet de l'usage, tandis qu'elles seront autant d'ELLIPSES ou de Phrases abrégées; & dont une partie n'a disparu, que parce qu'elle n'auroit rien ajouté à la clarté de la phrase en l'allongeant.

Gram. Univ.   C

Ce qui donne lieu aux Phrases & aux Formules elliptiques qui reviennent continuellement dans le Discours, & dont il faut connoître les causes, si l'on veut avoir une idée nette de la Grammaire & de ses procédés, souvent obscurs, parce qu'on ne faisoit pas assez d'attention à la vaste influence de ce vœu de la parole.

Nous pouvons donc, relativement à la définition de la Grammaire que nous avons dit nous donner les régles nécessaires pour peindre nos idées, ajoûter ceci : Pour les peindre de la manière la plus claire, la plus énergique et la plus rapide.

CHAPITRE XI.
Utilités de la Grammaire Universelle.

LA Grammaire Universelle, qui nous enseigne à peindre nos idées, dont les régles, données par la Nature même, sont constantes & invariables, & l'effet nécessaire de la manière dont notre esprit se représente les Objets, réunira les plus grands avantages ; sa connoissance deviendra nécessaire pour tout le monde, puisqu'il n'est personne qui ne soit appellé à peindre ses idées, & qui n'y soit apellé par les plus pressans motifs, par celui de son propre bonheur.

1°. Elle nous procure la satisfaction, si sensible pour un Etre pensant, de pouvoir nous rendre raison de la manière dont s'opère cette peinture merveilleuse des idées, à laquelle nous devons tant d'avantages, tant de plaisir, soit par l'agrément de pouvoir exprimer nos propres idées de la manière la plus énergique & la plus capable de plaire, soit par le spectacle brillant & les ressources infinies que nous trouvons dans celles des autres, si nombreuses, si variées, si instructives, si consolantes. D'ailleurs n'est-il pas digne de l'Homme de faire un aussi bon usage de sa raison, de rechercher comment il parvient à dévoiler ainsi le plus profond intérieur de son ame, à éprouver le même avantage de la part des autres, à n'être pas une Enigme indéchiffrable à lui-même, en ignorant la nature de ses procédés à cet égard ?

2°. Ce n'est même qu'en connoissant de quelle manière il peint ses idées, qu'il sera en état de perfectionner ses procédés ; de s'en rendre l'exercice plus aisé ou plus utile, d'en faire l'objet de ses méditations, d'en raisonner avec les autres, de profiter de leurs obfervations & de les fuivre dans leurs dévelopemens. Peut-on en effet parler d'un Art dont on ignore les termes & les procédés, & fur lequel on n'auroit jamais réfléchi ? A plus forte raifon, pourroit-on contribuer à fa perfection en la moindre chofe ?

3°. Elle devient ainfi la Science du Philofophe & du Savant, qui fe diftinguent par-là du fimple Maneuvre qui opére comme eux, parce qu'il a vu, par fon expérience ou par la direction des autres, qu'on réuffit en employant telle ou telle Méthode ; mais qui, forcé de s'en tenir aveuglément à ces procédés, ne peut s'en rendre raifon, ni les perfectionner, ni fe fervir de fon expérience à cet égard pour réuffir dans d'autres Sciences ; encore moins pour donner de l'extenfion & de la force aux facultés de fon ame, qui fans ceffe affervie, par des procédés dont elle ne peut voir les caufes ni calculer les effets, feroit égarée pour toujours dès qu'elle s'écarteroit un inftant du chemin battu.

Il eft vrai qu'en fait de peinture des idées, nous fommes obligés de marcher avec tout le monde, puifque les régles de cette Peinture font communes à tous, fans quoi l'on ne parleroit, l'on ne peindroit que pour foi ; mais cela n'empêche pas que la connoiffance de ces régles ne nous foit très-avantageufe, puifqu'elle feule nous met en état d'analyfer les Tableaux de la Parole, de les comparer avec leurs Modéles, de voir en quoi ils excellent ou en quoi ils font défectueux, d'en fentir l'énergie & la beauté, de les juger, en un mot ; d'en retirer par-là même de plus grands avantages, & de nous mettre en état d'en compofer de très-fupérieurs à ceux que nous aurions tracés fans cela ; de nous élever toujours au-deffus de nous-mêmes.

4°. Cette étude eft très-propre en effet à donner une grande étendue à notre entendement, en le formant par l'analyfe qu'il lui offre & par l'habitude d'obfervation qu'il lui fait prendre ; en le préparant aux recherches les plus profondes, & aux raifonnemens les plus abftraits ; en lui fervant de bafe pour la Rhétorique, pour la Logique, & pour toutes les connoiffances dans lefquelles il faut procéder par l'analyfe & par la confidération de leurs principes.

Quelle étude eft effectivement plus abftraite, plus métaphyfique en elle-même, plus éloignée du reffort des fens, que l'analyfe des Tableaux de nos idées ? Ne foyons donc pas étonnés fi jufques ici elle a paru fi difficile à faifir, & fi l'on a mieux aimé aprendre à parler fans régles, que d'être arrêté par des régles embarraffantes, qui demandoient trop de contention d'efprit, & dont on ne fentoit pas la néceffité & l'importance.

5°. C'eft fur-tout dans l'étude des Langues étrangères, que la Grammaire nous procure de très-grands avantages. Elle se suplée aisément quand il s'agit d'aprendre sa Langue naturelle, parce qu'on a le tems de s'instruire par l'usage, parce qu'on n'est occupé que d'un petit nombre d'objets à la fois, parce qu'on est soutenu par le feu, le charme & l'énergie de la conversation. Il n'en est pas de même dans l'étude des Langues étrangères.

Ici tout étonne, tout embarrasse, tout arrête ; on est dans un Monde nouveau qui n'a rien de commun avec celui auquel on étoit accoutumé ; on voit tout à la fois une multitude d'objets différens ; ils s'offrent à nous de la manière la plus triste, la plus fastidieuse, la plus pénible ; on n'a plus le tems de s'y livrer par la routine seule, sur-tout lorsqu'on en doit aprendre plusieurs ; il faut nécessairement alors réunir toutes ses forces, suppléer par l'imagination aux charmes que le discours ne peut offrir à nos yeux obscurcis, secourir la mémoire par le jugement, compenser le tems par la vivacité de l'observation & par la vaste étendue de ses effets ; que chaque pas soit accompagné de sa raison.

Marchant alors au sein même de la lumière, réunissant le secours de toutes ses facultés, on ne sera jamais égaré, jamais perdu ; on ira très-vîte parce qu'on ne trouvera rien qui arrête, & l'on marchera en assurance parce qu'on ne craindra point de s'égarer.

C'est la seule marche digne d'un Etre raisonnable, qui doit être toujours en état de se rendre raison de tous ses pas. Sans elle, il sera toujours dans une nuit obscure ; & se traînant pésamment dans la fange, il suivra, sans génie, une route battue. Une Langue aprise ne lui sera d'aucune utilité pour en aprendre une autre : toujours obsédé par des détails, pourroit-il s'élever à des Principes généraux & universels qui ramenassent toutes les Langues à une marche commune, lui en aplanissent toutes les difficultés, & les réduisissent à de simples comparaisons entre ce qui est & ce qui doit être ?

A quoi serviroit la raison, si on ne l'employoit dans les choses difficiles & dans l'acquisition des connoissances auxquelles on se dévoue ? & dès qu'on pourra, par son moyen, parvenir à une supériorité à laquelle on ne sauroit s'élever sans cela, par quel motif s'y refuseroit-on ?

CHAPITRE XII.

Pourquoi ces avantages n'ont pas été aussi sensibles jusques à présent.

Nous devons cependant convenir, que jusques à présent l'on n'a point retiré de la Grammaire les avantages que nous lui attribuons ; on n'y voit point ces principes généraux qui en devroient être la base ; on n'aperçoit pas entre l'amas immense de régles qu'elle nous offre, cette liaison intime qui devroit les unir, & en faciliter l'étude ; on diroit qu'elles sont étonnées de se trouver à côté l'une de l'autre ; qu'elles n'ont aucune cause nécessaire ; qu'elles furent uniquement l'effet de l'habitude & de l'usage : on n'y aperçoit qu'un moyen lent & pénible, d'exécuter tristement ce que l'usage nous aprendroit à faire aussi bien & plus agréablement ; & après les avoir aprises avec un dégoût extrême, on les oublie sans regret en déplorant les jours précieux perdus à cette étude.

Ceux donc qui jugeront de l'utilité de la Grammaire Universelle & de son influence sur les Grammaires particulieres, par l'expérience du passé, seront sans doute fort étonnés de ce que nous venons de dire ; ils s'imagineront qu'une prévention aveugle, nous fait outrer les avantages que nous apercevons dans ce genre de connoissance.

Nous n'en serons pas surpris : ils étoient fondés dans l'opinion désavantageuse qu'il avoient de ces Livres élémentaires, par le peu d'effet qu'ils produisoient, par leur obscurité profonde, par le voile qu'ils laissoient sur l'origine & la raison des diverses Parties qui les composent ; parce qu'ils ne parloient jamais qu'à la mémoire & point au jugement ; parce qu'après les avoir apris par cœur, on ne pouvoit se rendre raison de rien, & qu'il en falloit toujours revenir à l'usage, comme au meilleur guide.

On connoissoit même si peu les vrais principes des Langues & le caractère distinctif de chaque Grammaire particuliere, qu'on nous a donné pendant long-temps pour Grammaires Françoises des Ouvrages absolument calqués sur les Grammaires Latines.

Il est vrai que dans ces derniers tems, on a senti vivement combien il importoit de réformer des abus aussi étranges ; & l'on a vu paroître des Grammairiens distingués qui abjurant tout préjugé, nous ont enfin donné des Grammaires véritablement propres à la Langue Françoise.

GRAMMAIRE

Et comme l'on a reconnu qu'il étoit impossible d'éclaircir les Élémens des Langues sans remonter à des principes généraux, l'on s'est encore élevé à des Grammaires générales & raisonnées, dans lesquelles on a cherché à remédier à ces inconvéniens : on a mieux connu dès-lors le vrai génie de la Grammaire, on en a mieux dévelopé les causes & les effets ; on a été assuré que l'usage, auquel on étoit obligé de se conformer sans cesse en fait de Langues, avoit toujours pour base une raison qui en devoit rendre la connoissance aisée ; l'on a beaucoup moins apris la Grammaire par le seul secours de la mémoire, & l'on a pu raisonner mieux qu'on ne faisoit sur la plûpart de ses objets.

Cependant ces nouveaux Ouvrages, quelqu'intéressans qu'ils soient, n'ont pas produit les grands effets qu'on en devoit naturellement attendre, & on n'en a pas vu résulter tous les avantages que nous attribuons à la Grammaire & qu'elle doit nécessairement produire, parce qu'ils ont été écrits d'une maniere trop didactique ; ce qui étoit inévitable dans des Ouvrages de recherches & où il falloit justifier sans cesse la nouvelle route qu'on suivoit ; & parce, sur-tout, qu'on n'a point pensé de réformer d'après eux, les Grammaires particulieres, qui n'en sont pas devenues plus claires & plus commodes.

Il étoit impossible d'ailleurs de s'élever dans ces dernieres, aux principes universels de la parole : le champ resserré de ces Grammaires ne pouvoit le comporter ; & celles dont l'étendue embrassoit ces principes universels, laissoient encore beaucoup à désirer à cet égard, parce qu'elles nous aprenoient plutôt ce qui étoit, que les raisons de ce qui étoit.

C'est qu'on partoit en général de ce principe, que les Langues étoient arbitraires, l'effet du hazard & de la convention : principe funeste, dont il ne pouvoit résulter un Livre élémentaire vraiment utile, & qui présentât les premiers principes du langage, qui suposent nécessairement qu'il n'a rien d'arbitraire, & que l'usage, tout despote qu'il est, leur est absolument subordonné.

Mais dès qu'on supose, au contraire, que les Langues ne purent être l'effet du hazard, dès qu'on est parvenu à les lier entr'elles, dès qu'on regarde la parole comme la peinture exacte & nécessaire des idées, on doit voir naître toutes les parties diverses qui entrent dans cette peinture, on en doit voir les causes : ces causes doivent être prises dans la Nature même ; & invariables comme elle, elles doivent donner la raison de tous les usages qui y ont raport.

UNIVERSELLE.

La Grammaire doit devenir dès-lors très-simple, très-claire ; dégagée de toute sa métaphysique, elle doit être toute en action ; par-là même, autant à la portée de ceux qui commencent l'étude des Langues, qu'elle étoit auparavant au-dessus de leurs forces. Loin de les rebuter, de les reculer, elle doit les attirer, & leur faire faire des progrès sensibles : elle doit être pour eux un flambeau qui les éclaire, qui dissipe les nuages dont l'usage seroit environné sans lui ; & qui parlant à leur jugement & à toutes les facultés de leur ame, la rende infiniment plus propre à sonder les profondeurs des Langues, à aplanir les difficultés qu'elles offrent & qui affligent, par leur incertitude, ceux même qu'elles ne peuvent rebuter.

Tel est le point de vue sous lequel nous envisageons la Grammaire, & d'après lequel nous avons dirigé nos recherches : nous donnons donc ici le fruit d'une longue suite d'observations, commencées dès le moment où voulant faire usage de ce que nous venions d'aprendre dans notre jeunesse, nous nous aperçumes qu'il étoit impossible de rendre raison d'une Langue quelconque avec le peu de secours qu'on avoit : dès ce moment, nous cherchâmes quelque chose de mieux ; en essayant aussi de mettre à profit tout ce qu'on a donné depuis ce tems-là sur une matiere aussi intéressante. La masse de nos autres recherches sur les Langues & sur l'origine de leurs mots, nous a également donné une grande facilité pour nous élever à ces premiers principes de la parole, sans lesquels il ne peut exister de Grammaire où la clarté & la simplicité soient réunies à la profondeur ; qui éclaire réellement l'usage, & qui serve pour toutes les Langues.

Nous trouverons notre tems bien employé, si le Public aplaudit à nos vues, & si nos Lecteurs se convainquent par la lumiere qu'ils y trouveront, qu'il existe en effet une Grammaire Universelle qui régle le langage, qui domine l'usage & dont la connoissance produit tous les effets que nous lui avons attribués.

CHAPITRE XIII.

Des Grammaires particulieres & de leurs causes.

L'Origine des Grammaires particulieres & leurs raports avec la Grammaire-Universelle, ne sont pas des problêmes moins intéressans que celui de la Grammaire Universelle : si des principes communs du langage donnent des loix à tous les Peuples, comment tous les Peuples différent-ils dans leurs Grammaires ? & si les Peuples obéissent à des régles différentes de langage, que deviennent ces prétendus principes universels que nous reclamons ?

Cette question qui paroît si embarrassante, n'est cependant pas difficile à résoudre. Toutes les Grammaires, de quelque Langue qu'elles soient, s'accordent sur leurs principes généraux, sur ces loix, sans lesquelles il n'y auroit point de Langue, point de Grammaire, point de peinture d'idées : principes pris dans la nature des idées, puisées elles-mêmes dans l'Univers qu'elles peignent à notre esprit, tandis qu'il est conforme lui-même aux idées éternelles qu'en eut l'Etre suprême.

Ces principes nécessaires, dirigent les tableaux de la parole, dans quelque tems & en quelque lieu que ce soit : tous portent leur empreinte ; mais si les Nations n'ont jamais pu s'écarter de ces loix, si elles ont été forcées de suivre leur impulsion, elle ont pu se livrer à leur propre génie dans la maniere d'exécuter ces loix, dans l'emplacement à donner aux diverses parties d'un tableau, dans les formes dont elles pouvoient être susceptibles, dans le plus, ou dans le moins de force avec laquelle on les dessine.

Ainsi, tout arrangement dans la peinture des idées qui n'en détruit pas l'ensemble & la clarté, est conforme à la Nature, & est dans la Nature; ainsi, toutes les formes qui résultent de ces divers arrangemens, sont dans le vœu de la Grammaire Universelle.

C'est que la Nature, simple dans ses principes, & économe dans ses loix, étale les plus grandes richesses dans l'aplication de ces principes, & dans l'exécution de ces loix : & qu'elle est aussi variée dans les formes, qu'elle est constante dans ce qui leur sert de base.

Tout arrangement supose, en effet, un goût qui y présida : mais, ce goût n'est point donné en particulier par la Nature : quoiqu'elle fasse sentir la nécessité de l'ordre & d'une distribution claire & exacte de tout ce qui doit entrer

dans

dans le tableau d'une idée, elle laisse au génie & au goût de chaque Peuple, les arrangemens particuliers dont ce tableau peut être susceptible, pourvu qu'ils ne soient pas en contradiction avec ses principes: de-là, le spectacle intéressant d'un même tableau exécuté de tant de maniéres différentes, & qui paroissent n'avoir rien de commun.

C'est le choix que chaque Peuple a fait d'un arrangement qui lui est propre, qui constitue l'usage, & qui devient l'origine des Grammaires particulieres qui n'en sont qu'un résultat; & c'est cet usage qui force à le suivre tous ceux qui voudront se faire entendre de ceux qui s'y conforment & qui ne peignent que d'après lui, parce qu'on ne seroit pas entendu si l'on s'en écartoit; qu'on ne parleroit que pour soi; ou que les tableaux qu'on traceroit déplairoient, parce qu'ils ne seroient pas à l'unisson des autres, parce qu'ils choqueroient par des traits qu'on ne pourroit saisir, ou qui ne seroient pas conformes au goût généralement adopté & qui a seul l'avantage de plaire.

Autant il pouvoit être indifférent d'adopter dès les premiers instans, telle ou telle maniere de peindre ses idées, autant est-il indispensable de se conformer dans la suite à la maniere qu'on a adoptée, parce qu'on n'en peut changer impunément; il seroit même absurde d'entreprendre de changer dans l'art de la parole un usage devenu universel, & qu'on ne pourroit réformer que par des peines & des travaux immenses dont l'utilité seroit peu sensible; bien loin de dédommager des soins qu'on se seroit donnés.

C'est par cette raison que les Langues, qui sont l'inconstance même dans leur prononciation, & dans la masse de leurs mots, qui abandonnent les uns, en altérent d'autres, en forment ou en empruntent sans cesse de nouveaux, sont invariables dans leurs usages grammaticaux, dans l'art d'arranger la peinture de leurs idées. C'est qu'un mot changé ne détruit rien, n'ôte rien à la beauté & à l'intelligence du tableau, tandis que la tournure d'une phrase & ses formes, ne peuvent changer sans qu'elle devienne inintelligible, & sans être en opposition avec la société entiére, accoutumée à une marche différente.

La maniere dont sont arrangés les mots dans chaque Langue, forme un spectacle singulier pour ceux qui ne sont accoutumés qu'à la Grammaire de leur Langue maternelle, & qui n'ont pas sçu s'élever jusques aux principes de la Grammaire Universelle. Tous les mots leur paroissent arrangés dans cette Langue à contre-sens, dans un ordre qui n'est pas le vrai, ou le plus conforme à la Nature: ils trouvent qu'ils sont les seuls qui les arrangent de la maniere la plus naturelle & la plus convenable: ils s'aplaudissent, tandis qu'ils regardent d'un œil de compassion ces mal-adroits qui défigurent, selon eux, les tableaux des idées, qui mettent à la fin ce qui devroit être au commencement, & au commencement ce qui devroit être à la fin.

Ils ont raison, en se regardant comme le centre du vrai, & en ne prenant pour régle que l'usage de leurs peres, auxquels ils sont habitués : mais ce n'est pas ainsi qu'il faut juger : car alors on seroit juge & partie dans sa propre cause, & tous ceux qui parlent une Langue quelconque auroient droit de traiter toutes les autres de même, en sorte que, suivant les lieux, chaque Langue paroîtroit la seule qui suivît dans ses tableaux l'ordre naturel, tandis que par-tout ailleurs on en affirmeroit le contraire.

La véritable maniere de décider des avantages qu'une Langue peut avoir à cet égard sur une autre, c'est de les comparer avec les principes de la Grammaire Universelle.

On voit dès-lors que les diverses portions d'une idée ne sont pas astreintes nécessairement à tel ou à tel ordre, & qu'il est indifférent en soi-même de les arranger d'une façon ou d'une autre, pourvu que l'ordre qu'on choisira présente exactement & sans équivoque ce qu'on veut peindre ; & que lorsqu'on aura adopté un de ces genres, celui qui aura paru le plus analogue à son propre génie ou à sa maniere de voir, on s'y tienne, & l'on n'en change plus.

De ce point de vue qui domine sur toutes les Langues, on voit ainsi tous les arrangemens dont peut être susceptible le tableau d'une idée ; & les motifs qui déciderent tels & tels peuples, à adopter de préférence tels & tels arrangemens.

Dès-lors, ces tableaux ne paroissent plus bisarres & singuliers : on ne les regarde plus comme l'effet du hasard ou de la fantaisie des peuples ; & l'on n'est pas embarrassé à en rendre raison.

Les Grammaires de toutes les Langues ne sont plus que des ruisseaux, sortis d'une même source, qui coulent tous, aussi naturellement les uns que les autres, du côté vers lequel les entraîne leur pente, & qui en prennent les diverses impressions.

CHAPITRE XIV.

Effets des Grammaires particulieres, sur les Tableaux intérieurs; & Observations sur ce qu'on apelle penser dans une Langue.

CE qui a sur-tout contribué aux fausses idées qu'on se fait par raport aux divers arrangemens dont est susceptible la peinture des idées; & qui persuade que celui auquel on est accoutumé est le plus naturel, c'est l'habitude qu'on contracte nécessairement d'arranger les tableaux intérieurs qu'on se forme des objets, ou des idées, en d'autres termes, précisément comme on les arrange dans la peinture extérieure qu'on en fait; & c'est ce qu'on apelle *penser dans sa Langue*.

En effet, lorsque nous avons une idée, c'est un tableau que nous nous sommes fait à nous-mêmes; nous nous parlons à nous-mêmes. Or pour parler à soi-même, on n'emploie pas d'autre arrangement, que celui qu'on met en usage pour parler aux autres.

Mais ceci s'opérant avec la plus grande rapidité, d'un clin d'œil, sans qu'il paroisse que nous y entrions pour rien, on supose que cet arrangement intérieur des idées, nous est donné par la Nature elle-même, & qu'ainsi il est dans la Nature.

Tandis que l'ordre observé à cet égard dans les autres Langues, ne nous semble pas naturel, puisque nous sommes obligés de faire les plus grands efforts pour nous familiariser avec leur marche, parce qu'elle ne nous est pas devenue naturelle par une longue habitude.

Illusion qui se dissipe dès qu'on se rapelle, que cet arrangement intérieur n'est que la suite de l'arrangement extérieur; & que la promptitude avec laquelle il s'opére, est l'effet de cette habitude qui nous rend les opérations factices aussi aisées que les naturelles.

Ainsi toutes les fois qu'un objet extérieur fait naître une idée dans notre esprit, & que nous nous représentons cet objet avec les qualités que nous y découvrons, cet objet passe, pour ainsi dire, à travers la filiere de la Grammaire de notre Langue naturelle; & la forme artificielle dont il se revêt, nous paroît sa forme naturelle.

Aussi, lorsqu'on écrit dans sa propre Langue, on forme des tableaux qui ont toutes les graces d'un original, qui n'ont rien de gêné & de louche, qui ont toute la fraîcheur possible ; parce que ce sont en effet des originaux, puisqu'ils ne sont point différens du tableau intérieur qu'on s'en étoit fait, qu'ils en sont la vive représentation.

Il n'en est pas de même lorsqu'on écrit dans une Langue différente : car le tableau intérieur que nous nous formons, se fait dans la nôtre, & nous sommes obligés de le transformer ensuite peu-à-peu & avec peine, en une Langue étrangere : ensorte que le tableau qui en résulte, n'est qu'une traduction, une copie gênée, qui n'a point les graces naïves d'un original, & qui portant l'empreinte de ce qu'il fut d'abord, ne présente plus un Tout parfaitement harmonique.

C'est par cette raison que nos Maîtres nous recommandent, lorsque nous voulons écrire dans une Langue étrangere, de penser tout de suite dans cette Langue, afin que nos tableaux extérieurs se révêtent si naturellement des formes propres à cette Langue, qu'ils ne paroissent point avoir été des traductions, & qu'on les prenne pour des originaux ; par conséquent, pour l'ouvrage d'une personne dont cette Langue seroit la maternelle.

Ceci suposé une connoissance profonde du génie distinctif des Langues : connoissance qu'on ne peut acquérir sans les vrais principes de la Grammaire Universelle. C'est donc encore ici un des grands avantages dont elle est suivie, puisqu'en nous faisant voir de quelle maniere naissent les Grammaires particulieres, & en nous montrant leurs raports, & leurs différences avec les causes de ces différences, elles nous rend familieres ces diverses méthodes, & elle nous met à même de nous en servir indistinctement, avec une égale facilité, en nous les rendant aussi propres ou aussi naturelles les unes que les autres.

CHAPITRE XV.

Division de la Grammaire Universelle.

Puisque la Grammaire Universelle est l'assemblage des Régles fondamentales qu'on observe dans la peinture des idées, elle embrassera les objets suivans.

1°. Les Élémens qui entrent dans cette peinture, ou les diverses espéces de mots qui constituent le discours, parlé ou écrit, l'un n'étant qu'une copie de l'autre.

2°. Les diverses Formes que ces mots devront revêtir, afin de pouvoir s'unir les uns aux autres.

3°. L'Arrangement qu'on devra donner à ces mots, ou aux divers traits qui entrent dans un tableau, afin qu'on en voye à l'instant le but, l'objet principal, les accessoires, l'ordonnance entiere.

4°. La Maniere dont elle s'unit, ou dont elle s'identifie au génie particulier de chaque Langue, pour en faire naître les régles particulieres.

Ce qui formera autant de portions ou de Livres, qui offriront :

1°. Les Parties du discours.

2°. La Déclinaison & la Conjugaison, ou les diverses formes dont se revêtent quelques-unes de ces parties.

3°. La Syntaxe, ou les régles relatives à leur arrangement, à leur assemblage.

4°. La Grammaire Comparative.

LIVRE II.
DES PARTIES DU DISCOURS.

PARTIE PREMIERE.
DES PARTIES DU DISCOURS EN GÉNÉRAL.

CHAPITRE PREMIER.
Que les Tableaux des idées par la parole sont composés de diverses Parties.

L'Idée est une, de l'unité d'un tableau composé d'une multitude de traits qui ne présentent qu'un Tout.

C'est que ces traits liés entr'eux par les raports les plus étroits, sont tous nécessaires les uns aux autres ; ensorte que le tableau n'est complet & son but rempli, que lorsque tous les objets en raport sont réunis, qu'on ne voit point de vuide, que l'ensemble ne laisse rien à désirer.

Il en est de même de nos idées ; elles roulent sur des raports : raports d'objets entr'eux, raports des objets avec les qualités qu'ils réunissent, raports avec nous, &c.

L'on peut même dire que toutes nos connoissances ne sont composées que de raports ; nous ne faisons en toutes choses que comparer les objets entr'eux : nous aprenons par-là à les distinguer les uns des autres, & nous élevant sans cesse de comparaisons en comparaisons, de raports en raports, rien ne se dérobe à nos recherches.

On ne connoit même le bonheur, on n'en sent toute la valeur que par comparaison : il n'est jamais aussi vif, aussi intéressant, jamais il n'est aussi sensible qu'à la suite de quelque événement funeste, de quelque orage qui l'avoit altéré, même légerement : à peine se dissipe-t-il, que l'ame suffoquée par l'angoisse, revient à elle, elle respire délicieusement, elle sent tout le plaisir de

UNIVERSELLE.

l'existence, mais d'une existence que rien ne trouble & ne gêne. Il faut avoir éprouvé un état pour s'en former de justes idées : aussi l'expérience des Peres est-elle presque toujours perdue pour les enfans.

De-là, cet esprit de curiosité, sans lequel nous ne saurions rien, & qui n'est qu'un désir de comparaisons, mais funeste ou avantageux, suivant les objets auxquels nous l'apliquons.

Heureux celui que cet esprit de curiosité n'a jamais porté qu'à des connoissances utiles & à des essais salutaires : il n'aura jamais d'écarts à pleurer.

Tout raport supose divers objets qui concourent à le former : ensorte que le raport n'est complet que lorsque tous les traits qui le constituent sont énoncés : nos idées qui n'expriment que des raports, seront donc composées de diverses parties successives, amenées les unes par les autres, qui se suivront & s'uniront jusqu'à ce que le raport soit complet, que le tableau soit achevé, que l'idée soit peinte en son entier.

Il existera ainsi dans la parole deux sortes de mots très-distincts ; les uns qui désigneront les objets dont on fait la comparaison ; les autres qui feront voir qu'on les compare entr'eux : ceux-là qui forment les masses du tableau, ceux-ci qui servent à les lier.

Tel un Architecte rassemble ses matériaux, les arrange & les unit, par un ciment qui n'en fait qu'un seul Tout.

L'on sent parfaitement que ces tableaux de la parole seront composés de plus ou de moins de parties, suivant le plus ou moins de complication des raports qui entrent dans l'idée qu'ils sont destinés à représenter.

Ces diverses parties seront cependant en petit nombre, puisque les idées se réduisent à des raports qui sont à peu-près toujours de la même nature ; ce qui ne peut donner lieu à un nombre tant soit peu considérable de parties différentes.

Mais cherchons à fixer ce nombre, & voyons à quels caractères nous pourrons les distinguer les unes des autres.

CHAPITRE II.

Variations & opofitions des Grammairiens fur les Parties du Difcours.

EN quelque petit nombre que foient les diverfes efpéces de traits qui entrent dans les tableaux des idées & qu'on apelle PARTIES du Difcours, les Grammairiens n'ont pas encore pu s'accorder dans leur nombre ; les uns en comptent plus , les autres moins , & chacun fe fonde fur des motifs qui paroiffent fi frapans, qu'on ne fait pour quels fe décider.

S'ils s'accordent fur quelques-unes , ils différent fur toutes les autres.

Une partie des anciens Grammairiens, Grecs & Latins , PLATON lui-même (1), trompés par la nature de leurs Langues , ne comptoient que deux Parties du Difcours , le NOM & le VERBE : toutes les autres n'étoient qu'en fous-ordre (2). Auffi APOLLONIUS apelloit très-ingénieufement le Nom & le Verbe , *l'Ame du Difcours* (3).

Les Arabes & les Hébreux n'en comptent que trois , ajoutant aux deux précédentes les Particules, on la CONJONCTION (4).

ARISTOTE ajoutoit à ces trois, l'ARTICLE (5).

C'eft la divifion qu'a fuivie un Auteur Anglois (6) ; il diftribue les Parties du Difcours en quatre claffes , les *Subftantives* où entre le Nom , les *Attributives* où entre le Verbe, les *Définitives* où entre l'Article, & les *Connectives* où entre la Conjonction.

La plûpart des autres Grammairiens Anglois, comme WALLIS (7), le Dr.

---

(1) Dans fon Sophifte.

(2) » *Partes igitur orationis*, dit PRISCIEN , Liv. 2. *funt fecundum Dialecticos duæ ;* » NOMEN & VERBUM : *quia hæ folæ etiam per fe conjunctæ plenam faciunt Orationem ;* » *alias autem partes* συγκατηγορήματα, *hoc eft confignificantia appellabant*.

(3) Τὰ ἐμψυχότατα μέρη τῦ λόγυ. Syntax. L. I. c. 3.

(4) C'eft cette divifion que fuivent les Auteurs de nos Grammaires Orientales, comme ERPENIUS & SCHULTENS.

(5) Dans fa Poëtique , ch. xx.

(6) HARRIS, Ecuyer. Sa Grammaire eft intitulée : HERMÈS, or a Philofophical Inquiry concerning Language and Univerfal Grammar. Lond. *in*-8. 1751.

(7) WALLIS, Grammaire Angloife en Latin, *in*-8. fixiéme Edit. 1765.

LOWTH.

UNIVERSELLE.

LowTH, Evêque d'Oxfort (8), le Doct. BAYLY (9); & entre les François, l'Abbé GIRARD (10), & M. BEAUZÉE (11), distinguent l'ADJECTIF du NOM, que tous les autres réunissent dans une même classe.

MM. de Port-Royal (12) & nombre d'autres, font de l'ARTICLE une classe à part, tandis que Wallis, SANCTIUS (13), & M. Beauzée le retranchent du nombre des parties du discours pour le réunir à l'Adjectif.

Sanctius & le P. BUFFIER (14), confondent de leur côté le PRONOM avec le Nom.

HARRIS distingue le Participe de toutes les autres, & il est presque le seul qui le fasse.

Pendant qu'avec Sanctius, il suprime absolument l'INTERJECTION, que les autres reclament, & nommément M. Beauzée.

Comment donc se décider au milieu de tant d'opinions contradictoires, défendues ou attaquées par des Personnages aussi distingués? Les diverses Parties du Discours seroient-elles donc si indifférentes, qu'on pût en négliger impunément quelques-unes ? Ou leurs caractères seroient-ils si vagues, si indéterminés, qu'on pût les prendre les unes pour les autres, & même les méconnoître?

L'on sent cependant que le succès de tout ce que nous aurons à proposer sur les Parties du Discours, dépendra nécessairement des idées nettes & distinctes que nous en aurons ; qu'on ne dira rien d'exact ou de convainquant à cet égard, qu'autant qu'on saura positivement à quoi s'en tenir sur leur nombre ; qu'on sera en état de les distinguer d'un coup-d'œil, & de

---

(8) Dans la Grammaire Angloise intitulée : *A Short Introduction to English Grammar with critical Notes*, seconde Edit. *in-12*. 1763.

(9) Le Doct. Anselm BAYLY, Grammaire Angloise, *in-8*. 1747.

(10) Les vrais Principes de la Langue Françoise, 2 vol. *in-12*. 1772.

(11) Grammaire générale, ou Exposition raisonnée des Elémens du Langage, en 2 vol. *in-8*. 1767.

(12) Grammaire générale & raisonnée.

(13) Dans sa Minerve, Liv. I. ch. 2. SANCTIUS ou François Sanchez de Broçès, étoit Professeur en Rhétorique & en Langue Grecque à Salamanque. Son Ouvrage parut pour la premiere fois à Madrid en 1585. Il l'intitula *Minerve*, par opposition à celui d'Augustin SATURNINUS, que celui-ci avoit apellé *Mercure*: c'étoit Minerve qui redressoit Mercure.

(14) Grammaire Françoise, no. 80-84.

s'en former un tableau lumineux, où l'on voye sans peine tout ce qu'elles ont de commun, & tout ce en quoi elles différent.

Nous devons donc avant toutes choses, examiner quels sont les caractères auxquels nous pouvons reconnoître une Partie du Discours : ces caractères deviendront une pierre de touche, au moyen de laquelle nous pourrons fixer le nombre de ces Parties, d'une maniere d'autant plus sûre, que ce ne sera pas nous qui choisirons, que nous ne ferons que consulter la Nature elle-même.

Si jusques-ici, on paroît s'être plus occupé de l'énumération de ces diverses parties, que de chercher les caractères auxquels on pouvoit les reconnoître, ne l'attribuons qu'à la méthode qu'on suit ordinairement dans l'exposition des Principes Grammaticaux, qui consiste plutôt à dire ce qui est, qu'à chercher ce qui doit être. Méthode qui donne plus de prise à l'arbitraire.

M. Beauzée l'a fort bien dit, en réfutant ceux qui confondoient le Pronom avec le Nom.

" La source de toutes les méprises, observe-t-il (1), est dans la maniere dont " on s'y est pris pour déterminer les classes de mots ".

Quoi qu'il en soit, essayons de trouver les caractères auxquels on doit reconnoître les Parties du Dicours. Si nous ne réussissons pas entierement, nous aurons du moins tenté une route nouvelle : il est beau d'essayer ses forces, lors même qu'on échoueroit : c'est un chemin frayé, dans lequel d'autres peuvent pénétrer plus avant.

CHAPITRE III.

Caractères distinctifs des Parties du Discours.

Nous l'avons dit ; dans la peinture d'une idée, les mots sont amenés à la suite les uns des autres, jusqu'à ce que toutes les parties constitutives de l'idée soient représentées, & qu'ainsi le tableau en soit complet.

Il existera par conséquent, autant de parties dans les mots, qu'il en existe dans les idées.

C'est donc encore de l'analyse des idées, de leur contemplation, que dé-

---

(1) Grammaire générale, T. I, p. 268.

UNIVERSELLE.

pendent les diverses espéces de mots employés dans le discours ; puisqu'il en faut pour peindre toutes les parties d'une idée.

Mais il ne sera pas plus difficile de distinguer les diverses parties d'une idée, que de distinguer celles d'un corps.

Comment sait-on qu'une partie d'un corps n'est pas la même que telle autre, si ce n'est parce qu'on ne peut pas affirmer de l'une ce qu'on affirme de l'autre ; parce qu'elles ont des fonctions & des places différentes ; parce qu'elles produisent des effets divers ; parce que sans elles, ce corps n'existeroit pas, ou n'existeroit que d'une maniere incomplette, qu'il seroit défectueux ?

Il en est de même des diverses espéces de mots qui entrent dans la peinture des idées. Relatifs à des parties différentes de l'idée, apellés à y jouer chacun un rôle différent, on ne poura pas dire de l'un ce qu'on dit de l'autre.

2°. Ils auront des fonctions différentes.

3°. Ils produiront des effets divers.

4°. Ils seront indispensables.

Tels sont, par conséquent, les caractères auxquels on reconnoîtra les diverses Parties du Discours, en quelque Langue que ce soit, & sous quelque forme qu'on les ait travesties, & qui les ont souvent fait méconnoître.

L'on comprend d'avance, que la ressemblance extérieure de ces mots & leurs raports accessoires, ne sont d'aucun poids dans cette discussion ; qu'on ne doit faire attention qu'à l'essence même de ces mots, qu'à ce qui leur est propre, & qui ne se rencontre dans aucune des autres espéces. C'est une régle qu'il ne faut jamais perdre de vue, dans la distribution des Etres en différentes classes ; sans cela, on réunira les objets les plus disparates, en vertu de quelques raports communs, à l'exemple de ce savant Naturaliste, qui fit entrer le Lion & la Souris dans la même classe d'Animaux, à cause de quelques raports qu'il apercevoit entr'eux dans quelques-unes de leurs parties.

Mais apliquons ces divers caractères à quelque exemple, afin qu'on s'en forme une idée distincte.

Dans cette phrase, CICERON FUT ÉLOQUENT, on voit trois mots, dont chacun apartient à une Partie différente du Discours ; parce qu'ils réunissent, chacun de leur côté, les caractères distinctifs des Parties du Discours.

1°. L'on ne peut pas dire de l'un ce que l'on affirme de l'autre : l'un est un Nom, les deux autres constituent des Parties toutes différentes.

E ij

2°. Ils remplissent des fonctions différentes : car l'un désigne le sujet du tableau, l'autre une qualité de ce sujet, le troisieme les lie.

3°. Ils produisent des effets différens, puisque l'un réveille l'idée d'un tel homme : l'autre celui d'un homme peint sous tel caractère.

4°. Ils sont indispensables ; car si l'on en suprime un, quel que ce soit des trois, il n'y aura plus de tableau.

On n'aura plus qu'à donner un nom à chacune de ces Parties du Discours : & ce nom sera toujours dérivé de ce qui les constitue essentiellement, des fonctions propres qu'ils remplissent.

Tout mot qui réunira ces quatre propriétés, & qui n'entrera dans aucune des Parties du Discours, déja reconnues & déterminées, formera une nouvelle Partie du Discours : ou, en d'autres termes, il en faudra admettre autant de différentes, qu'il y aura d'espéces de mots qui seront distingués par ces quatre caractères.

Tels sont les principes d'après lesquels nous allons reconnoître les diverses espéces de mots qui composent les tableaux de la parole, & qui seront notre excuse auprès de ceux à qui ces discussions déplairoient ; puisqu'elles n'ont pour but, que de faire marcher nos Lecteurs d'une maniere plus assurée.

CHAPITRE IV.

Enumération des Parties du Discours.

Afin de reconnoître les diverses espéces de mots dont est composé le Discours, nous commencerons par ceux qui sont si nécessaires, pour completter le raport renfermé dans une idée, qu'ils en prennent tous la livrée, ensorte que leur forme change nécessairement avec ce raport. Nous verrons ensuite ceux qui ne faisant point partie de ce raport principal & constitutif d'une idée, servent à lier ce raport avec d'autres raports subordonnés à celui-là ; ou, à lier une idée avec une autre ; & ajoutent ainsi, de nouveaux raports au principal, sans prendre la livrée d'aucun des deux, puisqu'ils n'apartiennent en particulier à aucun des deux.

Ceci nous donnera une division simple & naturelle des Parties du Discours, en deux grandes classes : 1°. Les Parties du Discours composées des mots qui changent de forme, suivant la nature du raport général qu'ils concourent à désigner.

2°. Les Parties du Discours qui étant elles seules les signes du lien de deux idées en raport, sont constamment les mêmes & ne changent jamais de forme.

Cette division est d'autant plus intéressante, qu'elle porte sur la masse entiere de la Grammaire, & sur les causes générales qui déterminent toutes les Parties du Discours à revêtir les qualités de l'une ou de l'autre de ces deux classes.

PREMIERE CLASSE.

Parties du Discours qui changent de formes, afin de concourir à présenter le même raport : & 1°. des trois Premieres.

Afin que le Tableau d'une idée soit complet, il faut nécessairement trois mots : il peut y en avoir beaucoup plus, il ne sauroit y en avoir moins.

Ces trois mots serviront à désigner :

L'un, l'objet ou le SUJET de l'idée.

L'autre, la QUALITÉ qu'on y remarque & par laquelle il intéresse.

Le troisiéme, la LIAISON qu'on aperçoit entre ces deux mots.

Ces trois espéces de mots, se trouvent dans le Tableau que nous avons présenté à la fin du Chapitre précédent, *Ciceron fut éloquent.*

Nous avons ici trois Parties du Discours, fondamentales & très-distinctes.

1°. *Ciceron*, indique le sujet du Tableau.

2°. *Eloquent*, présente une qualité, une maniere d'être d'un Homme quelconque qui excelle dans l'art de la parole.

3°. *Fut*, fait voir le raport que nous apercevons entre Ciceron & cette qualité ; & complette le Tableau, en liant entr'elles ses diverses parties.

De ces trois parties, la premiere s'apelle un NOM, parce qu'elle sert à nommer, à désigner les objets ou les divers êtres qui existent dans la Nature.

Celle qui est placée la troisiéme, s'apelle ADJECTIF, mot formé d'ADJECTUS qui signifie en Latin *ajouté* ; parce que les mots de cette espéce s'ajoutent à la suite du Nom, pour désigner la qualité qu'on aperçoit dans l'objet que ce Nom désigne : ou pour mieux dire, parce qu'il ajoute au Nom de l'objet, la connoissance de ses qualités.

Celle qui est placée entre ces deux, & qui est ici le mot *Fut*, s'apélle VERBE, du mot latin VERB-*um*, qui signifie MOT par excellence, celui sur qui roule toute la force & l'énergie du Tableau, son harmonie entiere, sa vie en quelque sorte, puisque c'est lui seul qui en fait l'ame, qui en unit toutes les parties, qui fait qu'elles forment un Tout unique & vrai.

Telles sont les trois Parties véritablement constitutives du Langage, celles qui en font la base nécessaire, qui doivent se trouver dans tous les Tableaux de la parole, sans lesquelles il n'en pourroit exister un seul, & auxquelles devront se raporter toutes les autres Parties du Discours.

C'est à ces trois parties que doivent être ramenés en derniere analyse tous les discours & toutes les connoissances. Les Ouvrages les plus vastes & les plus compliqués peuvent toujours être réduits à un Tableau aussi simple; & ce n'est même qu'autant qu'on sera en état de les réduire à une peinture aussi serrée & aussi nette, qu'on pourra être assuré d'en avoir une connoissance exacte.

En vain donc l'on entreprendroit d'analyser un Tableau d'idées, une phrase quelconque, celles même qui ne semblent être composées que de deux seules Parties du Discours, comme lorsqu'on dit *il pleut*, *il tonne*, *il grêle*; ou d'une seule, comme les Latins, qui suprimant *il*, disent dans le même sens *pluit*, *tonitruat*, *grandinat*, si l'on n'a pas des notions claires & distinctes de ces trois parties : mais avec leur secours, il n'est aucun Tableau d'idée, aucune phrase dans une Langue quelconque, qu'on ne puisse analyser.

Le croira-t-on ? L'on suivoit à l'égard des Langues, des méthodes si fausses, si ténébreuses, si peu raisonnées, que pendant une longue suite de siécles on a confondu les deux parties du discours les plus distinctes, les plus fortement caractérisées, celles qui formoient les deux branches du même raport, le NOM & l'ADJECTIF. L'on n'en faisoit qu'une seule classe.

C'est qu'on ne se rendoit attentif qu'à quelques raports accessoires qui régnoient entre ces deux espéces de mots, plus sensibles encore ou plus nombreux dans la Langue Latine. Mais en se livrant ainsi à des raports accessoires, on négligeoit des différences fondamentales, & sans lesquelles on ne pouvoit que s'égarer.

Aussi les procédés grammaticaux paroissoient toujours envelopés d'un brouillard épais : on ne pouvoit en rendre raison d'une maniere lumineuse.

Les Auteurs de la Grammaire générale & raisonnée, qui les premiers tracerent en François les grands principes qu'on devoit suivre dans l'exposition des procédés grammaticaux & dont l'Ouvrage se soutient depuis près d'un siécle, s'étoient laissés eux-mêmes entraîner à cet égard par le torrent. Ils réunirent le nom & l'adjectif dans une même classe, ce nom & cet adjectif entre lesquels doivent se distribuer tous les procédés grammaticaux, qui se trouvoient ainsi confondus de la maniere la plus étrange. De-là & de quelques autres erreurs pareilles, l'obscurité & les embarras qu'offre cet Ouvrage.

L'Abbé GIRARD est le premier, je crois, qui ait aperçu dans ce Royaume, qu'on pouvoit faire mieux, & qui a distingué le nom de l'adjectif.

La Grammaire Philosophique qui parut quelque tems après en Angleterre sous le nom d'HERMÈS, distingua également ces deux Parties du Discours, comme nous l'avons dit ci-dessus.

M. BEAUZÉE a senti de même combien il seroit absurde de confondre deux Parties aussi distinctes & aussi essentielles. Il les a également séparées dans sa Grammaire générale remplie d'observations précieuses & profondes.

Le concours de ces Hommes distingués doit faire loi ; & désormais on ne doit plus voir de Grammaire, dans laquelle subsiste l'ancienne inexactitude.

Quatriéme Partie du Discours.

A ces trois Classes de mots, il s'en joint une aussi fortement caractérisée que celles-là, prise également dans la Nature même, dont le but est totalement différent de celui qui a donné naissance à ces trois, & que par conséquent on ne doit pas confondre avec elles.

Dans cet exemple, *Ciceron fut éloquent*, l'objet étoit déterminé par son Nom d'une maniere si sensible & si particuliere qu'on ne pouvoit le confondre avec aucun autre, & que ce Nom suffisoit seul pour le faire reconnoître.

Il n'en est cependant pas ainsi de tous les Noms : un grand nombre embrassent ou peuvent s'apliquer à tous les objets de la même espéce : tels sont les mots *Homme*, *Femme*, *Roi*, *Reine*, *Assemblée*, *Plante*, *Montagne*, &c. Ces mots conviennent à tous les Êtres qui sont *Hommes*, *Femmes*, *Rois*, &c.

Toutes les fois donc qu'on voudra les prendre dans un sens individuel, les apliquer à un seul Homme, à une seule Femme, à un seul Roi, &c. il faudra nécessairement les accompagner d'un mot qui les tire de cette généralité, qui les individualise, qui fasse connoître précisément, déterminément entre tous les objets que ce nom désigne, celui que l'on a en vue.

On ne sauroit dire, par exemple, du moins si l'on veut être clair & peindre un objet particulier :

» Assemblée étoit brillante.

» Roi est généreux.

» Femme est belle.

Ces Tableaux sont si vagues, si indéterminés, qu'ils ne peignent rien.

En promenant l'esprit sur un trop grand nombre d'objets de la même nature, sur tous ceux qu'on peut apeller *Assemblée*, *Roi*, *Femme*, ils ne le fixent sur aucun : & comme on ne voit aucun objet déterminé & sur lequel on puisse s'arrêter, le but de la parole est manqué, ses Tableaux sont obscurs.

Il a donc fallu inventer des mots qui tirassent ces noms de leur sens vague & indéterminé, pour leur en donner un déterminé & individuel. Ces mots existent, ils existent de tous tems, ils existeront toujours.

Tels sont ceux-ci LE, CE.

En les ajoutant aux Tableaux précédens, les noms des objets qui en font partie changent de nature ; ils deviennent aussi déterminés, aussi précis, qu'ils étoient vagues & indécis.

De-là ces Tableaux composés de quatre parties distinctes.

» L'Assemblée étoit brillante.

» LE Roi est généreux.

» CETTE Femme est belle.

Ainsi LE, CE, &c. sont une nouvelle Partie du Discours ; car ils ne sont pas des *Noms*, comme Assemblée, Roi, &c. ni des *Verbes*, comme *est* ; ni des adjectifs, comme *brillants*, *généreux*, &c.

On les apelle ARTICLES, du mot Latin *Articulus*, qui désigne ces *articulations*, ces *jointures* au moyen desquelles on meut les divers membres du corps : ces mots sont en effet comme autant de jointures, au moyen desquelles les noms se lient aux autres mots de la maniere la plus déterminée.

Cinquième

UNIVERSELLE.
Cinquiéme Partie du Discours.

Les Hommes sont souvent Acteurs dans les Tableaux de la Parole ; mais les rôles dont ils y sont chargés ne sauroient être les mêmes. Tel a le premier rôle, tel autre le second, tandis que d'autres en remplissent un troisiéme.

Ici, le premier rôle est sans contredit le rôle de celui qui parle ; c'est l'Acteur essentiel : le second rôle sera rempli par ceux qui l'écoutent & auxquels il s'adresse : le troisiéme renfermera ceux dont il parle.

Dans ces occasions cependant, il n'est point question du nom propre de ces Acteurs. Celui qui parle n'a nul besoin de se nommer ; il seroit encore fort inutile qu'il déclinât les noms de ceux auxquels il s'adresse, ou de ceux dont il parle & qui sont présens aux yeux ou à l'esprit de ceux auxquels il parle.

Ce qui est essentiel, c'est que celui qui parle se désigne comme l'Être qui parle, & qu'il désigne d'une maniere distincte, entre tous les autres, ceux auxquels il s'adresse, & ceux dont il parle.

Ce qui se fera par une cinquiéme espéce de mots consacrés aux différens rôles qu'on remplit dans le langage & qui conviennent à quiconque parle, ou écoute, ou est le sujet de la conversation.

Ces mots existent ; on les apelle PRONOMS, c'est-à-dire, mots qui tiennent la place des noms : car ils désignent les Acteurs du Discours comme Acteurs, d'une maniere aussi déterminée qu'un objet est désigné par son nom ; & ils désignent ces Acteurs, dans des occasions où leurs noms ne produiroient pas le même effet.

Dans cette phrase, par exemple,

JE *sais que* VOUS *êtes sages & qu'*IL *est généreux*,

on voit que celui qui dit JE, parle de lui-même ; que par le mot VOUS il adresse la parole à des Sages ; & que par le mot IL, il désigne un tiers dont il parle, & qui est connu de tous.

Ces Pronoms désigneront donc indistinctement, quiconque aura quelqu'un de ces rôles à remplir, quels que puissent être leurs noms : ils seront donc comme ces masques d'Arlequin ou de Pantalon qui sont portés par quiconque est chargé de jouer un de ces rôles, quoiqu'il ne soit ni Arlequin, ni Pantalon.

De-là est venu l'usage d'apeller du nom de PERSONNES, qui en Latin signifie *Acteurs distingués par leurs masques*, les Acteurs du Discours qui sont distingués en effet par les Pronoms *je*, *vous*, *il*, &c. aussi parfaitement que les Acteurs le sont par leurs masques ; quoique *je*, *vous*, *il*, ne soient non plus leurs noms, que le masque d'Arlequin & de Pantalon n'est le visage de ceux qui jouent ces rôles.

Sixiéme Partie du Discours.

Les qualités d'un objet peuvent être inhérentes dans cet objet, & s'y trouver par un effet de sa nature même : c'est ainsi que le Soleil est *brillant* par sa nature ; l'Eau, *limpide* ; une Montagne, *élevée* ; un Cercle, *rond*.

Il en est d'autres qui sont l'effet de l'impression extérieure des autres Êtres, ou l'effet des volontés & des déterminations des hommes, ensorte qu'elles n'existent que pendant la durée de ces effets & qu'elles s'anéantissent avec eux : telles sont celles-ci, *aimé*, *observé*, *assiégé*.

Dans les unes, on ne considere les objets qu'en eux-mêmes : dans les autres, on les considere dans leurs raports avec d'autres objets ; les unes sont absolues, les autres relatives.

Ces deux sortes de qualités si différentes, constitueront nécessairement deux Parties du Discours très-distinctes entr'elles & très-différentes des autres. L'une dont nous avons déja parlé, & qui renferme les ADJECTIFS, mots qui désignent les qualités des objets considérés en eux-mêmes.

L'autre Classe qui a beaucoup de raport avec l'adjectif, un si grand raport qu'on seroit tenté de les confondre l'une avec l'autre, désigne un raport de qualité entre deux objets, produite par l'influence de l'un sur l'autre.

Le même raport présentera ainsi l'un de ces deux objets comme actif, & l'autre comme passif ; comme on le voit par ces exemples :

 Les hommes *craignant* Dieu :

 Dieu *craint* par les hommes :

où CRAIGNANT désigne une qualité active dans les hommes relativement à Dieu ; & où CRAINT désigne une qualité passive dans Dieu relativement à ces mêmes hommes ; & dans lesquels ces deux qualités, l'une active, l'autre passive, désignent un raport commun entre Dieu & les hommes.

C'est dans le même sens qu'on dit *aimant* & *aimé*, *lisant* & *lu*, *voyant* & *vu*, &c.

Les mots qui composent cette Partie du Discours, s'apellent PARTICIPES, parce qu'ils participent de plusieurs idées différentes combinées ensemble, étant adjectifs sous un point de vue, & participant en même tems de *l'activité* & de la *passivité* des Êtres avec lesquels on les associe.

On ne sauroit donc la confondre avec aucune autre Partie du Discours, si l'on veut en avoir des idées nettes & distinctes.

UNIVERSELLE.

Observation sur ces six Parties du Discours.

Les Parties du Discours que nous venons de parcourir, different si essentiellement les unes des autres par l'idée principale qui les constitue, qu'on ne sauroit les confondre entr'elles, sans resserrer les idées qu'on doit en avoir, & sans laisser sur cet objet l'obscurité dont il a été couvert jusques à présent.

En vain donc, voudrions-nous avec la plûpart des Grammairiens les réduire aux trois premieres, *Nom*, *Verbe* & *Adjectif*, en raportant le *Pronom* au nom; & *l'Article* avec le *Participe* à l'adjectif: nous n'en serions pas plus avancés; puisqu'il faudroit avoir recours à des subdivisions, qui ne diminueroient en rien notre peine; & qui seroient exposées à l'inconvénient de nous donner de fausses idées de ces objets, en ne les distinguant pas suffisamment les uns des autres, du moins d'après nos définitions.

Je ou *il* ne sauroient se confondre avec les Noms, puisqu'ils ne nomment qui que ce soit, qu'ils ne sont le nom d'aucun Être: nous ne saurions regarder non plus l'article *le*, comme un adjectif, puisqu'il ne désigne point de qualité.

L'on doit toujours éviter avec soin, des Classes d'objets ou des divisions qui sont inutiles pour nous donner des idées nettes des choses, ou pour nous en faciliter la connoissance; qui ne servent qu'à charger la mémoire & qu'à étonner l'entendement.

Et si nous mettons l'article, l'adjectif, le participe au rang des Parties du Discours, c'est parce que de cette maniere nous marcherons plus commodément.

Ces six espéces de mots complettent la premiere Classe des Parties du Discours; celles qui se revêtent de diverses formes, suivant le sujet du Tableau dont elles font partie; parce qu'étant destinées à ne présenter entr'elles qu'un même raport, un même Tableau, il faut qu'elles puissent prendre toutes à la fois des formes analogues les unes aux autres pour ne former qu'un tout; & se trouver à l'unisson les unes des autres, seul moyen de mettre de l'harmonie entr'elles.

C'est ainsi que lorsque le sujet du Tableau sera au singulier, toutes les autres parties, verbe, adjectif, article, &c. seront au singulier; & qu'elles passeront toutes au pluriel si le sujet du Tableau est au pluriel: que tandis qu'on dit au singulier,

» L'Orateur doit être éloquent,

On dira au pluriel,
» Les Orateurs doivent être éloquens.

IIe. Classe.

Parties du Discours, dont les mots ne changent jamais de Forme.

Les diverses Parties du Discours que nous venons de parcourir, n'ont pas été difficiles à reconnoître ; absolument dépendantes du sujet du Tableau, & si étroitement liées avec lui qu'elles portent sa livrée, nous n'avons eu qu'à considérer ce sujet, & nous avons aussitôt aperçu tous ses accompagnemens nécessaires.

Mais jusques à présent, ce sujet ou cet Être n'a été considéré que relativement à lui-même. Cependant, les Êtres ne sont pas isolés : ils tiennent tous les uns aux autres ; & telle est la manière dont l'Univers est formé, & dont ses diverses Parties ne présentent qu'un Tout, qu'un seul Tableau, quelqu'immense qu'il soit dans son vaste ensemble, que chacun des Êtres qui le composent a une infinité de raports avec les autres : ensorte que nous ne saurions nous former de justes idées d'un Être quelconque, sans y joindre celles des raports qu'il soutient : voyez, par exemple, la multitude de ceux qu'offre l'idée d'une jeune personne : elle tient à celles d'un Pere, d'une Mere de Famille ; elle offre un ensemble de jeunesse, de graces, d'étourderie, d'instruction, &c. L'idée d'un Être en général se lie à celles du Tems, de situation, de mouvement ou de repos, de forme, de matiere, &c. L'idée d'action se lie avec celle des objets sur lesquels on agit, avec lesquels on agit, en faveur desquels on agit, &c.

Ainsi le sujet d'un Tableau avec toutes ses dépendances est sans cesse lié avec les sujets d'autres Tableaux, eux-mêmes à la tête comme lui, d'un grand nombre de mots : il faudra donc nécessairement des mots qui servent à unir ces divers Tableaux & tous ces raports, d'une maniere qui n'en fasse qu'un seul tout.

Ces mots, différens de tous ceux que nous venons d'examiner, formeront de nouvelles Parties du Discours, dont le caractère distinctif sera de ne changer jamais de forme, parce que, faits pour lier deux objets différens, ils ne peuvent prendre la livrée d'aucun des deux : ainsi, ils n'éprouveront jamais aucun de ces changemens, auxquels sont exposés les autres espèces de mots dont nous avons parlé & qui sont faits pour revêtir les formes du mot principal qui les commande.

Aussi quelques Grammairiens, frapés de cette différence, sans pouvoir trop s'en rendre raison, enveloperent les Parties du Discours qui forment cette seconde Classe sous le titre commun de PARTICULES ; mot qui par lui-même ne présente d'autre idée à l'esprit que celle de *petite portion* ou *portiuncule* ; & que l'on a rejetté à cause de cela ; mais qu'on pourroit adopter néanmoins, en disant que l'on entend par-là toutes ces Parties du Discours, qui ne subissant jamais aucun changement de forme, sont contenues toutes entieres en un seul mot, très-court lui-même ; & sont dénuées par conséquent de cette variété qui distingue les autres Parties du Discours, & sur-tout le verbe, & qui les fait paroître sous mille formes plus intéressantes les unes que les autres.

Cette seconde Classe contiendra diverses espéces de mots, destinés, les uns à marquer les diverses nuances de nos qualités & de nos actions ; les autres, à lier les objets en raport les uns avec les autres ; des troisièmes, à lier divers Tableaux d'idées : il y en aura encore pour exprimer les affections de notre ame qui accompagnent nos idées, sans se mêler ou se confondre avec elles.

Premiere Partie du Discours de la deuxieme Classe.

La même action, le même état, la même qualité sont susceptibles d'une infinité de nuances : car deux personnes ne posséderont pas la même qualité dans le même dégré : elles ne s'acquitteront pas de la même action également ; les uns y feront paroître plus d'adresse, les autres plus de vivacité, des troisiemes plus d'intelligence, &c.

Il faudra donc des mots qui expriment ces diverses nuances ; & ces mots ne changeront point de forme, puisqu'ils ne tiennent ni au sujet principal, ni à l'ensemble du Tableau ; qu'ils ne servent qu'à déterminer quelques-unes de ses Parties, avec lesquelles leur raport est si sensible, que tout autre secours seroit inutile pour le manifester.

Ces mots nécessaires pour ces diverses nuances existent, & existent dans toutes les Langues, parce que tous les Peuples en ont senti la nécessité : tels sont ceux-ci : *bien*, *supérieurement*, *parfaitement*, &c. *mal*, *moins*, *peu*, &c.

S'associant à toute sorte de Tableaux sans éprouver aucun changement, on dira également :

Il écrit *bien* : & , ils écrivent *bien*.

Il chante *parfaitement* : & , ils chantent *parfaitement*.

J'ai *peu* lu : ils ont *peu* lu.

Ces Mots font apellés Adverbes, c'est-à-dire, *Mots faits pour les Verbes*, pour les accompagner, parce qu'ils servent à déterminer leur signification, ou les nuances des qualités & des actions qu'ils expriment.

Deuxiéme Partie.

Les Objets existans font liés entr'eux par divers raports, nous venons de le voir, par des raports de place, de situation, de cause, de motif, &c. Ou pour mieux dire, tout raport supose deux objets en liaison : un fils supose un pere ; un pere supose un fils : l'idée de situation supose un objet situé & une place où il est situé : l'idée de capacité supose un contenant & un contenu.

Il faudra donc des mots qui lient ces objets aux raports, & qui puissent les lier sous tous les raports possibles.

Dans ces Phrases, par exemple :

» Le Ciel fut irrité contre les Hommes, à cause de leurs vices.

» César perdit la vie, de la main même de ses amis ».

Ces mots, contre & de, font voir un raport entre les Hommes & le Ciel irrité : l'autre, un raport entre la mort de César, & la main de ses amis.

Les mots qui marquent ces raports, seront toujours placés comme ici entre les deux objets en raport : ils précéderont ainsi constamment le second de ces objets. C'est ce qui les fit apeller par les Latins Prépositions ; c'est-à-dire, *Mots placés avant*, c'est-à-dire, avant le mot qui complette le raport, & elles conservent ce nom dans nos Langues Modernes.

Troisiéme Partie.

Une idée principale en amène souvent un grand nombre à sa suite pour l'apuyer, pour l'embellir, pour la développer : alors on voit diverses idées se succéder rapidement, en s'unissant les unes aux autres.

Cette nouvelle opération exigera donc de nouveaux mots, qui lui soient assortis & qui marquent l'union de ces diverses idées, en même temps qu'ils indiqueront le but divers pour lequel on les réunit, qu'ils seront assortis aux différens raports des idées qu'ils unissent.

Ces Vers de Boileau offrent plusieurs mots de cette espèce :

» Ma Muse en l'attaquant, charitable & discrette,
» Sait de l'homme d'honneur, distinguer le Poëte….
» Qu'il soit doux, complaisant, officieux, sincere,
» On le veut, j'y souscris, ET suis prêt à me taire.
» MAIS que pour un modéle, on montre ses écrits,
» Qu'il soit le mieux renté de tous les beaux esprits ;
» COMME Roi des Auteurs, QU'on l'éleve à l'Empire ;
» Ma bile alors s'échauffe ET je brûle d'écrire.

Ces trois ET, ces trois QUE, ce MAIS & ce COMME, sont autant de mots qui unissent diverses idées, & qui n'en forment qu'un seul Tableau composé de toutes ces Parties.

Les mots de cette espéce s'apellent CONJONCTIONS ; c'est-à-dire, mots au moyen desquels on lie les idées les unes aux autres, afin qu'elles ne forment qu'un Tout.

Quatriéme Partie.

Notre ame, vivement émue par l'impression des objets extérieurs, ou par le sentiment de ses propres besoins, de ses plaisirs ou de ses maux, manifeste les divers effets de ces sensations, par des cris d'étonnement, & par des exclamations qui en portent l'empreinte. Les sons qui en proviennent forment une espéce de mots, qui n'ont rien de commun avec tous ceux dont nous venons de parler, parce qu'ils se suffisent à eux-mêmes ; que seuls, ils expriment tout ce qu'ils ont à dire. C'est par cette raison que presque tous les Grammairiens ne les ont pas mis, soit de fait, soit de droit, au nombre des Parties du Discours. Ils peuvent cependant se joindre à notre seconde Classe, puisque ne s'unissant jamais à un autre mot, ils ne sont jamais dans le cas de changer de forme.

Tels sont ceux-ci : AH ! HÉLAS ! OH !

On apelle ces mots INTERJECTIONS, du Latin *inter*, entre, & *jactus*, jetté ; parce que ces mots, expression de nos sensations, sont *jettés* par *intervalles*, suivant l'effet des sensations, & *semés* çà & là *entre* les diverses portions du Discours qu'ils semblent interrompre & suspendre.

Récapitulation.

Nous pouvons donc compter dix Parties du Discours, subdivisées en deux classes, & dont nous traiterons dans cet ordre.

GRAMMAIRE

Premiere Classe.

Le Nom.
L'Article.
L'Adjectif.

Le Participe.
Le Pronom.
Le Verbe.

Deuxieme Classe.

La Préposition
L'Adverbe.

La Conjonction.
L'Interjection.

Toutes communes de droit ou de fait à tous les Peuples, toutes indispensables, toutes remplissant dans la parole des fonctions différentes, & qui ne permettent point de les confondre : toutes se reconnoissant à des définitions qui leur sont propres, qui ne sauroient convenir à aucune autre.

Aussi, quelque Division que l'on suive, soit que réunissant le Pronom avec le Nom, l'Adjectif avec l'Article & le Participe, l'Adverbe avec la Préposition, &c. l'on n'en compte que trois ou quatre ; soit qu'en les séparant, on en fasse monter le nombre plus haut, on sera toujours obligé de revenir à ces dix, en derniere analyse. Ensorte qu'une dispute à cet égard, ne seroit qu'une pure dispute de mots.

CHAPITRE V.

Tableaux de différentes espéces, qui en résultent.

DE ces différentes Parties du Discours, résultent des Tableaux fort différens les uns des autres ; les uns sont simples, les autres composés : les uns n'annoncent que de simples qualités, les autres représentent des actions : les uns n'omettent rien, les autres laissent à l'intelligence des hommes à supléer le plus de mots qu'il se peut. Chacun d'eux produit des effets divers, qui influent nécessairement sur la peinture de nos idées : nous ne saurions donc aller plus loin, sans jetter un coup-d'œil sur ces diversités : elles éclaireront l'ensemble de notre marche.

I. Tableau

UNIVERSELLE.

I.

Tableaux de nos idées, considérés relativement à leur simplicité.

A cet égard, les Tableaux de nos idées sont simples, complexes, & composés.

1°. Ils sont SIMPLES, lorsqu'ils ne renferment qu'une seule idée, un seul sujet, un seul attribut : lorsque nous dirons, par exemple, *le Soleil est brûlant ; l'Eau est glacée ; le Temps est orageux.*

2°. Ils sont COMPLEXES, lorsqu'ils offrent plusieurs Êtres differens réunis à la même qualité, comme celui-ci :

» Alexandre, César, Attila, Gengiskan, furent les fléaux du genre
» humain.

Ou lorsqu'ils offrent plusieurs qualités réunies au même Être, comme dans ces louanges du Loup au Limier :

» Que tu me parois beau, dit le Loup au Limier ;
» Net, poli, gras, heureux & sans inquiétude;

& par lesquelles il lui attribue six qualités différentes.

Ils sont encore Complexes, lorsque quelques-uns de leurs membres ne peuvent être exprimés que par la réunion de plusieurs mots : tel celui-ci :

» L'Univers est l'ouvrage d'un Etre Tout-Puissant, qui réunit toutes les
» perfections & toutes les connoissances.

3°. Les Tableaux de nos idées sont COMPOSÉS, lorsqu'ils sont formés par la réunion d'un grand nombre de Tableaux simples, liés les uns aux autres, par des conjonctions ou par le sens, pour ne former qu'un seul Tout : de même que les diverses parties du corps ne font qu'un Tout, au moyen de leur liaison les unes avec les autres.

II.

Tableaux de nos idées, relativement à la nature des qualités de leurs objets.

Les qualités d'un objet quelconque, sur-tout de l'objet principal du Tableau, peuvent désigner, ou sa maniere d'exister, ou ses actions, ou ce qu'il éprouve de la part des autres êtres.

Gram. Univ. G

De-là trois sortes de Tableaux très-différens dans leur nature & dans leur expression, & que nous pouvons apeller :

Tableaux ÉNONCIATIFS.
Tableaux ACTIFS.
Tableaux PASSIFS.

Les premiers énoncent la simple existence, avec telles ou telles qualités, comme ceux-ci :

La Terre est RONDE ; l'Homme est RAISONNABLE.

Les seconds présentent les objets comme agissans ; tels sont ceux-ci :

» Jules César conquit les Gaules, & subjugua l'Empire Romain.
» Colomb découvrit le Nouveau Monde.
» Les Hommes passent, sans cesse, d'une action à une autre.

Les troisièmes peignent les Êtres comme les objets de quelqu'action : ceux-ci sont nécessairement l'inverse de ceux-là. Tels sont ces Tableaux :

» Les Gaules furent conquises, & l'Empire Romain subjugué, par Jules
» César.
» Le Nouveau Monde fut découvert par Colomb.
» L'Univers fut formé par la Divinité.

Il n'est point d'Homme qu'on ne puisse peindre, tout à la fois, de ces trois manieres, parce qu'il n'existe point d'Homme qui ne renferme quelque qualité, qui ne se porte à quelqu'action, ou qui ne reçoive l'impression de quelqu'Agent.

Tel est ce Tableau :

» ERMINIE est une femme accomplie : sensible & belle, elle emploie ses
» jours à faire du bien : elle est chérie & respectée de tous ceux
» qui la connoissent.

Ces Tableaux different autant par la nature des mots qui expriment cette diversité de qualités, que par cette différence même de qualités ; & il falloit qu'il en fût ainsi, afin que la peinture fût plus conforme à son modéle, & que le contraste de ces Tableaux fût plus sensible & plus énergique.

Ainsi ceux de la premiere espéce, ne sont composés que d'Adjectifs, de cette Partie du Discours dont nous avons dit qu'elle ne peignoit que les qualités des Êtres, considérées en elles-mêmes, & indépendamment de toute action de ces Êtres.

Ceux de la seconde & de la troisiéme espéce sont composés de PARTICIPES ; Partie du Discours que nous avons dit n'exprimer que les qualités qui sont relatives aux actions des Hommes, & qui se divisent en deux classes ; *Parti-*

UNIVERSELLE.

-cipes *actifs* & *Participes passifs*, à cause du double raport que supose une action ; une action ne pouvant avoir lieu sans la considération de deux Objets ; dont l'un agit, & dont l'autre éprouve l'effet de cette action.

Il est vrai que dans les Exemples que nous avons donnés à l'égard des Tableaux de la seconde espéce, ou des Tableaux actifs, on ne voit point de PARTICIPES : mais observez aussi qu'on n'y voit point le Verbe EST, qui est si essentiel dans les Tableaux de nos idées, & qu'offrent les Tableaux *énonciatifs*, & les Tableaux *passifs*.

Il s'est donc fait ici un mêlange du Verbe EST, & du Participe *Actif*, ou plutôt on leur a substitué une *formule* plus briéve, qui en tient la place, & qui tire d'eux toute son énergie, comme nous nous en assurerons dans la suite : observation qui fera disparoître une des plus grandes difficultés qu'offroit l'étude de la Grammaire, & qui a pour objet les Verbes Actifs.

III.

TABLEAUX des idées, considérés relativement à l'expression de leurs diverses Parties.

Ce que nous venons de dire au sujet des Tableaux actifs, dont le Participe & le Verbe *Est* ont disparu, nous fait voir qu'il existe des Tableaux de la parole, irréguliers en apparence, & dans lesquels on ne sauroit reconnoître avec toute la précision nécessaire, les Parties du Discours dont nous avons fait l'énumération. Ces phrases, *il va, il fait, il aime, j'écris, je lis*, semblent anéantir tous nos principes ; ces principes où nous posons, comme une vérité incontestable, que la peinture d'une idée quelconque exige trois termes ; un sujet, une qualité, un mot qui les unisse. Ici, au contraire, il n'y a que deux termes ; & dans plusieurs Langues, il n'y en a même qu'un seul. L'Italien, par exemple, dit *è*, au lieu de *il est* : tout comme le Latin dit *est*, dans le même sens ; & le Grec, *esti*.

Ces Tableaux irréguliers sont pourtant très-communs dans toutes les Langues : s'ils ne frapent pas dans les Langues maternelles, parce que l'habitude fait qu'on n'en est point étonné, elles arrêtent sans cesse dans les Langues étrangères, où tout est nouveau : ils arrêtent sur-tout le Grammairien qui veut les analyser, & qui trouve sans cesse ses principes en défaut.

Mais ne nous laissons pas séduire par cette aparence trompeuse : pour peu que nous voulions percer au-delà de son écorce, nous verrons que ces pré-

GRAMMAIRE

tendues irrégularités sont conformes aux principes les plus rigoureux de la Grammaire, toujours fondés sur le vœu de la Parole.

Elle cherche à se raprocher, le plus qu'elle peut, de la rapidité de la pensée; mais, pour y parvenir, elle ne se contente pas de rendre ses mots très-courts, de n'avoir sur-tout que des monosyllabes très-simples pour les mots qui reviennent continuellement dans le Discours, tels que les articles, les conjonctions, les pronoms, la plûpart des noms & des verbes, comme *ce*, *le*, *un*, *que*, *je*, *vous*, *lui*, *ceci*, *nez*, *main*, *pied*, *chef*, &c. mots dont le nombre est très-considérable en toute Langue; ce qui abrége beaucoup le Discours, qui deviendroit à charge si ces mots étoient plus longs, par la peine qu'ils donneroient pour s'en souvenir, & par le tems qu'on perdroit en vain à les prononcer. La Parole s'est encore ménagé deux autres ressources, non moins heureuses, pour parvenir au même but avec autant de succès.

1°. Elle fond plusieurs mots en une seule syllabe, afin de gagner plus de tems, & d'arrêter l'attention sur moins d'objets. C'est ainsi qu'au lieu de dire, par une phrase longue & pédantesque, *ce livre est le livre de moi*, nous disons *c'est mon livre*, où *ce* tient la place de *ce livre*; & *mon*, celle de ces trois mots, *le ... de moi*: exemple par lequel on peut juger de l'économie singulière que la Parole fait du tems, par ce moyen.

2°. Elle suprime tout mot qui ne seroit point nécessaire pour l'intelligence du Tableau, & qui se supplée sans peine par la réunion des autres. Dans cette phrase, par exemple: *Des Savans sont persuadés que cet Auteur est utile; d'autres, non*: combien de mots & de parties du Discours ont été omises? mais qu'on n'a suprimées que parce qu'elles n'auroient rien ajouté à la clarté & à la force du Discours en étant exprimées, & n'auroient fait que fatiguer l'attention: car, c'est comme si l'on avoit dit: *Un grand nombre d'Hommes Savans sont persuadés que l'Auteur dont nous parlons est utile*; *Un grand nombre d'autres sont persuadés que cet Auteur n'est pas utile*. Phrase qui ne fait que fatiguer par sa longueur insipide, sans dire rien de plus.

C'est ainsi que le Discours s'aproche, le plus qu'il est possible, de la rapidité de nos idées; qu'on n'est point arrêté par une foule de mots qui ne disent rien; qu'on parvient à cette briéveté que recommande HORACE (1).

Est brevitate opus, ut currat Sententia, neu se
Impediat verbis lassas onerantibus aures.

---

(1) Liv. I. Sat. x. 9.

UNIVERSELLE.

» *Soyez concis dans vos discours, afin qu'ils s'avancent rapidement &
» qu'ils ne se retardent pas eux-mêmes, par des mots qui achevent d'accabler
» l'oreille fatiguée. »*

C'est sur-tout dans les momens où l'on a besoin du plus pressant secours, & dans ceux où l'ame est entraînée par les sentimens les plus impétueux & les plus oposés, qu'on a recours à ces façons de parler; qu'on passe par-dessus une exactitude grammaticale, nécessaire sans doute pour rendre la peinture des idées plus finie, plus régulière; mais incompatible avec la situation dans laquelle on se rencontre : alors on voudroit être aussi concis que le geste, aussi rapide que le tems; on écarte donc le plus de mots qu'on peut; on n'exprime que ceux qui sont nécessaires pour remuer fortement; on laisse à l'intelligence des autres à deviner ce qu'on ne dit pas.

L'on a encore recours à ces formules abrégées, pour éviter la monotonie d'une marche toujours la même. Il en est dans les Langues comme dans le Physique; la variété y plaît, autant que l'uniformité paroît insipide. Mais, par le moyen dont il s'agit ici, on diversifie ses expressions à l'infini : ce que l'on a dit d'une maniere, on le répete d'une autre; à un Tableau d'une espéce, en succéde un très-différent; ce qui soutient infiniment plus l'attention, que fatigueroit un son ou une harmonie toujours la même.

Qu'on réfléchisse sur la langueur & la monotonie insuportable que répandroit dans le Discours l'usage de peindre les trois sortes de Tableaux dont nous avons parlé, *Enonciatifs, Actifs & Passifs*, toujours de la même maniere, tous par le Verbe *Est*; qu'on dit également *il* EST *sage*; *il* EST *lisant*, *il* EST *aimé* : & l'on ne sera pas surpris qu'on ait cherché à varier ces formules.

De-là ces *mots amphibies*, comme MON, qui n'apartenant à aucune partie du Discours en particulier, semblent hors de toute régle : de-là ces *phrases* singulieres qu'on ne peut soumettre à la même analyse que les autres, & qui paroissent l'éffet d'un usage capricieux & fantasque; mais dont dépendent en grande partie la finesse & l'énergie des Langues.

Plus une Langue est vive & se raproche du geste, & plus elle sera remplie de phrases pareilles : elles seront donc très-communes dans les Langues d'Orient : elles abondent dans la Langue Latine, & nos Langues modernes en font aussi un grand usage.

C'est ainsi que nous abrégeons les Tableaux actifs, en disant *il lit*, au lieu de dire *il est lisant*; & que les Latins abrégent également les Tableaux passifs en disant, par exemple, *amatur*, au lieu de *ille est amatus*, il est aimé.

La Grammaire doit donc s'occuper essentiellement de ces objets : elle en doit déveloper les causes & les effets.

Elle donne à ces formules abrégées le nom d'Ellipses, d'un mot Grec qui signifie *omission*, *action de laisser*.

Plusieurs Grammairiens s'en sont occupés avec beaucoup de succès. Si cet Objet renferme encore quelqu'obscurité, c'est peut-être parce qu'ils ne l'ont pas assez fondu avec l'ensemble de leurs Ouvrages, & parce qu'ils ont rejetté à la Fin ce qu'ils en ont dit.

Afin d'éviter cet inconvénient, nous en parlons dès à présent ; nous le lions avec nos grands principes ; & nous nous en servirons comme d'une clef essentielle pour résoudre les difficultés qu'offriront successivement, à cet égard, toutes les Parties du Discours : car il n'en est aucune relativement à laquelle on n'ait fait usage de l'Ellipse ; & qui ne renferme des choses très-obscures, si l'on n'a pas recours à cette maniere de les expliquer.

A cet égard, nous verrons deux sortes d'*Ellipses*, d'où résulteront des *Noms Elliptiques* & des *Phrases Elliptiques*.

Les Mots Elliptiques, seront ceux qui tiennent lieu de plusieurs parties du Discours, tels que *y*, *en*, *mon*, &c.

Les Phrases Elliptiques, seront celles dont on aura suprimé quelque partie du Discours, quelque mot, parce que cette omission les rendoit plus concises, sans nuire à leur clarté.

PARTIE SECONDE.
DES PARTIES DU DISCOURS QUI CHANGENT DE FORME.

CHAPITRE PREMIER.
DU NOM.

PREMIERE PARTIE DU DISCOURS.

Tous nos Discours roulent sur quelque objet, sur ces objets que renferme l'Univers dans sa vaste enceinte : c'est toujours un objet qui compose la base des peintures que forme la Parole : sans eux, il n'y auroit nulle connoissance, nulle comparaison, nul langage. Lors même que nous parlons de choses qui paroissent les moins relatives aux objets, telles que les qualités & les actions, c'est toujours un objet que nous avons en vue; ou ceux dans lesquels résident ces qualités, ou ceux qui operent ces actions, ou ceux auxquels elles se raportent.

§. 1.

Pourquoi le Nom est la premiere des Parties du Discours.

Le Nom, cette Partie du Discours qui désigne les Êtres, ces objets existans ou qu'on supose exister, & sans lesquels il ne peut y avoir nul discours, nulle peinture, le *Nom*, dis-je, marchera donc nécessairement à la tête des Parties du Discours : car ce n'est point le hazard, ce n'est point le caprice qui déciderent de leur rang & de leur prééminence ; leur place leur fut assignée par la Nature, par cette même Nature qui en avoit fixé le nombre. C'est elle, elle seule qui peut nous conduire efficacement dans le dédale obscur des régles du langage : elle le fait par des moyens si simples, si lumineux, si sensibles, qu'on ne peut s'égarer en la prenant pour guide.

Nous pourrons bien quelquefois nous tromper dans sa recherche ; ne pas arriver jusques aux vrais motifs de ce qu'elle a établi : mais ces erreurs, mais cette ignorance ne doivent retomber que sur nous : nous n'aurons pas tout vu ; mais nous aurons aperçu la vraie maniere de voir, nous l'aurons aperçue d'une maniere ferme, nous l'aurons indiquée aux Hommes ; s'ils la goûtent, s'ils la suivent, notre but est rempli, nous n'avons plus rien à désirer ; nous recevrons comme un don du Ciel, tout ce qui contribuera à nous éclairer sur ce que nous n'aurons pu apercevoir.

§. 2.

Utilités des Noms.

C'est par les Noms, que les Hommes désignent les uns aux autres, tous les Êtres existans & qu'ils font connoître à l'instant ceux dont ils veulent parler, comme s'ils les mettoient sous les yeux, comme s'ils les peignoient : qu'on entende prononcer le Nom d'un objet connu, on le voit aussitôt comme s'il étoit présent : on le voit aussi clairement, aussi nettement que s'il frapoit les yeux.

Ainsi dans la retraite la plus isolée, dans la nuit la plus profonde, nous pouvons passer en revue l'universalité des Êtres ; nous représenter nos parens, nos amis, tout ce que nous avons de plus cher, tout ce qui nous a frapé, tout ce qui peut nous instruire ou nous récréer ; & en prononçant leur nom, nous pouvons en raisonner avec nos pareils d'une maniere aussi sûre que si nous pouvions les montrer au doigt & à l'œil.

C'est que cette faculté admirable tient au souvenir, à cette facilité dont nous sommes doués, de nous représenter tout ce que nous avons vu, quoiqu'il ne soit plus sous nos yeux ; & de nous rendre ainsi l'Univers toujours présent, en le concentrant pour ainsi dire en nous-mêmes.

Par les Noms, nous tenons ainsi registre de tout ce qui existe, & de tout ce que nous avons vû ; même de ce que nous n'avons jamais vu, mais qu'on nous a nommé, en nous le faisant remarquer par ses raports avec les objets que nous connoissons.

Aussi n'existe-t-il aucun Être, dont on puisse avoir besoin de se rapeller le souvenir, qui n'ait son nom ; puisque ce n'est que par cette espéce d'anse qu'on peut le saisir, & le mettre sous les yeux : aussi dès qu'on entend parler d'un objet inconnu, demande-t-on à l'instant son nom, comme si ce nom seul le faisoit connoître : mais ce nom rapelle un objet auquel on attache telle idée, il le suplée en quelque sorte, & cela suffit.

Ne soyons donc pas étonnés que l'Homme qui parle de tout, qui étudie tout,

tout, qui tient note de tout, ait donné des Noms à tout ce qui existe : à son corps & à toutes ses parties, à son ame & à toutes ses facultés, à cette multitude prodigieuse d'Êtres qui couvrent la Terre ou qui sont cachés dans son sein, qui remplissent les Eaux, ou qui traversent sans peine la vaste étendue de l'air : au Ciel, & à tous les Êtres qui y brillent, & à tous ceux que son esprit y conçoit : qu'il en donne aux Montagnes, aux Fleuves, aux Rochers, aux Forêts : à ses habitations, à ses champs, aux fruits dont il se nourrit : à ces Instrumens de toute espéce avec lesquels il exécute les plus grandes choses ; à tous les Êtres qui composent sa Société ; à une femme chérie ; à des enfans, objets de toute son espérance ; à des amis auxquels son cœur est attaché & qui lui rendent la vie précieuse ; à des Chefs qui veillent pour lui. C'est par leur nom que se perpétue d'âge en âge le souvenir de ces Personnages illustres, qui méritèrent du genre humain par leurs bienfaits ou par leurs lumières.

Il fait plus : tantôt il donne des Noms à des objets qui ne sont pas existans : tantôt il en donne à une multitude d'Êtres, comme s'ils n'en formoient qu'un seul : souvent même, il donne des Noms aux qualités des objets, afin d'en pouvoir parler de la même manière qu'il parle des objets dans lesquels ces qualités se trouvent.

Ainsi, les Êtres se multiplient en quelque sorte pour lui à l'infini, puisqu'il éléve à ce rang ce qui n'est pas, & les simples manieres d'être des objets existans. De-là, différentes espéces de Noms, que nous allons parcourir rapidement.

§. 3.

Des différentes espéces de Noms.

Comme nous disons, *Soleil*, *Lune*, *Ciel*, *Terre*, mots par lesquels nous désignons des Êtres existans, nous disons également *Homme*, *Plante*, *Fleuve*, *Maison* ; mots qui ne sont le nom d'aucun Être en particulier ; mais qui nous présentent tous ceux qui sont de la même nature, & qui deviennent ainsi de la plus grande utilité pour nous donner des idées nettes de tous les Êtres, sans qu'on soit accablé par leur nombre, comme on le seroit si l'on ne pouvoit les considérer que dans les individus.

Nous disons également *Blancheur*, *Hauteur*, *Rondeur*, *Bonté*, *Amitié*, *Bienfaisance*, &c. désignant par-là, non des Êtres, mais les qualités du corps ou de l'ame, considérées comme objet de nos idées, comme l'Être ou la chose dont nous nous occupons, que nous nous peignons, abstraction faite de tout ce dans quoi elles se trouvent, & dont nous envisageons les raports avec de vrais Êtres.

Invention admirable, qui donne une facilité extrême pour rendre le discours plus rapide, plus énergique, plus utile par-là même.

Dans cette phrase, par exemple, *la France est un Royaume d'une vaste étendue*, nous voyons ces trois sortes de Noms :

FRANCE, est le Nom d'un objet individuel, d'un Pays.

ROYAUME, est le Nom de tous les Pays qui sont gouvernés comme la France.

ÉTENDUE, est le Nom d'une qualité considérée comme si elle existoit seule, comme si elle avoit une existence à part, séparée de celle des Êtres dans lesquels elle se trouve.

De ces trois espéces de Noms, la premiere s'apelle NOM PROPRE, ou IN-DIVIDUEL; parce qu'il est borné à celui qui le porte, qu'il lui apartient en *propre*, sans partage, sans division.

La seconde s'apelle NOM APELLATIF, parce qu'il sert à donner une *apellation* commune à tous les Êtres de la même espéce.

La troisiéme s'apelle NOM ABSTRAIT, parce qu'on le donne à un des États sous lesquels un Être quelconque peut être envisagé, comme si cet état étoit un être réel, considéré en lui-même, & en mettant à l'écart cet Être lui-même & ses autres qualités, dont on fait ainsi abstraction pour ne s'occuper que d'une seule.

Le premier de ces Noms peint un individu dans son ensemble, dans ce qui le constitue, dans ce qui fait qu'il est un tel Être, & qui ne se trouve qu'en lui.

Le second de ces Noms le peint sous les qualités qui lui sont communes, avec tous les autres Êtres de la même espéce.

Le troisiéme le peint comme s'il n'étoit composé que d'un seul trait, comme s'il n'étoit qu'étendu, qu'il fût seulement large, rond, bon, mauvais, grand, &c. comme si cette qualité étoit tout l'Être.

Relativement à ce dernier nom, on ne considere un objet que dans une seule qualité : relativement au second, on le considere dans ce en quoi il ressemble aux Êtres de la même espéce : relativement au premier, on le considere dans cet ensemble qui fait qu'il est *lui* & non tel autre.

Cette division des Noms en Propres, Apellatifs & Abstraits, n'est donc point idéale : prise dans la Nature, elle est absolument nécessaire pour la persection du langage ; on ne sauroit donc la passer sous silence. On pourroit, à toute force, confondre les noms abstraits avec les noms apellatifs ; car dans les noms apellatifs on fait abstraction de tout ce qui étoit propre à chaque individu : cependant les noms abstraits sont encore très-différens des noms apellatifs ; car ceux-ci conservent toujours l'idée d'une substance existante, comme les noms d'*Arbre*, de *Montagne*, d'*Homme*, &c. au lieu que ceux-ci, *blancheur*, *largeur*, &c. ne considerent qu'une seule qualité, & la considerent comme si elle seule composoit un Etre réel & complet.

Telle est l'utilité de cette troisieme Classe, qu'ils deviennent le sujet d'autant de Tableaux qui n'existeroient pas sans cela, & qui sont d'une ressource infinie pour analyser les Etres, & pour les connoître infiniment mieux par ces décompositions. Le langage s'en empare comme s'ils étoient de vrais Noms, des Noms d'Etres apellés *candeur*, *sagesse*, *marche*, ou de telle autre maniere : il en use par analogie, comme s'ils étoient de vrais Noms, des Noms d'Etres existans ; il les soumet à ses régles, à son analyse, à son génie : il s'éleve ainsi à des idées qu'il n'auroit pas eues sans cet artifice ; & il en forme des Tableaux qui ne laissent rien à désirer pour la perfection de nos connoissances, en faisant que tout devient l'objet de notre examen, de nos recherches, de notre méditation ; les qualités des objets, comme les objets eux-mêmes, ce qu'ils ont de commun & ce qu'ils ont de propre : qu'en un mot rien ne se dérobe à notre analyse, & à notre pinceau.

§. 4.

Origine ou Etymologie du mot Nom.

Mais avant d'aller plus loin, cherchons quelle fut l'origine d'un mot aussi remarquable & aussi simple.

Ce mot est composé de deux consonnes unies par une voyelle : s'il est commun à plusieurs Langues, les consonnes ne changeront pas, ou très-légerement ; car ce sont les consonnes & la signification d'un mot qui le constituent, qui en font l'essence ; tandis que les voyelles varient autant qu'il est possible : ainsi ce mot que nous prononçons Nom, pourra être prononcé ailleurs *nam*, *nem*, *nim*, *num*, sans cesser d'être le même, s'il conserve le même sens.

Nous le trouvons d'abord chez les Latins ; ils le prononcerent nom-*en*, en y ajoûtant une terminaison à leur mode.

Nous le trouvons aussi chez les Grecs : mais ce Peuple babillard & si sensible à l'harmonie, le fit précéder d'une voyelle : il devint chez eux le mot o-NOM-a, qu'ils prononcerent *ónym* dans les composés, d'où vint *syn-onyme*.

Ces Peuples n'en furent pas les inventeurs ; car il leur est commun avec une multitude de Nations, mais qui presque toutes le prononcent *Nam*.

Les Indiens disent *Naom* pour Nom.
 Les Persans, *Nam*.
 Les Germains, *Name*.
 Les Anglois, *Name*.
 Les Anglo-Saxons, *Nama*, *Noma*, *Nōme*.
 Les Goths, *Namo*.
 Les Suédois, *Namn*.
 Les Irlandois, *Ainim*.
 Les Gallois, *Enwm*.

Les Hébreux ont ce même mot ; mais ils le prennent dans un sens analogue. NAM signifie chez eux *Parole* en général, parole vraie & certaine, sentence : & NĀMA, parler, dire, prononcer ; 2°. affirmer, assurer.

De-là vinrent les Conjonctions Latines NAM & ENIM ; qui furent des Conjonctions affirmatives comme notre *Car*, & qui tirerent leur force de cette valeur primitive de *Nam*.

On voit par-là combien il étoit inutile d'en attribuer l'invention aux Latins ou aux Grecs, n'étant né ni chez les uns ni chez les autres, mais ces deux Peuples en ayant été redevables à de plus anciens.

Afin de parvenir plus facilement à son origine, observons que la consonne *m*, n'est ici que par accident, la voyelle o s'étant simplement nazalée ; ensorte que ce mot se prononçoit primitivement *No* ou *Nw*, par un *o* fort long, qui se changea aisément en nazale.

Aussi les Descendans des anciens Celtes le prononcent sans *m*.
 Chez les Cornouailliens, *A-now*,
 Chez les Bas-Bretons, *Ha-no*, & *Ha-nw*,
 Chez les Gallois, *E-nw*,
Signifient Nom, renommée, réputation.
 De-là en Breton, *Ha-nwa*, nommer, & en Gallois *E-nwi*.

Mais dès cet instant, ce mot se lie à une famille immense qui en dérive, & qui répand un grand jour sur lui : c'est celui du Verbe *No*, connoître, qui a produit :

UNIVERSELLE. 61

Novi des Latins, & qui précédé de g., comme cela arrive souvent aux lettres *l* & *n*, a fait:

Gnoeo, } \
Gnômi, } des Grecs.

Know, des Anglois.

Qui tous signifient connoître, savoir.

De-là encore *cognovi*, *ignotus*, &c. des Latins.

Gnou, connu, manifesté, mot qui étoit encore en usage chez les Bas-Bretons avant le XVe. siécle.

Known, des Anglois; } \
Gnotos, des Grecs; } qui signifient aussi *Connu*.

Gnò, des Irlandois, illustre, renommé, fameux.

Nòs connoissance.

Notha découvert.

Je ne doute pas que ces mots, Nous, qui chez les Grecs signifie esprit, ce qui en nous est doué de connoissance;

Nou, qui chez les Egyptiens, signifioit Dieu, l'Esprit par excellence;

Numen, qui chez les Latins signifioit la Divinité, qui connoît tout;

ne vinssent de la même origine.

Nous trouvons également ce mot chez les Arabes: chez eux No יְיֻ ou *nov* יְיֻ, qu'on peut aussi prononcer *nhov*, ou *nghov*, signifie *voix*, *son*, *modulation*; 2°. *bruit*, *rumeur*: devenu verbe, il signifie *parler*, s'exprimer d'une maniere intelligible: & 2°. d'une maniere agréable & flatteuse, cajoler, flatter.

Nous verrons dans le Dictionnaire Primitif, par quel motif ce mot No fut chargé de cette signification.

§. 5.

Noms considérés comme le SUJET *des Tableaux des idées.*

Les Noms ne sont pas seulement à la tête des Parties du Discours, parce que sans eux il n'y auroit point de Discours; mais sur-tout parce qu'ils sont constamment le seul point de réunion de tous les Traits qui composent les Tableaux de la parole; l'objet pour lequel ils sont tous amenés, celui qui dévient la base de tous les autres, & dont ceux-ci tirent leur énergie, leur beauté, leur sublimité.

Ceci nous ramene toujours à la Nature, dont nous ne saurions nous écarter un instant sans nous égarer. Ce n'est point parce que l'homme l'a voulu, qu'il existe des Noms; & que ces Noms sont l'ame de la Parole, les sujets auxquels se raportent tous les Tableaux qu'elle exécute. Ces Noms sont l'ame de la Parole, parce qu'ils représentent les Êtres dont est composé l'Univers; & parce que tout ce qu'on dit, est nécessairement relatif à ces Êtres : en sorte que leurs Noms seront le centre de tout ce qu'on en dit, comme ces Êtres sont eux-mêmes la base de toute action, de tout mouvement, de toute qualité.

La volonté des Hommes n'entre pour rien dans toutes ces choses, que pour s'y conformer : ne soyons donc pas surpris de n'y trouver rien d'arbitraire; que tout y soit déterminé par la Nature même; que tous les Peuples & toutes les Langues s'accordent à cet égard.

Le Nom est donc au Discours, ce que l'objet principal est à un Tableau, ce que le Héros est au Drame, ce qu'un Être est à ses effets.

Tout se raporte à lui : l'habileté du Peintre consiste à ne laisser voir que lui, & à fondre le reste du Tableau avec un si grand art qu'on aperçoive sans peine & sans équivoque, que tout se raporte à cet objet; & que tout ce qui dans le Tableau n'est pas lui, n'est là que pour lui, pour le faire connoître, pour le faire valoir : en sorte que lorsqu'on cacheroit le sujet, qu'on tireroit un voile sur lui, qu'on suprimeroit son Nom, ceux qui jetteroient les yeux sur ce Tableau imparfait en aparence, ne pourroient s'empêcher de reconnoître le sujet auquel il se raporte.

Tel doit être en effet l'art des Tableaux de nos idées, que la connoissance de leur sujet nous fasse comprendre à l'instant tout ce qu'on nous en dit; & qu'en même tems la vue des dévelopemens du Tableau soit telle qu'elle pût seule nous en faire deviner le sujet.

C'est cet art qui nous donne une si grande facilité pour entendre les Ouvrages écrits en Langues étrangères; car la seule connoissance du sujet nous offre déja l'idée de tout ce qu'on en va dire; ce qui rend aisée l'intelligence du Tableau, sur-tout si l'Auteur a été un grand Peintre; s'il a bien vu, s'il a bien senti, s'il a rendu son sujet avec tant de sagacité, d'exactitude & de netteté qu'on ne puisse s'empêcher de croire qu'il n'y a rien de plus naturel, & qu'on en eût aisément fait autant.

Ce sont les Auteurs de ce genre qui rendent une Langue célèbre, comme les grands Peintres illuſtrent les Ecoles dont ils ſont ſortis : c'eſt par de pareils Ecrivains que la Langue Grecque eſt devenue celle de tous les gens de goût, & que l'étude de quelques Langues modernes devient indiſpenſable pour quiconque veut orner ſon eſprit & élever ſon ame, en la nourriſſant de tout ce qu'on a compoſé de plus parfait & de plus exquis.

Peut-on, par exemple, jetter les yeux ſur ce beau Tableau du CAHOS, & ne pas en ſaiſir à l'inſtant l'enſemble? Peut-on héſiter ſur le ſens qu'on y doit attacher; ne pas avouer que tous les traits qui le forment n'en ſont que des dévelopemens qui s'y raportent, & dont il eſt la baſe? C'eſt OVIDE qui nous parle :

» *Ante Mare & Terras*, dit-il, *& quod tegit omnia Cælum*,
» *Unus erat toto naturæ vultus in orbe*,
» *Quem dixere* CHAOS : *rudis*, *indigeſtaque moles*,
» *Nec quiequam*, *niſi pondus iners*, *congeſtaque eodem*
» *Non bene junctarum diſcordia ſemina rerum*.
» *Nullus adhuc mundo præbebat lumina* TITAN,
» *Nec nova creſcendo reparabat cornua* PHŒBE,
» *Nec circumfuſo pendebat in aëre tellus*
» *Ponderibus librata ſuis* : *nec brachia longo*
» *Margine terrarum porrexerat* AMPHITRITE.
» *Quaque erat & tellus*, *illic & pontus & aër* :
» *Sic erat inſtabilis tellus*, *innabilis unda*,
» *Lucis egens aër* : *nulli ſua forma manebat*.
» *Obſtabatque aliis aliud* : *quia corpore in uno*
» *Frigida pugnabant calidis*, *humentia ſiccis*,
» *Mollia cum duris*, *ſine pondere habentia pondus*.

» Avant l'exiſtence de la Mer, de la Terre, du Ciel qui ſert d'envelope à
» l'Univers, la Nature étoit par-tout la même : auſſi l'apella-t-on le CAHOS;
» maſſe informe, groſſiere, & ſans énergie, où les principes de toutes choſes
» étoient entaſſés & confondus. TITAN (†) n'éclairoit pas encore le Monde.
» PHŒBÉ n'avoit pas encore eu lieu de réparer ſon croiſſant : la Terre n'étoit
» pas encore ſuſpendue, par ſon propre poids, au milieu des airs : AMPHITRITE
» n'avoit pas encore étendu ſes bras autour des Continens. Tout étoit Mer,

---

(†) TITAN, PHŒBÉ, AMPHITRITE, Noms qui ſemblent inventés par hazard & que les Pöetes Grecs donnerent au Soleil, à la Lune & à l'Océan, étoient autant de Tableaux à la valeur deſquels on ne pouvoit ſe méprendre. TITAN, compoſé de *Ti*,

» Terre, Air; la Terre étoit liquide, l'Eau maſſive, l'Air denué de lumiere;
» nul Être n'avoit une forme fixe & conſtante; tout faiſoit obſtacle à tout; &
» dans un même corps, les Elémens glacés combattoient contre les brûlans,
» les humides avec les ſecs, les mols avec les durs, les peſans avec les légers ».

Qu'on ôte de ce Tableau le mot de Cahos, qu'on n'annonce point l'objet dont on parle, & chacun le reconnoîtra néanmoins, parce qu'il ne renferme aucune expreſſion, aucun trait qui ne ſoit abſolument relatif à cet objet, & qui ne le déſigne avec la plus grande netteté.

Il en eſt de même de ce beau Tableau de l'Aminte :

> .... Qual coſe è piu picciola d'Amore :
> Se in ogni breve ſpazio entra,
> E s'aſconde in ogni breve ſpazio ? or ſotto all'ombra
> Delle palpebre, or tra minuti rivi,
> D'un biondo crine : or dentro le pozzette
> Che forma un dolce riſo in bella guancia,
> E pur fa tanto grandi e ſi mortali
> E coſi immedicabili le piaghe.

Qui peut méconnoître le ſujet de ce Tableau, cet objet ſi petit en aparence, dont on dit qu'il s'inſinue dans les eſpaces les plus reſſerrés, qu'il ſe cache à l'ombre d'une paupiere, dans les contours ondoyans d'une belle chevelure, dans le creux que forme le doux ſourire ſur une joue aimable, & dont les bleſſures ſont cependant ſi funeſtes, & irremédiables ? Mais ôtez le nom de l'objet, que devient ce Tableau ?

N'en eſt-il pas de même de cette penſée de notre ingénieux & naïf Fabuliſte ?

> Petit poiſſon deviendra grand
> Pourvu que Dieu lui prête vie;
> Mais le lâcher en attendant,
> Je tiens pour moi que c'eſt folie.

Sans le nom qui fait le ſujet de cette penſée, que devient-elle ? quelle eſt ſon utilité ?

---

auguſte, élevé, Univers, & de Tan, feu, flambeau, ſignifioit mot à mot le *Feu auguſte, le Flambeau de l'Univers*. Phœbé venant de Phoe, feu, lumiere, & de Ba, aller, ſignifioit *Lumiere vagabonde*; ce qu'on apelle une *Planette*. Amphitrite, compoſé d'amphi, autour, & de tribo, non dans le ſens d'effrayer ou de ronger, comme on l'a cru, mais d'étendre, de prolonger, ſignifioit au pied de la lettre *celle qui s'étend tout autour, qui embraſſe, qui étreint*.

Le

Le Nom est donc l'ame de nos Discours ; il en amene toutes les Parties : il les lie, il les unit, il n'en forme qu'un Tout intéressant & vrai, qui fait passer dans l'esprit des autres ce qu'on pense du sujet sur lequel il roule.

En vain donc on voudroit analyser un pareil Tableau, & s'en former une juste idée, si l'on ne commence par s'assurer du mot qui en présente le sujet, puisque c'est le trait le plus intéressant du Tableau, dont la connoissance fait aussi-tôt comprendre tout ce qu'on en dit; & nous met en état de juger le Tableau lui-même, de voir s'il remplit toute l'étendue de son sujet, & s'il le peint avec les graces, la délicatesse & le genre de beauté dont il est susceptible.

§. 6.

Noms distingués en sujet & en objets dans un même Tableau.

Le Nom considéré comme le point de réunion de toutes les portions d'un même Tableau, s'apelle SUJET, le sujet du Tableau ; mais quoique tout Nom puisse être sujet à son tour, tous les Noms qui se trouvent dans un Tableau ne sont pas pour cela autant de sujets, puisqu'il ne peut en exister qu'un seul dans chaque Tableau. Les autres Noms n'y entrent donc qu'en sous-ordre ; ils n'y sont introduits que pour développer le sujet, pour l'embellir, pour mettre au jour ses effets, ses qualités, ses raports avec les autres objets.

En effet, & nous l'avons déjà vu, les Êtres sont tous liés dans la Nature, ils tiennent tous les uns aux autres ; tous sont dans une dépendance mutuelle : on ne sauroit donc en connoître un, sans avoir une idée nette & exacte de ses raports avec ceux auxquels il tient, & sans désigner ceux-ci. Le sujet d'un Tableau est donc accompagné d'autres Noms en plus ou en moins grand nombre, qui feront comme son escorte, qui constitueront sa dignité & son énergie. Ainsi dans les exemples que nous venons de raporter, un seul sujet domine sur un grand nombre de Noms.

Cependant, il n'est point à craindre qu'au milieu de tant de Noms, on se méprenne jamais sur celui-ci, & qu'on ne puisse le démêler d'entre tous les autres : il est comme le Chef qu'on distingue toujours de sa Troupe. Tous ces Noms sont employés de maniere à faire connoître quel est celui qui domine, quels sont ceux qui en dépendent, & qui ne sont là que pour lui ou à cause de lui : on ne peut se méprendre un instant au rôle auquel ils sont apellés.

C'est ce qui constitue la clarté & la beauté des Tableaux de la parole : tout en est par-là distinct, clair, sensible, sans équivoque : aucun mot ne nuit à l'autre ; nul ne lutte avec le sujet, ou lui préjudicie.

Tel un Peintre obligé de faire entrer dans le Tableau, une multitude de Personnages, les groupe, les raproche ou les fait fuir avec un si grand art & une si grande intelligence, que le sujet du Tableau, le Personnage dominant & auquel tous les autres se raportent, se fait reconnoître à l'instant.

Ainsi le Discours, malgré le nombre prodigieux d'objets, ou de Noms qui le composent, offre toujours cette unité qui en fait l'essence & l'énergie, & sans laquelle on se rendroit inintelligible, en n'offrant qu'un vain entassement de mots.

§. 7.

De l'Origine des Noms propres & des Noms apellatifs.

Cette distinction de Noms, en *propres* qui ne désignent qu'un individu, & en *apellatifs* qui désignent tous les objets de la même espéce, est devenue la source d'un Problême, que de grands Philosophes n'ont pu résoudre d'une maniere satisfaisante. Les Noms apellatifs sont-ils plus anciens que les Noms propres, ou ceux-ci leur ont-ils donné naissance ? telle est la question dont il s'agit.

Les Noms, dit-on, ne furent inventés que pour correspondre à nos idées : or dès leur origine, elles furent conformes à la Nature : mais la Nature n'offre que des individus : les Noms propres ou individuels durent donc être les premiers.

D'un autre côté, tous les Noms propres sont apellatifs par leur nature : SEM, signifioit l'Elevé; NICOLAS, le Peuple vainqueur; SUSANNE, Fleur de Lys : & tels sont nos Noms propres significatifs, MARCHAND, POTIER, GRAND, PETIT, &c. Il faut donc que les Noms apellatifs ayent été les premiers.

Comment se décider entre la Nature qui ne montre que des individus, & entre les Langues qui ne montrent que des espéces ? Les Hommes d'ailleurs auront-ils attendu à donner des noms, jusques à ce qu'ils ayent pu s'élever aux idées abstraites des espéces ?

De quelque côté qu'on se tourne, on voit des raisons qui paroissent sans réplique : cependant elles conduisent à des conséquences contradictoires : une des deux opinions est donc fausse ; ou le seroient-elles toutes deux ?

Cette question si embrouillée, s'éclaircira cependant aisément, dès qu'on cessera d'en chercher la solution dans de faux principes ; & qu'on prendra la Nature pour guide.

Lorsque l'Homme dut imposer des Noms, il avoit sous les yeux les grands objets que lui offroit la Nature : mais ces objets se divisoient en deux Classes : les uns, en petit nombre, étoient seuls de leur espéce ; les autres se présentoient par groupes nombreux ; & pour apercevoir cette différence, il ne falloit nulle métaphysique, nulle profondeur de génie, point de comparaisons fines, ni de combinaisons d'idées : encore moins l'intervention particuliere de la Divinité descendue du Ciel comme par une machine, pour résoudre ces difficultés & faire franchir ces prétendus abîmes.

L'Homme ouvrant les yeux, voyoit d'un côté une prodigieuse quantité d'Êtres de la même espéce, une multitude d'Arbres, une multitude de Plantes, une multitude d'Animaux, une multitude d'Etoiles, &c. Il voyoit en même tems des objets seuls de leur espéce, un seul Soleil, une seule Lune, un seul Chef de Famille, une seule Maîtresse de maison, une seule Contrée, un seul Fleuve, un seul Lac, une seule Mer, &c.

A chacun de ceux-ci il donnera sans contredit un nom, & ce nom sera un nom individuel, un Nom propre : mais sera-t-il la folie de donner à chaque arbre, à chaque brin d'herbe, à chaque grain de sable, &c. à chaque feuille de la forêt, &c. un nom particulier qui lui seroit absolument inutile, lors même qu'il pourroit s'en souvenir ? ne se contentera-t-il pas d'envelopper tous les objets de la même nature sous un même nom, sauf à en distinguer quelques-uns au besoin, d'une maniere plus particuliere ?

De-là, des Noms apellatifs nés dans le même tems que les Noms propres & d'une maniere parfaitement conforme à la Nature, qui en fit au vrai tous les frais : l'homme n'eut que le plaisir & la gloire de l'imitation.

Mais s'il y eut dans l'origine des Noms propres, comment sont-ils devenus apellatifs ? Rien de plus simple encore. A mesure que l'homme, prenant possession des diverses Contrées de la Terre, qui forment son habitation, aperçut d'autres Êtres semblables à ceux qu'il connoissoit, & qu'il avoit cru jusques-là uniques, il donna à ces nouveaux Objets les noms de ceux auxquels ils ressembloient : ainsi il apella les nouveaux Lacs, les nouveaux Fleuves, les nouvelles Familles, &c. du même nom qu'il avoit déja donné à ces Objets, tandis qu'ils étoient uniques à ses yeux.

De cette maniere, les Noms propres devinrent autant de Noms apellatifs, non d'origine, mais par analogie, par comparaison.

Tandis que par un échange réciproque de valeur, les Noms apellatifs devenoient des Noms propres., toutes les fois qu'on les apliquoit à un seul objet particulier : c'est ainsi que les Noms de Bible & d'Al-Coran, qui étoient apellatifs dans l'origine, désignant en Grec & en Arabe tout Livre en général, ne désignent plus chez les Chrétiens & chez les Mahométans que leurs Livres Sacrés.

C'est par le même principe que nous disons dans un sens individuel, la Ville, la Riviere, le Palais, la Cour, &c. quoique ces mots soient en eux-mêmes apellatifs, après avoir été dans l'origine des Noms propres.

Cette propriété qu'ont tous les Noms apellatifs de s'employer dans un sens très-étendu ou dans un sens très-restraint, répand souvent de l'obscurité sur les Auteurs anciens & sur les Étymologies des Noms propres.

Les Latins, par exemple, apelloient *Cerites* la populace de Rome. Lorsque leurs Savans voulurent remonter à l'origine de ce nom, ils trouverent sur leur chemin le mot *Cere*, dont il étoit certainement venu ; mais qu'ils prirent pour le Nom propre de la ville de *Cere*, sur la côte d'Italie, apellée autrement Agylla, ville célèbre par son port de mer & par son commerce dans des tems très-reculés : & là-dessus ils bâtirent ce Roman, que les Romains, en reconnoissance d'un secours important qu'ils avoient reçu des *Cerites*, les avoient admis dans leur ville, mais sans aucun privilége de Citoyens ; & que de-là étoit venu l'usage d'apeller *Cerites*, la populace de Rome, qui étoit privée de tout droit de Cité.

Je ne sais comment on a pu se résoudre à répeter ce trait d'orgueil extravagant : c'eût été une récompense bien ridicule pour ces braves habitans de *Cere*, d'être confondus ainsi avec une vile populace, tandis que Rome donnoit le Droit de Bourgeoisie à des Peuples qui lui avoient fait la plus cruelle guerre.

Mais c'est qu'on ignoroit que Cere ou Kere, *Kaire*, étoit un mot primitif qui signifioit Ville ; que le mot de Cerites signifioit par conséquent *habitans de la Ville*, & qu'il étoit devenu peu à peu le Nom propre de la populace de Rome, mot à mot ses *vilains*, tandis qu'*Urbani* qui signifioit aussi habitans de la Ville, étoit consacré comme n'ayant pas dégénéré, aux vrais habitans de Rome, à ses *Citoyens*.

C'est ce même mot qui, devenu le Nom propre de la Capitale de l'Egypte le Caire, n'a plus été reconnu par les Arabes qui l'ont confondu avec un autre mot qui signifie *Victoire*, & qui ont cru qu'elle avoit été apellée ainsi en mémoire de l'entrée triomphante du Vainqueur de l'Egypte.

L'on avoit également perdu de vue l'origine du nom des Theutons, parce

UNIVERSELLE.

qu'on avoit oublié qu'il venoit du nom apellatif THEUT, *Thet*, qui fignifia une Contrée, Terre, Pays, & qui les défigna comme Meres Nourricieres des Hommes.

TEUTONS fignifioit donc mot à mot *les Enfans du Pays.* Expreffion commune aux anciens Peuples, & qui perfuada dans la fuite qu'ils fe regardoient comme une production de la Terre, & comme n'étant jamais venus d'ailleurs.

Ce même mot TERRE, peut occafionner des fens très-divers dans les Livres anciens, fuivant qu'on le regardera comme un Nom propre ou comme un Nom apellatif.

Ajoutons pour terminer cet article que l'on ne donne des Noms propres aux objets, qu'on défigne par des Noms apellatifs, qu'autant qu'on y eft obligé par l'emploi individuel de ces objets : ainfi l'Aftronome défigne chaque Étoile par un Nom propre, le Chaffeur en donne à fes Chiens ; le Pâtre, aux Animaux qu'il éleve ; l'Agriculteur, aux morceaux de Terre qu'il cultive, &c. chacun felon fon befoin.

De-là ces Langues particulieres d'Arts, de Sciences, de Métiers, &c. dont le Dictionnaire eft fi vafte, & dont les mots ne font connus que de ceux qui fe confacrent à ces Arts, à ces Métiers, &c. & forment dans toutes les Langues, une Langue à part, inconnue à tous ceux qui n'en ont pas fait une étude particuliere.

Rien d'ailleurs qui foit plus conforme à la raifon, que de donner & d'aprendre les noms de chaque objet, feulement à mefure que cette connoiffance nous devient néceffaire.

C'eft ainfi que les Noms forment la portion la plus confidérable des mots dont les Langues font compofées : & nous verrons bientôt qu'il n'eft aucun mot, de quelque efpéce que ce foit, qui ne tienne effentiellement à un nom, & qui ne lui doive toute fon énergie.

§. 8.

Des Genres.

Tout fe tient dans la Nature : c'eft une vérité dont nous avons déjà fait ufage & que nous ferons fouvent dans le cas de répeter : mais elle fe manifefte d'une maniere éclatante dans les Êtres animés, & fur-tout relativement aux Hommes : Dieu qui voulut qu'ils vécuffent en focieté, les forma de façon que pour composer une Famille, ils sont obligés de s'unir de deux en deux, chacun semblable à l'autre quant à l'espéce, chacun différent quant au sexe.

Il fallut donc que les Noms donnés aux divers Êtres, portassent encore cette empreinte de la Nature ; & fissent connoître non-seulement chaque espéce d'Êtres, mais le sexe même des Êtres de chaque espéce.

Ainsi tandis que sous le nom d'Hommes pris dans le sens le plus étendu, on désigne toute l'espéce humaine, on n'en désigne plus qu'une partie sous ce même nom d'*Hommes* pris dans un sens plus étroit, tandis que l'autre partie du genre humain est désignée par le nom de *Femmes*.

De-là se forme une classe de mots singuliere qui tient comme le milieu entre les Noms propres & les Noms appellatifs : car celle-ci n'apartient pas à un seul individu comme le Nom propre, ni a l'espéce entiere comme le Nom apellatif; mais elle désigne les Êtres de deux en deux, suivant qu'ils sont associés dans la Nature par sexes; & en les variant simplement, suivant l'aplication qu'on en fait à l'un ou à l'autre sexe.

C'est ainsi qu'en Hébreu Ish signifie *Homme*; & Isha, *Femme* : que l'on dit *Fils* & *Fille*, *Maître* & *Maitresse*, *Roi* & *Reine*, *Prince* & *Princesse*, &c. & pour les Animaux *Lion* & *Lionne*, *Chien* & *Chienne*, *Loup* & *Louve*, *Canard* & *Canne*.

Ensorte que le même nom devient masculin quand il s'aplique à l'un des sexes, & féminin quand il s'aplique à l'autre.

De-là vint le nom même de Sexe, formé du mot Latin Sec-*are* qui signifie *séparer*, *partager*, *couper en deux*, parce que par le sexe, l'espéce est coupée en deux portions, & comme en deux moitiés d'un Tout.

Chacune de ces portions ou chacun de ces Sexes fut appellé Genre, du mot primitif Gen qui désigna toute idée de production, destination des sexes.

La distinction des Noms en deux Genres, l'un masculin, l'autre féminin, conformément aux deux sexes, fut donc prise dans la Nature ; on auroit donc tort de croire qu'elle soit arbitraire & de pure fantaisie. Il eût été absurde de désigner tous les Êtres animés, quoique de sexe différent, par le même nom sans distinction de sexe, parce que le langage n'auroit jamais été d'accord avec le fait, & parce qu'on auroit toujours été embarrassé de savoir de quel des deux Êtres on parloit, tandis qu'on n'eût mis aucune différence entre leur nom commun.

Mais comme les Hommes n'ont jamais assigné de noms qu'autant qu'ils ont été nécessaires, de même ils n'ont pas distingué par le genre toutes les espéces d'Êtres animés : il en est un grand nombre dont les deux sexes sont renfermés dans le même nom, comme *Mouche*, *Oiseau*, *Insecte* & autres animaux de ce genre dont une plus grande distinction seroit absolument inutile.

Tandis que par raport aux Animaux domestiques, qui sont non-seulement de la plus grande utilité aux hommes, mais d'une utilité très-différente suivant qu'ils sont mâles ou femelles, & outre cela d'une qualité très-différente suivant cette division, on a porté l'exactitude jusques à leur donner des Noms si différens, qu'on ne soupçonneroit pas, en ne considérant que leurs noms, qu'ils sont de la même espéce.

Les noms de TAUREAU & de VACHE, de BELIER & de BREBIS, de BOUC & de CHÊVRE, de COQ & de POULE, &c. désignent le même animal suivant qu'il est mâle ou femelle.

N'en soyons pas surpris : l'utilité qu'on retire de ces animaux suivant qu'ils sont mâles ou femelles, est si différente, qu'elle en fait en quelque façon comme deux Êtres différens : le Taureau est compagnon de l'homme dans le labourage, la Vache devient par son lait la nourriciere ou le soutien de la Famille ; non-seulement dans les Familles Pâtres ou errantes, mais même pour les Familles Agricoles. La Brebis, la Chêvre, & la Poule sont si utiles à ces mêmes Familles, qu'elles ne pouvoient trop en marquer en quelque sorte leur reconnoissance en les distinguant par un nom honorable.

Les mâles & les femelles de ces Animaux se distinguent encore par des caractères si différens, l'un est si fier, si turbulent, si courageux, l'autre est si craintif, si pacifique, si modeste, qu'on n'auroit pu les confondre par un seul nom.

D'ailleurs, ces Noms furent toujours des épithètes ; c'est-à-dire des mots relatifs à l'idée qu'on se formoit de ces Êtres. TAUREAU signifioit Fort, Puissant ; BÉLIER, le bélant ; son nom Latin, ARIES, le martial, parce qu'il est toujours prêt à se battre. BŒUF, qui vient de BOUS, mot Grec qui désigne également le mâle & la femelle de cette espéce, signifie le *gros*, *l'énorme* (†). Il en seroit de même de tous ces autres noms.

(†) B o v est un mot primitif qui désigne toute idée relative à grandeur & à son oposé. T o R est un autre mot primitif qui désigne toute idée relative à force & à puissance. B é est une onomatopée, imitation du bruit : B E L désignant le bétail à laine, est de la plus haute antiquité : en Hébreu, J O-B E L signifie un Bélier ; 2°. sa Corne ; 3°. le COR

2°. *Genres par Analogie.*

Mais l'homme n'est pas le simple Imitateur de la Nature : souvent il suplée à ce qu'elle lui fait connoître : & là où finit son imitation, commence sa marche d'analogie & de comparaison ; transportant ainsi une invention, un établissement, d'un objet à un autre. C'est ce qu'il exécute sur-tout à l'égard des Noms par lesquels il désigne une multitude d'Êtres inanimés dans lesquels il n'y a point de sexe, & qu'il revêt néanmoins d'une terminaison masculine ou féminine, suivant qu'il y aperçoit quelque chose de relatif aux idées qu'il se forme d'un Être considéré comme mâle ou comme femelle.

Un Nom sera, par exemple, du genre masculin, lorsque l'objet qu'il désigne offrira quelqu'une des propriétés du sexe masculin ; qu'il sera doué de force, de vivacité, d'efficace, d'élévation, ou qu'il contribuera à communiquer quelque vertu, quelque propriété ; qu'il sera propre à féconder les Êtres productifs, & plus actif que passif.

Un Nom sera au contraire du genre féminin, lorsque son objet offrira quelqu'une des propriétés du sexe féminin ; qu'il aura plus de graces que de force, plus de douceur que de vivacité, plus de délicatesse que de vigueur ; ou qu'il sera un Être portant quelque production & fécondé par la Nature ; & plus passif qu'actif.

D'après ces vues, le SOLEIL sera du genre masculin, parce qu'il a une lumiere forte & vigoureuse, qu'il ne la doit à aucun autre corps céleste, qu'il la répand par-tout ; & que par sa chaleur, il féconde tous les Êtres.

La LUNE, au contraire, sera du genre féminin, parce que sa lumiere est infiniment plus foible & plus douce que celle du Soleil, & qu'elle n'est que d'emprunt.

Aussi les considéroit-on poétiquement comme *Frere* & *Sœur* ; d'où vint la Fable d'Apollon & de Diane, Enfans de Latone, & par conséquent frere & sœur. On les considéra également comme Mari & Femme, d'où vint l'Histoire de Pasiphaé, Femme de Minos & Mere d'un Minotaure.

---

qu'on faisoit avec sa Corne ; 4° la Fête qu'on annonçoit au son du Cor, d'où *Jubilé*. BALO, en Latin, signifie BÉLER : c'est le cri de cet animal. BALENS, dans nos vieux monumens, signifie un Bélier ; BELIN, *Beline*, le bétail à laine ; BELIE, le lieu où on le renferme. Voy. CARPENTIER, Suplém. au Glossaire de du Cange, T. I. Art. BALENS.

L'AIR

UNIVERSELLE.

L'Air & le Ciel sont du genre masculin, parce qu'ils sont regardés comme les principes de la fécondation de la Terre, qu'ils y font descendre par la chaleur & par les pluies sans lesquelles il n'y auroit point de productions ici-bas.

Tandis que la Terre, au contraire, est du genre féminin par la même raison, parce qu'elle est regardée comme un Être fécondé par le Ciel, comme son Epouse & la Mere nourriciere des Humains. C'est ce qui fit apeller Uranus ou le Ciel, le Mari de Ghé ou de la Terre; & qui donna lieu à ces vers de Virgile (1):

Tùm Pater omnipotens fœcundis imbribus Æther
Conjugis in gremium Lætæ descendit ; & omnes
Magnus alit magno commixtus corpore fœtus.

» Alors le Ciel, le Pere Tout-Puissant, descend en pluies fécondes dans » le sein de son Epouse qu'il ranime; & par le mélange de ces deux gran- » des portions de l'Univers, naissent & croissent toutes les productions.

Non jam Mater alit Tellus, viresque ministrat. (2)

» La Terre n'est plus une Mere, elle ne nourrit plus & ne donne plus » de nouvelles forces.

Salve Magna Parens Frugum Saturnia Tellus.
Magna virum. (3)

» Je te salue, Terre que cultiva Saturne, Mere féconde des Fruits & » des Nations.

C'est par la même raison que les Villes, les Contrées, la Patrie ou la Terre de nos Peres, sont du genre féminin. Elles reçoivent dans leur sein les semences de tout : elles sont les Meres & les Nourricieres de leurs Habitans : aussi les anciennes Villes de l'Orient regardoient le titre de Mere, comme le plus glorieux pour elles : c'est de-là qu'est venu notre mot Métropole, qui signifie mot à mot Ville-Mere; mais qui étant formé de mots barbares pour nous,

---

(1) Georg. Liv. II. 325.
(2) Eneid. Liv. XI. 71.
(3) Georg. Liv. II. 173.

Gram. Univ.

n'offre plus à notre esprit l'idée intéressante de Mere & de Nourriciere ; & n'y réveille que l'idée moins flateuse de supériorité.

La masse des Eaux salées, qui environne & sépare les Continens de notre Globe, est du genre féminin dans le nom de MER, parce qu'on les considere comme le réceptacle & les productrices d'une prodigieuse quantité de plantes & d'animaux ; & elle devient du genre masculin dans le nom d'OCÉAN, parce qu'alors on ne fait attention qu'à sa vaste étendue & au mugissement terrible de ses flots.

Le TEMS est du genre masculin en diverses Langues, à cause de ses influences sur tout ce qui existe. Il est personifié par un Vieillard dans ce Distique ingénieux :

Ὁ γαρ Χρόνος μ'ἔκαμψε, τέκτων ὓ σοφὸς
Ἅπαντα δ'ἐργαζόμενος ἀθετώτερα. (4)

» Le Tems, cet Artiste qui n'est pas sage & qui gâte tout ce qu'il tou-
» che, m'a courbé comme un arc.

L'ÊTRE SUPRÊME, Auteur & Pere de tout ce qui existe, sera du genre masculin : cependant comme cette idée est relative à celle de féminin, & qu'en Dieu il n'y a nul raport pareil, quelques Peuples feront la Divinité du genre qui n'annonce ni masculin ni féminin, afin d'en donner une idée plus sublime.

La VERTU & la BEAUTÉ seront dans toutes Langues du genre féminin, parce que l'une est l'apanage de ce Sexe, & que l'autre est si belle, si intéressante, si aimable, qu'on ne peut se dispenser de lui donner le sexe des Graces.

3°. Bisarrerie des Genres.

Il faut avouer cependant qu'il s'est glissé à cet égard beaucoup de bisarrerie & d'arbitraire dans les Langues, parce que les mêmes mots, en passant d'une génération à une autre, ou d'une Langue à une autre, ont souvent changé de genre ; ainsi ARBRE, qui est masculin en François, est féminin en Latin, tandis que CHALEUR, qui est féminin en François, est masculin en Latin (a).

---

(4) STOB. Ecl. p. 591.

(a) NAVIRE, qu'on avoit d'abord fait avec raison du genre féminin en François, est actuellement du genre masculin, quoiqu'on ait contredit en cela le latin dont il vient & la raison qui étoit pour le féminin : mais on consulta l'oreille, pour laquelle un Navire est beaucoup plus agréable que l'expression une Navire.

UNIVERSELLE. 75

Rien n'eſt plus déſolant qu'une telle méthode, parce qu'on ne ſauroit ſe faire à cette variété de genres qu'eſſuie un même mot en paſſant d'une Langue à une autre; & qu'il faut mettre continuellement ſon eſprit à la torture, pour ſe familiariſer avec cette inconſtance perpétuelle de genres, qu'on ne peut preſque plus ramener à des principes communs & ſatisfaiſans.

Auſſi les Grammairiens n'ont pu s'empêcher de ſouhaiter que la diſtinction des genres fût totalement anéantie dans toutes nos Langues, & ils ont cru trouver un apui dans la Langue Angloiſe où, ſelon eux, il n'y a point de diſtinction de Genre (†).

Mais pour éviter un inconvénient, auquel on pourroit peut-être remédier de quelqu'autre maniere, ils priveroient les Langues de la reſſource & des avantages précieux qu'elles trouvent dans la diſtinction des genres, & que nous allons tâcher de faire ſentir, après avoir relevé l'inexactitude dans laquelle on tombe, en diſant que la Langue Angloiſe ne connoît point de diſtinction de Genre.

Au premier coup d'œil, en effet, l'Anglois paroît méconnoître cette diſtinction; ſes Noms ne ſont point diſtingués par des terminaiſons maſculines & féminines; ſes Adjectifs n'en ont point, ſes Articles non plus: à partir de-là, on ſe croit donc en droit de conclure qu'ils n'ont point de Genre: on ſe tromperoit cependant, parce qu'ils ont des Pronoms féminins, & qu'ils n'employent pas ces Pronoms indiſtinctement avec toute ſorte de Noms, ſe ſervant des maſculins pour les uns & des féminins pour les autres; preuve qu'ils conſiderent les uns comme maſculins, les autres comme féminins.

Le Sommeil & la Mort, par exemple, ſont maſculins chez eux comme en Grec: auſſi employent-ils pour eux les Pronoms maſculins. » Mort., dit » un de leurs célebres Grammairiens, leur paroîtroit extrêmement ridicule ſi elle » étoit traveſtie en femme». Et il cite ce paſſage de Shakespear, qui dit, en parlant de la Vie (5).

. . . . . Merely Thou art Death's Fool ;
For Him Thou labour'ſt by thy flight to ſhun,
And yet run'ſt tow'rds Him ſtill:

» Tu n'es que le jouet de Death (Mort): car tandis que tu prends ton

---

(†) Entr'autres, M. Duclos, dans ſes Remarques ſur la Grammaire générale de Lancelot, ou de Port-Royal: ſentiment, par raport auquel il a été relevé d'une maniere très-intéreſſante par M. Beauzée. T. II. Chap. des Genres.

(5) Meas for Meas.

„ vol pour l'éviter , ta courſe impétueuſe ne ceſſe de t'entraîner vers Lui ".

4°. *Avantages de la diſtinction des Genres.*

Ce n'eſt point ſans raiſon que les Peuples ſe ſont accordés à diſtinguer les Noms par des Genres, lors même qu'ils ne déſignoient pas des Êtres diſtingués dans la Nature par leur ſexe : tous ſentirent qu'il en réſultoit un grand nombre d'avantages pour les Tableaux de la Parole, & que ces avantages l'emporteroient toujours ſur les légers inconvéniens qui en réſulteroient pour ſe ſouvenir du genre aſſigné à chaque Nom. Eſſayons de nous en former quelqu'idée.

1°. Ce qui rend la Nature vraiment belle & animée, ce ſont les Êtres animés. La plus belle campagne, la perſpective la plus intéreſſante, eſt froide & languiſſante ſi l'on n'y aperçoit des Êtres animés. Quel prix ne donnent pas à un beau Canal, à une Mer vaſte & tranquille des Animaux qui s'y jouent ou des Vaiſſeaux qui les ſillonnent. Qu'eſt le plus beau Palais ſans un Maître & une Maîtreſſe ? qu'eſt une Ville ſans Habitans ? que ſeroit le Monde ſans Êtres animés ? Il en eſt de même des Tableaux de toutes ces choſes : ils ne plaiſent qu'autant qu'on y aperçoit des veſtiges de pareils Êtres. Auſſi les grands Peintres ont-ils ſoin de lier toutes leurs Perſpectives avec des Perſonnages dont l'action eſt analogue à ces Perſpectives : chez eux, point de Mers ſans Vaiſſeaux, point de Ports ſans un Peuple immenſe répandu çà & là, preſſé & dans le plus grand mouvement ; point de Place publique ſans gens affairés ; point de beaux Monumens ſans Admirateurs, &c. Il en ſera donc de même des Tableaux de la Parole ; ils ne ſauroient plaire qu'autant qu'ils ſeront animés, qu'ils reſpireront : & ils ne ſauroient y parvenir qu'autant que leurs mots ſeront eux-mêmes pleins de vie : mais comment animer des mots, comment leur donner la vie d'un Tableau ? Rien de plus ſimple : en les revêtant d'un ſexe, en les perſonifiant, en en faiſant des Êtres animés ; en leur prêtant la chaleur & la vie. Alors tout s'embellit dans la Parole, tout y paroît plein d'énergie & de charmes : ce ne ſont plus des mots qui ſe ſuccédent froidement les uns aux autres : ce ſont des traits de la plus vive lumière ; ce ſont des objets, à l'exiſtence deſquels on prend l'intérêt le plus vif, dont on veut connoître l'origine, les raports, les qualités, les effets ; à l'égard deſquels rien n'eſt déformais indifférent.

C'eſt ainſi qu'en élevant à la qualité des Noms & des Êtres animés, tout ce que nous voulons repréſenter par la Parole, nous devenons véritablement

UNIVERSELLE.

Peintres : c'est ce qui constitue la beauté & la sublimité de la Poësie, & qui fait l'excellence de l'Art Oratoire.

Aussi tous les Noms ont-ils des genres chez tous les Peuples; ou se personifient-ils chez ceux qui ont négligé d'avoir des genres, dès qu'ils veulent toucher, émouvoir, remuer fortement l'imagination & le cœur.

2°. Le Discours en acquiert infiniment plus d'harmonie & de graces. Trop de monotonie, trop d'uniformité, fatiguent & ennuient. La Beauté elle-même déplaît, si elle n'est relevée par quelque variété. Combien ne seroient donc pas insipides & fâcheux, & pour l'oreille & pour la vue, les Tableaux de nos idées où tous les Noms seroient monotones, & sans distinction de genres ? Ainsi lors même que la Nature ne nous conduiroit pas à cette distinction de Noms, nous devrions en inventer quelqu'une, afin qu'ils ne fussent pas tous jettés au même moule, qu'ils fussent animés par le contraste, & qu'on ne fît pas comme un Peintre qui habilleroit tous ses Personnages de la même façon, ou qui leur donneroit à tous le même ton. Par la diversité des genres au contraire nous imitons la Nature, & aussi-tôt nos Discours s'animent & offrent le plus grand intérêt, celui-là même des sensations.

3°. Le Langage ne sauroit être non plus sur le même ton : il ne sauroit être composé de sons absolument doux, ou absolument graves & forts : il exige nécessairement de la variété dans ses modulations, & il ne peut être flateur qu'autant qu'on y aperçoit un juste mélange de ces sons : mais comment peut-il y parvenir avec plus de succès qu'en imitant la Nature, qu'en la prenant pour guide ? Celle-ci n'a pas revêtu tous les Êtres de la même force, ou de la même douceur : elle les a contrastés avec le plus grand soin : il falloit donc qu'il en fût de même dans les Tableaux de nos idées, afin qu'ils fussent plus flateurs : mais c'est l'effet que produisent les Genres dans le dégré le plus éminent.

Imitant la force & la vigueur des Êtres masculins, les Hommes ont donné à une partie des Noms, cette force & cette vigueur, en leur donnant une terminaison forte & vigoureuse formée par des consonnes ou par des voyelles fortes & sonores.

Tandis qu'ils ont imité la douceur & la délicatesse des Êtres féminins, en donnant à une autre partie de leurs mots, une terminaison douce & légere.

C'est ainsi que ces mots,

Fort, Vaillant, Héros, Berger,

ont une prononciation plus forte & plus nerveuse que celle qu'ils offrent en adoucissant leur derniere consonne par le son d'une voyelle, comme,

Forte, Vaillante, Héroïne, Bergere.

C'est ainſi que *Signora* eſt plus doux que *Signor*, *Paſtorella* que *Paſtor*.

Le mêlange de ces terminaiſons jette dans le Diſcours cette harmonie, cette grace & cette vérité que répand dans les Tableaux le mêlange agréable de la lumiere & de l'ombre.

4°. Ces terminaiſons ſont enfin d'un très-grand avantage pour faire connoître les mots qui ſont liés par quelque raport, & quelles ſont les perſonnes qui parlent ; & pour donner aux Tableaux des idées, plus d'exactitude, de vérité & de clarté.

Qu'on jette les yeux, afin de s'en aſſurer, ſur les mots qui n'offrent pas cette diſtinction, & ſur le ſens indéterminé qui en réſulte ; ſur cette phraſe, par exemple,

„ Et moi auſſi je fus ſage,

qui laiſſe l'eſprit dans l'indéciſion ſur la perſonne qui s'exprime ainſi.

Il en eſt de même de cette phraſe Italienne *Io*, *anchè io*, *fui amante*, qu'on ne ſait s'il faut rendre ainſi : *Moi*, *moi auſſi je fus amant* ; ou s'il faut y employer le genre féminin en traduiſant : *Moi*, *moi auſſi je fus amante*.

Equivoque qui regne également dans le *Me amante* des Latins ; qui peut quelquefois devenir très-embarraſſante, & que la diſtinction des genres fait diſparoître.

§. 9.

Des Nombres.

Nous avons vu que le Nom Apellatif déſigne ce qu'offrent de ſemblable tous les objets de la même eſpéce ; & qu'en prononçant les mots, *arbre*, *plante*, *montagne*, &c. nous ne donnons l'idée d'aucun arbre, d'aucune plante, d'aucune montagne en particulier ; mais l'idée en général de tout ce qui eſt arbre, de tout ce qui eſt plante, de tout ce qui eſt montagne.

Mais telle eſt l'utilité de ces Noms apellatifs, que nous pouvons les tirer de cette généralité, & les apliquer à un ſeul individu ou à pluſieurs.

Dans cette phraſe, par exemple,

„ Le Mortel le plus heureux eſt celui qui ſait le mieux borner ſes
„ déſirs,

le Nom apellatif, *Mortel*, eſt apliqué à un ſeul individu, dont il devient en quelque ſorte le Nom propre.

Dans cette phraſe au contraire,

„ Les Mortels ſe rendent malheureux par l'excès de leurs déſirs, que
„ ne peuvent contenter les plus grandes richeſſes & les plaiſirs les
„ plus variés,

UNIVERSELLE.

ce Nom apellatif *Mortel*, comprend tous les individus auxquels il convient.

On distinguera donc, à cet égard, les Noms apellatifs en deux Classes, suivant qu'on s'en servira pour désigner un seul individu, ou plusieurs.

L'on dira de celui qui ne désigne qu'un individu, qu'il est au Nombre Singulier ; & de celui qui désigne plusieurs individus, qu'il est au Nombre Pluriel.

Le Mortel, est un Singulier.

Les Mortels, un Pluriel.

Cette distinction des Noms, en Singulier & en Pluriel, est de toutes les Langues, parce qu'elle est donnée par la Nature : mais chaque Langue varie dans la maniere d'énoncer cette distinction : cependant elles le font toutes par le plus léger changement possible ; en François, par la simple addition de la finale *s* ; les Italiens, par une simple voyelle, ou par le changement d'une voyelle en une autre : *libro*, un livre, par exemple, au singulier ; & *libri*, livres au pluriel, comme en Latin. Les Orientaux, & avec eux anciennement les Anglois, par l'addition finale d'*im*, *in* ou *en* : ainsi, tandis que CHILD signifie *Enfant* en Anglois, CHILDREN signifie *Enfans*, pluriel qui répond à l'ancien singulier *Childer* & *Childr*, qui n'existe plus : mais ce détail apartient à la Grammaire Comparative.

Nous pouvons admirer ici l'Art avec lequel se forment les Langues, & avec quelle simplicité elles parviennent à cette briéveté & à cette concision qu'éxige la parole : une lettre ou un son de plus ou de moins, & le Tableau change totalement ; il n'offre qu'un individu, ou il les présente tous : c'est un miroir magique qui change en un clin d'œil pour faire voir tout ce qu'on desire, & qui se prête à toute l'impatience, à toute la vivacité de la volonté & de l'imagination.

Quelques Peuples de l'Orient, les Grecs eux-mêmes, prenant pour guide la Nature qui offre dans les Êtres animés, & sur-tout dans l'Homme, un grand nombre de parties doubles, deux yeux, deux oreilles, deux mains, &c. & qui porte les Êtres animés à s'associer de deux en deux, ou par paires, avoient imaginé une troisiéme nuance dans les Noms, relativement au nombre : celle-ci renfermoit deux individus, ni plus ni moins ; c'est ce qu'on apella DUEL.

Ces Observations sur les Genres & sur les Nombres, paroîtront minutieuses à ceux qui savent très-bien parler leur langue, sans avoir jamais réfléchi sur l'Art avec lequel on est parvenu à parler : cependant ces Observations sont indispensables, dès qu'on veut analyser cet Art. On s'en aperçoit sur-tout lorsqu'on étudie des Langues étrangères : les procédés inconnus qu'on a alors sous les yeux & par lesquels on est sans cesse arrêté, forcent d'en examiner les causes, & prouvent que rien n'est minutieux en Grammaire.

Mais il en est de même de toutes les Sciences. Elles se réduisent, toutes sans exception, à passer, des principes les plus simples, les plus indifférens en aparence, aux connoissances les plus compliquées & les plus vastes. Qui sauroit suivre cette route sans s'en écarter, & tenir toujours ce fil, aprendroit, pour ainsi dire, les Sciences les plus relevées en se jouant : car il verroit sans cesse la raison de chaque pas qu'il feroit ; il seroit toujours environné de la plus vive lumiere.

§. 10.

Noms, source ou racine de tous les Mots.

Une autre prérogative des Noms, & qui les distingue de la maniere la plus intéressante de toutes les autres Parties du Discours, c'est qu'ils sont la source ou les racines de tous les mots dont elles sont composées : c'est que tous ceux-ci sont nés de ceux-là, & que si l'on considere les mots dont toutes les Langues sont formées, comme des Familles ou comme des Arbres Généalogiques, elles auront constamment un Nom à leur tête : ensorte qu'on ne peut indiquer aucun mot, de quelque espéce qu'il soit, adjectif, verbe, adverbe, conjonction, préposition, &c. qui ne descende d'un Nom, & qui n'en tire toute son origine.

Les Noms deviennent ainsi la base, le fondement, la clef des Langues : c'est à eux que doit se réduire leur étude ; ils sont comme autant de cases entre lesquelles on doit distribuer tous les mots ; & l'on ne sera assuré de saisir le sens de tous ceux-ci, d'en connoître les causes, d'être remonté à leur vraie étymologie, qu'autant qu'on sera en état de les raporter au Nom qui leur donna naissance.

Cette Thèse paroîtra sans doute nouvelle, & peut-être impossible à démontrer : on la mettra au rang de ces propositions singulieres, de ces paradoxes qu'une imagination ardente prend pour la vérité : nous osons cependant nous flater que nos Lecteurs sont déja familiarisés avec elle, & qu'ils désirent du moins qu'elle soit vraie, puisque l'étude des Langues & des Mots, si nécessaire & cependant si pénible & si fastidieuse, en deviendroit aisée & agréable.

Heureusement, on ne sera pas réduit en cela au simple désir : nous verrons
dans

dans la suite, le fait démontrer constamment ce que nous avançons ici ; & nous pouvons assurer, en attendant, que la raison suffit seule pour nous en convaincre.

En effet, la Parole, nous l'avons dit, n'est qu'une peinture : elle peint nos idées : mais nos idées sont elles-même la peinture des objets : il faut donc nécessairement que les Noms, cette Partie du Discours qui désigne les objets, les peignent d'une maniere assez précise, assez exacte pour les faire reconnoître à l'instant.

Les Noms ne peuvent donc exister par hasard : ils auront été donnés par l'objet même, ils lui auront été assimilés, précisément de la maniere dont la Parole peut s'assimiler à un objet & le peindre.

Les Noms seront donc les seuls mots qui puissent exister sans dérivation, puisqu'eux seuls peignent les objets, les seuls Êtres existans.

Les autres mots, au contraire, ne peignent que les qualités de ces objets, de ces Êtres, leurs diverses actions, leurs différens états : il faut donc que ces derniers mots ayent avec les Noms des objets dont ils peignent les qualités, le même raport qu'ont ces qualités avec leurs objets ; mais quel peut être ce raport entre les Noms & les autres mots, si ce n'est que tous ceux-ci soient liés au Nom, & qu'ils lui tiennent par dérivation, de la même maniere que les qualités d'un objet sont une dérivation de la nature même de cet objet?

Les mots dérivés réveilleront ainsi l'idée du Nom dont ils dérivent, avec la même promptitude, la même justesse & la même netteté que l'idée d'une qualité réveille celle de l'objet auquel elle appartient.

C'est cette harmonie, simple & noble, qui constitue la beauté du langage, & qui seule peut en faciliter l'étude.

Tel est l'effet de l'ordre qui simplifie tout, qu'il fait disparoître les peines & les efforts qu'il a fallu soutenir pour arriver jusques à lui, qu'il semble qu'on en eût fait autant parce qu'on en trouve les principes en soi, & qu'on voit que c'est la seule maniere dont puisse exister l'ensemble des objets qui le forment.

Mais aussi dès que cet ordre n'est plus aperçu, tout retombe dans la confusion la plus étrange, tous les objets sont brouillés, leurs raports anéantis, ces raports par lesquels ils s'éclairoient & se soutenoient, par lesquels on en saisissoit l'ensemble avec la plus grande facilité, & qui offroient les charmes irrésistibles de l'harmonie & du beau.

C'est dans ce désordre étonnant qu'est tombée la connoissance des Langues :

Gram. Univ. L

elles n'offrent plus d'harmonie, plus de raport, plus d'enfemble ; tout y eft jetté au hafard & dans une confufion extrême : les dérivés d'un même mot ne tiennent plus à ce mot : on n'aperçoit aucune liaifon entr'eux ; la connoiffance de l'un eft nulle pour acquérir celle de l'autre : par-tout des mots étrangers les uns aux autres, dont on ne connoît plus la famille.

En confidérant cette confufion, prefque femblable à celle des élémens confondus pêle-mêle dans le fein du cahos, on ne foupçonneroit jamais que les mots ayent été affujettis à une marche réguliere ; & que fi elle eft méconnue, c'eft uniquement parce qu'on n'aperçoit pas les moyens de la rétablir.

On eût dû l'efpérer de ceux qui nous ont donné des Dictionnaires où les mots font rangés par familles ; mais ils avoient manqué leur route dès le premier pas, en regardant les Verbes comme la racine des mots, & en prenant ainfi les branches pour le tronc.

Ils ne connoiffoient, d'ailleurs, ou ne comparoient que quelques Langues infuffifantes, pour leur donner tous les points de comparaifon néceffaires pour un travail de cette nature.

Ce qui leur faifoit penfer que les Verbes étoient les vrais mots radicaux, c'eft qu'ils voyoient un raport étonnant entre les Verbes & les Noms : c'eft que dans diverfes Langues, ils trouvoient beaucoup de verbes fans Nom qui leur correfpondît ; c'eft qu'en effet un grand nombre de mots, même de Noms, dérivent des Verbes ; mais aucune de ces confidérations ne peut anéantir notre principe.

Principe au moyen duquel tous les mots tiennent aux Noms, qui tiennent eux-mêmes aux objets, & d'où réfulte cette harmonie admirable que la Nature met dans tous fes Ouvrages, & fans laquelle rien ne pourroit exifter.

§. II.

De l'Invention des Noms.

Mais de quelle maniere l'Objet a-t-il pu conduire au Nom qu'on lui affigna ? Comment, entre cette multitude de fons par lefquels on pouvoit défigner un objet, fe décida-t-on pour celui qui devint fon Nom ?

Ce ne put être qu'en affignant pour Nom à chaque objet, celui de tous ces fons qui avoit avec lui le raport le plus étroit.

UNIVERSELLE.   83

A cet égard, les Noms, sur-tout les Primitifs, se divisent en deux grandes Classes.

1°. Ceux qu'on apelle Onomatopées ; c'est-à-dire, Noms déjà formés par la Nature, & qui désignent les objets par un son qui imite leur cri, si ces objets sont des Animaux ; ou les bruits & les sons qui résultent de leurs mouvemens.

Tels sont 1°. ces Noms d'Animaux, Bœuf, imitation de son beuglement ; Belier, imitation du bêlement de cet animal ; Coucou, imitation du chant de cet oiseau ; Cigale, imitation du cri de cet insecte, plus sensible dans le Latin Cic-*ada*, &c.

2°. Ces Noms d'Instrumens, *Tambour*, *Tymballe*, *Tympanon*, *Trompette*, *Fanfare*, *Trictrac*, &c.

3°. Ces Verbes relatifs aux cris des Animaux, & au bruit des Instrumens, *mugir*, *beugler*, *bêler*, *hennir*, *miauler*, *bondir*, *tonner*, *sonner*, *sifler*, *souffler*, &c.

4°. Ces mots encore, *Sons*, *Tons*, *Timpan* de l'oreille qui occasionne l'ouie des sons, *Tonnerre*, *Bombe*, *Taffetas* qui imite le bruit de cette étoffe quand on la froisse, &c.

Telle encore la Famille immense de Cra ou Gra, dont nous avons vu une partie des dérivés, à l'occasion de l'origine du Nom de la Grammaire.

5°. On peut joindre à cette Classe, les Noms des Parties du Corps, tirées du son ou du bruit qu'on en tire. Les Dents sont apellées de ce nom parce qu'elles sont la touche sur laquelle on prononce *D*. La Bouche prend son nom de ce qu'à son ouverture, qui la caractérise, on prononce *B*. L'Oreille, le Nez, le Pied, la Main, &c. ont aussi des origines pareilles, comme nous le ferons voir dans nos Principes sur l'origine du Langage & de l'Ecriture.

II. La seconde Classe des Noms, relativement à leur origine, renferme tous ceux qui rapellent l'Objet, non par l'imitation du bruit ou du cri, mais par le raport du Nom avec une qualité distinctive de l'Objet.

Nous le démontrerons dans le plus grand détail, soit dans l'Ouvrage que nous venons d'indiquer, soit dans notre Dictionnaire Primitif ; mais pour en donner un exemple qui dévelope notre idée, prenons au hasard un mot primitif, qui semble n'avoir nul raport à son objet.

C'est le mot primitif Gur ou Gyr (†) qui désigne tout cercle, toute

---

(†) La voyelle *u* se confond sans cesse avec la voyelle *i* : c'est par cette raison que l'*u* grec est toujours distingué en Latin & en François par ce caractere *y*, & que dans un

L ij

étendue circulaire, toute idée relative à cercle, à circonférence, d'où vint notre propre mot *Cercle*. Certainement si quelque objet étoit difficile à peindre, à imiter, à exprimer par la parole, c'étoit le cercle : mais on pouvoit s'aider du geste, en décrivant de la main une enceinte, un circuit ; on n'eut donc qu'à imiter avec la langue ce mouvement circulaire ; le son qui en provenoit, se trouvoit le Nom simple, naturel & énergique du Cercle. Ce son est GUR, ou GYR : la langue, pour le prononcer pleinement, lentement & fortement, comme se prononcerent tous les mots dans leur origine, parcourt tout le circuit de l'instrument vocal ; car en commençant à le prononcer, elle apuie contre le bas de la mâchoire inférieure ; & partant ainsi de l'extrémité extérieure de l'instrument vocal, elle s'éleve vers le palais pour se replier vers l'extrémité intérieure de cet instrument, ou vers le fond de la bouche, ensorte qu'elle décrit un demi-cercle.

Le son GUR ou GYR, étoit donc entre tous les sons possibles, le seul qui pût convenir de la maniere la plus parfaite à l'idée du cercle, de tour, de révolution : aussi dans les Langues d'Orient & dans celles d'Occident est-il devenu le Nom propre de cercle, de tour, & la racine d'une prodigieuse quantité de mots relatifs à entourer, environner, enveloper.

Raportons-en divers exemples tirés de ces principales Langues : ils deviendront intéressans par leurs raports singuliers, en même tems qu'ils donneront une idée de la nature des Mots radicaux & de la maniere dont ils deviennent la source d'une prodigieuse quantité de mots.

GUR ou GYR,

Nom primitif désignant toute idée de Cercle, de Tour, d'Enceinte, avec ses principaux dérivés dans la plûpart des Langues.

En Arabe,	כור,	KUR ou CYR,	Tour, spirale.
	מ-כור,	Ma-KUR,	Bonnet à plusieurs Tours, Turban.
	כור,	KUR-a,	S'enveloper la tête d'un mouchoir à plusieurs Tours, se couvrir d'un bonnet à plusieurs Tours.

Ce Verbe réunit dans les Dictionnaires Arabes, un grand nombre d'autres

---

même mot on écrit indifféremment u & y.

Observons encore que les lettres K, C, G, se substituent sans cesse l'une à l'autre ; ensorte que ce mot *Gur* peut être écrit de toutes ces façons, Kur, Kyr, Kir, Cur, Cyr, Cir, Gur, Gyr, Gir, Gor, Gwr, &c.

significations différentes, qui ne paroissent présenter aucun raport entr'elles, & rien qui puisse déterminer quelle est la dominante : défaut commun aux Dictionnaires, mais sur-tout aux Arabes, qui désorientent sans cesse les plus habiles dans cette Langue : mais toutes celles qu'offre ce Verbe KURA s'arrangent très-bien au moyen de l'idée propre & primitive du mot qui forma ce Verbe.

Ce mot, après avoir formé le Verbe KURA avec la signification d'*enveloper*, continuant à lui prêter les divers sens qu'il offre lui-même, lui fera signifier très-naturellement, en Arabe :

I°. Au sens de CEINTURE :

1°. *Se ceindre*; d'où au figuré,

2°. *Se hâter, se dépêcher* : car on ne peut se hâter lorsqu'on porte l'habit long comme les Orientaux & les Femmes, qu'en se ceignant.

3°. *Etre dans un état abject*. En effet, l'habit ceint & troussé étant l'emblême du travail, deviendra celui des gens abjects, obligés de porter toujours un pareil habit par leur genre même de vie.

4°. *Réprimander, railler, critiquer*, parce qu'on réprimande ceux sur qui l'on est élevé, désignés par l'épithète *de ceux qui sont ceints*, ou les Travailleurs, les Ouvriers, les SERFS.

II°. Au sens de TOUR, de révolution :

5°. *Tourner, tournoyer, s'avancer en tourbillon.*

6°. *Faire rouler* quelqu'un, le culbuter, le percer en peloton.

III°. Au sens d'objets RÉUNIS en rond, en peloton :

7°. *Réunir, rassembler, mettre en tas, faire cercle.*

En Hébreu,	גור,	GUR, GYR,	signifie *assembler.*
	א-גר,	A-GAR,	mettre en un monceau.
	מ-גור-a,	Me-GUR-a,	Grenier.
	גורן,	GUR-n,	Aire, Place circulaire où l'on foule les grains; 2°. Grenier.
	ח-גור,	Ha-GUR,	Ceinture, Cordon.
	ח-גר,	Ha-GAR,	ceindre.

En Grec, . Γῦρ-ος, GUR-os, GYR-os, Cercle, Tour.
Γυρ-ὸς, GUR-os, courbé, vouté.
Κυρ-τος, KUR-tos, vouté, bossu.
Κιρ-κος, KIR-kos, tout ce qui est rond.
Ἀ-γορ-α, A-GOR-a, Place publique, Marché, Lieu d'Assemblée.

En Latin, GUR-us, } Cercle, Circuit, Tour.
GYR-us,
GUR-o, dans Varron, { Tourner, arrondir; 2°. Tourner
GYR-o, sur le Tour.
GYR-atio, Tournoyement.
2°. CIRC-us, Cirque.
CIRC-ulus, Cercle.
CIRC-uitus, Circuit.
CIRC-ulo, Circuler.
CIRC-um, Autour, environ.
CIRC-inus, Compas, Instrument avec lequel on décrit un Cercle.

En Anglo-Saxon GYR-dan, } Tourner.
CYR-ran,
CER-re, Tours & Contours.
GER-del, } Ceinture.
GYR-dl,
Be-GYR-dan, Ceindre.

En Allemand, GURT, Ceinture, Cordon.
GURT-en, } Ceindre.
En Islandois, GYR-ta,
En Anglois, { GIR-d,
GIR-dle, } Ceinture.
En Hollandois, { GOR-de,
GOR-den, Ceindre.
En Irlandois, COR, Ceinture, Cordon; 2°. Tour; 3°. Mouvement circulaire.
En Lorrain, GOUR-et, Boule.
En Gallois, GUR-i, GWR-i, Tour, Ceinture.
GWR-wec, Autour.
GWYR, Courbé.

UNIVERSELLE.

En Bas-Breton,	Gour-*is*,	Ceinture.
	Gour-*isa*,	Ceindre.
	Gour-*isat*,	Une Ceinturée, ou une Ventrée.
En Basque,	Gur,	Autour.
	Gir-*atu*,	Rouler.
	Gir-*aca*,	Faire tourner.
	Gir-*aboilla*,	Tourbillon.
	Gir-*eg-uzquia*,	Tournesol.
	Chir-*quia*,	Circuit; 2°. Subterfuge.
	Gur-*cila*,	Roue de Chariot.
	Gur-*pildu*,	Rouer.
	Guerri-*coa*,	Ceinture; 2°. Autour.
	Guerri-*catua*,	Ceint.
	Guerr-*unca*,	Les Reins.
	Guir-*oa*,	Saisons, Révolutions de l'année.
	Cer-*ua*,	Voûte des airs, le Ciel.
	Cer-*ucoa*,	Céleste.
	Gor-*abilla*,	Anneau à anse.
En Bas-Breton,	Cern,	Cerne, Circuit, Enceinte; 2°. Prison.
	Cer-*na*,	} Entourer, cerner.
	En-Cer-*na*,	

De-là, ces divers Dérivés :

1°. Le Grec,	Kir-*ris*,	}	Espéce d'Epervier.
	Kir-*kos*,		
Le Latin,	Cir-*cus*,		
	Cir-*canea*,		Espéce d'Oiseau de proie.
L'Hébreu,	מזר, Mo-Gyr,		Nom d'Oiseau.
Le Hollandois,	Gier,		Vautour.
Le Latin,	Gyro-Falco,	}	Faucon.
Le François,	Ger-Faud,		

Noms donnés à ces Oiseaux, parce qu'ils tournent au haut des airs.

2°. Le Gallois,	Chwer-*is*,	Devidoir.
Le Bas-Breton,	Guer-*zit*,	Fuseau.
3°. L'Anglo-Saxon,	Cyr-*faelle*,	Gourde.
L'Allemand,	Kur-*bis*,	Courge, Gourde.
	Gur-*ke*,	Concombre.

Le Latin,	Cu-Cur-bita,	Courge, Citrouille.
L'Allemand,	Kur-be,	Manivelle.
4°. L'Anglois,	Cur-l,	Boucle, Frifure.
	To Cur-l,	Boucler, Frifer.
L'Irlandois,	Cur-nin,	Frifure, Boucle.
Le Latin,	Cir-ri,	Cheveux bouclés, frifés.
5°. Le Grec,	Γωρυ-τος, Gor-utos,	Carquois, Etui cylindrique à mettre des flèches.
6°. Le Languedoc.	Gir-ouflado, }	Epée de Fleur ronde.
Le François,	Gir-oflée, }	
7°. L'Italien,	Ghir-landa, }	Fleurs arrangées en couronne.
Le François,	Guir-lande, }	
8°. L'Italien, }	Gir-andola, {	Roue à laquelle sont attachés des feux d'artifice; 2°. Mouvemens, Détour.
L'Espagnol, }		
9°. L'Arabe,	גבר, Kur,	Railler, critiquer; 2°. Méprifer.
L'Hébreu,	גער, Ghor,	Gronder, critiquer, blâmer.
Grec de Sparte,	Gor-iaó,	Critiquer, fe moquer.
L'Anglois,	Gir-d,	Raillerie, farcafme.
L'Allemand,	Gurr-en, }	Gronder, battre avec fa ceinture, &c.
Le Hollandois,	Gorr-en, }	

De-là encore diverfes Familles, d'une très-grande étendue :

1°. Cair, Ker, Ville.
2°. Gar-d, Maifon, Habitation.
3°. Gar-d, Jard, Jardin.
4°. Guerr-a, Quaero, chercher, tourner autour, aimer, defirer.
5°. Gar, Guer, Habiller, vêtir, fe garnir.

C'eft à cette racine Gur, Enceinte, Tour, que fe rapportent ces mots Italiens :

Gir-o,	Cercle, Circuit.	Cer-chio,	Cercle,
Gir-one,	Grand Tour.	Cer-chiara,	Environner.
Gir-ata,	Tour.	Cer-chiellino,	Petite Affemblée.
Gir-are,	Tourner, 2°. Embraffer.	Cer-cine,	Bourrelet.
Gir-amento,	Action de tourner.	Cer-cone,	Vin tourné.
Gir-ellajo,	Qui fait des poulies; 2°. inconftant, léger.	Cir-ca,	Environ.
		Cir-cola,	Cercle, &c.

Ces mots

UNIVERSELLE.

Ces mots ESPAGNOLS:

GIR-*ar*,	Tourner.	COR-*ba*,	Courbure.
GIR-*asol*,	Tournesol.	COR-*bata*,	Cravate.
GORR-*a*,	Bonnet de voyageur qui couvre la tête & les épaules.	COR-*coba*,	Bosse.
		COR-*cobado*,	Bossu.
		COR-*dillera*,	Chaîne de Montagnes; d'où, Les CORDILLERES du Pérou.
GORR-*ones*,	Tourtes rondes en forme de bonnet.		
GUR-*ublada*,	Troupe de gens.		
GUR-*upera*,	Croupiere.	CER-*ca*.	Autour; 2°. enclos.
GOR-*bion*,	Gros Cordon en broderie.	CER-*car*,	Environner, &c.

Ces mots FRANÇOIS:

1°. CER-*cle*.	2°. Ger-*faut*.	4°. Cer-*ner*.
Cir-*cuit*.	Gour-*de*.	5°. Cour-*be*.
Cir-*que*.	Cour-*ge*.	Cour-*bure*.
Cir-*conférence*.	Cu-cur-*bite*.	Cour-*bature*.
Cir-*culation*.	Gour-*din*.	Cour-*ber*.
Gir-*ouette*.	3°. Cor-*de*.	6°. Quer-*ir*.
Guir-*lande*.	Cor-*don*.	Cher-*cher*, &c.

Une aussi grande multitude de mots, tous liés par le son & par le sens, & subsistans chez tant de Nations diverses, sont une preuve sans réplique qu'une énergie particuliere les maintenoit contre toutes les révolutions des Tems, & qu'ils avoient une origine commune.

C'est ainsi que tous les mots naissent des Noms, & que ceux-ci tiennent à la Nature de la maniere la plus forte & la plus sensible.

Il ne falloit donc, pour les trouver, aucune recherche profonde, aucune métaphysique : la nécessité & l'imitation firent tout.

Par-là diminue prodigieusement la masse des mots dont on a à rendre raison : & ne craignons pas d'être embarrassés à trouver la cause de tous les Primitifs ! Celui qui forma l'Instrument vocal, lui donna l'étendue nécessaire pour qu'il pût se prêter à tous les besoins de la Parole : sans cela, il eût manqué son but : son analyse nous fournira donc au besoin, la raison de chaque mot.

GRAMMAIRE

§. 12.

Des Noms Dérivés, Composés & Figurés.

Dans cette longue Famille de Mots que nous venons de raporter, on en voit de plusieurs espéces.

1°. Les uns offrent le Primitif pur & simple : tels,

    Le Basque, Gur, Au-tour.

    L'Arabe, Kur, Tour, spirale.

2°. D'autres y ajoutent quelques lettres à la tête ou à la fin, pour en faire un Nom, un Verbe, un Adverbe, un Adjectif, &c. tels,

    Gyr-*us*, Cercle.

    Gyr-*o*, tourner.

    Cir-*cum*, au-tour.

    Cu-Cur-*bita*, Citrouille.

3°. Des troisiémes s'associent à d'autres mots pour présenter un sens plus composé, tels

    Cir-*cum-eo*, aller au-tour.

4°. D'autres enfin transportent le primitif du sens propre à un sens figuré ; tels,

    Gird, en Anglois, raillerie, sarcasme.

Ce sont ces différences, ces variétés du mot primitif & radical qu'on apelle Dérivés, Composés & Figurés.

Par cet artifice admirable & commode, l'Homme suplée au petit nombre de sons primitifs donnés par l'instrument vocal ; qui n'auroit pu être plus considérable, à moins que la Divinité n'eût augmenté l'étendue de l'instrument vocal ; ce qui l'auroit mis hors de toute proportion avec le corps dont il fait partie. Mais elle y supléa par cette Industrie que l'homme dévelope à l'égard des Noms primitifs, & qui les rend suffisans pour exprimer toutes ses idées.

Par le secours des Dérivés, le même Nom devient successivement verbe, adverbe, adjectif, préposition, &c. en se prenant dans un sens abstrait.

Par le secours des Composés, il réunit en un seul mot diverses idées, celles de plusieurs mots radicaux.

Par le secours des Figurés, il double & triple l'étendue des Primitifs ; car par le moyen des mots qui peignent des objets corporels, il exprime & peint

UNIVERSELLE.

très-bien les objets moraux & spirituels, dont il ne pourroit point parler sans cet artifice.

Ainsi un même son se reproduit en quelque maniere à l'infini, pour se prêter à tous nos besoins, & pour désigner toutes les idées qui peuvent avoir quelque raport à un même objet physique, dont le Nom devient ainsi la clef de tous ces mots, & leur communique l'énergie qu'on y remarque.[1]

On ne sauroit donc distinguer avec trop de soin les diverses significations d'un même Nom; ni faire trop d'efforts pour ramener à une même famille, à leur source primitive, tous les dérivés & tous les composés qui s'en sont formés, puisque c'est le moyen le plus propre pour diminuer les peines extrêmes que cause l'étude des Langues, & pour la rendre satisfaisante en mettant à l'instant sous les yeux la cause & la raison de tous les mots qui composent une famille, & de toutes les significations qu'ils présentent.

Nous avons alors d'autant plus de facilité à nous souvenir de toutes ces diversités, que nous ne sommes plus réduits comme auparavant, au simple secours de la mémoire; mais que l'intelligence ou l'entendement viennent encore à son apui, & lui donnent une force étonnante dont elle seroit dénuée sans cela.

Cette distribution des mots par familles est d'autant plus nécessaire, que le nombre des radicaux est très-peu considérable, tandis qu'il existe une masse prodigieuse de mots dérivés, composés & figurés qui forment un cahos effroyable sans commencement & sans fin, lorsqu'on n'y met aucun ordre, & où tout paroît l'effet du hasard.

Les Auteurs des Dictionnaires tâchent de supléer à ce désordre, en ramenant les dérivés & les composés à leurs racines: mais à cet égard, ils tomboient dans deux inconvéniens très-fâcheux.

1°. Comme ils ignoroient le raport de la Langue dont ils donnoient le Dictionnaire, avec les autres Langues, ils ne pouvoient ramener aucun mot à sa véritable origine; ce qui persuadoit qu'ils étoient tous l'effet du hasard.

2°. Quoiqu'ils distinguassent avec soin les mots dérivés & composés, la plûpart ne tenoient aucun compte de la distinction des Noms en propres & figurés, parce que dans un grand nombre d'occasions ils ne pouvoient décider lequel des divers sens d'un mot étoit le propre, & quel étoit le figuré.

Aussi, lorsqu'un de nos Grammairiens les plus distingués, s'excuse auprès

M ij

du Public de ce qu'il considére un Ouvrage qu'il donnoit sur les Mots figurés, comme une portion de la Grammaire, & qu'il dit : » Ce Traité me
» paroît être une Partie essentielle de la Grammaire, puisqu'il est du ressort
» de la Grammaire de faire entendre la véritable signification des Mots, &
» en quel sens ils sont employés dans le Discours (1) ; il prouve combien
on étoit à cet égard dans l'enfance ; & qu'il n'étoit pas lui-même bien convaincu de l'universalité de son principe.

Et pourquoi ? C'est qu'il n'avoit nulle idée des Noms radicaux de toutes
les Langues ; Noms qui peuvent seuls donner le sens propre de tous les Mots :
aussi son excellent Ouvrage sur les Tropes, porte sur une base chancelante
qui nuit à son utilité. Ceci n'est pas difficile à prouver.

» Je voudrois, dit-il (2), que nos Dictionnaires donnassent d'abord à un
» mot Latin *la signification propre* que ce mot avoit dans l'imagination des
» Auteurs Latins : qu'ensuite ils ajoutassent les divers sens figurés que les
» Latins donnoient à ce Mot «.

Mais il ne s'apercevoit pas que tant de sagesse étoit une chose impossible
dans son système : car voici comment il définissoit le sens propre d'un Mot ;
» Le sens propre d'un mot, c'est la premiere signification du Mot (3).

N'auroit-il pas dû nous aprendre plutôt quels étoient les caractères auxquels nous reconnoîtrions cette premiere signification ? Sans parler de l'équivoque que renferme cette expression, *premiere signification* d'un mot ; puisqu'on ne sait s'il faut entendre par-là la premiere de toutes les significations dont un Nom fut revêtu, ou celle de toutes ses significations connues
qu'il faut mettre à la tête. Lorsque jettant, par exemple, les yeux sur le
mot Latin ANIMUS, nous lui voyons toutes ces significations ; » 1°. l'ame,
» l'esprit ; 2°. le cœur, le courage, la générosité ; 3°. la volonté, le désir ;
» 4°. amour, amitié ; 5°. avis, dessein, résolution ; 6°. fierté, hauteur ;
» 7°. conscience ; 8°. fantaisie, humeur, caprice ; 9°. haleine, souffle, respiration ; 10°. la raison, le naturel, tour d'esprit, &c. » comment saurons-nous quelle fut sa premiere signification, ou quelle doit être la premiere ?

N'en faisons point un crime à cet Auteur, auquel la Grammaire doit

---

(1) M. du MARSAIS, *Traité des Tropes.* Art. V. de la Part. I.
(2) Pag. 38.
(3) Pag. 21.

tant : il vit très-bien qu'il falloit un ordre dans les Mots ; mais on étoit alors dans des ténèbres trop profondes à cet égard, pour qu'il pût apercevoir le vrai fondement de cet ordre.

Substituons à ce qu'il apelle *premiere signification d'un Mot*, idée vague & inutile, une autre définition. Disons que le sens propre d'un mot est toujours une signification physique, & sur-tout la signification physique présentée par la racine monosyllabique de ce nom, & jamais l'on ne sera dans l'embarras. Ainsi on verra d'un coup-d'œil que l'idée physique du VENT, fut la signification propre & premiere du mot ANIMUS : que sa seconde signification fut celle de SOUFFLE ; & que celle d'ESPRIT ou d'AME qui paroissoit la premiere ou la propre, n'est qu'une signification figurée, de l'invention des Latins.

Et dès-lors, on a un point de comparaison de plus pour remonter à l'origine de ce nom, puisqu'il se lie aussi-tôt avec le Grec ANEMOS, qui signifie le *Vent*.

D'ailleurs, pourquoi ne désirer, comme il fait, un si bel ordre que pour le Latin ? Les autres Langues n'en sont-elles pas aussi dignes ? ou en seroient-elles moins susceptibles ? Quel service pour l'humanité si tous les Dictionnaires présentoient une marche aussi lumineuse, aussi satisfaisante, aussi belle !

Notre Savant se trompoit encore, lorsqu'il rejettoit l'opinion de ceux qui ont avancé que les Mots figurés ou les Tropes avoient été inventés par nécessité, à cause du défaut & de la disette des mots propres : & il faisoit bien voir qu'on n'avoit, dans le tems où il écrivoit, aucune idée exacte de la nature des Langues, lorsqu'il ajoutoit : ,, je ne crois pas qu'il y ait un assez grand nom- ,, bre de mots qui supléent à ceux qui manquent, p' r pouvoir dire que tel ,, ait été le premier & le principal usage des Tropes ,,.

Il n'existe aucun Nom qui n'ait été accompagné d'une signification figurée, relative à quelqu'objet qui ne pouvoit être exprimé par un sens propre.

Si nous nous sommes étendus sur cet objet, c'est à cause de son importance, & parce qu'il faut justifier son opinion, lorsqu'on ose être d'un sentiment différent de celui qu'adopta un grand Homme.

Pour terminer ce long Article, nous n'avons plus qu'à alléguer quelques exemples de ces diverses espèces de Mots.

Ceux-ci, *Vigne*, *Vignoble*, *Vigneron*, *Vendange*, sont des dérivés du mot VIN.

Maison, *Maisonnette*, sont des dérivés de l'ancien mot MAS, qui signifioit *Habitation.* Maçon & *Maçonnage*, dérivent du primitif Mag ou Mak, habile, qui a formé l'Anglois, to *Make*, faire, le mot *Machine*, qui nous est commun avec les Grecs & les Latins, & le mot Latin Machio, un Maçon.

Nous avons un grand nombre de composés nés dans notre Langue, sans compter un beaucoup plus grand nombre empruntés du Latin, du Grec, &c. Du nombre des premiers, ceux-ci :

Mi-di.	Au-jour-d-hui.
Mi-nuit.	Dès-or-mais.
Main-tenir.	Coq-à-l'âne.
Chauve-souris.	Man-œuvre.
Porte-faix.	Para-sol.
Passe-par-tout.	Chausse-trape.
Fier-à-bras.	Pate-nôtres.

Et ceux-ci composés d'une négation ou d'une préposition jointes à un Nom, à un adjectif, &c.

Non-obstant.	Con-formité.
Néan-moins.	Dif-formité.
In-utile.	Trans-formation.
In-juste.	In-formation.

Tandis que ceux-ci :

Baromêtre.	Géométrie.
Palingénésie.	Astronomie.

sont des composés de mots Grecs.

Des Noms Diminutifs & Augmentatifs.

N'omettons pas une Classe intéressante de Noms qu'on apéle Diminutifs & Augmentatifs, parce qu'ils semblent diminuer la grosseur d'un objet pour le faire paroître plus délicat, plus fin, plus aimable ; ou l'augmenter, pour le faire paroître plus difforme, plus lourd, plus haïssable. Ils ajoutent ainsi à l'expression du Nom, en l'associant aux idées agréables ou désagréables que son objet fait éprouver : & ils produisent cet effet par le simple changement d'une syllabe ajoutée à ce Nom. Elle est rude ou forte, pour exprimer la sensation désagréable que cause un Objet : elle est douce & flatteuse, pour exprimer les sensations douces & agréables.

Ces Mots sont une suite de la facilité qu'a l'Homme d'imiter par le langage tout ce qui existe, & même de la nécessité dans laquelle il est de le faire, pour être entendu. Ils seront très-communs dans les Langues expressives des Peuples du Midi, qui sont chantantes & remplies d'images : ils seront plus rares dans les Langues des Peuples du Nord, moins chantantes, moins remplies d'images, & plus Philosophiques que pittoresques. Ceux-ci auront quelques Mots de cette espéce ; mais ils ne s'en serviront que dans le style familier, ou dans les Poésies légères & badines : ils les banniront de tout Ouvrage sérieux, pour n'en pas affoiblir la gravité & la force.

Aussi la Langue Françoise n'a que quelques diminutifs, & moins encore d'augmentatifs. On peut mettre entre ces derniers les mots suivans :

Savantas, pour désigner un Savant pesant & lourd.
Rimailleur, pour désigner un mauvais Poëte.
Barbouilleur, pour désigner un mauvais Peintre, un mauvais Ecrivain.
Gentillâtre, pour désigner une personne d'une Noblesse peu relevée.
Marâtre, pour désigner une Mere dénaturée.
Polisson, pour désigner une personne qui n'est pas faite pour aller de pair avec les personnes polies, bien élevées & distinguées par leur rang.

Nos Diminutifs sont ordinairement terminés en ETTE.

Fill-ette.	*Gentill*-ette.
Sœur-ette.	*Foll*-ette.
Fleur-ette.	*Seul*-ette.
Herb-ette.	*Pauvr*-ette.
Chansonn-ette.	*Mignon*-ette.
Maisonn-ette.	*Grande*-lette.

Nous avons même des Mots qui ne furent dans leur origine que des diminutifs, tels *Bracelets*, *Cordonnet*, *Ficelle*, *Aiguille*, *Oreille*, &c.

Nous avons quelques diminutifs en ILLON, un *Oisillon*, un *Corbillon*.

ARIETTE est encore un diminutif : nous le devons aux Italiens qui apellant ARIA un air à chanter, se servent d'*Ariette* dans le même sens où nous dirions *Chansonnette*, ou *petit Air*.

Il ne tint pas aux premiers Poëtes qui épurerent notre Langue, qu'elle n'abondât en diminutifs de toute espéce : leurs Ouvrages en sont remplis. Nourris des Poëtes Grecs, Italiens & Provençaux qui en font le plus grand usage, ils crurent que notre Poésie en seroit plus riante, plus pittoresque : mais cet usage n'alloit pas avec le caractère de la Nation ; elle ne put l'adopter, ou plutôt elle le borna aux Poésies familieres, où ils font un meilleur effet.

MAROT a dit ;

> .... Ainſi la Brebiette
> » S'enfuit du Loup, & la Biche foiblette
> » Du fort Lion ; ainſi les Colombettes
> » Vont fuyant l'Aigle..... (1)

Les Diminutifs que RONSARD employa dans l'Imitation de l'Ode d'Anacréon, ſur l'Amour piqué par une Abeille, forment encore un joli effet.

Le petit Enfant Amour
Cueilloit des fleurs à l'entour
D'une Ruche où les *Avettes*
Font leurs petites *Logettes.*

Comme il les alloit cueillant,
Une Avette ſommeillant
Dans le fond d'une *fleurette*,
Lui piqua la main *douillette.*

Sitôt que piqué ſe vit,
Ah! je ſuis perdu, ce dit,
Et s'encourant vers ſa Mere ;
Lui montra ſa plaie amere.

.... Qui t'a, dis-moi, faux garçon,
Bleſſé de telle façon ?
Sont-ce mes Graces riantes
De leurs aiguilles poignantes ?

Nenni, c'eſt un *ſerpenteau*
Qui vole au printems *nouveau*
Avec que deux *ailerettes*
Çà & là ſur les *fleurettes.*

Ah! vraiment je le cognois ;
Dit Vénus ; les Villageois
De la montagne d'Hymette
Le ſurnomment *Meliſſette.* (2)

Ce même RONSARD, qu'on regarda dans ſon tems comme le Prince des Poëtes François, & dont les Poéſies furent commentées par d'habiles gens, comme on commentoit celles des Grecs & des Romains, crut que la Poéſie Paſtorale exigeoit qu'on n'employât les Noms qu'en diminutif : il les dénatura ainſi d'une maniere trop ridicule pour qu'on ait tenté de l'imiter.

Henri II. eſt *Henriot.*
Catherine de Medicis, *Catin.*
Charles IX, *Carlin.*
Le Duc d'Anjou, *Angelot.*
Henri IV, *Navarrin.*
La Ducheſſe de Savoye, *Margot.*
La Princeſſe Claude, fille d'Henri II, *Claudine.*
Charles, Duc de Lorraine, *Charlot.*

---

(1) Traduction des deux premiers Liv. des Métamorph. d'OVIDE, Hiſt. de *Daphné.*
(2) RONSARD, Odes, Liv. IV. 14. *Avette* & *Meliſſette* ſignifient tous deux *petite Abeille* ; & ſont des diminutifs formés l'un ſur le Latin *Ape*, & l'autre ſur le Grec *Meliſſa*, qui tous déſignent la Mouche à miel.

Michel

UNIVERSELLE,

Michel de l'Hôpital, *Michau.*
Du Bellay, *Bellot.*
Une *Odelette* est pour lui une petite Ode.
L'Amour est un *Archerot*, le petit Archer.

La Langue Italienne abonde en diminutifs : en voici quelques exemples.
Du Mot Casa, case, maison, elle forme tous ceux-ci :

Cas-*accia*,	Maison vieille & affreuse.
Cas-*alino*,	Maison qui tombe en ruine.
Cas-*occia*,	Maison de bois.
Cas-*olare*,	Masure.
Cas-*amento*,	Grande Maison, beau logement.
Cas-*cina*,	Ferme.
Cas-*ella*,	Petite Maison.
Cas-*ellino*, Cas-*ettina*,	} Maisonnette.
Cas-*ipola*,	Cahutte, Maisonnette.
Cas-*one*,	Grande Maison.

D'Uccello, Oiseau.

Uccell-*acio*,	Grand Oiseau.
Uccell-*ame*,	Grand amas d'Oiseaux.
Uccell-*one*,	Un Niais, un gros Butor.
Uccell-*oto*,	Un gros Oiseau.
Uccell-*etto*, Uccell-*ino*, Uccell-*inuzzo*, Uccell-*uzzo*,	} Petit Oiseau.

La Langue des Provinces Méridionales de la France, est également remplie de diminutifs pleins d'énergie, & qui font l'agrément de leurs Chansons. Il en est une qui commence ainsi :

    Heurouse la *Manette*
    Qu'un jour aura l'hounou
    De desfar l'*espinglette*
    Qui lous tint en prisou.

On y voit des terminaisons différentes, suivant la nature du Diminutif. Les terminaisons en AS, en AOU, en ASTRO, peignent des idées désagréables.

    Foul-as,   un grand Fou.

Gram. Univ.   N

Bart-as,	un lieu plein de Buiffons.
Fang-as,	un lieu plein de Fange.
Barjh-aou,	un grand Parleur, un Bavard.
Pourt-aou,	un grand Portail.
Ment-aſtra,	Menthe ſauvage, comme les Latins diſent *Ole*-aſtro, pour l'Olivier ſauvage.

„Les terminaiſons EL, ETTE, OT, INO, peignent des idées agréables.

Paſtour-el,	un jeune Berger.
Paſtour-elette,	une jeune Bergere.
Auz-elet,	petit Oiſeau.
Ombr-ette,	petite Ombre.
Pich-ott, *Pich*-otte,	Petit, Petite.
Eſcurez-ino,	Obſcurité.

Des Mots figurés & allégoriques.

Enfin, point de Nom dans notre Langue qui ne réuniſſe quelque ſens figuré, à ceux qu'il préſente au propre.

Humeur, *Goût*, *Eſprit*, *Air*, *&c.* ſi communs dans notre Langue, ſont très-difficiles à définir, à cauſe de la multitude de ſens figurés dont ils ſe ſont chargés inſenſiblement.

Lien, *attachement*, *douceur*, *hauteur*, *ſublimité*, *élévation*, *profondeur*, *démarche*, *&c.* ſe prennent au ſens figuré, comme au ſens propre.

Par-là, nous donnons du *corps* aux Penſées, du *reſſort* à l'Ame, de la *ſolidité* à l'Eſprit, de la *dureté* au Cœur ; le génie eſt plein de *feu*, & l'imagination *étincelle*.

Le terme de *Nudité* eſt même commun à l'ame comme au corps : on dit *montrer* ſon ame *toute nue* ; une ame *dénuée* de vertu, & *dépouillée* de gloire. Le pécheur honteux de ſa *nudité*, en eſt effrayé.

Ceux qui n'ont jamais réfléchi ſur les Langues, & qui s'imaginent que chaque mot ne doit avoir qu'un ſeul ſens, ſont bien étonnés lorſqu'étudiant les Langues étrangeres, ſur-tout les anciennes Langues d'Orient, ils y aperçoivent continuellement & de la maniere la plus ſenſible ce double ſens d'un même mot. Alors ils s'imaginent que ces Langues ſont pauvres, miſérables, incorrectes, & qu'on peut leur faire dire tout ce qu'on veut ; mais ils ne prennent pas garde qu'ils ne prouvent en cela que leur jugement précipité, pour ne pas dire leur ignorance, ou leur mal-adreſſe.

On pourroit donc compoſer des Diſcours très-étendus où il n'entreroit que des mots déſignant des objets phyſiques & moraux. Il en exiſte de pareils,

& on les apelle ALLÉGORIES, c'est-à-dire, Discours dont les mots renferment un sens différent de celui qu'ils semblent présenter.

Je ne puis me refuser au plaisir de transcrire ici une charmante Idylle allégorique, qu'on a déjà citée comme un exemple parfait d'allégorie (5).

Dans ces prés fleüris
Qu'arrose la Seine,
Cherchez qui vous mene,
Mes cheres Brebis.
J'ai fait, pour vous rendre
Le destin plus doux,
Ce qu'on peut attendre
D'une amitié tendre;
Mais son long courroux
Détruit, empoisonne
Tous mes soins pour vous,
Et vous abandonne
Aux fureurs des Loups.
Seriez-vous leur proie,
Aimable troupeau !
Vous de ce hameau
L'honneur & la joie ;
Vous, qui gras & beau
Me donniez sans cesse
Sur l'herbette épaisse
Un plaisir nouveau.
Que je vous regrette !
Mais il faut céder,
Sans chien, sans houlette,
Puis-je vous garder ?
L'injuste Fortune
Me les a ravis.
En vain j'importune
Le Ciel par mes cris ;
Il rit de mes craintes,
Et sourd à mes plaintes,
Houlette ni chien,
Il ne me rend rien.
Puissiez-vous, contentes
Et sans mon secours,
Passer d'heureux jours !

Brebis innocentes,
Brebis mes amours,
Que Pan vous défende.
Hélas ! il le fait ;
Je ne lui demande
Que ce seul bienfait.
Oui, Brebis chéries,
Qu'avec tant de soin
J'ai toujours nourries,
Je prends à témoin
Ces bois, ces prairies :
Que si les faveurs
Du Dieu des Pasteurs
Vous gardent d'outrages,
Et vous font avoir
Du matin au soir
De gras pâturages ;
J'en conserverai
Tant que je vivrai
La douce mémoire,
Et que mes chansons
En mille façons
Porteront sa gloire
Du rivage heureux
Où vif & pompeux,
L'Astre qui mesure
Les nuits & les jours,
Commençant son cours,
Rend à la Nature
Toute sa parure ;
Jusqu'en ces climats,
Où sans doute las
D'éclairer le Monde,
Il va chez Thétis
Rallumer dans l'onde
Ses feux amortis.

---

(5) Idyll. de Mad. des HOULIERES, T. II. Elle a déja été raportée par M. du Marsais dans ses Tropes.

On croit entendre une Bergere qui se plaint à ses Brebis de l'impuissance où elle est de les mener dans de bons pâturages : mais le vrai sens de cette Idylle est la peinture de la tristesse dont cette Dame étoit affectée à la vue des besoins de ses Enfans, auxquels elle ne pouvoit remédier.

Il put & il dut y avoir de pareils Discours, dès les premiers tems : on dut même prendre plaisir à en inventer, afin de donner l'essor à son imagination & à son génie ; & afin de faire briller son esprit & son intelligence.

Aussi voyons-nous les Figures & les Allégories usitées dans les siécles les plus reculés. Il n'est peut-être point d'ancien monument qu'on puisse comprendre en s'attachant au premier sens qu'ils offrent, sur-tout ceux qui sont écrits en vers.

De très-beaux Génies sont tombés dans de grossières fautes, & ont souvent manqué la vérité pour n'avoir pas fait cette attention : divers monumens en sont devenus barbares.

Qu'on en juge par ces deux traits. Les Anciens ont dit que les Habitans de l'Isle de Ceylan *avoient deux langues* ; & ils ont apellé les Tyriens & les Carthaginois *Gens à deux langues*.

Ces doubles langues ont été un objet de confusion pour les Interprètes : les uns ont cru que les Insulaires Ceylandois avoient deux langues dans la bouche, ensorte qu'ils pouvoient tenir à deux personnes à la fois un discours différent : & d'autres, que par l'épithète donnée ici aux Tyriens & aux Cathaginois, on avoit voulu dire qu'ils étoient des babillards, ou qu'ils parloient deux Langues différentes. Tandis qu'on vouloit dire que ceux-ci étoient des fourbes & des trompeurs, & que ceux-là parloient deux idiomes différens.

C'est sur-tout relativement à la Mythologie, que l'ignorance du style allégorique a causé les plus grands ravages ; qu'elle a totalement dénaturé ce qu'une Religion ancienne avoit d'intéressant & de sublime.

Les réflexions sur l'Art de peindre les idées, ne doivent pas servir uniquement à en connoître les régles, l'étendue & l'utilité : elles doivent, sur-tout conduire à l'intelligence des Auteurs ; & elles auront tout le succès possible si elles contribuent à nous donner des idées saines & exactes des Ouvrages dont la lecture est nécessaire pour rendre la vie plus agréable, & plus heureuse, & pour l'employer de la maniere la plus satisfaisante & la plus consolante.

CHAPITRE II.
DES ARTICLES.

SECONDE PARTIE DU DISCOURS.

§. I.

Destination des Articles.

LES ARTICLES sont une Partie du Discours si essentielle aux Noms, qu'on ne sauroit avoir une idée complette de ceux-ci sans le secours de ceux-là : c'est donc ici la seule place qui leur convienne ; & leur examen doit suivre immédiatement les Noms, dont ils sont inséparables : mais pour cet effet reprenons la division des Noms.

Nous avons vu qu'il existoit des Noms propres, qui ne conviennent qu'à un seul individu : des Noms apellatifs, qui conviennent à chaque individu de la même espéce ; & des Noms abstraits, qui présentent les qualités considérées en elles-mêmes, & non dans leurs raports avec les objets dans lesquels elles se trouvent, & qui les présentent comme si elles avoient une existence propre.

Nous avons vu encore que ces trois sortes de Noms offroient, par une suite de leur nature ou de leurs caractères propres, cette différence remarquable: que les Noms propres forment toujours un Tableau déterminé, par leur simple énoncé, parce qu'ils ne désignent jamais qu'un seul objet, & qu'on ne peut point être embarrassé dans l'aplication qu'on en doit faire; tandis que les Noms abstraits & les apellatifs qui n'ont qu'un sens indéterminé, ne peuvent former par eux-mêmes aucun Tableau, & qu'ils sont obligés, pour produire cet effet, de se faire accompagner de mots qui déterminent leur sens.

Ce qui est d'autant plus nécessaire, que c'est dans cette détermination que consiste l'essence des Tableaux des idées ; qu'ils acquierent par-la cette clarté qui écarte toute équivoque, tout doute, qui fait qu'on est entendu sans peine & de la maniere la plus précise.

Toutes les fois donc que nous aurons occasion de désigner un objet quelconque par un de ces Noms apellatifs ou abstraits, qui ne présentent par eux-mêmes rien de déterminé, nous serons obligés, sous peine de n'être point entendus, d'accompagner ces Noms de quelques mots qui les tirent de ce sens vague & indéterminé qu'ils offrent, afin d'en faire le Nom ou l'indice de l'Objet précis que nous voulons peindre : ensorte qu'on les reconnoisse à l'instant, aussi sûrement que si nous les montrions de la main.

Tel est l'usage des ARTICLES : ils déterminent comme par le geste, entre plusieurs objets auxquels convient le même Nom, celui que nous avons en vue.

§. 2.

Ils forment une des Parties générales du Discours.

Les Articles constitueront donc une Partie du Discours, commune à tous les Peuples & à toutes les Langues, puisque dans tous les tems le Discours a dû être précis & déterminé ; ensorte qu'aucune Langue n'a pu se dispenser de faire usage d'un caractère quelconque, propre à produire cet effet.

Ce caractère aura une valeur à lui, relative à cet effet ; il correspondra à l'Article, il en sera un de droit.

Sa valeur sera différente du Pronom, de l'Adjectif, de toute autre Partie du Discours, parce qu'aucune de celles-là ne peut produire l'effet pour lequel furent inventés les Articles.

On l'a confondu néanmoins avec l'Adjectif à cause de ces trois raports communs :

1°. Que les uns & les autres accompagnent les Noms.

2°. Qu'ils en portent également les livrées.

3°. Qu'ils y ajoutent des idées accessoires qui en déterminent le sens.

Ces raports sont réels ; & il n'est pas étonnant que de célèbres Grammairiens en ayent conclu, que les Articles doivent être réunis aux Adjectifs.

Mais ils conviennent qu'il regne entre les Adjectifs & les Articles une différence si essentielle, qu'elle exige qu'on assigne à ces derniers une dénomination distinctive.

L'un les apelle Adjectifs *pronominaux* (1) ; un autre leur donne tantôt le nom d'adjectifs *métaphysiques*, tantôt celui d'adjectifs *prépositifs*, & même

---

(1) M. l'Abbé GIRARD.

celui de *prénoms* (2) ; tandis qu'un troisiéme qui combat d'une maniere très-solide toutes ces dénominations nouvelles & systématiques (3), s'en tient au Nom si connu d'Articles.

« C'est en effet, dit-il, le seul nom que je croye convenable à l'espéce de
» mot dont il s'agit, le seul du moins dont on puisse faire usage, pour ne
» pas introduire gratuitement un terme nouveau, & pour suivre néanmoins
» les principes immuables d'une Nomenclature raisonnée.

» 1°. Les individus sont comme les membres du corps entier dont la na-
» ture est exprimée par le Nom apellatif ; or le mot Grec *Arthron*, & le mot
» *Articulus*, tous deux employés ici par les Grammairiens, signifient égale-
» ment ces jointures, qui non-seulement attachent les membres les uns
» aux autres ; mais qui servent encore à les distinguer les uns des autres.
» Sous ce dernier aspect, le même mot peut servir avec succès à carac-
» tériser tous les adjectifs qui, sans toucher à la compréhension, ne servent
» qu'à la distinction plus ou moins précise des individus auxquels on aplique le
» Nom apellatif.

» 2°. L'un des Adjectifs compris dans cette Classe est déjà en possession de
» ce Nom dans les Grammaires particulieres de toutes les Langues, où il est
» usité. On connoît dans notre Grammaire l'Article *le*, *la*, *les* : dans celle
» des Italiens, *il*, *la*, *lo* ; dans celle, &c.

» 3°. Le principal caractère que personne ne peut se dispenser de reconnoî-
» tre dans la nature de ce premier Article, est aussi une partie essentielle de la
» nature commune de tous les autres adjectifs qu'on lui associe ici ; je veux
» dire la propriété de fixer déterminément l'attention de l'esprit sur les indi-
» vidus auxquels on aplique la signification abstraite des Noms apellatifs, ca-
» ractère qui distingue en effet ces adjectifs des autres.

Mais puisque les Articles different des Adjectifs en un objet essentiel ; puisqu'ils méritent un nom absolument distinct, faisons-en aussi-tôt le partage,
assignons-leur des places séparées : n'augmentons pas l'embarras & les difficultés qu'occasionne la Grammaire, par des réunions qui ne donnent pas
une idée de plus, & qui ne peuvent que causer de la confusion par l'embarras dans lequel on se trouve pour distinguer des objets auxquels on donne
le même nom.

---

(2) M. du Marsais, Logique & Principes de Grammaire, pag. 346, 347.
(3) M. Beauzée, Grammaire générale, T. I. 305-307.

Voici donc la différence essentielle qui regne entre les Articles & les Adjectifs, & qui nous décide à leur donner un rang séparé entre les Parties du Discours.

C'est que les Articles n'ajoutent à l'idée du Nom apellatif qu'ils accompagnent, qu'une idée de présence plus ou moins éloignée : idée qui ne tombe pour ainsi dire que sur l'extérieur de l'objet, & qui est nulle pour faire connoître son intérieur ou sa nature.

» Le, *la, les* : Ce, *cette, ces*, dit un Grammairien célèbre (1), ne sont
» que des Adjectifs qui marquent le mouvement de l'esprit qui se tourne vers
» l'objet particulier de son idée.

Quand on dit cet Homme, un Roi, le Lion, on désigne ces objets comme présens d'une maniere plus ou moins sensible ; mais on ne dit rien qui les définisse, qui fasse connoître leurs qualités.

Les Adjectifs, au contraire, nous font pénétrer dans l'intérieur de ces objets présentés par les Articles : ils nous en dévelopent la nature & les qualilités ; ils nous les font connoître par leurs propriétés, par leurs vertus.

Ainsi, lorsqu'après avoir dit *cet Homme*, *un Roi*, *le Lion*, lorsqu'après avoir fait naître l'idée de ces objets dans l'esprit de ceux auxquels nous parlons, & l'avoir déterminée par l'Article, nous ajoutons ; cet Homme *est aimable* ; un Roi *sage est toujours grand* ; le Lion *est fier & généreux* : nous dévelopons la nature même de ces objets : nous allons fort au-delà du point où les Articles nous avoient amenés : c'est une nouvelle Partie du Discours que nous mettons en œuvre, non moins essentielle que les autres, & qui en est absolument différente.

On ajoute, il est vrai, que si les Articles étoient une Partie différente des autres, elle existeroit dans toutes les Langues ; mais nous discurerons cet objet un peu plus bas, à l'occasion de la place que doivent occuper les Articles.

Nous nous contenterons de dire ici que, de l'aveu même de ces Personnes, ces Langues ont un très-grand nombre d'Articles; & que dans le cas qu'il existât une Langue assez informe pour n'avoir aucun Article de droit ou de fait, cet exemple ne pourroit avoir aucune influence sur une Grammaire générale. Un Peintre ne laisse pas de représenter les hommes avec deux pieds & deux jambes, quoiqu'il n'existe que trop d'aveugles & de boiteux.

---

(1) Du Marsais, Principes de Gramm. pag. 377.

Malheur

Malheur aux Langues qui privées d'Articles, ne pourroient jamais repréſenter des Tableaux déterminés : mais malheur également aux Grammaires générales qui voudroient ſe régler ſur ces modéles informes, négliger en leur faveur des modéles admirables puiſés dans la Nature même, que ne peut altérer la dépravation de quelques individus. Les eſtropier tous, par égard pour quelques-uns, ce ſeroit imiter ce Tyran qui mutiloit les Étrangers pour les réduire à ſa taille. C'eſt dans ce qui eſt véritablement beau & parfait, que les Arts doivent uniquement puiſer leurs Loix & leurs régles.

§. 3.

Idée plus préciſe des Articles.

Dans nos Langues modernes & dans les Langues les plus intéreſſantes de l'Antiquité, il exiſte donc des Articles, & ces Articles déterminent l'idée vague des Noms apellatifs, en faiſant que ces Noms deviennent ceux d'un individu tiré de la grande maſſe des Êtres & mis ſous les yeux de la perſonne à qui l'on parle : dès-lors, le Nom devient l'objet déterminé du Tableau. Tels ſeront ces mots, CE, LE, UN,

En effet, ſi nous diſions :

Palais eſt ſuperbe.

Façade en eſt de la plus belle architecture.

Pavillon donne ſur la riviere ;

on ſentiroit que ces Tableaux ſont imparfaits, parce qu'ils ne préſentent aucun objet déterminé. *Palais, Façade, Pavillon,* étant des Noms qui conviennent à tout ce qui eſt Palais, Façade ou Pavillon, on ne ſait quel eſt le Palais, la Façade, le Pavillon dont on parle.

Il faut donc néceſſairement les accompagner d'un mot qui faſſe connoître préciſément de quel individu on parle, qui le mette ſous les yeux de la maniere la plus ſenſible. Et tel eſt l'effet que produiſent ces mots CE, LE, UN. Ils changent ces Tableaux indéterminés, en ceux-ci :

CE Palais eſt ſuperbe.

LA Façade en eſt de la plus belle architecture.

UN des Pavillons donne ſur la riviere.

CE, LA, UN ſont donc autant d'Articles, & ils en ont tous les caractères : chacun d'eux donne un ſens déterminé à l'objet qu'il accompagne : on ne voit plus qu'un Palais, qu'une Façade, qu'un Pavillon ; & l'objet qu'on voit eſt préciſément, entre tous les individus de la même eſpéce, celui qu'il falloit voir. Mais chacun de ces Articles préſente l'objet d'une maniere différente.

Ce, amene le mot *Palais*, & détermine l'individu auquel il faut l'apliquer, en le *montrant*.

La, amene le mot *Façade*, & détermine de quelle façade il s'agit en *l'indiquant*, sans la montrer d'une maniere aussi nette, parce qu'il est assez connu.

Un, amene le mot *Pavillon*, & détermine l'individu auquel il faut l'apliquer, en l'énonçant par la simple idée individuelle.

Pour mieux sentir ces différences, apliquons ces Articles à un même mot, au mot *Homme*, par exemple :

Apercevez-vous cet Homme qui est près de ce noyer ?
Voyez-vous l'Homme que j'attends ?
Ne voyez-vous pas un Homme dans cette plaine ?

Par cette expression cet *Homme*, je le montre: par l'expression l'*Homme*, je l'indique sans le montrer, parce qu'il est assez connu : par l'expression un *Homme*, je n'en détermine point l'individu en le montrant, ou en l'indiquant ; mais en l'énonçant simplement comme individu, en demandant si l'on ne voit pas un objet dont j'énonce le nom, *Homme*.

Le premier de ces Hommes est sous les yeux, on le *montre*.

Le second n'est pas sous les yeux : on ne peut donc pas le montrer ; mais on est plein de son idée, il en a déjà été parlé : on n'a donc qu'à *l'indiquer* & on le fait.

Le troisiéme n'est ni sous les yeux, ni dans l'esprit, on n'en a point encore parlé : il est simplement question de savoir si on aperçoit un pareil individu, on *l'énonce* donc, parce que l'on ne sauroit pas sans cela de quoi l'on parle.

Nous pourrons donc désigner ces Articles par ces Noms :

Ce, Article démonstratif.
Le, Article indicatif.
Un, Article énonciatif.

Les voici réunis dans une même phrase avec le même Nom.

» Ce jour où vous parûtes au milieu des aplaudissemens du Public,
» fut le jour le plus brillant de votre vie : il sera pour vous un jour à
» jamais mémorable ».

Un, énonce simplement l'idée de jour : ce, met cet individu sous les yeux : le, indique cet individu comme déjà connu, comme déjà désigné.

L'idée présentée par un est la plus simple de toutes. Celles qu'offrent *le* & *ce*, sont un peu plus composées: le premier n'indique qu'un individu : les autres l'indiquent comme connu ou comme présent.

Ajoutons qu'ici *un* ne se prend pas dans le sens relatif de l'*un* numérique, par oposition à un plus grand nombre ; mais dans son sens abstrait, présentant l'individu considéré seulement en lui-même.

§. 4.

Caractères des Articles.

Les Articles sont des mots extrêmement courts, de simples monosyllabes ; ils ne consistent qu'en un seul son, en un seul éclat de voix : & il falloit qu'ils fussent ainsi ; car plus longs, ils n'auroient pas été plus utiles : leur but étant déjà rempli par ce simple son : leur longueur auroit fatigué l'attention en pure perte, & elle les auroit trop éloignés de la valeur du geste qu'ils remplacent & dont ils ont l'énergie.

2°. Ils sont très-sonores, & il le falloit, étant fort courts, afin qu'ils pussent produire leur effet à l'instant.

3°. Afin qu'ils produisissent cet effet plus surement, & qu'on vît mieux l'objet auquel on les raportoit, on leur fait porter la livrée de cet objet : ils sont masculins ou féminins comme eux, au singulier ou au pluriel avec eux. Ainsi on dit :

CET Homme, CETTE Femme, CES Hommes.
LE Fils, LA Fille, LES Fils.

De cette maniere, ils annoncent en quelque sorte les Noms, ils en sont les Hérauts, ils préparent à ce qu'on va dire, & ne permettent plus de se tromper sur l'aplication du Tableau qui va suivre.

4°. Ils ne marchent jamais sans un Nom, n'ayant aucune signification sans eux. C'est un principe que nous aurons occasion de discuter plus bas.

§. 5.

Du Nombre des Articles.

Rien n'est plus propre à prouver combien on avoit des idées peu claires ou peu déterminées à l'égard des Articles, que la diversité étonnante qu'on observe entre les Grammairiens à leur sujet. Les uns n'en comptent qu'un seul dans la Langue Françoise ; tel M. DUCLOS. M. BEAUZÉE en compte de neuf espéces différentes; en attribuant à la Classe des Articles, des mots dans lesquels d'autres Grammairiens voyoient en effet mal-à-propos des Pronoms ou des Adjectifs.

Le seul Article sur lequel ils s'accordent tous, c'est l'Article LE. Ceux qu'on y ajoute sont trois universels; dont un collectif, *tout*; un distributif, *chaque*; un négatif, *nul*, *nulle*.

Ces indéfinis, *plusieurs*, *aucun*, *quelque*, *certain*, *tel*.

Les Numériques, *un*, *deux*, *trois*, &c.

Les Possessifs pour chaque personne, *mon*, *ton*, *son*, &c.

Un Démonstratif pur, *ce*, *cette*, *ces*.

Un Démonstratif conjonctif, *qui*, *lequel*.

Il faut convenir que ces différens mots ont un très-grand raport avec les Articles, qu'ils en tiennent même lieu dans un grand nombre d'occasions; & qu'on a raison de ne les regarder, ni comme des Pronoms, ni comme des Adjectifs.

Il faut convenir encore que ceux qui ne voyoient dans la Langue Françoise que le mot LE pour tout Article, en bornoient beaucoup trop le nombre, donnoient lieu à le faire retrancher du nombre des Parties du Discours, puisque ce LE manque dans quelques Langues; & qu'ils n'avoient par conséquent aucune idée juste de l'Article.

N'y auroit-il cependant pas un juste milieu à tenir entre ces deux extrêmes? entre n'admettre qu'un seul Article, ou étendre ce nom à une aussi grande quantité de mots?

Du premier coup-d'œil on aperçoit une différence frapante entre quelques-uns de ces mots: tous servent en effet à déterminer les Noms apellatifs par l'idée d'une existence individuelle qui les rend présens à ceux auxquels on parle.

Mais les uns n'expriment que cette idée, ils l'expriment purement & simplement, sans mélange d'aucune autre idée.

D'autres y ajoutent sensiblement de nouvelles idées qui n'ont rien de commun avec celle-là: tels sont ceux-ci, *mon*, *ma*, *nos*; *ton*, *ta*, *tes*, &c.

Non-seulement ils servent d'Articles, mais ils ajoutent à l'idée qu'offre l'Article une autre idée toute différente de celle-là; l'idée de la personne à qui apartient l'objet dont on détermine l'individualité.

Reconnoîtrons-nous donc ceux-ci & leurs pareils pour Articles? Non, sans doute: nous en parlerons, à la vérité, au sujet des Articles, puisqu'ils les remplacent, mais nous ne les mettrons pas au rang des articles, parce qu'ils n'en sont pas, qu'ils en ont pris la place par adresse, par un effet de l'art grammatical qui se prêtant au désir de rendre le discours plus coulant, charge un seul mot des fonctions de plusieurs Parties du Discours; parce qu'en effet ils font du nombre de ces mots que nous avons apellés *Elliptiques*, & qu'ils fe décomposent en plusieurs Parties du Discours lorsqu'on veut les analyser.

Dès-lors nous n'aurons pour Articles que les trois mots, CE, LE, UN; & nous serons forcés de les reconnoître tous les trois comme des Articles, parce qu'ils en remplissent toutes les fonctions, & qu'ils ne peuvent point se décomposer par d'autres mots.

Tandis que les autres mots que nous retranchons de cette liste, se décomposent tous par l'un de ces Articles, dont ils ont l'énergie, & par d'autres Parties du Discours, comme nous le verrons plus bas.

Et c'est ici un principe fondamental qu'on ne doit jamais perdre de vue; de ne point faire entrer dans une Partie du Discours, des mots qui ne lui apartiennent pas directement. C'est très-bien fait de ne pas mettre au rang des Pronoms & des Adjectifs, ces Êtres amphibies, tels que *mon*, *ton*, &c. mais le même esprit d'équité ne permet pas d'en charger les Articles. Qu'ils soient ce qu'ils feront prouvés être, des mots Elliptiques, qui s'attribuent à eux seuls les fonctions de plusieurs.

§. 6.

Des Articles, relativement aux Noms propres.

De tout ce que nous avons dit jusqu'à présent au sujet des Articles, il résulte que les Noms propres n'en ont pas besoin, puisqu'ils sont suffisamment déterminés par eux-mêmes. Ainsi nous disons *Alexandre*, *César*, *Henri IV*, *Louis XV*.

Nous ne les faisons précéder de l'Article que lorsque nous voulons accompagner ces Noms de quelque terme qui les reléve, sans employer les Noms ordinaires de Monsieur, de Madame, ou de Mademoiselle. C'est dans ce sens que nous faisons précéder de l'Article indicatif les noms des Actrices; que nous disons, LA *Camargo*, LA *Clairon*.

Les Italiens vont beaucoup plus loin que nous à cet égard : ils font précéder du même Article le nom des Auteurs, des Peintres, des Poëtes, &c. & c'est d'eux que nous avons emprunté ces Noms propres précédés d'un Article qui semble en faire partie, LE *Tasse*, LE *Rimbrand*, LE *Guide*, LE *Titien*.

Il paroît qu'ils tinrent cet usage des Grecs, qui mirent souvent l'Article indicatif à la tête des Noms propres : ils disoient, LE *Philippe*, LE *Socrate*,

Nous difons, il eſt vrai, L'*Alexandre du Nord*, LE *Mécéne* de la France ; mais c'eſt parce que nous n'employons pas ces noms comme des Noms propres, mais comme des Noms apellatifs ; ou plutôt c'eſt une formule qui tient lieu de ces phraſes : *ce Prince eſt pour le Nord ce qu'Alexandre fut pour les Grecs. Cet Homme généreux eſt à l'égard des Savans de la France ce que Mécéne étoit à l'égard de ceux de Rome.*

§. 7.

Livrées que portent ces Articles.

Faits pour marcher avec les Noms, pour les précéder, pour être leurs Hérauts, ils y réuſſiront infiniment mieux s'ils en portent les livrées, s'ils prennent la même forme qu'eux ; s'ils ſont maſculins ou féminins avec eux, au ſingulier ou au pluriel comme eux.

C'eſt ce qu'ils éprouvent dans diverſes Langues : dans la Françoiſe, par exemple, où l'on dit :

LE Mari & LA Femme.

CE jeune Homme, CETTE jeune Fille.

D'autres Langues vont plus loin à cet égard ; elles ont des Articles pour les deux genres au pluriel : l'Italien, par exemple, dit :

GLI *occhi*, les yeux : LE *notte*, les nuits.

I *Paſtori*, les Bergers : LE *Paſtorelle*, les Bergeres.

Cet uſage réunit ce double avantage :

1°. Qu'en annonçant un Nom, on fait connoître d'avance quel ſera ſon genre, & à quel nombre il ſera.

2°. Que le raport de l'Article avec le Nom en devient infiniment plus grand, & le Tableau beaucoup plus précis. Un Article qui ſeroit toujours le même, quelque forme que prît le Nom, lui ſeroit beaucoup plus étranger, s'uniroit beaucoup moins avec lui, offriroit moins d'enſemble.

On en peut juger par l'effet que produiſent les deux genres du même Article pluriel en François : toujours LES ; *les* Hommes, *les* Femmes ; tandis que les Italiens diſent, GLI Uomini, LE Donne.

Ajoutons que l'Article *le*, perd ſa voyelle devant un mot qui commence par une voyelle, afin de rendre la prononciation plus coulante : ainſi on ne dit pas, *le* Oiſeau, ni *la* Egliſe ; mais, *l'*Oiſeau, *l'*Egliſe, &c.

Quant à l'Article CE, il ſe change en pareille occaſion dans CET : *cet* Oiſeau ; & s'il prend ici une conſonne de plus au lieu de perdre ſa voyelle, comme dans *le*, c'est que parce que la plûpart du tems cet article *ce*, se dénatureroit par la prononciation, s'il perdoit son *e* devant une voyelle : car *c'Oiseau* ne se prononceroit pas comme *ce Oiseau*, mais avec la prononciation du K, comme dans *ca*. Ce n'est donc point par bisarrerie que *le* & *ce* subissent une si grande différence, quand ils sont tous deux devant une voyelle.

Aussi *ce* devient *c'* dans une occasion où la prononciation n'en est point changée : dans le mot *c'est*.

C'est un grand homme, comme on diroit, CE est un grand homme.

§. 8.
De la place que doivent occuper les Articles; & que les Latins en ont eu.

Puisque les Articles sont destinés à restreindre l'étendue des Noms & à en faire des Noms d'individus, ils accompagneront nécessairement les Noms; mais quelle place occuperont-ils relativement à eux ? les précéderont-ils nécessairement toujours ? ou ne pourroient-ils pas être également placés après ? Sans contredit, ils peuvent choisir entre ces deux places, suivant le génie des Peuples ; tout comme de deux nombres, le plus grand se met le premier ou le dernier, suivant la maniere de voir de chaque Nation. Nous disons *cent & un*, en faisant passer le plus grand nombre le premier, tandis que les Orientaux, les Germains, &c. disent *un & cent*, trouvant qu'il est plus digne du nombre le plus grand de fermer la marche. Ainsi pourvû que le vœu de la parole soit rempli, & que le Nom apellatif soit présenté d'une maniere individuelle, peu importe la maniere & la place.

Si quelque Peuple suivoit cet usage, on auroit donc tort de dire qu'il est sans Articles, & d'en conclure que les Articles ne sont pas d'un usage universel, & ne peuvent être regardés par conséquent comme une des Parties indispensables du Discours.

Car il faudroit avoir établi, 1°. qu'un Article cesse de l'être, dès qu'il ne précéde pas le Nom, & qu'il le suit.

2°. Que ces Peuples n'ont aucun Article qui marche à la tête du Nom.

Mais il se pourroit très-bien que ces Peuples ne missent à la fin du mot & en terminaison, qu'un seul Article, l'Article indicatif qui est notre *le*, tandis qu'ils mettroient à la tête les deux autres Articles, le démonstratif *ce* & l'énonciatif *un* : & c'est ce qu'on a omis de nous aprendre. On pourroit même assurer, sans risque de se tromper beaucoup, qu'ils mettront ordinairement de préférence ces deux derniers Articles avant les Noms.

C'est quelque cause pareille qui a fait croire que les Latins étoient sans Articles: car 1.º on borne alors le nom d'Articles à l'Article indicatif *le*; 2.º on peut même assurer que les Latins ne le suprimerent dans certaines occasions, que parce qu'il étoit remplacé & par le sens & par la terminaison.

Comment arrive-t-il, en effet, que les Latins & les Grecs ayant une même Méthode Grammaticale qui les distingue de toutes les autres Langues en quelque façon, les Grecs se servent toujours de l'Article indicatif, & que les Latins s'en servent si rarement qu'on se persuade qu'ils n'en ont point? Cette différence ne seroit pas naturelle; il seroit absurde que les Grecs employassent un Article qui leur seroit de toute inutilité; mais tout est d'accord, en supósant que les Latins, Peuple grave & peu parleur, faisoient l'ellipse de l'Article indicatif toutes les fois qu'ils le pouvoient; & ils le pouvoient presque toujours par la nature de leur Langue. Ne le faisons-nous pas nous-mêmes quelquefois avec succès; lors, par exemple, qu'au lieu de dire froidement LA *pauvreté n'est pas* UN *vice*, nous disons avec la vivacité du Proverbe, *pauvreté n'est pas vice*?

Tandis que dans nos Langues modernes, les Noms ne portent aucun caractère avec eux, qui indique de quel genre ils sont, chaque nom Latin & Grec porte, au contraire, son genre avec soi. Si le nom est masculin, il prend une terminaison masculine: s'il est féminin, sa terminaison est féminine; ainsi comme ils disent *bon-*us pour *bon*, & *bon-*A pour *bonne*, ils disent de même *Domin-*us, le Maître; & *Mens-*A, la Table; ensorte que la seule prononciation du Nom en fait connoître le genre.

Dès-lors l'Article se trouve remplacé & inutile quant à sa propriété d'indiquer le genre des Noms: la terminaison tient lieu d'Article.

L'Article indicatif n'a plus alors qu'une fonction à remplir; c'est de faire connoître que le Nom qu'il accompagne doit se prendre individuellement: mais nous pouvons être sûrs qu'il n'étoit presque plus nécessaire, même pour cela, la terminaison du Nom & l'ensemble de la phrase le supléant si parfaitement qu'on pouvoit le suprimer presque toujours, tout comme on suprimoit dans cette Langue les prépositions en une multitude de circonstances: puisqu'il étoit impossible qu'on pût s'y méprendre, & attribuer un sens vague à un mot déterminé dans un sens individuel par tant de caractères frapans.

Mais quoique l'Article indicatif se sous-entende presque toujours en Latin, on auroit tort de retrancher les Articles du nombre des Parties du Discours.

même

UNIVERSELLE.

même par raport à la Langue Latine, & à plus forte raison pour les autres: puisque cet Article ne constitue pas lui seul cette Partie du Discours; & qu'il en reste d'autres qui ne se suprimoient pas, quand ce ne seroit que l'Article démonstratif.

On peut même dire que les Latins avoient quatre Articles, correspondans aux trois que nous venons d'attribuer à la Langue Françoise:

Le Démonstratif HIC, qui répond à *ce.*

L'Indicatif ILLE, qui répond à *le.*

L'Enonciatif UNUS, qui répond à *un.*

Le Démonstratif IS, qui désigne sur-tout les personnes, & qui se rend également en François par *ce.*

HIC, ILLE & IS peuvent être réunis dans une même phrase: alors les deux premiers désignent des objets qui sont sous les yeux: *hic*, ceux qui sont près; *ille*, ceux qui sont éloignés; & *is*, ceux qui sont absens.

Gradation fine, mais que nous ne pouvons imiter dans notre Langue, qui n'a point de mot consacré à cette derniere idée.

Il formeroit en François un quatriéme Article. Ainsi les Langues peuvent avoir plus ou moins d'Articles, suivant les nuances qu'elles obferveront dans la maniere d'individualiser les Noms.

M. du Marsais avoit déjà très-bien aperçu que ces deux mots ILLE & UNUS avoient la propriété de nos Articles.

» Les Latins, dit-il (1), faisoient un usage si fréquent de leur adjectif dé-
» monstratif *ille*, *illa*, *illud*, qu'il y a lieu de croire que c'est de ces mots que
» viennent notre *le* & notre *la*. *Ille ego. Mulier illa: Hic ILLA parva Philoctetæ*
» (2). C'est-là que LA petite Ville de Petilie fut bâtie par Philoctete.. Pétrone
» faisant parler un Guerrier qui se plaignoit de ce que son bras étoit devenu pa-
» ralytique, lui fait dire: *Funerata est pars ILLA corporis mei, quâ quondam*
» *Achilles, eram*. Il est mort, CE bras, par lequel j'étois autrefois un Achille...
» Il y a un grand nombre d'exemples de cet usage que les Latins faisoient de
» leur *ille*, *illa*, *illud*, sur-tout dans les Comiques, dans Phédre & dans les
» Auteurs de la basse Latinité....

» A l'égard de *un*, *une*, dans le sens de *quelque* ou *certain*, dit-il plus bas
» (3), en Latin *quidam*, c'est encore un adjectif prépositif qui désigne un

---

(1) Principes de Gramm. pag. 326.
(2) Eneid. III. 401.
(3) Princ. de Gramm. p. 350.

Gramm. Univ.

» Individu particulier, tiré d'une espéce, mais sans déterminer singulié-
» rement quel est cet individu, si c'est Pierre ou Paul. Ce mot nous vient
» aussi du Latin. *Quis est is homo*, unus-*ne amator? Hic est* unus *servus*
» *violentissimus* (4). *Sicut* unus *pater-familias* (5). *Qui variare cupit rem pro-*
» *digaliter* unam ; celui qui croit embellir un sujet, *unam rem*, en y faisant
» entrer du merveilleux (6). *Fortè.* unam *aspicio adolescentulam* (7) : Donat,
» qui a commenté Térence dans le tems que la Langue Latine étoit encore
» une Langue vivante, dit sur ce passage que Térence a parlé selon l'usage, &
» que s'il a dit *unam* au lieu de *quamdam*, c'est que telle étoit, dit-il, & que
» telle est encore la maniere de parler.

Cet Article a même un pluriel en Latin comme en François : on dit dans
notre Langue *les uns*, *quelques-uns*, tandis que le nombre *un* ne peut avoir
un pluriel : les Latins ont dit également *uni*, *unæ*. *Ex* unis *geminas mihi*
conficiet nuptias (8). *Aderit una in* unis *ædibus* (8). C'est une observation que
fait avec beaucoup de justesse le même Auteur contre la Grammaire de Port-
Royal, où l'on avance qu'*un* n'a d'autre pluriel en François que *des* avant les
substantifs, & *de*, quand l'adjectif précéde : ayant ignoré ce que les Grammairiens qui leur succéderent ont si bien vu, que *de* n'étoit qu'une préposition ; & *des*, un mot composé par la réunion de cette préposition *de* avec l'article *les*.

Enfin, une preuve frapante que les Articles ne se suprimoient dans la belle
Latinité que par ellipse, & à cause des terminaisons qui les supléoient, c'est
qu'à mesure que cette belle Latinité se corrompit, & que l'on négligea les terminaisons, il fallut exprimer nécessairement les Articles, ensorte que les Langues qu'on prétend n'être qu'une altération du Latin, font un usage continuel
des Articles, telles que l'Italien & le François.

Des Savans distingués (9.) ont prétendu même que tandis que les plus grands
Ecrivains de Rome sous-entendoient l'Article, le Peuple de Rome, celui des
Campagnes, & ceux des Provinces, énonçoient continuellement l'Article ; en-
sorte que nous n'avons fait que perpétuer cet usage : ils vont même plus loin ;

---

(4) Plaute. (5.) Ciceron.
(6) Horace. (7) Térence. (8.) Même Auteur.
(9) M. Bonami, Mém. de l'Acad. des Inscr. & Belles Lettres, T. XX, M. le Marq.
Maffei, Génie de la Littérature Italienne, T. I, Part. I, 12°, Paris, 1760.

car ils font voir que les Latins employoient l'Article dans des occasions où nous ne nous en servons pas.

§. 9.

Heureux effets des ARTICLES *dans les Tableaux de la Parole.*

L'universalité des Articles chez tous les Peuples, la nécessité dans laquelle les hommes ont toujours été de s'en servir, & la diversité de ces Articles, au moyen de laquelle ils font face à un plus grand nombre de besoins & de vues, prouvent à quel point les Articles sont avantageux à l'art de la Parole, & les grands effets qu'ils doivent y produire.

Mais ces preuves acquerront une plus grande force par la considération de ces grands effets, puisqu'ils justifieront plus qu'aucun raisonnement, ce que nous avons dit jusqu'à présent en faveur des Articles.

Personne n'ignore que les Tableaux de la Parole doivent réunir la clarté, la concision & la beauté de l'expression, avec la force & la vivacité du sentiment : mais on ne sauroit remplir ces grands effets sans employer des idées déterminées, & dont les objets soient bien dessinés & sans équivoque.

On ne sauroit donc y parvenir sans les Articles, puisque ce sont eux qui donnent aux Noms ce sens déterminé & individuel, qui en met l'objet sous les yeux de maniere à ne pouvoir le méconnoître.

1°. Ils répandent dans le Discours la plus grande clarté, parce qu'en annonçant les Noms, ils les annoncent comme masculins ou comme féminins, comme singuliers ou comme pluriels, comme présens ou comme absens, &c. ce qui en rend les idées aussi déterminées qu'il est possible.

2°. Le langage réunissant dans les Articles seuls ces diverses fonctions, & les exprimant par une seule syllabe, donne au Discours toute la concision, toute la netteté & toute l'énergie dont il peut être susceptible.

3°. Les Noms qui paroissent ainsi précédés de divers avant-coureurs dont ils changent selon les occurrences, & qui sont en quelque façon une partie d'eux-mêmes, en deviennent plus variés, plus agréables, moins nuds ; ils en acquierent plus d'harmonie, plus de parure, & c'est toujours celle du moment.

4°. De-là résultent des Tableaux aussi vifs que variés.

Ainsi du seul nom de CIGALE, nous formerons ces Tableaux si différens.

La Cigale, celle qu'on connoît & qui est la seule dont on parle.

Cette Cigale, celle qu'on a sous les yeux.

Une Cigale, celle qui n'a rien de déterminé, qu'on n'a pas sous les yeux, qu'on ne connoît pas d'une maniere déterminée, certaine Cigale.

Tandis que si nous n'avions point d'Articles, tous ces Tableaux seroient tristement réduits à ce seul mot, Cigale.

Notre charmant Fabuliste n'auroit pu dire :

» La *Cigale ayant chanté*
» *Tout l'Eté*, &c.

Il eût été réduit à dire, *Cigale ayant chanté*, &c. ce qui auroit eu beaucoup moins d'énergie, présentant un sens moins déterminé.

On peut voir dans l'exemple suivant, si connu, quelle diversité & quelle netteté jette dans le Discours cet emploi des Articles.

Fils de Roi.	Ce Fils de Roi.
Fils du Roi.	Ce Fils du Roi.
Fils d'un Roi.	Ce Fils d'un Roi.
Le Fils du Roi.	Un Fils de Roi.
Le Fils d'un Roi.	Un Fils du Roi.
Le Fils de ce Roi.	Un Fils de ce Roi.

Où par le seul changement des Articles, on forme au moins douze Tableaux différens, & pleins d'énergie par la précision qu'ils mettent dans le Discours, & par la maniere dont ils le rendent propre à exprimer les nuances les plus déliées de nos idées.

5°. Le sentiment enfin s'y trouve intéressé de la maniere la plus essentielle. Car si l'on parle pour augmenter le nombre des idées, on parle souvent encore pour mettre en jeu les sentimens, pour émouvoir, pour toucher, pour attendrir.

L'on ne sauroit produire ces effets cependant par des peintures vagues, confuses, indéterminées : des Tableaux aussi imparfaits fatigueroient, peineroient & ne produiroient aucun effet durable. Plus, au contraire, ils seront déterminés & précis, plus ils mettront l'objet sous nos yeux ; plus ils nous le rendront sensible, & plus nous en serons vivement affectés.

Et c'est-là le grand effet des Articles : destinés à détacher les objets de la grande masse universelle, & à les mettre sous nos yeux, faits pour les présenter sous toutes leurs faces, ils deviennent d'une ressource étonnante pour former des Tableaux, au moyen desquels ces objets excitent sur nous les sentimens les plus vifs, & les plus touchans, par leur préfence nette, précife, circonftanciée.

Auſſi les Poëtes, qui dans toutes les Langues & chez tous les Peuples, n'écrivent que pour toucher & pour faire paſſer dans l'ame de leurs Lecteurs les ſentimens les plus vifs, qui étudient dans cette vue tout ce qui peut y conduire, font un ufage continuel des Articles.

En voici quelques exemples pris au hafard dans celui de nos Poëtes qui par fa compofition belle & touchante, mérita le nom de *Poëte du ſentiment*.

» Vous voyez devant vous, fait-il dire à Hippolyte, lorſqu'il déclare à
» Aricie fes fentimens pour elle,

» Vous voyez devant vous UN Prince déplorable,
» D'UN téméraire orgueil exemple mémorable....
» Aſſervi maintenant ſous LA commune Loi,....
» UN moment a vaincu mon audace imprudente.
» CETTE ame ſi ſuperbe eſt enfin dépendante.....
» LA lumiere du jour, LES ombres de LA nuit,
» Tout retrace à mes yeux LES charmes que j'évite.

Difcours où le mêlange des trois Articles, CE, LE & UN, forme divers Tableaux, tous nuancés différemment, & faiſant une impreſſion forte & vive par la maniere précife, nette & déterminée dont ils préſentent leur objet.

Leur effet n'eſt pas moins intéreſſant dans ce Difcours de Monime à Mithridate :

» .... De mon fort, je ne pouvois me plaindre,
» Puiſqu'enfin aux dépens de mes vœux LES plus doux,
» Je faiſois LE bonheur d'UN Prince tel que vous.
» Vous ſeul, Seigneur, vous ſeul, vous m'avez arrachée
» A CETTE obéiſſance où j'étois attachée.
» Et ce fatal amour, dont j'avois triomphé,
» CE feu que dans L'oubli je croyois étouffé,
» Dont la cauſe à jamais s'éloignoit de ma vue,
» Vos détours L'ont furpris .....
» Et le tombeau, Seigneur, eſt moins trifte pour moi,
» Que LE lit d'UN Epoux qui m'a fait CET outrage;
» Qui s'eſt acquis ſur moi CE cruel avantage;
» Et qui me préparant UN éternel ennui,
» M'a fait rougir d'UN feu qui n'étoit pas pour lui.

Dans BAJAZET, il fait dire à Acomat :

> » J'étois de CE Palais sorti désespéré,
> » Déja sur UN Vaisseau dans le Port préparé ;
> » Chargeant de mon débris les reliques plus cheres,
> » Je méditois ma fuite . . . . . .

Avec quel art fait-il dire à PHÉDRE :

> » Que CES vains ornemens, que CES voiles me pesent !
> » Quelle importune main, en formant tous CES nœuds,
> » A pris soin, sur mon front, d'assembler mes cheveux ?

Les Latins opéroient les mêmes effets avec leurs terminaisons de deux genres & leurs différens cas ; ensorte qu'on n'avoit nul besoin d'exprimer l'Article. Jugeons-en par ces Vers :

Primus amor Phœbi Daphne Peneïa ; quem non
Sors ignara dedit : sed sæva Cupidinis ira.
Delius hunc, nuper victo serpente superbus,
Viderat adducto flectentem cornua nervo
Quidque tibi, lascive puer, cum fortibus armis ?
Dixerat, ista decent humeros gestamina nostros :
Qui dare certa feræ, dare vulnera possumus hosti,
Qui modo pestifero tot jugera ventre prementem,
Stravimus innumeris tumidum Pythona sagittis.
Tu face nescio quos esto contentus amores
Irritare tua : nec laudes assere nostras.
Filius huic Veneris : Figat tuus omnia, Phœbe ;
Te meus arcus, ait : quantoque animalia cedunt
Cuncta Deo, tanto minor est tua gloria nostra.
Dixit : & eliso percussis aëre pennis
Impiger umbrosa Parnassi constitit arce
Deque sagittifera prompsit duo tela pharetra
Diversorum operum : fugat hoc, facit illud, amorem ;
Quod facit, auratum est, & cuspide fulget acuta.
Quod fugat, obtusum est, & habet sub arundine plumbum.
Hoc Deus in Nympha Peneïde fixit : at illo
Læsit Apollineas trajecta per ossa medullas.
Protinus alter amat : fugit altera nomen amantis
Sylvarum latebris, captivarumque ferarum
Exuviis gaudens, innuptæque Æmula Phœbes (1).

---

(1) Métamorph. d'OVID. Liv. I. Métam. XIV.

Si l'on traduit ce charmant morceau mot à mot, & sans supléer par les Articles, les terminaisons & les cas du Texte qui donnoient lieu de les sous-entendre, on aura cet ensemble informe :

Premier amour d'Apollon, Daphné Penéenne, que ne donna pas sort aveugle ; mais cruelle colere de Cupidon. Dieu de Délos fier du serpent récemment vaincu, avoit vu celui-ci occupé à tendre arc : qu'ont de commun, lui dit-il, avec toi, folâtre enfant, armes redoutables ? Nous sommes seuls capables de porter elles : nous sommes seuls contre qui, animaux & adversaires, feroient efforts impuissans pour garantir vie d'eux. Nous qui par grêle de flêches avons abattu énorme Python, qui de ventre infect couvroit si vaste étendue de terrain : qu'il te suffise avec tien flambeau d'attiser je ne sais quels amours ; ne t'attribue pas gloire de nous.....

Mais cessons une traduction aussi ridicule, dont tous les traits sont décousus, vagues, indéterminés, qui ne présentent nul ensemble, qui ne forment point de Tableau.

Ils en offrent cependant un très-beau en Latin, & nous l'avons imité servilement en François : d'où vient donc l'énorme différence qu'on remarque entre les deux ? de la seule omission des Articles : elle seule dépare en François ce beau Tableau : remettons ces Articles, & nous ne parlerons plus un langage barbare ; & nous aurons ce Tableau intéressant.

» La Fille *du* Penée, Daphné, inspira LA premiere de l'amour à Apollon :
» ce ne fut point par UN effet *du* sort aveugle, ce fut celui de LA vengeance
» cruelle de Cupidon. LE Dieu de Délos fier de LA victoire qu'il venoit de
» remporter sur LE serpent, aperçut CE petit Dieu occupé à tendre UN arc :
» qu'ont de commun avec toi, folâtre enfant, lui dit-il, CES armes redouta-
» bles ? Nous sommes seuls en droit de les manier ; nous à *qui* ne peut résister
» *aucun* animal, *aucun* adversaire ; nous *qui* sous LA grêle de *nos* flêches,
» avons fait tomber L'énorme Python, *qui* de son ventre infect couvroit une si
» vaste étendue de champs. Qu'il te suffise d'attiser avec *ton* flambeau je ne
» sais quels amours, & n'ose plus aspirer à *notre* gloire. LE fils de Vénus lui
» répond : Phœbus, *ton* arc perce tout, & LE nôtre te percera ; ainsi autant
» *ta* gloire est au-dessus de tout, autant LA nôtre sera au-dessus de LA tienne :
» il dit, & fendant L'air D'UN vol rapide, il s'éleve au sommet du Parnasse :
» là il tire de *son* Carquois deux flêches d'un travail bien oposé : L'une ins-
» pire l'amour, l'autre le fait fuir. Celle qui l'inspire est d'or & LA pointe en
» est acérée : celle qui le fait fuir est de plomb, & la pointe en est émoussée.
» Cupidon blesse de celle-ci la Nymphe du Penée ; tandis que de l'autre il

» perce Apollon d'outre en outre. Celui-ci aime auſſi-tôt, celle-là abhorre auſ-
» ſi-tôt LE nom d'Amant. Emule de la chaſte Diane, elle ne cherche que LES
» forêts, elle ne prend plaiſir qu'*aux* dépouilles *des* bêtes fauves.

D'où provient cette différence extrême entre ces deux traductions d'un même texte, dont l'une n'a cependant d'autre avantage ſur l'autre que d'avoir
employé les Articles omis dans la premiere ?

Si la ſupreſſion des Articles produit un auſſi mauvais effet dans notre Langue, tandis qu'elle n'en produiſoit aucun en Latin, n'eſt-on pas en droit d'en
conclure que la premiere de ces traductions eſt moins conforme à la Latine
que la ſeconde, & que celle-ci s'en raproche par les Articles, ce qui paroît
contradictoire ? c'eſt qu'ils n'étoient ſuprimés en Latin, que parce que les
terminaiſons & les cas des Noms les faiſoient ſupléer avec la plus grande facilité ; tandis qu'en François, rien ne peut les faire ſupléer dès qu'ils ſont omis.

Ceci eſt ſi vrai, qu'auſſi-tôt que les Latins ſont obligés d'employer un de ces
mots qu'on a pris pour des Articles, mais qui répondant à d'autres idées que
le ſimple Article, ne peuvent plus être ſupléés comme lui, ce Peuple les
exprime : c'eſt ainſi que tandis qu'Ovide ſuprime ici *ce*, *le*, *un*, vrais Articles,
il eſt obligé d'exprimer, *qui*, *meus*, *tuus*, *noſter*, &c. qui exprimant plus d'i-
dées que l'Article, ne peuvent abſolument point être ſuprimés com-
me lui.

Il en eſt de même de ce Tableau du TASSE (1) :

> Uſciva homai DAL molle e freſco grembo
> De LA gran madre ſua LA notte oſcura :
> Aura lievi portando e largo nembo
> Di ſua rugiada pretioſa e pura.
> E ſcotendo DEL vel l'humido lembo
> Ne ſpargeva I fioretti e LA verdura :
> E I venticelli dibattendo L'ali
> Luſingavano IL ſonno DE mortali.

» Déja LA nuit obſcure quittoit LE ſein de ſon illuſtre Mere ; déjà elle s'é-
» loignoit de tout ce qu'il lui offre d'agréable & de frais, accompagnée des vents
» légers & de cette immenſe nue que forme ſa pure & précieuſe roſée. Elle
» ſecoue LES bords humides de ſon voile, & ſème par-tout LES fleurs & LA
» verdure : tandis que LES Zéphirs flattent LE ſommeil DES Humains par L'a-
» gitation de leurs aîles.

---

(1) Jéruſalem délivrée, Chant XIV. 1-8.

UNIVERSELLE.

Mais ce grand Peintre se surpasse ici, par l'usage de l'Article indicatif :

> » Io n'andrò pur (dice ella) anzi che l'Armi·
> » De l'Oriente il Re d'Egitto mova.
> » Ritentar ciascun'arte, e trasmutarmi
> » In ogni forma insolita mi giova:
> » Trattar l'arco e la spada : e serva farmi
> » De' piu potenti, è concitargli à prova.
> » Purche le mie vendette io veggia in parte,
> » Il rispetto e l'honor stiasi in disparte.

» J'irai plutôt, dit-elle, vers l'Armée que LE Roi d'Egypte rassemble dans
» l'Orient : j'y épuiserai LES effets de mon Art ; je prendrai toutes LES formes
» possibles ; je m'armerai de L'arc & de L'épée : je me ferai Esclave des plus
» Grands & les animerai mutuellement : que LE respect & L'honneur soient sa-
» crifiés, pourvu que je satisfasse ma vengeance.

Ces exemples, qu'on pourroit apuyer de mille autres, démontrent à quel point les Articles intéressent le sentiment & sont nécessaires pour présenter les objets avec la plus grande précision.

On voit par-là, comment ils contrastent les uns avec les autres, & comment ils remplissent un des grands buts de la Peinture, qui est de produire les plus grands effets par l'oposition & la diversité des objets.

Qu'il en résulte une diversité agréable & une harmonie flatteuse, dont seroient privés les Tableaux, dans lesquels ils se trouvent réunis, & où régneroit sans eux une monotonie insuportable.

De combien de beautés, par conséquent, nous serions privés sans eux, & que ce n'est pas à tort qu'on met au rang des Parties du Discours, une Classe de mots qui produit seule de si grands effets.

Ceux qui les emploient ne l'ont, sans doute, pas toujours fait d'après ces réflexions : mais le sentiment qui les inspire, & la Nature qu'ils veulent peindre, leur a fait sentir la nécessité de ces nuances, de ces contrastes, de ces peintures déterminées ; & le langage leur prête aussi-tôt les couleurs qui conviennent à ceux dont ils veulent être entendus.

---

(3) Ibid. Chant XVI. str. 72.

GRAMMAIRE

§. 10.

Des Mots qu'on a regardés comme des Articles.

Nous avons vu plus haut qu'il existe un grand nombre d'autres mots, que de célèbres Grammairiens ont regardé comme des Articles, parcequ'ils marchent aussi à la tête des Noms; & que d'autres ont regardé comme des Pronoms ou comme des Adjectifs, parce qu'ils peuvent être tout cela en effet, suivant le point de vue sous lequel on les considérera : nous en avons donné la liste dans notre §. 5. en ajoutant que cette énumération étoit exacte ; mais que nous remarquions une différence essentielle entre les vrais Articles & ceux-ci : c'est que les premiers sont des Articles purs & simples, d'une si grande simplicité qu'on ne peut les décomposer par aucun autre mot ; que rien ne peut en tenir la place.

Que les autres, au contraire, sont des façons de parler elliptiques qui abrégent singuliérement le Discours, en tenant lieu de plusieurs mots auxquels ils doivent toute leur énergie.

Faisons voir maintenant que nous étions fondés à avancer cette proposition, & développons les mots auxquels ceux-là sont redevables de leur énergie.

Ceci est incontestable pour les mots apellés ARTICLES POSSESSIFS : ce sont des mots elliptiques qui ont été substitués à plusieurs autres, pour rendre le discours plus coulant.

Mon, par exemple, se décompose par *le... de moi* : mon chapeau, signifie exactement *le chapeau de moi* : c'est ainsi que parloient les Grecs, quand ils disoient, *ho Patér moy*, le pere de moi, ou *mon pere*.

Ton se décomposera par *le... de toi* : ton livre, c'est-à-dire, le livre de toi : & *son*, par *le... de lui* : son équipage, c'est-à-dire, l'équipage de lui.

Les Italiens abrégent aussi cette phrase, mais moins que nous : ils disent, LE *mien*, LE *tien*, LE *sien*; *il mio capello*, le mien chapeau ; *la tua bocca*, la tienne bouche, &c.

Nous les imitions en cela autrefois, dans le tems où nous disions, *un mien Roi*, *la tienne Mere*.

On ne sauroit donc mettre ces mots au rang des Articles, puisqu'ils sont un abrégé de l'Article, du Pronom & d'une Préposition ; & qu'ils sont tout-à-la-fois Pronom, Préposition & Article.

Ainsi, autant à retrancher du nombre des Articles.

Le Démonstratif Conjonctif QUI, est encore dans le même cas : c'est une formule abrégée qui tient lieu d'une Conjonction, d'un Article & d'un Nom : lorsque nous disons, par exemple :

Les Auteurs qui ont traité de l'Histoire de Rome, prétendent que Romulus fut le Fondateur de cette Ville ;

Ce sont deux phrases que nous avons réunies en une seule, qui tient lieu de celle-ci :

Les Auteurs prétendent que Romulus fut le Fondateur de Rome : *& ces Auteurs* ont traité de l'Histoire de Rome.

QUI, tient donc ici la place de ces trois mots, de la Conjonction *&*, de l'Article Démonstratif *ces*, & du Nom Apellatif *Auteurs*. C'est ce que désigne fort bien M. Beauzée, en apellant QUI, un ARTICLE DÉMONSTRATIF-CONJONCTIF ; *Article*, puisqu'il renferme un Nom apellatif qu'il énonce ; *Démonstratif*, puisqu'il renferme l'Article *ce* ; & *Conjonctif*, puisqu'il tient lieu de la Conjonction *&*.

Dans cette phrase, *la personne qui vous déplaisoit est partie* ; QUI, tient également lieu de ces mots, *& cette personne*.

Il en est de même de QUE.

Dans ces Vers, par exemple :

» Que vois-je ! Mermecide ! est-ce toi que j'embrasse ?

L'ame entraînée par l'impétuosité du sentiment, exprime tout-à-la-fois une multitude d'idées : c'est comme si l'on disoit :

» Je vois un Personnage : *ce Personnage* seroit-il Mermecide ? Mermé-
» cide ! en t'embrassant, embrassé-je toi-même, ô toi Mermecide ?

Rien de plus froid & de plus contraire à la vivacité de l'action que cet entassement de paroles : deux QUE, & la phrase ne peut être plus courte & plus vive.

Il en est de même lorsque la phrase commence par QUI : dans celle-ci, par exemple :

Qui pourra m'aprendre où s'est caché mon Fils ?

Qui tient lieu de ces mots ; *Où trouverai-je un Homme en état de m'aprendre, &c.*

Il en est de même de ce qu'on apelle ARTICLE UNIVERSEL, *tout, toute*, &c. Ce n'est qu'un mot substitué à plusieurs autres, pour rendre la phrase plus courte.

Ainsi, en disant *tous les hommes*, c'est comme si nous disions, *l'ensemble des individus que nous apellons les hommes*.

Tout est bien, c'eſt-à-dire, *l'enſemble de ces choſes dont nous parlons:* ou *l'enſemble de ce qui exiſte* eſt bien.

Tous ces mots ne ſont donc des Articles, ou ne jouent le rôle des Articles, à la tête des Noms qu'ils précédent, que parce qu'ils renferment en eux-mêmes de vrais Articles, en vertu deſquels ils acquiérent le privilége de paroître ſeuls à la tête des Noms, & de les annoncer de la même maniere qu'ils le font par les Articles.

Ainſi, ces mots amphibies qui ont paru tout-à-la-fois Pronoms, Adjectifs, Articles, ne ſont rien de tout cela, en particulier; mais tout cela à la fois: ils ne doivent donc pas être raportés à aucune Partie du Diſcours en particulier, mais être rangés comme tant d'autres dans cette nombreuſe Claſſe de *mots elliptiques*, qui rendent le Diſcours ſi ſerré & ſi coulant.

§. II.

Articles devenus inſéparables de quelques Noms.

Il eſt arrivé très-ſouvent aux Noms qui ſe tranſmettent d'une Langue à une autre, d'y paſſer avec leur Article, comme ſi cet Article faiſoit partie du Nom même; & parce que la Langue dans laquelle ils s'incorporent les fait encore précéder de ces Articles, ils marchent avec deux Articles, l'un national & l'autre étranger & inconnu.

Tels ſont nos mots venus de l'Orient & précédés de la ſyllabe AL. Tels *Almanach*, *Alembic*, *Alcoran*, & *Alcaïde*, uſités chez les Eſpagnols, qui en ont eux-mêmes beaucoup plus que nous.

Dans tous ces mots, AL eſt l'Article *le*: ainſi AL-MANACH ſignifie le Calendrier: AL-*embic*, le Vaiſſeau; AL-*coran*, le Livre; AL-*caïde*, le Juge. On devroit donc dire le Manach, le Ambic, le Coran, le Caïde: au lieu qu'en diſant l'*Almanach*, l'*Alembic*, c'eſt comme ſi nous diſions *le le Manach*, *le le Ambic*, *le le Coran*. Ce qui nous paroîtroit ſouverainement ridicule, ſi des Etrangers traitoient ainſi nos mots.

Il nous eſt arrivé une choſe plus ſinguliere encore; c'eſt qu'après avoir ajouté nos propres Articles à des mots empruntés de l'Etranger, nous avons cru que ces Articles apartenoient à ces mots, & nous les avons fait précéder une ſeconde fois de nos Articles: cela nous eſt arrivé dans les mots, *loiſir*, *lierre*, & *lui*. Les deux premiers ſont compoſés du Latin OTIO prononcé *oiſi*; & HEDERA prononcé *yere*: nous les prononçâmes avec l'Article, *l'oiſi* & puis

UNIVERSELLE.

l'*oifir* ; & l'*yerre*. Enfuite croyant que *l'* faifoit ici partie du Nom, nous avons dit *le loifir* & *le lierre* : ce qui dénaturoit totalement ces mots, & empêchoit de reconnoître leur origine.

Quant à LUI, il tient la place de *le hui* ou *l'hui*, le ci préfent, le dont il s'agit, c'eft ce même hui qui eft entré dans *au-jour-de-hui*, au jour de ce préfent : c'eft un vieil Article démonftratif venu des tems les plus reculés, & qui fit le HUI-*us* des Latins & le HOU des Grecs.

Les Grecs avoient déjà cet ufage de fondre l'Article Oriental *al*, avec les Noms même. Ce qui leur eft arrivé, par exemple, pour ALEXANDRE & pour ALCIDE : ce dernier eft exactement le même Nom que LE CID, c'eft-à-dire, *le Héros*, nom que Corneille a rendu fi célébre. Les Orientaux ôtant du nom d'Alexandre l'Article, ne l'apellent jamais que SCANDER : c'eft ce nom fi connu parmi nous, depuis le fameux SCANDER-BEG, qui portoit ainfi le même nom qu'Alexandre.

Les Grecs ont auffi une multitude de Noms formés par la réunion d'un mot avec d'anciens Articles. Par exemple, leur mot *o-dontes*, les dents, eft formé du mot *dont* qui fignifie *dent*, joint à l'Article *o* : & lorfqu'ils difoient *hoi odontes*, c'eft comme s'ils euffent dit *les les dents* ; c'eft comme nous, quand nous difons L'AL-CORAN, le le Coran.

Ainfi les mots fe chargent fans raifon de nouvelles fyllabes qui les éloignent de ce qu'ils étoient d'abord, & en rendent l'origine difficile à connoître.

§. 12.

Origine des Mots qui fervent d'Articles.

Mais comment eft-il arrivé que ces mots *le*, *ce*, *un*, &c. ayent été chargés de la valeur qu'ils ont, l'un d'indiquer un objet, l'autre de le montrer, le troifiéme de l'énoncer ; fur-tout dans nos principes où tout a fa raifon, & où tout commence par le phyfique & non par les idées abftraites, telles que les idées qu'offrent ces mots ? C'eft qu'ils tiennent à des mots plus anciens, à des noms d'objets relatifs à ces idées.

UN, énonce par la fimple idée d'individu ; *un* homme eft venu ; *un* homme a dit ; *une* flèche le perça ; &c. Mais ce mot eft la corruption du mot primitif EIN, qui défigne tout Être exiftant ; & qui s'eft formé du verbe même E, qui défigna fans ceffe l'exiftence.

CE, montre : mais il vient du primitif *ça*, *cei*, *ci*, qui défigna l'agitation, le mouvement, le lieu vers lequel on se tourne ; d'où vinrent les mots Grecs *zeó*, fermenter ; *zaó*, vivre ; *zôon*, être sensible, animal ; & qui fut par conséquent très-propre à exprimer l'existence sensible, un Être qu'on avoit sous les yeux, tout lieu à portée de la vue : d'où se formerent une multitude de mots relatifs à cette idée, tels que le Latin sit-*us*, situation ; sed-*es*, siége ; le Grec ekei, en ce lieu, le même que notre mot *ici* ; l'Hébreu ze, qui signifie *ce* ; la terminaison démonstrative des Latins *ce* dans *ec-ce*, voilà ; dans *hicce*, celui-ci, &c. L'Article Anglois the, qui signifie *le* & se prononce *ze* : notre *ça* qui fait partie des mots *en-ça*, *de-çà*, *or çà*, &c.

Le, montre aussi, mais des objets plus éloignés que ceux indiqués par *ce*, & qui sont sous les yeux. Ceux qu'indique le mot *le*, sont de côté, & non sous les yeux ; c'est que le signifia dans l'origine *côté*, *flanc*, *aile*. De-là vinrent le Latin lat-*us*, côté ; a-la, aîle, &c. De-là notre mot *là*, en ce lieu.

C'est donc en vertu de leur origine, que l'Article un énonce un objet en général ; que le indique un objet plus raproché, quoiqu'éloigné ; & que ce désigne un objet qui est sous les yeux. On ne fit que les prendre dans un sens abstrait.

C'est de ce même *ce*, prononcé *ke*, que vint encore le mot qui, par lequel on indique également ; & qui forma en Latin trois ou quatre adverbes de lieu, *qui*, ici ; *quò*, où ; *qua*, par où : *qui*, est donc *ce* : & de-là toute sa force. Ainsi, lorsqu'on dit, par exemple : *les Auteurs* qui *ont traité de l'Histoire de Rome* ; c'est comme si, après avoir donné un sens trop général à cette expression, *les Auteurs*, on cherchoit à le restreindre, & à lui en donner un plus particulier, pour prévenir les mauvais effets qui en pourroient résulter ; & qu'on ajoutât, *c'est-à-dire*, *ces Auteurs seuls de l'Histoire de Rome*.

Telle est la valeur de *qui*, chez les Grecs qui le prononçoient Tis, à la Picarde. Ils l'employent fréquemment comme Article, *en tini tameió melitos*, ἐν τινι ταμείῳ μέλιτος, dans une *ruche*, dit Ésope dans une de ses Fables. *En tini topoi*, dans un *lieu*, dit-il dans la Fable suivante (1). Il lui donne divers autres sens, ensorte qu'il signifie également chez lui *qui*, *lequel*, *certain*, *quelque*, &c. C'est le sens de la phrase qui fait connoître la valeur qu'on doit lui donner.

---

(1) Fables d'Esope, Liv. I. Fabl. 30 & 31.

§. 13.

Si LE *ou* LA *employés sans Noms, sont des Articles.*

La Langue Françoise employe fréquemment *le*, *la*, *les*, sans Noms : à la fin de ces phrases, par exemple :

J'ai vu le Parc de Versailles : je LE trouve très-beau.

J'ai lu le livre que vous m'avez prêté ; & je puis vous LE rendre.

Avez-vous vu la Cour ? Je LA verrai.

Ces doubles *le*, *la*, &c. ont intrigué les Grammairiens : lorsqu'une fois la nature du premier a été reconnue, il a été question de décider quelle étoit la nature du second. Ici, partage entre les plus célèbres : les uns prétendent qu'ils sont d'une nature absolument différente : les autres veulent qu'ils soient tous les deux de la même nature.

Entre ces premiers est M. du MARSAIS. » Quelques Grammairiens, dit-il
» (1), mettent *le*, *la*, *les* au rang des Pronoms : mais si le Pronom est un
» mot qui se met à la place du Nom dont il rapelle l'idée, *le*, *la*, *les* ne
» seront Pronoms que lorsqu'ils feront cette fonction. Alors ces mots vont tous
» seuls, & ne se trouvent point avec le Nom qu'ils représentent : *la vertu est*
» *aimable, aimez-la*. Le premier *la* est Adjectif métaphysique, ou, comme on
» dit, Article ; il précéde son substantif *vertu* ; il personifie la vertu : il la fait
» regarder comme un individu métaphysique. Mais le second *la*, qui est après
» *aimez*, rapelle la vertu, & c'est pour cela qu'il est Pronom & qu'il va tout
» seul. Alors *la* vient de *illam*, elle.

» C'est la différence du service ou emploi des mots, & non la différence ma-
» térielle du son, qui les fait placer en différentes Classes.... Ce même son *la*
» n'est-il pas aussi quelquefois un adverbe qui répond aux Adverbes Latins *ibi*,
» *hâc*, *isthâc*, *illâc* ; il *demeure là*, il *va là*, &c. ? N'est-il pas encore un nom
» substantif, quand il signifie une note de musique ? Enfin, n'est-il pas aussi
» une particule expletive qui sert à l'énergie ? *Ce* jeune homme-*là*, *Cette* fem-
» me-*là*.

M. l'Abbé FROMANT (2) ne voit dans ces deux *le*, *la*, qu'une même espéce de mot. » L'Article, dit-il, est une sorte de Pronom lorsqu'il précéde
» un verbe, & par conséquent lorsqu'il précéde un nom. *Avez-vous lu la Gram-*

---

(1) Princ. de Gramm. p. 349.

(2) Suplém. à la *Gramm. Gén.* II. vij.

» maire nouvelle ? Non, je la *lirai bien-tôt*. Pourquoi voudroit-on que *la* ne
» fût pas de même nature dans ces deux endroits ?

Pourquoi ? c'est parce qu'en effet ils ne sont point de la même nature.

Le premier sert à donner une idée déterminée de l'objet qu'il précede : le second, à repeller cet objet tel qu'il a été déterminé.

Le premier détermine & ne rapelle pas : le second rapelle & ne détermine pas.

Le second peut même exister dans des phrases dont le premier est banni. Dans cette phrase :

» Charles fut battu, & le Turc LE constitua prisonnier »,

LE ne peut être une ellipse relative au commencement de la phrase ; car on n'y voit point de *le* : on ne peut pas dire, le Turc le *Charles* constitua prisonnier.

Il en est de même de celle-ci :

» Cette voiture ne vaut rien, je vous la renverrai ».

On ne sauroit dire que *la* est une ellipse de cette expression, la voiture : car une ellipse n'est jamais contraire à la vraie construction d'une phrase, & il seroit absurde de dire, *cette voiture ne vaut rien, je vous renverrai la voiture* ; puisqu'il n'y a point de construction entre ces deux phrases, & que l'expression *la voiture* ne sert nullement à rapeller le mot *cette voiture* : & si l'on a pu faire marcher sans son nom l'Article *la*, pourquoi ne peut-on pas faire marcher sans son nom l'Article *cette*, & dire, cette voiture ne vaut rien ; je vous *cette* renverrai : l'ellipse seroit tout aussi juste avec *cette*, qu'avec *la*.

Concluons que ces deux *le*, sont très-différens : le premier est un Article, puisqu'il détermine : le second est un Pronom, puisqu'il rapelle.

Si M. l'Abbé FROMANT fût sorti de son exemple, il s'en seroit aperçu sans peine : aussi ne sauroit-on être trop réservé pour conclure d'après un exemple : il faut pour cet effet considérer un objet sous toutes ses faces.

Nous verrons dans les Pronoms, que *le* est le Pronom *direct* de la troisiéme personne, employé comme objet du Discours:

Que le Pronom de la troisiéme Personne, employé comme *sujet*, est en François IL : *il* aime.

Qu'employé comme *terme*, c'est LUI : je *lui* écris.

Qu'employé comme *objet*, c'est *le* : je *le* chéris.

Que ce *le* est un vrai Pronom analogue à *me* & à *te* ; & que si *le* n'étoit pas un Pronom, notre Langue seroit privée d'un mot essentiel & indispensable: on ne pourroit plus dire : Il LE flatte ; comme on dit, il *me* flatte, il *te* flatte.

CHAPITRE III.

CHAPITRE III.
DES ADJECTIFS.

TROISIEME PARTIE DU DISCOURS.

§. 1.

Nécessité d'avoir des Mots pour désigner les Qualités des objets.

CE qui existe, existe toujours d'une certaine maniere, sous telle ou telle forme, avec telle ou telle qualité : & c'est par ces qualités que nous distinguons les objets les uns des autres, qu'ils nous affectent, qu'ils nous intéressent ; les uns par leurs formes brillantes ou élégantes, les autres par leurs qualités usuelles.

Ainsi les vives couleurs de la lumiere, la splendeur du Soleil, la magnificence d'un beau couchant, l'éclat de l'aurore, le brillant de la rosée, celui des perles, la finesse d'une taille élégante, affectent agréablement la vue : tandis que les qualités admirables qui distinguent un Pere, une Mere, une Epouse, des Enfans, un Ami, un Protecteur, &c. & qui constituent l'utile, l'honnête, le vrai, le consolant, &c. ont des droits inaltérables sur notre cœur. La Divinité elle-même nous attire à elle par ses perfections & par ses bienfaits.

Otez à un objet ses qualités, & il ne sera plus rien : dépourvu de tout attrait, de toute aparence, il s'évanouira, il n'aura nulle existence pour nous.

Telle est la perfection de l'homme, qu'il ne cesse de vouloir acquérir des qualités qui puissent le rendre toujours plus agréable à ses semblables, à la Divinité, à lui-même. Par elles, il s'éleve fort au-dessus de ce qu'il est ; & il peut être aujourd'hui fort au-dessus de ce qu'il étoit hier, & devenir ainsi un Être tout nouveau : plus il acquiert, & plus il voit qu'il peut acquérir. C'est un Monde immense que le Créateur livre à sa conquête, & par lequel il se raproche de tout ce qu'il y a de plus parfait. Insensé celui qui se croit déjà tout ce qu'il peut être !

Les objets étant donc tout ce qu'ils sont, par leurs qualités ; & toutes nos idées, tous nos Discours roulant sans cesse sur les objets, nos idées, nos Discours rouleront réellement par-là même, sur les qualités de ces Objets.

Les qualités des objets doivent donc revenir sans cesse dans le Discours : elles doivent y occuper une place aussi distinguée qu'intéressante.

On aura des mots pour chacune d'elles, qui ne seront que pour elles, qui les peindront, qui les rapelleront, qui rendront sensible l'intérêt qu'elles offrent. Tels seront, *hauteur*, *élévation*, *beauté*, *splendeur*.

Mais ces mots peignent ces qualités en elles-mêmes, & sans aucun raport à aucun objet : il en faudra donc d'autres qui peignent les objets comme possédant ces qualités, & tels feront ceux-ci : *haut*, *élevé*, *beau*, *splendide*.

Ces derniers auront dans le discours une place fixe & distinguée : ils seront constamment à côté des Noms que portent les objets dans lesquels se trouvent les qualités qu'ils expriment : ainsi le langage se raprochera de la Nature de la manière la plus énergique : car les qualités étant adhérentes aux Etres, les mots qui les expriment se trouvent adhérens aux Noms de ces objets ; & ils forment avec eux un ensemble, pareil à celui qu'offrent l'objet lui-même & ses qualités.

§. 2.

On les appelle Adjectifs, & pourquoi.

Aussi apelle-t-on, avec raison, ces mots ADJECTIFS, du verbe Latin *adjicere*, ajouter, parce qu'ils sont toujours ajoutés aux Noms & qu'ils sont destinés à ajouter à l'idée des Noms, celles des qualités qui se rencontrent dans les objets qu'ils désignent.

En prononçant un Nom quelconque, celui de TEMPLE, par exemple, nous ne désignons aucun Temple en particulier : en le faisant précéder d'un Article, *ce Temple*, nous en désignons un, mais nous ne présentons point ses qualités : si au contraire nous disons, *ce Temple est exhaussé*, *vaste*, *bien percé*, &c. nous indiquons les qualités que nous apercevons dans l'Objet nommé ; & nous en donnons ainsi des idées plus déterminées, plus dévelopées.

Ainsi ces mots *exhaussé*, *vaste*, *percé*, &c. sont des Adjectifs. Tels sont encore ceux-ci :

Haut.	Agréable.	Elégant.
Grand.	Prudent.	Beau.
Elevé.	Sage.	Merveilleux.
Rond.	Joli.	Fini, &c.

UNIVERSELLE.

§. 3.

Propriétés des Adjectifs, & en quoi cette Partie du Discours differe des Noms & des Articles.

L'Adjectif & le Nom different essentiellement, en ce que le Nom présente seul l'idée d'un objet, au lieu que l'Adjectif supose toujours un Objet dans lequel doit se trouver la qualité qu'il peint : que le Nom marche tout seul sans avoir besoin de supôt, & que l'Adjectif a besoin d'un Nom qui le soutienne & au moyen duquel il ait un sens absolu.

Dès-lors on dira : un toît *élevé*, une tour *haute*, un édifice *rond*, une promenade *agréable*, un homme *prudent*, un Ministre *sage*, un *joli* enfant, un Petit-Maître *élégant*, un *beau* tableau, un ouvrage *merveilleux*.

2°. On voit encore cette différence entre le Nom & l'Adjectif, que le Nom ne convient qu'aux objets de la même espéce, au lieu que l'Adjectif peut s'associer avec des Objets ou des Noms de toute espéce : ainsi le mot ÉLEVÉ peut s'apliquer à tout Objet dans lequel on reconnoîtra une qualité pareille. L'on dira :

Un lieu *élevé*, un homme *élevé*, des sentimens *élevés*.

Un flambeau *élevé*, un tableau *élevé*, des nuages *élevés*.

Un style *élevé*, une voix *élevée*, &c.

3°. On pourroit regarder les Adjectifs comme des ellipses ; car ils peignent moins la qualité elle-même, que l'état d'une personne qui posséde telle ou telle qualité.

Ainsi, *haut*, *élevé*, *riche*, &c. ne sont pas, à proprement parler, des qualités, mais des qualificatifs, des mots qui représentent les Etres auxquels on les attribue, comme possédant telles ou telles qualités, celles de *hauteur*, d'*élévation*, de *richesse*, &c.

Un lieu *élevé*, est donc mot à mot *un lieu dans lequel on trouve la qualité désignée par le mot hauteur.*

Cet homme est *prudent*, *est une phrase qui signifie mot à mot, cet homme posséde la qualité que nous appellons prudence.*

4°. Les Adjectifs ne sont donc pas essentiels à la parole ; on pourroit s'en passer à toute rigueur : mais on y gagne de la briéveté, ce qui est un grand point ; & des tournures très-variées & sans monotonie, ce qui en est un autre fort important.

De-là, résultent les tableaux que nous avons apellés *énonciatifs*; tels que ceux-ci:

> Cette Tour est immense.
> Ce Dôme est prodigieux.
> Le Soleil est brûlant.
> Le Tems est dérangé.

Et qui forment les tableaux les plus communs du langage.

5°. Nous trouvons donc ici entre les Articles & les Adjectifs, un caractère qui les distingue essentiellement. Les Adjectifs, comme nous venons de voir, ne sont que des formules elliptiques, qui peuvent se résoudre par d'autres, d'une maniere aussi nette. Il n'en est pas de même des Articles; ceux-ci ne tiennent lieu d'aucune autre formule: ils ne peuvent être rendus par aucune autre.

6°. Enfin, l'Adjectif sépare en quelque sorte en deux classes tous les Etres; l'une, formée de ceux auxquels convient la qualité qu'il exprime: l'autre, qui renferme ceux auxquels on ne peut pas l'attribuer.

Ainsi les lieux *élevés* suposent les lieux qui ne le sont pas: les hommes *sages* suposent des hommes dépourvus de sagesse: ainsi de suite.

7ᵉ. Les Noms & les Adjectifs ayant entr'eux des différences aussi essentielles, doivent donc avoir des places très-distinctes entre les Parties du Discours. Mais telles étoient les idées vagues & peu exactes qu'on en avoit, que ces deux Parties du Discours avoient toujours été réunies en une seule, comme si un Adjectif étoit un Nom, comme si la possession d'une qualité étoit un Etre, comme si le contenant & le contenu étoient la même chose; jusqu'à ce que nos derniers Grammairiens, qui ont analysé la parole avec tant d'art, se sont enfin aperçus de cette erreur, & ont eu soin de l'éviter.

§. 4.

ORIGINE DES ADJECTIFS.

1°. *La Comparaison.*

Nous avons vu que tous les mots naissent des Noms: les Adjectifs auront donc pris leur source dans les Noms: mais comment les mêmes mots qui désignoient des objets, pouvoient-ils désigner encore des qualités? N'y auroit-il pas de la contradiction, ou de l'embarras, dans ce double emploi? D'ailleurs un objet n'est pas sa qualité: comment le nom de l'un pouvoit-il devenir le nom de l'autre ? D'un autre côté, on ne pouvoit inventer des mots qui ne fuſſent pas des Noms.

Cependant les Adjectifs exiſtent : on trouva donc le moyen d'enlever ces difficultés : n'en ſoyons pas ſurpris : on en avoit beſoin : or, rien de plus ingénieux que le beſoin.

Parler en eſt un, & il le fut dès les commencemens, dès la premiere famille qui exiſta. C'étoit une Compagne aimable à laquelle on vouloit plaire : des enfans chéris qu'on vouloit former & inſtruire : des plaiſirs qu'on vouloit peindre : des ordres qu'on avoit à donner, des précautions qu'il falloit indiquer : j'allois dire, des ennuis qu'on déſiroit de charmer, comme s'il y avoit des momens d'ennuis dans une vie active, au milieu de cette variété étonnante qu'offre ſans ceſſe la Nature & la vie champêtre : l'ennui ne fut connu des Mortels que lorſque ceſſant d'être Laboureurs ou Bergers, ils abandonnerent les campagnes où ils n'avoient aucun moment de vuide, où la Nature les maîtriſoit ; & qu'ils vinrent s'enfermer & s'entaſſer dans les Villes, où ils connurent pour la premiere fois l'oiſiveté & le repos ; & avec eux, l'ennui, & le poids incommode de l'exiſtence, pour qui a le tems de s'en apercevoir.

Le Langage d'ailleurs étoit en bonnes mains. Les Meres de famille toujours de moitié dans toute la vie, & dont le caractère eſt ſi vif, ſi délicat, ſi ſenſible, ſi plein d'imagination, durent néceſſairement aller très-loin dans cette carriere : le langage dut devenir entre leurs mains, nombreux & agréable ; il dut ſe remplir d'images & de figures : il dut être tout comparatif, afin d'être à la portée des jeunes têtes qu'elles avoient à inſtruire.

On n'a donc qu'à ſe mettre à la place de la premiere Mere de famille qui ait parlé, (& elle étoit belle & douce cette premiere Femme,) & l'on ſera comme elle, & l'on aura ſa Grammaire ; & ce ſera celle que nous avons.

La Nature & l'analogie avoient donné les Noms, peinture des objets ; la comparaiſon donna les Adjectifs, qui, ſans être la peinture directe des qualités, n'en ſont pas moins énergiques.

En effet, comparer, c'eſt connoître : ce que nous ne connoiſſons pas, mais que nous voulons découvrir, nous le comparons avec ce que nous connoiſſons déjà : cette comparaiſon eſt un flambeau qui perce l'obſcurité la plus profonde ; enſorte que de comparaiſons en comparaiſons, nous parcourons un chemin immenſe ; & les ténèbres fuient loin du cercle étroit qui nous environnoit d'abord.

Ainſi, lorſque l'on voulut déſigner la qualité d'un objet, on emprunta le nom de l'objet dont cette qualité faiſoit le caractère propre.

Un Homme rond fut un *homme-cercle*, ou un *homme-boule*.
Un Homme grand fut un *homme-mont*.
Un Homme grossier étoit un *homme-ours*.
Un Homme pieux étoit un *Fils du Ciel*.
Un Homme impie étoit un *Fils de la Terre*.
Un Homme franc fut un *homme-forêt*.
Un Homme fin & rusé fut un *homme-ville*.

Les graces charmantes de la jeunesse furent des *roses*, des *lys*, une *Aurore*, une *fleur* qui annonce les fruits & qui disparoît promptement.

Pour peindre la beauté, pour exprimer qu'une femme réunissoit en elle tout ce qui plaît, tout ce qui charme, pour désigner en un mot la premiere Mere de famille, on n'eut à prononcer qu'un seul mot; & ce mot signifia toutes ces choses, & les signifia de la maniere la plus énergique, parce que ce mot fut le nom de l'Astre le plus beau, de celui dont l'aparition porte dans l'Univers la vie & le plaisir, comme une Mere de famille, jeune, belle, & touchante, est pour sa famille une source de bonheur & d'agrémens.

Ce mot fut BEL: nom du Soleil, comme Souverain des Astres. Dire une *Femme-belle*, c'étoit dire une *Femme-Soleil*.

L'on exprimoit par-là tout ce que renferme l'idée de beauté; on l'exprimoit de la maniere la plus courte, la plus précise, la plus énergique: & ce qui est assez singulier, c'est que ce Nom qui n'étoit que d'emprunt, est resté à la beauté, & a été perdu pour le Soleil. C'étoit dépouiller le Ciel pour enrichir la Terre.

Pour désigner la chaleur des Vents d'Orient, on les apella *Vents de feu*: & pour désigner la douceur balsamique des Vents du Midi dans un beau jour d'Eté, on les apella *Vents de miel*.

Ce langage de comparaison fondé sur celui d'imitation, & venant à son secours, réunissoit nombre d'avantages: la simplicité d'une Langue naissante peu chargée de mots; la richesse du Langage Poëtique rempli de figures & de comparaisons; l'exactitude du Langage Philosophique, qui doit toujours s'assortir à la nature des choses, & qui ne peut procéder que par comparaisons.

Toutes les fois donc qu'on voulut désigner la qualité d'un objet, on fit marcher deux Noms ensemble.

L'un indiquoit l'OBJET dont on parloit.

L'autre désignoit sa QUALITÉ, en faisant voir le raport de cet objet, avec celui dont ce second mot étoit le Nom.

Ainsi les Noms étoient employés, tantôt comme désignant des objets & tantôt comme désignant des qualités.

Employés seuls, ils désignoient des objets : employés à la suite d'un autre, ils désignoient des qualités.

Ainsi le mot *Eminence* employé seul, désignoit un objet, un terrain élevé; mais dans cette phrase, un *homme-éminence*, il ne désignoit plus qu'une qualité, celle d'un homme grand & élevé.

Bel, seul ou précédé d'un Article, signifioit le Soleil : joint à un nom d'homme ou de femme, il ne désignoit plus qu'une qualité; la qualité d'éblouir comme le Soleil.

Un *arbre-Dieu* désignoit son excellence.

L'homme-Terre ne désignoit que la qualité de cultiver la terre.

Nous avons encore un Livre rempli d'expressions de cette nature : on a cru qu'il parloit un langage singulier & extraordinaire, un langage oriental : tandis qu'il parle le langage énergique, simple & touchant de la Nature, le seul que les hommes aient pu parler dans l'origine, & des principes duquel aucune Langue n'a jamais pu s'écarter. Le style de ce Livre dépose ainsi en faveur de sa haute antiquité.

Cette marche de l'esprit humain est si naturelle, qu'on la retrouve dans toutes les Langues anciennes; & qu'elle seule peut mettre quelqu'ordre dans leurs Dictionnaires. Rien n'est plus désolant pour une personne qui est dans l'idée que les Adjectifs sont des mots totalement différens des Noms, que de voir dans ces Dictionnaires le même mot signifier toujours & des Noms & des Adjectifs : ces Langues lui paroissent un cahos inconcevable, & il seroit tenté de croire que leurs Auteurs n'avoient pas le sens commun.

Mais avec ces principes, ces Phénomènes s'expliquent : ces diverses significations découlent les unes des autres, & ces Langues sont tout ce que pouvoit être une Langue, tout ce que sont les nôtres.

L'on n'est plus étonné que dans les Langues Celtiques :

BAR signifie, 1°. une Montagne, une Colline.

    2°. Haut, élevé.

    3°. Sublime, excellent.

    4°. Un homme élevé, un BAR-*on* : rien de plus ordinaire dans nos anciens Historiens que cette expression, le *Roi* & ses BAR-*ons*.

BAN signifie, 1°. une Elevation, une Montagne, un Rocher.

    2°. Haut, élevé.

3°. Exquis, distingué, illustre.
4°. Prince, Chef, nom resté dans les BANs de Croatie, & dans BAN-*neret*, venu de BANN-*iere*, qui signifie une chose ÉLEVÉE pour servir de point de ralliement.

CAB, CAP signifie, 1°. toute Extrémité, Tête, Sommet.
2°. Tout ce qui a une CAP-*acité* comme la tête.
3°. CAP-*able*.
4°. Celui qui est à la tête, un CAP, que nous prononçons CHEF, & qui est resté avec sa vraie prononciation dans CAP-*itaine*, &c.

DUN signifie toute profondeur.
2°. Profond, élevé, grand.
3°. Un Prince, un Juge, un Seigneur, nom resté dans DON, DUNES, & DUN-*aste* ou DYN-*aste* des Grecs, & leur DUN-*é*, force, puissance; d'où vinrent DUN-*amai*, je puis, & DYN-*amique* ou science des forces.
4°. Forteresse.
5°. Ville forte, & ville profonde.
6°. Un homme lourd, une bête; d'où la fameuse DUN-*ciade*, Poëme Anglois, qui signifie mot à mot le Poëme du lourdaud ou de la bête.

2°. La *Dérivation*.

On s'aperçut bientôt qu'il étoit très-incommode de faire marcher deux Noms à côté l'un de l'autre: qu'il étoit fâcheux qu'un même mot eût deux ou un plus grand nombre de fonctions à remplir: qu'il étoit même quelquefois très-difficile de saisir leur sens; de décider quel des deux devoit se prendre dans le sens absolu ou dans le sens relatif, comme objet ou comme qualité.

On chercha donc à remédier à cet inconvénient: & pour cet effet, on eut recours à un moyen de la plus grande simplicité, & peut-être le seul qui fût possible: ce fut d'ajouter à la fin du Nom, une syllabe qui faisoit connoître que ce Nom ne se prenoit plus comme Nom, mais dans le seul sens de qualification: & cette syllabe fut formée du verbe E qui marque l'existence, ou du verbe A qui marque la possession, la propriété.

Dès-lors, au lieu de dire *un lieu-glace*, on dit *un lieu glac-é*. Cet E ajouté
à la

à la fin du mot, tenoit lieu des mots *qui est* : un lieu glac-é, signifia mot à mot *un lieu* qui est *glace*.

On ne dit plus *un objet-monstre*, mais *un objet monstru-eux*, c'est-à-dire, objet qui est *monstre*.

Au lieu d'*homme-cité*, on dit *un homme-citoyen*.

Un apartement-fleur, devint *un apartement fleuri*.

Un discours-miel, fut *un discours miell-eux*.

Par cette invention aussi simple qu'heureuse, le nombre des mots fut doublé, triplé, quadruplé, chaque nom donnant lieu à un grand nombre d'Adjectifs ; & le langage en devint plus aisé, plus coulant, plus riche, plus lumineux.

C'est ainsi que du mot FAC, qui désignoit une *action*, les Latins firent :

FAC-*ilis*, qui est aisé à faire.

FAC-*iens*, celui qui fait.

FACT-*urus*, celui qui fera.

FACT-*us*, qui a été fait.

FACT-*iosus*, qui est actif, agissant.

FACT-*itius*, qui est fait à la main, artificiel, factice.

FAC-*undus*, qui fait des chef-d'œuvres, éloquent, beau parleur.

FAC-*etus*, qui fait des choses agréables, plaisant, enjoué, facétieux.

De CAP, vinrent, suivant ces diverses significations, 1°. relativement à

TÊTE :

CAP-*ax*, capable, qui a un grand Cap, une grande Tête, une grande Capacité.

CAP-*italis*, tout ce qui regarde la tête, l'objet principal, la vie : ce qui est Capital.

CAP-*itatus*, qui a une grosse tête.

CAP-*itosus*, qui a une tête opiniâtre, têtu.

2°. Dans le sens de MAIN & de *prendre* :

CAP-*iens*, qui prend.

CAP-*tus*, qui a été pris.

CAP-*tiosus*, qui enlace, qui prend dans ses filets, captieux.

CAP-*tivus*, qui a été fait prisonnier, captif.

3°. Dans le sens de CAV-*ité*, ou faculté de contenir :

CAV-*us*, creux, profond, cavé.

CAV-*atus*, creusé, encavé.

Cav-*ernosus*, rempli de creux, de cavernes.
Cav-*ans*, qui creuse.

Il n'existe aucun Adjectif, dans aucune Langue quelconque, même en Latin & en Grec, qui ne vienne d'un Nom, ou encore usité dans ces Langues, comme *Sylvestris*, sauvage, qui habite les forêts, & qui est une phrase entiere formée de ces mots :

Sylv-*est-eris*, qui signifient mot à mot, celui qui est dans les forêts, & dont la racine est Sylv-*a*, forêt.

Ou qui ne vienne de quelque mot qui cessa d'être en usage, & qu'elles laisserent perdre.

C'est ainsi que Pot-*ens*, qui signifie en Latin *puissant*, ne vient pas du verbe posse, pouvoir; mais du Celte, pot, élévation, force : d'où vinrent le Latin :

Pot-*es*, tu es puissant.
Pot-*ens*, un être puissant.
Pot-*ent-ia*, la qualité d'un être puissant, la puissance.
Pot-*sum*, je suis puissant, je peux, qu'on prononça ensuite *possum*.

En ajoutant à la fin des Noms le mot our, ur, or, qui signifient *homme*, & ix, ou ishe, qui signifie *femme*, on en fit une autre espéce d'Adjectifs, qui désignerent ceux qui agissoient.

Act-*or*, Acteur, celui qui fait.
Actr-*icé*, (1) Actrice, celle qui fait.
Capta-*tor*, Capta-*tricé*, celui ou celle qui cherche à prendre, à attraper, intriguant.
Cantat-*or*, Cantatr-*icé*, un Chanteur, une Chanteuse, une Cantatrice.

Telle est la maniere dont se formerent les Adjectifs; ce fut la troisieme Partie du Discours : elle augmenta prodigieusement le nombre des mots, sans former une seule racine de plus, ou un seul Nom de plus.

Il n'existe ainsi aucun Adjectif qui ne se lie avec un Nom, & qui n'en tire toute son énergie; dès-lors aucune peine pour les aprendre : ce qui facilite & simplifie singulierement l'étude des Langues, qu'embarrassoit prodigieusement la multitude des Adjectifs, lorsqu'on ne pouvoit les lier avec les Noms qui les formerent.

---

(1) A l'ablatif, parce que le nom primitif y est mieux conservé qu'au nominatif Actr-*ix*.

§. 5.

Des Phrases Elliptiques occasionnées par les Adjectifs.

Observons encore à quel point l'invention des Adjectifs abrége le discours & le raproche du geste & de la rapidité de la pensée. En effet, ces expressions l'*Homme-montagne*, l'*Homme-ours*, un *Etre puissant*, un *Discours sublime*, sont de vraies phrases elliptiques qui abrégent le discours & le rendent plus vif sans lui rien ôter de sa clarté. C'est comme si l'on avoit dit, l'*Homme* qui est semblable en hauteur à une *montagne* ; l'*Homme* qui est aussi grossier qu'un *Ours* ; un *Etre* qui est *puissant*, un *Discours* qui est *sublime*.

Ils donnent lieu à une Ellipse beaucoup plus considérable encore ; la supression du Nom lui-même qu'ils étoient faits pour accompagner. Ainsi au lieu de dire :

Les Hommes *sçavans*, les Hommes *riches*, les Hommes *élevés en grandeur dans une Nation*, on dit simplement :

Les *Savans*, les *Riches*, les *Grands* : ensorte que l'Adjectif devient un nom qui en a tous les attributs, & qui marche avec ces Articles qui n'étoient faits que pour les Noms.

Chaque Nation a des ellipses de cette nature ; & leurs Langues en deviennent difficiles à saisir, lorsque ces ellipses leur sont propres. Les Latins disent, par exemple :

Sumere prætextam, prendre la bordée de pourpre.

Quid multis, quoi de plusieurs?

Phrases obscures si l'on ne peut suppléer les mots sous-entendus : dans le premier exemple, le mot *togam*, robe : dans le second, le mot *verbis*, paroles, & celui d'*opus* : *quid opus est multis verbis*, qu'est-il besoin de plusieurs paroles, de beaucoup de discours ?

Sumere togam prætextam, prendre la robe bordée de pourpre.

§. 6.

Les Adjectifs portent la livrée des Noms.

Les Adjectifs étant ainsi destinés à accompagner les Noms & à faire tableau avec eux, durent donc nécessairement en porter les livrées. Lorsque le Nom fut au singulier ou au pluriel, au masculin ou au féminin, l'Adjectif dut prendre une forme masculine ou féminine, & passer au nombre singulier ou au nombre pluriel. Ainsi chaque Adjectif eut, comme les Noms, un singulier & un pluriel ; mais il réunit de plus en lui les divers genres des Noms. Nous disons, par exemple :

Un lieu éminent.	Des lieux éminens.
Une personne éminente.	Des personnes éminentes.
Un lieu muré.	Des lieux murés.
Une ville murée.	Des villes murées.

Eminent est un singulier masculin.
Eminente, un singulier féminin.
Eminens, un pluriel masculin.
Eminentes, un pluriel féminin.

L'Italien dit de même, à l'imitation des Latins :

Alto, haut.	*Alti*, hauts.
Alta, haute.	*Alte*, hautes.

Cette sujétion des Adjectifs relativement aux Noms, fut une chose aussi nécessaire qu'agréable. Si l'Adjectif n'eût pas porté les livrées du Nom, comment auroit-on connu leurs raports ? comment le Nom auroit-il amené son Adjectif ? comment y auroit-il eu dans le Discours cette unité & cette harmonie, sans laquelle il ne peut exister aucun tableau ?

D'ailleurs cet accord de l'Adjectif avec le Nom qu'il accompagne, & dont il détermine la qualité, met dans le Discours beaucoup de grace & d'agrément : on peut dire qu'il est au Langage, ce que les accords sont à la Musique.

Ces accords sont très-aisés à trouver dans la Langue maternelle : car on sait toujours de quel genre est le Nom qu'on a employé, & l'on y assortit sans peine l'Adjectif : d'ailleurs, l'oreille est tellement accoutumée à ces accords, qu'elle ne s'y trompe jamais.

Mais autant ils paroissent simples & aisés dans les Langues maternelles, autant deviennent-ils difficiles dans une autre : car ici, on n'a plus les mêmes facilités, les mêmes secours.

D'un côté, il faudroit se rapeller de quel genre sont les Noms que l'on prononce, & souvent on ne le peut : d'un autre côté, lorsqu'il nous arrive de les mal assortir, notre oreille qui n'y est point accoutumée, ne nous avertit point que cet assortiment est faux, qu'il y a dissonance au lieu d'accord ; désunion au lieu d'harmonie. L'étude ou la réflexion peuvent seules nous le faire sentir : mais combien est pénible & tardif tout ce qui n'est que le fruit de la réflexion !

§. 7.

Dès Terminaisons Adjectives.

Les Adjectifs destinés ainsi à s'accorder avec les genres des Noms, durent donc avoir eux-mêmes autant de genres ou autant de terminaisons différentes, que les Noms en avoient.

C'est ainsi qu'en François nous disons *grand* & *grande*, *vif* & *vive*, *orné* & *ornée*.

A cet égard, il regne dans la Langue Françoise une monotonie qui ne peut être plus grande : tous nos Adjectifs sont, pour ainsi dire, jettés au même moule ; tous les féminins se terminant en E.

Ensorte que si le masculin se termine en E, il n'y a point de différence entre le masculin & le féminin : c'est ainsi que nous disons, *sage*, *foible*, *riche*, *pauvre* pour les deux genres ; un homme *sage*, une femme *sage*.

Ces Adjectifs d'une seule terminaison nous sont venus dès Langues anciennes : les Latins en avoient plusieurs de pareils & terminés également en *e* à l'ablatif pour le masculin & pour le féminin, tels que *sapiente*, sage ; *felice*, heureux.

Les Italiens ont également emprunté des Latins leurs Adjectifs en *e*. Tous les autres se terminent chez eux en *o* pour les masculins, & en *a* pour les féminins, à la maniere encore des Latins : ils disent :

Amato, aimé ;   *Amata*, aimée.
Dotto, savant,   *Dotta*, savante.
Buono, bon,   *Buona*, bonne.

Tout comme on dit en Latin, *amato* & *amata* ; *dotto* & *dotta* ; *bono* & *bona*.

Ces Adjectifs se terminoient en o & en A, afin de prendre les propres livrées des Noms masculins & des Noms féminins qu'ils accompagnoient, & qui se terminoient, comme nous avons vu, en o & en a : PUER-*o*, enfant, MENS-*a*, table.

Si les Noms anciens se terminoient ainsi, c'est parce qu'ils portoient en cela la livrée des Articles primitifs o & A, *le* & *la* des Grecs & des Latins primitifs.

Ho paid-ó, l'enfant, *hA thyr-a*, la porte, disent les Grecs, & qui devinrent *hoc* & *hAc*, chez les Latins postérieurs.

Amat-o signifioit donc mot à mot, *celui qui est aimé.*
Amat-a, *celle qui est aimée.*

§. 8.

Dégrés de Comparaisons.

Revenons à notre premiere Mere de famille. Elle s'aperçut bientôt que la même qualité n'étoit pas possedée dans le même degré de perfection par les Objets dans lesquels elle se trouvoit : que tous les fruits bons & agréables ne l'étoient pas également : que les jours chauds ou froids ne l'étoient pas dans la même proportion : que les divers individus de sa famille n'étoient pas sages, complaisans, spirituels, aimables, &c. dans le même dégré : son cœur lui faisoit trouver nécessairement une grande différence entre les objets : tout ce qui l'environnoit, l'affectoit en un mot dans des dégrés bien différens.

Il fallut chercher les moyens d'exprimer ces diverses nuances d'une même qualité : à quel point un objet surpassoit les autres à cet égard : pourquoi l'on éprouvoit plus de satisfaction de l'un que de l'autre.

Le geste fut encore le premier moyen auquel on eut recours : les Sauvages, pour dire *peu*, prennent une touffe de leur chevelure : pour exprimer *beaucoup*, *infiniment*, *tout*, ils prennent leur chevelure entiere.

Les enfans, pour marquer qu'ils n'aiment qu'un peu, raprochent leurs mains, & ne laissent entr'elles qu'un petit espace : & pour marquer la plus vive affection, ils écartent les bras le plus qu'ils peuvent.

C'est la seule maniere dont on puisse peindre en effet les divers dégrés d'une qualité : on n'a pu que les comparer aux diverses hauteurs, à la diverse étendue des objets : les hauteurs métaphysiques & morales ont dû se peindre par les hauteurs physiques, & n'ont jamais pu se peindre autrement. Ne soyons donc pas étonnés si nous trouvons à cet égard les mêmes procédés chez tous les Peuples ; & si jamais ils n'en ont pu s'éloigner, malgré tous leurs raffinemens & toute leur inconstance.

Ainsi après avoir désigné une qualité considérée en elle-même, on eut un signe pour marquer une portion supérieure de cette qualité ; & l'on en eut pour marquer la portion la plus considérable qu'il fut possible d'en avoir.

Ces signes furent toujours empruntés de mots qui marquoient *multitude*, *augmentation*, *supériorité*, *élévation*, *immensité*, *excellence*.

Tels sont nos mots, *plus*, *très*, *le plus*, *fort*, &c. Tels furent en Latin, *or*, *im*, *ter*, &c.

Plus, désignant pluralité, nombre supérieur, augmentation de plénitude, devint le signe naturel d'un dégré supérieur de qualité.

Le plus renchérit sur celui-là.

Très, venant de *tre*, qui signifie trois, & renchérissant sur plus, devint un nombre indéfini, au-delà duquel on ne pouvoit aller, & où se terminoit toute idée de supériorité.

Ces nuances dans les qualités s'apellerent *Dégrés de Comparaison*.

DÉGRÉS, parce que l'on monte de l'une à l'autre, comme d'une marche à une autre.

De *Comparaison*, parce qu'on y parvient en observant une même qualité dans deux objets différens, en comparant le point dans lequel l'un de ces objets l'emporte sur l'autre à cet égard.

Nous avons en François quatre Dégrés de Comparaison.

1°. Le POSITIF: il exprime la qualité en elle-même, purement & simplement. *Grand*, *haut*, *sage*, *doux*, sont des Positifs.

2°. Le COMPARATIF: il exprime un dégré supérieur. *Plus grand*, *plus haut*, *plus sage*, *plus doux*, sont des Comparatifs.

3°. Le SUPERLATIF RELATIF, qui éléve au-dessus de tous les autres. *Le plus grand*, *le plus haut*, *le plus sage*, *le plus doux*.

4°. Le SUPERLATIF ABSOLU, qui éléve au plus haut dégré où l'on puisse atteindre: *très-sage*, *très-haut*, *très-grand*, *très-doux*.

M. BEAUZÉE voudroit qu'on donnât à ce dernier Superlatif, le nom d'AMPLIATIF, parce que le nom d'*absolu* excluant tout raport, il en résulte que » le Superlatif absolu énonce *sans raport*, un raport de supériorité: ce qui » renferme, ajoute-t-il, une contradiction insoutenable ». On peut donc choisir entre ces deux Noms; & si je conserve celui d'absolu, c'est que, selon moi, ce Superlatif énonce le plus haut dégré d'une qualité en elle-même; & non comme le Superlatif relatif, relativement à la maniere dont elle est possédée par les autres. Ce qui ne renferme nulle contradiction, puisque c'est un raport de supériorité *sans raport* à ceux qui possédent cette même qualité. En effet, quand je dis, *il est très-sage*, je désigne un raport de supériorité relatif à sage, au lieu qu'en disant, *il est le plus sage*, j'indique un raport de supériorité relatif à ceux qui possedent la qualité de sage dans un haut dégré. Ensorte qu'il y a ici deux sortes de raports, tandis que dans la formule précédente il n'y en a qu'un seul.

Quelquefois le Positif tient lieu de Superlatif: on dit *le juste*, *le saint*, *le parfait*, pour désigner un Etre qui est juste, saint, parfait au plus haut dégré & par excellence.

C'est dans ce sens que les Athéniens apellerent *Aristides*, LE JUSTE: & si un Paysan le condamna au bannissement à cause de cette épithète, ce n'est pas qu'il fût offusqué de la justice d'Aristides, tout le monde aimant la justice & les gens justes ; mais c'est parce qu'il étoit révolté qu'on lui eût donné ce titre à l'exclusion des autres : si on l'eût apellé *très-juste*, il ne s'en fût pas mis en peine : mais l'épithète *le juste* lui déplaisoit, parce qu'elle étoit synonime à l'expression *le seul juste*.

C'est dans ce même sens que J. C. disoit à ses Disciples : « Ne prenez pas » le titre de bon, Dieu seul est *bon* ».

Les Latins se servoient du mot or qui signifioit *montagne*, *élévation*, pour désigner le Comparatif ; & de im, qui désignoit l'immensité, pour le Superlatif.

Ainsi, Alt-*us* signifioit haut.

Alti-or, plus haut.

Alt-iss-im-*us*, très-haut.

C'est de-là que nous viennent nos *Eminentissime*, *Révérendissime*, *Généralissime*, plus communs encore en Italien qu'en François ; quoique ceux-ci & la plûpart des peuples modernes se servent comme nous de *plus* & de *très*.

Piu dotto, plus savant.

Tre dotto, très-savant.

C'est dans ce même sens que les Latins se servoient de *ter*. On voit dans Plaute ces expressions :

Ter-veneficus, le plus grand des empoisonneurs.

Tri-parcus, le plus grand des avares.

Horace a dit *Tergeminis tollere honoribus*, élever aux honneurs tré-doubles, c'est-à-dire, aux plus grands.

Dans Virgile : *O terque quaterque beati* : O trois & quatre fois heureux ; comme dans Homere, *Tris Makares kai tetrakis*.

De-là l'expression *Tris-megiste*, qui signifie *trois fois très-grand*, & qui fut un surnom de Mercure.

Il n'est pas étonnant qu'on ait choisi *trois*, prononcé ensuite *très*, pour en faire la marque du Superlatif, parce que *trois* allant au-delà de *plus*, commence un nombre sans fin, dont il tient lieu.

Chacun sait encore que pour tenir lieu de Superlatif, on répete quelquefois l'adjectif trois fois, sur-tout dans les anciennes Langues ; ainsi *saint, saint, saint*, ce qui est la même chose que *trois fois saint*, signifie *très-saint*.

Quelquefois, au lieu de distinguer des objets physiques par les Dégrés de Comparaison, on les distingue par des Noms différens : c'est ainsi qu'*Éminence*,

Tertre,

UNIVERSELLE.

Tertre, *Coline*, *Mont*, *Montagne*, &c. diſtinguent les élévations par leurs différens dégrés de hauteur; chacun de ces Noms ajoutant à l'idée de l'autre.

Ruiſſeau, *Riviere*, *Fleuve*, &c. diſtinguent les diverſes grandeurs d'une eau courante.

Cabane, *Maiſonnette*, *Maiſon*, *Hôtel*, *Palais*, diſtinguent les diverſes grandeurs des habitations.

Hameau, *Village*, *Bourg*, *Ville*, *Cité*, ſont autant de Noms donnés aux habitations réunies des hommes, ſuivant que le nombre en eſt plus ou moins grand.

Cette diſtinction de noms donnés à des objets de la même nature, ſuivant qu'ils ſont plus ou moins conſidérables, met une très-grande exactitude dans le langage, beaucoup plus grande que ne peuvent le faire les Dégrés de Comparaiſon : mais cette méthode ſeroit impoſſible pour tous les objets, & ſur-tout pour les Moraux.

Il eſt vrai qu'elle devient très-embarraſſante, lorſqu'on ſe tranſporte dans une Langue qui n'a pas fait les mêmes diſtinctions, & qui apellera tout, *Montagne*, *Riviere*, *Maiſon*, *Ville*, ſans aucune diſtinction de grandeur ; car on s'imagineroit volontiers qu'on les prenoit dans le même ſens que nous ; ce qui multiplie ces objets à l'infini, & à tort.

C'eſt par une mépriſe pareille qu'on place *dix-huit mille* Villes dans l'ancienne Egypte, au lieu de *dix-huit mille* amas d'habitations différens, compris les hameaux, les villages, les bourgs, tout comme les grandes Villes.

C'eſt par la même mépriſe qu'on voit tant de Villes & tant de Rois dans la Paleſtine, tandis qu'en Europe il y a ſi peu de Villes & bien moins de Rois.

Quelquefois nous n'exprimons que par un ſeul mot l'Adjectif & le Dégré de Comparaiſon : ainſi nous diſons :

Meilleur, au ſens de *plus bon*.
Majeur, pour *plus grand*.
Mineur, pour *plus petit*.
Seigneur, pour *plus âgé*, *plus vénérable*.

Mais nous avons emprunté ces mots des Comparatifs Latins : ils diſoient dans le même ſens *meli-or*, *maj-or*, *min-or*, *ſeni-or*, mots formés par la réunion de l'Adjectif avec celle d'*or*, marque du Comparatif : *maj* ſignifiant grand ; & *min*, petit ; *maj-or* ou *majeur*, eſt plus grand ; & *min-or* ou *mineur*, plus petit.

De-là encore *min-ime*, mot à mot, *très-petit*.

Gramm. Univ. T

Et *max-ime*, mot à mot, *très-grand*, & qui est devenu le nom propre des sentences les plus grandes, les plus relevées.

§. 9.

Des Liaisons Comparatives.

Jusqu'ici nous n'avons considéré les qualités que relativement à un seul objet : mais il arrive très-souvent qu'on compare la même qualité relativement à deux objets différens, nommés tous les deux dans le même Tableau. Il faut alors un mot qui serve à lier le dernier objet avec le premier, & d'une maniere qui fasse voir dans quelle proportion le premier de ces objets réunit la qualité dont il s'agit, relativement au second.

Nous en avons deux différens en François : QUE, pour faire contraster deux Noms au Comparatif ; & DE, pour les faire contraster au Superlatif. Ainsi nous dirons :

L'Amphytrion de Moliere est *plus* intéressant QUE celui de Plaute.

Cette récolte est *plus* abondante *que* les autres.

Tandis que nous disons au Superlatif :

C'est la personne la plus aimable *de* sa famille.

Virgile est le *plus* grand *des* Poëtes Latins.

Autrefois nous nous servions de *de* pour le Comparatif, de même que pour le Superlatif.

On disoit, *plus des autres*, au lieu de *plus que les autres*.

« Car il avient bien que li Pere & la Mere, dit BEAUMANOIR (1), aiment
» tant un de leurs enfans *plus des autres*, qui ils vouroient que il peust estre
» aeritez de tout le leur. »

De lui, au lieu de, *que lui*.

« Oncques depuis cent ans, dit Froissart (2), parlant de la mort de Chan-
» dos, ne fut plus courtois, ne plus plein de toutes bones & nobles vertus &
» conditions entre les Anglois, *de lui* ».

De moi, au lieu de, *que moi*.

« Dieu, dit lors (3) Salphar, y a il au monde Chevalier plus malheureux
» *de moi* ? »

---

(1) Coutume de Beauvoisis, ch. XIV. p. 81.
(2) Liv. I. p. 386.
(3) Roman de Perceforest, Vol. 6. f. 42 R°. Col. 1.

» Ne quier plus (4) ne faire ne doi
» Madame à lui del tot m'otroi ;
» Mais Ken li truife (5) bonne foi,
» Ke autres n'en foi mieux de moi. (6)

Les Italiens se servent également de la préposition *di* dans ces deux occasions, pour le Comparatif & pour le Superlatif.

Voi siete piu dotto DI *Pietro*, vous êtes plus savant QUE Pierre; là où nos Anciens auroient dit, *plus savant* DE Pierre.

Piu grande DI *te*, plus grand (de) *que* toi.

La piu bella DE *Donne*, la plus belle des Femmes.

Ils ne se servent de QUE, que lorsque l'on compare deux actions ou deux qualités.

E piu bella CHE *giovane* : elle est plus belle QUE *jeune*.

Leggo piu CHE *non parlo* : je lis plus QUE je ne parle.

En ceci nous imitons les Latins qui se servoient de *ex* (de) pour le Superlatif; & d'une préposition sous-entendue pour le Comparatif; ensorte que c'étoit une phrase elliptique.

Cicero fuit eloquentior (præ) *fratre*.

Cicéron fut plus éloquent (en comparaison) DE son frere.

E tribus junior, le plus jeune *des* trois.

Au lieu qu'en se servant de *quàm* en Latin, ou de *che* en Italien, *que* n'est qu'une simple conjonction qui réunit deux phrases; comme si l'on disoit, *elle est plus belle* qu'elle n'est jeune.

Il est plus savant que lui, c'est-à-dire, il est plus savant qu'il n'est savant.

C'est ainsi que dans l'étude des Langues, on voit à chaque instant des différences singulieres de Peuple à Peuple, & même de siecle à siecle pour le même Peuple : de la même maniere qu'un Voyageur en changeant de contrée, voit sans cesse des mœurs & des usages fort différents : d'abord il est étonné, révolté; ensuite il s'en amuse, & il finit par en découvrir les mo-

---

(4) Gontier, anc. Poëtes Franç. Mss. dans le Recueil des Poëtes Franç. avant 1300. T. III. art. 659, p. 1024.

(5) Ce mot signifie trouve.

(6 Je dois ces Exemples à M. de SAINTE-PALAYE, qui possede si bien toutes les Langues successives comprises sous le nom de François, & qui nous en prépare un Dictionnaire très-intéressant, qui renfermera une étendue de près de 11 siécles, exemple unique.

tifs ; il en tire alors des conséquences utiles pour le reste de ses pélerinages & de sa vie entiere.

§. 10.

Intérêt & énergie que les Adjectifs répandent dans le Discours.

Les Adjectifs ne sont pas des mots de simple nécessité : destinés à développer les qualités des objets, ils doivent répandre nécessairement sur chaque objet un intérêt plus ou moins vif, & les faire paroître agréables ou désagréables, grands ou médiocres, dignes de gloire ou de blâme, suivant les qualités qu'ils nous y font apercevoir. Ainsi non-seulement ils contribuent à peindre les objets ; mais ils répandent encore dans les Tableaux des idées, une énergie & un coloris étonnant, qui les anime & n'y laisse rien de froid & de languissant.

Aussi les Poëtes & les Orateurs en font un très-grand usage : ils deviennent entre leurs mains des ÉPITHÈTES, mot Grec qui signifie *mis par-dessus*, parce qu'ils sont comme une parure mise par-dessus le Nom, pour l'habiller, pour l'orner, pour le rendre plus vif, plus intéressant, pour lui donner une nouvelle vie.

Tel est ce Tableau d'un de nos Poëtes les plus sévères & les plus exacts (1) :

» Mais la Nuit aussi-tôt de ses ailes *affreuses* ;
» Couvre des Bourguignons les Campagnes *vineuses* ;
» Revole vers Paris, & hâtant son retour,
» Déja de Montlheri voit la *fameuse* tour.
» Ses murs dont le sommet se dérobe à la vue,
» Sur la cîme d'un roc s'alongent dans la nue ;
» Et présentant de loin leur objet *ennuyeux*,
» Du Passant qui le fuit, semblent suivre les yeux.
» Mille oiseaux *effrayans*, mille corbeaux *funèbres*
» De ces murs *désertés* habitent les ténèbres.
» Là, depuis trente hyvers, un Hibou *retiré*
» Trouvoit contre le jour un réfuge *assuré*.
» Des désastres *fameux* ce Méssager *fidéle*,
» Sait toujours des malheurs la *premiere nouvelle* :
» Et tout prêt d'en semer le présage *odieux*,
» Il attendoit la nuit dans ces *sauvages* lieux.

_____

(1) Boileau ; le Lutrin, Chant. III. 1-16.

Dans ce court Tableau, on compte jusqu'à quatorze Adjectifs ou Epithètes, dont aucune ne porte à faux, qui animent cette description, qui en font ressortir tous les traits avec force.

Il semble qu'on voit ces *ailes affreuses*, ces Campagnes *vineuses*, ces oiseaux *effrayans*, ces murs *désertés*, ces lieux *sauvages*, &c. on partage l'idée que s'en forme l'Auteur, on en éprouve la sensation.

Il n'est pas moins énergique dans ces Vers (2):

» Le Théâtre, *fertile* en Censeurs *pointilleux* ;
» Chez nous, pour se produire, est un Champ *périlleux* :
» Un Auteur n'y fait pas de *faciles* conquêtes :
» Il trouve, à le fifler, des bouches toujours *prêtes*.

Il en est de même de ces Vers de RACINE (3):

» O rives du Jourdain ! O champs *aimés* des Cieux !
   » *Sacrés* monts, *fertiles* vallées,
   » Par cent miracles *signalées* ;
   » Du *doux* Pays de nos Ayeux
   » Serons-nous toujours exilées ?
» Pleurons & gémissons, mes *fidèles* Compagnes (4) ;
   » A nos sanglots donnons un *libre* cours :
   » Levons les yeux vers les *saintes* Montagnes
   » D'où l'innocence attend tout son secours.
      O *mortelles* allarmes !
» Tout Israël périt, pleurez, mes *tristes yeux* ;
   » Il ne fut jamais sous les Cieux
   » Un si *juste* sujet de larmes.

On peut juger du bel effet que font ces épithètes par ces Vers d'un grand Poëte Italien, qui ouvre ainsi la Comédie d'Hypermnestre (5):

» I teneri *tuoi voti* al fin seconda
» Propizio il padre, o Principessa : al fine
   » All' Amato Linceo
   » Un illustre Imeneo
   » Oggi ti strinnera.

───────────────

(2) L'Art Poëtique, Chant III.
(3) Esther, Act. I. Sc. II.
(4) Ib. Sc. V.
(5) METASTASIO.

» O Princeſſe, ton Pere te devenant propice, ſeconde enfin tes *tendres vœux*:
» un *illuſtre* Hymenée va t'unir aujourd'hui à ton Amant *chéri*.

Elpinice eût pu ſe contenter de dire : » Princeſſe, ton Pere ſeconde tes
» vœux, & l'Hymenée va t'unir à ton Amant.

Mais ces expreſſions ſans ame, ſans coloris, ſans chaleur, n'euſſent point
fait Tableau : elles n'euſſent pas rapellé mille choſes qui augmentent le prix
de cette nouvelle, qui forment tout ce qu'il a de touchant. Au lieu qu'on
s'intéreſſe pour ces vœux ſi *tendres*, qu'on aplaudit à ce Pere qui leur eſt
enfin devenu *favorable*, qu'on croit voir cet *illuſtre* Hymenée, & qu'on
partage la joie de cet Amant *chéri*.

Le TASSE en fait un brillant uſage dans cette Strophe où il annonce
les préparatifs de l'Armée Chrétienne pour le combat, au point du jour :

> Gia l'Aura *Meſſagiera* eraſi deſta
> Ad annuntiar che ſe ne vien l'Aurora :
> Ella intanto s'adorna e l'*aurea* teſta
> Di roſe colte in Paradiſo, infiora;
> Quando il Campo, ch'a l'arme homai s'apreſta,
> In voce mormorava *alta e ſonora*;
> E prevenia le trombe, e queſte poi
> Dier piu *lieti e canori* i ſegni ſuoi.

» Déjà l'Aube *meſſagere* s'étoit levée pour annoncer l'arrivée de l'Aurore;
» tandis que celle-ci ſe pare & orne de roſes *céleſtes* ſa tête *dorée*; cependant
» l'Armée qui ſe préparoit au combat, pouſſe déjà des cris *perçans*; & les trom-
» pettes *prévenues* ſe hâtent de donner leur ſignal *harmonieux* & *réjouiſſant*.

Plus l'imagination eſt brillante & fleurie, & plus les objets qu'on décrit ſont
accompagnés d'épithètes riches & heureuſes.

Cependant il ne faut pas les prodiguer, ni les apliquer mal-à-propos : il faut
qu'elles ſortent du Tableau même ; qu'on ne puiſſe les ſuprimer ſans faire perdre au Tableau de ſa force & de ſon agrément : ſans cela elles ſont inſi-
pides & de pur rempliſſage. Les Poëtes François ſe diſtinguent ſur-tout par
leur ſévérité à cet égard : il en eſt quelques-uns, tel que le plus grand de nos
Poëtes lyriques, dont on ne peut ôter ni changer les épithètes qu'ils emploient, ſans les affoiblir, tant elles ſont bien choiſies & convenables au
ſujet.

CHAPITRE IV.
DU PRONOM.

QUATRIEME PARTIE DU DISCOURS.

§. 1.

Nécessité des Pronoms.

LEs idées qu'on avoit du Langage, étoient si étroites, si bornées, si vagues, que des Grammairiens ont cru que les Pronoms n'étoient pas une partie essentielle & primitive du Discours, & qu'ils les confondoient avec les Noms. Ce n'étoit pas leur faute ; c'étoit celle de leur siécle moins éclairé sur ces objets que le tems où nous vivons : nous nous attacherons donc moins à les combattre qu'à présenter la vérité : sa présence suffit seule pour dissiper les erreurs qu'on prenoit mal à propos pour elle.

La Partie du Discours qui fait le sujet de ce Chapitre, est aussi essentielle que les autres : on peut même dire qu'elle a un mérite qui lui est particulier ; c'est qu'elle intéresse le sentiment & le cœur d'une maniere plus directe : c'est qu'elle fait tenir à l'homme comme Être, & comme Être raisonnable, un rang aussi distingué dans la Parole que celui que la Nature lui assigna entre les êtres. La Parole parvient ainsi non-seulement à peindre les objets, mais à les peindre dans l'ensemble de leurs caractères & dans tout ce qui les distingue les uns des autres.

Jusques ici, tous les Discours que nous avons vu, & qui ont tous été composés d'Articles, de Noms & d'Adjectifs, ont été en tiers : tous ont roulé sur des objets qui ne prenoient nulle part à la conversation, qui n'étoient ni vous ni moi, qu'on étoit obligé par-là même de désigner par leur nom, afin de les faire connoître aux personnes à qui l'on vouloit en parler, afin que vous & moi sussions de quel objet il étoit question.

Mais tous nos discours ne rouleront-ils jamais que sur des objets étrangers ? ne nous auront-ils jamais nous-mêmes pour objets ? ne m'adresserez-vous pas la parole ? ne vous répondrai-je pas ? ne vous parlerai-je pas à vous de vous-même ? ne me parlerez-vous pas à votre tour & de vous & de moi ?

La Parole faite pour lier tous les hommes, ne les liera-t-elle pas encore plus fortement par ce moyen? Ici un Pere & une Mere de Famille s'adresseront à des enfans chéris ; ils leur donneront des marques d'affection, ils leur adresseront des conseils salutaires, ils les formeront à la vertu. Là, un Epoux s'entretiendra avec son Epouse, ils resserreront par les discours les plus intéressans les liens qui les unissent : ailleurs un ami parlera à un ami, leur ame s'ouvrira l'une à l'autre : elle en deviendra plus douce, plus sensible, plus forte. Par-tout des Hommes parlent à des Hommes, sur eux-mêmes, tout autant que sur des objets étrangers ; dirigés ainsi les uns par les autres, l'Homme en devient un Être nouveau par les lumieres étonnantes qu'il puise dans ces entretiens, faits uniquement pour cela. Infortuné celui qui n'en fait que des sujets de discorde, d'animosité, de séduction & de vice ; qui change en poison le plus doux des biens !

Mais comment ces personnes se désigneront-elles l'une à l'autre? Sera-ce en disant leur nom ? Mais il est très-inutile, puisque ces personnes savent comment elles s'apellent : l'on peindroit même très-mal par ce moyen, puisqu'on ne nomme que les objets absens, ou ceux dont on veut parler comme n'étant pas du nombre de ceux qui conversent ensemble ; & ce seroit se confondre avec eux que de se nommer en pareille occasion : d'ailleurs, rien de si burlesque qu'une pareille méthode : tel seroit, par exemple, d'après cela, le langage d'un Auteur qui adresseroit la parole à son Lecteur.

» *Lecteur*, seroit-il réduit à dire, puisse cet écrit que *Auteur* destine à *Lec-*
» *teur*, plaire à *Lecteur*, trouver grace auprès de *Lecteur*, & *Lecteur* disposer
» à *Auteur* regarder avec indulgence.

L'impossibilité de tenir un pareil langage dut se faire sentir à la premiere Mere de Famille. Elle comprit fort bien qu'elle ne pouvoit dire à son Fils :

» *Fils*, l'amitié que *Mere* a pour *Fils*, engage *Mere* à dire à *Fils* que
» *Fils* évite tout ce qui pourroit à *Fils* nuire & rendre *Fils* désagréable aux
» yeux de semblables à *Fils*.

Dès l'instant que la Parole exista, dès le moment où une personne adressa la parole à son semblable, on dut sentir la nécessité d'avoir des mots qui peignissent ceux qui parloient, d'une maniere conforme au rôle qu'ils jouent dans la parole : que des mots représentassent la personne qui parloit, comme parlante ; celle à qui l'on s'adressoit, comme une personne à qui l'on s'adresse ; celle dont on parle, comme une personne sur laquelle on fait rouler le discours. Ensorte que par la seule inspection de ces mots, on vît aussi-tôt qu'une

personne

personne parloit, qu'elle parloit à une autre, & au sujet d'une autre, & quelles étoient toutes ces personnes.

On se conformoit ainsi à la Nature, & on jettoit dans les Tableaux de la Parole, la même variété que l'on remarque dans le cours de la vie. De-là résultoit une nouvelle Partie du Discours absolument différente des autres, & non moins nécessaire.

§. 2.

Quels ils sont.

Ces mots existent donc dans les Langues ; ils y existent depuis la plus haute Antiquité, & ils forment nécessairement une Classe séparée, parce qu'ils ont une fonction unique, qui n'a rien de commun avec celles d'aucune autre espèce de mots.

Ces mots sont en François, JE pour la personne qui parle, TU pour la personne à qui l'on parle, IL pour la personne dont on parle si elle est du sexe masculin ; & ELLE si elle est du sexe féminin.

Substituons JE & TU, dans le discours de notre Mere de Famille à son Fils, aux noms de *Fils* & de *Mere* : il deviendra aussi clair & aussi pittoresque qu'il étoit ténébreux & sans effet. Au lieu d'un Discours ridicule, on aura ce Tableau simple & net :

» Fils de *Je*, (*ou* mon Fils,) l'amitié que j'ai pour *toi* m'engage à *te* dire,
» que *tu* évites tout ce qui pourroit *te* nuire, & *te* rendre désagréable aux yeux
» des semblables à *toi* (*ou* de *tes* semblables).

De-là ces différens Tableaux, semblables en tout hors à l'égard des Pronoms :

JE suis sage.	JE suis aimé.
TU es sage.	TU es aimé.
IL est sage.	IL est aimé.
ELLE est sage.	ELLE est aimée.

Dans le premier de ces Tableaux, la personne qui parle, parle de ce qui la concerne elle-même.

Dans le second, elle parle de la personne à qui elle s'adresse.

Dans le troisiéme & le quatriéme, elle parle d'une troisiéme personne différente d'elle qui parle & de celle à qui elle parle.

Ce sont ces mots JE, TU, IL, ELLE, qu'on apelle PRONOMS : c'est-à-dire *mots qui font la même fonction que les Noms* ; car ils défignent comme eux les objets dont on parle.

Ils ont été apellés auffi Personnels, parce qu'ils défignent les perfonnes.

Je, eft le Pronom de la premiere perfonne, celle qui parle.

Tu, le Pronom de la feconde perfonne, celle à qui l'on parle.

Il ou Elle, le Pronom de la troifiéme perfonne, celle dont on parle.

Quelquefois ces trois Pronoms font réunis dans le même Tableau.

« J'ai vu votre Fils ; & Je m'empreffe à Vous aprendre qu'il eft devenu
» fage.

Nous ne devons pas être furpris de la différence qui régne relativement au fexe entre les Pronoms des deux premieres perfonnes & ceux de la troifiéme. Il eût été très-inutile que la perfonne qui parle eût indiqué fon fexe & celui de la perfonne à laquelle elle parle, puifqu'elles le favent toutes deux ; au lieu qu'on l'ignore relativement à une troifiéme perfonne qu'on ne voit pas & qui eft néceffairement de l'un ou de l'autre fexe.

Mais tous ont un pluriel comme un fingulier.

Je, fait au pluriel Nous.
Tu, fait Vous.
Il, fait Eux, ou Ils.
Elle, fait Ellis.

§. 3.

Autres efpéces de Pronoms, & 1°. des Pronoms Actifs & Paffifs.

Ces mots figurent ainfi dans les Tableaux de la Parole ; & ils y figurent comme *fujets* du Tableau, foit dans les Tableaux énonciatifs, comme celui-ci, *vous êtes fage*, mais auffi & principalement dans les Tableaux actifs.

Je fais, Tu fais, Il fait.
Je parle, Tu parles, Il parle.

Cependant les perfonnes ne font pas toujours les fujets des Tableaux : elles en font fouvent auffi les objets : celle qui agit, agit fouvent fur une autre ; fouvent encore elle reçoit à fon tour les impreffions des actions des autres.

Il faudra donc néceffairement alors d'autres Pronoms : car ceux qui font confacrés à repréfenter les perfonnes comme agiffantes & comme fujets, ne peuvent fervir à les peindre comme objets ou comme paffives : ces idées étant trop opofées & trop contradictoires, pour être exprimées par les mêmes fignes.

UNIVERSELLE.

Ainsi, après avoir peint la premiere personne comme sujet, comme active dans ce Tableau, JE *vous chéris*, elle se représentera comme objet de l'action d'une autre, comme passive dans ce Tableau, *vous* ME *chérissez*.

Il en est de même des autres personnes.

La seconde, active & sujet dans ce Tableau, TU *immoles tes passions à la vertu*, devient objet & passive dans celui-ci, *l'ambition* TE *berce de ses vaines projets*.

La troisiéme, active & sujet dans ce Tableau;

IL *vainquit ses Ennemis*; est passive & objet dans celui-ci, *ses Ennemis* LE *firent prisonnier*, LE *lierent* & LE *précipiterent dans le fleuve*.

Il en est de même pour le féminin *Elle*, qui après avoir été actif & sujet dans cette phrase,

ELLE *gagne l'amitié de tous ceux qui sont sensibles à la vertu*; devient objet & passif dans celle-ci:

On ne peut LA *voir sans* LA *chérir.*

ME, est donc le Pronom passif de la premiere personne.	TU ME *conduis.*
TE, est le Pronom passif de la seconde.	JE TE *conduis.*
LE, est le Pronom passif masculin de la troisiéme personne.	TU LE *conduis.*
LA, est le Pronom passif féminin de la troisiéme.	JE LA *conduis.*

Qu'on ne soit pas étonné de la distinction nouvelle que nous faisons des Pronoms en actifs & en passifs. Dès que les Pronoms représentent les personnes, ils ont dû nécessairement se plier à toutes les circonstances dans lesquelles se rencontrent les personnes: or c'est dans les personnes que se trouvent l'*activité* & la *passivité* exprimées par le langage: il a donc fallu des Pronoms pour peindre les personnes en tant qu'actives: il en a fallu pour les peindre en tant que passives: sans cela, le discours eût été inexact: il n'eût pas peint. Transporter ces qualités actives & passives dans les Verbes, au lieu de les considérer dans les personnes, c'étoit les dénaturer: il ne faut donc pas être surpris si l'on avoit tant de peine à donner des idées nettes de ces objets: nous verrons dans la suite la cause de ces méprises; observation qui mettra ceci au-dessus de toute contradiction & de tout doute.

§. 4.

Des Pronoms Réciproques.

Qui peut agir sur autrui, peut agir sur soi-même ; une même personne peut donc être considérée tout à la fois comme active & comme passive, comme effet & cause, comme étant l'objet de ses actions : c'est dans ce sens qu'on dit :

Je ME *conduis le moins mal que je peux.* Tu TE *négliges trop.*

A cet égard, les Pronoms passifs de la premiere & de la seconde personne sont les mêmes lorsqu'ils désignent que ces personnes agissent sur elles-mêmes, ou qu'on agit sur elles ; car c'est la même personne représentée dans le même état.

Il n'en est pas de même pour la troisiéme personne : il a fallu nécessairement ici une autre espéce de Pronom.

En effet, lorsque je dis *il* LE *conduit*, je parle visiblement de deux personnes différentes, l'une qui conduit & que j'apelle *il* ; l'autre qui est conduite & que j'apelle LE.

Il sera donc impossible de se servir de ce même LE, lorsqu'on voudra dire que c'est IL qui est conduit par lui-même ; puisque ce mot LE indique nécessairement une autre personne.

Aussi a-t-on inventé dans cette vue un troisiéme Pronom pour la troisiéme personne, & uniquement pour elle, puisqu'elle seule en avoit besoin. Ce Pronom est *se* ; ainsi on dit *il* SE *conduit bien*, *il* SE *corrige*, *il* SE *tourmente*, pour marquer l'action de IL sur lui-même ; tandis que *le*, marquoit son action sur un autre.

Ce Pronom SE, sert pour le pluriel comme pour le singulier : on dit *ils* SE *conduisent bien*, tout comme, *il* SE *conduit bien*.

Il a une autre valeur, c'est de désigner l'action réciproque de plusieurs personnes les unes envers les autres ; comme dans cette phrase ; *ils s'aiment vivement.*

§. 5.

Des Pronoms Terminatifs.

Les Acteurs du Discours se rencontrent souvent dans une quatriéme position : ils sont alors le but auquel se raportent les actions dont on parle.

En effet, lorsqu'on agit, c'est souvent en faveur de quelqu'un : alors, ce quelqu'un est le but, le terme de cette action : il a donc fallu une autre espéce de Pronoms pour exprimer les personnes qui se trouvent dans cette position. Ces Pronoms sont, MOI, TOI & LUI.

Ainsi l'on dit :

Envoyez-MOI ce Livre, écrivez-MOI, dites-MOI, &c.
C'est à TOI que ce discours s'adresse.
C'est à TOI de bien faire, fais-TOI du bien.
Je LUI ai fait présent d'une bague.
Je LUI ai dit, je LUI ai envoyé. Je LUI fais du bien.

Ici, LUI sert pour le féminin comme pour le masculin.

» J'ai les plus grandes obligations à cette personne ; je LUI en témoigne
» ma reconnoissance le plus qu'il m'est possible.
» Cette Dame se trouva dans un danger éminent ; je LUI tendis les bras
» pour la sauver.

On peut apeller ces Pronoms, TERMINATIFS ; parce qu'ils désignent les personnes comme terme des actions.

Les Pronoms Terminatifs sont, au pluriel,

Nous ; ils NOUS ont dit.
Vous ; ils VOUS ont dit.
Leur ; ils LEUR ont dit.

Et si l'action de la troisiéme personne se raporte à elle-même, soi devient alors le Pronom de cette personne.

C'est à soi-même qu'il porta ce coup fatal.

§. 6.

Fonctions des Pronoms actifs dans les Tableaux passifs.

Les Pronoms actifs servent encore à former les Tableaux passifs. On dit, JE *suis aimé*, TU *es aimé*, IL *est aimé*, comme on dit, j'*aime*, TU *aimes*, IL *aime*.

Ces Pronoms servent donc à marquer l'actif & le passif : mais, dira-t-on, ils ne peuvent être tout à la fois actifs & passifs ; d'où l'on conclura qu'ils ne sont ni l'un ni l'autre ; & qu'ainsi notre distinction des Pronoms en actifs & en passifs, est une distinction frivole & sans fondement.

On auroit tort cependant de tirer une pareille conclusion : ces expresfions *j'aime* & *on m'aime*, offrent très-certainement un Pronom actif dans JE & un Pronom paffif dans ME. Cette obfervation eft de la plus grande juftefse.

Mais dans cette phrafe, JE eft en même tems le fujet du Tableau : enforte qu'il a ici deux fonctions à remplir : 1°. celle de peindre la perfonne comme active : 2°. celle de la peindre comme fujet de la phrafe.

On s'en fervira donc dans ce dernier fens, toutes les fois qu'on voudra peindre la perfonne comme fujet : ainfi on dira, JE *fuis grand*, JE *fuis habile*, où JE eft fimplement fujet d'un Tableau énonciatif ; & l'on dira, JE *fuis aimé*, JE *fuis vaincu*, &c. où JE eft fimplement fujet d'un Tableau paffif.

Il en eft de même des autres Pronoms ; dans ces phrafes,

TU *es grand*, IL *eft beau* ; TU *es aimé*, IL *eft vaincu* ; TU & IL font des fujets de Tableaux énonciatifs & de Tableaux paffifs.

Ils ne marquent aucune activité dans les perfonnes qu'ils défignent ; ils énoncent fimplement que ces perfonnes *exiftent* avec telle qualité, ou dans un tel état.

Auffi point de phrafe paffive de cette efpéce, qu'on ne puiffe rendre par les Pronoms que j'ai apellé paffifs : au lieu de dire,

JE *fuis aimé*, TU *es aimé*, IL *eft aimé* ;
nous pouvons dire,

On m'aime, *on t'aime*, *on l'aime*.

Au lieu de dire, JE *fuis aimé de mes Parens, de moi, de nos Chefs*, on dira, *mes Parens m'aiment, je m'aime ; nos Chefs m'aiment*.

Ce qu'on apelle mal-à-propos, LE CHANGEMENT DE PASSIF EN ACTIF ; puifqu'on fubftitue un vrai Pronom paffif à un Pronom qui ne l'eft pas par lui-même & qui l'eft uniquement par les acceffoires.

Tout paffif fupofe un actif : on peut donc confidérer ces phrafes, *mes Parens m'aiment, nos Chefs m'aiment, je fuis aimé*, comme l'abrégé de deux phrafes telles que celles-ci, *mes Parens aiment & c'eft moi qu'ils aiment, nos Chefs aiment & je fuis celui qu'ils aiment*, &c.

Il n'en eft pas de même des actifs. *J'aime, je fais*, &c. ne fupofent pas l'exiftence de deux perfonnes.

§. 7.

Le Pronom n'eft point un Nom.

Nous l'avons déja dit ; des Grammairiens diftingués ont été fort embarrassés sur la nature du Pronom ; & plusieurs l'ont confondu avec le Nom ; tel, SANCTIUS : d'autres ont cru qu'ils étoient employés à la place des Noms, pour en tenir lieu & pour éviter l'ennui que causeroit leur répétition continuelle.

Il étoit aisé de tomber dans ces erreurs, dans un tems où l'on n'avoit point d'idées nettes des Parties du Discours, & où l'on ignoroit les vrais principes de la Grammaire. Les Pronoms peuvent être confondus aisément avec les Noms, parce qu'ils sont employés de la même maniere dans la contexture des Tableaux de la parole ; qu'ils tiennent lieu des objets, comme les Noms ; & qu'employés comme sujets, ils obligent de la même maniere que les Noms, toutes les autres Parties du Discours à prendre leurs livrées.

On aura cru aisément encore que les Pronoms tenoient lieu des Noms, parce que c'est exactement le cas des Pronoms de la troisiéme personne : ceux-ci se substituent constamment à des Noms qu'on ne veut pas répéter. C'est ainsi qu'ANDROMAQUE s'en sert dans ce discours à Cephise :

» Veille auprès de Pyrrhus ; fais-LUI garder SA foi :
» S'il le faut, je consens qu'on LUI parle de moi.
» Fais-LUI valoir l'Hymen où je me suis rangée ;
» Dis-LUI qu'avant ma mort je LUI fus engagée ;
» Que SES ressentimens doivent être effacés ;
» Qu'en LUI laissant mon fils c'est L'estimer assés.
» Fais connoître à mon Fils les Héros de SA Race ;
» Autant que tu pourras, conduis-LE sur leur trace :
» Dis-LUI par quels exploits leurs noms ont éclaté,
» Plutôt ce qu'ILS ont fait, que ce qu'ILS ont été.
» Parle-LUI tous les jours des vertus de SON Pere,
» Et quelquefois aussi parle-LUI de SA Mere.
» Mais qu'IL ne songe plus, Cephise, à nous venger :
» Nous LUI laissons un Maître, il LE doit ménager.
» Qu'IL ait de SES Ayeux un souvenir modeste :
» IL est du sang d'Hector ; mais IL en est le reste. (1)

Dans ce discours qui n'est que de seize vers & qui contient au moins quarante-deux Pronoms en nature ou en ellipse, les six premiers LUI se raportent

---

(1) Andromaque, Act. IV. Sç. I.

à Pyrrhus : de même que les trois LUI contenus dans ces expreſſions, SA *foi* au lieu de *la foi de lui*, SES *reſſentimens* au lieu de *les reſſentimens de lui*, & L'eſtimer au lieu d'*eſtimer* LUI.

Tandis que les cinq LUI qui viennent enſuite, ſe raportent au Fils d'Andromaque : de même que tous ces mots, SA *race* au lieu de *la race de lui*; LE après *conduis*; SON Pere, au lieu de *Pere de* LUI, &c. & les cinq IL, contenus dans les quatre derniers vers.

Et que quatre autres ſe raportent aux *Héros de ſa race*, dans les vers 8. 9. & 10.

Obſervons en paſſant que LE & LA étant employés ici comme Pronoms à la ſuite de Noms ſans Article, fourniſſent une nouvelle preuve de ce que nous avons avancé que ces mêmes LE & LA ne ſont pas des Articles, mais de vrais Pronoms lorſqu'ils ſe trouvent après une interrogation. Car ces *le* & *la* ſont exactement de la même nature.

En effet, tous ces raports des Pronoms avec les Noms, ne ſauroient les faire confondre les uns avec les autres, à cauſe des différences eſſentielles qui ſe trouvent entr'eux.

Le Nom indique par lui-même un objet ; il n'a pas beſoin pour cela d'être uni à un autre mot; ſeul, il produit ſon effet entier & ſans équivoque : parce qu'il eſt toujours déterminé à un ſeul & unique objet, ou à des objets qui ſont tous de la même nature : au lieu qu'il n'en eſt pas de même des Pronoms.

Ceux-ci n'ont qu'une valeur vague, qui par elle-même n'offre que l'idée de *Perſonne :* quand on ne verroit que ces mots, LUI, VOUS, JE, pourroit-on dire quels Êtres on a voulu déſigner par-là ? quelqu'un s'apelle-t-il LUI, VOUS, ou JE, pour que ce ſoit leur nom, & qu'en l'entendant on voye auſſi-tôt que c'eſt tel & tel qu'on a voulu déſigner ? On ſaura bien que JE, déſigne un Être qui parle : mais quel eſt cet Être ? eſt-ce un homme, une femme, ou un animal comme ceux qui parlent dans les Fables ? C'eſt ce qu'il ſera de toute impoſſibilité de déterminer, ſi l'on ne ſait déja de qui l'on parle.

C'eſt ainſi que dans ce diſcours d'Andromaque, les ſix premiers LUI ſe raportant à Pyrrhus, & les cinq ſuivans au Fils d'Andromaque, il ſeroit impoſſible de ſavoir les Perſonnages qu'on a voulu déſigner par ces LUI réitérés, ſi les noms de Pyrrhus & du Fils d'Andromaque diſparoiſſoient.

§. 8.

§. 8.

Du mot PERSONNE.

Ce mot, dont nous faisons un usage continuel dans ce Chapitre, mérite sans contredit un article séparé. S'il revient sans cesse au sujet des Pronoms, parce que les Pronoms sont destinés à désigner les personnes, il ne revient pas moins dans le Discours ordinaire. Rien de plus commun que ces expressions : *C'est une belle* PERSONNE, *je n'ai vu* PERSONNE, PERSONNE *n'est venu*.

Mais comment parvint-on à choisir ce mot pour remplir ces diverses fonctions ? Nous le devons aux Latins.

Les Acteurs Grecs & Latins ne paroissoient jamais sur le Théâtre qu'avec des masques qui envelopoient la tête entiere, comme un Casque ; & ces masques étoient différens suivant le rôle des Acteurs : comme le Théâtre Italien qui s'est beaucoup moins éloigné que le nôtre des anciens, nous en offre encore de pareils.

Ces masques étoient faits de façon que la voix en devenoit beaucoup plus forte, plus sonore, plus étendue, ensorte qu'elle remplissoit beaucoup mieux la vaste étendue des Théâtres anciens, faits pour le public entier, & non pour la portion la plus riche de la Nation.

Ils en furent donc appellés PERSONA, des deux mots Latins *per* & *sonat*, qui signifient IL RETENTIT *extrêmement*.

Du masque, ce nom passa à l'Acteur lui-même : il fut apellé PERSONA, du même nom que son masque. N'en soyons pas surpris ; c'est la même chose en François ; nous appellons MASQUES, les personnes qui paroissent avec un masque ; nous disons, *les* MASQUES *sont venus, on n'a pas admis les* MASQUES ; *ces* MASQUES *étoient très-amusans*.

Le sens de ce mot ne s'arrêta pas là, il s'étendit encore au rôle des Acteurs.

Ensuite aux Figures en cire qui représentent les personnes de la maniere la plus parfaite.

On voit par VARRON (1), que dans le tems de la belle Latinité, on se servoit déja du mot PERSONNE dans le sens où nous le prenons ici, pour désigner les trois rôles des Acteurs du discours, comme adressant la parole, comme étant ceux à qui on l'adresse & comme étant ceux dont on parle.

Enfin, il n'y eut plus qu'un pas à faire pour étendre ce mot à tout Être

---

(1) De Ling. Lat. Liv. VII, p. 96. 97.

Gram. Univ.   X

humain envisagé comme Acteur dans la grande scène du Monde. Dans ce sens, il désigne tout Être humain vivant, considéré comme faisant usage de ses facultés actives & remplissant quelque fonction, jouant un rôle quelconque.

Ne soyons pas surpris non plus que ce mot qui désigne des Hommes, soit du genre féminin, tandis qu'il semble plus naturel qu'il fût du genre masculin.

L'ayant emprunté des Latins, nous lui avons conservé le même genre qu'il a chez eux; & s'il étoit chez eux du genre féminin, c'est qu'il n'étoit pas un nom dans son origine, mais un simple adjectif féminin, dont le masculin est PERSONUS, qui signifie *retentissant, résonnant*.

PERSONA est donc une ellipse, ou un vrai adjectif dont le nom a été suprimé parce qu'il se supléoit de lui-même, qu'il s'en alloit sans dire. Et ce mot étoit FACIES, FIGURA, TESTA, *larva*, face, figure, tête, masque, ou tel autre mot du genre féminin: *testa persona*, une tête retentissante; & puis simplement *persona*, une retentissante.

C'est un article à ajouter à la longue Liste des Ellipses que nous offre SANCTIUS.

Et c'est encore ici un exemple bien sensible de la maniere dont les Adjectifs deviennent des Noms, & des procédés de l'esprit humain dans les sens qu'il attache à un mot, & qui sont toujours conformes à l'analogie la plus sévère, & au vœu de la parole.

§. 9.

Du nombre des Pronoms.

Telle en est donc la Liste.

1°. Pronoms ACTIFS.

Je, Nous.
Tu, Vous.
Il, Eux.
Elle, Elles,

2°. Pronoms PASSIFS.

Me, Nous.
Te, Vous.
Le, Les.
La, Les.

3°. Pronoms RÉCIPROQUES.

Me, Nous.
Te, Vous.
Se, Se.

4°. Pronoms TERMINATIFS, après les Verbes & avec une préposition.

Moi, Nous.
Toi, Vous.
Soi, Se.
Lui, Leur.

5°. Pronoms TERMINATIFS avant les Verbes & sans préposition, & qui sont les mêmes que les Pronoms Réciproques.

Nous bornons ainsi les Pronoms, à ces mots qui désignent les personnes expressément & sans pouvoir se décomposer ; ce qui les réduit à un nombre très-peu considérable, relativement à tous les mots qu'on faisoit entrer dans cette Partie du Discours, & dont nous ne conservons que ceux qu'on apelloit *Pronoms personnels*; parce qu'il est contradictoire d'admettre des Pronoms qui ne soient pas personnels.

Nos derniers Grammairiens François avoient déja très-bien vu ceci ; ainsi nous n'avançons rien à cet égard qu'ils n'ayent déja prouvé. La seule différence entr'eux & nous, est celle dont nous avons déja parlé dans le Chapitre des Articles, & par laquelle ils regardent comme des Adjectifs ou Articles des mots qu'on mettoit au rang des Pronoms, tels que, *mon*, *ton*, *qui*, &c. & que nous avons dit n'être pas non plus des Adjectifs, mais les ellipses d'un Article, d'une Préposition & d'un Pronom : comme lors qu'Andromaque disant, *fais connoître à mon Fils les Héros de* SA *Race*, substitue cette tournure SA *Race*, à celle-ci LA *Race* DE LUI.

On peut voir dans la Grammaire Générale de M. BEAUZÉE (1), la maniere dont il démontre que tous ces mots AUTRUI, CECI & CELA, ON, PERSONNE, QUICONQUE, QUOI, RIEN, qu'on avoit pris pour des Pronoms, n'en sont point.

Nous ne saurions répéter ici sans une trop grande digression, ce qu'il dit à ce sujet: d'ailleurs, nous aurons occasion de présenter ce que ces mots ont de plus intéressant, lorsque nous en serons aux Étymologies de la Langue Françoise.

§. 10.

Histoire de TU *& de* JE.

TU, pendant une longue suite de siècles fut employé uniquement pour désigner la personne à laquelle on parloit : les Hébreux, les Grecs, les Latins, &c. ne connurent que cette formule ; l'on ne craignoit pas de s'en servir à l'égard de la Divinité, des Princes, de son Pere, de sa Mere, de tout ce qu'il y avoit de plus respectable.

---

(1) Gramm. Gén. T. I. 281. &c.

Mais lorsque l'esprit d'égalité eût été anéanti dans l'Europe par la puissance opressive des Céſars, & que cette Partie du Monde après avoir été la proie de leur vanité tyrannique, fut celle des Nations barbares qui déchirerent l'Empire des Romains, qu'on eût totalement perdu de vue la Nature, & qu'on chercha à s'élever par de fauſſes marques de grandeur; Tu, révolta les Maîtres de la Terre: ils auroient cru être deshonorés, avilis, ſi on leur eût parlé comme au reſte des Humains: ils chercherent des titres propres à perſuader qu'ils étoient infiniment au-deſſus de leurs ſujets; & entr'autres titres qu'ils imaginerent, ils voulurent être apellés Vous, du même mot dont on ſe ſervoit pour déſigner une multitude de Perſonnes, comme pour dire que ſeuls, ils valoient plus que tous ces hommes, que tous ces ſerfs, ces vils eſclaves, ces chiens proſternés à leurs pieds.

Cette manie ſe communiquant de proche en proche, tous les Grands ſe firent apeller de même, & bien-tôt tous ceux qui crurent avoir quelque ſupériorité ſur les autres.

Ainſi Tu ſe trouva banni de chez tous les Peuples de l'Europe livrés au pillage & à l'ignorance: ce n'étoit en effet que dans des ſiécles de fer où l'on pouvoit s'aviſer de confondre les nombres & d'apeller pluſieurs ce qui n'étoit qu'un.

Dès-lors Tu & Vous devinrent les mots ſymboliques de la puiſſance & de l'infériorité.

Cet uſage, qui ne marquoit d'abord que la vanité de ceux qui l'introduiſirent, & qui, tourné en habitude, n'a plus rien de choquant, devint inſenſiblement une ſource de beautés & réunit divers avantages, parce que les hommes trouverent le moyen de tirer parti d'une choſe tout-à-fait en ſoi.

Ainſi Tu, ſe ſouvenant encore de ſon ancienne gloire, ſe conſerva, malgré tous les efforts de Vous, un Empire étendu. Il regne dans les Ouvrages des Poëtes: il eſt dans le cœur & ſur les lévres des amis: un Pere le donne encore à des Enfans chéris: Tu remet l'égalité & l'aiſance dans les converſations familieres & amicales: des Peuples qui ont un reſte de liberté expirante, diſent encore Tu à la Divinité: les Quackers s'en ſervent à l'égard de tout Être ſingulier; & leurs diſcours ſemblent reſpirer la fierté noble & généreuſe des anciens Romains, que nous avons conſervée dans nos compoſitions Latines, dans ces compoſitions où nous oſons dire Tu à ceux que nous n'oſons apeller que Vous en François; comme ſi l'eſprit de ces Républicains s'étoit tranſmis juſques à nous & ſe communiquoit encore à quiconque parle leur Langue.

C'est ainſi que Tu trompoit la vigilance des Tyrans qui aſſerviſſoient l'Europe ; & que Vous n'eſt devenu qu'un langage de ſimple politeſſe vis-à-vis une ſeule Perſonne.

Dans le même tems, Je éprouvoit un ſort à-peu près pareil. Ce mot étant celui qui déſigne la Perſonne comme active, comme maîtreſſe de ſes volontés, parut trop libre, trop fier, trop lié à l'indépendance & à l'égalité pour pouvoir ſe ſoutenir, tandis que Tu diſparoiſſoit. Je fut donc auſſi banni du langage reſpectueux, ſur-tout dans l'Orient : on ne s'apella plus que *ton ſerviteur, ton eſclave, ton chien* ; tandis qu'on laiſſoit tranquillement renverſer du Trône ceux devant qui l'on venoit de s'humilier à ce point. C'eſt de-là qu'eſt venue cette formule qui termine toutes nos Lettres, qui étoit inconnue aux Anciens, & qui n'eſt plus qu'une affaire d'étiquette.

Telle eſt l'hiſtoire de Tu & de Je, auſſi anciens que les Hommes, comme nous allons le voir ; mais dont le ſort a toujours ſuivi le ſort des Hommes eux-mêmes, preſque toujours hors de la Nature, & qui dégénerent ſouvent à force d'aſpirer à une plus grande perfection & de s'écarter du chemin battu. On pourroit cependant dire qu'il y avoit en ceci une eſpèce de raiſon ; car les Pronoms peignant les perſonnes, il ſemble que les Pronoms propres aux perſonnes libres & élevées en autorité, ne peuvent convenir à celles qui ſont dans la dépendance.

Ajouterons-nous que de l'uſage de Tu & de Vous, en parlant à une ſeule perſonne, ſont nés les mots *tutayer* & *vouzayer* ? Le premier eſt très-connu : le ſecond eſt employé dans des Ouvrages compoſés ſur la diſtinction de *Tu* & de *Vous* ; & ſur le choix qu'on en doit faire dans la traduction des Livres anciens. Quelques perſonnes croyent qu'il vaudroit mieux dire *vouſer* que *vouſayer* : je préférerois ce dernier, comme étant plus ſonore & plus harmonieux, & non moins conforme à l'analogie qui doit préſider à la formation des mots : mais c'eſt à l'uſage à décider la fortune de l'un ou de l'autre, ou à en former un troiſiéme plus agréable que ceux-là.

§. II.

Origine des mots qui nous ſervent de Pronoms.

Les mots qui nous ſervent de Pronoms Je, Me, Tu, Te, Il, &c. ſont communs aux Langues d'Europe & d'Aſie, & l'on ne voit entr'elles à cet égard que les différences qu'y ont mis néceſſairement les révolutions des tems

& les changemens de prononciation : comme on le verra d'une maniere frapante dans le Dictionnaire Comparatif des Langues.

N'en foyons pas furpris : ces mots étoient trop fimples, trop repréfentatifs, trop néceffaires, trop fenfibles pour ne s'être pas confervés jufques à nous, pour avoir jamais pu être anéantis.

Ce qui eft vrai & naturel fubfifte à jamais, parce qu'il plaît toujours & qu'il eft toujours recherché avec empreffement.

Ces mots d'ailleurs revenant dans tous les Tableaux de la Parole, n'étoient jamais dans le cas d'être oubliés ; chaque répétition étoit un engagement de le répeter de nouveau dès que l'occafion s'en repréfenteroit, & elle s'offroit continuellement.

Le Pronom JE de la premiere Perfonne, eft formé du primitif E, ïE, qui défigna fans ceffe l'éxiftence, comme nous le verrons dans le Chapitre fuivant.

On ne pouvoit choifir un mot plus expreffif pour défigner la perfonne qui parle, qui s'annonce, qui dit *me voici*.

Auffi nous repréfente-t-on la Divinité comme en faifant fon Nom propre. De-là le IEOUA des Hébreux, qui fignifie mot à mot *Je*, ou JE fuis CELUI qui EST.

Et le IOU-PITER des Latins, qui fignifie mot à mot *le Pere* JE.

Le Pronom de la feconde perfonne dut être confidéré fous un autre point de vue ; & relativement à l'honneur qu'on rendoit à la perfonne à qui l'on parloit : précifément, par raport à ce même fentiment qui fait qu'aujourd'hui nous l'apellons *Vous*, au lieu de *Tu*.

Mais telle étoit la valeur primitive de cette confone T, que par fa propre nature, comme nous le verrons dans l'Analyfe de l'Inftrument vocal, elle devenoit le figne de tout ce qui étoit *grand & fonore*, par conféquent de tout ce qu'il y avoit de plus agréable & de plus flatteur. De-là les Noms primitifs de tout ce qu'on avoit de plus cher.

De-là TA & ATTA, qui fignifia Pere; TA-TA, qui fignifie un Pere nourricier & tout ce qui eft bon à manger : TATER, tout ce qu'on goûte & qu'on trouve bon ; TÊTE ou TE-STA, la portion fupérieure de l'homme, fon Chef; & dont le diminutif eft le nom de ces fources délicieufes où tous les hommes puifent dans leur enfance une nourriture falutaire, & qui parent le plus bel objet de la Nature.

C'eft donc de cette touche, confacrée dès les premiers inftans à exprimer tout ce qui étoit intéreffant & aimable, qu'on fe fervit pour défigner les perſonnes auxquelles on s'adreſſoit; pour les avertir qu'elles alloient devenir le but du Diſcours.

Comme il étoit inutile, impoſſible peut-être, de trouver pour le même objet un mot plus court & plus énergique, on n'en chercha point d'autre pendant une longue ſuite de ſiécles, comme nous avons vu ; & depuis même qu'on a ſubſtitué *Vous* à *Tu*, on conſerve encore celui-ci dans la Poëſie héroïque, & lorſqu'on parle à tout ce qu'on a de plus cher & de plus intime en même tems.

Pour indiquer la troiſiéme perſonne, il fallut la montrer : on ne ſera donc point ſurpris que le même mot qui déſigne la place, le lieu, ait déſigné la troiſiéme perſonne. C'eſt en effet des mots qui marquent la place, le lieu, que viennent nos Pronoms IL & LUI.

IL, comme le ILLE des Latins, vient du primitif L qui déſigne le côté, l'aîle, le lieu : & LUI, vient, comme nous avons vu, de l'article *le* & du mot HUI ou HOU, qui déſigna le lieu, celui qui eſt dans le lieu & qui ſubſiſte encore dans notre *où* tout comme dans *lui*.

Nous pouvons remarquer ici à quel point le diſcours ſe raproche du geſte & de la rapidité de l'idée, par la briéveté des Pronoms & des mots qui marquent le lieu. Ainſi toutes ces phraſes *j'y ſuis*, *il y eſt*, *où es-tu ?* ſont des Tableaux qui tiennent lieu de diſcours très-longs, & qui ne ſont compoſés cependant que de trois ſons, dont l'un indique la perſonne dont il s'agit, le ſecond un lieu, une place, & le troiſiéme la propriété d'exiſter. Ainſi, cette phraſe, *il y eſt*, qui reſſemble au diſcours d'un muet, dit tout autant que celle-ci, *la perſonne dont vous parlez eſt dans le lieu où vous croyez qu'elle eſt*, & elle a par-deſſus elle l'avantage de la briéveté & de la rapidité, qualité ſi eſſentielle à la parole.

§. 12.

Pronoms Elliptiques.

Enfin nous avons vu plus haut que les Pronoms s'ellipſoient ou ſe fondoient en un ſeul mot avec l'Article & la Prépoſition qui les précédoient ; & qu'au lieu de dire, *le livre de moi*, *la maiſon de moi*, on diſoit, MON *livre*, MA *maiſon*.

Les trois Pronoms ſont dans ce cas : de-là tous ces mots qu'on a cru long-tems être autant de Pronoms & qu'on apelloit *Pronoms conjonctifs*.

Pour la premiere perſonne, MON, *ma*, *mes* ; *Notre*, NOS.

Pour la seconde personne, TON, *ta*, *tes*; *Votre*, *vos*.
Pour la troisième personne, SON, *sa*, *ses*; *Leur*, *leurs*.

Ainsi MON marque un objet du genre masculin apartenant à une seule personne, à celle qui parle.

MA, un objet du genre féminin apartenant à la personne qui parle.

MES, plusieurs objets de la même espéce apartenant à une seule personne.

NOTRE, un objet apartenant à plusieurs personnes.

NOS, plusieurs objets apartenant à plusieurs personnes.

Il en est de même des mots relatifs aux autres personnes.

On sera peut-être surpris de ce que *mon* a un féminin, tandis que *notre* n'en a point, du moins en François. C'est sans doute parce que le mot *notre* renferme toutes les personnes qui connoissent la chose dont on parle, & que par-là même il est inutile de leur en faire connoître le genre qu'elles savent tout aussi-bien que la personne qui parle. Ainsi les Langues qui en déterminoient malgré cela le genre, suivoient moins le besoin, que cette portion d'analogie qui régloit les terminaisons & les genres de leurs adjectifs.

Ceci nous fait apercevoir d'une maniere très-naturelle pourquoi dans notre Langue nous n'aportons pas la même attention à distinguer les genres au pluriel comme au singulier, l'article LES servant pour les deux: c'est que ni l'analogie ni le besoin ne le demandent. Ce n'est point l'analogie des terminaisons; car elle est beaucoup plus bornée & moins stricte chez nous que chez les Latins: ce n'est pas le besoin non plus; car l'on ne connoît le pluriel que par le singulier: or ce singulier a déja apris ce genre; il est donc moins nécessaire de l'énoncer aussi fortement, dès que la forme matérielle de la langue & l'oreille qui suit toujours cette forme, ne l'exigent pas.

C'est ainsi que rien n'est arbitraire dans les Langues; & que lorsque deux Peuples prennent à cet égard deux routes différentes qui semblent oposées, ou l'effet de l'usage & du hazard, une raison supérieure en est toujours le motif.

CHAPITRE V.

CHAPITRE V.
DU VERBE.

CINQUIEME PARTIE DU DISCOURS.

§. I.

Nécessité d'un Mot qui serve de point de réunion aux diverses portions des Tableaux de nos idées.

Nous avons déja parcouru diverses Classes de mots en usage dans le Discours, & toutes nécessaires pour peindre nos idées : cependant aucun d'eux ne remplit encore le but de la parole : ils n'expriment que des objets isolés ; ils ne sauroient donc faire corps entr'eux : ils ne peuvent seuls, présenter cette unité intéressante qui constitue un Tableau & qui en fait un seul tout, quelque immense que soit le nombre des objets individuels qu'il nous offre. C'est ainsi que les nombreux matériaux rassemblés pour un édifice majestueux & superbe, ne forment pas encore l'édifice ; il faut des points de réunion, à la faveur desquels ils ne composent qu'un tout, qui remplisse le but pour lequel ils furent préparés.

De même, il en faut un, entre tous ces mots, qui les raproche, les unisse, n'en forme qu'un seul tout qui réponde parfaitement à l'idée qu'on veut peindre, tel qu'en représentant toutes les Parties dont elle est formée, il ne les décompose pas, il n'anéantisse pas les raports qu'on y aperçoit ; qu'on voye sans peine qu'ils ne forment qu'un tout parfaitement semblable à l'idée qu'on a voulu peindre, & qui ne peut convenir à aucune autre idée.

Ce point de réunion, ce mot qui doit unir toutes les espèces de mots dont nous avons parlé, & toutes celles qu'il nous reste encore à décrire, formera donc une nouvelle espèce de mots, puisqu'il aura une propriété absolument différente de celles qui distinguent toutes les autres Parties du Discours, une propriété aussi belle qu'indispensable ; celle de mettre la chaleur & la vie entre tous ces mots isolés, de les réunir par groupes, par Tableaux, par grandes masses qui présentent les raports même qui lient les grands objets de la Nature, ces raports qui forment de l'Univers un seul Tout, dont les diverses Parties se tiennent mutuellement & sont toutes liées les unes aux autres : marque sensible de l'intelligence immense de celui qui fit toutes ces choses, qui les conçut, comme l'Ouvrier conçoit l'objet unique qu'il va faire, comme le Peintre conçoit son Tableau, quelque compliqué qu'il soit; comme le Poëte saisit l'ensemble de tout ce qu'il va chanter, & qui met entr'eux cette unité admirable qu'il avoit conçue & d'où naît une harmonie non moins admirable.

Ainsi nous pourrons, au moyen de ce nouveau mot, réunir sans trouble & sans confusion les diverses Parties d'une idée, quelque compliquée qu'elle soit; en former un Tableau où tout soit simple, net & harmonieux : passer sans obstacle à un second, le lier de la même maniere au premier : & de Tableaux en Tableaux, de liaisons en liaisons, d'idées en idées, former un Discours immense composé d'une multitude prodigieuse d'objets individuels, qui n'offrent cependant par leur ensemble qu'un Tout, un seul Tableau, dont les diverses parties étroitement unies s'apuient mutuellement, s'expliquent & se dévelopent les unes par les autres; & ne laissent rien à désirer pour l'intelligence du sens, par une suite nécessaire de l'harmonie qui regne entr'elles & de leur exacte correspondance.

La place que devra occuper cette nouvelle Partie du Discours, ne sera ni arbitraire ni difficile à trouver. Elle sera donnée par la Nature elle-même, qui sert de modèle à toute peinture & à celle des idées, tout comme à celle des objets physiques. La Parole, destinée à développer les qualités qu'on aperçoit dans les objets, devra nécessairement trouver le moyen de lier ces qualités avec le nom de leur objet : ainsi la place de la nouvelle Partie du Discours dont il s'agit ici, sera entre le Nom & ses qualités : elle deviendra le nœud qui les unissant étroitement, n'en formera qu'un Tout harmonique, & sans lequel tous les mots épars & isolés, seroient comme un amas de matériaux entassés confusément qui n'offrent aucun plan, & ne produisent aucun effet.

C'est par-là & par-là seulement que nos expressions deviendront un Tableau parfait, par l'union intime qui regnera entr'elles, & par les raports étroits qu'elles mettront entre l'objet & ses qualités. Ce n'est qu'alors en effet qu'on peut dire que l'idée est peinte, qu'elle est rendue, qu'elle fait Tableau.

§. 2.

Que ce mot est donné par la Nature.

Si la Nature indique d'une maniere aussi exacte la nécessité, les qualités & la place de ce mot dont la présence met la derniere main aux Tableaux de la Parole ; & fait qu'ils deviennent précisément ce qu'on défire qu'ils foient, aura-t-elle abandonné aux Hommes le choix même de ce mot ? aura-t-il été indifférent de prendre pour cet effet le premier son qui se sera présenté ? tout son aura-t-il pu servir également de point de réunion ?

C'est ce qu'il faut que soutiennent ceux qui n'ayant jamais réfléchi sur l'origine des Langues, se persuadent que le hazard y fit tout, & que le choix des Hommes n'y entra pour rien.

Mais ils errent, n'ayant pu saisir le fil de l'aimable & éternelle vérité. Il falloit peindre ; & ce qu'on devoit peindre, c'est l'éxistence des qualités dans les objets où on les aperçoit : le mot qui exprime l'éxistence, devint donc le mot même par lequel on lia à jamais les qualités des objets avec les noms de ces objets eux-mêmes : par lequel on les réunit entr'eux au moyen de cette même existence qui les fait ce qu'ils sont. Imitation aussi grande que simple, qui conduisant les hommes aussi sûrement que rapidement à la vérité, fit que dès les premiers instans ils purent converser entr'eux sans peine & sans effort ; & qu'ils n'eurent nul besoin d'épuiser le métaphysique du Langage, dont la Nature sage & belle leur évitoit les pénibles & lentes recherches.

EST, ce mot qui désigne l'éxistence, est donc le mot qui liera les noms des objets avec les mots qui peignent leurs qualités : il sera ce mot nouveau qui, sans être Nom, Article, Adjectif ou Pronom, unira tous ces mots entr'eux, leur donnera une force, une chaleur, une éxistence, une vie qu'ils ne peuvent avoir sans lui, & mettra dans les Tableaux de la Parole, cette force d'expression, & cette énergie qui se fait sentir dans les Etres.

Aussi est-il de l'usage le plus fréquent, même dans notre Langue, où il paroît soit en nature soit en ellipse dans tous les Tableaux de la Parole. On le voit, par exemple, dans ces phrases de la belle Scène de JOAS & d'ATHALIE(1):

ATHALIE.   » Epouse de Joas, EST-ce là votre Fils ?
JOSABET.   » Qui ? lui, Madame ?
           ATHALIE.
           Lui ?
           JOSABET.
           Je ne suis point sa Mere.
          » Voilà mon Fils.

---

(1) ATHALIE, Tragéd. Act. II. Scen. VII.

GRAMMAIRE

ATHALIE.
Et vous, quel EST donc votre Pere ?...
» Cet âge EST innocent....
» Ne fait-on pas au moins quel Pays EST le vôtre ?

JOAS. » Ce Temple EST mon Pays ; je n'en connois point d'autre.
ATHALIE. ..... Quel EST tous les jours votre emploi ?
JOAS. J'adore le Seigneur....
ATHALIE. Dieu veut-il qu'à toute heure on prie, on le contemple ?
JOAS. Tout profane exercice EST banni de fon Temple....
ATHALIE. J'ai mon Dieu que je fers ; vous fervirez le vôtre....
JOAS. ..... Il faut craindre le mien ;
Lui feul EST Dieu, Madame, & le vôtre n'EST rien.
ATHALIE. Sa mémoire EST fidelle....
David m'EST en horreur ; & les Fils de ce Roi,
Quoique nés de mon fang, SONT étrangers pour moi.]

Et dans le Chœur fuivant :

» Un enfant courageux publie
» Que Dieu lui feul EST éternel....
» Loin du Monde élevé, de tous les dons des Cieux
» Il EST orné dès fa naiffance.

Ces Vers, très-beaux d'ailleurs, fourniffent une multitude d'EST, qui font indifpenfables pour en lier les penfées & pour en faire des Tableaux dont le fens foit clair & complet. Suprimez-les, le fens refte fufpendu, le Tableau eft informe, la penfée incorrecte.

Par-tout, il lie un adjectif ou une qualité avec le nom auquel elle fe raporte. Ces phrafes font autant de Tableaux compofés, 1°. d'un nom ; 2°. d'un mot défignant une qualité ; 3°. de ce mot unitif EST dont nous parlons ici.

1°. Un NOM.	2°. Une QUALITÉ.	3°. Le mot EST,
Age,	innocent.	qui lie chacune de
Temple,	mon pays.	ces QUALITÉS
Tout profane exercice,	banni.	avec le nom auquel on trouve
Sa mémoire,	fidelle.	quel on trouve
Dieu,	éternel.	qu'elle convient.
Il,	orné.	

On auroit également l'idée de tous ces noms, de toutes ces qualités : mais fans EST, ils n'auroient nul raport, on ne verroit point un *âge innocent*, une *mémoire fidelle*, un *Dieu éternel*, &c. Ces mots ne feroient point Tableau.

UNIVERSELLE.

Tandis qu'au moyen de ce mot, le Langage devenoit toujours plus énergique, une peinture toujours plus fidelle.

§. 3.

Qu'il est apellé VERBE, & pourquoi.

Ce mot servant à former tous les Tableaux de la Parole, à mettre entr'eux une force, une chaleur, une vie dont ils seroient privés sans lui, faisant que la Parole remplit enfin par-là son but, qui est de peindre les idées, méritera d'être distingué de tous les autres, & d'avoir un nom qui en donne l'idée la plus juste & la plus intéressante. Ce nom est celui de VERBE.

VERBE est un mot que nous avons emprunté des Latins, & qui signifie en général *mot*, mot de quelqu'espéce que ce soit : mais ici, le MOT par excellence.

EST ne pouvoit être mieux nommé, puisqu'il est le mot qui donne au discours toute son énergie, & qui fait que la Parole produit son plein & entier effet, en faisant aussi-tôt connoître tout ce qu'elle vouloit qu'on sût.

Ce mot VERBE étoit lui-même dérivé de la racine primitive, VER, VAR, BAR, PAR, PER, qui désigna toute idée relative à PAR-*ole*, à PAR-*ler*, & en général, toute idée d'*émanation* & de passage d'un lieu dans un autre. PARLER, n'est-ce pas en effet faire passer son idée dans l'esprit d'un autre ? La PAROLE n'en est-elle pas le véhicule ? & la Parole par excellence, n'est-elle pas celle qui complette les tableaux de nos idées ; qui en réunit toutes les portions, & qui n'en fait qu'un seul tout ; qui fait connoître par conséquent l'objet dont on parle, & les traits sous lesquels on doit le reconnoître ? C'est de lui dont on se servira par conséquent pour tous les tableaux de la parole : si nous voulions faire, par exemple, celui du TEMS, nous dirions :

Le TEMS EST la mesure de la durée des Etres qui se succedent sans cesse : il commença pour cette terre au moment où des hommes purent apercevoir la succession des jours & des nuits : il commence pour chaque individu avec son existence. C'EST lui qui nous amène dans cette chaîne immense d'Etres, sans cesse remplacés les uns par les autres. C'EST lui qui, fuyant sans cesse, & se précipitant continuellement dans l'abîme des nuits, nous entraîne avec lui dans sa course rapide. Amenés & ramenés par un même flux, nous voyons sans cesse de nouvelles générations s'élever sur nos débris, comme nous nous sommes élevés sur ceux de tant d'autres. Plus fort que nous, hors de notre puissance, nous allons cependant le maîtriser, rallentir sa course fugitive, le grossir à nos yeux, le doubler, le redoubler, en remplissant chacun de ses instans, en marquant chacun d'eux par quelque chose dont on puisse tenir note. Une vie pleine de choses, courte de Tems, EST très-longue ; car on ne peut la décrire sans beaucoup de tems. Une vie longue de Tems, vuide de choses, EST très-courte au contraire ; car il n'en reste rien. Un instant suffit pour la retracer à nos yeux.

Toutes nos connoissances se réduisent en effet à la vue claire & simple des qualités qui se trouvent dans les objets ; ensorte qu'il n'est aucune science qu'on ne puisse réduire à la simple expression d'un NOM & d'une QUALITÉ unis par le Verbe EST, & ne formant alors qu'un seul tout.

La Grammaire elle-même se réduit à l'union d'un Nom & d'une Qualité par ce Verbe.

En disant : « la Grammaire EST cette science qui nous aprend à peindre nos » idées », on unit un Nom & une Qualité par le Verbe EST.

§. 4.

La Grammaire & la Logique comparées à cet égard.

Le Verbe est donc un mot qui unit les Qualités avec leurs Objets, & qui fait voir que les objets dont on parle existent avec telles & telles qualités qu'on leur attribue.

C'est ce qui fait qu'en terme de Logique, la Qualité est apellée ATTRIBUT ; & le nom de l'objet, SUJET ; car il est le sujet auquel on raporte l'attribut : dans cette phrase, par exemple, le *Soleil* est *brillant* ; *brillant* est un attribut ; & *Soleil*, sujet ; car c'est à lui qu'on attribue la qualité d'être brillant.

Le Verbe n'est que la copule, le lien qui unit l'attribut au sujet.

Et le tout ensemble forme un tableau qu'on appelle PHRASE, ou *Proposition* ; & en terme de Logique, JUGEMENT ÉNONCÉ. *Jugement énoncé*, pour le distinguer de l'idée qu'il peint, & qui est un jugement intérieur ; & *Jugement*, parce qu'on juge, qu'on décide que les qualités qu'on aperçoit se trouvent dans tels sujets, ou que tels sujets renferment telles qualités ; par exemple, que c'est le Soleil qui est brillant.

Sans cela, on parleroit *sans jugement* ; car on attribueroit à des sujets des qualités qu'ils n'ont pas; tout seroit en confusion; & l'on ne peindroit rien, sinon le cahos & la frivolité de ses idées : tandis que le *jugement sain & exquis* consiste à n'attribuer aux Etres, que les qualités qui leur conviennent.

Ne soyons donc pas étonnés si la Grammaire & la Logique ont de si grands raports, & si elles s'éclaircissent mutuellement. On peut même assurer que la Grammaire & l'étude des Langues sont une Logique - Pratique.

Ceux qui n'ont vu dans cette étude des Langues qu'un objet de pure curiosité, ou seulement utile pour remplir quelque Place, sans aucune liaison avec la perfection de nos facultés intellectuelles, n'avoient qu'une idée très-imparfaite des heureux effets de l'étude d'une Langue quelconque, faite avec soin, & comme devroient être étudiées toutes les Langues, avec méthode, & en les analysant sans cesse : cette étude donne nécessairement à l'esprit, une force & une étendue très-supérieure à celle qu'on s'en forme d'ordinaire; elle le rend incomparablement plus propre à pénétrer dans les profondeurs des sciences : elle donne à nos facultés, par l'exercice qui en est la suite, une souplesse, une constance, une pénétration, une sagacité dont elles seroient incapables sans cela, & qui sont néanmoins de toute nécessité pour acquérir des connoissances, & pour soutenir son attention. Aussi lorsqu'on a le courage de s'enfoncer dans l'étude d'une Langue, & de n'y laisser rien d'obscur, il n'est presque plus rien qui puisse arrêter : on en peut juger par la différence étonnante qui regne entre des personnes très-spirituelles dont l'esprit n'a pas été exercé par ces difficultés, & celles qui, avec moins de génie, ont été rompues par cet exercice. C'est ainsi qu'un corps qui n'est pas fait à la fatigue, n'est point capable des mêmes efforts qu'un autre moins vigoureux, mais accoutumé aux plus grandes fatigues.

§. 5.

Source des méprises dans lesquelles on est tombé au sujet du Verbe.

Ceux qui auront lu quelqu'une des Grammaires qui ont précédé ces recherches, seront sans doute étonnés de la définition que nous donnons du Verbe; ils la trouveront certainement très-différente de celles qu'on en donne ordinairement; mais elle n'en sera pas plus fausse.

D'un côté, tous les Grammairiens se sont contredits jusqu'ici dans leurs définitions à cet égard : ainsi nous ne faisons rien de nouveau, en ne nous attachant à aucune de celles qu'ils ont données.

D'un autre côté, ils ont tous considéré le Verbe sous un point de vue absolument différent : ils sont tombés dans une méprise qui a été pour eux une source d'erreurs : c'est qu'ils ont confondu le Verbe, qui sert à unir les qualités avec leurs objets & qui est unique, avec d'autres mots qui ne sont Verbes qu'en vertu de leur réunion avec celui-là, comme nous le verrons dans les Chapitres suivans : de-là leurs embarras pour trouver une définition qui convînt à tous ces objets, comme si une même définition pouvoit embrasser des objets aussi différens : de-là encore leurs distinctions de Verbes en Substantifs auxiliaires & en Verbes non auxiliaires, qui n'ayant nul fondement dans la Nature, ne pouvoient être d'aucune utilité pour la faire connoître & la développer.

De-là enfin leurs propres contradictions, & le mélange de lumieres & de ténèbres qu'offrent leurs explications, qui troublent & désorientent ceux qui sont réduits à les prendre pour guide.

C'est ainsi que la Grammaire générale & raisonnée qui a été l'oracle de la Nation pendant un siécle, transporte à la Grammaire la définition que le Verbe doit avoir en Logique, & prête à celle-ci la définition que le Verbe doit avoir, considéré relativement à la Grammaire : l'usage fut, selon ses Auteurs, de signifier l'*affirmation* : tandis qu'ils appellent le Verbe dans la Logique, *la Copule* ou le lien de la Proposition : mais sentant leur méprise sans en deviner la cause, ils reviennent en arriere, & disent que c'est-là son principal usage : & se reprenant encore, ils ajoutent, que « l'on peut » dire que le Verbe de lui-même ne devoit point avoir d'autre usage que de » marquer la liaison que nous faisons dans notre esprit des deux termes d'une » Proposition ». Ils s'égarent alors de nouveau pour ajouter : « mais il n'y a » que le Verbe Être qu'on apelle substantif qui soit demeuré dans cette sim- » plicité ». Comme si ce qu'ils venoient de dire du Verbe pouvoit convenir à d'autres mots qu'au Verbe *Etre*.

Mais telle est la force du préjugé, qu'il fait errer çà & là, & perdre de vue la lumiere au moment même où l'on est le plus frapé de son éclat. Ces illustres Auteurs sentoient toute la foiblesse de leur définition, & combien elle contrarioit l'idée qu'on devoit avoir du Verbe. Mais persuadés avec tous les autres que le Verbe *Etre* n'étoit pas seul Verbe, ils ne purent plus se faire un systême sûr & qui les satisfît.

Il arriva ici ce que nous avons déja vu à l'égard des Pronoms. On n'a été
si fort

si fort embarrassé à leur égard que parce qu'on confondoit avec eux d'autres mots très-différens, mais qui avoient réuni en eux la valeur du Pronom. Ainsi l'on n'a été embarrassé au sujet du Verbe, que parce qu'on a confondu avec lui des mots très-différens, mais qui ont également réuni en eux sa valeur.

La Grammaire de Port-Royal est si victorieusement combattue à cet égard par M. Beauzée, qu'il seroit très-inutile d'insister davantage ici sur leurs définitions du Verbe. Celles qu'en donne M. BEAUZÉE, & qui sont très-métaphysiques, s'accordent parfaitement avec ce que je dis, & conduisent à faire regarder ÊTRE comme le seul VERBE de droit, & comme celui qui a prêté sa force à tous les mots qui ont été élevés à ce rang.

Aussi, ajoute-t-il, (1) qu'on « doit trouver dans le Verbe ÊTRE la pure
» nature du Verbe en général : & c'est pour cela que les Philosophes enseignent
» qu'il auroit été possible dans chaque Langue, de n'employer que ce seul
» Verbe, le seul en effet qui soit demeuré dans sa simplicité originelle....
» Quelle est donc la nature du Verbe ÊTRE, ce Verbe essentiellement fon-
» damental dans toutes les Langues ? Il y a près de deux cents ans que Ro-
» BERT-ESTIENNE nous l'a dit, avec la naïveté qui ne manque jamais à ceux
» qui ne sont point préoccupés par les intérêts d'un système particulier. Après
» avoir distingué les Verbes en actifs, passifs & neutres, il s'explique ain-
» si (2) : Outre ces trois sortes, il y a le Verbe nommé substantif qui est
» ESTRE, qui ne signifie ne action, ne passion : mais seulement il dénote
» l'estre & existence ou subsistance d'une chascune chose qui est signifiée par
» le nom joint avec lui ; comme je suis, tu es, il est. Toutefois il est si néces-
» saire à toutes actions & passions, que nous ne trouuerons Verbes qui ne se
» puissent résouldre par luy ».

Il est donc démontré que la définition du Verbe ne convient qu'au Verbe ÊTRE ; que les autres ne le sont qu'en vertu de leur union avec lui ; & qu'ainsi ils ne doivent non plus être mis au rang des Verbes, qu'on n'a mis au rang des Pronoms tous les mots qui ne s'étoient confondus avec les Pronoms que parce qu'ils s'étoient unis aux vrais Pronoms, pour ne former qu'un seul mot : tels que *mon*, *ton*, *son*, &c. Faire autrement, ce seroit violer ses propres principes, voir la bonne méthode, & en suivre une mauvaise.

---

(1) Tome I. p. 407.
(2) Traité de la Gramm. Franç. Paris, 1569. p. 37.

GRAMMAIRE

§. 6.

Réponse à quelques Objections.

Il seroit inutile de dire qu'on a grand soin de distinguer ces diverses espéces de Verbes. Puisqu'on a rejetté la distinction des Pronoms & qu'on a été inexorable à leur égard, soyons-le de même sur l'article du Verbe : rejettons de ce rang tout ce qui ne peut s'accorder avec sa définition vraie & bien sentie.

Mais que deviendront ces Verbes ? ce qu'ils sont : des Participes elliptiques ; des mots formés de la réunion des Participes & du Verbe ; comme nous le démontrerons après avoir parlé des Participes au Chapitre suivant.

On ne peut qu'être effrayé de la foiblesse de l'esprit humain, lorsqu'on considere les inadvertences & les fautes qui échapent aux plus habiles ; & les terribles suites de ces inadvertences en aparence si légeres : croiroit-on que la Grammaire sur laquelle on écrit depuis tant de siécles, fût encore si peu connue qu'on ne pût en classer les diverses espéces de mots, d'une maniere assurée ; & que ceux qui ont eu assez de pénétration pour apercevoir quelques-unes des fautes dans lesquelles on étoit tombé à cet égard, n'aient pas eu des principes assez sûrs pour achever ce travail & se soutenir ainsi jusqu'à ce qu'ils eussent mis en leur véritable place ce qui constitue les Parties du Discours ? Cependant, quel succès pouvoit-on se promettre de son travail, jusqu'à ce que cette distribution eût été faite de la maniere la plus conforme à la nature des choses ? & par-là même, la plus complette, la plus lumineuse & la plus satisfaisante.

Mais les Sciences & les Connoissances, de quelqu'espéce que ce soit, sont comme une toile immense qui ne pourroit s'achever que dans une longue suite de siécles : chacun y mettroit du sien, les uns moins bien, les autres mieux ; & chacun se mettant à la suite du travail des autres, en profiteroit pour remplir sa tâche d'une maniere plus parfaite : tandis que celui qui le critiqueroit, & qui feroit peut-être mieux à certains égards, seroit à d'autres fort inférieur.

Exiger d'une personne qu'elle ne se trompe jamais dans ses ouvrages, ou les rejetter absolument à cause des taches qu'on y trouve, c'est donc être injuste, n'avoir nulle idée des difficultés dont les sciences sont hérissées, & des forces passagères de l'esprit humain qui manquent sans qu'on s'en doute : c'est se condamner à ne rien écrire, si l'on ne veut être traité comme l'on traite les autres.

Ce que nous venons de dire sur les mots qui se sont attribué la valeur du Verbe être en l'ajoutant à leur valeur propre, sera une confirmation de tout ce que nous avons dit sur la maniere dont la parole tend à se raprocher de la rapidité de la pensée, & à ne pas séparer les portions d'idées qu'elle peut laisser réunies.

Ce principe est si fécond, qu'il a lieu pour toutes les Parties du Discours; ensorte qu'il n'y en a aucune qui ne présente des formules elliptiques, qu'il faut nécessairement analyser si l'on veut avoir une connoissance claire & démontrée des procédés du Langage.

§. 7.

Origine du Verbe EST, *le seul qui existe.*

Mais quel raport pouvoit-il exister entre ce mot EST, & l'union des qualités avec leur objet? Assurer qu'on n'en pouvoit choisir de plus expressif, n'est-ce pas se faire illusion & avancer un vrai paradoxe?

Tel est le langage qu'on a tenu jusqu'ici, lorsqu'on étoit dénué de tout principe sur les causes du Langage & l'origine de ses mots; mais qu'on abandonnera à mesure qu'on verra la lumiere s'élever sur ces objets intéressans.

Si le mot EST anime le Langage, s'il est aux mots ce que la vie est aux Etres, c'est que ce mot peint le signe de la vie; & qu'il le peint de la maniere la plus parfaite, par une onomatopée parlante.

Le signe de la vie est la respiration : c'est par elle que dans les ténébres de la nuit nous nous assurons qu'une personne chérie vit encore; qu'elle n'est pas endormie pour toujours : c'est par elle que nous nous assurons en plein jour dans les maladies où la vie semble anéantie, qu'on est encore au nombre des vivans.

La respiration est en effet la cause seconde de la vie, c'est elle qui soutient & ranime le jeu des parties du corps, nécessaire pour entretenir ce mouvement qui la forme : & là où cesse cette respiration, là où elle ne peut plus s'exercer, là se termine la vie.

Lors donc qu'on voulut nommer l'existence, la peindre aux oreilles, on n'eut qu'à imiter le son même de la respiration; mais d'une respiration forte & qui se fait entendre profondément. Et ce son fut le mot HÉ ou EST.

Ainsi, le lien de la parole, le mot qui met la vie entre tous les autres, & qui les change en tableaux pleins d'énergie, est lui-même une peinture, un mot imitatif puisé dans la Nature, qui ne dépendit point de l'homme, dont

GRAMMAIRE

personne ne put ignorer la valeur & ne pas le comprendre dès qu'il fut prononcé, puisqu'il représentoit ce que chacun sentoit en soi-même.

§. 8.

Langues dans lesquelles il existe.

Ce mot, né dès les premiers tems, a dû par sa naissance même se transmettre jusqu'à nous : il se trouve dans la plûpart des Langues, & il n'en existe aucune qui ne lui doive quelques-uns de ses mots.

Nous le reconnoissons dans tous ceux-ci :

Me HE, des Indiens, *je suis.*
Toe HE, tu es.
Whe HE, il est.
HET, des Hébreux, *il* EST; à la tête des Verbes passifs en *Hith-pahel.*
AIST, des Persans; ou *Ast*, il EST.
HEI, חי, en Arabe, il est, il vit.
EST-*i*, des Grecs,
EST, des Latins, } qui signifient *il* EST.
È, des Italiens, qui signifie *il* EST.
EW, en Bas-Breton, *il* EST.
ES, à Vannes, dialecte du Celte.
EIS ou YS, des Flamands & des Anglois,
IST, des Allemands, } *il* EST.
EST, des François.
AS & ES, אש en Chaldéen, ÊTRE.
AI, en Persan, tu es.
EIS, en Grec, tu es.
ES, en Latin, tu es.
Iz-an,
Iz-ate, } en Basque, ÊTRE.
Iz-atu,
Iz-ana, en Basque, *essence.*
Iz-atea, en Basque, *existence.*

UNIVERSELLE.

§. 9.

Diverses Familles de mots qui en descendent.

De-là une multitude de mots qui forment un grand nombre de Familles.

I°. EIS, signifiant un, unité, ce qui est.

En Grec, HEIS, HEN, un ; 2°. seul, 3°. séparé, individuel.
En Allem. EIN, un : mot qui est le Chef d'une Famille immense.
En Flaman. EEN, un.
En Island. EIN, ...
En Goth, AINS, ...

  Mot qui se dénaturant, fit :

En Latin, UN-us.
Anglo-Sax. AN.
En Anglois, A, prononcé E, & AN & ONE.
En Chinois, YE, prononcé Ghe, UN.
En Alleman, EIN-en, rassembler, réunir.

II°. EIS signifiant Homme, celui qui est.

En Hébreu, { AISH ou AIS, Homme.
      { AISHA, Femme.
En Latin, { EIUS, au nominatif IS, celui qui est, lui.
     { E-A, celle qui est.
En Bas-Bret. E, ou EF, lui.
En Allem. ES, lui, au neutre.
En Holland. { HY, (prononcez *hei*,) lui.
      { HET, elle.
En Etrusq. AIS-oi, les Dieux.
En Oriental } AS & AIS, Dieu, celui qui est ; l'unité.
En Runique }
En Latin, ASSIS, un sou.

III°. AI & EI, signifiant le Tems pendant lequel on EST, la Vie, la Durée, l'Eternité.

En Hébreu, חיה, HEIÉ, Vie ; 2°. Age.
      חי, HEI, Vivant.
      היה, EIÉ, il est.

En Arabe,	חיון, HEIOUN,	vivant, qui ne paſſe pas.
En Grec,	A-EI,	toujours, dont l'exiſtence eſt ſans ceſſe la même.
	AI-ÔN,	Age, durée.
	AIÔN-ios,	Eternel.
En Latin,	ÆT-as,	Age, vie, durée de la vie.
	ÆVUM,	Tems, vie, perpétuité.
	ÆVITAS,	Age, vieilleſſe.
	ÆT-ernus,	Eternel.
En Flamand	EEUWE,	Siècle.
En Hébreu,	עד, OED,	Tems, âge.
En Latin,	V-ET-us,	Vieux, qui a de l'âge, qui a une longue durée.
En Gallois,	ADD-OED,	Vie, âge.
	OED,	Tems.
	EU,	Toujours.
En Goth.	AIW,	Toujours.
En Allem.	EWIG,	Eternel.
En Theut.	EUUO,	Durée ſans fin, Eternité.

IV°. ED, AID, AD, ſignifiant le lieu où l'on EST, l'habitation.

En Latin,	ÆD-es,	Maiſon.
En Franç.	ÉDI-fice,	Habitation bâtie ;
		du Latin, ÆDI-ficium.
En Celte,	EDD,	Habitation, maiſon.
En Irland.	EDE-an,	Aſyle, retraite.
En Grec,	ÊTH-os,	Habitation, domicile.
En Gall.	ADD-ef,	Maiſon, habitation.
En Celte,	AID,	Habitant.
En Baſque,	ET-ea,	Maiſon.
	Eteheco,	Domeſtique.

V°. ES, ſignifiant, 1°. la Chaleur, 2°. la Nourriture:

Et par leſquelles on conſerve ſon exiſtence : Familles immenſes, dont nous ne pourrions mettre le détail ici, mais auxquelles appartiennent ces mots connus :

	EST,	Côté du Monde d'où vient le Soleil, le Feu qui éclaire & ranime l'Univers.
	VESTA,	Déeſſe du Feu.
	ESSE,	Manger, en Latin, en Grec, en Theuton, &c.

HED, HES, tout ce qui se mange; d'où vinrent :
1°. ESCA, en Latin (sans aspiration) Aliment.
Com-EST-*ible* en François.
2°. V-ESCI (*h* adouci en *v*) en Latin, se nourrir : d'où (*v* se changeant en *b*)
BEST-*ia*, Être qui se nourrit ; en François, *beste*, & puis *bête*.

De-là viennent divers mots François qui appartiennent à ces diverses Familles ; tels :

Être.	*Vesta*.	Edifice.
Un Être.	Été.	Edifier.
Essence.	*Est*.	Com-EST-*ible*.
Exister.	Son opposé *Ouest*.	BÊTE.
Existence.	*Un* & *Unité*.	As désignant UN.

De-là encore EVE, signifiant celle qui donne la vie, l'existence, qui met au jour.

De-là l'Oriental HEVÉ, la Vie, l'Éternité ; 2°. le Serpent, symbole de l'Immortalité.

Et le Grec HEBÉ, qui signifie la Jeunesse, la fleur de l'âge, & dont on fit la Déesse HEBÉ, Echansonne des Dieux immortels & Epouse d'Hercule transporté au Ciel, ou du Soleil renouvellé & rajeuni.

Ajoutons que ce mot HE ou E remplissoit parfaitement par sa simplicité & par son énergique concision, le vœu de la parole qui est de se raprocher du geste & de se hâter avec la rapidité du tems ; & qu'il n'embarrassoit nullement la marche du Discours, & les tableaux de nos idées : ce qu'il eût fait pour peu qu'il eût été plus long, puisqu'il revenoit sans cesse.

Si l'on est surpris de voir que ce mot n'a point dépendu du choix des hommes, & qu'il est commun aux Peuples d'Europe & d'Asie anciens & modernes, on ne le sera peut-être pas moins quand on verra dans le Volume suivant, que le caractère avec lequel on l'écrit n'a pas été plus arbitraire que le mot même qu'il représente ; & que ce caractère a été emprunté du seul objet physique qui pût servir à en faire sentir la valeur. C'est ainsi que tout tend à établir cette grande vérité jusqu'ici trop inconnue, que la parole est une peinture, & que les hommes furent nécessairement dirigés dans cette peinture par la Nature même qu'ils n'eurent qu'à imiter.

GRAMMAIRE

§. 10.

Comment il s'associa avec les Pronoms.

E désignant l'existence, & devenu VERBE en unissant les Noms avec leurs Adjectifs, ou les mots qui peignent les objets avec ceux qui peignent leurs qualités, se trouva sans cesse à la suite des Pronoms.

En effet, la personne qui parle, *je*, *moi*, a souvent occasion de se représenter existente sous telle & telle forme, avec telle ou telle qualité, dans tel ou tel état.

Elle a sans cesse occasion encore de représenter de la même maniere les personnes auxquelles elle s'adresse, & celles dont elle parle. Ainsi l'on sera dans le cas de dire :

Je EST bon, tu EST bon, il EST bon.

C'est ainsi que s'expriment les Indiens : HE sert pour les trois personnes, comme nous l'avons vu dans l'article précédent.

Ici, le Pronom marchoit le premier, & le Verbe venoit après, & toujours le même pour chaque personne.

On fut bientôt dégoûté de cette monotonie, & l'on chercha à y remédier. On n'eut pas beaucoup de peine; l'on n'eut qu'à ajouter après HE, une terminaison prise du Pronom même.

MI signifioit *moi*; on dit donc EI-MI, au lieu de *moi est*.

S désignoit la seconde personne; on n'eut qu'à dire EI-S, & cela signifia tu ES. HE ou EST resta pour la troisieme personne.

Ainsi au lieu de *je est*, *tu est*, *il* EST, toûjours *est*, on eut *eimi*, *eis*, *est* : c'étoit le Langage Asiatique qui passa dans la Grèce & en Italie avec les Colonies Orientales. Après bien des révolutions, *eimi* se trouva changé en *sum* chez les Latins, puis en *suim*, & enfin chez nous en *suis* : ensorte que nous disons je *suis*, qui semble n'avoir plus de raport avec EST, tandis que nous continuons à dire *tu es*, *il* EST. Et c'est ce qu'on apelle les Personnes du Verbe; expression impropre, & qui occasionna diverses méprises dans la suite.

Il résulta de cet usage que les Pronoms étant réunis au Verbe, ne furent plus exprimés seuls; ils étoient déja avec le Verbe; il eût donc été inutile de les répeter.

Mais lorsqu'on eut perdu de vue cette origine, & que le Verbe s'étant altéré,

téré, n'offrit plus les Pronoms d'une maniere diſtincte, on s'imagina que le verbe déſignoit les perſonnes par lui-même ; & qu'il réuniſſoit en lui toute la force des Pronoms.

Ce qui brouilla toutes les idées relatives au Verbe, & lui fit attribuer les propriétés du Pronom, dont les principales ſont l'*activité* & la *paſſivité*, qui ne peuvent point ſe trouver dans le Verbe, puiſqu'il n'eſt qu'un ſimple lien.

§. II.

Diverſes manieres dont il ſe combine avec eux.

Il y eut ainſi deux manieres de conſidérer le Verbe Être : l'une, ſuivant l'uſage primitif conſervé chez les Indiens, & par lequel on l'employe tout ſeul, ſans aucune variété relative aux perſonnes, du moins au ſingulier.

L'autre, à la maniere grecque, en l'uniſſant aux Pronoms, à la tête deſquels il ſe plaçoit.

Il s'en forma une troiſieme dans la ſuite ; celle-ci conſiſta à ſe ſervir du Verbe uni au Pronom, & à le faire précéder également du Pronom ; ſoit parce que le Pronom verbal s'étoit ſi fort défiguré, qu'on ne le reconnoiſſoit plus, comme dans suis où l'on ne voit plus de traces du Pronom me ; ſoit parce que les Langues qui ſe ſervirent de cette troiſiéme méthode, étoient trop accoutumées à mettre le Pronom avant le Verbe, pour le ſouffrir après ; & telle eſt la Langue Françoiſe en particulier : elle ne dit pas ſimplement avec les autres Peuples, *ſuis*, *es*, *eſt*, mais elle repete le Pronom, en diſant *je ſuis*, *tu es*, *il eſt*.

Aſſocier le Verbe avec chaque perſonne ſucceſſivement, c'eſt ce qu'on apelle le FLÉCHIR.

On le fléchit au ſingulier & au pluriel, puiſque chaque perſonne a un ſingulier & un pluriel.

Alors, on l'aſſocie d'abord avec les trois perſonnes au ſingulier & enſuite avec les trois perſonnes au pluriel : ainſi nous diſons en François :

Je ſuis.	Nous ſommes.
Tu es.	Vous êtes.
Il eſt.	Ils ſont.

Tandis que les Grecs diſoient d'une maniere plus courte :

Ei-mi.	Es-men.
Ei-s.	Es-te
Ei, ou Eſti.	Ei-ſi, & Enti.

Gramm. Univ.

Les Latins qui avoient fait précéder la premiere personne, de la lettre s, ajouterent également cette lettre à la premiere & à la troisiéme personne du pluriel : de sorte qu'ils eurent ce Verbe :

Sum.	Sumus.
Es.	Estis.
Est.	Sunt.

Les Orientaux n'arrangent pas ces personnes de la même manière que nous : ils commencent par la troisiéme, & finissent par la premiere. Ce Verbe se fléchit donc ainsi chez les Persans :

Ast, il est.	And, ils sont.
Ai, tu es.	Aid, vous êtes.
Am, je suis.	Aim, nous sommes.

L'on voit dans AM *je suis*, & dans AND *ils sont*, l'origine de *Eimi* & celle de *Enti*, le *sunt* des Latins & notre SONT.

Observons que si les Latins firent précéder de la lettre s, trois de ces personnes, ce ne fut point par un effet du caprice : ce fut pour en adoucir la prononciation, que l'aspiration & les nasales *m* & *n* qui s'y trouvent rendoient trop dure : ce qui n'étoit pas à négliger dans un mot aussi commun : car c'est une chose à remarquer que les Latins étoient aussi ennemis des aspirations que les Grecs en étoient amis ; ce qui mit une très-grande différence dans l'orthographe de la plûpart des mots communs à ces deux Peuples.

§. 12.

Origine des mots qui marquent en Latin le Passé & le Futur du Verbe Etre.

Il ne suffisoit pas de désigner l'existence actuelle, ou le tems présent : il falloit encore être en état de désigner l'existence passée & l'existence future, le Tems qui n'étoit plus, & celui qui n'étoit pas encore ; mais qui alloit suivre. EST ne pouvoit plus servir à ces usages, si différens de celui pour lequel il étoit employé. Il fallut donc recourir à d'autres sons, & que ces sons fussent également propres à peindre ces nouvelles idées, comme on en avoit un qui peignoit l'existence actuelle & qui étoit pris dans la Nature.

Le son fugitif FU fournit l'un de ces mots : il désigna chez les Latins le tems passé du Verbe EST. Ce son est tiré de la portion extérieure de l'Instrument vocal, & il est repoussé en dehors avec force, en sorte qu'il fuit loin de

UNIVERSELLE. 187

cet Inftrument. On ne pouvoit donc mieux peindre l'exiftence qui n'eft plus, le tems paffé qui s'enfuit fans qu'on le revoie jamais. Auffi, FU eft le mot qui défigne en diverfes Langues l'exiftence paffée : dans la Perfane où בוד VUD, fignifie *il fut*; en Latin où FU-*i*, fignifie je fus, *fu-ifti*, tu fus, *fu-it*, il fut, mot à mot *il eft s'enfuyant*. Il en eft de même dans toutes les Langues qui ont emprunté ce tems du Latin.

De cette même racine viennent une multitude de mots avec la même fignification.

En Hébreu,	פוח,	Fuc'h,	pouffer fa voix, fouffler.
	פוג,	Fug,	ceffer d'être.
	פיח,	Phic'h,	cendres, reftes du bois confumé
	אפך,	A-FEC,	variable, qui ceffe d'être le même.
	פס,	PHES,	être difperfé, finir, diminuer.
	א-פס,	A-FES,	ceffer d'être, finir, défaillir.
	פוץ,	FUTS,	difperfer, diffiper, brifer, anéantir.
	פוק,	FUQ,	enlever, ébranler, chanceler.
En Grec,	Φυση,	Fufsé,	fouffle; 2°. tout ce qui ne renferme que du vent, un fouffler, une veffie, une bulle d'air; 3°. vanité, fafte.
	Φυξ,	Fugs,	fuite.
	Φυγι,	Fuge,	fuis.
	Φευγω,	Feugó,	je fuis.
	Φυ,	Fey,	Fy.
En Latin,	Fuga,	fuite.	
	Fuge,	fuis.	
	Fumus,	fumée.	
En François,	Fuir,		*fuite*, *fugue*, *fumée*; *feu*, pour défigner une perfonne qui n'eft plus, qui *fut*.

De-là le mot Hébreu, Grec & Latin, FUC פוק qui fignifie du *fard*, couleur qui n'a qu'une exiftence fugitive & paffagere : & d'où vint le nom de FUCUS que porte l'algue, plante marine, parce qu'elle entroit dans la compofition du fard, ou du FUC.

Le FUTUR au contraire, s'avance avec rapidité : il n'eft pas ; mais déja nous le touchons. On le peindra donc au moyen du fon le plus roulant, le plus fonore, le plus propre à repréfenter un objet qui s'avance & dont le fon aug-

A a ij

mente à proportion qu'il eſt plus près : R ſera donc le nom du tems futur, puiſque c'eſt le ſon le plus roulant & qui ſe renforce à meſure qu'il roule davantage. De-là,

ER-o je ſerai, ER-is tu ſeras, ER-it il ſera, &c. Tems qui ſubſiſte dans toutes les Langues nées des débris de la Latine, mais que nous avons fait précéder de la lettre s, comme les Latins l'avoient déja fait pour le préſent. Ainſi nous diſons, *je ſerai*, *tu ſeras*, *il ſera* : les Italiens, *egli ſarà*, il ſera, l'Eſpagnol, *ſerá*.

Il y a plus, c'eſt que dans ces trois Langues, tous les futurs ſe diſtinguent par le ſon R. Ainſi nous diſons j'ai*me-rai*, je *voud-rai*, &c. de même que les Latins l'obſerverent pour l'un de leurs futurs, diſant *amav*-ER-o j'aurai aimé, *leg*-ER-o j'aurai lu.

Il eſt même très-aparent que chez les premiers Grecs R déſignoit le futur; & qu'à la longue ce ſon ſe changea en s, qui eſt le caractère diſtinctif de leurs futurs. On ſait que R & s ſont des Tons qui ont été ſans ceſſe ſubſtitués les uns aux autres.

CHAPITRE VI.
DES PARTICIPES.

SIXIEME PARTIE DU DISCOURS.

§. 1.

Raports & différences des Participes & des Adjectifs.

Nous avons vu qu'entre toutes les qualités dont les Êtres sont revêtus, il y en avoit qui n'étoient qu'*énonciatives*, que celles-ci s'exprimoient par des *adjectifs* qui désignoient la qualité d'un objet purement & simplement, & qui se lioient avec le nom de cet objet par le Verbe *est*; comme lorsque nous disons, le Soleil est *grand*; la Terre est *ronde*; l'Eau est *limpide*.

Mais outre les qualités exprimées par ces Adjectifs, il en est d'autres d'une classe très-différente, qui représentent les divers États qu'éprouvent les Êtres, par la propriété qu'ils ont d'agir les uns sur les autres.

Celles-là, unique effet de la constitution de ces Êtres, & auxquelles ils ne peuvent aporter aucun changement.

Celles-ci, produites par la liberté qu'ont les Êtres d'agir sur eux-mêmes ou les uns sur les autres, & d'exécuter ainsi les projets qu'ils conçoivent.

Celles-là toujours les mêmes, sans aucune variété relative au tems.

Celles-ci n'ayant qu'un tems, & flexibles comme les opinions & comme la volonté des Êtres qui les produisent.

Celles-là qui n'influent en rien sur la perfection des Êtres : celles-ci par lesquelles ils l'augmentent ou la diminuent, suivant le bon ou le mauvais usage qu'ils en font.

§. 2.

Définition des Participes.

Les PARTICIPES seront donc les mots qui expriment les divers États des Êtres, occasionnés par la propriété qu'ils ont d'être susceptibles d'action.

Et ces mots seront toujours liés avec l'idée de tems, parce que les actions se passent dans le tems & que les États qui en sont la suite ne durent qu'un tems.

§. 3.

Division des Participes.

Toute action peut être considerée sous deux points de vue.

Premierement, par raport à l'Être qui agit : secondement, par raport à l'Être qui éprouve les effets de cette action.

Le premier de ces Êtres est actif ; & le second est passif.

Ce qui constitue deux sortes de Participes.

LE PARTICIPE ACTIF, tel qu'*aimant*, *louant*, *lisant* ; car ces mots peignent un Être comme occupé à *aimer*, à *louer*, à *lire* ; comme faisant l'action d'aimer, de louer, de lire.

Le PARTICIPE PASSIF, tel qu'*aimé*, *loué*, *lu* ; car ces mots peignent les effets des actions d'aimer, de louer ou de lire : ils peignent des objets comme étant aimés, loués, lus, par d'autres Êtres, par ceux dont on a dit qu'ils étoient *aimant*, *louant*, *lisant*.

§. 4.

Objets à considérer dans les Participes.

On a donc trois choses à considérer dans tout Participe.

1°. L'Être qui éprouve l'État dont on parle.
2°. L'État qu'on lui attribue.
3°. Le Tems dans lequel cet État a lieu.

Tout cela se trouve dans *aimant* comme dans *aimé*.

1°. On y voit un Être dans l'état d'agir, ou dans l'état par lequel il éprouve l'effet d'une action.

2°. On y voit les États divers qu'on lui attribue ; celui d'*aimer* & celui d'*être aimé*.

3°. On y voit que ces divers États ont lieu dans un Tems quelconque : car un Être peut *être* aimant, *avoir été* aimant, ou *devenir* aimant : de même il peut *être aimé* au moment présent, *avoir été aimé*, ou se voir *aimé* dans la suite.

§. 5.

Tableaux qui en résultent.

Ces Participes se lient aux objets auxquels ils se raportent, ou auxquels on attribue l'un ou l'autre de ces États, de la même maniere que les Adjectifs, par le verbe ÊTRE, lien commun de tous les Tableaux de nos idées.

Ainsi l'on dit, *il est* AIMANT & *il est* AIMÉ, tout comme nous avons vu qu'on disoit, *il est grand*, *il est doux*, *il est élevé*.

De ces Tableaux, le premier s'apellera *Tableau actif*, & le second, *Tableau passif*.

Le premier, ACTIF, parce qu'il peint l'action, l'Être qui agit.

Le second, PASSIF, parce qu'il peint l'impression de l'action d'un Être sur un autre Être; parce qu'il peint l'Être qui éprouve l'effet de cette action, qui n'est que patient ou passif à son égard.

§. 6.

Que les Participes sont une des Parties du Discours.

Jusques-ici on ne mettoit point les Participes au nombre des Parties du Discours : mais on se fondoit sur les motifs les plus foibles : & en effet, n'en faire une partie séparée, comme PRISCIEN, (1) que parce qu'ils ont des cas & des genres & point de modes, c'est ne vouloir persuader personne : aussi tous les Grammairiens les ont considérés comme une dépendance des Verbes, ou comme des Adjectifs-verbaux. Mais ils respectoient une vieille erreur, qui mérite d'autant moins de considération qu'elle a embrouillé cette matiere au-delà de toute expression, & qu'elle a fait oublier ce que les Participes furent dans l'origine. Trompant ainsi par les formes actuelles de ces objets, elle a fait totalement perdre de vue la véritable place des Participes.

Il est donc tems de la leur rendre, & de débarrasser par-là cette classe de mots, des obscurités qu'on y rencontre encore, uniquement par cette raison.

On ne sauroit les confondre avec les Adjectifs, puisque ceux-ci n'expriment, comme nous l'avons vu, qu'une partie de ce qu'expriment les Participes, & qu'ils different si fort dans leurs fonctions, quoique leur forme soit la même.

---

(1) Lib. II. *de Oratione.*

On peut bien moins encore les confondre avec le Verbe, puisque l'essence de celui-ci est d'unir les mots qui désignent les qualités avec ceux qui indiquent les objets dans lesquels se trouvent ces qualités.

Quelque jour même on ne pourra pas concevoir qu'on ait réuni sous un même point de vue les Noms, les Adjectifs, les Participes & les Verbes : qu'on ait vu une seule & même partie du Discours dans ces divers mots, *Soleil*, *brûlant*, *aimé* & *être* : que cette confusion se soit soutenue si long-tems, & dans les siécles les plus brillans de la Littérature Françoise.

La maniere dont nos Grammairiens s'expriment à ce sujet ; les diverses tournures qu'ils prennent pour faire disparoître les nuages dont il est environné ; la métaphysique profonde à laquelle ils sont forcés d'avoir recours pour débrouiller ce cahos, prouvent sensiblement combien ils étoient peu satisfaits des idées communément reçues à cet égard : c'est peut-être ici une des Parties qu'ils ont le plus soignée, & qui est présentée de la maniere la moins satisfaisante.

C'est qu'ils tenoient trop à l'ancienne maniere de voir : c'est qu'ils vouloient raccommoder un systême impossible à défendre : qu'ils n'avoient pas osé secouer d'anciens préjugés, & travailler sur des fondemens tout neufs.

C'est perdre son tems & ses soins que de chercher à raccommoder un édifice qui tombe en ruine de toutes parts : de vouloir mettre de l'ordre dans des objets qui n'en sont pas susceptibles : de s'obstiner à réunir des choses qui ne se peuvent concilier.

Les Participes ne vont ni avec les Adjectifs, ni avec les Verbes ; ils ne peuvent s'expliquer ni par les uns ni par les autres ; ils ont leur marche propre & unique : des caractères particuliers qui ne se trouvent qu'en eux, qui ne constituent qu'eux, qui en font un ordre de mots absolument séparés des autres à tous égards, & pour le fonds, & pour la forme ; & même pour la maniere dont ils s'ellipsent, objet qu'il ne faut jamais perdre de vue, & qu'on ne met cependant pas en ligne de compte : faisons-les donc marcher seuls, & ils nous arrêteront moins ; les trois quarts de la peine seront suprimés.

§. 7.

Pourquoi ils furent apellés Participes.

D'après ces préliminaires, il sera très-aisé de rendre raison de la dénomination qu'on leur a donnée, qui nous vint des Latins, mais qui se lie avec notre Verbe *participer*, ou *prendre part*. Ce n'est point, comme on l'a cru,

parce

parce qu'ils participent de deux natures, de la nature des Adjectifs & de celle des Verbes : mais parce qu'à la différence des qualités exprimées par les Adjectifs & qui ne sont point l'effet de la participation des objets auxquels on les attribue, celles-ci au contraire sont toujours l'effet de la participation des Êtres qui les font naître, qu'ils y prennent part, qu'ils s'y intéressent, qu'ils s'y portent avec ardeur pour les faire réussir. En effet, l'Homme, par sa volonté, par sa détermination, est toujours de moitié dans les actions, tandis qu'il n'entre pour rien dans les qualités qu'il tient de la Nature, telles que celles qui concernent la grandeur, la taille, la couleur, la beauté, &c. Et telle est la force même du mot PARTICIPE, composé des mots PART-*em* CAP-*ere* ou CIP-*ere*, prendre part.

Cette différence étoit trop remarquable pour ne pas se faire sentir vivement ; & cette propriété trop intéressante, pour que cette Partie du Discours n'en prît pas son nom. On dut voir dès les premiers instans que l'Homme participoit à ses actions ; qu'elles étoient l'effet de sa détermination ; que c'est par-là qu'elles devenoient dignes de blâme ou de louange ; que tandis qu'on se contente d'admirer ceux qui sont bien, on aplaudit ceux qui font bien ; & qu'on ne pouvoit donner à cette portion de mots un nom plus distingué, mieux assorti & plus propre à en faire sentir le prix.

L'origine que nous assignons ici aux Participes est d'autant plus exacte & d'autant plus vraie, que les Participes sont beaucoup plus anciens que les Verbes dont on les dit participans, & avec lesquels on ne pouvoit les comparer dans les commencemens, puisqu'ils n'existoient pas ; comme nous le prouverons dans le Chapitre suivant qui aura les Verbes pour objet.

Là, nous verrons que tout Verbe qui fait plus qu'unir le nom d'un objet avec celui de sa qualité, & qui exprime en même-tems une action, tels que *j'aime*, *je lis*, *je loue*, &c. tirent toute leur force des Participes euxmêmes, dont ils n'ont fait que prendre la place : & que ces Verbes, loin d'être comme on l'a cru une partie fondamentale du Discours, n'en forment qu'une portion de convenance, qui pour être sentie doit s'analyser en dernier ressort par le Participe, & par le Verbe EST, ce Verbe qui unit entr'elles les parties essentielles des Tableaux de nos idées.

Il est vrai qu'on fait marcher les Participes à la suite de ces Verbes comme s'ils en étoient nés & qu'ils en fussent une dépendance : mais on ne pouvoit faire autrement d'après la maniere dont on envisageoit ces objets : comme on n'avoit pas des principes sûrs, il étoit impossible de découvrir la véritable analogie de tous ces objets & de les caser dans leur place naturelle : par-tout, le factice en prenoit la place; & comme on ne raisonnoit que d'après ce factice, il falloit nécessairement qu'on s'égarât; qu'on mît à la fin ce qui devoit être au commencement & qu'on regardât comme cause ce qui n'étoit qu'effet.

Mais lorsqu'on cherche la vérité, & qu'on veut avoir des idées nettes des choses, il ne faut jamais partir de ce qui s'est fait ou de ce qui s'est dit; mais de ce qui devoit se faire ou se dire; & de ce qui a fait qu'on a agi ou dit autrement.

Si ceux qui les premiers réunirent les Participes aux Verbes, & les mirent à la fin de toutes les portions du Verbe, le firent parce qu'ils s'imaginerent que les Participes étoient nés des Verbes & ne les avoient pas formés, ils se tromperent très-grossiérement; & leur autorité est nulle, étant contraire au fait & à la raison.

S'ils les joignirent aux Verbes, parce qu'ils apercevoient entr'eux les plus grands raports, & parce que la connoissance de l'un conduisoit à la connoissance de l'autre, ils avoient raison : mais ils auroient dû en avertir & ne pas les rejetter à la fin des Verbes, pour ne pas induire en erreur ceux pour l'instruction de qui ils écrivoient, & qui en ont toujours conclu, ce qu'on ne pouvoit qu'en conclure, que les Participes étoient nés des Verbes, & que ceux-ci étoient essentiels, tandis que ceux-là n'étoient qu'un accessoire.

Mais on peut affirmer sans crainte de se tromper, que les premiers qui rassemblerent ces observations se tromperent eux-mêmes : qu'on avoit déja perdu dès-lors la vraie origine de toutes ces choses; & que dans l'impossibilité où ils étoient de remonter à cette origine, ils ne chercherent qu'à mettre un ordre quelconque dans les faits qui existoient, & qui leur servoient de base.

De-là les difficultés dont cet objet est hérissé, que nos Grammairiens ont tâché d'enlever; qu'ils auroient entierement dissipées, s'il n'avoit fallu pour cela que de l'esprit & l'intelligence des Langues : tandis que la vraie généalogie de ces espéces de mots pouvoit seule en donner la solution : & cette vraie généalogie étoit impossible à trouver, sans la comparaison des Langues les plus anciennes & sans la connoissance de leurs raports avec les idées.

Les difficultés qui regardent les Participes, naissent sur-tout de ce que l'Ellipse s'est emparée de cette Partie du Discours : c'est-là en quelque sorte qu'elle a établi son Empire; c'est-là qu'elle abrége la parole d'une maniere dont nous n'avons point d'exemple dans aucune autre espéce de mots. L'on auroit donc besoin ici de la métaphysique la plus déliée, & de tout ce que l'Art grammatical a de plus profond, d'un secours supérieur pour découvrir les routes secrettes que l'ellipse suivit ici, pour retrouver les longueurs qu'elle franchit, & pour reconnoître les moyens par lesquels l'esprit humain est parvenu à cette façon de s'exprimer aussi briéve qu'énergique.

§. 8.

Utilité & beauté des Participes.

Si l'utilité & la beauté d'une Partie du Discours dépend du rôle que jouent dans le Discours les mots dont elle est composée, il en est peu qui soit plus utile & plus intéressante, que les Participes, tels que nous les présentons ici ; désignant les actions & les déterminations de la volonté ; antérieurs aux Verbes ; n'en reconnoissant qu'un seul, le Verbe *est*, avec lequel ils puissent s'associer ; & ame ou base fondamentale de tous les autres qui leur doivent tout ce qu'ils sont.

C'est par ses qualités actives que l'Homme se distingue entre tous les Êtres ; & par les actions qui en sont la suite, qu'il exerce & manifeste ses facultés les plus excellentes, sa liberté & son intelligence : elles sont une de ses plus belles prérogatives. Par leur changement continuel & toujours effet de sa volonté qui les commence, les continue, les suspend ou les reprend suivant les circonstances, il se prête à tous les besoins, il se porte à tout, il pouvoit à tout, il survient à tout ; il cultive les Arts, il va de connoissance en connoissance ; il se perfectionne sans cesse ; ses semblables trouvent en lui & il trouve en eux des secours toujours efficaces.

C'est par leurs actions que les Peuples, les Sociétés, les Familles, que chaque individu, s'élevent au-dessus de leur état actuel, bannissent la paresse & l'indolence, ameliorent leur sort, & disposent la Terre à recevoir, à entretenir, à rendre heureux un plus grand nombre d'Hôtes.

Par leurs actions, les Hommes se montrent tels qu'ils sont, éclairés, sages, généreux, compâtissans, pleins de vertu ; ou ignorans, lâches, rampans, vicieux, corrompus.

C'est par les actions qu'on s'éléve ou qu'on s'abaisse, qu'on devient digne de louange ou de blâme, qu'on se fait aimer ou détester.

Les actions des hommes ne peuvent jouer un si grand rôle sur la scène de ce monde sans en jouer un très-grand dans le discours : elles y méritent donc une place distinguée, une place qui soit à elles, & non à aucun autre mot : &

cette place est celle des Participes, puisque ceux-ci peignent les Hommes dans tous leurs états, actifs & passifs, & qu'il n'est aucun Tableau d'idée où il faille peindre l'Homme dans l'un ou dans l'autre de ces états, qui ne soit parfaitement exécuté par l'un ou l'autre Participe, comme nous aurons lieu de nous en assurer dans la suite, & comme l'ont très-bien vu les Grammairiens.

§. 9.

Pourquoi on avoit négligé jusques-ici cette portion du Discours.

Mais si les Grammairiens sont convenus que tous les états actifs & passifs, pouvoient très-bien se peindre par les Participes, comment est-il arrivé qu'ils n'en ayent pas fait une des Parties du Discours ; qu'ils les ayent confondus avec le Verbe, dont la fonction est si différente ; qu'un fait aussi frapant, ait été en pure perte pour eux, & qu'une si belle Partie du Discours leur ait échapé d'une maniere qui paroît inconcevable, & qui donne un air d'innovation & de paradoxe à celui qui apelle de leur jugement ?

Cette méprise est arrivée tout naturellement, si naturellement, qu'elle étoit presqu'impossible à éviter ; & qu'on ne pouvoit pas s'apercevoir que c'en fût une, à moins d'avoir des principes très-différens de ceux dont on partoit.

L'on avoit mis à la place des Participes, leur équivalent formé par ce qu'on apelle *Verbes actifs & passifs*. Ainsi les états actifs & passifs se trouvoient en possession d'une place séparée, quoique sous un autre titre. A cet égard, la méprise étoit en quelque sorte réparée, quoiqu'il en naquît une de fait, & contraire à toute analogie, qui consistoit à regarder les Participes comme étant nés des Verbes, tandis que ceux-ci, comme nous le verrons au Chapitre suivant, ne sont qu'une formule plus courte qu'on substitua aux Participes & au Verbe.

Mais il résulta de cette premiere méprise, une erreur capitale & qui a brouillé toutes les idées grammaticales ; c'est que ces Verbes actifs & passifs qui devoient former, sous le nom de *Participes*, une classe du Discours séparée de toute autre, & sur-tout de celle qu'on apelle *Verbe*, furent confondus avec celle-ci : ensorte que deux Parties du Discours très-distinctes & dont la définition de l'une ne pouvoit être la définition de l'autre, furent confondues en une seule ; & qu'on chercha dès-lors une définition qui convînt à ces deux Parties du Discours, comme si elles n'en formoient réellement qu'une.

seule : ce qui dénaturoit tout, & a jetté les Grammairiens dans des embarras & des difficultés, dont rien ne pouvoit les tirer qu'en revenant à la Nature & au vrai, qu'en séparant les Participes du Verbe, & en ne voyant dans ce qu'on apelle Verbes actifs & passifs, qu'une formule abrégée du Verbe & du Participe.

C'étoit ainsi qu'une premiere erreur en entraînoit un grand nombre d'autres ; & que celles-ci avoient tellement fait disparoître les traces du vrai, qu'on ne soupçonnoit pas même qu'on se fût égaré.

§. 10.

Formation & Origine des Participes.

Nous avons vu que les Participes étoient divisés en deux Classes, les uns actifs, tels qu'*aimant*, qui peignent les hommes dans un état d'action en même-tems qu'ils désignent le genre d'action dont ils s'occupent. Les autres passifs, tels qu'*aimé*, qui les peignent comme éprouvant les effets d'une action étrangere, & qui désignent en même-tems la nature de cette action.

Je suis aimant, signifie donc, *je suis* dans cet état actif qu'on apelle *aimer*.

Je suis aimé, signifiera *je suis* dans cet état passif qui consiste à éprouver les effets de l'action qu'on apelle *aimer*.

Ces Tableaux ne signifient rien, ou ils signifient tout cela ; & ces dévelopemens sont puisés dans l'idée même du Participe, puisqu'ils peignent les états actif & passif, qui résultent des actions auxquelles on se porte, ou desquelles on éprouve les effets.

Ils sont donc elliptiques, puisqu'ils peignent tant d'idées avec si peu de traits : mais comment est-on parvenu à former ces ellipses & à créer ces mots ? D'une maniere très-simple, très-naturelle & qui donne très-exactement la définition des Participes.

Ce fut par la réunion de deux mots : l'un qui peignoit l'action qu'on vouloit désigner : l'autre qui peint les Êtres dans un état actif ou passif, sans déterminer la nature de cette action.

Ce mot est *é* pour le passif, & *en* ou *an* pour l'actif : mots qui ne peuvent être plus simples & qui tirent toute leur force du Verbe E qui peint l'éxistence en elle-même purement & simplement ; au lieu que *en* peint un Être dans l'exstence active, & que *é* le peint dans l'existence passive.

Ainsi, *Aim-ant* est composé de deux mots qui signifient :

ANT, celui qui est dans un état actif.
AIM, amour, état d'amour.

Aim-é, est composé de deux mots qui signifient :

É, celui qui est dans un état passif résultant de l'action d'un autre.
AIM, amour, état d'amour.

Mot-à-mot, *Aim-ant*, l'Être actif amour ; *Aim-é*, l'Être passif amour : expressions qui tirent toute leur force de leur forme elliptique.

Cette formation des Participes n'est point particuliere à notre Langue : elle nous est commune avec la plûpart ; on peut dire, avec toutes, quoique sous diverses formes.

Ainsi les Latins disoient *Leg-*ENTe, l'Être qui lit.

*Leg-*E-TO, l'Être qui est lu, & par syncope, *legto* ou *lecto*.

Et avec la prononciation forte :

Am-ante, l'Être qui aime.
Am-ato, l'Être qui est aimé.

De-là l'usage des Languedociens de terminer tous ces passifs en *at*, disant, *amat*, aimé ; *blessat*, blessé ; *cantat*, chanté, &c.

Il en étoit de même des Grecs : ils formoient ce Participe passif par le moyen d'*eis*, le même que notre *é* : & le Participe actif par le moyen d'*ôn*, le même qu'*en*, avec une légere altération dans la voyelle. Ainsi :

*Ti-*ÔN, signifie chez eux celui qui honore, l'Être qui honore.
*Ti-*EIS, honor-é, l'Être qu'on honore.

Ces formules avoient l'avantage d'abréger singulierement le discours & de lui donner plus de force & plus de clarté. Il ne faut donc pas être surpris, si elles se trouvent dans toutes les Langues de cette façon ou sous des formes qui l'équivalent.

Divers Tems des Participes.

Nous avons dit que les Participes étoient relatifs au tems, parce que toute action est dans un tems. A cet égard, il existe diverses espéces de Participes ; ou pour mieux dire, on peut exprimer par la forme du Participe tous les tems possibles.

UNIVERSELLE.

Nous avons en François divers Participes actifs.

Un Présent,	aimant,	*je suis aimant.*
Un Passé positif,	ayant aimé,	*je suis ayant aimé.*
Un Passé comparatif,	ayant eu aimé,	*je suis ayant eu aimé.*

Les autres Participes actifs s'expriment par des Participes d'autres Verbes joints à l'action d'*aimer*.

Un Passé prochain,	venant d'aimer,	*je suis venant d'aimer.*
Un Futur positif,	devant aimer,	*je suis devant aimer.*
Un Futur prochain,	allant aimer,	*je suis allant aimer.*

On pourroit avoir un Futur éloigné, celui que nous sommes obligés d'exprimer par *qui sera aimant*, & qui correspond au Latin *amaturus*, participe futur qui ne signifie ni *devant* aimer, ni *allant* aimer, mais *celui qui sera aimant*.

Nous avons aussi divers Participes passifs analogues à ceux-là.

Un Présent, aimé, *je suis aimé*, & qui s'associe comme tous les Participes à tous les tems du Verbe *je suis*.
Un Passé positif, ayant été aimé, *je suis ayant été aimé*.
Un Passé prochain, venant d'être aimé.
Un Futur positif, devant être aimé.
Un Futur prochain, allant être aimé.

Nous devrions avoir deux autres Participes.

Un Passé éloigné, signifiant *celui qui fut aimé*.
Un Futur éloigné, signifiant *celui qui sera aimé*.

Les Grecs ont une maniere très-commode de former leurs Participes : c'est comme nous dans *aim-ant* & dans *aim-é*, avec les tems du Verbe *est* ; mais ils en ont plus que nous. En voici un exemple :

Ti, signifie chez eux l'action d'honorer : en le combinant avec le Verbe *Être* : ils en ont ces Participes.

Actifs.

Ti-*ón*, celui qui est honorant, honorant.
Ti-*són* (1), celui qui va honorer.

---

(1) Prononcez *s* comme s'il y en avoit deux.

Tɪ-*ón*,	celui qui honorera.
Tɪ-*fas*,	celui qui vient d'honorer.
Tɪ-*ón*,	celui qui a honoré, ayant honoré.
T*e*-Tɪ-*kós*,	celui qui fut honorant, ayant eu honoré.

PASSIFS.

Tɪ-*omenos*,	qui est honoré, honoré.
T*e*-Tɪ-*fomenos*,	qui va être honoré, allant être honoré.
Tɪ-*thefomenos*,	qui doit être honoré, devant être honoré.
Tɪ-*theis*,	qui vient d'être honoré, venant d'être honoré.
Tɪ-*eis*,	qui a été honoré, ayant été honoré.
T*e*-Tɪ-*menos*,	qui fut honoré.

§. 11.

De leur forme adjective.

Ces Participes désignant des qualités, subiront donc les mêmes loix que les Adjectifs qui désignent également des qualités : comme ceux-ci, ils auront des nombres & des genres, afin de porter les livrées de leur objet & de s'unir plus étroitement avec eux.

C'est ainsi qu'on dit *aimé* & *aimée* au masculin & au féminin singuliers : *aimés* & *aimées* au masculin & au féminin pluriels.

Il en est de même du Participe actif en Grec, en Latin & dans le vieux François de nos Peres : ils disoient *aimante*, *aimans*, *aimantes* : tandis qu'il est actuellement indéclinable.

Je ne sache pas qu'on en ait cherché la raison : il doit cependant y en avoir une nécessairement, rien n'arrivant sans cause, en Grammaire tout comme dans la Nature. Et cette cause doit exister dans la maniere dont nous envisageons actuellement ces Participes actifs.

§. 12.

Du Participe en ant, *& si notre Langue a des Gérondifs.*

L'on peut dire que l'usage des Participes actifs est borné à désigner les circonstances dans lesquelles on se rencontre au moment dont on parle.

Le prologue de la Tragédie d'Esther contient, par exemple, cinq ou six Participes actifs, qui sont tous circonstantiels.

» Et l'Enfer COUVRANT tout de ses vapeurs funébres,
» Sur les yeux les plus saints a jetté ses ténébres.

Comme si l'on disoit, l'Enfer a jetté ses ténébres sur les yeux les plus saints, EN *couvrant* tout de ses vapeurs funébres.

» Déja ROMPANT par-tout leurs plus fermes barrieres,
» Du débris de leurs forts, il couvre ses frontieres.

Ou, *déja* EN *rompant par-tout*, &c.

Il en est de même dans ce morceau de la Scène premiere du premier Acte.

» Mais lui VOYANT en moi la fille de son frere,
» Me tint lieu, chere Elise, & de pere & de mere :
» Du triste état des Juifs jour & nuit agité,
» Il me tira du sein de mon obscurité ;
» Et sur mes foibles mains FONDANT leur délivrance,
» Il me fit d'un Empire accepter l'espérance.
» A ses desseins secrets, *tremblante*, j'obéis.
» Je vins ; mais je cachai ma Race & mon Pays.
» Qui pourroit cependant exprimer les cabales
» Que formoit, en ce lieu ce peuple de Rivales,
» Qui toutes DISPUTANT un si grand intérêt,
» Des yeux d'Assuerus attendoient leur arrêt ?

Ces *voyant*, *fondant*, *disputant*, désignent autant de circonstances, & peuvent se rendre par, EN *voyant*, EN *fondant*, EN *disputant*.

Il n'est pas moins circonstantiel dans cette phrase, *je l'ai vu* PARLANT *à son Fils*, c'est-à-dire, *tandis qu'il parloit à son Fils* : car cette formule *tandis que*, est un circonstantiel parfaitement relatif à *en*, dont on ne peut se servir ici à cause de l'équivoque qui en résulteroit, parce qu'on ne sauroit si c'est à lui ou à moi que se raporteroit l'expression *en parlant*.

C'est par cette raison que l'Abbé GIRARD avoit fait du Participe actif François, un Gérondif, c'est-à-dire un circonstantiel.

L'on sent très-bien que dans toutes ces occasions, le Participe ne peut prendre les livrées du sujet de la phrase, de ce nom auquel se raporte le Ta-

Gram. Univ.   C c

bleau entier, puisqu'il n'en exprime pas les qualités, mais seulement les accessoires.

Aussi toutes les fois que le Participe est employé comme un simple adjectif pour désigner les qualités d'un objet, il se décline comme les adjectifs : ainsi l'on dit, *Vérité* FRAPANTE, *Eaux* BONDISSANTES, *Fleurs* ODORANTES, *Mere* TREMBLANTE, *Tableaux* PARLANS.

De ce que nos Participes actifs en *ant* ne sont jamais susceptibles de genre & de nombre, on peut donc assurer hardiment qu'ils ne sont jamais employés en François dans leur vrai usage de *participes*, mais simplement comme des circonstantiels ou comme des adjectifs.

Ainsi lorsqu'on nous dit que les Participes en *ant* sont indéclinables, on nous induit en erreur, parce qu'on nous fait croire qu'ils sont indéclinables employés même dans leur fonction propre de participes : ce qui n'est pas par le droit, mais qui est de fait en notre Langue, parce que les participes n'y paroissent jamais dans leur vrai état, qui est d'être associé au Verbe ÊTRE.

Il est fâcheux que l'Académie Françoise qui décida à la fin du siécle dernier que le participe cessoit d'être participe, & n'étoit plus qu'un adjectif lorsqu'il s'accordoit en genre & en nombre avec un nom, n'ait pas aperçu les vrais fondemens de cette assertion : elle n'auroit pas augmenté l'obscurité qui regne sur cette matiere importante, en multipliant les êtres & faisant d'un même mot un participe, un adjectif & un gérondif.

Mais on n'avoit alors qu'une très-foible idée de la nature des Langues, & des vrais principes de la Grammaire : ensorte que la décision de l'Académie, conforme au fait, mais qui n'en indiquoit point les causes, qui en rendoit même la découverte impossible, étoit au-dessous de ce Corps illustre ; & n'a pu qu'égarer ceux qui l'ont pris pour guide, en supposant que nous avions outre les Participes, des adjectifs en forme de participes & des gérondifs en forme de participes, mais qui n'étoient point participes. Ce qui est la chose la plus monstrueuse que je connoisse, & qui peut marcher de pair avec ces cercles qu'on multiplioit sans cesse dans des siécles d'ignorance, pour rendre raison du mouvement des Cieux.

Je ne doute point que si l'Académie Françoise avoit actuellement une pareille décision à faire, elle ne se contenteroit pas de déclarer qu'en tel cas le Participe devient adjectif, mais qu'elle remonteroit aux causes même qui font que ce mot paroît tantôt avec des genres & tantôt sans genres ; & qu'elle répandroit dans cette discussion la lumiere que la saine critique répand sur toute espéce de question.

UNIVERSELLE.

Nous pouvons donc poser comme des principes incontestables :

1°. Que tout participe employé comme participe, c'est-à-dire dans toute l'étendue de sa signification propre, comme désignant l'état d'une personne résultant d'une action quelconque, a toujours la forme adjective, & revêt comme l'Adjectif les livrées du nom auquel il se raporte.

Que c'est par cette raison qu'on dit, IL *est* AIMÉ ; ELLE *est* AIMÉE.

Que par la même raison on dit dans toute Langue, IL *est* AIMANT ; ELLES *sont* AIMANTES.

2°. Que lorsqu'on ne le fait pas accorder en François, avec son nom, à l'actif comme au passif, c'est parce que le participe actif n'est jamais employé dans notre Langue avec le Verbe *est*, c'est-à-dire sous sa vraie forme, ou dans son état primitif.

3°. Que s'il devient adjectif lorsqu'il s'accorde avec son nom, c'est parce que dans toutes ces occasions il est employé comme participe, quoique l'on ne s'en soit pas aperçu, à cause de l'ellipse du Verbe *être* en vertu duquel il se décline ; comme cela a lieu dans tous les exemples allégués ci-dessus. Ainsi, *Vérité frapante*, est pour, *Vérité* QUI EST *frapante* : *Eaux bondissantes*, pour *Eaux* QUI SONT *bondissantes* : *Mere tremblante*, pour *Mere* QUI EST *tremblante*.

4°. Que dans toutes les occasions où il est indéclinable, il désigne une circonstance, un événement accessoire à l'objet principal, dont il ne peut, par conséquent, porter les livrées.

Aimant est donc participe dans tous ces cas :

1°. Il est TREMBLANT, elles sont TREMBLANTES.

2°. Cette mere TREMBLANTE, obéit aussi-tôt.

3°. Il s'aprocha en TREMBLANT, c'est-à-dire dans l'état d'un homme qui est TREMBLANT.

Dans le premier cas, TREMBLANT est participe, & par conséquent déclinable : ce seroit une faute grossière de dire *elles sont tremblant*.

Dans le second, il est *participe* encore : mais n'étant plus accompagné du Verbe *est*, il ne paroît plus qu'adjectif.

Dans le troisiéme, il est *participe* également : mais resté presque seul d'une longue phrase ellipsée, & précédé d'une préposition qui semble en faire un nom, on ne sçait plus ce qu'il est, & pour se tirer d'embarras, on l'apelle GÉRONDIF, parce qu'on trouve en Latin que les formules de ce genre s'apellent *gérondifs*. Mais qu'est-ce qu'un gérondif, demandera-t-on ? quelle est l'origine de cet Etre ? comment se trouve-t-il dans la Langue Françoise ? comment des

C c ij

personnes assez éclairées pour bannir de cette Langue, ces cas qu'on y avoit transportés sans raison du Latin, ont-elles pu se résoudre, oubliant leurs excellens principes, à faire passer dans cette même Langue un nom qui tient essentiellement à la doctrine des cas ; & qui d'ailleurs n'explique rien, ne conduit point à la cause de ces formules singulieres ? Laissons donc ces mots aux Latins ; & nous élevant au-delà de la Grammaire Latine elle-même, ne voyons dans tous ces exemples que des participes qui font partie les uns de phrases complettes & entieres, les autres de phrases elliptiques.

La doctrine des Participes en deviendra plus claire, plus simple, plus conforme aux grands principes du Langage.

Si cette méthode produit un heureux effet relativement au participe en *ant*, nous allons voir qu'elle n'est pas moins utile à l'égard du participe en *é* : mais celui-ci donnant lieu à une discussion plus étendue, nous en ferons un Article séparé.

ARTICLE II.

DU PARTICIPE QUI SERT A FORMER LES VERBES PASSIFS.

§. I.

Etat de la question.

Nous voici parvenus à une question plus épineuse que toutes celles que les Participes nous ont offertes jusques-ici.

Il s'agit de décider si les Participes qui servent à former les passifs, tels qu'*aimé*, *loué*, *lu*, sont le même mot qui sert à former les tems passés des Verbes actifs, en se joignant au Verbe *avoir*, comme lorsqu'on dit *il a* AIMÉ, *il a* LOUÉ, *il a* LU ; ou s'ils sont d'une nature absolument différente.

Nos Grammairiens n'ont pas négligé cette question importante : elle tient trop essentiellement à notre Langue, & elle est trop intéressante, pour qu'ils n'aient pas cherché à la résoudre. Mais l'ont-ils fait d'une maniere aussi lumineuse qu'il eût été à souhaiter ? sont-ils remontés aux principes par lesquels seuls cette question pouvoit s'éclaircir ? en ont-ils tiré tout le parti possible ?

c'est ce dont il est aisé de s'instruire, en comparant ce qu'ils en ont dit, & que nous allons mettre sous les yeux de nos Lecteurs, afin qu'ils nous suivent plus facilement dans cette discussion importante. Voici comment ils se sont exprimés à ce sujet.

§. 2.

Opinions de divers Grammairiens à ce sujet.

1°. MM. de Port-Royal.

« On peut considérer deux choses dans les Participes, disent MM. de
» Port-Royal (1). L'une, d'être de vrais Noms adjectifs susceptibles de
» genres, de nombres & de cas : l'autre, d'avoir, quand ils sont actifs, le
» même régime que le Verbe ; *amans virtutem*. Quand la premiere condition
» manque, on appelle les Participes *gérondifs*, comme, *amandum est virtu-*
» *tem*. Quand la seconde manque, on dit alors que les Participes actifs sont
» plutôt des *Noms verbaux* que des Participes.

» Cela étant supposé, je dis que nos deux Participes *aimant* & *aimé*, en
» tant qu'ils ont le même régime que le Verbe, sont plutôt des gérondifs
» que des Participes .... & qu'alors *aimé* est actif, & ne différe du Parti-
» cipe, ou plutôt du Gérondif en *ant*, qu'en deux choses ; l'une, en ce que
» le Gérondif en *ant* est du présent ; & le Gérondif en *é*, en *i*, en *u*, du
» passé : l'autre, en ce que le Gérondif en *ant* subsiste tout seul, ou plutôt
» en sous-entendant la particule *en* ; au lieu que l'autre est toujours accom-
» pagné du Verbe auxiliaire *avoir*, ou de celui d'*être*, qui tient sa place en
» quelques rencontres ; *j'ai* AIMÉ *Dieu*.

» Mais ce dernier Participe, outre son usage d'être Gérondif actif, en a
» un autre, qui est d'être Participe passif : & alors, il a les deux genres &
» les deux nombres, selon lesquels il s'accorde avec le substantif, & n'a point
» de régime : & c'est selon cet usage, qu'il fait tous les tems passifs avec le
» Verbe ÊTRE : *il est* AIMÉ, *elle est* AIMÉE, &c.

2°. L'Abbé Girard.

L'Abbé Girard s'exprime ainsi à ce sujet (2) : » Releverai-je l'inattention
» de ceux qui ont donné au Gérondif (*aimant*) le nom de *Participe Actif* ; &

---

(1) Gram. Gén. Part. II. ch. XXII.
(2) Vrais Principes de la Langue Franç. Tom. II. p. 7. &c.

» celui de *Participe Paſſif*, au ſimple Participe (*aimé*) ? Ce dernier eſt, pour
» le moins, auſſi ſouvent actif que paſſif ; n'étant déterminé à l'une ou à l'autre
» de ces eſpèces, que par l'auxiliaire qui lui eſt uni. Quand on dit, *il eſt mal-*
» *traité par ſes parens*, il ſert à exprimer l'action dans l'eſpèce paſſive ; mais
» quand on dit, *il a beaucoup aimé les femmes*, il exprime ſurement l'ac-
» tion dans l'eſpèce active. D'ailleurs, les Verbes neutres, qui ne ſont & ne
» peuvent être actifs ni paſſifs, n'ont-ils pas un participe ſervant à former
» leurs tems compoſés ? & ce mode peut-il être chez eux d'une autre eſ-
» pèce que les autres ? Quand on dit, *j'ai dormi*, *j'ai vécu*, l'action énoncée
» s'étend-elle juſqu'à un objet diſtingué du ſujet ? & quand on dit, *ils ſont*
» *ſortis* ; *eux ſortis*, *les autres entrerent*, le ſujet ſouffre-t-il l'événement au
» lieu de le produire ? & cet événement y procéde-t-il d'un terme ou d'u-
» ne choſe étrangere au ſujet ? Si cela n'eſt pas ainſi, comme l'évidence le
» démontre, ces participes excluent alors de leur eſſence ce qui fait celle de
» l'actif & du paſſif ; par conſéquent cette épithète de *paſſif*, donnée géné-
» ralement à ce mode, n'eſt pas la réflexion d'une exacte & profonde logi-
» que, ni même, j'oſe le dire, d'une grande attention à tous nos uſages ».

3°. M. DU MARSAIS.

Telle eſt, à cet égard, la Doctrine de M. DU MARSAIS.

» Je crois, dit-il (3), qu'on n'a donné le nom d'auxiliaire à *être* & à
» *avoir*, que parce que ces Verbes étant ſuivis d'un nom verbal, deviennent
» équivalens à un Verbe ſimple des Latins. *Veni*, *je ſuis venu* .... Pour moi
» je ſuis perſuadé qu'il ne faut juger de la nature des mots, que relative-
» ment au ſervice qu'ils rendent dans la Langue où ils ſont en uſage, &
» non par raport à quelqu'autre Langue dont ils ſont l'équivalent. Ainſi
» ce n'eſt que par périphraſe ou circonlocution que, *je ſuis venu*, eſt le
» prétérit de *venir*. *Je* eſt le ſujet, c'eſt un Pronom perſonnel. *Suis* eſt ſeul
» le Verbe, à la premiere perſonne du tems préſent, je *ſuis* actuellement :
» *venu* eſt un participe, ou adjectif verbal, qui ſignifie une action paſſée,
» & qui la ſignifie adjectivement comme arrivée ; au lieu qu'*avénement* la
» ſignifie ſubſtantivement & dans un ſens abſtrait. Ainſi, *il eſt venu*, c'eſt-à-
» dire, il *eſt actuellement celui qui eſt venu* ; comme les Latins diſent *ven-*
» *turus eſt*, il *eſt actuellement celui qui doit venir*.

---

(3) Principes de Gramm. p. 563.

» *J'ai aimé* : le Verbe n'eſt que *ai* , *habeo*. *J'ai* eſt dit alors par figure ,
» par métaphore, par ſimilitude. Quand nous diſons , *j'ai un livre* , &c. *j'ai*
» eſt au propre, & nous tenons le même langage par comparaiſon lorſque
» nous nous ſervons de termes abſtraits. Ainſi nous diſons, *j'ai aimé*, com-
» me nous diſons, *j'ai honte, j'ai peur, j'ai envie, j'ai ſoif, j'ai faim, j'ai*
» *chaud, j'ai froid*. Je regarde donc *aimé* comme un véritable nom ſubſtan-
» tif abſtrait & métaphyſique, qui répond à *amatum, amatu* des Latins &c...
» Or, comme en Latin *amatum, amatu* n'eſt pas le même mot qu'*amatus,*
» *a, um*, de même *aimé* dans *j'ai aimé*, n'eſt pas le même mot que dans *je*
» *ſuis aimé* ou *aimée*. Le premier eſt actif, *j'ai aimé*, au lieu que l'autre eſt
» paſſif, *je l'ai aimé*. Ainſi quand un Officier dit, *j'ai habillé mon Régiment,*
» *habillé* eſt un nom abſtrait pris dans un ſens actif : au lieu que quand il
» dit, *les Troupes que j'ai habillées, habillées*, eſt un pur adjectif participe.

4°. M. DUCLOS.

M. DUCLOS, dans ſes Remarques ſur la Grammaire de Port-Royal, ne reconnoît de Gérondif que dans le Participe en *ant* : & par raport au Participe paſſif indéclinable joint à l'auxiliaire *avoir*, (*j'ai aimé* Dieu) il aimeroit mieux l'apeller *Supin*, que Gérondif.

5°. M. BEAUZÉE.

M. BEAUZÉE, venu après tous ceux-ci, eſt entré dans un beaucoup plus grand détail (4),

» Si la plûpart de nos Grammairiens, dit-il, ont confondu le Gérondif
» François avec le préſent du Participe Actif, trompés en cela par la reſſem-
» blance de la forme (5), une reſſemblance pareille entre notre Participe
» Paſſif ſimple & notre Supin, les a jettés à cet égard dans une mépriſe
» toute pareille.

» Je ne doute point que ce ne ſoit pour bien des Grammairiens un vé-
» ritable paradoxe, que de vouloir trouver dans nos Verbes un Supin,
» proprement dit : mais je prie ceux qui ſeroient prévenus contre cette idée,

---

(4) Gramm. Génér. T. II. pag. 321-337.

(5) M. Beauzée venoit de faire voir que ce qui diſtingue le Gérondif & le Participe actif, c'eſt que le premier eſt un véritable Nom, tandis que le dernier eſt un véritable Adjectif.

» de prendre garde que je ne suis pas le premier qui l'ai mise en avant,
» & que M. Duclos indique assez nettement qu'il a du moins entrevu que ce
» système peut devenir probable..... Essayons-en ici l'examen, & commen-
» çons par le Supin des Verbes Latins, où tout le monde le reconnoît.

» Le mot Latin *Supinus*, signifie proprement *couché sur le dos* : c'est l'état
» d'une personne qui ne fait rien, qui ne se mêle de rien ; & de-là vient
» que *Supinus* a été pris pour *otiosus* (oisif), pour *negligens* (négligent),
» pour *mollis* (lâche, mou). Sur quel fondement a-t-on donné cette dé-
» nomination à certaines formes des Verbes Latins ?....

» Quand une puissance agit, il faut distinguer l'action, l'acte & la passion.
» L'action est l'effet qui résulte de l'opération de la puissance considérée en
» soi, sans aucun raport, soit à la puissance qui l'a produit, soit au sujet sur
» qui est tombée l'opération de la puissance : c'est l'effet vu dans l'abstrac-
» tion la plus complette. *L'action* est l'opération même de la puissance ; c'est
» le mouvement physique ou moral qu'elle donne pour produire l'effet ; mais
» sans aucun raport au sujet sur qui peut tomber l'opération. La *passion* en-
» fin est l'impression produite dans le sujet sur qui est tombée l'opération.

» Ainsi *l'acte* tient en quelque maniere le milieu entre *l'action* & la *pas-
» sion* ; il est l'effet immédiat de l'action, la cause immédiate de la *passion* :
» il n'est ni l'action, ni la passion. Qui dit *action*, supose une puissance qui
» opère ; qui dit *passion*, supose un sujet qui reçoit une impression : mais
» qui dit *acte*, fait abstraction & de la puissance active & du sujet passif.

» Or, voilà justement ce qui distingue le Supin des Verbes Latins.....
» il exprime l'acte.

» De-là vient qu'il peut être mis à la place du *passé*, & qu'il a essen-
» tiellement le sens *du tems passé*, dès qu'on le met à la place de l'action....
» parce que l'action est nécessairement antérieure à l'acte, comme la cause
» à l'effet......

» Je crois actuellement démontré que nous avons un Supin non-seu-
» lement pour le François, mais pour l'Italien, l'Espagnol, l'Allemand, &c.
» C'est en effet ce mot indéclinable, dérivé du Verbe, qui sert à la compo-
» sition des *passés*, avec l'auxiliaire *avoir* ; de sorte que les Verbes de ces Lan-
» gues, qui ne se conjuguent pas avec cet auxiliaire, n'ont véritablement point
» de Supin.

	» SUPIN.	PASSÉ.
» FRANÇOIS.	Loué.	J'ai LOUÉ.
» ALLEMAND.	Gelobet.	Ich habe GELOBET.
		» ITALIEN,

» Italien.   *Lodato.*   *Hò* lodato.
» Espagnol.   *Alabado.*   *He* alabado.

» Ce Supin, dans nos Langues modernes comme dans le Latin, est un
» vrai Prétérit (1) & c'est pour cela qu'il sert à la composition des prétérits
» positifs avec les simples présens de l'auxiliaire *avoir*, qui ne servent alors
» qu'à caractériser les diverses époques auxquelles se raporte l'antériorité d'exis-
» tence. *J'ai* loué, *j'avois* loué, *j'eus* loué, *j'aurai* loué : comme si l'on
» disoit, *j'ai* actuellement, *j'avois* ou *j'eus* alors, *j'aurai* alors par-devers moi,
» en ma possession, l'*acte* dépendant de l'action de *louer*......

» Cette affinité du Supin & du Participe passif est d'autant plus remar-
» quable, qu'elle est universelle, & que par-tout, l'un ne diffère de l'autre qu'en
» ce que le Supin est absolument indéclinable par raport aux genres, & que
» le Participe est susceptible de toutes les terminaisons génériques autorisées
» par l'usage.

» Le Supin n'a point de genre, ou n'a qu'un genre, parce que... c'est un
» Nom : le participe passif reçoit tous les genres autorisés dans la Langue,
» parce que c'est..... un Adjectif. Mais tous deux sont au prétérit, par-
» ce que tous deux présuposent l'action ; l'action précède l'acte marqué par
» le Supin ; & l'acte précède l'impression désignée par le sens passif.....

» Le matériel de notre Supin est si semblable à celui de notre Participe
» passif, que quelques-uns auront peine à croire que l'usage ait prétendu
» les distinguer. Mais on sait bien que ce n'est point par la forme extérieure,
» ni par le simple matériel des mots, qu'il faut juger de leur nature : autrement
» on risqueroit de passer d'erreur en erreur.

» Notre Supin est employé comme Nom : on dit, *j'ai lu*, (comme on dit
» *j'ai vos lettres*)... Il est évident au contraire que notre Participe passif est
» toujours adjectif : ce qui établit une différence bien sensible.

» L'origine de cette ressemblance universelle du Supin & du Participe
» passif, vient par-tout de ce que le Participe passif est formé du Supin.

6°. M. Frisch.

Nous pouvons ajouter à toutes ces opinions celle de M. Frisch qui a
soutenu depuis peu (2), contre Vossius, que les participes passés du passif tels

---

(1) Le Prétérit est la portion d'un Verbe, qui désigne le tems passé.
(2) Dans les nouveaux Mélanges de Leipsick, en Latin, T. V. p. 122 & *suiv.*

qu'*amatus* ou aimé, étoient actifs tout comme passifs, qu'ils ont le même régime que les Verbes actifs, & qu'ils ne viennent point du Supin, quoiqu'ils soient comme eux actifs & passifs, & qu'ils soutiennent d'autres raports avec eux.

§. 3.

Résumé de ces opinions.

Reprenons ces diverses opinions, qui ne peuvent être plus différentes.

MM. de Port-Royal font d'*aimé* & de tout mot pareil, deux mots très-différens : 1°. un Gérondif quand ils sont associés au Verbe *avoir* : 2°. un Participe passif, quand ils sont associés au Verbe *être*.

M. l'Abbé Girard n'y voit qu'un seul mot, actif & passif, suivant les circonstances. Et c'est-à-peu-près l'opinion de M. Frisch.

M. du Marsais fait d'aimé, dans *j'ai aimé*, un Nom abstrait pris dans un sens actif : & d'aimé, dans cette phrase *la personne que j'ai aimée*, un adjectif-participe.

M. Duclos voit dans aimé, joint à *j'ai*, un Supin, & c'est cette opinion qu'embrasse M. Beauzée, tandis qu'il est participe passif dans *je suis aimé*.

Ainsi ce mot est tout à la fois Participe, Supin, Gérondif, Nom, ou Adjectif; tandis que, selon les uns, il vient du Supin; & que, selon d'autres, il n'en vient pas.

Il ne sauroit être tout cela : mais comment se décider entre ces divers Auteurs, si oposés, & tous distingués, tous au fait de leur Langue, tous ayant aprofondi les Principes généraux du Langage ?

Nous n'avons qu'un moyen pour réussir dans cette recherche; & c'est celui que nous avons déja employé à l'égard du Participe en *ant* : c'est de bannir tout mot qui n'éclaircit point la chose; & de remonter à des principes plus généraux encore que ceux que ces Savans ont pris pour guide.

Ils sont tous partis de l'idée que les Participes étoient nés des Verbes : comme ils leur sont antérieurs, ainsi que nous le démontrerons, on ne pouvoit parvenir à la vraie solution de cette question embarrassante.

Essayons de faire mieux.

§. 4.

Observations préliminaires.

Mais afin de réussir dans cette recherche, faisons ici quelques remarques

UNIVERSELLE.

préliminaires : elles pourront répandre du jour sur cette question, & en amener la solution d'une maniére aussi simple que naturelle.

1°. M. Beauzée a très-bien prouvé que les Adjectifs-verbaux qui suivent le Verbe *j'ai*, comme *aimé* dans *j'ai aimé*, ne sont pas des Gérondifs, c'est-à-dire, qu'ils ne désignent pas des circonstances de tems : il est, en effet, très-étonnant que MM. de Port-Royal soient tombés dans une méprise de cette nature : mais la Grammaire Générale n'étoit alors qu'au berceau, & cette méprise prouve combien on étoit encore éloigné dans ce tems-là des vrais principes de la parole.

2°. M. du Marsais, en faisant de ces mots un Nom abstrait pris dans un sens actif, ne nous en donne pas la vraie idée : il s'en écarte cependant beaucoup moins : car il en explique le matériel par comparaison ; parce qu'on peut dire que ces Adjectifs-verbaux désignent une chose qu'on a, de la même maniere que feroit un Nom ; ces phrases *j'ai aimé*, *j'ai fait*, paroissant relatives à celle-ci, *j'ai un habit*, *j'ai un fils*.

3°. M. Beauzée a donc pu, d'après ce principe, prendre ce Nom abstrait-actif pour un Supin, parce que ces adjectifs-verbaux *aimé*, *loué*, se rendent en Latin par un mot parfaitement semblable, pour la forme, aux Supins des Latins : car *j'ai loué*, se disoit en Latin *habeo* LAUDATUM : *j'ai aimé*, *habeo* AMATUM : or *laudatum, amatum*, considérés seuls, sont ce que les Latins apellerent *Supin*.

Malgré cela, je ne puis me résoudre à regarder ces adjectifs-verbaux ni comme des Noms, même dans le sens le plus abstrait & le moins absolu ; l'idée de Nom étant contradictoire avec celle d'Adjectif : ni comme des Supins ; 1°. parce que dans *habeo laudatum*, *habeo amatum* ; *laudatum, amatum* peuvent être considérés comme de vrais adjectifs au genre neutre & qui s'accordent avec le Substantif *negotium*, ou avec ID, ce qui est parfaitement conforme au génie de la Langue Latine : ainsi *habeo laudatum* est pour *habeo* negotium, *habeo* id negotium, ou *habeo* id *laudatum*, j'ai chose louée.

2°. Parce que lors même qu'on auroit raison de voir des *Supins* dans ces phrases Latines, il seroit très-inutile de vouloir expliquer par ce Nom les phrases Françoises dont il s'agit ; puisque les *Supins* sont des cas, & que nous n'en avons point en François ; & que leur Nom ayant été inventé pour rendre raison d'une formule Latine, ne peut servir à expliquer une formule Françoise.

Ajoutons que le Verbe J'AI n'est ici que par contre-coup, & comme formule elliptique, au lieu de *je suis ayant*, & qu'il en est de même du mot *aimé*, qui est ici au lieu de *été aimant*; ensorte que *j'ai aimé* correspond à cette phrase entiere, *je suis ayant été aimant*.

Mais il est évident qu'*ayant* est dépouillé ici de toute idée de possession, & qu'il est impossible de lui substituer le mot POSSEDANT. On ne peut dire *je suis possedant été aimant* : tandis que dans ces phrases *j'ai une montre*, *j'ai une maison*, ou dans celles-ci, *je suis ayant une montre, une maison*, on rendra très-bien ce mot *ayant* par le Verbe *posseder* : en disant *je suis* POSSEDANT *une montre, une maison*.

J'ai, ne désigne donc ici qu'un simple changement d'état, ensorte qu'il occupe la place du Verbe *être*, le seul qui par lui-même désigne toute idée d'*état* : en effet, J'AI ÉTÉ, est pour *je suis été*; J'AI ÉTÉ *aimé*, pour *je suis été aimé* : maniere propre & primitive d'exprimer ces idées, qui subsiste encore chez les Italiens & les Allemands, & dans diverses Provinces où l'on parle François : ainsi les Italiens disent :

Io SONO *stato*, je suis été; là où nous disons, *j'ai été*.

Io SARO *stato*, je serai été; là où nous disons, *j'aurai été*.

Les Allemands disent tout de même :

Ich BIN *gewesen*, je suis été.

Les enfans diront, *je suis été*, plutôt que *j'ai été*.

Nous ne saurions donc expliquer ces formules où l'Adjectif-verbal est employé avec *j'ai*, sans remonter à leur origine & sans les analyser avec la plus grande exactitude : mais nous parviendrons sûrement par-là à des idées exactes & lumineuses, propres à répandre du jour, non-seulement sur cette portion de notre Langue, mais aussi sur les autres Langues, sans en excepter les Supins des Latins, & le Grec qui ne les connoît pas.

§. 5.

Du Participe ou Adjectif-verbal joint au Verbe ÊTRE.

Nous avons vu que les Participes peignent les divers états dont on est susceptible par l'effet des facultés relatives aux actions.

Mais relativement aux actions, on éprouve deux situations très-différentes : car l'on agit soi-même, ou l'on éprouve les effets de l'action d'un

UNIVERSELLE. 213

autre. Dans la premiere de ces situations l'on est *Acteur*, & l'on fait éprouver à un autre les effets de son action. Dans la seconde, l'on est l'*Objet* sur lequel porte l'action d'un autre, & l'on en éprouve les effets.

C'est ce qu'on apelle *état* ACTIF & *état* PASSIF.

Ici l'on s'est partagé : les uns ont cru qu'il n'y avoit point de milieu entre ces deux états ; que tout étoit action & passion : d'autres ont cru qu'il y avoit un état moyen entre ces deux ; cet état où l'on fait abstraction de la puissance active & du sujet passif ; l'*acte* considéré en lui-même sans aucun raport soit à la puissance qui l'a produit, soit au sujet sur qui est tombée l'opération de cette puissance.

Cette remarque est très-juste : mais l'acte considéré sous ce point de vue, ne donne lieu à aucune formule particuliere dans les Langues : ou l'acte n'est point considéré en lui-même ; ou s'il est considéré en lui-même sans aucun raport à l'action, il se range dans la classe des simples adjectifs : comme lorsqu'on dit *un Tableau* PEINT, *une Fille* FAITE, *une Maison* BATIE.

Aussi verrons-nous que cette observation est inutile pour expliquer la formule où l'adjectif verbal est jointe au verbe AVOIR, motif cependant pour lequel on y avoit recours.

En effet, tous les Tableaux de la Parole se réduisent à ces trois :

Tableau énonciatif, qui désigne les qualités, ou tout ce qui est indépendant des actions & de leurs effets.

Tableau actif, qui peint une action ou des puissances actives.

Tableau passif, qui peint les effets d'une action ou l'objet sur lequel la puissance active fait impression.

Il n'y en a pas d'une quatriéme espéce.

Dans l'état, soit actif, soit passif, l'action ou ses effets peuvent être présens, passés ou futurs. De-là trois espéces de Participes, les *présens*, les *passés* & les *futurs*.

Il ne s'agit ici que des présens qui s'associent au Verbe *Etre*, & des passés qui s'associent au Verbe *Avoir*.

En effet, si nous nous représentons comme *agissant*, nous employons le Verbe ÊTRE.

Je suis faisant.	Je suis lisant.
J'étois faisant.	J'étois lisant.
Je fus faisant.	Je fus lisant.
Je serai faisant.	Je serai lisant.
&c.	&c.

Et si nous nous représentons comme hors de l'état d'agir, nous nous servons du Verbe Avoir.

J'ai fait.	J'ai lu.
J'avois fait.	J'avois lu.
J'eus fait.	J'eus lu.
J'aurai fait.	J'aurai lu.
&c.	&c.

D'un autre côté, l'objet qui éprouve l'effet d'une action, l'éprouve actuellement, ou l'a éprouvée : c'est ici où l'on peut dire qu'il n'y a point d'intermédiaire sensible & dont on puisse tenir compte par une formule particuliere. Car tout objet qui est parvenu au point où on vouloit le porter, & qui n'éprouve plus l'effet de quelque action parce qu'on l'a mis dans l'état où l'on vouloit qu'il fût, peut se rendre par un passif passé.

Ainsi tandis qu'une personne est aimée, elle peut dire *on m'aime* : quand elle cesse d'être aimée, elle peut dire *on m'a aimée*.

Quand on peint une personne, elle peut dire *on me peint* : quand on l'a peinte, elle peut dire *on m'a peinte*.

Ici les Langues renferment une équivoque ; car en rendant ces deux phrases par le passif, on peut les rendre dans un certain sens par la même formule, par la formule *je suis peinte*. En effet, si on envisage *peinte* comme un état qu'on éprouve actuellement, *je suis peinte* est relatif à *on me peint* : & si l'on considère ce mot *peinte* comme représentant une qualité qu'on a acquise par l'effet d'une action étrangere, on peut dire encore *je suis peinte*, c'est-à-dire *j'existe en Tableau* ; expression où l'on fait abstraction totale de l'idée d'action : mais cette équivoque n'a aucune suite fâcheuse, parce que le sens la redresse, qu'elle n'a pas lieu dans les autres cas, & qu'on peut la corriger par le passé, relativement au dernier sens, en disant *j'ai été*, au lieu de *je suis*.

Nous pouvons donc apéller,

Faisant, un Participe présent actif.

Fait, un Participe présent passif.

Et tandis que l'on dira comme ci-dessus,	On dira au passif présent,
Je suis faisant.	Je suis fait.
J'étois faisant.	J'étois fait.
Je fus faisant.	Je fus fait
Je serai faisant.	Je serai fait.

UNIVERSELLE.

Les Latins auroient deux façons d'exprimer cette formule *je suis fait*, suivant qu'elle seroit analogue à ces expressions *on me fait* & *on m'a fait* ; *on me fait* se rendroit par FIO ; *on m'a fait*, par FACTUS SUM.

Legor signifiera *on me lit*, ou *je suis lu*.
Sum lectus, je suis lu, ou *on m'a lu*.

Ces Participes présens deviendront des participes passés en se joignant tous les deux au participe passé du Verbe Etre, *ayant été* : ainsi,

Ayant été faisant, sera le participe passé actif.
Ayant été fait, sera le participe passé passif.

Et l'on dira :

Je suis ayant été faisant.	Je suis ayant été fait.
J'étois ayant été faisant.	J'étois ayant été fait.
Je fus ayant été faisant.	Je fus ayant été fait.
Je serai ayant été faisant.	Je serai ayant été fait.

Ces formules sont longues & monotones : on les abrégera donc, & on trouvera même moyen de les varier, comme nous allons le voir.

§. 6.

Comment le Participe passé actif s'ellipse.

Nous verrons bien-tôt que toutes les formules composées primitivement d'un participe actif, s'ellipsent, & nous en indiquerons les motifs.

Ce qui est très-certain, c'est que le participe passé actif joint au Verbe *je suis*, comme dans cette phrase, *je suis ayant été faisant*, s'ellipse en celle-ci, *j'ai fait* : tandis que son correspondant *je suis ayant été fait*, s'ellipse en celle-ci, *j'ai été fait*.

Voilà donc deux phrases elliptiques, l'une active, l'autre passive, énoncées par le participe présent passif FAIT, comme si ces deux phrases étoient passives, & au présent.

Le second de ces FAIT est incontestablement le participe passif & au passé, à cause de *j'ai été*, qui est un passé.

Mais le premier de ces FAIT, *j'ai fait*, qu'est-il ? Est-il un participe ou n'en est-il pas un ? S'il en est un, de quelle espèce est-il ? est-il actif ? est-il passif ? est-il tout cela à la fois ? S'il n'en est pas un, dans quelle classe de mots faudra-t-il le ranger ? C'est-là la grande difficulté à résoudre.

GRAMMAIRE

§. 7.

De l'Adjectif-verbal joint au Verbe j'ai.

Afin d'être en état de décider de quelle nature est cette formule *j'ai fait*, & de pouvoir assigner une place entre les Parties du Discours à cet adjectif-verbal qui accompagne le Verbe *avoir*, nous devons commencer par analyser les idées que renferme une pareille formule.

Lorsqu'après le Verbe *j'ai*, nous mettons un adjectif-verbal comme *lu*, *écrit*, *fait*, &c. nous donnons à connoître toutes ces choses:

1°. Qu'il existe un Objet dans un tel état.

2°. Qu'il n'existe dans cet état que depuis peu.

3°. Qu'il vient d'y être mis par *moi* qui parle.

Idées essentielles qu'il ne faut point perdre de vue si l'on veut avoir une idée nette & distincte de ces formules, qui paroissent se refuser à toute analyse.

Ainsi de quelque maniere qu'on tourne ces formules, soit qu'on regarde *j'ai* comme désignant la possession, soit qu'on l'envisage comme désignant un simple état d'existence, l'adjectif-verbal sera toujours un passif, parce qu'il désignera constamment une chose qui a été faite par le sujet de la phrase.

Si, par exemple, on veut que *j'ai*, signifie *je possede*, *j'ai lu* signifiera nécessairement *je possede lu*, c'est-à-dire *je possede cela lu par moi*.

J'ai écrit, c'est-à-dire je possede une chose écrite par moi.

J'ai bâti, c'est-à-dire je possede une chose bâtie par moi.

Si l'on aime mieux rendre *j'ai* par l'idée d'existence, il signifiera qu'on existe avec la qualité d'avoir fait telle action.

J'ai écrit, c'est-à-dire, je viens de faire que telle chose a été écrite par moi.

J'ai bâti, c'est-à-dire, je viens de faire que telle chose a été bâtie par moi.

De quelque maniere qu'on analyse ces phrases, on aura toujours les mêmes résultats.

Ainsi, tandis que cet adjectif-verbal est un participe présent passif avec le Verbe ETRE, comme dans *je suis écrit*, *je suis bâti*, il est un participe passé passif elliptique avec le Verbe *avoir*, comme dans *j'ai écrit*.

Mais comment un participe passif a-t'il pris la place d'un participe actif?

car

car la phrase à abréger étoit composée du participe passé actif, comme dans *je suis ayant été écrivant*, *je suis ayant été bâtissant*.

Rien de plus simple : on ne peut avoir été faisant, qu'une chose n'ait été faite : ainsi, dire qu'une chose a été faite par soi, ou qu'on a été faisant une chose, c'est toujours la même idée : mais si cela étoit différent quant au sens, il ne l'étoit point relativement à la brièveté si nécessaire pour le Discours : aussi a-t-on préféré ici, sans balancer, la formule elliptique à l'autre.

On y parvint encore fort aisément. *Je suis ayant* fut changé comme tout Participe semblable, en *j'ai* ; car *j'ai* n'est autre chose que *je suis ayant*. On eut alors cette formule : *j'ai été faisant*.

Cette formule étoit encore trop longue : on substitua *fait*, Participe passé passif, au Participe passé actif, & on eut, *j'ai fait*, qui disoit la même chose, & qui avoit outre cela l'avantage d'être infiniment moins monotone ; ayant d'ailleurs tout le piquant de l'ellipse & l'agréable d'un juste mélange de l'Actif avec le Passif.

Si maintenant on veut apeller le mot qui constitue cette formule elliptique, *Nom*, *Gérondif*, *Supin ou Participe*, peu importe : ce qui importoit, c'étoit de l'analyser, d'en donner une idée nette, claire, déterminée, de fixer l'analogie qui régnoit entre ces diverses formules.

C'est au Lecteur à voir si nous avons réussi ; la chose est sûre s'il a saisi nos vues, & si elles le satisfont.

§. 8.

Pourquoi ce Participe elliptique ne se décline pas toujours.

Tout Participe se décline quand il est dans son état naturel, puisqu'il est de l'essence du Participe d'être Adjectif, ce qui le fait apeller Adjectif-verbal ; & que tout Adjectif se décline.

C'est ainsi qu'on dit, *je suis* AIMÉ, & *je suis* AIMÉE, tout comme on dit, *je suis bon*, & *je suis bonne*.

Mais de ce qu'ils ne se déclinent pas dans certaines occasions, il ne s'ensuit pas qu'alors ils ne sont plus participes, & qu'ils sont une espèce de mots différens : mais seulement qu'ils ne sont pas dans le cas d'être déclinés, parce qu'ils ne sont unis à aucun Nom, condition sans laquelle ils ne sont point susceptibles de genre. C'est ainsi que *bon* n'en est pas moins un Adjectif, quoiqu'il ne se raporte à aucun Nom, & qu'on ne puisse pas dire qu'il est au genre masculin, dans cette phrase, *il est bon de faire cela* : car *il*, n'est point considéré ici comme Nom ; & s'il y en avoit un, ce seroit plutôt celui de *chose* qui est féminin ; & que les Latins rendoient par le Neutre, qui n'est autre chose que l'Adjectif considéré indépendamment d'aucun genre.

Nous avons déja vu, que le participe actif en *ant* ne se décline point, lorsqu'il est employé comme circonstantiel, quoiqu'il ne cesse pas d'être participe ; mais parce qu'il est considéré comme n'étant pas qualificatif dans ce moment, comme ne se raportant pas au Nom qui fait le sujet du Tableau.

Il en est de même pour le participe elliptique précédé du Verbe *j'ai* : car il est si fort détaché de tout Nom, qu'il est impossible qu'on lui assigne un genre, masculin ni féminin : en effet, en disant, *j'ai écrit*, *j'ai lu*, indique-t-on un Nom avec lequel pussent s'accorder *écrit*, *lu* ?

Aussi, dès qu'on nomme un objet auquel ils peuvent se raporter, aussitôt on les fait accorder entr'eux pour le genre. Ainsi on dira : *les lettres que je vous ai* ÉCRITES, *les personnes que vous avez* CONSULTÉES, *les robes que je vous ai* ENVOYÉES, parce qu'on voit manifestement que ce qu'on a *écrit*, ce sont les *lettres* dont on parle : que ces *personnes* sont celles qui ont été consultées ; & ces *robes*, celles qui ont été envoyées.

C'est par la même raison que l'on dit, comme dans la Chanson, *je l'ai* PERDUE, *ma bien-aimée* ; *je vous l'ai* RENVOYÉE, *cette lettre que vous m'aviez* DEMANDÉE ; parce qu'on voit dans toutes ces phrases le nom auquel se raporte le Participe.

Et si nous disons, *j'ai* ÉCRIT *ces lettres*, & non, *j'ai* ÉCRITES *ces lettres*, ce n'est point parce qu'*écrit* n'est pas un Participe, mais parce que lorsqu'on le prononce il n'y a encore aucun nom avec lequel on puisse le faire accorder ; c'est comme si l'on disoit simplement *j'ai écrit* : car alors il est impossible de mettre *écrit* au féminin plutôt qu'au masculin, ou au masculin plutôt qu'au féminin. Ainsi on le laisse tel qu'il est en lui-même.

Cependant, dira-t-on, vous ajoutez tout de suite un nom féminin : cela est vrai ; mais ce nom n'est plus considéré comme le mot auquel se raporte l'Adjectif-verbal déja prononcé : celui-ci s'est incorporé avec *j'ai*, d'une maniere si étroite, qu'ils semblent ne présenter qu'un seul mot ; ce qui est si vrai, qu'il n'est aucun Grammairien qui ne fasse regarder *j'ai écrit* comme un tems du Verbe *écrire*.

Cette formule si embarrassante tient donc uniquement à l'illusion qu'on se fait en la prononçant, & à l'égalité qu'on met entre ces phrases, *j'ai aimé*, *j'ai écrit*, & ces même phrases suivies d'un nom, comme *j'ai aimé cette personne*, *j'ai écrit cette lettre*. Ainsi l'on auroit pu, sans blesser les régles de la Grammaire, dire, *j'ai aimée cette personne*, comme font les Italiens, pour qui il est indifférent dans ces occasions de faire accorder ou non le Participe avec le nom suivant, tout comme nous le faisons accorder avec celui qui le précéde : ils disent, par exemple, *io ho* PERDUTE *queste lettere*, j'ai PERDUES ces lettres ; & *io ho* PERDUTO *queste lettere*, j'ai perdu ces lettres.

Aussi ferions-nous ces Participes du même genre que leur Nom, si nous mettions ce Nom avant eux, & après *j'ai* : j'ai ces lettres PERDUES : j'ai ces personnes AIMÉES : j'ai ces robes ACHETÉES.

Mais pourquoi préférons-nous une tournure qui paroît contre toutes les régles, à cette premiere tournure où tout est dans l'ordre ? Par une raison très-simple : c'est qu'en disant *j'ai* ces lettres *perdues*, on peut croire que je possède des lettres qui ont été perdues par d'autres : au lieu qu'en disant *j'ai* PERDU *ces lettres*, il n'y a plus d'équivoque : c'est-moi qui ai perdu, & non qui ai trouvé ce qui avoit été perdu : en vertu de ce que cette ellipse, comme nous l'avons vû, emporte avec soi que ce qui a été fait, a été fait par la personne même qui est le sujet de la phrase.

Et c'est une régle constante, dans toutes les Langues, quoique peu connue cependant, mais qu'il ne faut jamais perdre de vue, qu'un mot placé entre deux autres & qui devroit naturellement s'accorder avec le dernier, s'en détache pour s'incorporer en quelque façon avec le premier, dès qu'il en résulte plus de clarté, ou simplement plus de concision, sans nuire à la clarté nécessaire à la phrase.

§. 9.

Le Participe Passif employé comme circonstantiel, & comme un simple Adjectif.

Nous avons déjà vû que le Participe actif s'employoit non-seulement dans son sens le plus étroit, mais encore dans deux autres sens analogues à celui-là ; 1°. pour désigner quelque circonstance, & 2°. pour désigner une simple qualité ; sans cesser d'être le même mot, parce que chacun de ces sens découle nécessairement du sens propre que présente ce Participe.

Mais si l'on n'a pas été pleinement convaincu de cette vérité, on le sera sans doute dès qu'on s'apercevra que la même chose a exactement lieu pour le Participe Paſſif ; & qu'outre ſon ſens propre, il s'emploÿe encore comme circonſtance & comme une qualité pure & ſimple.

C'eſt ainſi que ces formules *ce* CONSIDÉRÉ, *tout mûrement* PESÉ, *ces choſes* DITES, expriment de ſimples circonſtances, ou ſont autant de circonſtantiels, & n'en ſont pas moins des participes; puiſque c'eſt comme ſi l'on diſoit, *cela ayant été* conſidéré ; tout *étant* mûrement peſé ; ces choſes *ayant été* dites.

C'eſt ainſi qu'on dit encore ; *un homme* CHÉRI, *un Roi* ADORÉ, *une choſe* IMPREVUE, *une Fille* FAITE ; qui ſont autant de Participes; mais qui paroiſſent ici dénués de toute valeur de participe, pour ne revêtir que celle du ſimple adjectif.

CHAPITRE VII.
DES PARTICIPES ELLIPTIQUES,
OU
DES VERBES DIFFÉRENS DU VERBE ÊTRE.

SUITE DE LA SIXIÉME PARTIE DU DISCOURS.

ARTICLE PREMIER.

Nécessité de cette espéce de mots ; & comment ils ont lieu.

§. 1.

Difficultés qu'offre cet objet, & leur source.

De même qu'une perspective est plus difficile à saisir, à proportion que l'horison devient plus vaste, & présente un plus grand nombre d'objets, ainsi à mesure que nous avançons dans la carriere, nous voyons les difficultés augmenter : les objets, plus nombreux & plus compliqués, donnent plus de peine à classer ; il est beaucoup moins aisé de saisir leur ensemble.

Déjà, les Articles & les Pronoms avoient présenté plus d'épines que les Noms : les Participes ont renchéri sur tous ; & nous n'en sommes délivrés, que pour retomber dans cette immensité de discussions minucieuses & abstraites que traîne à sa suite cette espéce de mots qu'on a apellés jusques-ici VERBES ; qu'on a réuni ainsi sous une même dénomination avec ÊTRE, le seul Verbe qui puisse exister ; & que nous n'envisageons que comme des Participes elliptiques, parce qu'ils tirent toute leur énergie de la réunion du Participe avec le Verbe *Etre*, dont ils ne sont que l'abrégé.

Les difficultés en sont d'autant plus grandes, que l'origine de cette espéce de mots semble se perdre dans la nuit des tems ; que leur influence est immense ; que leurs effets se font sentir avec la plus grande force ; que leurs développemens sont très-nombreux.

En considérant la place distinguée que ces mots occupent dans le Discours, on a cru qu'ils en étoient une Partie distincte de toute autre; mais on se trompoit; & en s'égarant dès le premier pas, on dut nécessairement s'en former de fausses idées; car on étoit entre ce qu'on croyoit évident, & la Nature qui faisoit sentir le contraire; tandis que les détails, effrayans par leur complication & par leur obscurité, n'offroient qu'une Nomenclature séche & rebutante, d'autant plus pénible, qu'elle varie dans chaque Langue, & semble n'être qu'une suite de l'usage. Or, rien de moins satisfaisant & de plus difficile à retenir, que ce dont on ne sauroit se rendre raison.

Il est cependant très-fâcheux que cette portion de la Grammaire renferme tant de difficultés : car elle produit les plus grands effets par sa belle fécondité, & par l'art avec lequel elle se prête à tous les besoins de la Parole, pour peindre les parties successives dont est composée l'existence.

L'on peut dire qu'elle est le plus noble effort du langage, comme elle en est l'objet le plus compliqué.

Il n'est plus question ici de simples Noms, de simples actions, ou de la peinture d'un objet qu'on a sous les yeux : il s'agit de mesurer l'existence, de peindre les diverses Parties de la durée des Etres, de parcourir la succession des Tems, de les comparer entr'eux comme s'ils étoient présens, de les rapeller tous sans en confondre aucun, en observant leurs distances avec la même exactitude qu'on connoît celles des Êtres qui tombent sous les sens : de se dédommager par la contemplation des siécles, de ce qu'on ne vit que dans un seul, comme on se dédommage par la vue de ce qu'on n'est que dans un point.

Nous en avons déja vu, à la vérité, quelques traits en parlant du Verbe ÊTRE; mais on peut dire que par sa réunion avec les Participes, il a acquis à cet égard un dégré de force, & une étendue qu'il n'auroit jamais eue seul, en même tems que le Langage acquiert par-là une harmonie & une variété aussi agréable qu'énergique; & qui augmentent infiniment l'éclat & la rapidité des Tableaux de nos idées.

Ainsi, deux forces réunies produisent des effets étonnans, dont elles auroient été incapables si elles eussent agi séparément. Ceux qui les premiers unirent les Participes & le Verbe Être, n'agirent peut-être pas précisément par une suite de cette considération; mais ils suivirent en cela la Nature, qui les portoit d'elle-même à l'observation de ce principe, comme elle les y avoit déjà portés à l'égard de quelques autres Parties du Discours, mais avec bien moins d'appareil & de magnificence.

Ce sont en effet de vraies richesses pour les Hommes, que les Tableaux qui résultent de cette facilité avec laquelle ils peignent tous les Tems, ceux qui ne sont pas encore, comme ceux qui n'existent plus que dans leur souvenir, & par lesquels ils peuvent rendre compte de tous leurs procédés passés & régler l'ordre de tous ceux dont ils ont à s'occuper.

Tâchons donc de nous former de ce beau méchanisme, des idées aussi nettes & aussi exactes qu'il nous sera possible ; c'est alors que nous connoîtrons tout le secret du Langage, & que nous pourrons juger du génie des Nations, par la maniere dont elles auront le plus aproché de la perfection à cet égard.

§. 2.

Nécessité de réunir en un seul Nom les Participes & le Verbe.

Nous avons déjà vu dans notre Chapitre cinquiéme que le Verbe est cette Partie du Discours, qui sert à unir entr'eux les Mots qui désignent un objet, & ceux qui désignent ses qualités ; que ce Verbe s'apelle EST ; que celui-ci remplissant tout l'objet de cette Partie du Discours, il devoit être unique, & qu'il ne pouvoit pas même y en avoir d'autres, celui-là étant donné par la Nature elle-même.

Toutes les Langues cependant sont remplies de Verbes de toutes espéces; Verbes actifs, Verbes passifs, Verbes neutres, Verbes déponens, Verbes réguliers, Verbes irréguliers, Verbes défectueux, &c.

Serions-nous donc en contradiction avec toutes les Langues ? ou ceux qui ont donné le nom de Verbes aux mots dont il s'agit, & qui ont été aussi-tôt obligés de faire du Verbe *Etre* une Classe absolument séparée des autres, ne nous induiroient-ils pas en erreur, en mettant au rang des Verbes, des mots qui ne le sont point par eux-mêmes, & qui ne le devinrent que par leur réunion avec le Verbe Être ?

C'est ce dont nous n'aurons pas de peine à nous assurer en remontant à l'origine des mots que nous avons apellés *Elliptiques*, c'est-à-dire, mots qui reunissent en eux la valeur de plusieurs Parties du Discours.

Nous en avons déjà vu sur presque toutes ces espéces de mots, principalement au sujet des Articles & des Pronoms.

Leur objet est de rendre le Discours plus concis, plus nerveux, moins monotone ; en faisant disparoître dans un grand nombre d'occasions des mots qui reviennent sans cesse dans le langage, & dont la répétition trop fréquente, produiroit nécessairement de très-mauvais effets & allongeroit inutilement le Discours.

Mais si l'on dut recourir dans quelqu'occasion à des expressions elliptiques, ce fut très-certainement par raport au Verbe.

Il revenoit continuellement dans le Discours, & à chaque pensée, à chaque Phrase, à chaque Tableau, aux Actifs & Passifs, comme aux énonciatifs.

Rien ne pouvoit être plus insipide que ces EST, perpétuellement répetés ; sur-tout quand ils étoient joints aux Participes, comme dans ces Phrases, *il* EST *dormant*, *il* EST *agissant*, &c. Combien de fois ne revient-il pas dans le discours suivant ?

» O mon fils ! de ce nom, je SUIS encore *osant* ÊTRE vous *nommant* ;
» SOYEZ *souffrant* cette tendresse, & SOYEZ *pardonnant* aux larmes que SONT
» *m'arrachant* pour vous des allarmes qui SONT trop justes. Loin du Trône
» nourri, de ce fatal honneur hélas ! vous ÊTES *ignorant* le charme empoi-
» sonneur..... SOYEZ *promettant*, sur ce livre & devant ces témoins, que Dieu
» SERA toujours le premier de vos soins ; que sévere aux méchans, & des bons
» le réfuge, entre le pauvre & vous, vous SEREZ *prenant* Dieu pour
» Juge ; ÉTANT *souvenant*, mon fils, que caché sous le lin, comme eux, vous
» FUTES pauvre, & comme eux vous FUTES orphelin «.

Ce langage nous choque, sans doute : il nous paroît souverainement ridicule : il est du moins trop long & trop monotone ; on chercha donc un moyen propre à rendre à cet égard le Discours plus coulant & plus concis, en faisant disparoître le Verbe dans la plûpart de ces occasions ; mais en le faisant disparoître à propos, & sans que sa supression troublât le sens du Discours & la beauté du Tableau.

On y parvint à l'égard de ces Tableaux actifs d'une maniere très-simple ; en substituant au Verbe & au Participe le nom même de l'action qu'il indique, & en plaçant ce nom à la suite du Pronom, comme si nous disions ; *vous, marche* ; *vous, offre* ; *vous, montre* : pour dire, vous êtes dans cet état qu'on apelle *offre*, dans celui qu'on apelle *montre*.

C'est ainsi que nous disons : *Je marche, il marche* ; *j'offre, il offre* ; *je montre, il montre* : comme nous disons, *une marche, une offre, une montre*.

De

UNIVERSELLE.

De cette maniere, les Noms, ces Noms racines de tous les mots, & d'où nous avons déjà vu que vinrent les Adjectifs & les Pronoms, devinrent également des *Verbes actifs* en s'associant avec les Pronoms.

Ils furent des VERBES, parce qu'ils repréfentoient le Verbe *Etre*; ils furent actifs, parce qu'ils peignoient un Etre agissant, ou son action.

Cette ellipse étoit très-naturelle, & ne donnoit point de peine à saisir; on voyoit sans effort que la personne désignée, n'étoit pas l'action même par laquelle on la qualifioit; qu'on vouloit donc simplement la représenter comme existant actuellement dans l'état actif dont résultoit cette action.

Cette ellipse étoit belle, & hardie, quoiqu'elle fût d'une simplicité extrême : mais plus elle étoit simple, & plus elle ennoblissoit le Discours, & le rendoit énergique.

Telle fut l'origine des Verbes actifs; de ces Verbes qui occupent un rang si distingué & si important dans les Tableaux des idées, qui donnent une si grande peine à retenir lorsqu'on ne peut pas les raporter à quelque nom connu, & dont la source perdue dans la nuit des tems, faisoit croire qu'ils étoient absolument l'effet du hasard.

Par leur moyen, le Discours purgé de ses EST trop fréquens & de ces Participes qui y répandoient une langueur insuportable, acquiert un éclat très-supérieur à celui qu'il offroit : les tableaux de nos idées en sont plus nets, & infiniment plus vifs. Qu'on en juge par le Discours que nous avons donné plus haut pour exemple, & qui se change auffi-tôt en ces beaux vers :

» O mon Fils! de ce nom j'OSE encor vous NOMMER;
» SOUFFREZ cette tendreffe, & PARDONNEZ aux larmes
» Que M'ARRACHENT pour vous de trop juftes allarmes.
» Loin du Trône nourri, de ce fatal honneur
» Hélas! vous IGNOREZ le charme empoisonneur.
» PROMETTEZ fur ce livre & devant ces témoins,
» Que Dieu fera toujours le premier de vos soins;
» Que fevere aux méchans, & des bons le réfuge,
» Entre le pauvre & vous, vous PRENDREZ Dieu pour Juge;
» Vous souvenant, mon Fils, que caché fous le lin,
» Comme eux vous fûtes pauvre, & comme eux orphelin (1).

---

(1) Athalie, Trag. Act. IV. Sc. III.

Gram. Univ

GRAMMAIRE

§. 3.

Tout Verbe actif est elliptique & vient d'un Nom.

Il n'existe aucun Verbe elliptique qui ne dérive d'un Nom ; & il n'existe peut-être aucune racine primitive qui n'ait servi à figurer comme Verbe, ainsi qu'elle figuroit déjà comme Nom. Tels sont ces mots Orientaux :

AVAL, Deuil & mener deuil.
ADAM, Rouge & rougir.
OR, Lumiere & éclairer.
AIB, Haine & haïr.
LEM, Aliment & s'alimenter.
LEG, Lecture & lire.

Il en est de même dans les Langues de l'Occident, anciennes & modernes. La Langue Angloise qui a suprimé presque toujours les terminaisons des Verbes, est admirable pour fournir des exemples à cet égard. Tout Nom y devient Verbe : tels sont ceux-ci :

SORROW, Tristesse & être triste.
RED, Rouge ; & REDDEN, rougir.
LIGHT, Lumiere & éclairer.
DOG, Chien, & épier ou suivre à la piste comme le chien.
HAND, La main, & donner de main en main.
HAP, Accident, hasard, & arriver par hasard.
MAIM, Mutilation & mutiler.
TAX, Taxe & taxer.

Toutes les Langues qui descendent, comme l'Anglois, de l'ancien Theuton, ou du Celto-Scythe, telles que la Langue des Goths, le Suédois, le Belge ou Flamand & Hollandois, & le Germain ou Allemand haut & bas, forment également leurs Verbes sur les Noms. Il est vrai que la plûpart de celles-ci distinguent les premiers par la terminaison *ain, ein, en*, qui leur est commune avec les Grecs : mais c'est une preuve qu'ils viennent des Noms, puisqu'ils sont plus composés.

Nous avons aussi en François un grand nombre de Verbes parfaitement semblables aux Noms dont ils dérivent : tels ceux-ci :

Vol & voler. | Marche & marcher.
Coupe & couper. | Boucle & boucler.

Ces rapotts ont quelquefois éprouvé, à la vérité, des altérations très-considérables, tels que ceux-ci:

Saveur & favoir.	Sel & faler.
Vue & voir.	Main & manier.
Premier & primer.	Habit & habiller.
Prix & aprécier.	Faim & affamer.

Plus fouvent encore, le Verbe n'a plus de Nom qui y corresponde, du moins dans le même fens, dans notre Langue, comme dans les autres.

Effuyer & *tabler* font déjà bien éloignés de fueur & de table. *Frotter* & *habiter*, d'où viennent *frottement* & *habitation*, ne viennent d'aucun Nom connu dans notre Langue.

§. 4.

Erreurs dans lefquelles on eft tombé à cet égard.

Ceux qui fe font imaginés que les Langues Orientales, & fur-tout l'Hébreu, étoient fort pauvres, puifqu'elles étoient obligées d'employer le même mot, tantôt comme Nom, tantôt comme Verbe, n'avoient donc pas réfléchi fur la vraie origine du Langage: ils ne s'apercevoient pas qu'ils alloient déclarer pauvres toutes les Langues de l'Univers; & que ce qu'il leur plaifoit d'apeller difette, étoient de vraies richeffes; les tréfors du Langage philofophique, du fentiment & du goût; ceux de la Nature qui, avec le plus petit nombre d'élémens poffibles, opere les effets les plus vaftes & les plus variés: fans compter qu'il étoit infiniment plus avantageux de déduire tous les mots poffibles d'un petit nombre de racines, que s'il avoit fallu impofer des noms différens à chaque objet, à chaque action, à chaque état.

On voit encore par-là combien on eut tort, lorfque claffant par racines les mots des anciennes Langues, on mit les Verbes à la tête, dans la fupofition que ces Verbes étoient nés avant les Noms: ce qui étoit contraire au fait & à toute raifon. C'étoit prendre la caufe pour l'effet, & l'effet pour la caufe; ou pour mieux dire, c'étoit agir à l'aventure, comme des gens qui croyoient que les mots s'étoient formés par hafard & fans autre caufe déterminante que la néceffité de parler. En effet, l'ufage d'une chofe ne fauroit précéder fon exiftence; on défigna donc cette chofe avant que d'en faire ufage. Vouloir donner un nom à une action, fans en avoir donné aux organes qui l'exécutent, & aux objets fur lefquels elle fe porte, ce feroit tenter l'impoffible, ou vouloir inventer des mots vuides de fens.

§. 5.

Les Verbes qui paroissent ne tenir à aucun Nom radical, viennent également d'un Nom : exemple tiré des Verbes BEL OU VEL, *aller vîte; &* HUNT, *chasser.*

Il est vrai qu'on trouve souvent dans ces anciennes Langues, des Verbes auxquels ne répondent aucun nom : ce qui viendroit à l'apui de l'idée que cette classe de mots est antérieure aux Noms. Mais outre qu'on y trouve aussi des Noms sans aucun Verbe qui y corresponde, on peut être assuré que ces Verbes tirent leur origine de Noms qui existoient réellement dans la Langue même qui nous offre ces Verbes, au moment qu'ils s'y formerent; mais qu'elle les laissa perdre; ou plutôt, que les Auteurs qui ont écrit dans cette Langue, n'ayant pas eu occasion de nous les transmettre, ils semblent n'avoir jamais existé : & l'on peut être assuré de les trouver infailliblement dans les Langues analogues à celles-là, & encore subsistantes.

Il n'est en effet aucun Verbe Hébreu, dénué de son Nom primitif, dont on ne trouve la racine dans d'autres Langues, telles que l'Arabe ou les Langues Celtiques.

Il existe, par exemple, un Verbe Hébreu qui n'est lié à aucun Nom Hébreu aussi simple que lui, & dont il puisse être descendu ; ensorte qu'il paroît être sa propre racine : & ce qui est plus singulier, c'est qu'il réunit deux significations très-différentes, qui ne paroissent point faites pour exister dans le même mot, qui suposeroient ainsi deux racines très-différentes, & qui fortifieroient dans l'idée que les Mots Hébreux réunissent en eux les significations les moins analogues; & qu'on peut ainsi faire dire aux phrases qu'ils forment tout ce qu'on veut.

Ce mot, c'est le Verbe בהל BEL, qu'on prononcera *bel, vel, fel,* comme on voudra, peu importe, & qui signifie :

1°. Troubler, effrayer, répandre la consternation.
2°. Se hâter, se précipiter; s'avancer avec la plus grande vîtesse.

Assurément, il n'est personne qui ne soit étonné de voir ces deux significations réunies sur un même mot ; & aucun Lettré expert dans les Langues, qui ne soit prêt d'affirmer que ce Verbe est pur Hébreu; qu'il n'existe qu'en cette Langue; qu'il lui est tout au plus commun avec la Chaldéenne, où il ne paroît même que dans le second sens; qu'il n'a aucune racine, & qu'on ne sauroit le comparer avec les mots d'aucune autre Langue; qu'il seroit inutile sur-tout de lui chercher des parens dans celles de l'Occident, telles que le Grec, le Latin, le Theuton, &c.

Mais ouvrons les Dictionnaires, & nous trouverons des raports jusqu'ici inconnus, & qui ne l'étoient que parce qu'on ne les cherchoit pas : & nous verrons que le Verbe Hébreu *Bel*, avec ses deux significations, est tiré d'une racine commune aux autres Langues; & que de ces deux significations, la seconde doit marcher la premiere; tandis que celle qu'on a toujours mise à la tête, n'est qu'un résultat de celle qu'on regardoit comme la principale : faute essentielle, mais dans laquelle tombent constamment nos Faiseurs de Dictionnaires, qui ne purent jamais décider en effet du rang des significations d'un mot, que par la maniere dont ces diverses significations étoient plus ou moins employées : ce qui étoit les classer presque toujours à rebours ou à contre-sens. Ne soyons donc pas étonnés s'ils se sont toujours perdus, & s'ils n'ont rien vu dans la comparaison des Langues.

Comparaisons étymologiques sur l'origine du Verbe Hébreu BEL.

BEL signifiant en Hébreu *aller vîte*, & pouvant se prononcer VEL, tout comme bel, vient incontestablement de la même racine que ces mots Latins :

VEL-*ox*,	Vîte, qui va vîte.
VEL-*ocitas*,	Vîtesse.
VEL-*ites*,	Soldats armés à la légere, & qui, par conséquent, peuvent se transporter avec beaucoup de vélocité d'un lieu à un autre.

Il n'est pas moins certain que les Latins, pour en faire un Verbe, altérerent légérement le son de la voyelle, & en firent le Verbe & les mots suivans :

VOL-*o*,	Voler, fendre l'air avec la plus grande VEL-*ocité* : 2°. Passer vîte.
VOL-*ucris*,	Oiseau : 2°. Léger, vîte, qui semble voler.
VOL-*aticus*,	Volage.
VOL-*atilis*,	Qui vole, qui passe vîte.
VOL-*atus*,	Vol, volée, &c.

Ils en formerent une troisieme famille en le prononçant FEL, puis Fl. Famille qui comprend ces mots :

FLOC-*cus*,	Toute matiere légere que le vent emporte ; Floccon.
FLOC-*ci-facio*,	Comparer à un Floccon.
FLOC-*ci-pendo*,	Péser un Floccon : phrases proverbiales, pour dire qu'on ne tient nul compte d'une chose, qu'on la méprise, qu'on la dédaigne.
FLOC-*ces*,	Lie, marc de raisin, parce qu'on les jette au vent, qu'on n'en fait aucun cas.

II. Les Grecs le prononcerent, suivant l'occasion, BAL, BEL, BLE, BOL, & en firent cette Famille nombreuse & fortement caractérisée :

ΒΕΛ-ος, BEL-*os*,	Flèche, Dard, Trait, armes qui fendent l'air avec vîtesse ; aussi, dit-on, aller comme un trait 2°. Coup, Plaie ; ce qui est l'effet de la flèche.
BEL-*enités*,	Pierre pointue comme une flèche.
BEL-*enos*,	Poisson qui a du raport à une flèche.
BOL-*is*,	Dard, Flèche ; 2°. Sonde.
BOL-*é*,	Coup.
BALL-*ó*, BEL-*lo*, BLE-*o*,	} Je jette, je lance, je darde, j'atteins, je frape.
Be-BLÊ-*ka*,	J'ai dardé, j'ai jetté, j'ai frapé.
BOL-*eo*,	Lancer, Fraper.
BLÊ-*ma*,	Action de lancer, Coup, Plaie.
BLÊ-*tron*,	Massue.

III. L'ARABE nous donnera tous ces mots, apartenant à la même Famille :

בלץ,	BAL-*atz*,	} S'enfuir, courir avec VEL-ocité.
בלז,	BAL-*az*,	
אבלש,	*A*-BEL-*as*,	Être troublé, être consterné, ne pouvoir parler de frayeur.
בלת,	BOLT,	Fuyard, les Fuyards d'une armée.
בלק,	BAL-*q* ;	Aller vîte, se hâter ; 2°. être étonné, être saisi de frayeur.
	BUL-*eik*,	Nom d'un cheval qui va très-vîte.

UNIVERSELLE. 231

בלחש ,	BLESH,	S'avancer avec rapidité.
בלהץ ,	BLETZ,	S'enfuir de frayeur.
בלי ,	BALI,	Affliction, épreuve.
בהל ,	BEL,	Etre inquiet, avoir du souci.

Mots qui représentent toutes les significations du Verbe Hébreu.

IV. Cette Famille existe en entier avec tous ces sens, dans les dialectes du Celto-Scythe ou de l'ancien Theuton ; tels que l'Anglo-Saxon, l'Anglois, le Flamand, l'Allemand : mais dans toutes ces Langues, on l'a prononcé comme le Grec BLEO, lancer, en *bl*, *vl*, *fl*. De-là tous ces mots :

1°. Anglo-Saxon, FLA. ⎫
    Anglois, FLITS. ⎬ Flèche.
    Allemand, FLITSCH-*pfeil.* ⎭

Ce qui nous donne l'origine de notre mot FLECHE, inconnue jusqu'ici (1), & qui tient ainsi aux mots Latins en VEL, & aux mots Grecs en BEL & en BLE, aspirés légerement.

2°. Anglo-Saxon, FLÆNE, Lance.
                FLEAM, Fuite, Exil.
                Flean, S'évader, s'enfuir.
                Fleogan, S'enfuir, voler.
                Flyht, Fuite.
                Flyma, Transfuge, &c.
   L'Allemand, FLUG, Vol, action de fendre l'air.
                Flugel, Aîle.
                Flugs, Vîte, incontinent, sur le champ.
                Fliegen, Vol ; 2°. Voler.
                Fliehen, Fuir.
                Flucht, Fuite.
                Fluchten, Se sauver.
                Fluchtig-keit, Inconstance.
                Flick, Qui a des plumes, qui se remplume.
                Fleiss, Diligence, &c.

---

(1) MÉNAGE avoit vu le raport de ce mot avec l'Allemand *Flits*; mais il n'avoit pu remonter plus haut : l'Allemand étoit pour lui à cet égard le bout de l'Univers, le *non plus ultrà* étymologique.

Le Flamand,	Vlugt,	Vol, essor ; 2°. Fuite ; 3°. Voliere.
	Vlug,	Léger, prompt ; 2°. Vif, subtil.
	Vlugheid,	Légereté.
	Vlugtig,	Fugitif, volatil.
	Vleugel,	Aîle.
	Vlyt,	Diligence, activité.
	Vlytig,	Diligent.
	Vlieden,	Fuir.
L'Anglois, 1°.	Fleet,	Vîte, qui va vîte ; comme on diroit, Fel-et, qui est flèche.
	Fleeting,	Qui passe vîte, chose passagere.
	Fly,	Voler ; 2°. S'enfuir ; 3°. Echaper.
	Fledge,	Commencer à avoir des aîles.
	Fletcher,	Faiseur de flèches.
	Flight,	Vol.
2°.	Fling,	Un Coup ; 2°. Darder, lancer, jetter.
3°.	Flinch,	Quitter, abandonner, se retirer.

De-là ces noms :

1. *Anglo-Saxon*, Flea,
   Allemand, Fliege,
   Flamand, Vlieg, } Une Mouche.
   Anglois, Fly,

2. *Allemand*, Flöh,
   Flamand, Vloo, } Une Puce.
   Anglois, Flea,

3°. De-là vient encore le nom des O-bel-*isques*, emblêmes des rayons du Soleil ou de ses flèches. Les mêmes mots qui désignoient l'un de ces objets, servant toujours à désigner l'autre ; comme nous apellons encore *flèches* les clochers pointus qui ont la forme d'Obélisque.

4°. L'Anglo-Saxon *Bæl* qui a fait les mots Anglois bale, tristesse, chagrin, employé par Spencer & par Chaucer ; & bale-*full*, plein de tristésse, triste, funeste ; ce qui cause du trouble : composé de *full* qui signifie plein, rempli, & de bale.

5°. Les noms de Bal-*iste* & d'Ar-bal-*ette* ; machines à lancer des flèches, des dards, &c.

6° Le

UNIVERSELLE. 233

6°. Le mot Allemand *Pfeil*, flèche, dard, trait.

7°. Le mot Anglois *Fly-boat*, un FLIBOT, dont nos Etymologistes n'ont pas pensé de chercher l'origine chez les Anglois, & qui paroît composé de leur mot *boat*, une barque, & du mot FLY, *qui est toujours en mouvement*, tout comme nous disons un camp-volant.

On pourroit y ajouter, 8°. le BELL-*um* & la BELL-*one* des Latins, qui signifioient; l'un, la guerre; & l'autre, la Déesse de la guerre. La guerre consiste à se lancer des armes, telles que la flèche, & à se donner & recevoir des coups mutuellement. Les Latins qui n'entendoient rien à l'origine de leurs mots, s'imaginerent que celui-ci venoit de DUELL-*um*, un combat entre deux personnes : il seroit bien plus naturel de le raporter à la grande Famille de BEL, trait, flèche. BELL-*are* signifieroit alors mot à mot, *lancer des flèches, se battre à coups de flèches*. C'étoit peindre la chose en grand & imiter l'écriture hiéroglyphique, où des flèches tournées les unes contre les autres, désignent la guerre.

Nous pouvons maintenant reprendre les divers membres de cette Famille, & dire :

1°. Que la tige en est BEL, VEL, BLE, FLE, signifiant un trait, une flèche.

2°. Que de-là se forment les mots en *bel* ou *vel*, qui signifient *aller vîte, vîtesse, diligence, légereté : fuite, fuir*.

3°. Que ces mots se prirent enfin dans le sens de consternation, de trouble, d'effroi, parce que c'est l'effet naturel des combats & des flèches qui portent avec elles le carnage, la terreur & la mort.

Ensorte que les deux significations du Verbe Hébreu sont très-naturelles, & se déduisent sans peine de la racine primitive BEL, signifiant une flèche, un trait, & tout ce qui va vîte comme un trait.

La Langue Angloise nous fournira encore un exemple frapant de la maniere dont les Verbes se séparent de leur nom radical, & semblent s'être formés ainsi par hasard, ou être devenus racines à eux-mêmes.

To HUNT, signifie chez eux faire la guerre aux animaux, chasser ; & ce Verbe ne tient chez eux à aucun nom ; au contraire, celui de la chasse qui est *hunting*, est un dérivé du Verbe même *hunt*.

Mais on auroit tort également d'en conclure que ce Verbe est radical, & que les Verbes peuvent être antérieurs aux Noms. Celui-ci ne paroît radical que parce que les Anglois en ont laissé perdre la racine, qui existe encore dans les Lan-

Gramm. Univ.   G g

gues Allemande & Flamande, où *hunt* & *hond* signifient un chien. Et ce qui est plus singulier encore, c'est que dans ces deux dernieres Langues, on ne se sert pas de cette racine pour exprimer le Verbe *chasser* : en sorte que ces Langues se sont partagées cette famille; les unes ayant le Nom, l'autre le Verbe, tous réunis dans une plus ancienne, dans l'Anglo-Saxon, où HUND signifie un chien ; HUNDA, un Chasseur; & HUNDAN, chasser.

C'est ainsi qu'il n'existe aucun mot qui soit seul, & qui ne tienne à une multitude de Langues. C'est ainsi encore qu'il n'existe aucun Verbe, dans quelque Langue que ce soit, qui ne soit dérivé d'un Nom.

§. 6.

Comment se formerent les Verbes Elliptiques Actifs, chez les Hébreux, les Grecs & les Latins.

Mais puisque tout Nom devient Verbe, en acquérant la valeur du Participe réuni au Verbe EST, on peut les employer, ou seuls à la suite des Pronoms ; ou incorporés avec le Verbe EST, mis en terminaison.

La premiere de ces méthodes est à peu-près celle des Hébreux ; & elle paroit être la plus ancienne.

La seconde est celle des Grecs & des Latins ; mais sur-tout des Latins primitifs, & avant que les terminaisons de leurs Verbes se fussent altérées.

Par celle-ci le Verbe ETRE avec toutes ses personnes, se place à la suite du nom radical qui devient ainsi un Verbe. Donnons-en un exemple.

PHIL désigne en Grec toute idée relative à l'*amitié*, & à l'union de deux personnes. Ce mot devient un Verbe elliptique, en se faisant suivre du Verbe ETRE : & l'on dit :

  PHIL-*ei*, il aime, mot-à-mot, *il est uni à l'amitié.*
  PHIL-*eis*, tu aimes, tu es uni, &c.
  PHIL-*eo*, j'aime, je suis uni, &c.

Il en fut de même chez les Latins. Doc signifiant chez eux toute idée relative à l'action de montrer, d'indiquer, *d'enseigner*, il devint Verbe par son union avec le Verbe Etre. De-là :

  Doc-*et*, Il enseigne ; mot-à-mot, il est uni à l'enseignement, il existe enseignant.
  Doc-*es*, Tu enseignes.
  Doc-*eo*, J'enseigne, &c.

L'on voit le même usage dans la Langue Persanne. Le Verbe EST se joint à la suite de ses Noms, pour en faire des Verbes.

פב, PAK, signifie chez eux, *pur*, *pureté* : joint au Verbe ETRE, il signifie *être pur*.

PAK-*am*, Je suis pur.
PAK-*ai*, Tu es pur.
PAK-*ast*, Il est pur.

On n'objectera pas que sur trois conjugaisons latines, il n'y en a qu'une à laquelle ceci puisse convenir ; parce que les deux autres sont caractérisées par les voyelles A & I, qui n'ont nul raport au Verbe *Est*. Cette remarque, au lieu de détruire ce que nous venons d'avancer, le confirme au contraire, comme l'a déjà observé l'Auteur des Elémens Primitifs du Langage. A est ici l'abrégé du Verbe *avoir*, & I celui d'*Ire* ou *aller*. Mais ces deux Verbes s'employent continuellement au lieu du Verbe ETRE, quand il désigne lien, union. Tous les jours nous disons, J'AI *de la force*, pour dire que la force & moi sommes *unis*.

§. 7.

Comment se forment les Verbes Elliptiques Passifs.

Dans toutes nos Langues modernes, les Verbes Passifs ne se forment que par le Verbe ETRE, accompagné du Participe Passif. Nous disons, *Je* SUIS *aimé*, *Tu* ES *aimé*, *Il* EST *aimé*.

Il en fut de même chez les Latins : ils disoient :

Amatus sum, je suis aimé.
Amatus fui, je fus aimé, &c.

Les Grecs en faisoient de même pour la plûpart des prétérits Passifs.

Tous leurs autres Tems sont formés comme les Actifs, par l'addition du Verbe *Etre* à la fin de la racine. Ainsi ils disent :

TI-*omai*, Je suis honoré.
TI-*é*, Tu es honoré.
TI-ET-*ai*, Il est honoré.
TI-ESTH-*é*, Vous êtes honorés.
TI-ONT-*ai*, Ils sont honorés.

Les Latins disent aussi :

Doc-*eor*, Je suis enseigné.

Doc-e-*ris*, Tu es enseigné.
Doc-et-*ur*, Il est enseigné.
Doc-e-*mini*, Vous êtes enseignés.
Doc-ent-*ur*, Ils sont enseignés.

§. 8.

Le Verbe EST, *souvent suprimé dans les Tableaux énonciatifs.*

N'omettons pas que le Verbe EST se suprime souvent aussi dans les Tableaux énonciatifs, lorsqu'ils font partie d'un Tableau plus considérable, afin qu'on n'aperçoive qu'un seul EST, celui qui domine sur la phrase entiere, & qui s'unit à l'Objet essentiel du Tableau. Il est suprimé trois fois dans cette phrase que nous avons déjà citée:

Loin du Trône nourri, de ce fatal honneur.
Hélas! vous ignorez le charme empoisonneur.

La phrase entiere seroit celle-ci, *ayant* ÉTÉ *nourri loin du Trône, vous ignorez que le charme de cet honneur qui* EST *si fatal,* EST *empoisonneur.*

Ces ellipses rendent le discours plus vif, plus coulant, plus harmonieux, sans lui rien ôter de sa clarté. Elles deviennent nécessaires sur-tout dans la Poésie, obligée de s'assujettir à la marche du chant & de la danse, & forcée par conséquent à suprimer tout ce qui l'auroit retardée dans sa course. De-là, la source de presque toutes les ellipses usitées dans toutes les Langues, parce qu'elles commencerent par la Poésie.

La Poésie Orientale suprimoit le Verbe, sur-tout dans les Comparaisons : » comme les lys entre les épines, disent-ils : ainsi celle que je chéris en-» tre les Vierges ». Car le Verbe s'y suplée de lui-même.

Ces ellipses favorisent encore l'impatience qu'on a d'arriver à la fin du discours, & le désir qu'on laisse quelque chose à faire à notre intelligence : nous voulons entendre à demi-mot.

§. 9.

Vues de M. l'Abbé Barthelemi & de M. l'Abbé Bergier sur ce sujet, conformes à ce qu'on vient d'exposer.

Tout ce que nous venons de dire, quelque singulier qu'il paroisse, est cependant si conforme à la vérité, & si naturel, qu'il a déjà été aperçu en tout où en partie par quelques Sçavans. Ainsi M. l'Abbé BARTHELEMI, dans sa Dissertation sur le Raport des Langues Phénicienne, Egyptienne & Grecque (1), prouve fort bien que les Verbes Grecs Actifs & Passifs, sont formés par la réunion d'un mot avec le Verbe ETRE.

M. l'Abbé BERGIER a fait voir la même chose dans ses Elémens Primitifs sur les Langues.

Celui-ci discute en même tems la plûpart des Principes que nous venons de déveloper, & il le fait d'une maniere si analogue à ce que nous en disons, que nous ne pouvons nous refuser au plaisir de le transcrire ; en témoignant en même tems notre surprise de ce que ceux qui ont écrit depuis lors sur ces objets, n'en ont pas sçu profiter ; & de ce que ceux qui ont critiqué si amèrement cet Ouvrage, n'ont pas rendu justice du moins à ce que nous en allons extraire : comme si ces vérités étoient du nombre de celles qui ne peuvent germer que lentement.

» Les Grammairiens François, dit-il (2), ont remarqué comme une propriété
» de nos Verbes, qu'ils se conjuguent à l'aide de deux auxiliaires, ETRE & AVOIR.
» Il y a quelques observations à faire sur l'un & sur l'autre.

» Il paroît d'abord que le Verbe substantif est auxiliaire en Grec & en La-
» tin comme en François : on peut ajouter même qu'il est impossible de con-
» juguer sans lui dans aucune Langue.

» Quand on dit : *Tuptô*(3); *tupteis, tuptei; tuptomen, tuptete, tuptousi*, &c.
» si l'on retranche la syllabe radicale du Verbe, qui est *Tup*, ou *Tupt*, que
» reste-t-il ? *ô, eis, ei, omen, ete, ousi.* C'est le Verbe substantif pur, dans tou-
» tes ses inflexions avec de très-légères variétés ....

» Bien plus ... ce principe que le Verbe substantif entre nécessairement dans
» la composition de tous les Verbes, & qu'il est le seul auxiliaire, se tire évidem-
» ment de la définition même, que les Grammairiens & les Logiciens don-
» nent du Verbe en général. C'est, disent-ils, un terme qui exprime la liai-
» son du sujet & d'un attribut ; qui renferme par conséquent un jugement. Or,
» cette liaison ne peut être exprimée que par le Verbe substantif, que les Logi-
» ciens nomment pour cette raison *copula*. C'est en lui qu'est renfermée toute
» l'essence du jugement : d'où ils concluent fort bien, qu'à prendre les termes

---

(1) Mém. de l'Acad. des Inscr. & Bel. Let. Tom. XXXII.
(2) Pag. 119-127.
(3) Verbe Grec qui signifie *je frape*, &c.

» à la rigueur, il n'y a qu'un seul Verbe dans toutes les Langues, qui est le Verbe
» substantif; ou, ce qui est le même, qu'il ne peut y avoir de Verbes sans lui....

» La raison fondamentale de toutes ces vérités, c'est que le Verbe substan-
» tif n'est auxiliaire que quand il est pris dans le ... sens ... de liaison. Or,
» la racine primitive des Verbes EO, HABEO, FIO, *aller*, *venir*, *devenir*, est
» aussi l'idée de liaison ou de proximité : il n'est donc pas surprenant que les
» deux premiers puissent être auxiliaires, comme *être* (*dans le sens de*) liai-
» son. Quand nous disons, *j'ai du courage*, cela signifie que *le courage & moi*
» *sommes étroitement liés, intimement unis*. Je vais à la maison, je viens à la
» *maison*, *je m'aproche de la maison*, c'est la même chose. Un Maître, au lieu
» de dire à son Valet, *viens ici*, lui crie simplement, *aproche*. Je deviens sa-
» ge, signifie que je m'aproche de la sagesse.

» Dans ces observations, l'on ne prétend pas prendre parti entre M. l'Abbé
» Girard dans ses Elémens de la Langue Françoise, & les autres Grammairiens.
» Jusqu'à ce que tous soient convenus de l'essence & de la définition du Verbe,
» il est permis de s'en tenir au sentiment commun. Que ce soit l'essence, ou seu-
» lement une propriété du Verbe de renfermer une affirmation ou un jugement,
» cela m'est égal. Toujours est-il vrai qu'il n'y a point de Verbe qui ne renferme
» le Verbe substantif, ou expressément, ou équivalemment; & cela me suffit...

» De tous ces principes qui me paroissent clairs, je tire une nouvelle con-
» séquence, qu'il n'y a donc point de Verbes en Hébreu; puisque dans cette
» Langue, le Verbe substantif n'est point auxiliaire, & n'entre pour rien dans les
» Conjugaisons, si ce n'est dans la cinquieme, (*la Passive*) ...

» Ce que l'on nomme *Participe*, est un Adjectif, signifiant un attribut, dis-
» tingué par des genres & des nombres, comme les Noms, & ordinairement
» par des tems comme les Verbes : Or, les Verbes Hébreux ont des genres
» & des Noms; ils ont des personnes, & point de tems : ce sont donc plutôt
» des Participes que des Verbes.

» On peut prouver ce même fait par la comparaison de l'Hébreu & du Sy-
» riaque. Dans celui-ci, pour exprimer le passé, on joint le Verbe substantif au
» Participe, comme nous faisons dans je *suis allé, je suis venu*; par conséquent,
» sans cette addition, qui ne se fait point en Hébreu, le Participe demeure
» aoriste ou indéterminé.

» Mais une Langue peut-elle se passer de Verbes ? Plus aisément que l'on
» ne pense : le Verbe sert à joindre l'attribut au sujet, par le moyen du Ver-
» be substantif qui en fait la liaison, relativement à un certain tems. Dans l'Hé-
» breu, le Participe n'exprime que l'attribut, & laisse à l'esprit le soin de su-
» pléer la liaison & le tems qui convient au sujet dont on parle.

ARTICLE II.

Invention des Tems et leur gradation.

§. I.

Des Tems en général.

Jusqu'ici nous n'avons confidéré l'exiftence que dans un point, dans le moment actuel : c'eft le feul tems qui pût exifter pour nous, fi nous étions bornés à de fimples fenfations : n'éprouvant jamais que la fenfation actuelle, nous n'aurions de connoiffance que celle du moment : mais telle eft la perfection de l'homme, que non-feulement il a le fentiment du préfent ; mais qu'en fe rapellant fes actions paffées, il conferve encore le fouvenir du tems qui n'eft plus ; & que portant fes vues au-delà du préfent, il découvre des tems qui ne font pas encore : ainfi notre exiftence actuelle s'accroît de l'exiftence paffée que nous nous rapellons, & de l'exiftence future que nous prévoyons.

C'eft par cette faculté admirable que l'homme eft véritablement homme, qu'il fe montre un Etre vraiment intelligent : car ce n'eft que par-là qu'il peut fe former un plan de conduite pour fa vie entiere, faire que chaque inftant foit dirigé au même point que tous ceux qui le précéderent ou qui le fuivront ; & ne pas vivre au jour le jour, comme les Sauvages, les enfans, ou les animaux.

C'eft par une fuite de cette faculté que naquirent les Arts, dont l'unique but eft de fe procurer pour l'avenir une exiftence plus agréable, & que fe forma l'Hiftoire, dépôt des événemens paffés, pour l'inftruction des vivans.

C'eft par elle que l'homme réfifte même à tous les charmes du moment actuel, aux jouiffances les plus délicieufes, afin de pouvoir jouir du tems qui n'eft plus ; & que franchiffant les bornes du tems, il s'enfonce dans une éternité qu'il conçoit être & qu'il efpere, & fe conduit dès cette vie d'une maniere qui ne puiffe point troubler la jouiffance de celle-là, en fe trouvant en contradiction avec elle.

Cette diverfité de Tems, influant fans ceffe fur notre conduite, fe peindra continuellement dans nos idées : toutes porteront leur empreinte. En effet, à quel objet pouvons-nous penser, quel être pouvons-nous nous représenter, quelle action même pouvons-nous nous peindre sans les voir dans le tems préfent, ou dans le tems paffé, ou dans un tems à venir ?

Nous ne faurions donc peindre aucune idée, fans la peindre en même tems avec fes raports à un tems quelconque ; de-là, la néceffité d'avoir des mots qui peignent l'exiftence préfente, l'exiftence paffée, & l'exiftence future ; de-là la néceffité que le *Verbe*, le lien de la parole, changeât fuivant ces raports : & de-là fes trois formes dont nous avons déjà parlé, il *eft*, il *fut*, il *fera*. Est, qui lie par l'idée d'exiftence actuelle ; FUT, qui lie par l'idée d'exiftence paffée ; SERA, qui lie par l'exiftence future.

De-là, la divifion du Verbe en trois Tems, le Préfent, le Paffé & le Futur ; dont nous avons également déjà parlé.

Dès que les Participes furent réunis au Verbe ETRE, ils durent l'être fucceffivement à chacun de fes Tems ; ainfi ces nouveaux Verbes eurent également trois Tems.

Mais de tous ces Tems, quels naquirent les premiers ? c'eft ce que nous nous propofons de difcuter dans ce fecond Article. Pour cet effet, tranfportons-nous au tems paffé, dans le tems où la Société commença & où les hommes durent commencer par pourvoir aux befoins actuels.

§. 2.

Impératif, premier des Tems.

Avant qu'on pût penfer à l'avenir ou qu'on cherchât à fe rapeller le paffé, il fallut pourvoir au moment préfent ; car comment fe rapeller l'un ou rêver à l'autre, tandis qu'on eût été agité du plus preffant befoin, celui de pourvoir au moment ? Le premier foin des hommes fut donc de réunir leurs efforts pour fe procurer ce qui leur étoit indifpenfable pour la vie ; tel dut donc être le but de leurs premiers difcours.

Ce n'eft donc pas dans les harangues des Orateurs, dans les difcours des Philofophes, dans les récits des Hiftoriens, chez ceux qui font raffafiés, ou qui n'ont nul lieu d'être en peine pour le lendemain, que nous devons chercher comment fe dévelopa la chaîne des Tems. Ce n'eft pas même dans les Grammairiens ; ceux-ci font toujours partis des chofes qu'ils trouvoient établies : ils n'étoient pas à même de voir comment elles s'étoient établies.

Celui qui a befoin, demande, prie, follicite, & lorfque plufieurs concourent

UNIVERSELLE.

rent à une même action, le plus habile, ou celui pour qui elle se fait, dirige les autres; il leur dit ce qu'ils doivent faire : tandis que celui qui en a d'autres à son service, leur commande.

Les Verbes commencerent donc par l'IMPÉRATIF, par ce tems qui dit de la maniere la plus courte & la plus prompte, ce qu'on doit faire : car dans les choses pressées & où il faut exécuter sur le champ, on ne sauroit chercher de longs discours; & ce n'est pas dans le besoin qu'on s'amuse à haranguer.

Aussi l'Impératif est-il comme les discours des muets; à peine est-il au-dessus du geste : il est comme lui isolé, décousu, l'affaire de l'instant, un simple son, comme l'autre est un simple mouvement; presque toujours composé d'une seule syllabe.

Viens, va, donne, aide, fais, prends, porte, marche, dis, parle, vois, sois, &c. tels sont les Impératifs dans toutes les Langues, parce qu'aucune ne put s'écarter de la Nature, dont elles furent toujours l'expression.

C'est par cette raison que l'IMPÉRATIF est le tems qui sert à énoncer toutes les Loix : ce style simple & majestueux est digne de la grandeur de la Loi, & de son importance : c'est l'évidence, l'utilité, le salut commun, qui dicte aux hommes les moyens d'être heureux : c'est l'ordre éternel & nécessaire qui, non content de faire entendre sa voix, fait connoître en même tems le besoin urgent d'être obéi.

Le Législateur des Hébreux, qui ne met que l'Impératif dans la bouche du Créateur, fut donc un grand Peintre, sur-tout lorsqu'il veut représenter la promptitude avec laquelle il forma l'Univers. C'est comme s'il disoit : *Lumiere*, SOIS! *& la lumiere fut. Sec*, PAROIS! *& il parut.* Ainsi il le peint donnant des ordres à ce qui n'étoit pas, parce qu'il alloit paroître comme on paroît à la voix de son Maître : il semble qu'on voit la Nature attentive à la voix d'un Pere bienfaisant, & se hâter de lui obéir, se prêter aussi-tôt à ses ordres, devenir tout ce qu'il veut (†). C'est le spectacle le plus grand qu'on pût

---

(†) Un Philosophe Payen a cité cette expression de Moyse, comme un exemple frapant du sublime. Un Evêque du dernier siécle, célebre par ses connoissances, s'éleva contre ce jugement : il n'y vit qu'un simple récit historique, & par conséquent rien que de très-ordinaire; c'est qu'il le lisoit mal : il le traduisoit ainsi : *Dieu dit que la lumiere soit, & la lumiere fut.* C'est un narré simple, d'un fait étonnant; mais un simple récitatif n'a rien de sublime. Otez le récitatif, représentez Dieu parlant, & la lumiere

mettre sous les yeux des hommes. C'étoit mieux peindre la grandeur & la puissance de Dieu, qu'avec un gros Livre de Métaphysique.

§. 3.

Le Prétérit, *second des Tems.*

Bientôt, chacun raconte ce qu'il a fait, les peines qu'il a eues, les obstacles qu'il a été obligé de vaincre, les moyens qu'il a mis en œuvre pour les enlever, les succès dont ils ont été suivis, le point où il a laissé son ouvrage : mais pour raconter tout cela, pour le peindre relativement au Tems, on donnera au Verbe une tournure différente, qui fasse voir que la chose est passée : l'on avoit dit, *va, viens, fais, donne*, &c. l'on dira, *je suis allé, je suis venu, j'ai fait, j'ai donné, j'ai fini,* &c.

Ce sera donc ici une nouvelle portion du Verbe, un nouveau Tems qu'on apellera le Prétérit, le Tems passé ou le Parfait, parce qu'il peint un événement passé, qui n'est plus, une chose faite & parfaite, telle qu'on la désiroit.

§. 4.

Du Futur.

Cela ne suffit pas : il faut encore pourvoir à l'avenir, prendre des mesures pour ce que l'on fera le lendemain, & pendant tout le tems qu'on continuera les mêmes travaux : il faut donc transporter la peinture de l'action dans l'avenir, lui donner une nouvelle forme qui peigne cette nouvelle espéce d'existence ; cette existence qui n'est encore en réalité que dans notre esprit ; mais qui le sera à son tour dans la Nature.

Ce sera encore ici une nouvelle portion du Verbe, un nouveau Tems

---

paroissant à sa voix. Lisez : *Dieu dit : lumiere, sois ! & la lumiere fut :* & l'expression s'ennoblit, elle devient majestueuse & sublime. Ce n'est plus un Historien qu'on entend, ce n'est plus un récit froid d'une chose éloignée : c'est la chose même qu'on voit, c'est la Divinité même qu'on entend ; on est présent à l'événement, il offre tout l'intérêt de ce dont on est spectateur : car ce qu'on voit est bien supérieur à ce qu'on n'entend que réciter. Mais avec beaucoup de connoissances, on peut ne point s'entendre en sublime, & traduire d'une maniere qui fasse absolument disparoître celui d'un Auteur, & qui lui ôte toute son énergie.

qu'on apellera FUTUR, parce qu'il peint un évenement qui n'est pas encore, mais qui doit être.

C'est dans ce sens qu'on dit *j'irai, je viendrai, je ferai, je donnerai* : mots où l'existence future est désignée par la valeur de R, comme nous l'avons déja expliqué par raport au Verbe *Etre*.

Ainsi naquirent les différentes formes que prirent les Verbes pour peindre l'existence d'une action, conformément aux diverses portions de Tems dans lesquelles elle se fait, ou peut se faire. Nous donnons à ces formes le nom de TEMS, sans prendre garde que ce mot devient équivoque, à cause du double sens qu'il acquiert par-là ; ce que les Anglois ont sagement évité, en distinguant ces objets par des Noms différens. TIME signifie chez eux le *Tems* ; pendant que TENSE désigne les Tems du Verbe.

§. 5.

L'inspection des Langues prouve que l'Impératif fut le premier des Tems.

Mais puisqu'un même Verbe se charge ainsi d'un grand nombre de nuances différentes, suivant qu'il peint une action présente, passée ou future, ne faudra-t-il pas mettre entre toutes ces nuances un arrangement constant ? Et cet arrangement sera-t-il abandonné au simple caprice ? La raison n'aura-t-elle point de méthode à prescrire ici ? ou chaque Tems se sera-t-il placé au hasard ? Non sans doute : tout a son ordre, & il faut que tout ce qui le constitue ait sa place marquée par cet ordre même.

Lorsque nos Grammairiens ont placé les Tems de l'Indicatif à la tête des Verbes, & avant ceux de l'Impératif ; lorsqu'ils ont arrangé les Tems de l'Indicatif, de maniere que le Présent est le premier, ensuite le Passé, & enfin le Futur ; ils ont suivi une méthode aussi contraire à la Nature qu'à la facilité de l'instruction. Ils ont anéanti par cette prétendue symétrie l'ordre dans lequel naquirent ces tems, le raport qui regne entr'eux relativement à cette filiation, celui qui existe entre le Verbe & sa racine.

C'est que ceux qui arrangerent ces Tems n'avoient aucune idée de la maniere dont ils s'étoient formés, & qu'ils chercherent seulement à mettre un arrangement entre toutes ces portions de Verbes, qu'ils voyoient en usage.

Ce désordre se fait sentir vivement en Grec, où l'on n'aperçoit qu'avec peine les raports existans entre les Noms & les Verbes qui en naquirent,

H h ij

parce qu'on y met le Préfent pour Tems radical, tandis que ce Préfent fut le dernier des Tems, & celui qui occafionna par conféquent le plus de changemens dans la racine, afin de le diftinguer des Tems qui exiftoient déja.

En effet, les Préfens, TUPT-O, je frape; *Lambano*, je prens; *Manthano*, j'enfeigne; *Didómi*, je donne; font beaucoup plus éloignés de leurs racines, TUP, coup; LAB, main; MATH, mefure, connoiffance; DO, don; que l'Impératif du Futur fecond, *Tupe*, frape; *Labe*, prens; *Mathe*, enfeigne; *dos*, donne.

De-là, l'énergie de ce Tems Impératif, foit qu'on veuille flatter & carreffer, comme une mere à l'égard d'un enfant chéri; foit qu'on apelle quelqu'un à fon fecours; foit qu'on donne des ordres ou qu'on prefcrive quelqu'opération. On pourroit l'apeller le *Tems des paffions* ou du fentiment. Ne l'appeller qu'IMPÉRATIF, c'eft lui ôter les trois quarts de fa valeur: c'eft nous ramener à la barbarie de ceux qui l'inventerent & qui partirent des ordres donnés par les EMPEREURS à des Sujets qu'ils traitoient en efclaves.

Déja, des *Savans* diftingués ont aperçu que ce Tems étoit le plus fimple de tous, & qu'on devoit le regarder comme la racine du Verbe. LEIBNITZ, qui fentoit fi vivement l'utilité des recherches étymologiques, vit que l'Impératif chez les Allemands étoit le Tems le plus fimple de tous. M. le Préfident de BROSSE s'eft déclaré hautement pour cette opinion, & M. l'Abbé BERGIER y borne toute l'étendue des Verbes Hébreux.

Si l'Impératif eft le Tems radical dans les Langues Allemande & Grecque, il en eft de même pour le Latin & pour l'Hébreu.

AMA, aime; LEGE, lis; DIC, dis; FER, porte, font plus courts qu'aucun autre Tems de ces Verbes.

Et dans tous les Verbes Hébreux compofés de deux fyllabes, l'Impératif n'en a jamais qu'une, précifément comme le nom radical dont il vient.

עי, I-HYD, fixer un jour; נתן, *Na-*THAN, donner; עלי, I-HYL, croître; שי, I-SEN, vieillir; font à leur Impératif *yd*, *than*, *yl* ou HYL, SEN; enforte qu'ils repréfentent dans la plus grande exactitude ces Noms primitifs:

ID, le tems; THEN, don; HUL, plante; SEN, vieilleffe.

Cette obfervation n'eft qu'une bagatelle en aparence; mais pour n'avoir pas fu cette bagatelle, tous les Savans en Langues Orientales fe font conftamment égarés en fait d'étymologies, parce qu'ils regardoient comme dénués de racines tous les Verbes, tels que *Iyd*, *Nathan*, *Ihyl*, *Ifan*, &c. & parce qu'ils n'ont jamais aperçu leurs raports avec une foule de mots Grecs, Latins, Celtes, &c. nés des mêmes racines : enforte que ces mots Latins, par exemple, Id-*us*, les Ides; Syl-*va*, forêt; Sen-*ex*, vieillard, &c. étoient des mots qui n'avoient, selon eux, aucun correspondant dans les Langues Orientales.

Mais lorsqu'on néglige les petites choses, & qu'on laisse échaper les principes, il faut nécessairement que la vérité échape elle-même ; & que toutes les connoissances qui dépendent de ces principes ne soient pour nous qu'un cahos ; que nous voyons, sans voir.

§. 6.

Comment les Orientaux en formerent le Prétérit & le Futur.

D'abord après l'Impératif, naquirent le Prétérit & le Futur. Les Orientaux les formerent d'une maniere aussi simple qu'énergique.

Pour peindre le Passé qui n'est plus, ils mirent la racine derriere le Pronom personnel : pour marquer le Futur, ils placerent la racine en avant du Pronom : le premier de ces tableaux peignoit le tems comme passé, comme étant bien loin derriere nous : le second le peignoit comme venant à notre rencontre, comme Futur.

De Phakd, ou Pect, qui signifie Visite, vinrent ces Tems :

Phakd-*ti*,   Tu visitas.
Phakd-*i*,   Je visitai.
E-Phakd,   Je visiterai.
Ti-Phakd,   Tu visiteras.

Cette maniere de conjuguer fut commune aux Chaldéens, aux Assyriens, aux Phéniciens, aux Syriens, aux Egyptiens, aux Ethiopiens, & aux Arabes qui l'ont encore. Encore aujourd'hui ceux-ci disent :

Nasar-*ta*,   Tu vengeas.
Nasart-*o*,   Je vengeai.
A-nsoro,   Je vengerai.
Te-nsoro,   Tu vengeras.

Elle fut certainement commune aux plus anciens Peuples de l'Italie, du moins pour le Prétérit ; puisque le Prétérit Latin est encore parfaitement semblable au Prétérit Oriental ; qu'on y dit :

Leg-*i*,   Je lus.
Legis-*ti*,   Tu lus.
Leger-*unt*,   Ils lurent.

Comme les Hébreux difent PHAKD-*i*, *Phakd*-TI, PHAKD-*ou* ou PHAKD-*oun*, je vifitai, tu vifitas, ils vifiterent.

C'eft par cette raifon que les Prétérits Latins font plus fimples que les Préfens, lorfqu'on a altéré la racine pour former ceux-ci.

Fregi, je rompis, qui vient de FREC ou BREC, *brèche*, eft plus voifin de la racine, que le Préfent *Frango*.

Tactus, qui a été touché, & qui vient de TACT, le *tact*, le *toucher*, eft plus près de la racine que *tango*, je touche.

Il faut en effet que les derniers dérivés foient plus éloignés de la racine, ou lui reffemblent moins que les premiers.

Ces raports font trop fenfibles & trop conformes à la feule maniere dont les Verbes ont pu fe former & devenir repréfentatifs, pour être mis un inftant en doute.

Les caufes qui produifirent ces Tems divers qui compofent l'enfemble des Verbes, commencent donc à fe developer. Déjà brillent de l'éclat de la raifon ces formes variées qui paroiffoient l'effet du hafard : on y voit la marche conftante de la fageffe, qui fut toujours trouver dans la Nature des reffources efficaces contre les befoins que celle-ci fait naître.

En prenant cette fageffe pour guide, nous retrouverons donc fes opérations, malgré l'éloignement des tems où ces chofes naquirent, malgré la mobilité & l'inconftance des élémens qui les compofent, & malgré les altérations que les Verbes ont effuyées dans l'étendue des fiecles, & par tant de révolutions dont les funeftes effets ont encore été augmentés par l'impatience des Peuples qui tendent fans ceffe à abréger le Difcours, & qui réduifent prefque à rien les terminaifons des mots ; enforte qu'on eft obligé, à la longue, de deviner les élémens dont ils furent d'abord compofés.

ARTICLE III.

Division des Tems, & sur-tout dans la Langue Françoise.

§. I.

Les Langues n'ont pas toutes le même nombre de Tems.

AYANT ainsi fixé nos idées sur les causes des Tems dont les Verbes sont composés, & sur l'origine des premiers auxquels on fut obligé de recourir, pour peindre l'ordre dans lequel les actions & les événemens se succedoient, passons au dévelopement de ceux qui existent dans notre Langue : ce sera une régle de la plus grande utilité pour reconnoître la valeur des Tems employés par chaque Peuple ; & pour juger des progrès qu'on a faits à cet égard, dans les diverses Langues qu'on a le plus d'intérêt à connoître.

Car elles n'ont pas toutes la même quantité de Tems ; du moins de Tems formés uniquement par la racine, comme *j'aime*, *j'aimai* & *j'aimerai*. A cet égard, la Langue Grecque est la plus riche, ayant huit Tems actifs, tous composés de la seule racine ; tandis que le Latin n'en a que cinq : l'Anglois & l'Allemand, deux seulement ; & la Langue Françoise, quatre ; leurs autres Tems sont composés de Verbes auxiliaires tels qu'*être* & *avoir*.

Quelques personnes ont cru que ces Périphrases ou ces Tems composés de plusieurs mots, étoient un vice, une imperfection dans nos Langues modernes, & qu'il seroit à désirer que tous nos Tems fussent également composés de la racine seulement, avec quelque légère modification, comme chez les Grecs. Il est certain que le discours y gagneroit du côté de la briéveté : mais on y perdroit beaucoup à d'autres égards.

Si l'on vouloit exprimer de cette maniere tous les Tems possibles d'un Verbe, leur étude deviendroit très-pénible, par la difficulté de distinguer exactement dans une liste aussi nombreuse, le sens de chaque terminaison : il est infiniment plus aisé de les saisir lorsqu'ils sont exprimés par la réunion de plusieurs mots ; sur-tout à cause des irrégularités qui en naissent de toutes parts ; & dont la Langue Grecque est une preuve trop sensible. Aussi ne peut-on indiquer aucune Langue dans laquelle on n'ait des Tems composés, même dans la Langue Grecque, quoiqu'elle soit si riche en Tems simples.

Il résulteroit de-là un autre inconvénient : c'est qu'un pareil usage répandroit sur les Langues une sécheresse, une langueur, une monotonie insuportable. Si c'est un avantage d'abréger ses expressions, sur-tout celles qui reviennent sans cesse, ce seroit un mal d'abréger des expressions qui reviennent rarement, & dont le sens seroit par-là même beaucoup plus difficile à saisir : ensorte qu'au lieu d'abréger, il se trouveroit qu'on auroit embarrassé sa route & qu'elle seroit devenue beaucoup plus longue à parcourir.

§. 2.

D'où vient la différence qu'on observe entre les Langues sur le nombre des Tems.

Ne soyons pas surpris de ce que les Langues différent si fort dans le nombre de leurs Tems simples ou composés.

La Nature n'en indique, à proprement parler, que deux : le *Passé* qui sert à raconter ce qu'on a fait ou qu'on a vu, & qui peut servir de régle pour l'avenir ; & le *Futur* pour lequel on doit se préparer. Le *Présent* n'est rien dans la Langue de la Nature : on le voit ; qu'a-t-on à en dire ? & d'ailleurs, il passe si rapidement, qu'il n'est plus lorsqu'on voudroit en parler.

Avec ce Présent lui-même, il n'existe donc que trois Tems dans la Nature : & ce sont les seuls sur lesquels les Peuples puissent se rencontrer ; étant d'ailleurs si distincts qu'il est impossible de les prendre l'un pour l'autre.

Les Tems que les Langues nous offrent de plus, ne sont donc que des nuances de ces Tems, des intermédiaires au moyen desquels ces trois époques se raprochent les unes des autres ; par lesquels le Présent va se confondre avec le Passé, & le Futur se raproche du présent : ce sont des Présens plus ou moins Présens, des Passés plus ou moins éloignés, des Futurs à distances inégales. Ce sera un Passé dans une distance immense, un autre infiniment plus près, un Passé presque Présent, ou un Présent qui est déja dans le Passé : &c. Ainsi les couleurs les plus tranchantes se raprochent par des nuances intermédiaires, de façon qu'au point de séparation on ne peut dire à quelle des deux couleurs il apartient : ainsi le point où l'on cesse de monter ne se distingue pas de celui où l'on commence à descendre.

La Langue la plus exacte seroit celle qui pourroit peindre toutes ces gradations : la moins exacte, celle qui n'auroit point de termes moyens pour

toutes

UNIVERSELLE.

toutes ces nuances : cependant de ce que l'une seroit plus exacte, il n'en résulteroit pas qu'elle fût la plus utile ou la plus riche ; parce qu'il n'est pas nécessaire de tenir note de cette immensité de gradations ; qu'il suffit d'être en état de peindre les plus importantes, celles qui sont les plus intéressantes & qui peignent les nuances les plus sensibles.

L'on sent parfaitement que dans ce choix, les Nations pourront différer considérablement entr'elles : car telle nuance sera sensible pour l'une, qui ne le sera pas pour une autre : & telle Nation voudra mettre entre ces intermédiaires une gradation moins lente, tandis que telle autre voudra la précipiter & sauter par-dessus toutes ces distinctions qui plaisent à celle-là. D'où peut résulter une grande différence entre les Tems, d'une Langue à une autre.

Cependant elles pourront s'accorder à avoir plus de tems passés que de présens ou de futurs, parce qu'on raconte plus qu'on ne prévoit, & parce qu'il est bien plus aisé de distinguer les tems écoulés & qu'on a vus, que les futurs dans lesquels rien ne s'est fait encore. C'est ainsi que nous mettons une grande différence entre une même action considérée comme se faisant dans un tems très-peu éloigné, ou dans un tems plus éloigné ; ou comme faite dans un tems éloigné purement & simplement : qu'au premier sens, nous disons *je faisois*, *je mangeois* ; au second, *je fis*, *je mangeai* ; au troisième, *j'ai fait*, *j'ai mangé* : tandis que les Latins confondent ces deux dernieres formules en une seule, & que les descendans des anciens Germains, les Allemans, les Anglois, &c. confondent les deux premieres.

On sent encore très-bien que les richesses de cette espéce, ne pourront pas se transporter des Langues qui les possédent dans une qui en seroit privée, puisque celle-ci n'en a pas l'équivalent : ensorte qu'une Langue peut avoir des beautés dont une autre sera totalement dénuée ; & que celle-ci sera obligée de confondre en un seul plusieurs objets très-distincts dans celle-là, parce qu'elle n'aura aucun moyen pour saisir leurs différences.

L'habileté de ses Ecrivains consistera à l'en dédommager par des tournures heureuses qui produisent le même effet ; ou à faire passer par une noble hardiesse le tems étranger dans leur propre Langue, comme l'ont fait les Ecrivains d'Italie, qui transportant chez eux notre expression *je viens de...* comme *je viens de faire*, *je venois de faire*, disent maintenant, *Io vengo di far*, *Io veniva di lodare* : innovation qui d'abord fit murmurer ; mais que son utilité a fait enfin adopter.

Gramm. Univ.   I i

GRAMMAIRE

§. 3.

Systême des Tems, suivant M. l'Abbé GIRARD.

La distinction des Tems est d'une si grande simplicité, qu'on se trouve toujours dans le plus grand embarras, lorsqu'on veut en rendre raison : c'est ce dont il est très-aisé de se convaincre en jettant les yeux sur les noms que les Grammairiens leur ont donnés, & sur les difficultés qu'ils rencontroient lorsqu'ils vouloient rendre raison de ces noms.

C'est ainsi qu'ils avoient inventé les noms de PRÉSENS *imparfaits*, de PRÉTERITS *parfaits*, *plusque parfaits*, *indéfinis*, *composés*, *surcomposés* ; de FUTURS *un peu passés*, avec lesquels on n'expliquoit rien & l'on brouilloit tout.

Laissons dans l'obscurité ces dénominations qui n'étoient bonnes que pour mettre à la torture ceux qui étoient forcés de les aprendre ; & voyons ce que nos derniers Grammairiens ont fait pour les simplifier.

L'Abbé Girard remarquant que tout événement pouvoit être considéré sous deux points de vue, relativement au tems dans lequel il a eu lieu, & relativement à un autre événement arrivé dans un autre tems, avec lequel on le comparoit, divisa tous les Tems en deux Classes ; les Tems ABSOLUS où l'on ne considère une action que relativement au Tems : les Tems RELATIFS où l'on considère le tems de cette action relativement au tems dans lequel se passa une autre action.

Ainsi, *je* MANGE est un tems absolu ; cette action n'est comparée qu'au tems : *je* MANGEOIS *lorsque vous êtes venu*, est un tems relatif ; car il est comparé au tems où l'on vint.

De-là, huit Tems dans notre Langue, selon ce Grammairien : deux PRÉSENS ; deux PRÉTERITS pour un événement arrivé dans un tems qui existe encore : deux Préterits apellés AORISTES (†), pour les événemens arrivés dans un tems qui n'est plus ; & deux FUTURS. Voici un exemple de ces huit Tems.

PRÉSENT ABSOLU, j'aime,	PRÉSENT RELATIF, j'aimois.
PRÉTERIT ABSOLU, j'ai aimé.	PRÉTERIT RELATIF, j'avois aimé.
AORISTE ABSOLU, j'aimai.	AORISTE RELATIF, j'eus aimé.
FUTUR ABSOLU, j'aimerai.	FUTUR RELATIF, j'aurai aimé.

(†) Du mot Grec *a-oriston*, non défini, non borné : car ce Tems se perd dans le vague du Passé, & convient à toutes ses portions.

UNIVERSELLE.

Il va les déveloper lui-même (1) : nous transcrirons ses propres paroles avec d'autant plus de plaisir, que c'est ce qui avoit paru de mieux jusques alors sur cette matiere.

» JE FAIS, est présent absolu ; parce que cette formation ne fait répon-
» dre le tems de l'événement qu'à celui de la parole, comme étant le
» même :

Je fais de mon mieux pour que le Lecteur m'entende.

» JE FAISOIS, est présent relatif ; parce qu'il représente le tems de l'événe-
» ment sous deux rapports, sçavoir comme présent au tems de quelque
» circonstance désignée, & comme passé eu égard à celui de la parole.

Je faisois dernierement réflexion à la sottise des hommes, en voyant les uns compter sur la constance des femmes, & les autres s'offenser de leur infidelité.

» J'AI FAIT, est préterit absolu ; le tems de l'événement y répondant sim-
» plement au moment de la parole, comme passé à son égard :

J'ai fait tout ce que j'ai pu pour vous rendre service ; & vous n'a-vez pas fait la moindre chose pour m'en témoigner de la recon-noissance.

» J'AVOIS FAIT, est préterit relatif; parce qu'il fait répondre l'événement
» comme passé, non-seulement par raport au tems où l'on parle, mais en-
» core par raport à quelque circonstance arrivée après lui, & passée de même
» par raport à l'instant de la parole :

J'avois fait les démarches convenables quand il a paru s'y oppo-ser.

» JE FIS, est aoriste absolu ; le tems de l'événement y étant seulement repré-
» senté dans un période passé par raport à celui qui coule avec le tems de
» la parole :

Je fis l'année derniere moins d'ouvrage, quoique je travaillai plus assi-duement que je n'ai fait celle-ci.

» J'EUS FAIT, est aoriste relatif ; puisqu'il fait répondre le tems de l'événe-
» ment, non-seulement à un période passé par raport à celui de la parole,

---

(1) Tom. II. p. 25 & suiv.

» mais encore à un tems passé dans ce même période par raport à une autre
» circonstance qui est arrivée :

> *J'eus fait mes affaires dans la derniere Campagne avant que mon
> Concurrent fût arrivé.*

» JE FERAI, est futur absolu ; parce qu'il représente le tems de l'événement
» uniquement comme postérieur à celui de la parole :

> *Je ferai demain ce que je ne pourrai pas faire aujourd'hui.*

» J'AURAI FAIT, est futur relatif ; parce qu'il représente le tems de l'événe-
» ment sous deux faces, comme postérieur à celui de la parole & comme anté-
» rieur à celui de la circonstance dont il doit être accompagné :

> *J'aurai fait mon ouvrage à la fin de l'année.*

§. 4.

Systême de M. HARRIS.

Un Savant Anglois, qui donna dans sa Langue, sous le nom d'HERMÈS, il
y a plus de vingt ans, des Principes de Grammaire Philosophique & universelle, remplis d'érudition & de génie, porta le nombre des Tems jusqu'à douze ;
en les considérant sous un point de vue, tout-à-fait neuf, d'une maniere
plus grande & plus philosophique que tout ce qui avoit paru en ce genre.

» Le TEMS, dit-il, est divisible & étendu (2) ; par conséquent, chaque
» portion déterminée du Tems, même le Présent, a toujours un COMMENCE-
» MENT, un MILIEU & une FIN.

» De-là, se déduit d'une maniere très-simple la Théorie entiere des TEMS;
(*Tenses*).

» L'on voit d'abord les TEMS INDÉFINIS, dans lesquels l'on considère l'évène-
» ment sans aucun raport à son commencement, à son miliéu, à sa fin ;
» mais en lui-même : & les TEMS DÉFINIS, dans lesquels on le considere rela-
» tivement à ces diverses gradations.

» Ces Tems indéfinis, qu'on peut nommer très-bien AORISTES, sont au
» nombre de trois ; l'Aoriste du Présent, l'Aoriste du Passé & l'Aoriste du
» Futur. Les Tems définis sont au nombre de trois pour désigner le commen-

---

(2) HERMÈS, Liv. I. ch. VII. p. 118.-139. On m'a assuré qu'on en préparoit une
nouvelle Edition fort augmentée. Je dois la connoissance de cet Ouvrage à M. DROM-
GOLD, Chevalier de S. Louis & Mestre-de-Camp de Cavalerie, dont la Bibliothéque
m'a été très-utile.

» cement de ceux-là : au nombre de trois également , pour désigner leur
» terme moyen ; & au nombre de trois encore, pour en fixer la fin : ce qui
» donne NEUF Tems définis.

» Nous pourrons apeller les trois premiers de ces neuf tems , Tems Incep-
» tifs ; les trois suivans, Tems Moyens ; & les trois derniers, Tems Completifs.

De-là ces douze Tems :

AORISTE *du Présent.*

En Grec.	En François.	En Anglois.
Γραφω,	j'écris.	I write, *j'écris.*

Aoriste du Passé.

| Εγραψα, | j'écrivis. | I wrote, *j'écrivis.* |

Aoriste du Futur.

| Γραψω, | j'écrirai. | I shall write, *je dois ou je devrai écrire.* |

PRÉSENT *Inceptif.*

| Μελλω γραφειν, | je vais écrire. | I am going to write, *je suis allant écrire.* |

Présent Moyen.

| Τυγχανω γραφων, | j'écris. | I am writing, *je suis écrivant,* |

Présent Complétif.

| Γεγραφα, | j'ai écrit. | I have written, *j'ai écrit.* |

PASSÉ *Inceptif.*

| Εμελλον γραφειν, | j'allois écrire. | I was beginning to write, *j'étois commençant à écrire.* |

Passé Moyen.

| Εγραφον, | j'écrivois. | I was writing, *j'étois écrivant.* |

Passé Completif.

| Εγεγραφειν, | j'avois écrit. | I had done writing, *j'avois fait écrivant.* |

FUTUR *Inceptif.*

| Μελλησω γραφειν, | j'irai écrire. | I shall be beginning to write, *je dois ou je devrai être commençant à écrire.* |

Futur Moyen.

Εσομαι γραφων, je ferai écrivant. I shall be writing, *je dois* ou *je devrai être écrivant.*

Futur Completif.

Εσομαι γεγραφως, j'aurai écrit. I shall have done writing, *je devrai avoir fait écrivant.*

L'Auteur Anglois apuie ceci d'un grand nombre d'obfervations & de preuves d'autant plus intéreffantes, que jufques à lui on n'avoit point confideré les Tems des Verbes fous un point de vue auffi ingénieux.

Il fait voir que les Latins connurent les Tems inceptifs, qu'ils érigerent en Verbes apellés INCHOATIFS, c'eft-à-dire, *qui marquent le commencement*: tels furent CAL-ESCO, je commence à me réchauffer: ALB-ESCO, je commence à blanchir.

Il raporte que les Grammairiens Grecs les plus illuftres, APOLLONIUS, GAZA, &c. ont confideré le *Préfent* comme un événement incomplet, & le *Paffé* comme le complément du préfent. L'*Imparfait* comme un Paffé incomplet, & le *plufque parfait* comme un Paffé qui a tout fon complément.

Il ajoute une remarque très-connue du moins dans nos Contrées, que l'Imparfait, qu'il apelle Paffé moyen, & l'Abbé GIRARD, Préfent relatif, défigne auffi tout ce qui eft ufuel & ordinaire; les expreffions pareilles à celles-ci, *il fe levoit, il écrivoit*, ne fignifiant pas feulement *il étoit fe levant, il étoit écrivant*, mais fignifiant auffi *il ne* CESSOIT *de fe lever, il ne* CESSOIT *d'écrire*: parce que ce qui eft fréquemment répété, porte néceffairement fur le Tems paffé.

Et fi les anciens Artiftes, dit-il encore, fe fervoient de ce tems pour marquer qu'ils étoient les Auteurs des Ouvrages que le Public avoit fous les yeux, c'étoit par modeftie & pour marquer qu'ils ne les regardoient pas comme finis: formule qu'ont imitée nos plus célèbres Imprimeurs, tels qu'Henri-Etienne, Morel, Jean Bienné ou Benenatus, & en dernier lieu, chez les Anglois, le Docteur TAYLOR dans fa belle Edition de Démofthènes.

Il finit par une très-belle remarque relative à la Langue Latine: c'eft que les Tems y font formés d'après cette marche; le Paffé & le Futur qui paffent, viennent du Préfent moyen ou qui paffe: de *fcribo*, j'écris, viennent *fcribebam*, j'écrivois; *fcribam*, j'écrirai. Du Préfent Completif, *fcripfi*, j'ai écrit, viennent le Paffé & le Futur Completifs, *fcripferam*, j'avois écrit; *fcripfero*, j'aurai écrit. Ce qui forme les fix Tems de la Langue Latine.

Ceci a lieu, même pour les Verbes irréguliers. De *fero*, je porte, viennent *ferebam*, je portois; & *feram*, je porterai: & de *tuli* j'ai porté, viennent *tuleram*, j'avois porté; & *tulero*, j'aurai porté.

ARTICLE IV.

Système de M. Beauzée.

§. I.

Il admet vingt Tems.

M. Beauzée considérant cet objet sous un point de vue beaucoup plus vaste, aperçoit vingt tems différens dans nos Verbes François & dont quelque Langue que ce soit peut être susceptible, étant pris dans la Nature elle-même.

Ces Tems sont divisés en six Classes.

1°. Ceux qui sont formés par la seule racine du Verbe,

J'aime.	J'aimai.
J'aimois.	J'aimerois.

2°. Ceux qui sont composés de la racine combinée avec le Verbe AVOIR ou avec le Verbe ÊTRE.

J'ai aimé.	J'eus aimé.
J'avois aimé.	J'aurai aimé.

3°. Ceux qui sont composés de ces derniers tems combinés avec EU, participe du Verbe avoir, ou avec ÉTÉ, participe du Verbe ETRE, à la suite du Verbe avoir.

J'ai eu aimé.	J'eus eu aimé.
J'avois eu aimé.	J'aurai eu aimé.

4°. Ceux qui sont composés du Verbe VENIR.

Je viens d'aimer.	Je viendrai d'aimer.
Je venois d'aimer.	

5°. Ceux qui sont composés du Verbe DEVOIR.

Je dois aimer.	Je devrai aimer.
Je devois aimer.	

6°. Ceux qui sont composés du Verbe ALLER.

Je vais aimer.	J'allois aimer.

GRAMMAIRE

Les deux premieres divisions nous offrent les huit Tems de l'Abbé GIRARD; ces deux premieres divisions & les deux dernieres nous donnent les mêmes Tems que la Grammaire Angloise de Monsieur HARRIS. M. Beauzée a donc ajouté ici les Tems de la troisiéme & de la quatriéme division.

Il est incontestable que les Tems des deux dernieres divisions sont des FUTURS.

Il n'est pas moins incontestable que les Tems qui forment les divisions deuxiéme, troisiéme & quatriéme, sont des PRÉTERITS.

Les quatre Tems qui composent la premiere division seront donc des PRÉSENS.

La conséquence paroît juste. Cependant on ne peut s'empêcher au premier coup-d'œil de la regarder comme un paradoxe insoutenable. Mais ne nous hâtons pas dans notre jugement.

Voyons plutôt d'après quels Élémens notre Auteur a construit sa Table.

Et afin de saisir ces procédés avec plus de facilité, formons-en un Tableau qui mette sous les yeux ces Tems avec leurs raports, ensorte que tout ce qui sera relatif à l'explication de ces Tems ne soit que des conséquences du Tableau même.

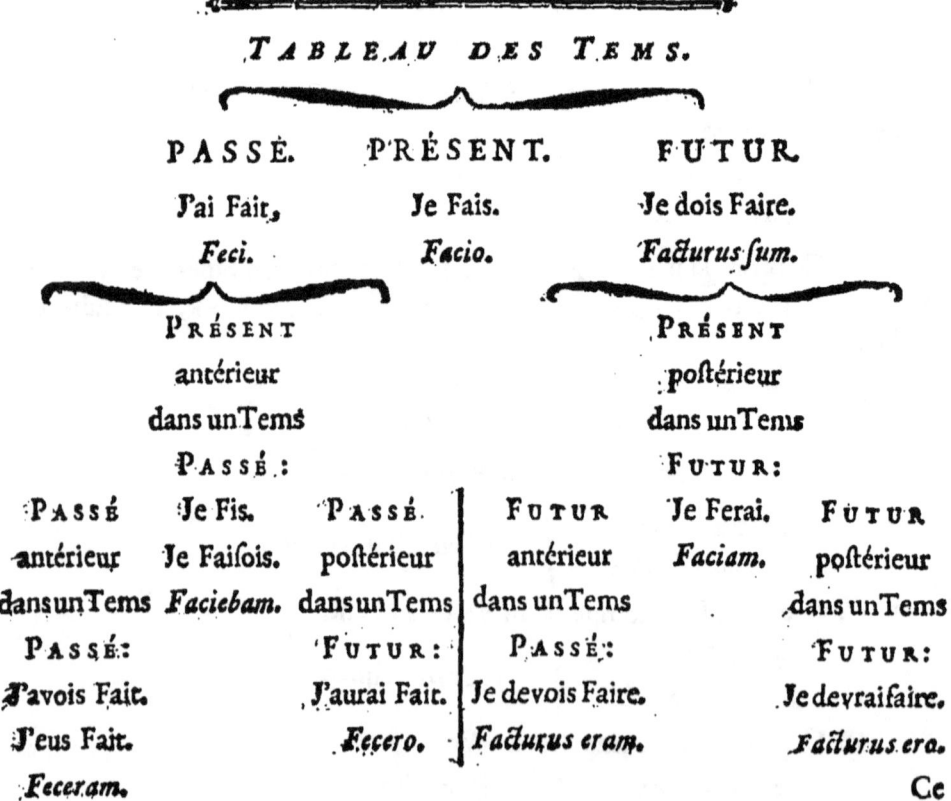

UNIVERSELLE.

Ce Tableau est divisé en trois parties : l'une au milieu ou en face du Lecteur, & qui représente le Tems Présent : l'autre à sa gauche, qui représente le Passé : le troisiéme à sa droite qui représente le Futur.

Ces trois Tems qui dominent le Tableau, sont ce qu'ils sont dans toutes les circonstances possibles : au jour de hier comme au jour actuel, & comme ils le seront demain ; parce que ce qu'ils sont, c'est toujours relativement à eux-mêmes, & que ce raport ne change point.

Chacun de ces Tems peut être considéré comme ayant un tems qui le précéde & un tems qui le suit : ce qui donne neuf Tems.

Car le moment présent, *je fais*, a un Passé, *j'ai fait* ; & un Futur, *je dois faire*.

Le moment passé, *hier*, a de même un présent, *je fis* ; un passé, *j'avois fait* ; un futur, *j'aurai fait*.

Le moment futur, *demain*, a un présent, *je ferai* ; un passé, *je devois faire* ; un futur, *je devrai faire*.

Si nous apellons les momens qui précédent ANTÉRIEURS, & les momens qui suivent POSTÉRIEURS ; nous aurons :

1°. Un passé antérieur, *j'avois fait* ; & un passé postérieur, *j'aurai fait*.

2°. Un présent antérieur, *je fis* ; & un présent postérieur, *je ferai*.

3°. Un futur antérieur, *je devrois faire* ; & un futur postérieur, *je devrai faire*.

Ces trois Tems antérieurs & ces trois Tems postérieurs, joints aux trois premiers fondamentaux, font neuf Tems, qui forment dans le Tableau trois Triangles, dont le sommet est en haut, & dont celui du milieu, plus élevé, rentre dans les deux autres.

§. 2.

Dévelopement du Tableau.

Vous trouvez ces neuf Tems dans le Tableau d'une maniere à les rendre aussi sensibles qu'il se puisse : d'abord paroissent sur la premiere ligne, comme nous avons dit, un PASSÉ qui est à gauche, J'AI FAIT ; un Présent qui est en face, JE FAIS ; un Futur qui est à droite, JE DOIS FAIRE.

Au-dessous du Passé sont trois Tems en portique, dont deux Passés & un Présent.

Au-dessous du Futur sont trois autres Tems en portique aussi, dont deux Futurs & un Présent.

Ce Tableau offre donc trois Préſens, trois Paſſés & trois Futurs, ou trois Paſſés, trois Préſens & trois Futurs, ſi l'on veut ſuivre l'ordre des Tems.

1°. Des trois Paſſés.

Des trois Paſſés, l'un eſt en face de vous : c'eſt celui qui eſt paſſé relativement au moment où l'on parle, conſidéré en lui-même & ſans aucun raport à aucune autre époque, à aucun autre événement.

A votre gauche eſt un autre paſſé, déſigné par le nom d'antérieur ; c'eſt qu'il eſt paſſé non-ſeulement pour le moment où l'on parle, comme *j'ai fait*, mais qu'il étoit paſſé, qu'il n'exiſtoit plus lorſqu'on a pu dire *je fis* : J'AVOIS FAIT *mon devoir lorſque* JE FIS *ce que vous liſez*.

A votre droite eſt un autre paſſé déſigné par le nom de poſtérieur : c'eſt qu'il vient après le tems où l'on parle ; & qu'il ſera paſſé avant le tems dont on parle. J'AURAI FAIT *mon devoir avant que vous reveniez*.

Au milieu de ces trois Tems en eſt un autre apellé Préſent antérieur : mais pour nous en former une juſte idée, quittons les Paſſés, & allons aux Préſens.

2°. Des trois Préſens.

Nous avons vu que le Paſſé étoit accompagné de deux Paſſés ; l'un qui le précéde, l'autre qui le ſuit.

Mais ſi l'époque du Paſſé eſt précedée & ſuivie d'époques qu'on peut regarder comme Paſſées, le préſent ne pourra-t'il pas être précedé & ſuivi d'époques qu'on pourra regarder également comme préſentes ? l'une avant le tems où l'on parle, & l'autre après le tems où l'on parle : l'une paſſée au tems où l'on parle, mais préſente au tems paſſé dont on parle : l'autre future au tems où l'on parle, mais préſente au tems futur dont on parle.

De-là ces trois Préſens :

JE FAIS. *Je fais* ce que vous m'avez preſcrit ; Préſent actuel.

JE FIS. *Je fis* hier ce que vous m'aviez preſcrit ; Préſent antérieur, puiſqu'ici je me repréſente comme étant faiſant dans le moment dont on parle, *hier*, tems antérieur au moment où l'on parle.

JE FERAI. *Je ferai* demain ce que vous me preſcrirez : Préſent poſtérieur, puiſqu'ici je me repréſente comme étant faiſant dans le moment dont on parle & qui viendra après celui où l'on parle, *demain*.

UNIVERSELLE.

Mais comment est-ce que ce Préfent antérieur & ce Préfent poſtérieur ſe trouvent renfermés, l'un entre les Paſſés, & l'autre entre les Futurs ?

La raiſon en eſt très-ſimple. Nous avons vu que le moment préſent où l'on parle a un paſſé & un futur : mais il en eſt de même de toutes les époques. Le Tems paſſé étoit néceſſairement entre un Tems paſſé & un Tems futur, par raport auxquels il étoit *préſent*. Le Tems futur ſera néceſſairement entre un Tems Paſſé & un Tems Futur, par raport auxquels il ſera *préſent*.

En effet, lorſque je dis *hier je* FIS *telle choſe*, où mon action eſt préſente relativement à cette époque, exiſtente dans le même tems, je pouvois dire hier, J'AVOIS FAIT telle choſe, tems qui eſt paſſé relativement à cette exiſtence ; & je pouvois dire *demain* J'AURAI FAIT *telle choſe* ; ce qui fait voir que, *je fis* eſt un préſent relativement à *j'avois fait* & *j'aurai fait*.

3°. Des trois Futurs.

Le *Préſent*, Tems où l'on parle, a un Futur, *je dois faire*.

Mais ce moment futur, comme nous l'avons dit, doit ſe trouver entre un Paſſé & un Futur qui n'eſt pas encore arrivé : car on peut dire HIER (Tems Paſſé) *je* DEVOIS *faire une viſite* ; ce qui eſt un Futur dans un Paſſé : & DEMAIN *je* DEVRAI FAIRE *une viſite*, ce qui eſt un Futur dans un Futur : mais quel eſt le Préſent entre ce Paſſé & ce Futur, ſi ce n'eſt *je ferai* ? DEMAIN *je* FERAI une viſite, expreſſion qui préſente mon action comme exiſtente en même tems que demain.

De tous ces tems, les trois qui ſe raportent à l'époque où l'on parle ſont indéfinis, indéterminés ; car rien ne les borne. Ils ſont ce qu'ils ſont par eux-mêmes, & ils le ſont conſtamment & indépendamment de toute circonſtance. Ce ſont les trois Tems par excellence & abſolus.

Les autres ſont bornés par l'époque dans laquelle on les conſidere. Le préſent antérieur & le préſent poſtérieur ne ſont ce qu'ils ſont que relativement à l'époque dont on parle, comparée à l'époque où l'on parle : leur place eſt circonſcrite, elle ne peut être ailleurs. *Je fis* n'indique qu'une époque : *je fais* s'aſſocie avec toutes. *J'avois fait* n'indique qu'une époque : *j'ai fait* s'aſſocie avec toutes ; comme nous le ferons voir plus bas.

Ce ſont les trois Tems, tranſportés à des époques particulieres, à hier & à demain, tout comme à aujourd'hui.

Et comme nous difons :

AUJOURD'HUI, au moment où je parle, *je fais*, *j'ai fait* & *je dois faire*.

On peut dire également :

HIER, au moment dont je parle, PASSÉ pour l'époque où je parle, *je fis*, *j'avois fait*, *je devois faire*.

DEMAIN, au moment dont je parle, FUTUR pour l'époque où je parle, *je ferai*, *j'aurai fait*, *je devrai faire*.

Et l'on pourra en former un nouveau Tableau :

	PRÉSENS.	PASSÉS.	FUTURS.
AUJOURD'HUI, Préfent ;	Je fais.	J'ai fait.	Je dois faire.
HIER, Paffé, jour antérieur,	Je fis.	J'avois fait.	Je devois faire.
DEMAIN, Futur, jour poftérieur,	Je ferai.	J'aurai fait.	Je devrai faire.

On voit donc par ce Tableau que, *je fais*, *je fis*, *je ferai*, font des Préfens, l'un au Préfent ou actuel ; l'autre au paffé ou antérieur ; le troifiéme au futur ou poftérieur.

Ou que le premier eft un Préfent-Préfent ou Préfent actuel.

Le fecond, un Paffé-Préfent ou Préfent antérieur.

Le troifiéme, un Futur-Préfent ou Préfent poftérieur.

Que *j'ai fait*, *j'avois fait*, *j'aurai fait*, font trois Paffés : l'un au moment actuel, l'autre dans un tems Paffé, le troifiéme dans un tems Futur : ou en d'autres termes, que,

Le premier eft un Préfent-Paffé.

Le fecond, un Paffé-Paffé.

Le troifiéme, un Futur-Paffé.

Que *je dois faire*, *je devois faire*, *je devrai faire*, font trois futurs, l'un au moment préfent ; l'autre dans un tems paffé, le troifiéme dans un tems futur : ou en d'autres termes, que,

Le premier eft un Préfent-Futur.

Le fecond un Paffé-Futur.

Le troifiéme un Futur-Futur.

Ou en d'autres termes, trois futurs ; l'un préfent ; l'autre antérieur ; l'autre poftérieur.

§. 3.

Cette division met d'accord tous les Grammairiens.

Cette diftribution des Tems en Tableaux, rend raifon de toutes les différences qu'on trouve à cet égard entre les divers Grammairiens, parce qu'on en voit auffi-tôt les caufes, provenues du point de vue fous lequel ils envifageoient les Tems.

Car tous les Tems qui font fur la ligne de HIER, jour paffé, peuvent être confidérés comme des *Paffés*; ce qui a fait apeller PASSÉS, *je fis*, *j'avois fait*, *je devois faire*.

Et tous les tems qui font fur la ligne de *demain*, jour futur, peuvent être confidérés comme des Futurs : ce qui a fait apeller FUTURS, *je ferai*, *j'aurai fait*, *je devrai faire*.

Mais entre ces trois Tems Paffés & ces trois Futurs, règnent des différences fenfibles : de-là leurs divers noms. Comme *j'avois fait* eft un paffé avant un paffé, on l'apelloit *plufque paffé* ou *plufque parfait*. M. BEAUZÉE l'apelle *Paffé antérieur*; dénomination plus fenfible & qui fe définit toute feule.

Comme *j'aurai fait* eft un paffé dans l'avenir, on l'apelloit *fecond Futur*, *Futur relatif*. M. Beauzée l'apelle *Paffé poftérieur*.

De même *je ferai* eft fur la ligne des Futurs; auffi l'a-t'on apellé *Futur*: mais il eft dans la colonne des Préfens : c'eft le préfent dans le futur. M. BEAUZÉE l'apelle donc *Préfent poftérieur*; ce qui eft plus fenfible & plus aifé par conféquent à aprendre.

Voulons-nous confidérer le premier Tableau fous un autre point de vue; ne confidérer comme Préfent que le tems *je fais*; tout ce qui fera à fa gauche fera paffé, tout ce qui fera à fa droite fera futur : voilà ce qui a fait regarder *je fis* comme un paffé, & *je ferai* comme un futur.

Mais voilà quatre paffés au moins & quatre futurs : comment diftinguer tous ces futurs ? faut-il donner à chacun, des noms différens, les graduer, les mettre tous dans des intervalles différens ? Mais cela ne finiroit point : & de-là tous les embarras qu'on a eus pour les claffer.

Par la méthode de M. BEAUZÉE, rien de plus fimple : tout eft préfent, paffé ou futur : rien de plus ; mais chacun de ces tems eft tout cela relativement au tems préfent, au tems paffé & au tems futur : dès-lors *je fis* & *je ferai* font des préfens ; l'un au tems paffé, l'autre au tems futur : il ne refte plus que trois passés & trois futurs ; dont un de chacun au tems passé, au tems futur, & au tems présent ou actuel.

J'ai fait,   passé au tems actuel.
J'avois fait, passé au tems passé.
J'aurai fait, passé au tems futur.

Ainsi de quelque maniere qu'on envisage ce Tableau, on se reconnoit toujours, quelque méthode qu'on ait sous les yeux : & l'on peut décider par son propre sentiment quelle est la plus commode, la plus étendue, la plus intéressante.

§. 4.

D'un second Présent Antérieur.

Dans le premier Tableau, au-dessous du présent antérieur, *je fis*, nous voyons JE FAISOIS ; & au-dessous du passé antérieur *j'avois fait*, nous voyons J'EUS FAIT.

J'eus fait & *je faisois* ne sont pas la même chose que *je fis* & que *j'avois fait* : mais ce sont des tems de la même nature : *j'eus fait* est un passé antérieur comme *j'avois fait* : & JE FAISOIS est un présent antérieur comme *je fis* : développons-en les preuves, & les différences qui regnent entre ces tems de même nature.

Quand nous disons d'une maniere historique, en racontant ce qui nous est arrivé, HIER *je le* RENCONTRE *en chemin*, *je lui* DEMANDE *où il* VA, *je vois qu'il* S'EMBARRASSE ; tous ces Verbes sont des présens au tems passé, au tems de hier ; c'est comme si nous disions, HIER *je le* RENCONTRAI *en chemin*, *je lui* DEMANDAI *où il* ALLOIT, *je* VIS *qu'il* S'EMBARRASSOIT.

Je le RENCONTRAI, *je lui* DEMANDAI, sont des présens antérieurs, tout comme *je fis* : *il* ALLOIT, *il* S'EMBARRASSOIT seront donc encore des présens antérieurs ; car ils correspondent aux présens, *il va*, *il s'embarrasse*.

C'est ce dernier tems *il alloit*, *il s'embarrassoit*, dont on fait ici un second Présent antérieur, un Présent pour le Tems passé.

On l'a appelé PRÉTERIT IMPARFAIT ; *Préterit*, parce qu'il est au tems passé ; *imparfait*, parce qu'il désigne un événement moins passé que *j'ai fait* : mais rien n'est moins passé que le *présent*.

Le nom de présent antérieur donné à ces deux tems, démontre leurs raports : tous les deux, présens au passé.

UNIVERSELLE.

Mais on voit cette différence entr'eux, que, JE FAISOIS indique simplement une action comme présente hier, & que, JE FIS renferme cette action toute entière dans l'époque de hier. *Hier je* FAISOIS *un ouvrage*, mais je ne l'achevai pas : *hier* JE FIS *cet ouvrage*, il fut achevé dans l'époque même de hier.

On apellera celui-là présent antérieur simple, & celui-ci présent antérieur périodique.

C'est à cause du raport de ces deux Tems que la plûpart des Langues ne les ont point distingués & n'ont qu'une manière de les exprimer. Telles sont les Langues Allemande, Angloise & Flamande.

L'Allemand, ICH WAR, signifie *j'étois* & *je fus*.
L'Anglois, I WAS,
Le Flamand, ICH WAS, } signifient également *j'étois* & *je fus*.

Les Latins n'ont ici de même qu'un seul Tems, FACIEBAM, je faisois.

Aussi lorsque ces Peuples veulent dire *je fis*, *je trouvai*, ils sont obligés de se servir de *je faisois*, *je trouvois* ; *je faisois cela hier*, *je le trouvois sur mon chemin.*

§. 5.

Du second Passé antérieur.

Des deux Passés antérieurs, J'AVOIS FAIT est simple : mais dans un autre sens ; il désigne simplement une existence antérieure à une époque antérieure elle-même au tems où l'on parle.

J'avois fait mon ouvrage lorsque vous vintes.

L'autre est périodique : il marque une existence antérieure mise en comparaison avec une époque, un événement pris dans un période antérieur au tems où l'on parle.

J'EUS FAIT mon ouvrage *avant* qu'il achevât le sien ; *en même tems que lui*, *après lui.*

Cette distinction manque à diverses Langues : les Latins, par exemple, n'avoient qu'un préterit antérieur.

§. 6.

De la distinction des Tems en Indéfinis & Définis.

Tout Présent, Passé ou Futur peut être INDÉFINI OU DÉFINI : c'est-à-dire, qu'ils peuvent déſigner toutes les époques, paſſée, préſente & future; ou être reſtreints à n'en déſigner qu'une ſeule.

Toutes les fois qu'ils ſont conſiderés comme actuels, antérieurs & poſtérieurs, ils ſont bornés à une ſeule époque; & renfermés dans cette époque, ils ſont *définis*.

Mais toutes les fois qu'ils ne ſont point concentrés dans une ſeule époque, ils ſont aplicables à toutes; ils deviennent par conſéquent *indéfinis*.

Ici nous n'aurons qu'à tranſcrire en quelque ſorte les expreſſions même de notre Auteur.

1°. Préſent Indéfini.

Quand nous diſons à quelqu'un *je vous* LOUE *d'avoir fait cette action*, notre action de *louer* eſt énoncée comme coexiſtente avec l'acte même de la parole, au moment où l'on parle.

Que l'on diſe dans un récit, *je le* RENCONTRE *en chemin*, *je lui* DEMANDE *où il* VA, *je* VOIS *qu'il* S'EMBARRASSE, tous ces tems ſont employés comme des préſens dans un Tems qui n'eſt plus, qui a été antérieur au moment où l'on parle.

Et ſi l'on dit, *je* PARS *demain*, *je* FAIS *tantôt mes adieux*, on énonce comme préſentes des actions qui n'auront lieu que dans un tems poſtérieur au moment où l'on parle.

Enfin quand on dit, *Dieu* EST *juſte*, *le Tout* EST *plus grand qu'aucune de ſes parties*, on énonce des vérités qui ſont préſentes dans tous les Tems, dans toutes les époques poſſibles.

Mais au lieu de ce Préſent antérieur, *je le rencontre*, mettez un Tems qui ſoit borné à cette fonction, & vous aurez le Préſent antérieur qu'on a pris pour un Paſſé, *je le rencontrai*.

Et ſi vous ſubſtituez de même à ce préſent poſtérieur *je pars demain*, ou *demain je le rencontre*, le préſent poſtérieur qu'on a pris pour un futur, vous aurez, *je partirai*, *je rencontrerai* : ce qui donne ces trois préſens :

Je rencontre, je rencontrai, je rencontrerai.

2°. Préterit indéfini.

Le *Préterit* eſt un tems également indéfini; c'eſt-à-dire, qu'il ſert pour les trois époques, préſente, paſſée & future.

En diſant, *j'ai* LU *un excellent Livre*, on indique un Prétérit actuel.

UNIVERSELLE.

Il est postérieur ou dans l'avenir, en disant, J'AI FINI *dans un moment*.

Il est antérieur ou dans le passé, lorsque vous dites en récit, *à peine* A-T-IL PARLÉ, *qu'il s'élève de toutes parts un bruit confus*.

Substituez à ces préterits ces Tems, J'AURAI FINI, à peine AVOIT-IL PARLÉ; & vous reconnoîtrez aussi-tôt les Préterits postérieurs & antérieurs.

3°. *Futur indéfini.*

Il en est de même du futur : il est indéfini ayant lieu pour les futurs actuels, antérieurs & postérieurs.

Il marque l'existence future indépendamment de tout raport à aucun tems ; dans cette phrase, par exemple, *tout homme* DOIT *mourir* ; comme si l'on disoit, *tous les hommes qui nous ont précédé* DEVOIENT MOURIR, *ceux d'aujourd'hui* DOIVENT MOURIR, *& ceux qui nous suivront* DEVRONT MOURIR.

Il marque, 2°. un futur actuel : *je redoute le jugement que le Public* DOIT PORTER *de cet ouvrage* ; car il s'agit ici d'un jugement à venir.

Et 3°. un futur postérieur : *si je* DOIS SUBIR *un examen, je m'y préparerai avec soin* : comme si nous disions, je me préparerai avec soin s'il arrive un tems où je DEVRAI SUBIR un examen.

Et 4°. un futur antérieur, en disant, en récit ; *quand je* DOIS HARANGUER, *la parole me manque, je ne sçais plus où j'en suis* : & qui devient futur antérieur JE DEVOIS : comme dans cette phrase, *la parole me manqua au moment où* JE DEVOIS HARANGUER.

Notre Auteur s'apuie ici d'un passage de VARRON, ce Savant Romain *observateur attentif, intelligent, patient, scrupuleux même*, qui avoit très-bien remarqué (1) que ces trois Tems *j'avois fait, j'ai fait, j'aurai fait,* étoient des préterits; & que ceux-ci, *je faisois, je fais, je ferai,* étoient des présens ou des tems non encore passés ; & qui blâmant vivement ceux qui les arrangeoient différemment, observoit que le méchanique de ces tems s'étoit conformé à ces raports.

» Similiter errant qui dicunt ex utraque parte verba omnia commutare
» syllabas oportere ; ut in his, *pungo, pungam, pupugi ; tundo, tundam,*
» *tutudi* : dissimilia enim conferunt, verba INFECTA cum PERFECTIS. Quod
» si IMPERFECTA modò conferrent, omnia verbi principia incommutabilia

---

(1) De Ling. Lat. Lib. VIII. p. 56.

» viderentur : ut in his, *pungebam*, *pungo*, *pungam* : & contrà ex utraque
» parte commutabilia, si PERFECTA ponerent ; ut *pupugeram*, *pupugi*, *pu-*
» *pugero*.

§. 7.

De neuf autres Tems qui ne sont pas entrés dans les Tableaux précédens.

Outre les onze Tems qui composent le premier Tableau, notre Auteur en compte neuf autres divisés en trois classes :

  Trois Préterits prochains.
  Deux Futurs prochains.
  Quatre Préterits comparatifs.

  1. *Des cinq Tems Prochains.*

On peut considérer la distance d'un événement comme éloignée ou comme prochaine ; & dire ; *il y a* long-tems *que j'ai lu*, & *il y a* peu de tems *que j'ai lu* : *je lirai* dans très-peu de tems, & *je ne puis lire que* dans un tems très éloigné.

Si l'on a recours à des formules pour exprimer ces idées sans employer des mots qui désignent le tems, sans être obligé de dire *long-tems*, *peu de tems*, *dans un tems éloigné*, on aura de nouveaux Tems qui pourront s'apeller, les uns TEMS ÉLOIGNÉS, les autres TEMS PROCHAINS. En François, nous n'en connoissons aucun de la premiere espéce ; mais nous avons cinq Tems prochains.

De ce nombre sont trois Préterits formés par le Verbe *venir*.

Je VIENS *de lire*, *je* VENOIS *de lire*, *je* VIENDRAI *de lire*.

  Le premier est un *Préterit* PROCHAIN *indéfini*.
  Le second, un *Préterit* PROCHAIN *antérieur*.
  Le troisiéme, un *Préterit* PROCHAIN *postérieur*.

Les deux autres Tems prochains sont deux Futurs, formés du Verbe ALLER.

  L'un est indéfini, *je* VAIS *lire*, *je* VAIS *faire*.
  L'autre est antérieur, J'ALLOIS *lire*, J'ALLOIS *faire*.

  3°. *Des quatre Préterits* COMPARATIFS.

On les apelle COMPARATIFS, parce qu'ils présentent un événement antérieur mis en comparaison avec un événement antérieur aussi, mais postérieur au premier. C'est ainsi qu'on dit :

Dès que J'AI EU FAIT , *je suis parti pour vous voir.*

Ils sont au nombre de quatre, formés par les quatre Préterits dont nous avons déja parlé, & qu'on apellera POSITIFS pour les distinguer de ceux-ci ; & par le participe EU, qui joint ainsi une antériorité comparative à l'antériorité désignée par les présens du Verbe AVOIR.

Ces quatre PRÉTERITS COMPARATIFS sont :

Un indéfini, *j'ai* EU *fait.*
Un antérieur simple, *j'avois* EU *fait.*
Un antérieur périodique, *j'eus* EU *fait.*
Un postérieur, *j'aurai* EU *fait.*

Ces Tems avoient déja été reconnus par M. l'Abbé de DANGEAU (3) : mais ne faisant attention qu'à leur forme & non à leur valeur, il les apella SUR-COMPOSÉS, parce qu'il avoit donné aux Préterits Positifs, *j'ai fait, j'avois fait,* le nom de *Tems composés* ; ce qui ne donnoit aucune idée de leur valeur & des motifs qui avoient occasionné leur invention.

On ne trouveroit peut-être pas dans nos bons Ecrivains des exemples de ces derniers Tems : mais les Auteurs Comiques, les Epistolaires & les Romanciers pourroient bien en fournir si on les parcouroit dans cette vue ; & tous les jours de pareilles expressions sont employées dans les conversations par les Puristes les plus rigoureux : ce qui est la marque la plus certaine qu'elles sont dans l'analogie de la Langue Françoise. Enfin, » si elles ne sont pas » encore dans le langage écrit, ajoute l'Auteur dont nous exposons ici les » idées fort en abregé, elles méritent du moins de n'en être pas rejettées : » tout les y reclame, les intérêts de cette précision philosophique qui est un » des caractères de notre Langue, & ceux même de la Langue, qu'on ne » sauroit trop enrichir dès qu'on peut le faire sans contredire les usages analo- » giques.

---

(3) Opuscul. sur la Lang. Franç. p. 177.

GRAMMAIRE

§. 8.

Tableau Général.

De-là résulte ce Tableau Général :

PRÉSENS.

Indéfini,			Je chante.	J'arrive.
Définis,	Antérieur,	*Simple*,	Je chantois.	J'arrivois.
		Périodique,	Je chantai.	J'arrivai.
	Postérieur,		Je chanterai.	J'arriverai.

PRÉTÉRITS.

1°. Positifs.

Indéfini,			J'ai chanté.	Je suis ⎫
Définis,	Antérieur,	*Simple*,	J'avois chanté.	J'étois ⎬ arrivé.
		Périodique,	J'eus chanté.	Je fus ⎪
	Postérieur,		J'aurai chanté.	Je serai ⎭

2°. Comparatifs.

Indéfini,			J'ai eu chanté.	J'ai été ⎫
Définis,	Antérieur,	*Simple*,	J'avois eu chanté.	J'avois été ⎬ arrivé.
		Périodique,	J'eus eu chanté.	J'eus été ⎪
	Postérieur,		J'aurai eu chanté.	J'aurai été ⎭

3°. Prochains.

Indéfini,		Je viens de chanter.	Je viens ⎫
Définis,	Antérieur,	Je venois de chanter.	Je venois ⎬ d'arriver.
	Postérieur,	Je viendrai de chanter.	Je viendrai ⎭

FUTURS.

1°. Positifs.

Indéfini,		Je dois chanter.	Je dois ⎫
Définis,	Antérieur,	Je devois chanter.	Je devois ⎬ arriver.
	Postérieur,	Je devrai chanter.	Je devrai ⎭

2°. Prochains.

Indéfini,	Je vais chanter.	Je vais ⎫ arriver.
Défini antérieur,	J'allois chanter.	J'allois ⎭

ARTICLE V.

OBSERVATIONS PARTICULIERES, ET CONCLUSION.

§. I.

Simplicité de ce Systême, & ses avantages.

Tel est le Systême de M. BEAUZÉE à l'égard des Tems ; nous avons tâché en l'analysant de ne lui rien ôter de sa force, & de le rendre plus aisé à saisir par les divers Tableaux dont nous avons accompagné ce précis.

Il réunit les avantages de la simplicité avec la plus vaste étendue : l'on peut par ce moyen classer tous les Tems sans en multiplier les dénominations, & en les ramenant toujours à une mesure commune. Trois mots en font tout le mystere : un Présent, un Passé & un Futur. Ces trois divisions étant également apliquées ensuite à chacune de ces époques, qui ont nécessairement un Tems avant & un Tems après elles, donnent les neuf Tems qui sont de toutes Langues, & à chacun desquels on imposoit des noms plus difficiles à concevoir que la chose même.

Il est de fait que tous ceux qui aprennent pour la premiere fois la division de ces Tems, sont désorientés & perdus dès qu'ils sont hors des trois Tems dont les Noms paroissent seuls ici : tandis qu'il n'est personne, pas même de jeune Ecolier, qui ne conçoive très-bien un Passé antérieur, un Passé actuel & un Passé postérieur, un Présent antérieur & un Présent postérieur, & des Futurs de la même espéce : devenus par-là sensibles pour lui, il les saisit & ne les oublie plus.

Cependant cet arrangement si simple, si lumineux, n'a encore été adopté nulle part, & les Grammaires qui ont paru depuis lors, ont paru avec les anciennes dénominations & n'ont fait aucune mention de ce nouveau systême.

Peut-être leurs Auteurs ne le connoissoient pas, & en ce cas ils avoient tort : ceux qui veulent diriger les autres, doivent du moins sçavoir eux-mêmes ce qui s'est dit d'essentiel sur les objets qu'ils veulent enseigner : sinon, ils risquent de perpétuer les erreurs, les préjugés, les ténebres, en rendant inutiles les travaux des hommes les plus éclairés. Peut-être ne se sont-ils pas donné la peine même de lire ce syſtême, effrayés par un langage qui leur ſembloit abſurde, & en contradiction avec toutes leurs idées : mais n'eſt-ce pas l'effet de tout ce qu'on n'a jamais vu ; & pourra-t-on jamais redreſſer ſes idées ſur quelqu'objet que ce ſoit, quand on s'abandonnera abſolument à de pareilles impreſſions ? n'eſt-ce pas ce ſentiment aveugle qui perpétue tant de préjugés & d'erreurs ?

Ce n'eſt pas qu'il faille admettre tout ce qui eſt nouveau ; ce ſeroit une autre extrémité non moins dangereuſe : mais il ne faut ſe refuſer à l'examen d'aucune choſe qui paroît nouvelle, par cela même qu'elle eſt nouvelle ou contraire à ce qu'on connoît ; & ne ſe décider que d'après cet examen.

Pour nous, qui travaillons pour le Public, & qui le reſpectons trop pour ne pas lui donner le plus de lumieres qu'il nous eſt poſſible ſur des objets importans, nous tâchons de lire tout ce qui peut éclaircir les objets dont nous nous occupons, & nous nous eſtimons très-heureux lorſque nous rencontrons des morceaux qui nous paroiſſent dignes d'être mis ſous ſes yeux : nous euſſions cru lui manquer en ne lui donnant pas connoiſſance de celui-ci ; & nous croyons rendre ſervice aux jeunes gens en leur recommandant de ſe familiariſer avec lui.

§. 2.

Tems qu'on pourroit ajouter à ceux-là.

Ce n'eſt pas qu'il ne fût ſuſceptible de quelques remarques, & peut-être de quelqu'amélioration ou changement pour les détails.

On pourroit, par exemple, ajouter un Préſent actuel, *je ſuis faiſant*, très-diſtinct de *je fais*, tout comme M. Beauzée a déja très-bien vu qu'en Latin *amor* & *amatus ſum*, tous deux Préſens paſſifs, n'étoient cependant pas préciſément le même tems. Celui dont nous parlons ſeroit le Présent défini actuel.

Dès qu'on met *je dois, je devois & je devrai faire*, au nombre des Tems, on ne ſauroit refuſer d'y placer auſſi *je dus faire* & *j'avois du faire*.

Peut-être pourroit-on auſſi donner aux Préſens, antérieur & poſtérieur, des dénominations qui les ſéparaſſent moins du Paſſé & du Futur actuel auxquels ils apartiennent.

Ce ſont du moins les deux ſeuls Tems qui puiſſent être ſuſceptibles de quelqu'obſcurité, lorſqu'on cherche leur place relativement à celle de tous les autres Tems. Car telle devroit être la suite entiere des Tems, que cette suite ne formant qu'une seule ligne, chaque Tems y eût sa place déterminée. Le Présent seroit au milieu de la ligne, le Passé à gauche, le Futur à droite, & chacun des autres Tems, à droite ou à gauche de ceux-là, suivant leur nature : enforte qu'on apercevroit aussi-tôt la valeur de chacun de ces Tems, en voyant la portion de ligne qu'ils occuperoient.

Je ne sais si je me trompe, mais il me semble que jusques alors on ne pourra jamais être sûr que les Tems sont bien casés, bien déterminés, bien présentés ; & qu'ils n'auront que des dénominations relatives, qui donnent trop de prise à l'arbitraire, & n'entraînent pas d'une maniere assez victorieuse le consentement général.

Aussi voyons-nous dans M. BEAUZÉE même (1), qu'un Académicien d'Arras doutoit que son système pût s'accorder avec le méchanisme de toutes les Langues connues ; & qu'il ne comprenoit pas comment on pouvoit regarder *je fis* comme un présent, si l'on ne convenoit que *j'ai fait* doit être souvent regardé aussi comme un présent.

Les expressions dont il se sert à cet égard prouvent qu'il avoit adopté l'arrangement de l'Abbé Girard dont nous avons déja parlé, & qui étoit si intéressant pour le tems où il parut ; mais trop borné, & trop incommode en ce qu'il coupoit la ligne des Tems en quatre divisions générales par les Aoristes, tandis que M. Beauzée ne la coupe qu'en trois, comme elle l'est dans la Nature.

Ajoutons qu'il est impossible que le système des Tems, dans quelque Langue que ce soit, ne s'accorde avec celui-ci, où la ligne des Tems est coupée en trois portions & chaque portion subdivisée en d'autres de la même nature.

D'ailleurs cette maniere intéressante de subdiviser les Tems, sera de la plus grande commodité pour reconnoître la valeur des Tems de chaque Langue, en les comparant à ces grandes divisions, auxquelles il faut nécessairement qu'ils se raportent.

Le Savant Critique dont nous parlons, anéantit lui-même sa remarque sur *j'ai fait*, en avouant qu'en diverses occasions il ne peut être employé pour *je fis* : c'est reconnoître que *je fis* a une valeur propre qui le distingue du passé, & qui en fait ainsi un Présent antérieur, ou un présent dans le passé : au lieu que *j'ai fait* est toujours passé, dans le passé comme dans le présent, toujours à gauche, jamais en face.

---

(1) Tom. I, p. 489, & suiv.

§. 3.

Ligne du Tems.

Supofons que la Ligne du Tems foit divifée en trois Portions, *le Paffé*, *le Préfent*, *le Futur*; les trois Tems qui y répondent feront, *j'ai Fait*, *je Fais*, *je dois Faire*: mais la premiere & la feconde de ces portions fe fubdiviferont en d'autres, d'où réfulteront de nouveaux Tems.

LIGNE DU TEMS.

PASSÉ.	PRÉSENT.	FUTUR.
J'ai Fait.	Je Fais.	Je dois Faire.
DIVISIONS DU PASSÉ, au nombre de quatre.	DIVISION unique.	DIVISIONS DU FUTUR, au nombre de trois.

Avant-hier	Hier	Ce matin	A l'inftant	A l'inftant	A l'inftant	Demain	Après-demain
J'avois fait.	Je fis.	Je faifois.	J'aurai fait.	Je fuis faifant.	Je devois faire.	Je ferai.	Je devrai faire

On voit par cette divifion que, *j'ai Fait* & que *je dois Faire*, font des Tems INDÉFINIS; car ils conviennent à toutes les divifions poffibles du Paffé & du Futur.

J'AI FAIT à l'inftant, ce matin, hier, avant-hier.

JE DOIS FAIRE à l'inftant, demain, après-demain.

Par raport aux divifions du Paffé,

J'avois fait ne convient qu'aux événemens antérieurs à *je fis*.

Je fis convient au tems fous lequel il eft placé & à tous les tems antérieurs.

Je faifois, à tous les Tems qui le précédent.

J'aurai fait, correfpond pour le paffé à la feule divifion fous laquelle il eft placé; & pour le futur, à toutes les divifions dont celui-ci eft témoin.

J'AURAI FAIT à l'inftant, demain, après-demain.

Tandis que *Je devois faire* convient à toutes les divifions du Paffé, & à une feule du Futur.

Et

UNIVERSELLE.

Et que *je ferai* convient, tout comme *je dois faire*, à toutes les divisions du futur, mais d'une maniere différente : l'un, marquant ce qu'on a à faire ; & l'autre, disant précisément ce qu'on fera.

Si l'on vouloit donner des Noms particuliers à chacune de ces subdivisions, on pourroit les appeller ainsi:

J'avois fait, Passé antérieur,

J'aurai fait, Passé postérieur.

Je fis, Passé défini.

Je faisois, Passé comparatif peignant l'existence qui étoit actuelle en un tel tems.

Je suis faisant, sera un Présent défini.

Je devois faire & je *devrai faire* seront les futurs, antérieur & postérieur.

Je ferai, sera le futur défini.

Ajoutons que dans les divisions du Passé, *avant hier* tient lieu de tous les Tems passés antérieurs à hier : & que dans les divisions du Futur, *après demain* tient lieu de tous les Tems futurs postérieurs à demain.

§. 4.

Si un Tems doit être retranché du nombre des Tems par la raison qu'il forme une phrase.

On sera peut-être tenté de rejetter du nombre des Tems ceux qui sont composés d'un grand nombre de mots ; & l'on craindra que le nombre des Tems ne se multiplie mal à propos, si l'on regarde comme des Tems ceux qui sont formés par des Verbes différens des Verbes AVOIR & ÊTRE.

Mais dès qu'on admet des Tems formés de deux Verbes, pourquoi en borneroit-on le nombre à ceux qui sont composés de ceux-là ? Pourquoi en retrancheroit-on ceux qui dérivent des mêmes principes ?

Or, si l'on admet *j'ai fait* & *j'ai été aimé*, au nombre des Tems, parce qu'ils ne désignent qu'une seule maniere d'exister, qu'unité d'action, pourquoi ne reconnoitroit-on pas comme Tems de Verbes, toute phrase composée de deux ou plusieurs mots qui n'exprimeroient ensemble qu'une seule maniere d'exister, qui offriroient unité d'action ?

Dès-lors, on devra non-seulement admettre les vingt Tems dont il est ici

Gramm. Univ.

question ; mais on pourra en étendre le nombre & enrichir par ce moyen nos Langues, déjà supérieures à cet égard aux anciennes.

Il ne faut pas aller bien loin pour trouver des Langues qui ayent admis, d'après ces principes, des Tems différens des nôtres.

Les Anglois ne se contentent pas de dire au présent I LOVE, *j'aime*, ils disent encore *I do love*, je fais amour, *je suis* existant avec l'action d'*aimer*.

S'ils disent, I SHALL LOVE, je dois ou je devrai aimer, ils disent encore *I will love*, je veux aimer, je suis existant avec la disposition d'aimer.

Et *I can love*, je suis existant avec la PUISSANCE d'aimer.

Tems parfaitement analogues à ceux-ci, *je dois aimer*, c'est-à-dire *je suis existant avec l'*OBLIGATION *d'aimer* : & *je vais aimer*, c'est-à-dire, *je suis existant avec la* DISPOSITION *d'aimer dans l'instant*.

L'on peut dire qu'il y a ce raport entre *je vais aimer*, *je veux aimer* & *je dois aimer*, que ces trois Tems désignent également le futur ; mais que *je dois*, le désigne d'une maniere très-indéfinie & dans toute l'étendue du futur : que le second, *je veux*, désigne cet événement comme plus prochain, & nous-mêmes comme disposés actuellement à exécuter l'action qu'il présente ; & que le premier, *je vais*, désigne cet événement comme au point d'arriver, & nous-mêmes comme nous mettant à même d'exécuter ce que nous devons & voulons.

Je veux faire seroit ainsi du nombre des futurs prochains.

Par cet arrangement des Tems, la Langue Françoise en particulier se présente sous un point de vue plus régulier, plus étendu, plus satisfaisant : on se demandera moins comment une Langue dans laquelle avoient paru des Ouvrages si admirables à tous égards, pouvoit avoir une Grammaire aussi peu intéressante, & aussi désavantageuse (†).

 " (†) En lisant nos Grammaires, disoit un Journaliste (*a*), il est fâcheux de sentir,
 " malgré soi, diminuer son estime pour la Langue Françoise, où l'on ne voit presque
 " aucune analogie ; où tout est bisarre pour l'expression comme pour la prononciation,
 " & sans cause ; où l'on n'apperçoit ni principes, ni régles, ni uniformité ; où enfin
 " tout paroit avoir été dicté par un capricieux génie. En vérité, dit-il encore ailleurs (*b*),
 " l'étude de la Grammaire Françoise inspire un peu la tentation de mépriser notre
 " Langue. " Les DU MARSAIS & les BEAUZÉE n'avoient pas encore paru.

(*a*) Jugemens sur quelques Ouvrages nouveaux, Tom. IX. p. 73.
(*b*) Racine vengé, IPHIG. II. 46.

§. 5.

Correspondance de ces Tems avec ceux des Latins.

N'omettons pas que ce nouvel arrangement des Tems s'accorde fort bien avec la Langue Latine.

Les trois Présens y sont exprimés par la même voyelle, FAC-*iebam*, FAC-*io*, FAC-*iam*.

Les trois Passés, par la voyelle *e*, FEC-*eram*, FEC-*i*, FEC-*ero*.

Et les trois Futurs, par le Verbe Être, FAC-*turus eram*, *sum*, *ero*.

Ce qui fait voir que ces Tems s'étoient formés, suivant la même analogie d'après laquelle on les a disposés ici.

Lorsque les Grammairiens Latins donnent le nom de *Prétérit imparfait* au Présent antérieur *je faisois*, & celui de *plusque parfait* au Passé antérieur, c'est qu'ils les regarderent, celui-ci comme un Passé absolument passé, & celui-là comme un Passé qui n'est pas encore absolument passé, qui a encore quelque chose du présent.

Et si en François, l'autre présent antérieur JE FIS a été apellé *Prétérit simple* par quelques-uns & *Passé défini* par quelques autres (1), c'est que les premiers ne faisoient attention qu'à ce qu'il est formé simplement de la racine du Verbe; & que les seconds ont très-bien vu qu'il étoit borné à un tems précis, tandis que *j'ai fait* est indéfini.

Toutes ces dénominations étoient vraies d'après le point de vue d'où l'on partoit : mais n'étant pas déterminées par un raport commun, elles donnoient trop lieu à l'arbitraire,& ne se faisoient pas sentir avec assez de promptitude & d'évidence.

---

(1) C'est le nom que leur donne entr'autres M. PALOMBA dans son *Abrégé de la Langue Toscane*, dont il a déja paru 3 vol. *in-*8°.

CHAPITRE VIII.
DES PRÉPOSITIONS.
Septième Partie du Discours.

ARTICLE PREMIER.
Des Prépositions en général.

§. I.

Effets des Prépositions.

Si les Parties du Discours dont nous venons de traiter, jouent un grand rôle par leurs dévelopemens & par les formes diverses que prennent les mots qui les constituent, celles qui nous restent à examiner se distingueront par des qualités contraires. Les mots dont nous allons nous occuper, n'ont qu'une maniere d'être : cependant leur énergie est telle, qu'ils operent les plus grands effets dans les Tableaux de nos idées, auxquels ils sont absolument nécessaires pour la liaison de leurs divers objets.

Mais tel fut le sort de ces mots, qui ne tiennent à aucun autre, d'être employés, sans que leur origine en fût mieux connue ; au point que jusqu'à présent, on ne pouvoit se rendre raison du choix qu'on en avoit fait, & des causes de leur énergie.

De ce nombre sont ceux qu'on apelle PRÉPOSITIONS. Tels sont les mots écrits en lettres majuscules qu'offrent les tableaux suivans. Le premier contient l'aveu que l'épouse de Thésée fait de sa funeste passion : le second peint les effets des larmes d'Armide sur les Guerriers de Godefroy.

L'emploi que RACINE & LE TASSE font de ces mots si simples & si peu saillans, auxquels on ne fait presque nulle attention, en fera sentir encore mieux la nécessité, & l'on n'en sera que plus disposé à nous suivre dans l'examen que nous allons en faire.

TABLEAU FRANÇOIS.

Mon mal vient DE plus loin : A peine au Fils d'Egée
Sovs les Loix de l'Hymen je m'étois engagée :
Mon repos, mon bonheur fembloit être affermi ;
Athènes me montra mon fuperbe Ennemi.
Je le vis, je rougis, je pâlis A fa vue ;
Un trouble s'éleva DANS mon ame éperdue :
Je reconnus Vénus & fes feux redoutables,
D'un fang qu'elle pourfuit, tourmens inévitables (1).

TABLEAU ITALIEN.

;; . Il chiaro humor chi DI fi fpeffe ftille
Le belle gote e'l feno adorno rende,
Opra effetto DI foco il qual IN mille
Petti ferpe celato e vi fi apprende :
O miracol d'Amor, che le faville
Tragge DEL pianto, e i cor NE l'acqua accende :
Sempre SOVRA Natura egli hà poffanza ;
Ma in virtù DI coftei fe ftaffo avanza (2).

» Les larmes qui coulent en abondance le long DE fes belles joues, & qui
» relevent la beauté DE fon fein, produifent DES effets pareils à ceux DU feu :
» elles pénetrent le cœur de mille & mille Guerriers ; elles s'en emparent. O
» prodige de l'Amour, qui fe fert des pleurs pour faire naître des flammes, &
» qui change en feux brûlans un élément humide ! Seul, il domine fur la Na-
» ture : dès que leurs forces font réunies, il s'éleve au-deffus de lui-même. »

Ces Tableaux font certainement d'une grande beauté, pleins de force &
d'harmonie. Cependant fi l'on en fuprime ces mots A, DE, SOUS, DANS, SUR,
&c. qui excitent peu d'attention, on ne voit plus de fens : l'harmonie eft dé-
truite, il ne refte qu'un amas de mots fans liaifon.

Ainfi des mots qui femblent ne rien peindre, ne rien dire, dont l'origine eft
inconnue, & qui ne tiennent en apparence à aucune famille, amenent l'harmonie & la clarté dans les Tableaux de la parole : ils y deviennent fi nécef-

---

(1) Phédre, Act. I. Sc. III.
(2) Jérufalem délivrée, Chant IV. Strophe 76.

faires, que fans eux, le Langage n'offriroit que des peintures imparfaites.

C'eſt ainſi que dans la ſociété, tous les Individus ne ſont pas également diſtingués : mais tous y jouent leur rôle ; & le rôle de ceux qui ſont moins élevés, contribue à la perfection du Tout.

Comment ces mots obſcurs peuvent-ils produire de ſi grands effets, & répandre à la fois dans le Diſcours tant de chaleur & de fineſſe ? Par quel accord tous les Peuples ont-ils adopté ces mots, dont l'origine leur étoit inconnue ? D'où provint leur énergie ? Quelle place occupent-ils dans les diverſes Parties du Diſcours ? Queſtions intéreſſantes & dont nous allons nous occuper.

Leur diſcuſſion ſera d'autant plus ſatisfaiſante, que tout ce que nous avons dit juſqu'ici répandra de la lumiere ſur ce qui nous reſte à dire ; & qu'à meſure que ce vaſte enſemble s'aggrandit, nous apercevons mieux les objets néceſſaires pour le rendre parfait.

§. 2.

Les Objets de la Nature ſont liés entr'eux par des raports.

Nous n'avons juſqu'ici conſideré les Objets qu'en eux-mêmes, ou dans les qualités qu'on y aperçoit : mais il n'en eſt aucun qui ne faſſe partie d'un enſemble, & qui ne ſupoſe l'exiſtence de pluſieurs autres Objets.

L'Univers ſupoſe un Créateur ; & un Créateur, des Etres qu'il forma. Un fleuve ſupoſe un rivage ; & un rivage, un fleuve. Une vallée ſupoſe des montagnes ; & des montagnes, des terreins moins élevés. *Point de fumée ſans feu, point de roſes ſans épines.*

Une Mere de famille réveille l'idée d'un grand nombre d'Etres : celles d'époux, d'enfans, de maiſon ; de grands moyens de ſubſiſtance, d'éducation, de charmes, &c.

Avec l'idée des Rois ſe préſentent celles de Sujets, de Souveraineté, de ſoins paternels, de revenus, de Seigneurs, de troupes, &c.

L'Ombre ſupoſe un corps qui la produit, & un corps qui la reçoit ; une lumiere interceptée, des couleurs tranchantes, &c.

Une Action ſupoſe un Agent qui la produit, un motif qui la détermine, un objet ſur lequel elle influe, des moyens qui l'operent, des circonſtances qui l'accompagnent, &c.

L'article ſupoſe un Nom ; l'Adjectif, un Sujet ; le Pronom, un Verbe, &c.

Il eſt aiſé de remarquer que ces Objets correſpondent les uns aux autres,

UNIVERSELLE.

de maniere que la connoissance de l'un ne sauroit être complette sans la connoissance de l'autre.

Cette correspondance s'apelle RAPORT, RELATION : & l'on dit que les mots *sont en raport*, lorsqu'ils expriment des Objets qui se supposent mutuellement.

§. 2.

Tableaux résultans de ces raports.

De-là, se formeront de nouveaux Tableaux plus composés que ceux que nous avons vus jusqu'à présent.

Ils offriront nécessairement :

1°. Les Noms des deux Objets en raport.
2°. Un mot qui marque que ces deux Objets sont en raport.
3°. Un mot qui désigne ce raport même, sa nature.
4°. Un mot qui lie ce raport avec le second Objet.

Ainsi quand nous disons :

» Alexandre étoit fils DE Philippe ;

nous avons d'abord deux Noms en raport, *Alexandre* & *Philippe*.

2°. Un mot qui marque que le premier de ces Noms est en raport, le mot *étoit*.

3°. Le mot qui marque ce raport, *Fils*.

4°. Le mot DE qui marque que c'est relativement à Philippe qu'Alexandre soutenoit le raport de Fils.

Quelquefois, à la vérité, on fait l'ellipse du mot qui marque le raport, parce qu'il est suffisamment indiqué par la phrase entiere. Dans cette phrase, par exemple, *le Soleil est sur l'horison*, on ne voit que trois membres : 1°. les deux Objets en raport : 2°. le mot *est* qui indique qu'ils sont en raport : & 3°. le mot *sur*, qui marque que c'est relativement à l'horison que le Soleil soutient le raport dont on parle. On a omis le mot qui devoit désigner le genre de ce raport ; le mot *parvenu*, le *Soleil est* parvenu *sur l'horison*. Mais comme le mot SUR emporte nécessairement cette idée, on a pu économiser ce mot ; & l'on ne s'aperçoit pas même de sa supression.

Si l'on veut s'assurer de la nécessité des deux Objets qui sont en raport, on n'a qu'à en suprimer un : aussi-tôt la phrase n'a plus de sens ; le Tableau eſt imparfait. Et ſi, en laiſſant ſubſiſter les Noms de ces Objets, on ſuprime le mot qui lie le dernier avec le reſte de la phraſe, le Tableau eſt également imparfait, la phraſe n'a point de ſens.

D'après ces principes, il ſera facile de ſaiſir les fonctions que rempliſſent les Prépoſitions, ou les mots de la nature de ceux qui ſont imprimés en lettres majuſcules dans les deux paſſages que nous avons raportés au commencement de ce Chapitre. Ainſi dans le premier de ces Paſſages:

DE, fait connoître d'où *vient* le mal que Phédre éprouve.
A, la perſonne avec qui elle eſt *engagée*.
SOUS, la nature de l'engagement qu'elle a contracté.
DANS, la portion d'elle-même où *s'éleva* le trouble dont elle eſt agitée.
DE, les perſonnes pour qui les tourmens de Vénus ſont inévitables.

Dans les Vers Italiens, la Prépoſition DI eſt répetée quatre fois.

Le premier DI fait connoître l'abondance des *larmes* que répand Armide.
Le ſecond, la nature des *effets* que produiſent ces larmes.
Le troiſieme, l'Auteur de ce *prodige*.
Le quatrieme, l'Objet *par la force* duquel l'Amour s'éleve au-deſſus de lui-même.

IN fait connoître les perſonnes qui éprouvent les effets qu'operent les larmes d'Armide.
DEL, d'où naiſſent les flammes que l'Amour produit dans ce moment.
SOVRA, ſur quel Objet ce Dieu étend ſon empire.

§. 4.

Origine du mot PRÉPOSITION.

Ces mots ayant une valeur ſi fortement caractériſée, & qui leur eſt propre, forment donc une nouvelle Partie du Diſcours. C'eſt celle qu'on apelle PRÉPOSITION, des deux mots latins *præ* & *poſitum*, qui ſignifient *mis devant*, *mis pour dominer*, tout comme nous diſons, *prépoſer une perſonne ſur d'autres*, *la prépoſer à un ouvrage*, pour dire qu'on lui en confie l'inſpection; qu'elle eſt chargée de diriger ceux qui y travaillent.

Ce Nom étoit d'autant plus énergique, que ce ſont les ſeuls mots de la Langue Latine, dont la place ſoit fixe & immuable. Eux ſeuls offrent l'exemple

ple de mots qui précedent nécessairement d'autres mots, sans pouvoir se trouver après, si l'on en excepte les Pronoms après lesquels ils peuvent se placer, mais en s'incorporant à eux.

Toutes les fois qu'on aperçoit une Préposition dans une phrase, on est donc assuré qu'elle lie deux mots entre lesquels elle se trouve placée quant au sens ; mais qui peuvent être aussi tous deux après elle, comme cela arrive dans la Poësie, où les transpositions sont si communes.

Ainsi LE TASSE, voulant dire que *Dudon se montra enflammé d'une noble colere*, déplace la Préposition DE qui devoit être entre *Dudon* & *colere*; mots dont elle montre le raport ; & la mettant au commencement du Tableau, il s'exprime ainsi :

D'*une noble colere, Dudon se montra enflammé.*

.... D'un nobil ira
Dudon si mostrì ardente.

Des deux mots qui lient la Préposition, & entre lesquels elle ne se trouve pas toujours, quoique l'analyse la ramene constamment à cette place, le premier s'apelle ANTÉCÉDENT, c'est-à-dire, *qui marche le premier, qui précede* ; & le dernier s'apelle CONSÉQUENT, c'est-à-dire, *qui vient immédiatement après*.

§. 5.

Les Prépositions lient quelquefois deux mots dont l'ensemble désigne un seul Objet.

Quelquefois les Prépositions ne servent qu'à lier deux mots qui présentent un seul objet ; c'est ainsi que ces mots, *une volée d'oiseaux, une livre d'argent, une troupe d'hommes*, ne présentent qu'un seul & même objet.

Cette observation peu importante en elle-même, rend raison de phrases qui paroissent extraordinaires, & dont l'analyse devient embarrassante. Ce sont ces phrases, ou ces membres de phrase, qui commencent par une Préposition suivie d'un Conséquent, auquel ne répond aucun Antécédent. Phrases très-communes dans nos Langues modernes, & qui semblent, au premier coup d'œil, oposées à la marche naturelle des Langues. Telle est celle-ci d'un Auteur célèbre (1).

---

(1) BOILEAU, Préface de ses Œuvres, pag. 5. Edition *in-*8°. 1701.

« Lorſque d'excellens ouvrages viennent à paroître, la cabale & l'envie
» trouvent moyen de les rabaiſſer, & d'en rendre en aparence le
» ſuccès douteux ; mais cela ne dure guères. »

Phraſe compoſée de la Prépoſition DE ou D', ſans aucun Antécédent, & dans laquelle le ſujet eſt à la ſuite d'une Prépoſition, contre la nature du ſujet qui doit marcher ſans Prépoſition.

Ces formules ne paroiſſent ſingulieres, que parce qu'on a ſacrifié l'exactitude grammaticale à la brieveté du Diſcours ; & qu'on doit toujours ſuprimer ce qui n'ajouteroit rien à l'idée qu'on veut peindre. Il y a donc ellipſe dans cette phraſe : ſi cette figure n'étoit pas employée, on auroit dit :

« Lorſque les Ouvrages pareils à ceux qu'on met au nombre des ex-
» cellens Ouvrages viennent à paroître, &c.

Ainſi, nous diſons ; *des Auteurs penſent que*, &c. au lieu de dire, *un certain nombre d'Auteurs penſent que*, &c.

§. 6.

Prépoſition ſous-entendue.

D'autres fois, au contraire, c'eſt la Prépoſition elle-même qu'on ſous-entend ; & le ſeul changement de place du Conſéquent ſuffit pour cela. Ainſi dans la Langue Françoiſe, au lieu de dire, *il a donné à lui tout ce qu'il demandoit* ; on dit, *il lui a donné tout ce qu'il demandoit*.

Les Italiens diſent de même ; TI *darò tutto ciò che vorrai* ; je te donnerai tout ce que tu voudras.

Cette même Prépoſition A ſe ſuprime également après les Impératifs : *donnez-moi*, *dites-moi*, &c. : parce qu'elle n'ajouteroit rien à la clarté de la phraſe.

ARTICLE II.

PRÉPOSITIONS FRANÇOISES,

DISTRIBUÉES EN DIVERSES CLASSES.

§. 1.

Nécessité de classer les Prépositions.

Deux Objets pouvant être considérés sous un grand nombre de raports, il faut nécessairement autant de Prépositions qu'il existe de raports.

Comme ceux-ci sont à peu près les mêmes chez tous les Peuples, parce qu'ils sont pris dans la Nature, on aura à peu près le même nombre de Prépositions dans toutes les Langues : il pourra tout au plus être augmenté par quelques distinctions plus fines & plus aprofondies.

Mais ces Prépositions étant fort nombreuses, sur-tout dans nos Langues modernes, il ne sera pas inutile de les diviser par classes : on en saisira plus aisément la valeur, & on aura moins de peine à les retenir.

§. 2.

Observations préliminaires sur les Mots qu'on doit regarder comme des Prépositions, à l'occasion de quelques-unes auxquelles on refuse ce titre.

Mais avant de parcourir ces diverses Classes, nous ne saurions nous dispenser d'examiner une question d'où dépend l'exactitude de leur dénombrement. Elle consiste à savoir si l'on peut regarder comme Prépositions, des mots qui sont séparés par les Prépositions A & DE, du nom qui exprime le dernier des deux objets en raport : tels sont les mots *hors*, *près*, *loin*, *jusques*, &c. On dit en effet, *hors* DE *l'apartement*, *près* DE *ces lieux*, *loin* DE *moi*, *jusqu'*A *la Ville*.

Ces mots avoient toujours été regardés comme des Prépositions, lorsque l'Abbé Girard ne les fit pas paroître dans la liste qu'il en dressa, & M. Beauzée crut ensuite devoir leur disputer ouvertement ce titre. Le principe sur lequel il se fonde, est qu'une préposition ne sauroit être gouvernée par une autre Préposition ; encore moins, être composée de deux mots ; d'où il infère que *hors*, *près*, *loin*, &c. ne sont pas des Prépositions, mais des Noms ou des Adverbes ; & qu'ici, A & DE sont les vraies Prépositions.

2°. *Motifs qui doivent les faire considérer comme des Prépositions.*

L'objection est des plus spécieuses : il est certain qu'on peut employer *hors*, *près*, *loin*, &c. sans les accompagner du nom d'aucun objet, comme dans ces phrases, *il est près*, *il est loin* ; mais de-là il ne s'ensuit pas qu'on puisse regarder ces mots comme des Adverbes : car les Adverbes ne suposent aucun objet postérieur, auquel ils se raportent ; au lieu que *près*, *loin*, &c. sont des termes relatifs, qui suposent nécessairement un objet exprimé ou sous-entendu, auquel ils se raportent : on est *près*, *loin*, &. non dans un sens absolu, mais relativement à un objet exprimé & sous-entendu. L'objet sous-entendu dans ces phrases, *il est près*, *il est loin*, n'est pas difficile à connoître : ce sont les personnes qui parlent ; c'est le lieu dont on parle : il est *près*, il est *loin* de nous, du lieu où nous sommes.

D'ailleurs A & DE n'expriment nullement le raport qu'on veut désigner : toute la force de ce raport réside dans le mot qui les précède. Prenons pour exemple cette phrase : *Enée étoit déjà loin* DU *rivage*. Quel est ici le raport entre Enée & le rivage ? n'est-ce pas l'éloignement ? Le raport d'Enée avec le rivage, c'est d'en être *loin* ; tout comme lorsqu'on dit *Enée est* DANS *le port*, le raport d'Enée avec le *port* est d'être *dans*.

Mais ces mots sont suivis d'autres Prépositions ! Qu'importe ? un mot, pour être placé à la suite d'un autre, n'en change pas la nature, ne lui ôte point sa valeur. Les secondes Prépositions A & DE ne se trouvent d'ailleurs à la suite des autres que pour achever de déterminer le sens qui étoit encore suspendu ; & dans l'ordre des idées, loin que ces dernieres Prépositions suivent toujours immédiatement les autres, elles font souvent sous-entendre quelques intermédiaires : *être* HORS DU *Camp*, signifie *être hors l'enceinte du Camp. Etre* PRÈS *d'ici*, c'est *être près* les confins, les avenues *d'ici*.

Ceci est d'autant plus vrai, qu'en général les Prépositions *hors*, *près*, &c. peuvent n'être pas accompagnées des Prépositions A & DE. *Presso Roma*, disent les Italiens, près Rome ; *presso Parma*, près Parme. Aussi nous arrive-t-il quelquefois de suprimer ces Prépositions : *nul n'aura de l'esprit hors nous & nos Amis.*

Dira-t-on que *hors* n'est pas employé ici dans l'acception de ces mots *hors de*, & qu'il y est synonyme *d'excepté*, *d'hormis*, au lieu que *hors de* expriment la situation extérieure d'un objet relativement à un autre ? Mais *hors* sera donc Préposition toutes les fois qu'il représentera *hormis* : faudra-t-il donc à chaque fois analyser une idée, pour savoir s'il est employé dans cette acception ou dans une autre ? Point du tout : *hormis*, *excepté*, présentent le même sens que *hors* : ils désignent le raport d'être mis *hors* d'une classe d'objets : *hors* sera donc toujours Préposition.

Si l'on retranchoit de la classe des Prépositions, tous les mots semblables à *hors*, *près*, *loin*, &c. le nombre des Prépositions demeureroit fort incomplet : on seroit forcé, pour y supléer, de recourir à d'autres Parties du Discours ; & l'on ne pourroit dire, pourquoi, lorsqu'on eût commencé à inventer des Prépositions pour exprimer certains raports, on n'en inventa pas autant qu'il en falloit pour exprimer tous les raports de la même nature : ce qui offriroit une bisarrerie des plus singulieres. On peut donc regarder ces locutions, *il est près*, *il est loin*, comme des ellipses où l'on a suprimé la plus grande partie de la phrase. A considérer la chose sous ce point de vue, on doit trouver quelque différence dans l'usage des Langues à l'égard des Prépositions. Les Langues hardies auront écarté tout les mots dont la supression ne nuisoit point à la clarté de la phrase ; celles qui sont moins hardies auront conservé A & DE comme nécessaires pour mieux présenter l'ensemble de la phrase ellipsée ; quelquefois, elles sembleront avoir hésité sur l'emploi ou la supression de ces mots, & les auront employés & suprimés selon la circonstance, ou indifféremment.

3°. *Les Grecs les employoient comme Prépositions.*

Les Grecs employoient tous ces mots sans les faire escorter d'une autre Préposition : ils disoient :

Μεχρι Σεσων,	*Méhri Soûsôn*,	Jusques Suze.
Εξω Βελων,	*Exô Belôn*,	Hors (la portée de) les flèches.
Τηλου Αγρων,	*Têlou Agrôn*,	Loin les champs.
Εγγυς Εμου,	*Engys Emou*,	Près moi.

Objectera-t-on que ces mots n'étoient chez eux que des Adverbes ? Mais ce ne seroit qu'une dispute de mots, qui proviendroit de ce que jusqu'ici on s'est formé de fausses idées des Prépositions Grecques. Les Grammairiens

Grecs prirent le nom de Prépofitions dans un fens beaucoup plus reftreint que nous ; ils le bornerent à ces mots, qui fervoient également à marquer le raport entre les noms de deux objets, & à former de nouveaux mots en fe mettant à la tête des mots radicaux ou primitifs. Ainfi EN étoit chez eux une Prépofition : 1°. Parce qu'il fe plaçoit entre deux objets en raport, comme dans cette phrafe : Ἐν οἴκῳ εἶναι, *en oikôi einai*, être EN la maifon.

2° Parce qu'il fervoit à former de nouveaux mots en fe prépofant aux mots radicaux : ainfi de ce même mot *oik*, précédé de *en*, on faifoit:

Ἐνοικίζειν, *En-oik-izein*, placer quelqu'un EN maifon ; comme nous dirions *em-maifonner* quelqu'un ; & comme nous difons *emprifonner*, *emmailloter*, *enfermer*.

Tous les autres mots qui ne fervoient pas à en former de nouveaux, de cette façon,& qui marquoient cependant les raports, étoient réunis dans une claffe féparée qu'on apelloit *Adverbes avec régime* ; & qui font de vraies Prépofitions dans le fens que tous nos Grammairiens modernes attachent à ce nom.

4°. *La maniere différente dont d'autres Peuples les employent, n'empêche pas qu'elles ne foient des Prépofitions.*

La Langue Latine où l'on ne bornoit pas le nom de Prépofitions aux feuls mots correfpondans à ceux que les Grecs apelloient ainfi, s'éloigna fouvent auffi de la Langue Grecque à l'égard de la maniere dont elle les employoit : fi la Prépofition s'y trouve fuivie feulement de fon régime *erga patrem*, envers fon pere ; *fine nummis*, fans efpéces, elle y eft fouvent accompagnée d'une feconde Prépofition, *verfus* AD *muros*, vers les murs ; *procul* A *me*, loin de moi.

Les Italiens placent indifféremment A & DE, à la fuite des Prépofitions, ou les fupriment tout-à-fait ; *fopra a-lla terra*, & *fopra la terra* ; *verfo di voi* & *verfo voi* ; comme fi nous difions *fur à terre*, de même que *fur terre* ; *vers de vous*, de même que *vers vous*.

Dans notre Langue, de même que dans la Latine, nous avons des Prépofitions qui ne font accompagnées que de leur régime, du nom en raport, *vers la riviere*, *avec lui* ; tandis que d'autres font toujours fuivies d'une feconde Prépofition, *jufqu'à vous*, *loin de moi* ; quelquefois auffi, felon la circonftance, nous faifons marcher feule la même Prépofition, ou nous en mettons une autre à sa suite, *près de moi, près de sa maison des champs*.

Puisque les Grecs disoient, εγγυς εμου, *près moi*, τηλου σου, LOIN VOUS, les Romains auroient pu dire *propè me, procul te*: mais d'un côté, ils purent s'imaginer que l'énergie du Génitif Grec n'étoit qu'imparfaitement rendue par leur Accusatif ou par leur Ablatif; & de l'autre, que ces deux cas ne différant que par une légère prononciation dans les pronoms *me* & *te*, il ne falloit pas moins qu'une seconde préposition pour rendre l'énergie d'un tel Génitif, & pour achever de déterminer le cas : de-là, *propè ad me, procul à te*.

Du mot *ad* sont venues & la Préposition Italienne *à*, & la nôtre *à*. *Fino A-l nostro muro*, *usque* AD *nostrum murum*, *jusques* A *notre mur*; où l'on voit que ces quatre derniers mots ont été, pour ainsi dire, calqués sur les quatre mots latins correspondans.

Comme on avoit déjà changé en *a* la Préposition *ad*, la ressemblance de son ne permettoit guères de faire usage de la seconde *a*; on eut recours à une autre Préposition qui avoit le même sens, chez les Latins eux-mêmes, la Préposition *dè*, prononcée *dè* en Latin, & *di* en Italien. *De tempore cœnare*, souper DE bonne-heure; DE *te satis scio*, à l'égard DE toi, j'en sais assez; DE *minoribus est*, il est DE les (des) moindres; on peut joindre à ces exemples cette expression figurée de Térence, DE *meo unguento olet*, à laquelle répond la nôtre, *il se pare* DE *mes habits*.

Une raison particuliere à la Langue Françoise semble nous avoir déterminés à placer, en certains cas, DE à la suite d'une autre Préposition. Le régime de celles-ci, par exemple, *près*, *loin*, est souvent un monosyllabe, tel que *moi, toi, lui*: si un de ces Pronoms suivoit immédiatement la Préposition, on entendroit quelque chose de sec ou de dur, dont l'oreille s'accommoderoit difficilement, *loin lui, près toi*: les sons s'allieroient mal, ou se heurteroient entr'eux; au lieu que la Préposition *de* qui vient se placer au milieu, les lie l'un à l'autre, & en rend la prononciation plus agréable. Aussi suprime-t-on DE toutes les fois que le nom de l'objet, dont *près* marque le raport, a une certaine longueur, & que l'oreille ne demande point de son intermédiaire entre cette Préposition & ce nom; on dit en effet *près* DE *moi*, & *près la maison du Commandeur*.

PRÈS ne sera-t-il donc Préposition que dans ce dernier cas ? Faudra-t-il dans le premier que DE le dépouille entierement de sa fonction prépositive pour se l'attribuer à lui seul ? Mais reconnu inutile dans le dernier exemple, ce n'est donc pas lui qui exprime le raport de deux objets ; ce mot, par conféquent, ne fauroit empêcher que *près* & leurs femblables, *hors*, *loin*, &c. ne continuent d'être des Prépofitions.

Ce Principe rendra le nombre des Prépofitions plus complet, & nous ne ferons pas obligés d'en exclure plufieurs mots reconnus pour être des Prépofitions dans un grand nombre de Langues, & qu'un léger accefloire ne doit pas dégrader.

§. 3.

Prépofitions divifées en deux Claffes générales.

Il fe préfente d'abord une diftribution générale en deux grandes Claffes, felon que les Prépofitions figurent dans les Tableaux énonciatifs, ou dans les Tableaux actifs & paffifs : ce qui comprend tous les Tableaux poffibles d'idées.

Nous apellerons les unes *Prépofitions énonciatives* ; & les autres, *Prépofitions d'actions*.

Les premieres, qui peuvent être à cet égard comparées aux Adjectifs, expriment de fimples raports d'éxiftence, effets de la nature même des Êtres.

Les fecondes, ainfi que les Verbes, expriment des raports d'action, effets de la volonté & des opérations des êtres animés.

Chacune de ces Claffes fe fubdivifera en d'autres, fuivant la nature des raports qu'elles expriment.

PREMIERE CLASSE.

PRÉPOSITIONS ENONCIATIVES.

Les Prépofitions énonciatives défignent de fimples raports d'éxiftence, réfultant de la nature même des Êtres. C'eft ainfi que deux objets peuvent être comparés entr'eux dans leurs raports de fituation, de tems, de lieu, d'éxiftence & de dépendance : ce qui donne cinq efpèces de Prépofitions :

    Prépofitions qui indiquent un raport de SITUATION.
    Prépofitions qui indiquent un raport de LIEU.
    Prépofitions qui indiquent un raport de TEMS.
    Prépofitions qui indiquent l'EXISTENCE RELATIVE.
    Prépofitions qui indiquent la DÉPENDANCE.

I. SUBDIVISION.

UNIVERSELLE.

I. SUBDIVISION.

Prépositions qui indiquent un raport de situation.

La situation d'un objet est toujours relative à celle d'un autre ; car ce n'est qu'en comparant les objets entr'eux, qu'on se forme une idée de leur situation : mais cette situation peut être considérée sous différens points de vûe ; & de-là dérive le plus grand nombre des raports & des Prépositions.

Les différens raports que présente la situation des objets, sont ceux de *surface*, de *capacité*, de *distance* & *d'ordre* : ce qui donne quatre espéces de Prépositions qui indiquent des raports de situation.

I. *Prépositions de situation, relatives à la surface.*

On distingue deux sortes de surfaces, l'une horisontale ; l'autre perpendiculaire. La surface d'une Table est de la premiere espéce ; & celle d'un édifice de la seconde.

Prépositions de situation, relatives à la surface horisontale.

Les surfaces horisontales ayant un dessus & un dessous, donnent lieu à deux différens raports de situation, qui s'expriment nécessairement par deux prépositions différentes. Car un même objet peut être placé au-dessus, ou au-dessous d'une telle surface : de-là les deux Prépositions SUR & SOUS.

> SUR est une Préposition qui exprime un raport de situation d'un objet, supérieure relativement à la surface horisontale d'un autre objet.
>
> SOUS est une Préposition qui exprime un raport de situation d'un objet, inférieure relativement à la surface horisontale d'un autre objet.
>
> Ce Livre est SUR la table ; ce Livre est SOUS la table.

Prépositions de situation, relatives à la surface perpendiculaire.

Les surfaces perpendiculaires, comme celles d'un mur, d'une porte, offrent deux raports de situation : car un objet peut être placé, relativement à une pareille surface, par devant ou par derriere. D'où résultent ces deux Prépositions, DEVANT & DERRIERE.

Devant est une Préposition qui exprime un raport de situation d'un objet, antérieure relativement à la surface perpendiculaire d'un autre objet.

Derriere est une Préposition qui exprime un raport de situation d'un objet, postérieure relativement à une surface perpendiculaire.

Cette table est placée devant le mur, derriere le mur.

II. *Prépositions de situation, relatives à la capacité d'un objet.*

Si l'on considere un objet, tel qu'une maison, un étui, relativement à sa capacité, ou à la propriété qu'il a de contenir d'autres objets dans son intérieur, il en résulte deux nouveaux raports : car cet objet en renferme un autre, ou ne le renferme pas. De-là ces deux Prépositions dans & hors.

Dans est une Préposition qui exprime la situation d'un objet, relativement à un autre objet, où il est contenu.

Hors est une Préposition qui exprime la situation d'un objet relativement à un autre objet, où il n'est pas contenu.

Cet homme est dans sa chambre, dans son lit.
Il est hors de sa chambre, hors du lit.

III. *Prépositions de situation, relatives à la distance.*

Les raports de situation d'un objet considéré relativement à la distance, peuvent être en très-grand nombre, parce que la distance est un raport qui n'a rien de fixe & qui varie à l'infini.

On peut considérer cette distance sous deux points de vue différens ; l'un vague, ou indéterminé : l'autre précis & déterminé. De-là diverses prépositions dont les unes présenteront une distance indéterminée ; & les autres, une distance précise.

Prépositions de situation, relatives à une distance indéterminée.

Près est une Préposition relative à la situation d'un objet qui est séparé d'un autre par une distance peu considérable & indéterminée.

Ostie est près de Rome.

Loin est une Préposition relative à la situation d'un objet qui est séparé d'un autre par une distance considérable & indéterminée.

Paris est LOIN de la Mer.
Il est LOIN de ces lieux.

VERS est une Préposition relative à la situation d'un objet considéré comme étant placé du côté d'un autre objet, sans déterminer la distance où ils sont l'un de l'autre.

C'est VERS la riviere qu'on l'a vu.

Prépositions de situation, relatives à une distance déterminée.

CONTRE est une Préposition relative à la situation d'un objet qui n'est séparé par aucune distance de l'objet auquel on le compare.

Il est CONTRE le mur.

OUTRE est une Préposition relative à la situation d'un objet considéré comme s'étendant au-delà d'un autre objet, comme passant au-delà d'un autre objet.

Le Pays d'OUTRE-mer.

L'Abbé Fleury a dit : » S. Louis étant encore OUTRE mer, écrivit » à sa fille Isabelle une lettre de sa main où il l'exhortoit fortement » au mépris du monde, & à l'entrée en Religion.

Cette Préposition a vieilli dans le sens propre, & on lui substitue *au-delà*. Mais elle s'est conservée au sens métaphorique ; & c'est dans ce sens qu'on dit :

OUTRE mesure, OUTRE ses gages, OUTRE cela.

JUSQUES est une Préposition relative à la situation d'un objet considéré comme parvenu à un tel point.

Il s'avança JUSQUES-là ; il vint JUSQU'à moi.

IV. *Prépositions relatives à l'ORDRE dans lequel se trouvent les objets.*

L'ordre dans lequel se trouvent les objets, relativement à d'autres objets, peut être considéré sous trois différens raports : ou cet objet précéde les autres, ou il les suit, ou il est au milieu.

AVANT, Préposition qui marque qu'un objet en précéde un autre.

On ne doit pas marcher AVANT ses Supérieurs.

Après, Préposition qui marque qu'un objet en suit un autre.

 Après l'éclair, vient le tonnerre.

Entre, Préposition qui marque qu'un objet se trouve au milieu de deux autres.

 La Suisse est entre la France & l'Espagne.

Parmi, Préposition qui marque qu'un objet est au milieu d'un grand nombre d'autres avec lesquels il est confondu.

 On le trouva parmi ceux que la fête avoit attirés.

Seconde espéce de Prépositions Énonciatives.

Prépositions qui marquent les raports de LIEU.

Un objet considéré relativement à un lieu, peut y être, y aller, en venir, y passer : de-là diverses Prépositions.

A. Cette Préposition est relative au lieu où l'on est, & au lieu où l'on va, lorsque ce lieu n'est qu'une Ville, &c.

 Il est a Rome, il va a Rome.

De. Cette Préposition est relative au lieu d'où l'on vient :

 Il vient de Rome.

Par. Cette Préposition est relative au lieu qu'on traverse :

 Il a passé par Rome.

Dans. Cette Préposition est relative ; 1°. au lieu où l'on est :

 Il est dans Rome.

2°. A celui où l'on va, lorsqu'il n'est pas désigné par son nom :

 Il passe dans des Pays lointains.

En. Cette Préposition est relative au lieu où l'on est & à celui où l'on va lorsqu'il est désigné par son nom.

 Il est en France, il va en France.

Si un nom de lieu se présente à nous comme individuel, on se sert de la Préposition a, & non de la Préposition dans, quoique ce lieu soit en lui-même une vaste Contrée : ainsi l'on dit :

Aller A la Chine, AU Japon, AU Chili.
Être A la Chine, AU Japon, AU Chili.

Chez est une autre Préposition de situation qui indique le lieu comme étant la demeure d'une Personne.

Je vais chez vous. Il est chez lui. Il le trouva chez le Marquis.

Troisieme Espece de Prépositions.

Prépositions qui marquent les raports de Tems.

Relativement au tems, on peut comparer le tems auquel une chose commence & celui pendant lequel elle dure, avec le tems où une autre chose commence & avec celui pendant lequel elle dure. De-là naissent diverses Prépositions.

Dès est une Préposition qui indique le tems où une chose commença.

Depuis est une Préposition qui indique la continuation d'une chose commencée en un tems qu'on désigne.

Pendant, } font des Prépositions qui indiquent des choses qui se
Durant, } font en même tems.

Environ est une Préposition qui indique le tems par aproximation.

Dès ce *tems-là* il devint sage.
Depuis ce *tems* il n'a cessé d'être sage.
Pendant ce *tems* il fut sage.
Durant la paix il se prépara à la guerre.
Environ ce *tems-là*; Environ Noël, il alla chez vous.

Telle est la différence entre ces deux Prépositions *Durant* & *Pendant* ; que celle-là exprime un tems de durée, dit l'Abbé Girard (1), & qui s'adapte dans toute son étendue à la chose à laquelle on le joint : tandis que

---

(1) Vrais Principes de la Lang. Franç. T. II. p. 191.

Pendant ne fait entendre qu'un tems d'époque, qu'on n'unit pas dans toute son étendue, mais seulement dans quelqu'une de ses parties.

Quatrieme espece de Prépositions Enonciatives.

Prépositions qui indiquent un raport d'éxistence.

Les Objets peuvent exister seuls ou réunis : ce qui donne lieu à de nouveaux raports, & par-là même à de nouvelles Prépositions.

Avec est une Préposition qui indique un raport de réunion & de concours.

    Il est AVEC ses amis.
    Il l'enleva AVEC ses mains.

Sans est une Préposition qui exclut tout raport de réunion & de concours.

    Il est SANS amis.
    Il l'enleva SANS le secours de personne.

Excepté, Hormis, } sont des Prépositions qui n'excluent qu'une portion d'Objet.

    Il aime tous les hommes, HORMIS les ingrats.
    Il les enleva tous, EXCEPTÉ le Chef.

Hors est une Préposition qui excepte une portion d'Objet.

    Nul n'aura de l'esprit, HORS nous & nos amis.

Cinquieme espece de Prépositions Énonciatives.

Prépositions qui désignent les raports de Propriété, de Dépendance, d'Origine.

Les raports de Propriété, de Dépendance, d'Origine, reviennent continuellement dans la Société ; mais n'étant pas susceptibles de plusieurs points de vûe, ils ne donnent lieu qu'à deux Prépositions, DE & A.

Ces Prépositions marquent également la Propriété & l'Apartenance, mais d'une manière propre à chacune : l'une a un plus grand raport à la dépendance, & l'autre en a davantage à la poſſeſſion : parce que l'une marque d'où l'on vient, & l'autre où l'on va. Ainſi l'on dit :

>C'eſt une Lettre DE ma ſœur.
>J'envoye ceci A ma ſœur.
>C'eſt le Livre DE Pierre.
>Ce Livre appartient A Pierre.
>C'eſt le fils DE mon Maître.
>C'eſt au Chef A commander.

SECONDE CLASSE.

PRÉPOSITIONS RELATIVES AUX ACTIONS.

Les Prépoſitions qui déſignent les raports des Actions, ſont en beaucoup plus petit nombre, parce que les Actions ont beaucoup moins de faces que les Objets phyſiques, & qu'elles ſont moins ſuſceptibles de contraſte ; enſorte que chacune de ces faces donne lieu à un plus petit nombre de Prépoſitions.

Toute Action peut être conſidérée ſous ces divers raports :

>Son origine & ſon auteur.
>Sa cauſe & ſon motif.
>L'objet auquel elle ſe raporte.
>Le moyen par lequel elle s'opere.
>Le modéle d'après lequel on l'exécute.

1.º. *Raport d'Origine.*

DE & PAR ſont deux Prépoſitions qui indiquent les Auteurs & l'origine d'une Action.

>Son armée fut vaincue PAR les Romains.
>Cette action ne peut venir que D'un bon eſprit.

2.º. *Raport de Motif.*

ATTENDU & VU ſont des Prépoſitions qui indiquent les motifs qui déterminent à une Action.

ATTENDU sa sagesse, on le récompensa.

Vu la circonstance des tems, on se tint sur ses gardes.

SAUF est une Préposition qui indique qu'on ne se détermine à une action, qu'autant qu'on n'a point de motif plus puissant pour ne la pas faire.

SAUF meilleur avis, on suivit le sien.

3°. Raports d'Objet.

A,
POUR, } Indiquent les Objets auxquels aboutit une action.

Cette action tendoit A son avantage.
Il s'attachoit A plaire.
Je me conduisis ainsi POUR le mieux.
Je l'ai fait POUR lui-même.

ENVERS indique l'Objet par raport auquel on se conduit de telle ou de telle manière.

Il est toujours plein de douceur ENVERS ses ennemis.

TOUCHANT,
CONCERNANT, } sont des Prépositions qui désignent les Objets relativement auxquels on se détermine à une action.

TOUCHANT cette affaire, on se conduira de telle & de telle maniere.
CONCERNANT cet objet, on prit cette résolution.

4°. Raport de Moyen.

AVEC,
PAR, } marquent les raports d'un Objet comme moyen & instrument.

Cette action fut exécutée PAR un Héros.
Il en vint à bout AVEC le secours de ses amis.

MOYENNANT indique le raport d'un Objet comme suffisant pour éxécuter une action.

MOYENNANT ces avances, on réussira.

MALGRÉ } font des Prépofitions qui indiquent opofition dans les
NONOBSTANT, } moyens ou dans le concours.

On le fera MALGRÉ lui.
Il le voulut, NONOBSTANT toute repréfentation.

5°. *Raports de Modéle & de Régle.*

On fuit un Modéle, ou l'on s'en écarte. De-là les Prépofitions SELON, SUIVANT, CONTRE.

L'Abbé Girard dit des deux premieres, « qu'elles uniffent par conformité ou
» par convenance ; avec cette différence que, *fuivant* dit une conformité plus
» indifpenfable, regardant la pratique ; & *felon*, une fimple convenance, fou-
» vent d'opinion. »

» Le Chrétien fe conduit SUIVANT les maximes de l'Evangile.
» Je répondrai à mes Critiques SELON les objections qu'ils feront.

CONTRE, marque qu'on viole la Régle, qu'on eft opofé à un Objet.

Il agit CONTRE la Loi.
Il s'eft décidé CONTRE le bon fens.

Obfervons que le fens de cette derniere Prépofition eft un dérivé de celui que nous lui avons affigné plus haut : car, au phyfique, lorfqu'on veut renverfer, détruire une ville, on éleve fes batteries en face de cette ville, on les place contre : de-là l'idée d'opofition attachée infenfiblement à cette Prépofition.

Les Prépofitions Françoifes feroient donc, d'après cette divifion, au nombre de quarante-deux, fans compter les doubles emplois de cinq ou fix, telles que *hors, de, à, par*, &c.

L'Abbé Girard n'en comptoit que trente-deux.

M. Beauzée en reconnoît trente-cinq, quoiqu'il fuprime quatre de celles qu'avoit admifes l'Abbé Girard, c'eft-à-dire, *devant, derriere, avant* & *hors*, & que nous avons cru devoir ajouter aux trente-cinq reconnues par M. Beauzée.

M. Beauzée en admet donc *fept* qui ne font pas dans l'Abbé Girard, *attendu, concernant, dès, joignant, moyennant, fauf* & *vû*.

Celles que nous comptons nous-mêmes de plus que M. Beauzée, font les quatre qu'il a rejettées de l'Abbé Girard, & ces quatre sont : *loin*, *jusques*, *environ* & *près*.

Phrases Prépositives.

Avec ces derniers Grammairiens, nous n'avons pas mis au rang des Prépositions, nombre de mots qu'on avoit toujours regardés comme tels.

Arriere.	Dehors.	Proche.
Deça.	Dessus.	Auprès.
Delà.	Dessous.	Autour.
Dedans.	Le-long.	En présence.
Devers.	Vis-à-vis.	A l'encontre, &c.

Cependant nous ne les regardons pas avec eux comme des Noms, ou comme des Adverbes : mais comme des phrases prépositives qui tiennent lieu de Prépositions dont notre Langue est privée, & qui pourroient devenir parfaitement semblables à nos autres Prépositions, si l'on rendoit l'ellipse plus complette.

En effet, soit qu'on les employe comme Noms, ou comme Adverbes, soit qu'on les fasse précéder ou suivre de quelqu'autre Préposition, on ne peut se dissimuler qu'on a sous-entendu des mots entre lesquels ceux-ci faisoient la fonction de Prépositions.

L'ARRIERE *d'un vaisseau*, est pour *la portion qui est* derriere *le vaisseau*.
Le DEDANS *d'un vase*, est *la portion du vase qui est dans sa capacité*.
Le DEHORS, est *la portion de ce vase qui est* hors *sa capacité*.
En DEÇA, c'est être EN la portion qui est *deça* un lieu, une riviere.
En DELA, c'est être EN la portion qui est *delà* un lieu.
AUTOUR DE, c'est être EN ce qui constitue le tour D'un objet.

Ces phrases commençant ainsi par une Préposition, & étant destinées à marquer des raports, ne peuvent être apellées que *phrases prépositives*, & le mot qui les constitue n'en doit pas être moins regardé comme une Préposition, puisqu'il désigne des raports, & qu'il n'est placé immédiatement après une autre Préposition que par l'effet de l'ellipse.

Les raports qu'ils désignent different des raports énoncés par les prépositions précédentes ; ils doivent par conséquent être mis à leur suite : ils l'expriment même dans d'autres Langues par des prépositions semblables aux autres, tout comme ils pourroient ne former qu'un seul mot dans la nôtre même, si elle suivoit la marche hardie des premiers qui la parlerent.

De quatre Prépositions anciennes qui ne subsistent plus que dans certaines formules.

Il existoit autrefois dans notre Langue quatre Prépositions dont nous ne nous servons plus que dans quelques formules que l'usage a en quelque façon consacrées : ce sont nos mots, ès, lès, riere, rès. Ils entrent dans ces phrases *Maitre-ès-Arts*, *Villeneuve-lès-Avignon*, *situé* riere *un tel terrein*, *Rès-Terre*. Nous dirions aujourd'hui : *Maitre* dans *les Arts*, *Villeneuve* près *Avignon*, *situé dans le territoire* d'un tel lieu, *sur la superficie de la Terre*.

Les Prépositions ne se correspondent pas exactement d'une Langue à l'autre.

Puisqu'un raport entre deux objets peut s'exprimer par une Préposition ou par une phrase prépositive, & que le choix, à cet égard, dépend uniquement du plus ou du moins de hardiesse d'une Langue dans ses ellipses, il arrivera continuellement que ce qui s'exprime par une Préposition dans une Langue, s'exprimera dans une autre par une phrase prépositive : mais par la méthode que nous suivons ici, & qui raproche ces deux manieres d'énoncer les raports, on ne sera jamais embarrassé pour analyser des phrases relatives à l'objet dont nous traitons ici.

Afin qu'on puisse s'en former une idée plus exacte, ajoutons ici les Prépositions en usage dans la Langue Italienne ; on verra que leur nombre qui est très-considérable, se réduiroit presqu'à rien, si l'on en ôtoit toutes celles qui se font suivre des Prépositions a & de, & toutes celles qui sont un composé de plusieurs mots.

Prépositions Italiennes.

1°. *Enonciatives.*

Sopra, sur.
Sotto, sous.
Anzi, devant.
Dietro, derriere.

Fra, } Entre.
Fra, }
a, à.
Di, de, d'où.

Dentro, dans.
In, en.
Fuori, hors.
Presso, près.
Contro, contre.
Vicino, voisin.
Rasente, joignant.
Oltre, outre.
Fino, jusques.
Anzi,
Innanzi, } Avant
Dopo, après.
Verso, vers.
Inverso, envers.

Da, de, par.
Per, par, pour.
Longo, le long.
Incontro, devant.
Rimpetto, vis-à-vis.
Attorno, autour.
Intorno, à l'entour.
Accanto, à côté.
Addosso, dessus.
Affronte, en front.
Appié, au pied.
Allato, contre, à côté.
Entro, entre.
Appo, chez.

2°. *Actives.*

DA, dez.
A, à.
CON, avec.
Senza, sans.

ECCETTO, excepté.
Mediante, moyennant.
secondo, selon.
Circa, touchant, environ.

Ce qui fait au moins quarante-quatre Prépositions, sur lesquelles il y en a à peine douze qui pussent être regardées comme des Prépositions, si l'on ôtoit de ce nombre celles qui se font suivre des Prépositions A & DI, telles que *sopra*, sur ; *sotto*, sous ; *entro*, entre ; *verso*, vers ; & celles qui sont formées par des phrases elliptiques, telles que *accanto*, à côté ; *affronte*, en front, vis-à-vis ; *appié*, au pied, &c.

ARTICLE III.

Les Prépositions ont un sens propre et général.

CES observations à l'égard des Prépositions sont d'autant plus nécessaires que cette classe de mots est d'un usage continuel, qu'ils constituent une grande partie des beautés & des finesses des Langues, qu'il importe par conséquent d'en avoir de justes idées ; & que jusques ici, on ne s'en est pas assez occupé.

M. BEAUZÉE le sentoit bien, lui qui reconnoissoit qu'on avoit eu tort de réduire les Prépositions à des classes générales, parce que chacune d'elles a reçu trop de significations différentes pour se prêter sans obstacle à des classifications régulieres ; qui avouoit en même tems que le système des Prépositions étoit moins inconséquent qu'on l'imagine dans notre Langue, où elles portent l'empreinte d'une raison éclairée, fine, & en quelque sorte infaillible : & qui demandoit s'il ne seroit pas avantageux de réduire sous un point de vue unique & général tous les usages d'une même Préposition (1).

C'est d'après ces vues, qu'après avoir dit » : La Préposition VERS, par exemple, indique également, dit-on, raport au lieu, au tems & au terme : » *vers* est Préposition de lieu dans cette phrase, aller *vers la citadelle* ; de » tems dans celle-ci, *il est mort* vers *midi* ; de terme dans cette troisiéme, » *se tourner* vers *Dieu* ; il ajoute très-bien : Disons-le de bonne foi, ces diffé- » rentes significations ne sont point dans le mot *vers*. Les raports sont compris » dans la signification des termes antécédens, & c'est l'ordre ; les termes » conséquens les déterminent spécifiquement, & la Préposition ne fait qu'in- » diquer que son complément est le terme conséquent du raport qui apartient » au terme antécédent, & dont elle est le signe. Nous disons raport au tems, » quand le complément est un nom de tems : raport au lieu, quand c'est » un nom de lieu, &c. Dans le fait, *vers* indique un RAPORT D'APROXIMATION ; » & l'aproximation se mesure ou par la durée, ou par l'espace, ou par l'incli- » nation de la volonté.

» De cette explication, soit d'une plus heureuse, faite dans les mêmes

---

(1) Gramm. Gen. T. I. p. 534. 535.

» vues, il pourroit enfin réfulter que chaque Préposition n'exprime en effet
» qu'un raport général qui est enfuite modifié par les différens complémens.

Il reléve à cet égard avec raifon le Commentateur de la Grammaire Générale de Port-Royal, M. Duclos, qui croyoit que le vrai raport n'étoit pas marqué par la préposition, mais par le fens total, & cela au fujet des Verbes *donner* & *ôter* qui font fuivis également de la prepofition *à* (2). Ce qui n'auroit pas furpris M. Duclos, s'il avoit fait attention qu'à la fuite de ces deux Verbes fi différens, A marque un feul & même raport, le TERME des actions *donner* & *ôter*.

L'Abbé de Dangeau avoit auffi très-bien vu que toute Prépofition avoit une valeur propre & déterminée, de laquelle réfultoient les divers fens qu'on lui attribue : mais il n'eut pas tout le fuccès qui eût été à défirer dans l'effai qu'il fit pour ramener à une valeur primitive les divers fens de la prépofition APRÈS, comme s'en eft encore très-bien aperçu M. Beauzée.

Voici comme s'exprime l'Abbé de Dangeau (3); fes vues font trop intéreffantes d'ailleurs pour être omifes.

» APRÈS eft une Prépofition, qui marque premierement poftériorité de
» lieu entre des Perfonnes ou des chofes qui font en mouvement. *Pierre mar-*
» *choit* après *Jacques* : *les chevaux marchoient* après *les bœufs*.

» On fe fert de la Prépofition *après*, quand on veut marquer qu'un
» homme marche *après* un autre dans le deffein de l'atteindre, foit pour le
» prendre, foit pour fe joindre à lui, foit pour lui parler : ainfi on dit que
» *des Archers marchoient* ou *couroient* après *des voleurs* ; *le valet courut* après
» *fon Maître pour lui dire une nouvelle*.

» De ce fens on en a formé un figuré, qui fert à marquer que l'on veut
» obtenir quelque chofe ; *il court* après *les honneurs* ; & quelquefois ôtant de
» ce figuré le Verbe qui marque mouvement, comme *courir*, on fe fert
» d'un Verbe qui ne marque autre chofe que le défir d'obtenir : ainfi l'on dit,
» *il foupire* après *les honneurs* ; *il foupire* après *fa liberté* : *crier* après *quelqu'un*,
» *attendre* après *quelqu'un*. On dit à peu près dans ce même fens, *il eft* après
» *cet ouvrage* ; *il eft* après *à bâtir fa maifon*.

» Au figuré, on l'employe en des chofes morales ; *il faut faire marcher*
» *le foin des chofes temporelles* après *celui de notre falut*.

---

(2) Rem. fur la Gramm. Gén. II. XI.
(3) Opufc. fur la Lang. Franç. p. 227.

« On employe aussi *après* à marquer postériorité de lieu entre des choses « qui ne sont pas en mouvement : *les Conseillers sont assis* après *les Présidens.*

« Dans ce sens, il s'employe dans des choses morales, pour marquer « infériorité d'estime.

« *Après* marque aussi postériorité de tems, par une espéce d'extension de la « quantité de lieu à celle de tems, comme dans cette phrase, *Pierre est arrivé* « après *Jacques.*

« Ce mot *après* paroît avoir quelque raport à la postériorité de lieu entre « les choses qui sont en mouvement ; ce qui peut avoir été cause de l'exten- « sion qu'on a donnée à cette Préposition, la faisant aller de la postériorité « de lieu à celle de tems.

« Quand un homme marche *après* un autre, il arrive ordinairement plus « tard que lui ; c'est ce qui fait que du premier sens de la Préposition *après*, « qui est pour marquer postériorité de lieu, on est venu à lui faire signifier « par extension, la postériorité de tems.

« C'est de la Préposition *après*, prise dans la signification de postériorité de « tems, que se forment quelques composés, comme, *ci-après*, adverbe ; « *après-diner*, adverbe ; *après-dinée*, substantif (ou nom) féminin ; *après-* « *souper*, adverbe ; *après-soupée*, substantif (ou nom) féminin.

« Il y a une signification de ce mot *d'après*, qui a quelque raport à la « postériorité de tems. *Ce Tableau est fait* d'après *le Titien ; ce paysage est* « *fait* d'après *nature* ; cela marque postériorité de tems. Le Titien avoit fait « le Tableau avant que le Peintre le copiât ; la Nature avoit formé le paysage « avant que le Peintre le représentât.

« Il y a peut-être plusieurs autres usages du mot *après*, qu'on pourroit « ranger ici sous quelqu'un des articles que j'ai marqués, & faire voir comment « ils en viennent ou par figure ou par extension. Il me semble qu'il seroit fort « utile de faire voir comment on est venu à donner tous ces divers usages « à un même mot : ce qui est commun à la plûpart des Langues, & qui « vient de ce qu'il y a de la raison dans cette espéce de généalogie des divers « usages des mêmes mots. La raison étant de tous les Pays & de tous les « tems, elle a produit des effets à peu près semblables en divers tems & « en divers Pays ».

Telles sont les remarques de l'Abbé de Dangeau, qui eussent été plus heureuses s'il avoit pu généraliser davantage ses idées à ce sujet : aussi M. Beauzée le reléve par ces excellentes observations.

» Je ne sais pas comment on prouveroit qu'*après* marque premierement
» postériorité de lieu, plutôt que postériorité de tems ; ni pourquoi cette
» Préposition marqueroit postériorité, plutôt entre des objets en mouvement
» qu'entre des objets en repos. La vérité est probablement qu'elle marque
» postériorité, avec abstraction de tems & de lieu, de mouvement & de
» repos ; ce qui la rend propre à désigner l'ordre dans toutes les circonstances
» dont il s'agit : telle est sa premiere & principale destination ; l'ordre moral
» se joint aisément à l'ordre physique, c'est la même idée ; & le sens figuré s'é-
» tablit aisément sur le sens propre (5) ».

Franchissons le mot ; APRÈS est, comme nous l'avons vu, une Préposition qui indique la situation relativement à l'ordre, & qui étant l'oposé d'*avant*, indique l'ordre postérieur, dans le sens physique & le plus absolu, d'où elle acquiert la même valeur dans l'ordre moral & dans le sens figuré.

Ceci confirme l'utilité de notre distribution des Prépositions, prise dans le physique, & où elles n'ont d'autres subdivisions que celles qu'elles donnent elles-mêmes par leurs contraires ; ce qui empêche de recourir à des classes trop nombreuses, & qui donne la valeur propre & primitive de chaque Préposition.

ARTICLE IV.

ORIGINE DES PRÉPOSITIONS.

S'IL existe des mots qui durent paroître l'effet du hazard, ce furent sans contredit les Prépositions ; la plûpart n'offrent aucun raport entre leur son & leur valeur : du moins celles qui sont d'une origine ancienne : car les modernes sont formées de mots connus, telles, *nonobstant, malgré, concernant, attendu, vu, suivant, durant, pendant.*

Mais puisque toutes celles-ci sont significatives & empruntées de mots dont le sens étoit analogue à celui qu'on assignoit à ces nouvelles Prépositions ; les Prépositions que nous tenons de l'Antiquité & celles qui existent dans quelque Langue que ce soit, seroient-elles moins significatives ? Si nous, qui regardons les mots comme l'effet du hazard, n'avons pu inventer au hazard aucune

---

(5) Gram. Gen. T. I. p. 542.

UNIVERSELLE. 305

Prépofition, & fi nous avons toujours choifi pour cet effet les mots les plus propres à peindre notre idée, à combien plus forte raifon les Anciens qui ont toujours pris leurs mots dans la Nature, auront-ils été fcrupuleux à ne choifir, pour défigner les raports des objets, que des mots propres à faire apercevoir ces raports de la maniere la plus prompte & la plus vive?

Nous pouvons donc être affurés que toute Prépofition s'eft formée d'un mot connu, dont elle a eu toute l'énergie; & que c'eft en vertu de cette analogie qu'elle eft devenue propre à être le figne d'un raport entre deux objets.

Mais afin qu'on n'en puiffe pas douter, donnons-en quelques exemples.

SUR eft un mot qui n'offre aucun fens dans notre Langue, & dont nous ne pouvons apercevoir le raport avec l'idée que nous y attachons, pas même avec nos mots *fuprême* & *fupérieur*, qui viennent cependant de la même origine: mais ce n'eft pas par nos Langues modernes qu'il en faut juger; nous le tenons des anciennes: c'eft donc à celles-ci que nous devons avoir recours pour reconnoître fon origine; rien alors ne fera plus facile. Ce mot vient du Latin SUPER; mais les Latins en avoient altéré la prononciation pour la rendre plus douce: il nous faut donc recourir aux Grecs qui lui avoient confervé toute fa force primitive & le prononçoient HUP-ER. La racine en eft donc HUP: mais cette racine fignifia conftamment l'ÉLÉVATION. Elle eft devenue dans notre Langue la racine de HUPPE, oifeau diftingué des autres par l'aigrette qui s'éléve au-deffus de fa tête; en Anglois *Howp*; & celle de HOUPPELANDE, qui défigne un habit qu'on met par-deffus les autres. C'eft le HOUPE des Languedociens, qui fignifie *fus*, LEVE-*toi*. C'eft le UP des Anglois qui fignifie *en haut*, d'où UP-*land*, pays élevé, pays de montagnes. C'eft leur UPON qui fignifie fur, deffus; leur UPPER qui fignifie *haut, fupérieur*. C'eft leur OVER qui fignifie *fur, par-deffus*; & qui, joint aux Verbes, défigne toujours de l'excès; *Over-burden*, fur-charger.

C'eft le OP des Peuples Belgiques, qui fignifie fur: leur OPPER qui fignifie plus haut, fupérieur, premier; & OVER fur, par-deffus.

C'eft le UBER des Peuples Germaniques, qui fignifie également *fur, par-deffus, qui furpaffe*, &c. Leurs OBER & OB qui ont la même fignification, d'où OB-*erer*, fupérieur. En donnant à ce mot une prononciation plus forte, ils en ont fait AUF, qui a les mêmes fignifications, & qui entre dans les mots compofés.

De-là encore le mot HOP des Belges, prononcé HUPF-*en* en Allemand, & *Houblon* en François, que les Latins prononcerent d'abord UPU-*lus*, &

Gramm. Univ.   Q q

ensuite *Lupulus*; que Saumaise tira mal à propos (1) du mot *epulæ*, festins, parce que la bière, faite avec le houblon, sert dans les festins; & qui vient réellement de *Up*, sur, parce que cette plante s'éléve fort haut.

Les Hébreux en firent Huphe, עפה, branche, rameau; & עפהל, Huuphel, éminence, lieu haut.

Cette racine ne fut pas inconnue aux anciens Saxons: ils en firent,

Ufer-*a* ou Y-*sera*, plus haut, supérieur, chambre haute.
Hupe ou *Hype*, monceau, d'où l'Anglois *heap*, tas, monceau.
Hop, un saut; d'où l'Anglois *hop*, saut ; *to hop*, sauter; *hopper*, sauteur.
Hopa, espérance; d'où l'Anglois *hope*, espérance; *to hope*, espérer; parce qu'*espérer*, c'est se fonder, s'apuyer *sur* un objet.

Les Latins en firent Superior & Supremus qui furent le comparatif & le superlatif de *super*.

SOUS, Préposition qui n'a pas plus de raport que *sur* avec l'idée qu'elle désigne, vient du Latin Sub, formé sur le Grec Hup ou Hupo, qui signifie l'oposé de Huper.

N'en soyons pas surpris: les premiers Peuples ayant peint l'idée positive d'élévation par un mot pris dans la Nature, n'eurent d'autre moyen pour peindre l'idée négative d'élévation que d'affoiblir la prononciation du mot qui désignoit l'idée positive : ainsi une même racine désignoit les deux extrêmes d'une même idée, d'un même raport.

Il résulte de ces Étymologies que sur & sous, sont des signes représentatifs de l'idée d'élévation au positif & au négatif ; & que leur emploi se fait constamment par ellipse. Lorsque nous disons, *ce livre est* sur *la Table*, *l'orage est* sur *nous*, nous nous exprimons elliptiquement : c'est comme si nous disions, *ce livre est* par raport à *la Table* dans cet état que nous désignons par le signe *sur* & qui signifie élévation : *cet orage est* par raport à *nous* dans cet état que nous désignons par le signe *sur* & qui signifie élévation.

Il en est de même de *sous* : comme il est oposé à *sur*, il en résulte que si nous disons, *ce livre est sous la Table*, on aperçoit aussi-tôt ce sens ; *ce livre est* par raport à *la Table* dans cet état que nous désignons par le signe *sous* & qui signifie l'oposé d'élévation.

---

(1) Homonymes des Plantes, p. 63.

Nous sommes entrés d'autant plus volontiers dans un aussi grand détail sur ces deux Prépositions, qu'elles sont à la tête de notre liste, & que l'on pourra juger plus aisément par elles de toutes les autres.

Devant & Avant, Prépositions qui expriment des portions d'une même idée, sont composées toutes deux : 1°. de la Préposition Latine Ant ou Ante, qui désigne les mêmes raports, les objets qui, relativement à nous, en précédent d'autres placés derriere ceux-ci : & 2°. des Prépositions *de* & *ab*, toutes les deux empruntées des anciens Latins.

La Préposition Ante n'étoit pas moins énergique que *super*. Elle venoit du mot Ant, qui signifia tout ce qui est sous l'œil, tout ce qui est le premier en rang, & par analogie tout ce qui est le premier en Tems, d'où vinrent Ant-*ique* & Ant-*iquité*.

Ant étoit lui-même formé du mot An ou Ain, qui signifie *œil* dans toutes les Langues Orientales.

Les Grecs en firent Anta, Αγ7α, en présence, devant, & Anta-*ein*, aller au-devant, aller à la rencontre, au sens physique ; & *suplier*, au sens figuré.

De-là, leur préposition Anti qui désigne le raport d'un objet qui est en présence d'un autre, l'idée d'être contre dans tous les sens que nous donnons à cette préposition, être apuyé *contre*, être *en face*, ou être *oposé*, être *ennemi*, &c.

D'où se forma le Latin Antæ, les jambages d'une porte, parce qu'ils sont en face l'un de l'autre.

Hors est l'adoucissement du Latin For-*as*, qui signifie *de-hors*, les dehors d'un lieu, les entrées d'une place, d'une maison ; les Latins en firent For-*es*, les portes, les entrées d'une maison ; & nous avons conservé sa prononciation forte dans For-*ain*, homme qui vient de *for*, de dehors.

Comme tout ce qui est hors ou à l'entrée est devant, les Peuples du Nord ont attaché cette derniere idée à ce mot : de-là,

Fore des Anglois.
Vor des Allemans.
Voor des Belges.
} Prononcés *For* ;

qui signifient avant, devant, à la tête : d'où vint le mot,

For-bourg, les entrées d'une Ville, que nous avons défigurés en *Faux-bourg*. C'est dans ce sens que les limbes s'apellent en Flamand Voor-burg van de Hell, mot à mot, le Fauxbourg, les avenues de l'Enfer.

For, vint lui-même du primitif Hor, lumiere, jour : les portes sont les jours des maisons, & tout ce qui est de-hors est au grand jour. Aussi les Latins apellerent la place publique For-*um* ; on s'y assembloit au grand jour.

C'est ce mot que les Latins & les Grecs adoucirent en Pro, & qui fut également chez eux une Préposition signifiant devant, en présence :

Pro castris, à la tête du Camp.

Pro concione, en présence de l'assemblée.

Les Grecs en firent les mots :

Prô-i, le matin ; & Prô-ra, proue ; qui sont l'avant du jour & l'avant d'un vaisseau.

Prô-tos, le premier, celui qui marche devant, à la tête, &c.

Et les Latins, *Pro-avus*, le bisayeul, l'ayeul, qui marche à la tête.

A, avoit été très-bien choisi encore pour désigner le raport de possession, de propriété, soit que nous possédions déja la chose, comme lorsqu'on dit, *cette maison est à moi* : soit que sa possession nous soit destinée, comme lorsque nous disons, *cette maison sera à moi*, *ce livre s'adresse à moi*. Cette Préposition s'est formée du Verbe *il* A, qui marque la possession, la propriété; & qui se prend ici comme un simple signe de l'idée de *propriété*, comme désignant le raport qu'on aperçoit entre deux objets, ainsi que nous l'avons fait voir ailleurs dans un plus grand détail (1).

Ces exemples suffisent pour démontrer que chaque Préposition eut toujours un raport étroit avec celui qu'elle fut chargée d'énoncer. Un plus grand détail apartient à nos Dictionnaires Étymologiques & Comparatifs qui offriront l'origine des Prépositions en usage chez tous les Peuples.

Ils font encore voir qu'il ne nous manque pour rendre plusieurs de nos formules, telles que *le long de*, semblables en tout aux Prépositions antiques qu'un peu plus de hardiesse. Au lieu de chercher à lier ces mots avec le reste de la phrase par des articles & par d'autres Prépositions, ce qui est parfaitement inutile pour faire connoître le raport, nous n'aurions qu'à les employer avec la même simplicité que les Anciens ; & dire comme font les Italiens, en cela peut-être plus sages que nous, *il se promene* long *le fleuve* ; mais si nous craignons de le dire, parce que nos oreilles n'y sont pas accoutumées, & qu'elles

---

(1) Plan général & raisonné du Monde Primitif, pag. 26.

font offenſées du choc de la ſyllabe ſourde & nazale *long* avec la bréve *le*, ce qui nous obligea ſans doute à les ſéparer par *de*, ne les excluons pas de la claſſe des mots qui expriment les raports : mais diſons que dans nos Langues modernes, plus timides que les anciennes, nous exprimons divers raports, non à l'antique par de ſimples ſignes apellés *Prépoſitions* ; mais par un ſubſtantif accompagné de ſon article & lié au nom du dernier objet par une prépoſition, par une phraſe prépoſitive en un mot.

Alors viennent ici toutes ces formules que tant de Grammairiens confondent avec les Prépoſitions : telles que,

> *Le long de* la prairie.
> *Autour de* la Table.
> *Aux environs de* la Ville.
> *Au-deſſus de* nous.
> *Auprès de* lui.

Formules qui expriment des raports, & qui correſpondent à des Prépoſitions en uſage dans d'autres Langues ; dont par conſéquent, on ne rendroit pas raiſon en diſant ſimplement que ce ſont des noms : parce qu'on demanderoit toujours, que font ces noms entre deux autres Noms ? quel raport ont-ils avec eux ?

ARTICLE V.

PRÉPOSITIONS INITIALES OU INSÉPARABLES.

DE cet uſage d'employer un mot dans un ſens elliptique pour déſigner les raports, naquit un autre emploi des Prépoſitions dont nous ne ſaurions nous diſpenſer de parler & qui devint en toute Langue la ſource d'une prodigieuſe quantité de mots.

Cet emploi conſiſta à mettre les Prépoſitions à la tête des Verbes, afin d'en diverſifier le ſens & d'en indiquer tous les raports : ce qui donna lieu à ce qu'on apelle *Prépoſitions inſéparables* ; quelques-unes de ces Prépoſitions n'étant en uſage que dans ces circonſtances. On les apelle auſſi *initiales*, parce qu'elles ſont toujours à la tête des mots.

Cet uſage eſt devenu une ſource inépuiſable de richeſſes pour les Langues par l'abondance des mots qui en naissent, & par la finesse & l'éxactitude qu'ils répandent dans l'expression des idées. C'est ainsi qu'un Peintre, avec quelques couleurs, se procure par leurs mélanges & par leurs combinaisons, toutes les nuances possibles & un coloris beaucoup plus parfait.

De cette maniere, un même mot après avoir été successivement *Nom*, *Adjectif*, *Participe*, *Verbe*, *Préposition*, devient portion de nouveaux mots en s'associant comme Préposition à des mots de toutes ces espéces.

Il n'est aucun Peuple qui n'ait eu recours à cet expédient ingénieux & si propre à multiplier les mots sans multiplier les racines primitives : mais chaque Peuple s'en est servi avec plus ou moins de succès, suivant qu'il avoit plus ou moins d'intelligence.

On admire à cet égard la Langue Grecque : ceux qui la parloient, ont tiré le plus grand parti des Prépositions pour en composer de nouveaux mots ; & il est impossible de se former une juste idée de leur Langue, si l'on n'en ramene les mots aux prépositions auxquelles ils s'unissent.

Le Latin en a fait aussi un très-grand usage, de même que toutes les Langues Celtiques de la branche Theutone, telles que le Saxon, l'Anglois, le Flamand, & sur-tout le Theuton moderne, qu'on apelle Germanique, ou Allemand.

Les Peuples Celtes de la branche Gauloise ou Occidentale s'en servirent aussi : mais ils en eurent bien moins.

Les Hébreux & les Orientaux primitifs, en eurent aussi : mais ces Prépositions initiales sont si peu sensibles chez eux qu'on n'a pas soupçonné qu'ils en eussent ; ils en connurent cependant l'usage, comme nous aurons occasion de nous en convaincre dans la suite.

Nos Langues modernes, telles que le François & l'Italien, en ont aussi un grand nombre ; mais on ne sauroit leur en faire honneur : trop timides pour y avoir recours d'elles-mêmes, elles empruntent de toutes Langues leurs prépositions initiales & jusques aux mots qui en sont composés : ce qui anéantit aux yeux des Modernes, l'énergie de ces mots, parce qu'on ne voit plus le sens que présente chacune de leurs parties, d'où résulte cependant la beauté de leur ensemble, & la connoissance de l'origine des mots composés.

C'est ainsi que du Verbe METTRE, en Italien METTERE, nous formons les Verbes suivans, que nous avons presque tous tirés des Latins, chez qui ce mot se prononçoit MITT-*ere*, ou MEITT-*ere*.

AD-*mettre*, en Ital. AM-*mettere*, recevoir *auprès* de soi.

Com-*mettre*, en Ital. Com-*mettere*, mettre *avec*, confier.

Dé-*mettre*, mettre hors, ôter d'une place.

L'Ital. Di-*mettere*, remettre une dette, l'ôter, pardonner.

S'entre-*mettre*, se mettre *entre* deux pour faire réussir une entreprise.

L'Ital. Inter-*mettere*, mettre un *inter*-valle, suspendre; d'où Inter-mede.

L'Ital. Intro-*mettere*, introduire, mettre dedans.

O-*mettre*, en Ital. O-*mettere*, omettre, laisser *hors*, oublier.

Per-*mettre*, en Ital. Per-*mettere*, mettre en avant, donner le pouvoir de faire.

Pro-*mettre*, en Ital. Pro-*mettere*, mettre sa parole en avant, donner parole.

L'Ital. Pre-*mettere*, mettre avant; d'où Pre-*misse*.

Re-*mettre*, en Ital. Ri-*mettere*, mettre de nouveau.

L'Ital. Sopra-*mettere*, mettre dessus, *sur*-charger.

Sou-*mettre*, en Ital. Sotto-*mettere*, mettre *sous* sa puissance, soumettre.

Trans-*mettre*, en Ital. Tra-*mettere*, envoyer au-delà; & en Ital. 2°. entremettre.

Ce qui au lieu d'un Verbe, nous en donne dix de plus, & un plus grand nombre aux Italiens.

Si l'on ajoutoit à cette Liste les Noms qui se sont formés de la réunion du même radical avec les prépositions, tels que Com-*mis*, Com-*missaire*, Com-*missionnaire*, dé-*missoire*, &c. elle deviendroit infiniment plus nombreuse.

Ajoutons ici un exemple tiré de la Langue Allemande propre à faire voir à quel point on y multiplie les mots en suivant la même voie. Il sera tiré du Verbe Legen, qui signifie également mettre, dont la racine Lag signifie en Allemand *position*, *situation*, & qui tient à l'Hébreu Lac, *mettre*, *mittere*; mais dans le sens d'envoyer, de mettre en avant par les ordres qu'on donne; Verbe commun à la plûpart des Langues; aux Latins chez qui Leg-*are* signifie envoyer, léguer; aux Flamands, Leg-*gen*, poser; aux Anglois de Lincoln qui prononcent Lig, tandis qu'à Londres on prononce *lay*, & chez qui ce mot signifie également mettre, poser, placer, poster, imposer, &c.

Ab-*legen*, mettre *hors*, ôter, 2°. s'affoiblir.

An-*legen*, mettre *à la suite*.

Auf-*legen*, mettre *dessus*, charger, imposer.
Aus-*legen*, mettre *devant*, exposer, étaler.
Be-*legen*, mettre *autour*, environner, garnir.
Durch-*legen*, mettre *d'un bout à l'autre*, examiner, vérifier.
Ein-*legen*, mettre *dedans*, ajouter, inserer.
Ent-*legen*, mettre *à une grande distance*, éloigner.
Er-*legen*, mettre *sur le carreau*, tuer.
Ge-*legen*, situé, placé convenablement.
Hin-*legen*, mettre *en un lieu*.
Hinter-*legen*, mettre *en dépôt*.
Ueber-*legen*, mettre *dessus*, apliquer.
Ver-*legen*, mettre *ailleurs*, transferer, traduire.
Um-*legen*, mettre *autour*.
Wieder-*legen*, mettre *contre*, réfuter.
Zu-*legen*, mettre *auprès*.
Un-ge-*legen*, mal placé, mal situé.

Telles sont les Prépositions inséparables ou initiales dans la Langue Françoise & qu'elle tient des Langues Celtiques, & de la Latine.

Ad, & a, qui signifie *auprès*, par-dessus ; ad-mettre, Ajouter.
Com, qui signifie *avec*, com-paroître.
Contre, qui désigne l'oposition, contre-*dire*.
De, qui désigne l'action d'ôter, dé-*faire*.
Dis, qui désigne l'oposition, Dis-*semblable*.
E, ex, qui désigne l'action de tirer hors, ex-*traire*, e-*teindre*.
En, qui désigne l'action de tirer dans, en-*trainer*.
In, qui désigne la privation, im-*patienter*.
Inter, qui désigne l'action de mettre entre deux, inter-*poser*.
Mis, mé, qui désigne le peu de cas qu'on fait d'une chose, mé-*priser*.
Ob, of, qui désigne l'action de mettre devant, of-*frir*.
Per, qui désigne la cause, le moyen, per-*mettre*.
Pro, qui désigne une chose faire en faveur, pro-*mettre*.
Pre, qui désigne ce qui se fait d'avance, pre-*dire*.
Re, qui désigne la réitération, re-*faire*, ré-*prendre*.
Sou, au lieu de Sous, qui désigne le dessous, sou-*tenir*.
Sur, qui désigne le dessus, sur-*monter*.
Trans, qui désigne le transport, trans-*ferer*.

On ne se contente pas de ces simples Prépositions initiales ; on en réunit souvent plusieurs ensemble ; ce qui forme de nouveaux mots. C'est ainsi que nous disons en François RE-DE-*faire*, RE-DE-*venir*, RE-COM-*poser*, IN-EX-*tinguible*. Les Grecs firent un usage fréquent de ce moyen si utile pour multiplier les mots & pour désigner les moindres circonstances d'une même idée.

Quelques-unes de nos Prépositions initiales prennent des formes diverses & reçoivent des sens différens de ceux qu'elles offrent ici : mais le détail en seroit trop long : ceci suffit pour donner une idée des Prépositions initiales & pour faire voir les avantages qui en résultent par la brièveté, la précision & l'énergie qu'elles mettent dans le discours.

CHAPITRE IX.
DES ADVERBES.

HUITIEME PARTIE DU DISCOURS.

§. I.

Examen de ce qu'en ont dit les Grammairiens.

DE toutes les Parties du Discours, celle dont il s'agit dans ce Chapitre, a été une des plus mal traitées : on diroit que la plûpart des Grammairiens ont dédaigné de s'en former des idées exactes & précises : comme s'il pouvoit y avoir quelque détail indigne de leurs soins : on en peut juger par la légèreté & l'inexactitude avec lesquelles on en parle dans la Grammaire Générale & Raisonnée, & dont nous transcrivons ici le Chapitre en entier (1).

1°. MM. DE PORT-ROYAL.

« Le désir que les hommes ont d'abréger le Discours, est ce qui a donné
» lieu aux Adverbes : car la plûpart de ces particules ne sont que pour signi-

---
(1) Gramm. Rais. Part. II. Chap. XII.

» fier en un seul mot, ce qu'on ne pourroit marquer que par une préposition
» & un nom : comme *sapienter*, sagement, pour *cum sapientia*, avec sagesse ;
» *hodie*, pour *in hoc die*, aujourd'hui.

» Et c'est pourquoi dans les Langues vulgaires, la plûpart de ces Adverbes
» s'expliquent d'ordinaire plus élégamment par le nom avec la préposition :
» ainsi on dira plûtôt *avec sagesse*, *avec prudence*, *avec orgueil*, *avec modé-*
» *ration*, que *sagement*, *prudemment*, *orgueilleusement*, *modérément*, quoi-
» qu'en Latin au contraire, il soit d'ordinaire plus élégant de se servir des
» Adverbes.

» De-là vient aussi qu'on prend souvent pour Adverbes ce qui est un nom ;
» comme *instar* en Latin, comme *primùm*, ou *primò*, *partim*, &c. Voyez,
» Nouv. Méth. Latine ; & en François *dessus*, *dessous*, *dedans*, qui sont
» de vrais noms, comme nous l'avons fait voir au Chapitre précédent.

» Mais parce que ces particules se joignent d'ordinaire au Verbe pour en
» modifier & déterminer l'action, comme *generosè pugnavit*, il a combattu
» vaillamment, c'est ce qui a fait qu'on les a apellées ADVERBES.

Telle est donc la doctrine de cette Grammaire sur les Adverbes.

1°. Que ce sont des particules qui se joignent d'ordinaire au Verbe pour en modifier & déterminer l'action.

2°. Que les Adverbes signifient en un seul mot ce qu'on pourroit désigner plus élégamment par une préposition & un nom.

3°. Que souvent on prend pour Adverbe ce qui n'est qu'un nom.

Les Grammairiens modernes ont senti avec raison que ce Chapitre sur les Adverbes étoit beaucoup trop resserré, & rempli d'inexactitudes ; qu'il étoit impossible de se former, d'après cette exposition, une idée nette & intéressante de cette Partie du Discours, & d'apercevoir les motifs qui peuvent avoir engagé les hommes à inventer cette nouvelle espéce de mots.

Ils ont très-bien aperçu encore, que le terme de *Particules* ne présente à l'esprit aucune idée déterminée : qu'en disant que l'Adverbe est d'ordinaire joint au Verbe, on laisse l'esprit en suspens, parce qu'on ne lui aprend pas ce à quoi l'Adverbe est joint dans les cas différens de ceux qui sont renfermés dans le mot *d'ordinaire* : qu'on ne sauroit connoître par ce moyen, quelle est la fonction de l'Adverbe, lorsqu'il ne sert pas à modifier l'action par sa jonction au Verbe.

Et que lorsqu'on a avancé que l'Adverbe peut se rendre par une préposition & un nom, dont il n'est que l'abrégé, il faut se résoudre ou à le retrancher du nombre des Parties du Discours, si l'on ne veut être en contradiction avec soi-même, ou à réformer sa définition ; puisqu'on ne doit mettre au nombre des Parties du Discours que des mots qui ont une valeur propre & qui ne peuvent par conséquent être supléés par aucune autre espéce de mots. Agir autrement, ce seroit prendre la *forme* des mots pour régle de leur distribution en diverses Classes : ce qui seroit absurde., & deviendroit une faute de la même nature que celle qu'on avoit faite en cherchant une définition qui convînt à tous les Verbes ; tandis que tous les Verbes, hors celui qui marque l'union, ne sont que des formules abrégées qu'on n'a pû regarder comme Verbes que parce qu'elles renfermoient en elles la valeur du Verbe Être.

Nous pourrions donc également demander ici, quelle sera la vraie définition de l'Adverbe d'après ces principes ?

Dira-t-on que c'est la réunion d'une préposition avec un nom ? Mais on seroit en droit de demander pourquoi on a fait cette réunion dans certains cas, & non dans d'autres ? & si toute Préposition suivie d'un nom peut se rendre par un Adverbe ?

Si l'on prend l'affirmative, on sera en droit de conclure que l'Adverbe a été mis à tort au nombre des Parties du Discours ; qu'il faut l'en retrancher comme un intrus, qui trouble l'harmonie de cette distribution.

Si l'on prend au contraire la négative, on sera en droit de conclure qu'il y a donc une différence entre les fonctions de l'Adverbe & celles d'une Préposition suivie d'un nom ; & qu'on ne donnera une idée nette & précise de l'Adverbe, qu'autant qu'on fera connoître ce en quoi il differe d'une Préposition suivie d'un nom.

En effet, lorsqu'on avance que l'Adverbe peut se rendre par une Préposition & un nom, on indique un caractère au moyen duquel on peut le distinguer des autres mots, & même de la Préposition ; mais on ne dit pas ce qu'il est.

Les défauts dans lesquels la Grammaire Générale est tombée au sujet de l'Adverbe, se firent sentir vivement, comme nous l'avons dit, à ceux qui se sont occupés dès-lors de cet objet : mais entraînés par la grande réputation de cette Grammaire, ils ont plutôt cherché à réparer ces défauts, qu'à travailler sur un fond neuf, en abandonnant des vués trop bornées pour être susceptibles de correction.

2°. M. DUCLOS.

On est fort étonné, par exemple, lorsqu'en jettant les yeux sur les remarques dont M. Duclos enrichit cette Grammaire, on voit qu'il se borna à ces légères observations.

» On ne doit pas dire, *la plûpart de ces Particules* : les Adverbes ne sont
» point des Particules, quoiqu'il y ait des Particules qui sont des Adverbes ;
» & la *plûpart* ne dit pas assez. Tout mot qui peut être rendu par une Prépo-
» sition & un nom, est un Adverbe, & tout Adverbe peut s'y rapeller.
» *Constamment*, avec constance. On y va, on va dans ce lieu là.

Le Secrétaire de l'Académie Françoise eut raison de nier que les Adverbes fussent des Particules ; & d'affirmer que tout Adverbe peut être rendu par une Préposition & un nom : mais qu'est ce qu'un Adverbe ? qu'est-ce que ce mot qui se rend par une Préposition & un nom ? On le demande, mais en vain.

3°. M. DU MARSAIS.

M. du Marsais suivant à peuprès la même marche, dit aussi » que le mot
» *Adverbe* est formé de la Préposition *ad*, vers, auprès ; & du mot *Verbe*,
» parce que l'Adverbe se met ordinairement auprès du Verbe, auquel il ajoute
» quelque modification ou circonstance. *Il aime constamment : il écrit mal.*
» Les dénominations se tirent de l'usage le plus fréquent.... Ce qui n'empêche
» pas qu'il n'y ait des Adverbes qui se raportent aussi au nom Adjectif, au
» Participe, & à des noms qualificatifs, tels que Roi, Pere, &c. car on
» dit, *il m'a paru fort changé : c'est une femme extrêmement sage & fort ai-
» mable. Il est véritablement Roi.*

» Il me paroît que ce qui distingue l'Adverbe des autres espèces de mots,
» c'est que l'Adverbe vaut autant qu'une Préposition & un nom : il a la va-
» leur d'une Préposition avec son complément : c'est un mot qui abrége. Par
» exemple, *sagement* vaut autant que, *avec sagesse.*

» Ainsi tout mot qui peut être rendu par une préposition & un nom, est un
» Adverbe. » Après quelques exemples, il ajoute : » Puisque l'Adverbe em-
» porte toujours avec lui la valeur d'une préposition, & que chaque prépo-
» sition marque une espèce de maniere d'être, une sorte de modification dont
» le mot qui suit la préposition fait une aplication particuliere, il est évident que
» l'Adverbe doit ajouter quelque modification ou quelque circonstance à l'ac-
» tion que le Verbe signifie. Par exemple, *il a été reçu avec politesse ou po-
» liment.*

Ce qui le conduit à ce caractère distinctif, » que les mots qui ne peuvent
» pas être réduits à une préposition suivie de son complément ; (c'est-à-dire

» d'un conséquent qui en rend le sens complet,) sont ou des conjonctions,
» ou des particules qui ont des usages particuliers : mais ces mots ne doi-
» vent point être mis dans la Classe des Adverbes ».

Il termine ce Chapitre par l'exposition des diverses Classes dans lesquelles se distribuent les Adverbes.

4°. M. BEAUZÉE.

M. BEAUZÉE adopte à peu près les mêmes principes, mais modifiés par quelques observations.

» Par raport aux Adverbes, dit-il, c'est une observation importante, que
» l'on en trouve dans une Langue plusieurs qui n'ont dans une autre Langue
» aucun équivalent sous la même forme, mais qui s'y rendent par une Prépo-
» sition avec un complément ; & ce complément énonce la même idée qui cons-
» titue la signification individuelle de l'Adverbe.

Il fait voir ensuite que M. DUCLOS ne disoit pas assez en n'employant que l'expression *la plûpart*, au sujet des Adverbes qui peuvent être rendus par une préposition & un nom ; & il dit fort bien avec M. du Marsais, que tout Adverbe est dans ce cas.

L'analogie qu'il aperçoit entre la nature de la préposition & celle de l'Adverbe est telle, que le premier de ces mots exprime des raports généraux avec indétermination de tout terme antécédent & conséquent ; & que le second exprime des raports généraux déterminés par la désignation du terme conséquent, avec indétermination de tout terme antécédent.

D'où il conclut, que la Préposition & l'Adverbe offrent le même raport que le Verbe ÊTRE & les autres Verbes, qui expriment tout à la fois l'existence & un attribut déterminé : & comme il a apellé ces deux sortes de Verbes, Verbe Indicatif & Verbe Connotatif, il ne voit point de nom qui convînt mieux à ces deux Classes de mots Préposition & Adverbe, que ceux d'Adverbes indicatifs & d'Adverbes connotatifs.

Il observe très-bien ensuite, contre ceux qui l'ont précédé, que la préposition & le nom par lesquels on peut rendre un Adverbe, ne correspondent pas exactement à la même idée ; & que ces deux tournures doivent différer par quelques idées accessoires. » Je serois assez porté à croire, dit-il, que quand
» il s'agit de mettre un acte en opposition avec l'habitude, l'Adverbe est plus
» propre à marquer l'habitude, & la phrase adverbiale à indiquer l'acte ; &
» je dirois : *un homme qui se conduit sagement, ne peut pas se promettre que*
» *toutes ses actions seront faites* avec sagesse.

Comme M. Beauzée adopte l'idée de M. du Marsais, que l'Adverbe suplée aussi souvent à la signification des Adjectifs, & même à celle d'autres Adverbes, qu'à celle des Verbes, il en conclut que l'étymologie qu'on a donnée jusques ici du mot Adverbe, est erronée; qu'elle ne peut être bonne qu'autant que le mot latin *verbum* sera pris dans son sens propre où il signifie *mot*, & non *Verbe*.

Quant à la distribution des Adverbes en diverses Classes, il la rejette entierement comme n'étant que métaphysique: » les Grammairiens, ajoute-t-il, » n'en doivent tenir aucun compte ».

Ce qui lui paroît beaucoup plus essentiel, c'est de rendre aux Adverbes nombre de mots mis mal-à-propos dans la Classe des Prépositions, LOIN, PRÈS, HORS & JUSQUES, que nous avons laissés dans cette Classe; & ceux-ci, PROCHE, AUPRÈS, AUTOUR, QUANT, EN & Y.

Il retranche enfin du nombre des Adverbes les mots suivans qu'il regarde comme de véritables noms: HIER, AUJOURD'HUI, JADIS, JAMAIS, LONG-TEMS, LORS, TARD, TOUJOURS, BEAUCOUP, PEU, ASSEZ, TROP, TANT, AUTANT, PLUS, MOINS, GUERES.

Comme cette portion de son Système mérite quelque dévelopement, nous y reviendrons vers la fin de ce Chapitre.

Après avoir réuni de cette maniere tout ce qu'ont dit à ce sujet les Auteurs qui se sont occupés parmi nous de la Grammaire Générale & Universelle, essayons de parvenir à des principes plus généraux encore, qui puissent nous conduire à des idées plus nettes & plus déterminées de l'Adverbe, & qui nous fassent connoître les causes des diverses propriétés qu'on a déja remarquées dans l'Adverbe, & que nous pourrons y découvrir dans la suite de ce Chapitre.

§. 2.

Définition de l'Adverbe & ses preuves.

Nous avons vu en parlant des Noms, qu'ils étoient susceptibles de différentes qualités, & que ces qualités s'exprimoient par des Adjectifs, c'est-à-dire par des mots mis à la suite des Noms pour en modifier l'idée.

Mais les Noms ne composent pas la seule Partie du Discours qui soit susceptible d'être accompagnée de mots qui la qualifient, ou la modifient.

Les actions & les manieres d'être sont encore exactement dans le même cas.

UNIVERSELLE.

En effet, tout ce que nous faisons est susceptible de qualification, en bonne ou en mauvaise part ; il en est de même de nos différentes manieres d'être.

Ainsi nous disons *écrire* BIEN, *écrire* MAL, *écrire lentement*, *écrire vite* : *se comporter* BIEN, *se comporter* MAL, *se comporter* EN SAGE, EN FOU, EN HONNÊTE HOMME, *travailler* VAINEMENT.

Il faudra donc nécessairement des mots pour peindre les qualités que nous apercevons dans ces actions & ces manieres d'être : ces mots formeront une Classe particuliere, puisque leurs fonctions n'ont aucun raport aux fonctions des autres mots ; & ils seront toujours à la suite des Verbes, puisqu'on n'y a recours que pour les modifier.

On les apellera avec raison AD-VERBES, c'est-à-dire *mots faits* POUR LE VERBE, POUR *l'accompagner*, POUR LE QUALIFIER.

Telle est leur unique destination. Cependant l'on a cru qu'ils servoient également à modifier des adjectifs & des noms : & l'on cite ces exemples : *cette personne est* EXTRÊMEMENT *belle* : *il est* VÉRITABLEMENT *Roi*, &c.

Mais l'on n'a pas fait attention que dans toutes ces circonstances, ces adjectifs, ces noms, &c. ne sont point modifiés comme adjectifs, comme noms, &c. mais comme des mots qui achevent de completter le sens commencé par le Verbe, ensorte que c'est réellement le Verbe qui est modifié dans toutes ces occasions, & non l'adjectif, le nom, &c.

Ceux-ci ont leurs modifications propres qu'on a dévelopées dans les Chapitres où l'on traite de ces Parties du Discours : on ne sauroit leur en attribuer d'autres, sans brouiller tout.

Une preuve sans réplique que le Verbe seul est modifié par l'Adverbe, c'est qu'on ne voit jamais ce dernier marcher de compagnie avec un nom séparé du Verbe, ou antérieur au Verbe. On n'a jamais dit & l'on ne pourra jamais dire ; *un réellement Roi*, *un grandement esprit* : *fortement beau*, *vivement spirituel*.

On dit à la vérité TRÈS-*beau*, PEU *sage* ; mais ce *très* & ce *peu* sont du nombre des formules dont on se sert pour distinguer les gradations de l'Adjectif & les idées accessoires qu'on y attache : mais l'on ne doit pas les confondre avec les mots qui servent à distinguer les gradations & les idées accessoires du Verbe.

Dans les phrases citées pour prouver que l'Adverbe modifie d'autres mots que les Verbes, le Verbe n'est pas renfermé dans le seul mot EST ; il a fallu pour completter l'idée qu'il offre, qu'on ajoutât les mots qui le suivent, & qui ne font plus la simple fonction d'Adjectif, de nom, &c. Aussi M. du Marfais a cru que dans ces occasions, les Noms étoient de vrais adjectifs.

» Les noms, dit-il (1), qualifient-ils ? ils sont adjectifs. *Louis XV est*
» *Roi*; *Roi* qualifie Louis XV ; donc *Roi* est là adjectif. *Le Roi est à l'armée*:
» *le Roi* désigne alors un individu : il est donc substantif. Ainsi ces mots sont
» pris, tantôt adjectivement, tantôt substantivement : cela dépend de leur
» service ; c'est-à-dire, de la valeur qu'on leur donne dans l'emploi qu'on en
» fait.

Cette proposition pleine de vérité, n'a cependant eu aucun effet, parce que les prémisses sont mal exprimées, & par conséquent en contradiction apparente avec la conséquence. Il est très-sûr que les noms se prennent substantivement & adjectivement, suivant leur place & leur fonction : mais il ne s'ensuit pas qu'ils doivent être apellés *adjectifs* dans le dernier cas ; parce qu'ils continuent d'être des noms, & qu'ils ne remplissent l'idée de qualification que par leur union avec le Verbe. Ainsi l'assertion de M. du Marsais se réduit à dire que les noms sont quelquefois pris adjectivement.

C'est dans ces cas qu'ils peuvent être précédés de l'Adverbe ; mais celui-ci n'est pas plus destiné alors à les modifier qu'ils ne sont eux-même adjectifs. Tout se raporte au Verbe.

Ajoutons que les Adverbes ne s'employent jamais qu'avec les Verbes, dans leur sens absolu ; c'est dans ce sens là qu'on dit *il peint supérieurement*, *il s'avance rapidement* : & c'est sous ce seul point de vue qu'on doit les envisager, lorsqu'on veut s'en former des idées exactes & précises.

§. 3.

En quoi different l'Adverbe & la Préposition.

Lorsque les Auteurs des Grammaires Générales qui ont paru jusques ici, ont dit que les Adverbes étoient des formules abrégées qui tenoient lieu d'une préposition & d'un nom, ils ont donc avancé une proposition très-vraie ; mais ce n'étoit pas assez : il ne suffisoit pas de nous aprendre ce fait : il auroit fallu remonter aux causes de ces formules abrégées, & déterminer les occasions dans lesquelles une préposition & un nom peuvent s'abréger par un Adverbe. Car si toute préposition & tout nom sont dans ce cas, les Adverbes n'ajouteroient rien à la réunion des prépositions & des noms, comme nous l'avons déja observé : ils

---

(1) Principes de Gramm. p. 522.

ne devroient pas même être regardés comme une Partie du Discours, puisque leur fonction seroit parfaitement semblable à celle d'autres Parties.

Mais s'il existe quelque réunion d'une préposition avec un nom qui ne puisse se rendre par un Adverbe, alors l'Adverbe a une fonction très-distincte de celles qu'offre en général la réunion d'une préposition & d'un nom : & c'est la nature de cette fonction, c'est le point où se fait ce partage qui peut seul fixer l'idée qu'on doit avoir de l'Adverbe.

Une préposition & un nom ne peuvent être remplacés ou abrégés par aucune autre espéce de mots, lorsqu'ils désignent le raport d'un objet avec un autre objet ; comme dans ces phrases : *Darius fut vaincu* PAR *Alexandre : les oiseaux s'élevent* DANS *les airs.* Il faut nécessairement alors que les deux objets de comparaison soient présentés d'une maniere très-distincte, afin qu'on puisse saisir l'idée qu'ils sont destinés à peindre.

Mais lorsqu'il s'agit de modifier l'idée d'un Verbe par l'expression de quelque qualité qu'on aperçoit dans l'action que peint ce Verbe, la comparaison ne roule plus entre deux objets, mais entre un objet & une qualité : alors il n'est plus d'une nécessité aussi stricte que cette qualité & son raport avec le Verbe, soient exprimés par autant de mots. L'on peut les réunir en un seul, comme on réunit, au moyen des Verbes, le participe & le Verbe *être*. On a dû même avoir recours à cette tournure, pour rendre la pensée plus vive en l'abrégeant, & pour faire perdre au discours la monotonie qui y regneroit par un usage trop fréquent des prépositions & par la répétition des mêmes formules.

§. 4.

L'Adverbe est une ellipse.

L'Adverbe n'est donc qu'une ellipse qui exprime en un seul mot les qualités d'une action, qu'on ne pouvoit désigner sans elle que par une longue circonlocution, & cette ellipse se fait de trois manieres, selon que la phrase qui sert à modifier le Verbe est composée d'un Nom, d'un Adjectif joint à un nom générique, ou du nom d'un objet particulier accompagné de son adjectif.

Dans le premier cas, le nom perd tout ce qui l'accompagne comme nom, & reste seul; dans le second, l'adjectif paroît seul avec une terminaison qui tient lieu du nom suprimé : dans le troisiéme, le nom & l'adjectif s'unissent pour ne former qu'un seul mot.

De-là ces expressions, écrire MAL, écrire OBLIGEAMMENT, écrire LONG-TEMS.

MAL est un nom devenu Adverbe en se dépouillant de tout ce qui accompagne ordinairement les noms : OBLIGEAMMENT est un Adverbe, formé au moyen d'un adjectif qui s'est chargé d'une terminaison pour tenir lieu d'un nom suprimé ; LONG-TEMS, est la réunion d'un nom & d'un adjectif.

Telles seroient les phrases dans lesquelles ils se trouvent, si elles n'étoient pas elliptiques :

> Il écrit de cette maniere qu'on appelle *mal.*
> Il écrit d'une *maniere obligeante.*
> Il écrit pendant un *long* espace de *tems.*

L'on a soupçonné que les mots semblables à ceux de la premiere & de la troisiéme espéce étoient des noms : mais ils cessent d'être *noms*, dès qu'ils sont employés comme Adverbes : la fonction d'un nom étant incompatible avec celle d'un Adverbe. S'ils étoient noms, ils indiqueroient l'objet ou le sujet du Verbe : mais non-seulement ils n'en indiquent qu'une qualité ; ils ne sont même accompagnés d'aucune des marques qui caractérisent les noms. D'ailleurs, un principe qu'il ne faut jamais perdre de vue, c'est que la différence ou l'identité des mots ne dépend pas de leur forme, mais de leur signification.

Il ne résulte pas non plus qu'ils soient des noms, de ce qu'on peut les faire précéder d'une préposition, & de ce qu'on peut dire, *il est parti* pour long-tems, *il voyage* pendant long-tems, *il est venu* alors *qu'il l'avoit dit* : car il faudroit qu'il fût démontré, 1°. qu'une préposition ne peut pas précéder un Adverbe ; 2°. qu'un mot elliptique cesse de l'être dès qu'il est précedé d'une préposition. Ce qu'on ne sauroit prouver : car cette expression, par exemple, *pour long-tems* est une vraie ellipse, qu'on a substituée à cette phrase, *pour un long espace de tems* ; puisqu'il n'existe aucun objet qui s'apelle *long-tems.*

Ajoutons que tous ces mots sont eux-mêmes ellipses de phrases, & que par conséquent ils ne sont pas des noms, puisque les noms expriment leur objet sans ellipse : ainsi LORS est l'ellipse de cette phrase *dans ce tems-là* ; TOUJOURS est l'ellipse de celle-ci, *tous les jours, l'ensemble des jours* : PEU est l'ellipse de ces mots *en petite quantité* : il *en a peu*, c'est-à-dire, *il en possède en petite quantité.*

Tout mot qui a pu être employé dans l'origine comme un Nom, & qui ne s'employe plus que pour modifier le Verbe, ne peut donc être regardé que comme un Adverbe : tels sont les mots dont nous venons de parler, *toujours, beau-*

UNIVERSELLE.

coup, &c. tel encore le mot *guères*, qui de son origine fut un nom désignant les échanges, les denrées qu'on change & qu'on commerce, l'abondance de ces denrées, & simplement abondance : il présente cette derniere signification lorsqu'on dit, *il n'y en a guères*, c'est-à-dire, *il n'y en a pas en abondance, à suffisance* : mais qui est Adverbe dans cette phrase, dès-là même qu'il est resté seul d'une phrase ellipsée, qu'il est sans article, & qu'on ne peut l'expliquer qu'en le faisant précéder d'une Préposition, ou en le changeant en une phrase adverbiale.

D'ailleurs, tout mot, de quelqu'espéce qu'il soit, dérive d'un Nom : il n'est donc pas étonnant qu'on reconnoisse les Noms dans la plûpart des autres Parties du Discours ; sur-tout dans celles qui ne désignent pas des objets, & où ces Noms sont employés sans changement, sur-tout dans les Adverbes. Aussi tous ceux qui existent, & dans les Langues actuelles & dans celles de la plus haute antiquité, sont tous formés de noms pris abstractivement, & auxquels ils doivent toute leur valeur. Donnons-en quelques exemples : on en sentira mieux la vérité de ce que nous avançons, & dont on n'avoit pas encore pu se convaincre.

§. 5.

Leur Etymologie le prouve.

Notre vieux mot MOULT est le *multum* des Latins, qui désigne abondance, multitude ; & qui vint du primitif MaL, MoL, compte, calcul, multitude ; d'où se forma également le mot *mille*.

Notre vieux ONQUES, qui signifie *en aucun tems*, est le latin *unquam*, ellipse de *in* UN-*am* horam QUAM, & qui signifioit *en aucun tems que ce soit*.

RIEN est le mot latin *rem*, chose, pris dans un sens abstrait pour désigner l'absence de toute chose, *chose aucune* ; dans le même sens que nous disons *personne* pour marquer l'absence de toute personne, qu'il n'y en a pas même *une*.

DÉSORMAIS, LORS, ALORS, ENCORE sont tous composés du mot *or* qui signifie *heure*, *tems*, *moment*. Désormais signifie mot à mot, *de cette heure en avant* : lors, *l'heure* : alors, *à l'heure*. Encore, est l'Italien *an-ch' ora*, en cette heure, expression empruntée du Latin HANC HORA-*m*, qui a la même signification, *en cette heure*.

AUJOURD'HUI est composé de ces mots *au-jour-de-hui*, c'est-à-dire, *dans ce jour, au jour de ce* moment présent.

MAINTENANT, est une ellipse de cette phrase, pendant que la *main est tenant* ce sujet, cet objet.

ASSEZ, vient de A, *il a*, & de SAT qui signifie suffisance, abondance, & qui forma *satiété & rassasier*.

EN, Y, LA, tous Adverbes de lieu, viennent de mots latins altérés qui étoient eux-mêmes des Adverbes effets d'autant d'ellipses.

En s'est formé du Latin *inde*, composé des deux Prépositions IN, en, dans; & DE, de; & qui tiennent lieu de cette phrase, IN *loco* DE *quo profectum est*, DANS le lieu D'OÙ l'on est parti, EN partant *de* là.

Y est le Latin *hic*, là, en ce lieu, phrase elliptique, au lieu de *heic loco*, ou *huic loco*, à ce lieu. Ainsi cette phrase, *il y est*, n'est que l'altération de celle-ci, ILLE HIC EST.

Là, est l'ellipse de cette phrase, *in parte* ILLA, *en cette partie* LA.

JADIS, est composé de deux mots latins, *ja* ou *jam*, déjà; & *diu*, depuis plusieurs jours, il y a long-tems; mot formé du primitif *di*, jour.

Trop, vient du mot *troppo* ou *troupe*, désignant *multitude*.

SOUVENT, le *sovente* des Italiens, est une altération du *sæpè* des Latins, qui signifie la même chose, & qui ne se lie à aucun mot latin; ensorte qu'on ne sauroit douter qu'il n'ait une origine Osque ou Orientale; il vient de שפע *Shepo*, abondance, affluence; 2°. multitude, troupe: d'où se forma également le Verbe Chaldéen שפע, *Sh-po*, refluer, avoir en très-grande abondance.

Mais puisque les Adverbes qui consistent en un seul mot, furent toujours un nom détourné de son sens propre pour n'être employé que dans un sens abstrait, & pour tenir lieu d'une phrase entière, dont on a fait l'ellipse, il en résulte nécessairement, comme nous l'avons dit, que tout nom pris adverbialement, a changé de nature, & qu'après avoir paru dans la classe des Noms comme Nom, il doit être répété comme Adverbe dans celle des Adverbes.

C'est par la même raison que nous regarderons comme Adverbes, & non comme Adjectifs ou comme Noms, les mots *juste*, *fort*, *vite*, *bien*, *mal*, &c. dès qu'ils servent à modifier un Verbe. En effet, *chanter juste*, c'est chanter AVEC *justesse*; & *marcher vite*, marcher AVEC *vitesse*.

§. 6.

Origine de notre terminaison adverbiale, ment.

Nous regarderons également comme des FORMULES ADVERBIALES, celles qui sont composées d'une Préposition & d'un Nom, comme *en arriere, en avant*; ou d'une Préposition & d'un Adjectif, comme *en vain, enfin, en gros*; toutes les fois que ces Formules serviront à modifier un Verbe, & non à désigner le raport d'un objet avec un autre objet, comme dans ces phrases, *parler en vain, faire un pas en avant*, &c. Formules parfaitement semblables à celles-ci des Latins, qu'on a constamment reconnues pour Adverbes, *illico*, sur l'heure, étant toujours dans ce lieu; *in-cassum*, en vain; *immerito*, sans avoir mérité.

Quant aux Adverbes qui indiquent les qualités d'une action, ils se reconnoissent en François à la terminaison MENT, le *mente* des Italiens; & en Latin, à la terminaison *ter*. Il se conduit *prudemment*, la Fortune lui est *constamment* contraire.

On a cru que cette terminaison venoit du Latin *mente*, qui signifie *avec esprit*; & que prudemment signifioit *avec un* esprit prudent; *fortement*, avec un esprit fort.

Mais les Latins terminoient ces Adverbes en *ter*, & par quelle raison eussions-nous abandonné cette terminaison pour en donner une autre à ces mots, empruntée également du Latin, si ces mots nous étoient venus des Latins ? C'eût été une bisarrerie qui n'auroit ressemblé à rien. Disons, sans crainte de nous tromper, que cette terminaison *ment*, qu'on a du écrire *mant* en se conformant à la prononciation, vient d'un mot qui désigna l'étendue, la qualité, l'idée superlative, en cela parfaitement semblable au *ter* des Latins : & que ces expressions *agir prudemment, fortement*, doivent se rendre par celles-ci, agir d'une maniere *remplie de prudence, remplie* de force, tout comme le *prudenter* & le *fortiter* des Latins.

Ce mot n'est pas même difficile à trouver, quoiqu'aucun Etymologiste ne s'en soit douté : c'est le vieux mot MANT, beaucoup, qui fit l'Italien & le Provençal *munto*, beaucoup; l'Italien, *ta-manta*, si grand, & notre mot MAINT, par lequel nous désignions un grand nombre.

Ce mot *maint* ne se raporta jamais, comme on l'a cru mal à propos, à la famille *multus, moult*, abondant; il se forma du mot MAN, qui signifie *main* : *maint* & *mainte* signifioient à pleines mains, en abondance : on ne pouvoit donc choisir un mot plus propre à remplacer le *ter* des Latins. De-là vinrent encore ces mots des Langues du Nord, qui confirmeront ce que nous venons de dire.

L'ancien Theuton,	Man-*ige*,	multitude.
L'Allemand,	Manch,	plusieurs, beaucoup.
	Man,	plusieurs, quantité, multitude.
	Menge,	beaucoup, grand nombre, abondance.
Le Goth,	Man-*ag*,	} grand nombre, multitude, plusieurs, beaucoup.
L'Anglo-Saxon,	Mæn-*ige*,	
Le Flamand,	Men-*ig*,	
L'Anglois,	Man-*y*,	

§. 7.

Division des Adverbes.

Pour terminer ce qui a raport aux Adverbes, nous n'avons plus qu'à raporter la division qu'on fait ordinairement de cette espéce de mots en différentes classes, relatives au *tems*, au *lieu*, à la *quantité*, à la *qualité*, à la *maniere*, à l'*affirmation*, & à l'*interrogation*.

Quand, maintenant, alors, tard, déja, jamais, sont des Adverbes de tems.

Où, là, ici, ailleurs, dehors, dedans, par-tout, sont des Adverbes de lieu.

Combien, beaucoup, peu, guères, davantage, médiocrement, sont des Adverbes de quantité.

Savamment, prudemment, gaiement, promptement, lentement, confusément, &c. désignent la qualité ou la maniere.

Ainsi, certainement, nullement, point, peut-être, ont raport à l'affirmation.

Pourquoi, comment, sont interrogatifs.

Plus, très, fort, moins, autant, sont des Adverbes qui servent à comparer les qualités qu'on aperçoit dans les objets ; ils précedent ainsi & les Adjectifs & les Adverbes qui désignent les qualités : on dit *plus savamment, très-savamment*, comme on dit *plus savant, très-savant*.

CHAPITRE X.
DES CONJONCTIONS.

Neuvieme Partie du Discours.

SI les Tableaux de la Parole n'étoient compofés que de deux objets en raport, ou s'il n'étoit jamais néceffaire de déterminer par d'autres mots le fens de ceux qui peignent l'un ou l'autre de ces objets, les Parties du Difcours dont nous venons de parler feroient fuffifantes pour lier toutes les portions qui entrent dans les Tableaux des idées : mais l'opofition de nos idées eft rarement bornée à cette fimplicité ; elle s'étend avec nos idées : elle fe prête à tout ce qui eft néceffaire pour les déveloper & pour les préfenter de la maniere la plus exacte, la plus précife.

Cependant lorfqu'il fera queftion d'ajouter Phrafe à Phrafe, Tableau à Tableau, & de les lier entr'eux, afin qu'ils ne forment qu'un feul Tout, faudra-t-il en avertir par de longues phrafes ? faudra-t-il répéter fans ceffe que ce que l'on va ajouter n'eft qu'une portion du même Tableau ? que l'idée qu'on va déveloper n'eft qu'une addition à celle qu'on a déjà préfentée ? que cette addition tend à la déterminer, à la caractérifer de la maniere la plus propre à en faire reconnoître l'objet ? « Dira-t-on, une perfonne eft venue, & » je vais vous dépeindre cette perfonne ? c'eft celle venue de votre part fi » fouvent, & cette perfonne m'a fait grand plaifir en venant ?

Rien de plus ridicule, fans doute, qu'un pareil langage ; tel eft cependant celui auquel nous ferions réduits, s'il n'exiftoit d'autres Parties du Difcours que celles dont nous avons traité jufqu'à préfent.

Il dut donc exifter dès le moment où les Langues fe formerent, des mots de la plus grande fimplicité, des mots auffi rapides que le gefte, qui fervoient à lier avec un objet toutes les idées qu'on y attachoit, & qui le caractérifoient fans qu'on fût obligé de répéter fans ceffe cet objet : le langage dut devenir par-là infiniment concis, plus rapide, plus énergique, & l'Auditeur ne dut jamais être impatienté par une idée qu'il attendoit, & qui n'arrivoit point.

Ils exiſtent, en effet, ces mots, & ils exiſtent dans toutes les Langues, parce qu'aucune ne put jamais s'en paſſer : ils forment une nouvelle Partie du Diſcours, & on les apelle CONJONCTIONS ; nom qui les peint parfaitement dès que l'on ſait que ce mot eſt compoſé de deux mots Latins, *cum* & *junctus*, dont la réunion ſignifie, mots *avec* leſquels on *joint*, on unit.

Une Conjonction eſt donc un mot qui, de pluſieurs Tableaux de la Parole, en fait un ſeul Tour, ſoit pour abréger le diſcours par cette réunion, & le rendre plus coulant, ſoit pour empêcher que ſon unité ſoit altérée par les mots qui modifient quelques-uns des objets dont il eſt compoſé.

L'on aperçoit dès-lors ſans peine ce qui diſtingue cette eſpèce de liaiſon, d'avec celles dont nous avons déjà parlé ; que la Conjonction lie les phraſes entr'elles, & qu'elle unit à un mot les caractères par leſquels on en détermine l'idée, tandis que le Verbe lie les mots qui peignent les qualités avec les noms des objets ; & que la prépoſition lie les noms des objets en raport.

D'après ces principes, puiſés dans la Nature même, il ſera aiſé de s'aſſurer ſi les Auteurs qui ont traité des Conjonctions, l'ont fait avec l'exactitude néceſſaire ; il ne ſera pas moins aiſé de reconnoître quels ſont les mots qui apartiennent à cette claſſe du Diſcours : car juſques à préſent l'on ne s'eſt accordé ni ſur l'idée préciſe qu'on doit attacher aux Conjonctions, ni ſur le nombre de ces Conjonctions.

SANCTIUS & LANCELOT ne les définiſſent pas d'une maniere ſatisfaiſante : le premier ſe contente de dire (1), « que la Conjonction n'unit pas les cas
» ſemblables, comme on l'avoit avancé fort mal à propos ; & qu'elle unit ſeu-
» lement les phraſes. »

LANCELOT, quoique plus étendu, n'en eſt pas plus inſtructif : » La ſe-
» conde ſorte de mots, dit-il (2), qui ſignifient la forme de nos penſées,
» ſont les Conjonctions, comme, &, *non, vel, ſi, ergo,* &, non, ou, ſi,
» donc. Car ſi on y fait réflexion, on verra que ces Particules ne ſigni-
» fient que l'opération même de notre eſprit, qui joint ou disjoint les choſes,
» qui les nie, qui les conſidere abſolument ou avec condition. Par exemple
» il n'y a point d'objet dans le monde hors de notre eſprit, qui réponde à

---

(1) Minerva, Lib. I. Cap. XVIII.

(2) Gramm. Génér. Part. II. Ch. XXIII.

» la

» la Particule *non*; mais il est clair qu'elle ne marque autre chose que le
» jugement que nous faisons qu'une chose n'est pas une autre.

» De même NE, qui est en Latin la Particule de l'interrogation, *aïs-ne?*
» dites-vous? n'a point d'objet hors de notre esprit, mais marque seulement
» le mouvement de notre ame, par lequel nous souhaitons de savoir une
» chose. »

Cette Partie du Discours n'a donc pas été mieux présentée dans cet Ouvrage, que l'Adverbe: le détail n'en est pas suffisant; & les expressions qu'on y employe de *Particules*, & de *Particules qui ne signifient que l'opération même de notre esprit qui joint ou disjoint les choses*, ne laissent aucune idée distincte. On est étonné de la légéreté avec laquelle ces objets sont discutés; mais il est plus surprenant encore que celui qui commenta cette Grammaire avec tant de succès, n'ait rien dit sur ces deux Chapitres.

Nos Grammairiens modernes en ont eu des idées plus nettes & plus exactes.
» Ainsi la valeur de la Conjonction, dit DU MARSAIS (3), consiste à lier
» des mots par une nouvelle modification, ou idée accessoire, ajoutée à l'un
» par raport à l'autre.... Les Conjonctions supposent toujours deux idées &
» deux Propositions, & elles font connoître l'espéce d'idée accessoire que l'es-
» prit conçoit entre l'une & l'autre.

M. Beauzée dit en d'autres termes: « les Conjonctions (4) servent seu-
» lement à lier les Propositions les unes aux autres. Plusieurs semblent, au
» premier aspect, ne servir qu'à lier un mot avec un autre; mais si l'on y
» prend garde de près, on verra qu'en effet elles servent à lier les Propositions
» partielles qui constituent l'ensemble d'un même Discours.

Il en donne une idée plus nette, lorsqu'il dit, dix-huit pages plus bas:
« Concluons donc que les Conjonctions sont des mots qui désignent entre
» les Propositions, une liaison fondée sur les raports qu'elles ont entre elles. »

Cette définition est conforme à celle de M. HARRIS (5); mais celui-ci étoit dans l'erreur commune, lorsqu'il ajoutoit que les Conjonctions étoient des mots vuides de sens par eux-mêmes: & ARISTOTE qu'il cite, & qui a défini les Conjonctions de la même maniere dans sa Poëtique (6), n'étoit pas plus avancé à cet égard.

---

(3) Princ. de Gramm. p. 603. & 604.
(4) Gramm. Gen. T. I. p. 564.
(5) Hermès, p. 238.
(6) Poët. Ch. XX.

L'on s'est encore moins accordé sur le nombre même des Conjonctions ou sur les mots qu'on devoit regarder comme tels. L'Abbé Girard en reconnoît cinquante-trois : M. du Marsais augmente ce nombre de cinq ou six. M. Beauzée le réduit tout-à-coup à quatorze : il prouve fort bien que les autres mots qu'on avoit mis dans cette classe, ne sont que des phrases conjonctives ou des Adverbes : & il le démontre par le rétablissement de la phrase ellipsée dont ils faisoient partie : il est ainsi plus conséquent que l'Abbé Girard qui oublia qu'il venoit de borner les Prépositions à celles-là seules qui n'étoient composées que d'un seul mot ; comme si l'esprit humain ne pouvoit jamais apercevoir qu'une portion de la vérité, & que cette portion fût sans efficace pour lui en faire découvrir d'autres étroitement liées avec celle-là.

En remontant nous-mêmes aux causes de la différence qu'on observe entre ces quatorze Conjonctions conservées, & celles qu'on suprime, & qui ont fait que celles-là ont été exprimées par un seul mot, tandis qu'il en a fallu plusieurs pour exprimer celles-ci, nous prouverons qu'on en doit encore diminuer considérablement le nombre, & le réduire à quatre au plus : précisément à ces Conjonctions qui servent à marquer uniquement la liaison des idées & des mots, sans y ajouter aucune idée accessoire ; nous ferons voir en même tems que les autres mots qu'on prenoit pour des Conjonctions, ajoutoient des idées accessoires à celle de Conjonction, & qu'ils étoient ainsi l'effet de l'ellipse ; mais d'une ellipse plus hardie que les nôtres, & que nous tenons des Langues anciennes;

L'on ne sera pas étonné que nous ayons pu aller plus loin que ceux qui nous ont précédés, à cause de la nature de nos recherches : comme elles nous conduisent à l'origine des Langues & de leurs mots, elles nous mettent à même de prononcer sur des Questions qu'on n'auroit pu résoudre sans elles, & de réduire par-là même les Conjonctions à leurs justes bornes, comme nous y avons déja réduit le Verbe, en séparant des Conjonctions les mots qui ne l'étoient devenus qu'en réunissant l'idée conjonctive à celles qu'ils peignoient déjà.

Cette portion de notre travail sera d'autant plus intéressante, qu'on pourra désormais se rendre raison du choix qu'on avoit fait de ces mots, pour désigner les idées qu'ils offrent, & qui paroissoit être absolument l'effet du hasard ; ensorte que ces Conjonctions, si énergiques par elles-mêmes, paroissoient n'avoir qu'une énergie d'emprunt.

Commençons par les Conjonctions qui méritent seules ce nom, celles qui servent seulement à lier, sans être accompagnées d'aucune idée accessoire : nous parlerons des autres dans l'Article II. sous le nom de *Conjonctions Elliptiques.*

ARTICLE I.

DES CONJONCTIONS QUI SERVENT UNIQUEMENT A LIER: ET 1°. DE CELLES QU'ON APPELLE COPULATIVES.

§. I.

Conjonctions Copulatives, au nombre de trois.

Lorsque nous confidérons les idées relativement à la liaifon qu'elles peuvent avoir entr'elles, nous parvenons à quelqu'un de ces trois réfultats : ou ces idées s'uniffent & fe combinent parfaitement entr'elles, enforte que ce qu'on affirme de l'une, peut s'affirmer de toutes : ou nous ne les raprochons en un même Tableau, que pour les exclure toutes par la même opération : ou nous n'excluons qu'une partie de ces idées, & nous confervons les autres.

De-là naîtront trois Conjonctions différentes : car il fera bien plus conforme à la netteté & à la clarté du Difcours d'employer diverfes liaifons, fuivant la diverfité des réfultais auxquels on eft parvenu & qu'on veut faire connoître, que fi l'on employoit toujours le même mot. Ces trois Conjonctions font ET, NI, OU.

ET, unit les phrafes entr'elles.

NI, les fépare, il les exclut d'un même enfemble.

OU, ne les fépare qu'en partie; il laiffe le choix ; c'eft un réfultat partiel, au lieu que les autres font univerfels, & tombent fur la maffe entiere des objets comparés.

Ainfi nous dirons : Prenez cette fleur ET celle-ci.

Ne prenez NI cette fleur, NI celle-ci.
Prenez cette fleur OU celle-ci.

Nous les voyons dans ces vers de Boileau (1) :

Je me ris d'un Auteur qui lent à s'exprimer,
De ce qu'il veut, d'abord ne fçait pas m'informer ;

---

(1) Art Poët. Chant III.

Et qui débrouillant mal une pénible intrigue,
D'un divertiffement me fait une fatigue.
J'aimerois mieux encor qu'il déclinât fon nom,
Et dit, je fuis Orefte ou bien Agamemnon,
Que d'aller, par un tas de confufes merveilles,
Sans rien dire à l'efprit, étourdir les oreilles :
Le fujet n'eft jamais affez-tôt expliqué. . . . .

  Que devant Troye en flâme, Hécube défolée
Ne vienne pas pouffer une plainte empoulée,
Ni, fans raifon, décrire en quels affreux Pays,
Par fes bouches l'Euxin reçoit le Tanaïs.

1°. *De la Conjonction* ET.

Celle-ci fert à lier les phrafes entr'elles & à unir les noms des objets qui forment un même membre de phrafe.

C'eft dans ce premier fens qu'Ulyffe dit (1) : « Nous nous éloignons de » cette côte, fort affligés : ET nous fommes portés par les vents fur les Terres » des Cyclopes. »

Et c'eft dans le fecond fens qu'il ajoute, en parlant de ces mêmes Cyclopes :

« Chacun gouverne fa famille ET regne fur fa femme ET fur fes enfans, ET » ils n'ont point de pouvoir l'un fur l'autre. . . . . Ils n'ont point de vaiffeaux, » & parmi eux il n'y a pas de Charpentiers qui puiffent en bâtir pour aller » commercer dans les autres Villes, comme cela fe pratique parmi les autres » hommes qui traverfent les mers, ET vont ET viennent pour leurs affaires » particulieres. »

2°. *De la Conjonction* NI.

« Celle-ci ne differe de la précédente, dit l'Abbé Girard (2), qu'en ce » que la liaifon que l'une exprime, tombe purement fur les chofes pour les » joindre : au lieu que la liaifon exprimée par l'autre, tombe directement » fur la négation attribuée aux chofes pour la leur rendre commune. »

» Elles different encore en ce que la premiere (&) ne fe multiplie point dans

---

(1) Odyff. Liv. IX. Trad. de Mad. Dacier.
(2) Vrais Principes de la Lang. Franç. Tom. II. p. 159.

UNIVERSELLE.

» l'énumération : on se contente de la placer une seule fois avant la derniere des
» choses qu'on veut joindre, à moins qu'on ne la mette à la tête de l'énumé-
» ration pour faire entendre qu'on ne veut rien excepter. Ainsi l'on diroit :

» Mes freres, mes sœurs, mes cousins & tous mes parens m'ont abandonné.

Ou dans le sens d'une indifférence universelle :

Et ses freres, & ses sœurs, & ses cousins, & tous ses parens lui sont indifférens.

» Mais dans ce sens, il vaut mieux suprimer absolument ET.

» On doit, au contraire, multiplier NI dans l'énumération, autant de fois qu'il
» y a de choses à qui l'on veut rendre la négation commune : on diroit donc :

» Il n'a ni ami ni ennemi, ni vice ni vertu.

Ulysse emploie cette Conjonction NI, lorsqu'à l'occasion de Polyphême, l'un
de ces Cyclopes dont il a déja parlé, il ajoute : » Je m'avançai, portant avec moi
» un outre d'excellent vin ... Il n'y avoit NI sagesse NI tempérance qui pussent
» tenir contre cette liqueur ... Car j'eus quelque pressentiment que nous aurions
» à faire à quelque homme d'une force prodigieuse, à un homme sauvage &
» cruel, & qui ne connoissoit NI raison NI justice.

3. De la Conjonction OU.

Elle laisse la liberté du choix ; & on l'emploie dans le doute. *Accordez-moi
ou refusez-moi présentement.*

Tel est l'usage qu'en fait le même Ulysse lorsqu'entendant la voix de Nausi-
caé & de ses Compagnes, (3) il dit : » En quel Pays suis-je venu ? Ceux qui
» l'habitent, sont-ce des Hommes sauvages, cruels & injustes, ou des Hommes
» qui honorent les Dieux & qui respectent l'hospitalité ? Des voix de jeunes fil-
» les viennent de frapper mes oreilles : sont-ce des Nymphes des Montagnes,
» des Fleuves ou des Etangs ? ou seroient-ce des Hommes que j'aurois en-
» tendus ?

Ces deux dernieres Conjonctions peuvent être regardées plutôt comme des
mots d'agrément pour répandre de la variété & de la briéveté dans le Discours,
que comme des mots de premiere nécessité : leurs fonctions pouvant être remplies par la Conjonction ET jointe à d'autres mots.

---

(3) Odyss. Liv. VI.

Ni, est en effet la réunion de la conjonction ET & de la négation. On dit, *il n'a ni vice ni vertu* ; comme on diroit, il n'a point de vice, ET il n'a point de vertu.

Ou tient lieu de la conjonction ET, & de la Préposition *entre*. Lorsqu'en offrant le choix, on dit *la Paix* ou *la Guerre*; c'est comme si l'on disoit : *Déterminez-vous* ENTRE *la Paix* ET ENTRE *la Guerre*.

Mais ces tournures monotones, allongées & sans cesse répetées, déplurent bientôt ; elles étoient trop contraires à l'impatience qu'on a d'être instruit & à la netteté du Discours pour qu'on n'en cherchât pas de meilleures : de-là, ces *ni* & ces *ou* qui multiplient nos Conjonctions, & que diverses Langues ont également modifiés par d'autres mots.

§. 2.

Origine de ces Conjonctions.

Ces mots ne furent pas pris au hazard pour servir de liaison entre les idées : ce ne fut point par un simple caprice qu'on les revêtit de la valeur qu'elles offrent : que la premiere unit ; que la seconde exclut ; que la troisiéme donne le choix : elles durent cette énergie, à la nature même des élémens dont elles sont composées, à la nécessité où l'on étoit de choisir les sons les plus propres à peindre.

ET, ne pouvoit être mieux choisi pour remplir toutes ces vues, en désignant la liaison des idées. C'est un dérivé du Verbe E : c'est le Verbe E lui-même, considéré dans son sens le plus abstrait, non comme le lien d'une qualité avec son objet, non comme représentant une personalité ; mais comme peinture de la liaison pure & simple, dépouillée de toute idée accessoire. C'est le nom même de l'existence désignant celle de deux idées dans un même Tableau, dont elles font partie.

NI, s'est formé de la négation NE : celle-ci étoit née de la nasale N, qui se prononce en repoussant l'air avec effort par les narines : N fut donc, entre tous les sons, le plus propre à peindre la négation, qui est toujours repoussante. De-là *Ne*, & le *Non* des Latins, communs à nos Langues modernes formées de celles-là. Ce même N précédé de la voyelle E, ou EI, fit le mot *Ain* qui est la négation chez les Orientaux, & qui forma le IN négatif des Latins, qui se conserve avec sa prononciation primitive *Ain* dans nos mots IN-*juste*, IN-*utile*.

IN-*efficace*, &c. Il peut avoir produit le mot AIN-*os*, qui signifie en Grec tout ce qui est horrible, désagréable, repoussant.

Ou, qui désigne l'oposition de deux objets, vient donc du primitif ou, par lequel on indiquoit un lieu différent de celui dans lequel on est, & des êtres différens de ceux dont on on venoit de parler : il fut par conséquent oposé à E qui désignoit le lieu même où l'on EST : il fut donc très-bien choisi pour désigner les objets oposés ou placés en sens contraire : de-là le nom d'OU-EST qui signifie mot à mot *oposé à* EST, à l'Occident ; & le OU-*esperus* des Latins qui étant composé de ce mot *ou* & du primitif S-PER, dont la signification est, *brillant, jour, matin*, &c. signifie mot à mot *oposé au jour*, à l'*Aurore*, c'est-à-dire le soir. Les Grecs prirent ce mot OU dans toute son extension, & ils en firent la négation OU qui présente chez eux le même sens que *ne* & *non* chez nous. C'est le ו des Hébreux, prononcé indifféremment OU & V, comme le W des Peuples du Nord, & comme V des Latins, qui remplaça leur ancien *ou* au commencement des mots.

§. 3.

De la Conjonction déterminative QUE.

Il arrive très-souvent qu'un mot qui fait partie d'une phrase, a besoin d'être acompagné de mots qui déterminent sa valeur ; alors ces mots déterminatifs se mettent à la suite de celui qu'ils modifient, & ils se lient avec lui par la Conjonction QUE : c'est ainsi qu'un Historien François dit :

« CLOVIS n'étoit QUE dans sa quinziéme année lorsqu'il monta sur le Trône. » Il avoit à peine vingt-ans, QU'il envoya défier Syagrius, fils du Comte Gil- » les & Gouverneur pour les Romains dans la Gaule... Il marcha droit à » Soissons : combattre & vaincre ne fut pour lui QU'une seule & même chose.

La Conjonction QUE revient quatre fois dans ce Tableau, quoique fort court : la premiere fois c'est pour lier ces mots, *Clovis n'étoit*, avec ceux-ci, *dans sa quatriéme année*, qui déterminent le sens des premiers. La seconde fois, c'est pour déterminer le sens du mot *lors*. Le troisieme lie avec *il avoit*, les mots qui en achevent le sens ; le quatrieme montre que ces mots *une seule & même chose*, complettent le sens commencé par ceux-ci, *combattre & vaincre ne fut pour lui*.

Accoûtumés à nous énoncer sans cesse de cette maniere, nous ne concevons pas que ces tournures aient jamais pu occasionner la moindre difficulté ; & nous nous contentons d'en éprouver les heureux effets ; sans chercher à nous en rendre raison : mais lorsqu'on veut sentir la force de ces mots & leur utilité, on n'a qu'à examiner l'embarras dans lequel on se trouveroit s'ils n'existoient pas, & qu'on fût obligé de recourir à d'autres tournures.

Les Grammairiens ont supposé que nous avions dans notre Langue un grand nombre de QUE différens ; qu'il y en avoit de conjonctifs, de comparatifs, d'exclamatifs : ils ont encore reconnu un QUE & un QUI relatifs, absolument différens de tous ceux-là, puisque ces premiers sont indéclinables, & que ceux-ci se déclinent, sur-tout dans la Langue Latine.

Mais comme la déclinabilité n'est qu'un accessoire, elle ne peut être un motif suffisant pour regarder tous ces QUE, même les relatifs, comme des mots différens. Disons donc qu'il n'en existe qu'un seul, qui offre toujours le même sens, cette valeur déterminative qui constitue la Conjonction *que* : en ramenant ainsi tous ces *que* à cet unique principe, leur explication qui parut toujours si embarrassée & si peu satisfaisante, devient de la plus grande simplicité & de la plus grande clarté.

I°. *Du* QUE *Conjonctif.*

Il s'agit ici du *que* qui lie une Proposition avec une autre qu'elle détermine, & qui se trouve ainsi placé entre deux verbes : tels sont ceux-ci :

Je desire QUE vous veniez nous voir.
Je crains QUE notre projet n'échoue.

On voit sans peine que la Proposition qui suit ces *que*, sert à rendre plus complet ou à déterminer le sens commencé par la Proposition qui les précéde : que ces *que* font connoître ce qu'on desire, ce qu'on craint.

Ne soyons pas étonnés qu'on ait regardé ce QUE comme le seul qui fût conjonctif, parce que dans ces occasions il lie deux Propositions complettes ; ensorte qu'on aperçoit sans peine les phrases qu'il unit, & qu'on n'est point obligé d'avoir recours à l'ellipse pour en découvrir le sens : au lieu que dans tous les autres cas, son usage est moins sensible, à cause des autres ellipses qui y dominent : aucun cependant qui différe de celui-ci, & qu'on ne puisse y ramener d'une maniere très-simple.

Mais avant que d'examiner ceux-ci, ajoutons que c'est ce même QUE, qui marchant à la suite des mots adverbiaux pour en déterminer le sens, les a fait regarder comme des Conjonctions : tel est *QUE*, après *lors*, *afin*, *quoi*,

dès

dès, &c. Il est précisément de la même nature que le précédent, & déterminatif comme lui.

II°. QUE *Comparatif.*

Ce qu'on appelle QUE Comparatif, est un QUE déterminatif, qui ne diffère du précédent qu'en ce qu'il est placé entre deux objets que l'on compare :

  Il est plus riche QUE nous.
  Le Soleil est plus grand QUE la Lune.

Dans ces exemples, il n'est pas moins déterminatif que dans le cas où il est entre deux verbes : là, il déterminoit les motifs ou les suites d'une action : ici, il détermine une comparaison commencée, & qui offriroit sans cette suite, un sens aussi indéterminé, que la phrase qui précède le QUE entre deux Verbes.

On a donc eu tort de les distinguer dans le fait, d'autant plus que le QUE comparatif est réellement entre deux verbes comme le QUE Conjonctif ; avec cette seule différence, que le second s'est ellipsé, parce que la phrase n'en est pas plus obscure, & qu'elle en est plus vive & plus briéve : c'est comme si l'on disoit, *il est plus riche* QUE *nous ne sommes riches* : *le Soleil est plus grand* QUE *la Lune n'est grande.*

III°. QUE *Exclamatif, Interrogatif ou Précursif.*

On avoit constamment regardé comme adverbe, ou comme une particule exclamative & primitive les QUE, par lesquels commencent ces phrases & toute phrase pareille :

  QUE cette personne est aimable & bonne !
  QUE le Ciel comble ses vœux !
  QUE faites-vous ?
  Qu'il le veuille ou non, je le ferai également.

Ce QUE, comme M. BEAUZÉE a très-bien vu (1), est une subdivision du QUE Conjonctif : il ne diffère de celui qui est entre deux Verbes que parce qu'on a fait l'ellipse du Verbe qui le précède, & qui en nuisant à l'énergie de

---

(1) Gram. Gen. Tom. I. p. 601.

la phrase, n'ajouteroit rien à sa clarté : les exemples qu'on vient de raporter sont donc une ellipse de ceux-ci :

> On ne peut assez répeter QUE cette personne est aimable, &c.
> Je desire QUE le Ciel comble ses vœux.
> En faisant cela, QUE faites-vous?
> Sans m'embarrasser, QU'il le veuille on non, je le ferai.

IV°. QUE *relatif*.

Ce qu'on appelle QUE relatif, ce QUE dont se font accompagner les Noms, & si célébre par les difficultés dont il est hérissé dans toutes les Grammaires, seroit-il d'une nature différente? Non sans doute : servant constamment à caractériser le Nom qu'il suit, à en déterminer l'idée, il n'est pas moins conjonctif que tous les QUE dont nous venons de parler dans ces phrases. Par exemple :

> Le Livre QUE vous m'avez envoyé est très-intéressant.
> L'Auteur QUE vous citez est un excellent juge sur cet objet.

QUE, lie les mots LIVRE & AUTEUR, avec d'autres mots qui les déterminent & les caractérisent : on voit que *ce livre qui est très-intéressant*, est *celui* QUE *vous m'avez envoyé* : que l'*Auteur qui est un excellent juge sur cet objet*, c'est celui QUE *vous citez* : c'est comme si l'on disoit en deux phrases :

» Vous m'avez envoyé un Livre, & je trouve QUE ce Livre est très-inté-
» ressant : Vous citez un Auteur, & je trouve QUE cet Auteur est un excel-
» lent juge sur l'objet en question ».

Cependant on n'a jamais regardé ce QUE comme une Conjonction; on en a fait au contraire un Pronom apellé QUE & QUI relatif, parce nous disons dans ces occasions tantôt QUE & tantôt QUI, à la maniere des Latins qui lui donnent tous les genres & tous les cas, comme aux adjectifs. Nous disons QUE, lorsque le nom dont il s'agit est l'objet du Verbe qui vient à la suite de la conjonction, & qu'il figure ainsi dans un tableau passif.

Nous disons QUI, lorsque le Nom dont on veut déterminer l'idée, est le sujet du Verbe qui vient à la suite du QUE, & qu'il figure ainsi dans un tableau actif. QUI, n'est alors qu'un mot elliptique, formé par la réunion de la conjonction QUE, avec le pronom de la troisieme personne qui représente le nom déja indiqué, & qui le représente comme sujet, & non comme objet : ainsi au lieu de dire, *la perſonne* QUE ELLE *eſt venue de votre part, m'a confirmé ce récit*; on dira, *la perſonne* QUI *eſt venue de votre part*, &c.

Au lieu de dire, les Princes QUE *ils* ſont bons, rendent leurs ſujets heureux, on dit, *les Princes* QUI *ſont bons, rendent heureux leurs ſujets*.

Il en eſt de même lorſque la Prépoſition DE ſe trouve entre QUE & le pronom : car alors de ces trois mots, *que, de*, & *il* ou *elle*, nous en faiſons un ſeul, le mot elliptique DONT.

Ainſi au lieu de dire, les Grands-Hommes QUE D'EUX nous venons de parler, méritent des ſtatues, on dit :

Les Grands-Hommes DONT nous venons de parler, &c.

Ces mots elliptiques ne ſont pas auſſi anciens que le langage ; on n'y parvint que par degrés. Nous voyons les Hébreux employer le QUE conjonctif & le pronom ſéparement dans tous les endroits où nous en avons fait un relatif. Ainſi David diſoit :

(1) אשרי האיש אשר לא הלך בעצת רשעים

„ Heureux l'homme (ASHER) *que il* ne va pas dans la compagnie des méchans.

Et un peu plus bas, en parlant de ces mêmes méchans, il ajoute :

(2) כי אם־כמוץ אשר־תדפנו רוח

„ Car ils feront comme la balle ASHER *que* le vent chaſſe *elle*.

Les Grecs réduiſirent de bonne-heure ces deux expreſſions, la conjonction & le pronom, en un ſeul mot : tel fut le mot ὅτι ; il eſt certain qu'il eſt la réunion de ces deux mots ὅ, *ce*, & τι, *que*, comme l'avoient déja ſoupçonné MM. de Port-Royal dans leur Grammaire Grecque (3): car, diſent-ils, Ειπεν ὅτι βυλεται, ſignifie, il dit (HO-TI) *ceci-que il veut*, ou, *il dit qu'il veut*.

C'eſt exactement le QUOD des Latins, employé par Cicéron, lorſqu'il dit :
„ Cùm ſcripſiſſet QUOD me cuperet ad urbem venire „. *Après qu'il eût écrit* CECI, QUE *il me deſiroit à la ville*.

Il ſe ſervit auſſi de cette expreſſion dans cette phraſe : « Non tibi objicio „ QUOD hominem ſpoliaſti ».

Je ne te reproche pas CECI, QUE *tu as dépouillé un homme*.

---

(1) Pſ. I. 1.
(2) Pſ. I. 4.
(3) Liv. VIII. Ch. XI. Remarques ſur l'ὅτι.

Les Latins se servirent de *qui*, au lieu de *quod*, lorsque la Conjonction s'associoit avec un Pronom qui marquoit le sujet de la phrase incidente ou déterminative : & de *quem*, lorsque la Conjonction s'associoit avec un Pronom qui marquoit l'objet de la phrase incidente ou déterminative : & c'est de-là que viennent nos *qui* & nos *que*.

De-là vint encore l'usage des Romains de n'employer que le Relatif *qui* au lieu d'une Conjonction & de l'Article *ce*.

Ainsi l'on voit Pline se servir de cette expression : Qui *mos cui potius quàm Consuli, aut quando magis usurpandus colendusque est ?* » Et cette » Coutume par qui doit-elle être plutôt respectée & conservée religieuse-» ment que par un Consul ?

Telle fut l'origine du Relatif des Latins *qui*, *quæ*, *quod*, & de nos QUI & QUE qui donnent tant de grace au Discours, en le rendant beaucoup plus coulant & plus pittoresque.

Les Grammairiens n'ont été si fort embarrassés lorsqu'il a été question de lui assigner une place entre les Parties du Discours, que parce qu'ils n'avoient pu s'apercevoir que c'étoit un mot elliptique, qui réunissoit en lui la Conjonction *que* & le Pronom *il*.

Aussi le regardèrent-ils presque tous comme un *Pronom*, parce qu'il tenoit lieu d'un Nom. « Ce Pronom relatif, dit Lancelot (1), a quelque » chose de commun avec les autres Pronoms, & quelque chose de propre.

» Ce qu'il a de commun, est qu'il se met au lieu d'un Nom, & » plus généralement même que tous les autres Pronoms, se mettant pour » toutes les Personnes : *moi* QUI *suis Chrétien*; vous QUI êtes Chrétien ; lui » QUI est Roi.

» Ce qu'il a de propre peut être considéré en deux manières.

» La première, en ce qu'il a toujours raport à un autre Nom ou Pronom » qu'on apelle antécédent, comme, *Dieu* QUI *est Saint*; *Dieu* est l'antécédent » du relatif QUI. . . .

» La seconde chose que le Relatif a de propre, & que je ne sache point » avoir encore été remarquée par personne, est que la Proposition dans » laquelle il entre, qu'on peut apeller *incidente*, peut faire partie du sujet » ou de l'attribut d'une autre Proposition qu'on peut apeller *principale*. »

Les Grammairiens étoient donc bien éloignés de la vraie connoissance de

---

(1) Gramm. Gén. Part. II. Ch. IX.

la science sur laquelle ils écrivoient, puisque MM. de Port-Royal furent les premiers qui reconnurent la vraie valeur du Relatif QUI & QUE : ils furent eux-mêmes bien éloignés de sentir toute la beauté de leur découverte, puisqu'ils ne regarderent pas le sens conjonctif de ce mot, comme son essence ; & qu'avec tous les autres Grammairiens, ils le laisserent dans la classe des Pronoms, au lieu de le transporter dans celle des Conjonctions.

M. Beauzée a donc eu raison d'ôter ce mot du nombre des Pronoms ; mais il auroit peut-être mieux fait de le raporter à la classe des Conjonctions qu'à celle des Articles, d'autant plus qu'il les apelle *Articles-démonstratifs-conjonctifs* (2). Etant conjonctif, on n'en peut saisir toute la valeur que lorsqu'on a déjà traité des Conjonctions : & comme sa qualité de Conjonctif est la principale & celle qui sert de base aux autres, & que la Conjonction subsiste en nature dans ce mot, & sert de base à sa valeur démonstrative, c'est au Chapitre des Conjonctions qu'on doit le raporter.

Ajoutons que le Relatif ne peut être regardé comme Article, puisque les *Articles* précedent toujours un Nom, tandis que ce mot ne marche jamais avant un Nom, mais toujours après.

L'on ne peut pas même dire qu'on sous-entend après lui le même Nom qui le précede ; car il en résulteroit un langage absurde qui n'a pu exister dans aucune Langue : on n'a jamais pu dire :

L'homme *qui homme* vous a parlé, est très-grand.

On auroit pu dire, il est vrai, l'homme, & *cet homme* vous a parlé, est très-grand : mais cette construction n'a pu se présenter à l'esprit des premiers qui parlerent : & lorsque ceci seroit la vraie solution des mots *que* & *qui*, il en résulteroit toujours que l'idée de Conjonction, est celle qui y domine.

Dira-t-on que cette formule, *l'homme, qui vous a parlé*, peut être rendue par celle-ci, *l'homme lequel homme vous a parlé* ? Mais on n'en est pas plus avancé, puisque *lequel* tire toute sa force du Conjonctif *que* dont il est composé.

_____

(2) Tome p. 360.

§. 4.

Origine de QUE.

L'origine de ce mot, qui avoit été inconnue jusques à présent, s'accorde parfaitement avec sa valeur conjonctive.

C'est le QUE des Latins.

 Le CHÈ des Italiens.
 Le *Kai* des Grecs.
 Le *Kei* ou *Ki* des Hébreux, כי.
 Leur *Khé*, כה.

Le קה, *Qih* ou *Qhe* des Persans, employé pour tous les genres & pour tous les nombres.

Mots qui offrent tous l'idée d'union, de liaison, de conjonction.

Les Grecs changeant ici κ en τ, comme font les Picards, en firent τε, qui est le *que* conjonctif des Latins mis à la fin des mots.

Ils en firent encore τις, qui répond exactement au *qui* des Latins & à notre *qui*.

La racine de ce mot fut le signe primitif C prononcé *Ke* ou QUE, qui signifia, 1°. *Main*; 2°. *Puissance*, car la puissance consiste dans la main; 3°. *Puissance unitive* ou lien, *liaison*, puisqu'on prend avec la main; & que tout ce qui lie & qui retient est doué de force & de puissance.

De-là une multitude de mots en diverses Langues qui offrent l'une ou l'autre de ces significations primitives & fondamentales.

En Hébreu קוה, *Quouhé* ou *Quué*, qui signifie,

 1°. Fil, cordon (ce avec quoi on lie, on attache).
 2°. Objets réunis ensemble : eaux rassemblées : assemblée, congrégation : se rassembler, se réunir.
 3°. Ce en quoi on tient à l'avenir : l'*Espérance*, que les Grecs nommerent par la même raison υπο-ϛασις.

 כוה, *Kuh* ou *Kouh*, qui signifie puissance, force; 2°. Valeur, courage, bravoure, *virtus* des Latins.

On ne peut y méconnoître le mot François QUAI, ces murs qu'on éleve, ces amas de pierre qu'on fait pour réunir les eaux dans un lit, pour les y contenir, pour les dompter.

Le Persan Ku ou Kou, force, puissance.

Le Valdois *Qouè*, qui signifie, force, courage, hardiesse, & qui est du genre féminin. N'*avoir pas la qouè*, n'oser pas.

Le Latin QUEO, pouvoir; & *ne-queo*, ne pouvoir pas.

QUIES, la qualité d'être *qoué*, d'être ferme, de ne pouvoir être ébranlé; d'où vint au moral le calme, la tranquillité, le repos, dont l'opposé est l'*in-quiet-ude*.

Quietus, qui fit notre vieux *coy*, l'oposé d'*in-qui-et*.

Tran-QUI-*llus*, ce qui est *qoué*, calme, & inébranlable dans toute son étendue; l'état de la mer qu'on peut traverser quand elle n'est pas agitée : source de nos mots *tran*-QUI-*lle* & *tran*-QUI-*llité*.

QUOT, combien, à quel point.

ARTICLE II.

DES CONJONCTIONS NÉES DE L'ELLIPSE.

PUISQUE les Conjonctions se bornent à unir les phrases de maniere qu'elles ne forment qu'un seul tout, & à lier les phrases incidentes avec le Nom qu'elles modifient, elles ne peuvent par conséquent qu'être en très-petit nombre, en quelque Langue que ce soit. Il faut donc nécessairement que tous les mots qu'on a regardés comme des Conjonctions, & qui different de ceux dont nous venons de rendre compte, ayent été confondus mal-à-propos avec ceux-là, & n'ayent point par eux-mêmes une valeur conjonctive, qu'ils ne la tiennent que de leur union avec une Conjonction : ainsi les Principes relatifs à cette Partie du Discours, n'auroient donc pas été encore suffisamment développés : de-là cette obscurité répandue sur elle, & l'embarras dans lequel se rencontrent les Grammairiens lorsqu'ils veulent fixer le nombre des Conjonctions, & la différence prodigieuse qu'on trouve entr'eux à cet égard.

On a très-bien dit, à la vérité, qu'une Conjonction ne devoit être composée que d'un seul mot, de même que les Prépositions ; mais ce caractère négatif ne fait pas connoître pourquoi tels & tels mots ont été mis au rang des Conjonctions ; encore moins, quelle est la différence qu'il peut y avoir à cet égard entre une Conjonction composée d'un seul mot & une phrase conjonctive composée de deux, entre *puisque* qu'on met au nombre des Conjonctions, & *afin que* qu'on ôte de ce nombre.

On ne voit pas non plus par quelle raison ces mots qu'on reconnoît pour Conjonctions, *mais*, *comme*, *car*, &c. ont été choisis pour exprimer des idées conjonctives, & d'où leur est venue cette énergie de liaison, tandis que ceux-ci, *dès-que*, *quoique*, *pourvu que*, *lorsque*, &c. qui désignent des circonstances comme ceux-là, & qui remplissent les mêmes fonctions, ne sont cependant pas des mots conjonctifs ; car ils ne sont ni plus ni moins composés que *puisque*.

On voit bien moins encore pourquoi l'on a exprimé par ces seuls mots, *mais*, *comme*, *car*, &c. un certain nombre d'idées conjonctives, tandis qu'on a entassé les mots pour exprimer d'autres idées conjonctives qui ne sont pas plus composées que celles-là.

Tout paroît ici l'effet du hasard, du caprice, de l'enfance : on diroit qu'on prend & qu'on laisse les mots à volonté ; que le nombre des mots dans chaque Partie du Discours dépend uniquement des hommes, & qu'il pourroit exister, par exemple, autant de Conjonctions que l'on voudroit, pourvu qu'elles fussent exprimées par un seul mot.

Il est cependant de l'essence de la Grammaire Générale, Universelle & Raisonnée de s'élever au-delà des simples nomenclatures de mots ; de dire non-seulement ce qui est, mais sur-tout les raisons de ce qui est, & de fixer même ce qui devroit être ; de classer les idées avant les mots, & de juger ceux-ci par celles-là. C'est le seul moyen de parvenir à quelque certitude à l'égard des Principes du Langage, & de résoudre les questions qui y sont relatives. En effet, ce qui se pratique dans une Langue, étant très-différent de ce qui se pratique dans une autre, rien ne paroîtroit plus bisarre que le génie des Langues, si l'on ne pouvoit rendre raison de leurs diversités, & dès-lors il n'existeroit plus de Grammaire générale.

Dès qu'on avance que ces mots, *afin* & *lors*, ne sont point des Conjonctions en François, quoiqu'ils correspondent exactement aux mots latins *ut* & *cum* qu'on admet unanimement au nombre des Conjonctions, on nie & on affirme la même chose : on se décide d'après l'effet ; on distingue ce qui ne doit pas l'être ; on détruit le raport des Langues ; on anéantit de droit la Grammaire
Générale :

Générale : en effet, si ce qui est Conjonction dans une Langue, peut ne pas l'être dans une autre, la Conjonction n'a rien donc de fixe : il seroit même possible que tout ce qui est Conjonction dans l'une, fût rendu dans une autre par des tournures qu'on ne pourroit point mettre au rang des Conjonctions, en sorte que cette Langue n'en auroit aucune, que cette Partie du Discours seroit nulle pour elle ; mais si elle étoit nulle pour une Langue, si même on pouvoit s'en passer dans une Langue quelconque, elle ne seroit pas essentielle au Discours, elle devroit être exclue de toute Grammaire générale, celle-ci se bornant à ce qui constitue l'essence du langage, & qui est par conséquent de tous les tems & de tous les lieux.

Voici donc un Principe qu'il ne faut point perdre de vue au sujet des Conjonctions : c'est qu'il ne peut exister dans aucune Langue que des Conjonctions correspondantes à nos mots, &, *ni*, *ou*, *que* : aucun autre ne peut être regardé comme Conjonction, lors même qu'il ne seroit composé que d'un seul mot, d'une seule syllabe, d'une seule lettre même : car ces mots ne serviront qu'à lier, & ils rentreront dans les précédens ; ou ils ajouteront quelque idée accessoire à celle de liaison, & ils représenteront une phrase entiere qui renfermera l'idée de liaison & une autre idée ajoutée à celle-là par la nature même de ces mots. Ils ne seront donc Conjonctions que par ellipse : dès lors nulle différence à cet égard entre les Conjonctions elliptiques pour être composées d'un seul mot, ou de deux, ou d'un plus grand nombre, si ce n'est que l'ellipse aura été plus hardie dans le premier cas que dans les autres.

Nous devrons l'une à ces Langues anciennes qui faisoient leurs ellipses avec plus de hardiesse que nous, & les autres aux Langues modernes, plus timides, ou dont les mots peuvent moins se prêter à des ellipses aussi concises.

En effet, le genre de vie des premiers hommes leur permettoit moins d'arrondir leurs phrases, & de développer leurs pensées : elles devoient donc être beaucoup plus elliptiques, plus chargées de réticences, se raprocher plus du geste : de-là ces terminaisons des Grecs & des Latins, qui exprimoient tant d'idées accessoires, que nous ne pouvons représenter que par d'autres mots, ensorte qu'il nous en faut employer un beaucoup plus grand nombre pour peindre la même idée.

L'on pourroit donc avancer que ceux qui regardent ce mot des Latins UT comme une conjonction, sous prétexte qu'il n'est composé que d'un seul mot, tandis qu'ils refusent ce nom à notre AFIN, parce qu'il est toujours uni à la conjonction QUE, se font illusion ; ne prenant pas garde que ce UT étant accompagné du subjonctif, marche toujours avec la conjonction QUE, puisque celle-ci n'est supprimée que parce qu'elle est représentée constamment en Latin par la terminaison du subjonctif: au lieu que dans notre Langue, elle ne peut se représenter que par elle-même; ainsi, soit que l'idée exprimée par AFIN, soit suivie du mot *que*, comme en François, soit qu'elle ne s'exprime qu'en un seul mot comme le Latin UT, ni l'une ni l'autre de ces formules ne devront être regardées que comme des conjonctions elliptiques, qui ne sont telles qu'en ce qu'elles sont l'abrégé d'une phrase unie à une autre par la conjonction QUE, exprimée ou sous-entendue.

Afin qu'on n'en puisse douter, & pour éclaircir de plus en plus ces questions indispensables dans la Grammaire, analysons quelques-unes de ces prétendues conjonctions, telles que, SI, MAIS, CAR, OR, &c, cet UT lui-même, & prouvons par leur propre étymologie qu'elles ne furent jamais des conjonctions par elles-mêmes, & qu'elles ne doivent cette valeur qu'à celle du *que* conjonctif, qui est réunie en eux par l'ellipse.

Ces recherches seront d'autant plus intéressantes, que la nature des Conjonctions en sera mieux connue, & qu'elles offriront des étymologies dont la découverte avoit été jusqu'à présent regardée comme impossible.

I°. S I.

Cette Conjonction se met à la tête des phrases, comme dans cet axiome: si deux grandeurs sont égales à une troisiéme, elles sont égales entr'elles.

Il faut distinguer à son égard deux choses: 1°. sa valeur supositive; 2°. la maniere dont cette valeur supositive se lie avec l'ensemble de la phrase.

Sa valeur supositive, puisque toute la force du raisonnement dont elle fait partie porte sur l'existence de la proposition qu'elle précéde immédiatement, en faisant regarder cette existence moins comme réelle que comme convenue, ensorte qu'aussi-tôt qu'on accordera cette suposition, le raisonnement dont elle est la base, ne pourra point être ébranlé. Ainsi dans l'exemple indiqué ci-dessus, toute la force du raisonnement consiste à dire que deux grandeurs sont égales entr'elles, en suposant qu'elles sont égales à une troisieme: cette suposition étant accordée, le raisonnement entier est juste, & on ne peut se dispenser de l'admettre comme vrai.

C'est cette idée supositive qui est renfermée dans le mot SI; mais comment y est-elle contenue, & comment est-on parvenu à la regarder comme une Conjonction? C'est le second objet à examiner. Il nous donnera l'étymologie de ce mot.

Si, nous est venu des Latins & des Grecs : les premiers l'écrivoient d'abord SEI, & ensuite SI, tandis que les Grecs l'écrivoient EI. Ce mot étoit le tems supositif du Verbe E ou E-*tre* ; de-là, *sit*, qui signifie encore *qu'il soit*.

Cette conjonction est donc l'abrégé d'une phrase entière, de celle-ci, SOIT SUPOSÉ QUE, & qu'on employe dans toute proposition supositive, comme lorsqu'on dit, SOIT SUPOSÉ QUE *deux grandeurs soient égales à une troisiéme*, &c. On s'aperçut sans peine qu'on pouvoit réduire ces trois mots à un seul, au mot SI, qui réunit en lui la valeur de ceux qu'on suprima, & qui tenant lieu de la conjonction *que*, devint nécessairement une conjonction, lorsqu'on eut oublié qu'elle en suposoit une à sa suite.

SI, est fréquemment employé dans le discours; car l'on ne raisonne pas seulement d'après les faits arrivés ou démontrés, mais très-souvent d'après des faits qu'on supose devoir exister : c'est ainsi qu'une Héroïne du Lutrin l'emploie trois fois en parlant à son Epoux (1) :

> SI mon cœur, de tout tems facile à tes desirs,
> N'a jamais d'un moment différé tes plaisirs ;
> SI, pour te prodiguer mes plus tendres caresses,
> Je n'ai point exigé ni sermens, ni promesses ;
> SI toi seul, à mon lit enfin eus toujours part,
> Differe au moins d'un jour ce funeste départ.

„ SI, est une conjonction conditionnelle, dit M. BEAUZÉE, parce qu'elle
„ désigne entre les propositions une liaison conditionnelle d'existence, fondée
„ sur ce que la seconde est une suite de la suposition de la premiere, & parce
„ qu'elle sert aussi à énoncer *conditionnellement*, & non positivement, la pre-
„ miere des deux propositions.

II°. MAIS.

L'on définit MAIS, „ une Conjonction adversative qui désigne, entre des
„ propositions opposées à quelques égards, une liaison d'unité fondée sur
„ leur compatibilité intrinseque ".

Il étoit impossible de le définir mieux, d'après la maniere dont les conjonctions se sont présentées jusqu'ici, seules, isolées, sans aucun raport à leur origine. On en pourra donc donner une définition plus sensible dès qu'on

---

(1) Le Lutrin, Chant II.

saura que ce mot est l'ellipse d'une phrase qui se lioit au reste du tableau par la conjonction QUE, le fait ne sera pas difficile à prouver.

MAIS, signifioit autrefois *plus*, dans notre Langue. *Ne moins, ne* MAIS, dit le Poëte *Villon*, dans son grand Testament, pour dire, *ni moins, ni* PLUS. Dans quelques Provinces on l'emploie encore dans ce sens; on y dit, *j'en ai* mais *que lui : je l'aime* mais *que toi*. Il s'est conservé en ce sens dans nos mots *ja-mais* & *dé-sor-mais* : c'est le MAI des Italiens, le *ma* des Valdois, le MAÏS des Portugais, le MAGIS des Latins, qui tous signifient *plus, de plus*.

MÉNAGE, & les Étymologistes qu'il cite, n'avoient pas aperçu que c'est dans le même sens, & non dans la signification du mot *quand*, qu'on disoit : *Je te donnerai de l'argent*, mais *que tu aies fait cela* : comme si l'on disoit, *aie fait cela* de plus, *& je te donnerai de l'argent*.

On emploie donc MAIS pour indiquer que ce qu'on va dire, n'est qu'une considération *de plus*, relative à ce qu'on a déja dit, pour suspendre les conséquences qu'on en alloit tirer, jusqu'après l'examen de cette nouvelle observation. C'est ainsi que BOILEAU arrête par un *mais* la conséquence qu'offroit le langage d'un Poëte, quand il dit (1) :

. . . . Il chérit la critique,
Vous avez sur ses vers un pouvoir despotique :
MAIS tout ce beau discours dont il vient vous flater,
N'est rien qu'un piége adroit pour vous les réciter.

C'est comme s'il eût dit, « sans croire, d'après ses discours que ce Poëte
» chérit la Critique, que vous avez tout pouvoir sur ses vers ; voyez au-delà
» de ce qu'il vous dit, croyez *de plus que* ce discours n'est qu'un piége qu'il
» vous tend, afin de vous réciter ses vers.

MAIS tire également toute sa force conjonctive du QUE, dont il réunit en lui le sens par l'ellipse qu'on en fait.

III°. *CAR*.

CAR, est une Conjonction elliptique dont on se sert pour rendre raison d'une Proposition qu'on a avancée.

---

(1) Art Poët. Chant I.

UNIVERSELLE.

« Vous m'ordonnez, dit Calchas à Achille (1), de déclarer le fujet de la
» colere d'Apollon, & je fuis prêt à vous obéir ; mais affurez-moi auparavant,
» & jurez-moi que vous me défendrez non-feulement de parole, mais de fait :
» CAR je ne doute pas que je n'aie à redouter par-là celui qui eft le plus puiffant
« dans cette armée, & à qui tous les Grecs obéiffent ».

La phrafe qui commence ainfi par CAR, fert à rendre *raifon* du ferment exigé. Ce mot fignifia donc *Raifon* dans fon origine : c'eft comme fi Calchas eût dit : Jurez-moi... *par la raifon que*, &c. Ainfi ce mot devint une conjonction en faifant l'ellipfe de tout ce qui accompagnoit *raifon* comme nom, & du QUE, dont il étoit fuivi, comme fi on eût dit : *Jurez-moi ... raifon ! je ne doute pas*, &c.

Ce mot CAR, eft un primitif qui a formé divers mots dans les Langues Celtiques, dans la Latine & dans la Grecque ; de-là GAR des Grecs, qui a la même fignification que CAR.

Leurs mots Γαρυς & γηρυς, GAR-*us* & GHÉR-*us* qui fignifient voix, parole, difcours, raifonnemens; Γαρυονα, GAR-*uona*, babillarde ; γαρυειν & γηρυειν, GAR-*uein* & GHÉR-*uein* parler, raifonner, raconter. C'eft dans ce fens qu'HESIODE dit (2) :
» La Vierge DICÉ (la Juftice) γηρυετ', GHÉR-*uet raconte* à IOU, les trames in-
» juftes des mortels ».

Les Latins en firent :

GARR-*io*, caufer, jafer ; 2°. babiller ; 3°. gazouiller ; 4°. plaifanter.
GARR-*ulus*, un babillard, un difcoureur.
GARR-*itudo*, babil ; 2°. ramage des oifeaux.
GERR-*o*, un plaifant, badin, difeur de riens.
GERR-*æ*, difcours plaifans, balivernes, des riens.

C'eft le GAIR, GHER, GUER des Bas-Bretons, des Gallois, qui fignifie mot, parole, difcours : d'où viennent,

GEIR-*iog*, un Orateur, un difcoureur.

IV. OR.

Ce mot tient également de fa fignification primitive celle qu'il a comme

---

(1) Iliade ; Liv. I.
(2) Œuvres & Jours, vers 260.

Conjonction : il désigne *l'existence actuelle* d'une condition sans laquelle ce dont on parle ne sauroit avoir lieu.

 Pour bâtir, il faut du terrein & de l'argent : or l'on a l'un & l'autre, on peut donc bâtir.

C'est comme si l'on disoit, on peut donc bâtir *à cette heure* qu'on a du terrein & de l'argent.

Or, signifie en effet l'heure, le tems présent, venant de hor-*a*, tems, heure, le tems présent, celui qui luit dans ce moment ; d'où vinrent notre vieux ores, à présent, dans ce moment, & notre mot *des-or-mais*, de ce moment en avant.

V. *La Conjonction* ut *des Latins.*

Il en étoit de même des Latins : toutes leurs Conjonctions se formerent par des ellipses semblables à celles dont nous venons de rendre compte, & il en dut être de même dans toutes les Langues ; toutes durent puiser leurs Conjonctions dans les noms les plus propres à peindre l'idée qu'on vouloit représenter par leur moyen. Prenons-en pour exemple la Conjonction ut dont l'origine ne sera plus inconnue.

Le sens le plus ordinaire de cette conjonction est celui d'*afin que* ; mais nul raport en aparence entre *ut* & cette signification. Prouvons qu'il ne peut être plus grand, & que ce mot ne pouvoit être mieux choisi.

Toutes les fois qu'on l'emploie dans son sens propre, il signifie *de cette maniere, comme, comment,* & il supose toujours un *que* à sa suite.

Cicéron s'en sert dans ce sens, lorsqu'il dit, ut *nihil possit ultrà*, de cette maniere qu'il ne se peut rien dire de plus : ut *ille humilis erat*, de cette maniere qu'il étoit humble : ut *vales*, de quelle maniere vous portez-vous ? *Venite* ut *ambulemus*, venez de maniere que nous nous promenions.

Les Grammairiens Latins virent très-bien que c'étoit la signification propre de ce mot ; c'est pourquoi ils le dériverent de la conjonction Grecque ὡς, *hôs*, qui signifie *comme, de maniere que* : tels furent Caninius & Nunnesius, suivis en cela par Vossius : c'étoit beaucoup pour la comparaison du Grec & du Latin ; mais d'où étoit venue la conjonction Grecque ? C'est ce qu'ils n'avoient pas cherché, & qui importoit cependant, afin de se former une juste idée de cette conjonction. Faisons donc mieux, & disons que hôs & ut écrit d'abord hot, se formerent du grec *hô*, ou du Latin *hoc*, qui signifient *par ce*, étant un cas de l'article démonstratif Grec & Latin *ce*, & qui se retrouve dans *ho-die*, en ce jour, aujourd'hui.

C'est donc une ellipse de *hoc-modo*, en cette manière, par ce moyen ; comme on a dit *quo-modo*, comment, de quelle manière : *ejus-modi*, de cette manière.

Ce même mot existe encore de nos jours dans le ʜᴏ des Anglo-Saxons, & dans le ʜᴏᴡ des Anglois, qui signifient aussi, de quelle manière, comment.

VI. *DONC.*

Ajoutons encore cette Conjonction dont l'origine étoit inconnue, & qui semble n'avoir été chargée que par hazard de la fonction de conclure. Son analyse démontrera qu'elle est semblable à toutes les autres ; qu'il ne faut voir en elle que l'ellipse d'une phrase conjonctive.

Ce mot s'écrivoit autrefois *doncques* & *donques* : les Italiens l'écrivent encore aujourd'hui *dunque*. Il s'écrivit certainement dans l'origine *dundque* : c'est un mot composé de la Préposition latine *de*, de l'Adverbe *unde*, qui signifie où, & de la conjonction latine ǫᴜᴇ ; comme nous dirions en François, *d'où-que*, phrase elliptique, dont le verbe a disparu, parce qu'il n'ajoutoit rien à la clarté de la phrase qui étoit, *d'où vient que*.

Conclusion.

Tous ces mots, regardés comme des Conjonctions, ne méritent donc pas mieux ce nom que nos mots *tandis* que, *lors* que, *puis* que, *pendant* que, *par conséquent* que, *parce* que, *afin* que, &c. puisque les uns & les autres empruntent toute leur force conjonctive de la conjonction *que*, & qu'ils ne se sont formés que par des ellipses, revêtues d'un peu plus ou d'un peu moins de hardiesse : ainsi, *parce que*, *afin que*, ne diffèrent des précédentes, *si*, *mais*, *or*, &c. qu'en ce qu'on n'a pas su les faire marcher sans *que* : car ce sont également des phrases elliptiques ; *afin que* est pour *à cette fin que* ; & *parce que* est employé au lieu de *par ce* moyen il arrivera *que*.

Ces Conjonctions qui sembloient démontrer que les mots furent toujours chargés par hazard du sens qu'ils présentent, prouvent donc précisément le contraire ; elles naquirent de mots très-connus, & elles ne durent leur existence qu'à ce vœu de la parole par lequel on supprime tout mot qui n'ajoute rien à la clarté d'une phrase, & qui en affoibliroit la vivacité par des longueurs inutiles.

CHAPITRE XI.
DES INTERJECTIONS.

DIXIEME ET DERNIERE PARTIE DU DISCOURS.

§. I.

Les Interjections sont au nombre des Parties du Discours.

Parvenus enfin à cette Partie du Discours que nous avons placée après toutes les autres, voyons ce qu'elle y ajoute, & commençons par exposer les motifs qui nous ont déterminés à la réserver pour la derniere.

Le mot d'Interjection, composé des deux mots Latins INTER, *entre*, & JACTUS, *jetté, lancé*; signifie *jetté, proféré par intervalles*: ce mot peignoit donc vivement l'idée qu'on y attachoit; l'interjection est toujours pour ainsi dire isolée, elle ne va que par secousses, & ne se montre que par intervalles; ensorte qu'on ne sauroit lui assigner dans le discours une place déterminée.

Cette Classe de mots est donc totalement différente des autres: elle s'en éloigne si fort qu'on a été tenté bien des fois de l'exclure de leur nombre: mais elle vient se placer d'elle-même dans nos discours; elle y produit de très-grands effets, & elle ne peut être remplacée par aucune autre: le Grammairien ne sauroit donc lui refuser une place dans ses divisions grammaticales; mais c'est par elle qu'il doit les terminer, tandis que l'Étymologiste au contraire doit commencer par elle.

C'est que les Interjections deviennent pour celui-ci l'origine des mots dont il cherche la filiation: il faut donc qu'il s'attache à connoître cette source énergique des Langues, sans laquelle il feroit de vains efforts pour donner à ses recherches la profondeur & la certitude qu'elles doivent avoir.

Mais ces Interjections ne dominant point dans les Parties du Discours, n'influant sur aucune, & paroissant toujours étrangeres à leur égard, elles ne doivent s'offrir que les dernieres à l'examen du Grammairien. Ce n'est qu'après avoir considéré les grandes masses qui composent les Tableaux de la

Parole,

Parole, les objets qui en forment le tissu & qui y sont absolument nécessaires, que son attention peut & doit se porter sur les objets isolés, qui, tels que les Interjections, ne font qu'y paroître quelquefois.

§. 2.

Définition des Interjections.

Par le mot d'Interjections, on entend ces sons exclamatifs que nous arrachent les sentimens dont nous sommes affectés & par lesquels ils se manifestent hors de nous : ces cris de plaisir ou de douleur, de joie ou de tristesse, d'aprobation ou de mépris, de sensibilité en un mot que nous proférons par une suite des sensations que nous éprouvons, quelle qu'en soit la cause, que ce soit l'effet d'un objet extérieur sur nous, ou celui de quelque changement qui survient dans notre intérieur.

Peu variées entr'elles par le son, les Interjections le seront à l'infini par le plus ou moins de force avec laquelle elles seront prononcées, par le plus ou moins de rapidité dont elles se succéderont, par les changemens qu'elles occasionneront sur la physionomie, par le ton qu'on leur donnera & qui contribue sur-tout à leur énergie. Sous les diverses formes qu'elles prennent, éclatent le cri de la douleur, les sons admiratifs, les nombreuses espéces de ris, &c. Suggérées par la Nature & fournies par l'instrument vocal, les Interjections sont de tous les tems, de tous les lieux, de tous les Peuples ; elles forment un langage universel, & qui n'exige aucune étude.

§. 3.

Différence essentielle entre l'Interjection & les autres Parties du Discours.

Telle est la différence essentielle entre ces diverses Parties, que l'expression des autres Parties du Discours peint des idées que partagent avec celui qui les peint tous ceux qui les entendent : que ceux-ci en sont instruits, éclairés, qu'ils peuvent se mettre à l'unisson de celui auquel ils en sont redevables : que cette idée leur devient propre, tout comme celles qu'ils ne doivent qu'à eux-mêmes : au lieu que l'Interjection n'est qu'un signe de ce qui se passe dans celui qui la laisse échaper. Si par elle il fait entendre aux autres qu'il éprouve dans ce moment une agitation vive & tumultueuse, il ne sauroit faire passer cette même agitation dans leur ame : ils sont avertis qu'un de leurs semblables est vivement agité ; mais cette agitation ne devient pas la leur, différente en cela des idées qui se transmettent en entier à ceux à qui elles sont communiquées : cette connoissance est purement relative , & toute à l'avantage de celui qui l'occasionne. Par ces interjections, il exhale une douleur accablante : il soulage son cœur opressé , il peint un sentiment qu'il ne peut plus concentrer en soi ; & de la maniere la plus énergique , il invite ceux qui sont à portée de l'entendre, de voler à son secours.

Effet admirable de la Nature , qui par ces divers moyens pourvoit aux besoins & à l'instruction de tous ! Par l'interjection , nos sensations se communiquent à nos semblables dans le dégré nécessaire pour les porter à y prendre part ; mais non au point d'en être éprouvées dans le même dégré. Si nos sensations pouvoient se manifester d'une maniere aussi conforme à ce que nous éprouvons, elles cesseroient d'être un avantage, elles deviendroient au contraire le présent le plus funeste que l'on pût faire aux hommes : chaque individu a assez de ses plaisirs ou de ses infortunes, sans entrer en convulsion par la manifestation des sentimens qu'éprouvent ses semblables : la société, loin d'être une source de biens , deviendroit le comble du malheur.

Un cri d'allarme ou de douleur, effraye , mais il ne déchire pas, il n'ôte pas les forces nécessaires pour voler au secours du malheureux qui implore notre assistance : il ne nous fait pas craindre de tomber nous-mêmes dans l'état dont nous voulons le délivrer.

Nous revêtirons à la vérité des sensations relatives à celles qu'ils éprouvent : mais elles peindront simplement la part que nous prenons à celles dont ils nous aprennent qu'ils sont affectés : porterions-nous un visage gai auprès d'un infortuné pour qui la Nature est en deuil, pour qui il n'y a plus de plaisir ? ou porterons-nous un visage triste & abattu auprès de ceux qui ont un juste sujet de se réjouir ? Telle est la Nature sociale de l'homme, qu'il revêt sans peine l'air qu'exige l'état de ceux avec qui il est , & qu'il leur en devient par-là même plus agréable. Voyez en effet ces personnes empressées de soulager cet infortuné , dont les gémissemens se font entendre d'une maniere si atterrante : consternées, pâles , abattues , tremblantes & livides, on croiroit que ce sont elles qu'il faut plaindre & secourir : elles souffrent en effet ; mais leur douleur est d'un tout autre genre : l'infortuné dont l'angoisse les rassemble, est déchiré par la violence de ses maux, ou tend à sa fin par la dissolution de ses forces & de ses organes : l'ame des autres est vivement affligée de ces souffrances ; mais leur douleur, quoiqu'extrême, ne produit pas les funestes effets de celle qui l'excite.

Portez vos regards d'un autre côté, sur ces Personnes rassemblées autour d'un Saltinbanque qui les divertit par ses tours ; qui assistent à quelque spectacle intéressant, qui aprennent quelque nouvelle agréable ; vous reconnoissez aux différens caractères de satisfaction qui se peignent sur leur visage, aux divers sons que s'échapent de leurs lévres, de quels sentimens agréables & flatteurs elles sont animées.

La seule influence que peuvent avoir sur ces mouvemens, l'esprit de société dont l'homme est doué & sa raison, c'est de les modérer, de les rendre plus rares, de ne les manifester ou de ne les éprouver que pour des causes qui paroissent justifier l'usage qu'on s'en permet : en effet, en les manifestant, on prouve que l'ame n'a pu résister aux chocs qui les produisent : mais à combien de sensations l'ame ne doit-elle pas se refuser ? Chez les Peuples Sauvages dont la vie est si dure, la grandeur d'ame consiste à être maître de sa douleur : celui qui pousseroit un cri au milieu des horreurs du suplice le plus cruel, seroit deshonoré pour jamais comme un lâche ; & la famille qui l'éleva le seroit également pour n'avoir pu produire un Héros. Chez les Peuples civilisés, les ris ne sont que pour la jeunesse légère & volage : & l'admiration fréquente & badaudiere, pour ceux qui n'ont rien vu, que tout étonne & qui ne se doutent de rien.

Les Interjections ne doivent donc paroître que rarement dans les Tableaux de la Parole ; & leur usage doit toujours être justifié par la maniere dont elles sont assorties à ces Tableaux, par les grands effets qu'elles y produisent ; elles doivent les rendre plus animés, plus vifs, plus pittoresques, plus propres à dévelloper les grands mouvemens qu'on veut peindre. Aussi nos plus grands Poëtes en font un usage fréquent & toujours justifié par le succès.

§. 4.

Enumération des principales Interjections.

Le nombre des Interjections est d'ailleurs peu considérable ; elles sont plus multipliées, comme nous l'avons déja dit, par le ton avec lequel on les prononce, que par les mots qu'elles forment, & qui sont bornés en quelque façon aux simples voyelles aspirées, ou prononcées fortement du fond de la poitrine, comme prenant leur origine dans le plus profond intérieur de nous-mêmes, dans le fond de notre ame.

Ah ! \
Hélas ! } marquent la douleur : ils se prononcent d'une maniere lente & traînée, & avec effort. \
Oh !

C'est dans ce sens que Clytemnestre les employe, lorsqu'à la vue de sa fille qu'on traîne à l'Autel, elle s'écrie :

>AH ! vous n'irez pas seule, & je ne prétens pas ! . . .
>HÉLAS ! je me consume en impuissans efforts,
>Et rentre au trouble affreux, dont à peine je sors.
>Mourrai-je tant de fois, sans sortir de la vie ?
>OH ! Monstre, que Mégere en ses flancs a porté !
>Monstre que dans nos bras les Enfers ont jetté,
>QUOI ! tu ne mourras point ! . . .
>. . . . OH ! Ciel ! OH ! Mere infortunée,
>De Festons odieux ma Fille couronnée,
>Tend la gorge aux couteaux, par son Pere aprêtés !

Le vieux Horace transporté de joie en aprenant la nouvelle que son fils est Vainqueur, s'écrie :

>OH ! mon Fils ! OH ! ma joie ! OH ! l'honneur de nos jours !
>OH ! d'un Etat penchant l'inespéré secours !
>Vertu digne de Rome, & sang digne d'Horace !

Tandis qu'un Pere plein d'indignation de ce qu'il a été trompé par son fils, employe ces oh ! d'une maniere bien différente :

>OH ! vieillesse facile ! OH ! jeunesse imprudente !
>OH ! de mes cheveux gris, honte trop évidente !
>Est-il dessous le Ciel, Pere plus malheureux ? (1)

Quelquefois *oh !* se fait suivre de *que* : alors il marque le désir.

>OH ! que le Ciel soigneux de notre Poësie ;
>Grand Roi, ne nous fit-il plus voisins de l'Asie ! (2)
>OH ! que si cet hiver, un rhume salutaire (3).

LAS est une Interjection plaintive qui a cessé d'être en usage. Corneille fait dire à Pauline dans Polyeucte (4) :

>Ils se verront au Temple en hommes généreux ;
>Mais LAS ! ils se verront, & c'est beaucoup pour eux.

---

(1) Le Menteur, Comédie, Act. V. Sc. II.
(2) Boileau, Epit. IV.
(3) Boileau, Epit. V.
(4) Act. III. Sc. I.

C'est de ce *las* que s'est formé HÉLAS ! qui est seul aujourd'hui en usage. Les Italiens en font un adjectif ; LASSO & LASSA, que je suis malheureux ! que je suis malheureuse !

> Temea, LASSA, la morte, e non havea
> (Chi'l crederia ?) poi di fuggir la ardire (1).

« *Hélas !* ou *infortunée que je suis*, disoit Armide, je craignois la mort ? & qui le croiroit ? je n'avois pas la force de la fuir ».

OUAIS, le *Væ* des Latins, & le *Ouai* des Grecs, est une exclamation qu'arrache la vue de quelque malheur qu'on veut détourner, ou de quelque chose qui déplaît :

> OUAIS, ce Maître d'Armes vous tient bien au cœur (2).

OUF marque la suffocation, l'excès de fatigue :

> OUF ! ne m'étrangle pas : OUF ! je n'en puis plus.

HAI ! désigne la douleur :

> HAI ! HAI ! voilà mes douleurs qui me reprennent.

FI indique le dégoût, l'indignation :

> FI du plaisir que la crainte peut corrompre, dit le Rat des Champs au Rat de Ville (3).

FOIN produit à peuprès le même effet :

> FOIN de vous, FOIN ! vous me blessez.

HIM, HOM, HON ! marquent le doute, l'interrogation, l'étonnement :

> HON ! que dites-vous là ?

OH ! EH ! sont des Interjections qui servent à apeller ; les Latins, les Grecs, &c. firent de la premiere le signe du Vocatif, de ce cas qui marque l'invocation, la priere, &c.

---

(1) Jérus. déliv. Chant IV. str. LI.
(2) Moliere, Bourgeois-Gentilh.
(3) La Fontaine, Fab.

Hi, hi, hi, est l'interjection du rire :

> Hi, hi, hi, comme vous voilà bâti !... Vous êtes si plaisant, que je ne sçaurois m'empêcher de rire ; hi, hi, hi. (1)

Iou, Iou, est un cri de joie, &c.

§. 5.

Du nom de PARTICULES donné aux Interjections.

Quelques Auteurs ont donné aux Interjections le nom de Particules : mais ce mot qui signifie *petite partie*, ne présente par lui-même aucune idée quand on l'aplique aux Parties du Discours : aussi a-t-il été pris dans diverses acceptions. Les uns ont renfermé sous ce nom les quatre dernieres Parties du Discours, celles-là précisément dont les mots n'éprouvent aucune modification & restent toujours les mêmes ; les Adverbes, les Prépositions, les Conjonctions & les Interjections. D'autres ont restreint ce nom aux Interjections : des troisiémes y ont joint quelques autres mots qui ne leur paroissoient pas devoir être mis dans la Classe des Adverbes.

De-là l'obscurité répandue sur ce mot qui semble n'avoir été inventé que pour se dispenser de donner une définition claire & exacte de ce que l'on désignoit par-là. Nous avons donc évité de nous en servir, comme n'étant propre qu'à induire en erreur ceux qui se croiroient fort avancés, parce qu'ils seroient en état de répeter ce qu'ils auroient entendu dire que tels & tels mots sont des *Particules*.

De pareilles méthodes ne peuvent que nuire aux progrès des sciences, en les retardant : on ne sauroit avancer dans cette carriere qu'autant qu'on a des idées nettes & exactes des choses : aussi avons-nous fait nos efforts pour présenter de la maniere la plus sensible & la plus intéressante les Parties du Discours que nous venons de parcourir ; & pour les distinguer par des caractères tranchans, qui en fissent sentir les différences, avec une si grande précision qu'on ne pût jamais les confondre, & qu'on en parcourût toute l'étendue sans effort.

Ceci étoit d'autant plus difficile que les premiers principes de la Grammaire Universelle étoient perdus dans la nuit des tems, & qu'on ne pouvoit re-

---

(1) Bourgeois-Gentilhomme de Moliere.

monter jusques à eux & les ressusciter en quelque sorte que par l'analyse d'une multitude de Langues dont les Grammaires semblent n'avoir aucun raport entr'elles : il falloit cependant surmonter ces difficultés, & entrer dans ce long détail que nous venons d'exposer, dès que nous nous proposions de dépouiller ces principes grammaticaux de leur profonde métaphysique, & qu'il nous importoit de les présenter de la maniere la plus sensible, puisqu'ils sont la base de tout ce qui nous reste à déveloper sur la Grammaire & qu'ils sont un préliminaire indispensable à l'étude des Langues & à la masse entiere de nos recherches.

N'ayant rien négligé pour répondre à ce qu'on pouvoit espérer de nous à cet égard, passons à la troisiéme portion de nos Élémens Grammaticaux, à ces changemens qu'éprouvent les Parties du Discours, afin de se lier entr'elles & de former des Tableaux propres à rendre nos idées de la maniere la plus parfaite.

LIVRE III.

DES DIFFÉRENTES FORMES que prennent pour se lier entr'eux les mots qui composent les Parties du Discours.

PREMIERE PARTIE.
PRÉLIMINAIRES.

CHAPITRE PREMIER.
DIFFÉRENCE DES PARTIES DU DISCOURS A CET ÉGARD.

§. I.

Difficultés vaincues.

Tout a contribué à rendre longs & pénibles les dévelopemens que nous venons de donner au sujet des Parties du Discours : nous avions un grand espace à parcourir, de nombreux objets à classer, des questions importantes à traiter, des autorités d'un grand poids à combattre : il falloit présenter ces divers objets de la maniere la plus claire & la plus intéressante, les dépouiller de cette profonde métaphysique dont ils paroissent envelopés, les mettre à la portée des jeunes gens à qui cette métaphysique ne sauroit convenir ; revêtir cependant nos explications de la profondeur & de la force nécessaires pour qu'elles pussent servir de fondement à l'édifice dont elles doivent être la base ; & gagner par la clarté, ce que nous perdions en briéveté.

Nous n'aurons pas lieu de regretter nos peines, si l'on trouve que nous avons réussi à cet égard ; si l'on nous a suivi sans travail & avec plaisir ; & si l'on en a plus d'empressement à voir ce qui nous reste à exposer : si après avoir vu naître avec nous les Parties du Discours, on est bien aise de voir encore

dans

dans ce troisiéme Livre, la maniere dont elles s'unissent pour peindre nos idées & les causes des diversités qu'on remarque à cet égard dans les Langues qui nous intéressent le plus.

Nous pouvons dire d'ailleurs avec assurance que les grandes difficultés sont vaincues : qu'il ne nous reste à parcourir que des conséquences qui se déduisent naturellement des principes que nous venons d'établir ; & que nous irons désormais en avant avec plus de rapidité & avec plus d'agrément.

§. 1.

Les Parties du Discours ne se lient pas entr'elles de la même maniere.

Lorsque les mots qui constituent les diverses Parties dont nous venons de traiter se réunissent pour former des Tableaux de nos idées, ils ne se lient pas entr'eux de la même maniere. Les uns toujours semblables à eux-mêmes, n'éprouvent jamais aucune modification, aucun changement. Les autres varient sans cesse suivant les fonctions qu'ils ont à remplir, suivant la place qu'ils doivent occuper. Ainsi le statuaire ne donne pas à ses blocs de marbre la même coupe ; il les varie suivant les effets qu'ils doivent produire, suivant le lieu où ils doivent être placés.

On ne sauroit donc avoir des idées exactes de la Grammaire & des Élémens du langage, si l'on ne connoit pas ces diverses formules, & si l'on n'aperçoit pas clairement la raison & l'utilité de chacun de ces changemens. Cependant on s'étoit plus occupé jusques ici de la connoissance de ces variétés que de leurs causes : on recueilloit avec une exactitude sans égale les divers phénomènes qui en résultent, mais on en laissoit les causes de côté, comme si ces causes n'existoient pas, ou comme si leur connoissance ne pouvoit répandre aucune lumiere sur les effets qu'on en voit naître. N'en soyons pas surpris ; il est infiniment plus aisé d'apercevoir un phénomène, que d'en découvrir les causes : l'étude d'une Langue suffit pour en connoître toutes les opérations : mais cette étude est insuffisante pour conduire aux sources de ces opérations ; il falloit en avoir comparé un grand nombre, & être remonté à la cause primitive des Langues, à la Nature elle-même qui ayant présidé à la formation de ces Langues, peut seule nous en faire apercevoir les ressorts.

Gramm. Univ. Z z

CHAPITRE II.

Division des Parties du Discours à cet égard.

Les Parties du Discours se divisent en deux Classes, relativement aux modifications qu'éprouvent les mots pour s'unir les uns aux autres. La premiere renferme les Parties du Discours dont les mots n'éprouvent jamais aucun changement : & la seconde, celles dont les mots subissent au contraire plusieurs modifications.

Les Parties de la premiere espéce sont les Prépositions, les Adverbes, les Conjonctions & les Interjections ; celles-là que nos Grammairiens renfermoient sous le nom général de *Particules*.

Celles de la seconde espéce sont les Noms, les Articles, les Pronoms, les Adjectifs, les Participes & les Verbes.

Les mots de cette seconde Classe s'apellent *mots déclinables*, c'est-à-dire qui déclinent ou qui passent successivement par divers états.

Ceux de la premiere espéce s'apellent *mots indéclinables*, parce qu'ils n'éprouvent pas cette succession d'états.

Il ne s'agira donc dans ce troisiéme Livre, que des six premieres Parties du Discours : les autres n'y entreront qu'autant qu'elles serviront à modifier ces six.

CHAPITRE III.

Division des Parties du Discours qui reçoivent diverses modifications.

Les Parties du Discours qui reçoivent diverses modifications, se subdivisent en deux autres Classes.

1°. Les mots qui reçoivent diverses modifications, suivant le nombre d'individus qu'ils désignent.

2°. Les mots qui reçoivent diverses modifications, non seulement suivant le nombre des individus qu'ils désignent, mais encore suivant leurs raports avec les actions & avec le tems dans lequel ces actions s'operent.

La premiere Classe renferme donc les cinq premieres Parties du Discours, ou les mots simplement *déclinables*.

La seconde Classe renferme les *Verbes*, ou les mots *qui se conjuguent*.

Nous allons donc nous occuper de Déclinaison & de Conjugaison; mots presqu'aussi effrayans que communs.

CHAPITRE IV.

Cause générale de ces modifications.

Rien qui n'ait une cause ; & c'est dans la connoissance de ces causes que consiste le vrai savoir ; c'est leur recherche que doit se proposer celui qui désire d'être instruit, & de pouvoir juger par lui-même. Ainsi nous avons vu que chaque Partie du Discours étoit fondée sur des motifs qui la rendoient nécessaire & qui en constituoient la nature & l'essence : & nous allons voir que si la plûpart d'entr'elles reçoivent les modifications dont on a désigné l'ensemble par le nom de Déclinaison, ces modifications sont également prises dans la Nature, & fondées sur la nécessité.

Si les mots n'avoient qu'une seule fonction à remplir dans les Tableaux de la parole, ils n'auroient jamais besoin d'aucune modification, ils seroient tous indéclinables : mais si quelqu'un d'entr'eux est chargé de diverses fonctions il faudra nécessairement, afin qu'il les puisse remplir, qu'il revête les qualités sans lesquelles ces diverses fonctions n'auroient pas lieu.

Nous n'avons donc qu'à jetter un coup d'œil sur les définitions des Parties du Discours pour apercevoir aussi-tôt celles dont les fonctions sont en grand nombre & celles qui n'en ont qu'une ; celles qui sont déclinables & celles qui ne le sont pas. Commençons par ces dernieres.

L'*Adverbe* qui se borne à désigner une modification du Verbe ; la *Préposition* qui indique un simple raport entre deux noms ; la *Conjonction* qu'on n'employe que pour unir les phrases, & l'*Interjection* qui indique un sentiment de l'ame, ne seront jamais dans le cas d'être diversement modifiés puisqu'ils n'ont qu'une fonction à remplir, & qu'ils ne reparoissent jamais que dans les mêmes occasions.

Il n'en est pas ainsi des autres Parties du Discours. Obligées de faire face à un grand nombre d'objets différens, elles ne peuvent y parvenir qu'en prenant chaque fois une forme nouvelle.

Le Nom indique tous les objets de la même espéce ; mais ces objets peuvent être pris un à un, ou plusieurs ensemble : il faudra donc que ce nom varie suivant qu'il indique un ou plusieurs individus.

Le Pronom étant dans le même cas, éprouvera les mêmes modifications.

L'Article, l'Adjectif & le Participe, forcés de suivre l'impulsion des Noms & des Pronoms, & de se conformer à eux, seront obligés de les imiter dans les changemens qu'ils éprouvent.

Le Verbe, désignant le tems de nos actions, tems qui varie sans cesse & qui se subdivise en une multitude de portions, sera obligé, pour peindre ces variétés, de revêtir lui-même une multitude de formes diverses.

Les Pronoms qui nous représentent dans nos divers états actifs & passifs & qui ont ainsi une fonction très-différente de celle qui leur est commune avec les noms, se modifieront de diverses manieres, afin de pouvoir nous peindre dans les divers états où nous nous rencontrons.

Les Noms varieront encore, suivant qu'ils peindront les genres des objets qu'ils désignent.

La Déclinaison & la Conjugaison renfermeront donc un grand nombre de modifications diverses ; & toutes seront fondées sur la Nature même, puisque ces modifications n'ont pour objet que de rendre d'une maniere plus parfaite la Nature, que de peindre nos idées avec le plus de vérité & de clarté possibles.

Ce ne sera donc point le hazard ou le caprice qui auront présidé à ces changemens de forme : ce fera le befoin , l'utilité qui en réfultoit. Les Langues auront pu varier dans l'expreffion de ces changemens : mais aucune n'aura pu s'y refufer, parce que dans toutes on a du rendre ce qu'on voyoit ; & que dans toutes, on n'a pu voir la Nature que fous les mêmes formes. Le fond aura été le même dans toutes les Langues : la forme feule aura varié à cet égard, fuivant le génie de chaque Peuple.

CHAPITRE V.

DIVISION générale de ces modifications.

LES modifications qu'éprouvent les mots déclinables étant fi effentielles, reprenons-les en peu de mots, afin qu'on en ait une idée nette, qu'on s'en forme un Tableau lumineux & qu'on puiffe nous fuivre avec plus de fuccès dans la déduction que nous en devons faire.

La plus fimple de toutes les modifications fera celle que prendra un Nom pour défigner le genre de l'objet qu'il défigne : ainfi nous difons *un Fils*, *une Fille*, *un Prince*, *une Princeffe* : c'eft la modification du GENRE : premiere efpéce de modification.

La feconde fera celle que reçoit un mot relativement au nombre d'individus qu'il défigne : ayant une terminaifon différente felon qu'il n'en défigne qu'un, ou qu'il en défigne plufieurs ; c'eft la modification du NOMBRE.

Les modifications que reçoivent les Pronoms conformément aux circonftances ou aux cas dans lefquels ils fe rencontrent, fuivant qu'ils font actifs ou paffifs, forment une troifiéme Claffe qu'on apelle CAS, par une peinture de la chofe même qu'ils défignent.

Les deux premieres de ces modifications apartiennent à toutes les efpéces de mots qui fe déclinent : la troifiéme n'apartient en quelque forte qu'aux *Pronoms* dans la Langue Françoife ; mais dans plufieurs Langues, elle s'étend à tous les autres mots qui fe déclinent.

Ces trois efpéces de modifications, GENRES, NOMBRES & CAS, conftituent ce qu'on apelle DÉCLINAISON.

Les mots qui fe conjuguent, ou les Verbes, reçoivent, comme les précédens, la modification des Nombres, parce qu'ils s'affocient aux Pronoms ; mais ils ont leurs modifications propres, qu'on apelle TEMS, MODES & FORMES.

Nous avons déja vu que les Tems défignent le raport des actions avec l'époque dans laquelle elles eurent lieu.

Les Modes font les modifications qu'éprouvent les Verbes, fuivant leurs raports les uns avec les autres.

Les Formes font les modifications qu'éprouvent ces mêmes Verbes, felon qu'ils fe raportent à des Etres actifs ou paffifs.

Ce font ces modifications dont l'affemblage forme ce qu'on apelle Conjugaison.

Ainfi, c'eft à la *Déclinaifon* & à la *Conjugaifon* que fe raporte tout ce que nous avons à dire dans cette portion de nos recherches fur la Grammaire.

PARTIE SECONDE.
DE LA DÉCLINAISON.

CHAPITRE PREMIER.
DES GENRES.

Quoique nous ayons déja traité des genres & des nombres relativement aux Noms, nous ne laisserons pas d'en parler ici, puisque c'est leur place naturelle : & sans entrer dans les mêmes détails, nous ferons usage de quelques idées qui ne pouvoient être dévelopées plutôt.

Les GENRES sont les modifications que les noms reçoivent selon qu'ils désignent des Êtres masculins ou féminins : c'est ce que peint le mot même *genre*, formé du primitif *gen*, qui signifie *production* : les genres sont la réunion des Êtres dont dépend la production : ils s'étendent ainsi aux deux sexes.

Cette modification fut donc prise dans la Nature : la Nature entiere paroît coupée, partagée en deux portions qui tendent sans cesse à se réunir, & dont les réunions momentanées & partielles produisent tous les phénomènes qui arrivent dans l'Univers : c'est de cette scission, de ce partage en deux, que vint le nom même de SEXE, comme nous l'avons déja vu dans le Chapitre des Noms ; il se forma du Latin SEC-*are*, qui signifie *couper*, *partager*.

De-là vinrent chez les Anciens les expressions de *Nature masculine* & de *Nature féminine*, qui composoient tout ce qui existe, & que les Egyptiens personifierent sous les noms d'*Osiris* & d'*Isis* : noms par lesquels ils désignerent également l'Agriculture & ses effets ; OSIRIS étant l'Agriculture qui féconde la Terre, & ISIS étant la Terre fécondée par l'Agriculteur.

De-là vint encore la division des Élémens en Élémens masculins, *le feu* & *l'air* ; & en Élémens féminins, *la terre* & *l'eau*, parce que ceux-ci reçoivent la fécondité de ceux-là.

Ainsi, la distinction des sexes ou des genres ne fut pas bornée aux seuls objets animés, dans lesquels elle est si sensible ; elle s'étendit encore à tous ceux qui avoient quelque raport à ceux-là, & même jusqu'à ces plantes &

à ces arbres, dans lesquels on en aperçoit quelque trace : tels le Palmier, le Chanvre, l'Ortie, &c. qui sont divisés en mâles & femelles.

La distinction des sexes dans les Êtres animés, n'est donc qu'une conformité à la loi universelle imposée aux portions de la Nature au moment de la séparation du cahos, & par laquelle elles ne se réunissent plus que pour continuer l'Ordre merveilleux qui regne dans l'Univers, & non pour l'altérer.

Cette distinction des Genres se désigne dans la Langue Françoise de trois manieres; par une terminaison différente, comme dans les exemples allégués, un *fils*, une *fille*, &c; par des terminaisons affectées à chaque genre, comme HAM-*eau*, dont la terminaison est masculine, & *abeille* dont la terminaison est féminine; par l'article qui les précéde, & qui reçoit exactement des terminaisons différentes suivant qu'il est joint à un Nom masculin ou féminin : ainsi lorsqu'on voit un nom précédé de ces articles, *le*, *un*, *ce*, on ne peut douter qu'il ne soit masculin, tout comme on ne peut douter qu'il ne soit du genre féminin, dès qu'il est précédé de, *la*, *une*, *cette*.

Quelques Langues, comme la Latine & la Grecque, étoient beaucoup plus attentives que nos Langues modernes à désigner chaque genre par une terminaison qui leur fût propre; ce qui rendoit la connoissance de la terminaison beaucoup plus difficile à acquérir.

Diverses Langues ont encore un troisieme genre, pour désigner des objets dans lesquels on ne reconnoissoit aucun raport à la distinction des deux sexes, & qu'on appelle NEUTRE, comme pour dire *ce qui n'est ni l'un ni l'autre*, à peu-près comme nous disons *être neutre*, pour dire qu'on n'est d'aucun parti.

On pourroit dire que nous employons quelquefois certains mots au genre neutre; c'est lorsqu'ils présentent une idée qui n'a nul raport à quelque genre en particulier : par exemple, TOUT CE *que vous faites est fort bien*, phrase qui répond au neutre des Latins, *optimum est quidquid agis*. C'est une remarque qui n'avoit pas échapé à M. du MARSAIS.

§. 2.

Genres des Pronoms.

C'est sur-tout dans les Pronoms de la troisieme Personne, que les genres brillent de tout leur éclat : point de Langue où ces Pronoms ne réunissent

tous

tous les genres, même dans celles qui observent avec le moins d'exactitude la différence des genres à l'égard des Noms.

Ainsi nous avons au singulier *il* & *elle*, au pluriel *ils*, *eux* & *elles*. Les Langues Theutones, telles que l'Angloise & l'Allemande, ont des pronoms de la troisieme personne de tout genre.

En Anglois, He, signifie *il*, *lui* : She, *elle*. It, est le Pronom relatif au Neutre.

Les Allemans employent les mêmes mots; mais ils les prononcent Er, Sie, Es.

Les Hollandois, quoique parlant la même Langue, n'ont que les deux premiers de ces Pronoms, & ils les rendent par hy, si. Ils ont laissé perdre le Neutre.

Ces trois Peuples, si exacts à distinguer les genres au singulier, ne s'en sont point mis en peine au pluriel. Ils n'ont qu'un seul pronom pour les trois genres, c'est sie en Allemand, they en Anglois (prononcé comme zey) & zy en Hollandois, avec l'addition chez ce dernier Peuple du mot *lieden*, qui signifie *autres*, comme l'Espagnol & le Languedocien disent *nous-autres*, *vous-autres*, au lieu de *vous* & de *nous*.

§. 3.

Diverses Classes des Genres.

On distingue les Genres en diverses classes : le *déterminé* ; le *douteux* ; le *commun*, l'*épicène*, l'*hétérogène*.

Le genre *déterminé* est celui que l'usage a fixé d'une maniere précise & constante : tel que le genre des mots, *soleil*, *vaisseau*, *barque*, *voile*, dont les deux premiers sont masculins en François, & les deux derniers féminins.

Le genre *douteux* est celui d'un nom qui peut être regardé à volonté comme masculin ou comme féminin : il n'en existe peut-être aucun de pareil en François : ceux qui ont les deux genres, offrant des acceptions différentes, suivant le genre qu'on leur donne : ainsi on dit *le foudre* en parlant du sceptre de Jupiter, & *la foudre* en parlant des météores : un *garde* & une *garde*, un *poste* & une *poste*, &c.

Le genre *commun* est celui des mots qui s'appliquent également aux deux sexes, tels que *enfant*, *domestique*; quoiqu'ils changent en effet de genre ; en prenant, selon l'occurrence, tantôt l'article masculin, comme *le bel* enfant; & tantôt l'article féminin, comme *la belle* enfant.

Le genre *épicène*, formé de deux mots grecs qui signifient *sur-commun*, ne présente qu'un seul genre pour les deux sexes : tels sont les noms de la plûpart des oiseaux en François, un *aigle*, un *moineau*, une *hupe*. On n'a distingué leur genre que relativement aux oiseaux domestiques, tels qu'un *coq* & une *poule*, un *canard* & une *cane*, un *jars* & une *oie*, un *serein* & une *serine*.

Les pronoms des deux premieres Personnes, *je*, *vous*, &c. sont de ce même genre ; ils s'appliquent également aux deux sexes.

Le genre *hétérogène*, est celui des mots qui sont d'un genre au singulier, & d'un autre au pluriel : ainsi *orgue*, selon quelques-uns, est masculin au singulier, & féminin au pluriel. Il en est de même du mot *amour*.

Ces variétés paroissent bisarres : cependant il ne seroit pas impossible d'en rendre raison. Lorsqu'on regarde *orgue* au singulier comme masculin, on l'envisage comme un instrument de musique ; & lorsqu'on en fait un féminin au pluriel, on le considere comme un composé de flûtes.

Amour, ne devient féminin au pluriel, que pour distinguer deux pluriels dans ce nom, un masculin & un féminin ; le masculin designe les petits Génies apellés *Amours* ; *ces Amours sont charmans, ils sont peints d'une maniere fort agréable*. Le féminin indique le pluriel d'*amour*, considéré comme une passion : *il se nourrit de folles amours*.

CHAPITRE II.
DES NOMBRES.

Après tout ce que nous avons dit à ce sujet dans notre Livre précédent, il nous reste peu de chose à éclaircir sur cette seconde espèce de modifications que subissent les mots.

Les NOMBRES sont les différentes terminaisons qu'éprouve un mot, suivant qu'il désigne un seul individu ou plusieurs. Toutes les Langues ont à cet égard un SINGULIER & un PLURIEL; mais un grand nombre, telles que l'Hébreu & ses Dialectes, & telles que le Grec, l'Esclavon, le Lapon, l'ancien Theuton & ses Dialectes, en ont un troisieme appellé DUEL.

Celui-ci sert à désigner les parties du corps qui sont doubles, les yeux, les mains, &c. deux personnes, celle qui parle & celle à laquelle elle parle.

MM. de Port-Royal ont cru que ce nombre ne s'étoit introduit que fort tard dans la Langue Grecque; sans doute parce qu'il n'existe pas dans la Langue Latine, qui l'auroit conservé s'il eût subsisté dans le tems qu'elle se sépara de la Langue Grecque; mais cette raison est nulle, par l'expérience qui fait voir que des Langues postérieures ont abandonné en divers points celles dont elles descendoient : c'est ainsi que l'Anglois & l'Allemand n'ont point de duel, quoique ce nombre existât dans le Saxon dont ces Langues descendent.

Puisque le duel existe dans les Langues les plus anciennes, on peut assurer que ce nombre existoit déja dans la Langue Primitive : en effet, les familles ayant commencé par *deux chefs*, on dut employer le duel long-tems avant qu'on pût employer le pluriel, & on dut continuer à s'en servir dans toutes les occasions où il n'étoit question que de ces *deux* : le langage en devenoit plus intime, & plus conforme à la Nature.

Quant à notre terminaison s des pluriels, c'est une altération des pluriels Latins terminés en ES; PATR-*es*, les Peres; MATR-*es*, les Meres : pluriels qui leur étoient communs avec les Grecs; les uns & les autres l'avoient tiré du pluriel oriental en *ei*, qui étoit l'abrégé de leur grande & primitive terminaison plurielle en IM, terminaison très-énergique, puisqu'elle désigne la profondeur, la multitude, l'immensité; c'est elle qui forma l'IM-*us* des Latins, mot qui offre ces diverses significations, & qui fit également chez eux la marque du superlatif; tandis que les Orientaux en faisoient la terminaison des noms des Peuples, pour marquer la multitude de leurs individus.

CHAPITRE III.
DES CAS.

ARTICLE PREMIER.

C'est ici le troisieme & dernier changement qu'éprouvent les mots déclinables, afin de pouvoir entrer dans les Tableaux de la parole de la maniere la plus propre à remplir la place qu'ils doivent y occuper. Il fit naître ces cas qu'offrent à chaque instant les Langues Grecque & Latine, & dont on a cru tour à tour que le François étoit rempli, & qu'il n'en fournissoit aucune trace. Tâchons d'en donner une juste idée, & de faire voir jusques à quel point ils existent dans notre Langue.

§. I.

Définition des Cas.

Les Cas consistent dans les changemens qu'éprouve la derniere syllabe d'un nom, indépendamment du genre & du nombre, afin que ce nom puisse remplir les diverses places qu'il doit occuper dans les Tableaux de la parole.

En effet, tout Nom & tout Pronom, car c'est sur-tout ces deux sortes de mots que regardent les cas, les autres mots, tels que l'Adjectif, le Participe n'y étant assujettis qu'à cause de leur liaison avec ceux-là ; tout Nom, dis-je, & tout Pronom marche seul ou à la suite d'un autre, est actif ou passif, désigne un agent, un but, ou un moyen ; remplit, en un mot, plusieurs rôles différens dans les Tableaux de la parole. Il faudra donc le caractériser dans ces divers cas par des traits qui ne laissent aucune obscurité sur son emploi.

Dans ce Tableau, par exemple :

    Ainsi, pour nous charmer, la Tragédie en pleurs,
    D'Œdipe tout sanglant fit parler les douleurs,
    D'Oreste parricide exprima les allarmes,
    Et pour nous divertir, nous arracha des larmes.

La Tragédie est le sujet de l'ensemble : c'est elle qui *fit parler*, qui *exprima*, qui *arracha*.

Les *douleurs* qu'elle fait parler, les *allarmes* qu'elle exprime, les *larmes* qu'elle arrache, sont les objets sur lesquels elle opere. Tous ces mots sont ici au passif: la Tragédie seule est active.

D'Œdipe & d'Oreste, indiquent de qui sont les douleurs que fait parler la Tragédie, & de qui sont les allarmes qu'elle exprime. Ce sont des noms qui achevent de completter, qui déterminent le sens commencé par les mots *douleurs & allarmes*. Ce sont *les douleurs d'Œdipe*, ce sont *les allarmes d'Oreste* sur lesquels agit la Tragédie.

Nous, placé avant *arracha*, marque ceux à qui la Tragédie arrache des larmes.

Et les deux membres du Tableau qui commencent par *pour*, indiquent le but de la Tragédie dans ces actions : c'est *pour nous charmer & pour nous divertir*.

Ainsi un même nom recevra nécessairement diverses modifications, suivant les effets qu'il doit produire, suivant qu'il est actif, passif, sujet, objet, terme, ou déterminatif.

Une personne se peint-elle dans un état actif? elle dit, JE ; *Je viens, je vais, je commande*. Se peint-elle dans un état passif? elle dit ME ou MOI. *On me fit partir, on me laissa là*.

Je & me sont donc des cas du Pronom de la premiere Personne ; *je*, cas actif ; *me*, cas passif.

Il en étoit de même chez les Grecs, les Latins, &c. Ces deux Peuples disoient *ego* pour la premiere personne active, & *me* pour cette même Personne passive.

JE & ME sont donc des Cas en François, tout comme en Latin & en Grec.

§. 2.

Origine des CAS.

Nous voici donc arrivés enfin à l'origine des Cas, de ces Cas qui produisent un si brillant effet dans les Langues Grecque & Latine, & dont nos Langues modernes ont abjuré l'usage, relativement aux noms.

Par quelle force de génie, demande-t-on depuis long-tems, par quelle force de génie ces Grecs & ces Latins, peuples en aparence si barbares lorsque leur Langue étoit au berceau, parvinrent-ils à une invention aussi singuliere, aussi heureuse, aussi belle & dont les effets s'étendirent sur la masse entiere de ces Langues, & devinrent la source de leur éloquence, de leur harmonie, de la coupe de leurs phrases variée à l'infini & toujours agréablement? Là, un même mot prend mille & mille places ; là une phrase composée des mêmes élémens paroît sous différentes formes, plus agréables, plus harmonieuses les unes que les autres, tandis que dans nos Langues tristement monotones, les mots doivent se suivre de la même maniere, sans qu'on puisse les séparer lorsque leur rencontre, dure & sans grace, exigeroit qu'ils fussent placés d'une maniere plus agréable & plus harmonieuse : & ces terminaisons suffisant pour exprimer ces idées accessoires, au sujet desquelles nous sommes obligés de multiplier les Articles & les Prépositions, rendent ces Langues plus serrées, plus vives, plus énergiques, plus mâles, moins monotones.

Le hazard seul auroit-il pu conduire à cette brillante invention les Peuples errans & sauvages de la Gréce & de l'Italie ?

En vain on en demandoit la cause ; un silence profond étoit l'unique réponse qu'on eut à faire : on eût dit que cette question étoit impossible à résoudre : que le hazard seul avoit présidé à la naissance des cas, ou que les motifs qui avoient décidé ceux qui instituerent ces cas, s'étoient évanouis avec eux.

En faut-il être surpris ? C'est qu'on ne voyoit par-tout que de l'arbitraire : qu'on cherchoit uniquement ce que les hommes avoient fait, & non ce qu'ils avoient du faire : qu'on ouvroit les Livres des mortels, au lieu de consulter le grand Livre de la Nature, ce Livre ouvert en tout tems, toujours le même, dont rien n'altére le langage, & toujours clair pour quiconque veut le consulter.

C'est la Nature elle-même qui conduisit aux Cas ; ils existerent, parce qu'il étoit impossible qu'il n'en existât pas : & une fois donnés, les hommes ne firent plus qu'en étendre ou en resserrer l'usage. La Nature nous donne les élémens de tout ; mais ce sont des élémens simples, & peu nombreux : c'est à notre industrie à élever sur ces bases légères l'Edifice immense & varié de toutes nos connoissances, de la même maniere que le Temple immense de la Nature est élevé sur quelques Propriétés de la matiere, sur quelques Loix, aussi bornées dans leur nombre, que vastes & abondantes dans leurs effets.

Ainsi, il y eut des Cas, par la même raison qu'il y avoit déja des Genres & des Nombres : les Genres avoient été pris dans la Nature qui nous offre la différence des Sexes. Les Nombres avoient été pris dans cette même Nature, qui nous offre une multitude d'individus de la même espéce ; les *Cas* furent pris également dans la Nature, qui nous offre les êtres dans des raports continuels d'actions données & reçues, & toutes les Personnes, dans des états actifs & passifs qui ne peuvent être peints par les mêmes couleurs.

Il étoit impossible, nous l'avons vu, que le même pronom qui désignoit une personne active, la désignât comme passive : il fallut nécessairement varier le pronom, suivant qu'il remplissoit l'une ou l'autre de ces fonctions : de-là, JE & ME ; TU & TE ; IL & LE, & on apella ces variétés CAS, parce qu'elles peignoient les divers cas, les diverses circonstances dans lesquelles se rencontroient ceux dont on parloit.

Mais puisqu'on donnoit ainsi des Cas aux Pronoms, selon qu'ils désignoient les personnes dans un état actif ou passif, il n'y avoit plus qu'un pas à faire pour étendre cette distinction jusques aux noms : il ne restoit qu'à en prononcer différemment la fin, suivant qu'ils étoient actifs ou passifs : agens, ou objets des actions ; on n'avoit plus qu'à personifier les objets dont on parloit, & dans ces tems primitifs qu'est-ce qu'on ne personifioit pas ?

Rien de plus simple en même tems que les terminaisons auxquelles on eut recours pour distinguer ces différens Cas ; on ne fit qu'emprunter les articles même dont ces noms étoient précédés : *ho* désignoit l'article masculin actif ; & *hon*, le même article passif ; on termina donc le Cas actif en *o* ou *os*, & le cas passif en *on*, *om* ou *um* : ainsi *Log-os*, *domin-os* & puis *domin-us*, furent les Cas actifs masculins en Grec & en Latin qui désignoient *parole* & *Seigneur*. *Log-on* & *domin-um* en furent les Cas passifs, tandis qu'un ô long, *logô*, *dominô*, fut la terminaison qui désigna les noms auxquels se raportoit l'action : ainsi, *ho* LOG-*os*, *ho* DOMIN-*us*, étoient de la même nature que *je*.

Hon LOG-*on*, *hôn* DOMIN-*um* produisoient le même effet que *me*.

Et *hô* LOG-*ô*, *hô* DOMIN-*ô*, répondoient aux mots *à moi*.

L'analogie ne pouvoit être plus parfaite des deux côtés.

Il résulte de-là un autre avantage, c'est que les articles étant différens dans ces langues, suivant qu'ils désignent le genre masculin, le genre féminin & le genre neutre, tous les noms se trouverent terminés conformément au genre dont ils étoient.

L'article féminin étant *ha*, & l'article neutre *ho* ou *hon* ; MUS-*a* fut un nom féminin, & TEMPL-*um* fut du genre neutre. Ceci mit une plus grande harmonie entre les noms & leurs articles : & les premiers, toujours conformes au genre de l'objet qu'ils peignoient, en devinrent plus pittoresques.

§. 3.

Effets que produisent les Cas dans les Tableaux de la parole.

Cette invention des Cas, ou plutôt ce transport qu'on en fit des Pronoms aux Noms, fut un trait de génie, auquel durent toute leur énergie ces Langues que nous admirons avec tant de raison, à l'étude desquelles on est obligé de se consacrer toute sa vie, dès qu'on veut acquérir des connoissances exactes & profondes.

Dès ce moment, les mots n'étant plus attachés à une place, ils purent choisir celle où ils produiroient le plus grand effet ; & de cette augmentation d'énergie dans tous, résulterent nécessairement des Tableaux plus parfaits, plus harmonieux, plus variés, plus surs dans leurs effets : l'on put amener tour à tour sur le devant du Tableau ou faire fuir tour à tour un même mot, suivant qu'on voulut fixer plus ou moins l'attention sur lui : ce furent autant de ressources ménagées à l'imagination & au goût de l'Écrivain pittoresque qui menoit ainsi son Admirateur de surprise en surprise, & qui excitoit sa curiosité jusques à la fin, en la tenant toujours suspendue.

Jugeons-en par le petit nombre de phénomènes de la même nature que nous offrent nos Langues modernes, qui n'ont admis des cas que pour les Pronoms, & qui sont par conséquent forcées à suivre une marche différente de celle de ces Peuples & presque toujours semblable à elle-même. Quelques Vers d'un de nos plus grands Poëtes suffiront pour nous convaincre des grands effets qui devoient résulter chez les Anciens, de cette facilité de varier à son gré la place des mots, par les beautés qu'offrent ces Vers en conséquence de ce peu de liberté que nous avons nous-mêmes à cet égard.

> Triste reste de nos Rois (1),
> Chere & derniere fleur d'une tige si belle,
> Hélas ! sous le couteau d'une Mere cruelle
> Te verrons-nous tomber une seconde fois ?
> Prince aimable, dis-nous, si quelque Ange au Berceau
> Contre tes Assassins prit soin de te défendre ;
>   Ou si dans la nuit du Tombeau
> La voix du Dieu vivant a ranimé ta cendre ?

---

(1) Chœur d'Athalie, Acte IV.

Les trois premiers vers sont si étroitement unis au quatriéme, qu'on doit regarder celui-ci comme l'essentiel : il contient le sujet & l'objet du Tableau, ce sujet & cet objet sans lesquels il ne peut y avoir de Tableau ; & dans ce quatriéme, l'objet qui est *Te*, marche lui-même avant le sujet *Nous* : tandis que le sujet marche ordinairement le premier dans notre Langue, comme dans ces Vers :

>L'éclat de mon nom même augmente mon suplice....
>Le Ciel mit dans mon sein une flâme funeste (1).

Si notre Langue n'avoit pu se prêter à l'arrangement de ces quatre Vers, qui differe si fort de sa marche ordinaire, le Poëte auroit été obligé de dire, *hélas ! verrons-nous toi triste reste de nos Rois, chere & derniere fleur d'une tige si belle, tomber une seconde fois sous le couteau d'une mere cruelle ?* Il auroit été également obligé de dire dans les deux suivans ; *di à nous, Prince aimable, si quelque Ange prit soin de défendre toi au berceau contre les assassins de toi.*

C'est la même chose qu'il auroit dit, le même Tableau qu'il auroit peint ; mais ce Tableau eût été sans graces, sans harmonie, sans force ; d'où lui vient donc cette harmonie, cette force, ces graces qui nous charment ? De ce que notre Langue employant TE au lieu de *toi*, nous permet de le faire passer devant le Verbe ; & de dire *te verrons-nous*, au lieu de *verrons-nous toi* ; *prit soin de te défendre*, au lieu de dire *défendre toi*. Et de ce qu'elle permet de placer avant ou après un mot, ceux qui sont en raport avec lui : qu'on peut dire *te verrons-nous tomber sous le couteau d'une mere cruelle* ; ou, *sous le couteau d'une mere cruelle te verrons-nous tomber* : & qu'on peut dire également, *di-nous si quelque Ange prit soin de te défendre au berceau contre tes assassins* ; ou, *di-nous si quelque Ange au berceau contre tes assassins prit soin de te défendre*.

Le Poëte, maître ainsi de choisir la place des mots qu'il met en œuvre, adopte celle qui prête le plus à l'harmonie : si la langue ne le lui permettoit pas, en vain il auroit le génie poëtique ; il ne pourroit parvenir à des Vers aussi beaux.

Qu'on juge, d'après ces observations, des heureux effets que produit le génie lorsque la Langue dans laquelle il écrit, lui permet de plus grands chan-

---

(1) Phédre, Scène derniere.

gemens, qu'il peut déterminer la place de chaque membre de son Tableau, d'après un plus grand nombre de combinaisons différentes, & donner lieu par-là même à un beaucoup plus grand nombre d'accords & de contrastes.

Ovide, l'élégant Ovide n'auroit également pu transporter dans le quatriéme Vers le sujet du Tableau pittoresque qui va suivre, mettre à la tête trois Vers qui peignent les objets sur lesquels portoit l'action attribuée à ce sujet : il n'auroit pu dire si heureusement & avec tant d'harmonie :

> Jamque Giganteis injectam faucibus Ætnam,
> Arvaque Cyclopum, quid rastra, quid usus aratri
> Nescia, nec quicquam junctis debentia bobus,
> Liquerat Euboïcus tumidarum cultor aquarum (1).

Vers dont nous ne pouvons imiter l'arrangement & par-là même l'harmonie que très-foiblement : c'est à peu près comme s'il eût dit : » Déja de l'Etna sous » le poids duquel gémissent ces Géans qui lui font vômir des flammes, déja » des Campagnes habitées par les Cyclopes & qui n'éprouverent jamais les » effets des herses & de la charrue, qui n'eurent jamais aucune obligation » aux bœufs courbés sous le joug, s'étoit éloigné l'habitant des Eaux qui arro- » sent les côtes de l'Eubée.

Ici, le Poëte a pu suivre à l'égard de tous les noms qui expriment l'objet de la phrase, la même marche que notre Poëte François suit à l'égard du pronom *te* : il a pu les mettre avant le Verbe ; il a pu leur communiquer la même énergie que présentent nos pronoms mis avant les Verbes qu'ils devroient suivre ; & comme nous ne pouvons pas faire passer également avant un Verbe les noms qui en désignent l'objet, c'est une harmonie absolument perdue pour nous, mais que produisirent les cas, dès qu'on en eût étendu l'usage aux noms même.

---

(1) Métam. Liv. XIV.

ARTICLE II.

Du nombre des Cas & de leurs Noms.

LE nombre des Cas varie singulierement d'une Langue à une autre : celles qui en comptent le moins en ont trois, telle est l'Arabe : le Péruvien & le Basque en comptent au contraire autant que de Prépositions : entre ces deux extrêmes, il y aura nombre d'intermédiaires : ainsi l'Allemand admet quatre Cas ; le Grec, cinq ; le Latin six ; les Langues du Malabar, huit ; l'Arménien, dix ; le Basque, onze ; le Lapon, quatorze.

Mais, dira-t-on, puisqu'il n'y a rien de fixe dans les Cas, ils ne sont point dans la Nature ; & l'on ne sauroit en rendre de raisons générales : cette conclusion seroit bien différente du principe posé par SANCTIUS, qui prétendoit que les six Cas des Latins étoient donnés par la Nature même. *In omni porro nomine Natura sex partes continuit.* » La Nature a établi six divisions dans » tout nom (1).

Dévelopons donc cette question, essentielle dans l'étude des Langues ; & cherchons les principes d'après lesquels on peut déterminer le nombre des Cas nécessaires à toute Langue qui en admet ; & les causes de la diversité aparente qu'on aperçoit entre celles qui en ont.

Prenons pour régle les Pronoms, puisque les Cas sont nés des Pronoms, & qu'on ne peut citer aucune Langue, même la Françoise, qui n'ait donné divers Cas à chacun des trois Pronoms.

Nous avons déja vû que les Pronoms étoient actifs ou passifs : ainsi, en raprochant le pronom actif & passif de chaque Personne, *Je & Moi*, par exemple, on pourra les appeler les Cas de la premiere personne : *Tu & Toi* seront les Cas de la seconde, &c.

Mais les États actifs & passifs sont donnés par la Nature : voilà donc deux Cas donnés par la Nature, & qui sont dans toutes les Langues. SANCTIUS n'auroit donc pas eu tort de dire que les Cas étoient donnés par la Nature ; il n'auroit eu tort qu'en l'apliquant au nombre de six. Voyons cependant si la Nature ne donne que ces deux Cas, l'Actif & le Passif.

---

(1) Liv. I, ch. VI.

Le Pronom actif supose toujours un Verbe qui en détermine l'action : le pronom passif supose toujours un Verbe de l'action duquel il est l'objet : mais lorsque le pronom ne sera lié à aucun Verbe, qu'il entrera dans une phrase comme une interjection, il faudra qu'il prenne une forme différente : ce sera un troisiéme Cas.

Une action se raporte presque toujours à un objet qui en est le terme : lorsque ce terme sera un pronom, il faudra donc qu'il prenne une forme différente des trois qui précedent. Ce sera un quatriéme Cas.

Enfin, lorsque ce pronom sera en raport avec un autre, il faudra qu'il s'asocie avec une préposition, ou qu'il prenne une nouvelle forme : ceci peut donner lieu à un cinquiéme Cas.

Tels seroient ces Cas dans notre Langue :

Cas Actif,   Tu délivres.
Cas Passif,   Délivre-TOI.
Cas Interjectif, O TOI ami de l'humanité, délivre un malheureux qui implore ton secours.
Cas Terminatif,   On TE délivrera ce que tu désires.
Cas en Raport,   C'est un de ceux qui furent délivrés *par* TOI.

De ces Cas, il y en a deux qui sont fondamentaux, & dont aucune Langue ne peut se passer : ce sont les deux premiers.

Le troisiéme pourra être rempli par le même mot qui sert au premier.

Le quatriéme Cas en formera nécessairement un à part : il ne peut se confondre avec les deux premiers.

Ainsi suivant qu'on réunira le troisiéme avec le premier, ou qu'on les séparera, ces Cas se réduiront à trois ou en feront quatre.

Le cinquiéme pourra s'exprimer avec des prépositions ou sans préposition ; & dans ce dernier Cas, avoir une terminaison à lui, ou emprunter celle de quelqu'autre cas : suivant le parti qu'on prendra à cet égard, on aura un peu plus ou un peu moins de cas.

Ainsi en François, nos Pronoms ont, quant à la forme matérielle, trois Cas, le premier, le second & le quatriéme de ceux qui sont indiqués ici : & c'est ainsi, quant à la forme également, que les Allemands en ont quatre, les Grecs cinq, les Latins six, &c.

Car quant à la valeur réelle, ou à l'aplication qu'on en fait, toutes ces

Langues en ont autant les unes que les autres : car il a fallu que ces cinq fonctions des Pronoms, &c. fussent remplies.

La plus sage des Langues à cet égard sera celle qui aura combiné de la manière la plus parfaite le nombre de ces cas avec la clarté du discours.

Celles qui n'en ont que trois, semblent avoir fait comme ces Peuples qui ne savent compter que jusqu'à trois. Les Grecs, plus habiles, allerent jusqu'à cinq, autant qu'on a de doigts ; c'étoit aller jusqu'au bout & ne pas rester à mi-chemin. Les Latins furent plus exacts, en distinguant en deux un de ces cinq, comme nous le verrons plus bas.

Ceux qui comptoient six Cas dans notre Langue, s'éloignoient donc du vrai pour se raprocher des Latins : & ceux qui n'y en admettoient aucun, parce qu'en effet nos Noms n'en ont point, n'avoient qu'une idée imparfaite des Langues & de la Grammaire, puisqu'il faut chercher l'origine des Cas dans les Pronoms, & que nos Pronoms nous en offrent. C'est une vérité que M. BEAUZÉE a très-bien aperçue.

Rien de plus barbare & de moins clair dans notre Langue que les noms qu'on y a donnés aux Cas & qui sont empruntés de la Langue Latine : il suffit pour s'en convaincre de jetter les yeux sur eux : les voici ;

Nominatif.	Accusatif.
Génitif.	Vocatif.
Datif.	Ablatif.

Ces mots déja en usage chez les Romains dans les beaux tems de la Langue Latine (†), n'offrent aucune idée dans la nôtre, & ne servent qu'à augmenter

---

(†) CICERON, dans ses Harangues contre *Verrès*, cite le *Nominatif* & l'*Ablatif*. VARRON, dans son premier Livre de l'Analogie, désigne le *Vocatif*, le *Datif* & l'*Accusatif*. » *Sunt declinati casus, ut is, qui de altero diceret, distinguere posset quum vocaret,* » *quum daret, quum accusaret, sic alia quædam discrimina, quæ nos & Græcos ad decli-* » *nandum duxerunt* ». Ce qu'on peut rendre à peu près ainsi. » On inventa les Cas, » afin que celui qui avoit besoin de parler d'une autre personne pût faire connoître s'il » l'apelloit (s'il l'invoquoit), s'il lui donnoit, s'il l'accusoit. Les Grecs & nous, avons » aussi ajouté quelques autres cas à ceux-là ».

L'on trouve le nom du *Génitif* dans AULU-GELLE, liv. 4, chap. 16, & dans la Vie d'Auguste par SUETONE, ch. 87. Quelques Grammairiens, comme SERVIUS, dans son Commentaire sur la seconde Eglogue de Virgile, admettoient un septième Cas, en faisant deux cas de l'Ablatif, suivant qu'il marchoi avec ou sans Préposition.

les difficultés & l'ennui de la science grammaticale. Cependant, on ne sauroit parler Grammaire & ignorer ces noms. Tâchons d'en rendre la connoissance plus simple & plus agréable.

I.

Du Nominatif ou Cas Actif, & s'il est un Cas ; & qu'il n'est pas le premier, le Cas générateur des autres.

C'est par la terminaison qu'on apelle NOMINATIF, que les Grecs & les Latins désignent le sujet du discours : c'est donc le Cas actif. *Je*, *Tu*, &c. seroient apellés dans ces Langues *Nominatifs* ; c'est parce que ce mot *nomme*, ou fait connoître le sujet du discours par son propre *nom*.

Le Nominatif sera donc dans toutes les Langues, puis qu'aucune d'elle ne peut exister sans un Cas actif : elles ne differeront à cet égard que dans l'application plus ou moins étendue de ce cas ; les unes n'auront un Nominatif que pour les Pronoms, les autres en auront pour tous les Noms.

Les Grammairiens ont examiné fort sérieusement si le Nominatif étoit un Cas ou n'en étoit pas un ; & plusieurs lui ont refusé ce titre : ils se fondoient sur ce que les autres Cas se forment de celui-ci, & qu'il ne doit être regardé que comme le nom même de l'objet qu'il désigne, & non comme un des changemens qu'il subit.

S'ils s'étoient proposés de faire briller leur sagacité & leurs connoissances en Grammaire, en se faisant cette difficulté, ils y réussirent fort mal : rien de plus foible que ce qu'ils ont dit à ce sujet, sans excepter M. DU MARSAIS, qui se laissa surement entraîner par la foule.

» Le Nominatif, dit-il, (1) est apellé Cas par extension, & parce qu'il » doit se trouver dans la liste des autres terminaisons du nom. Port-Royal dit également : » Le Nominatif n'est pas proprement un Cas ; mais la matiere » d'où se forment les Cas par les divers changemens qu'on donne à cette pre-» miere terminaison du nom (2).

Le Nominatif est un Cas, puisqu'il ajoute toujours au nom d'un objet, l'idée particuliere & accessoire de sujet de la phrase.

Il est un Cas sur-tout, parce qu'il n'est pas le Cas générateur des autres,

---

(1) Encyclopédie, au mot CAS.
(2) Gramm. Gén. Part. II, Ch. VI.

comme on l'avance ici fort mal à propos, & comme l'a fort bien vû M. Beauzée (1). Les Grammairiens dont il s'agit ici conviennent eux-mêmes qu'il ne produit que le Génitif, & que c'est du Génitif que tous les autres font dérivés : ce qui n'est pas moins inexact.

Ce n'est pas du Nominatif EGO que dérivent le Génitif & les autres Cas de la premiere personne qui sont tous en *me*. Le Génitif & les autres Cas de la troisiéme personne, SE, *foi*, ne dérivent pas non plus du Nominatif, puisqu'il n'existe pas.

Quel raport aperçoit-on outre cela, entre *Caro* & *Carnis*, *Iter* & *Itineris*, *Jupiter* & *Jovis*, *Robur* & *Roboris*, *Vas* & *Vadis*, *Defes* & *Defidis*, *Fœdus* & *Fœderis*, *Lex* & *Legis*, *Nox* & *Noctis*, *Nix* & *Nivis*, *Senex* & *Senis*, *Rus* & *Ruris*, &c. &c. Quel raport, dis-je, aperçoit-on entre ces mots pour qu'on puisse dire que le premier est le générateur du second ?

Il falloit n'avoir jamais examiné cet objet pour admettre des idées aussi dénuées de fondement : c'étoit justifier par des raisons sans force, une très-mauvaise méthode, celle de mettre le Nominatif à la tête des Cas ; c'étoit donner de très-fausses idées de l'origine de ces Cas & du raport des Langues.

Le Cas véritablement primitif & générateur de tous les autres dans la Langue Latine, sera celui qui offrira le nom d'un objet en lui-même, qui l'offrira tel qu'il est dans presque tous les Cas, & qu'on employera constamment toutes les fois qu'on voudra faire usage d'un mot sans le lier avec l'ensemble de la phrase, sans indiquer de raport & en le prenant dans son sens absolu.

Ce Cas existe chez les Latins, & il seroit très-étonnant qu'il ait été inconnu jusques à présent, si l'on ne savoit de combien de nuages la Grammaire a toujours été offusquée ; & que nos Grammairiens ont presque toujours été l'écho de ceux des Latins sur ce qui regardoit leur Langue ; comme si ceux-ci en avoient parfaitement possédé la métaphysique. Ce Cas est celui qu'on apelle ABLATIF, & qu'on a rejetté à la fin de tous les autres.

C'est parce que l'Ablatif présentoit le nom même de l'objet, indépendamment de tout raport avec le reste de la phrase, que les Latins en firent le Cas absolu ; celui qu'offrent tous leurs mots, dès qu'ils sont détachés de l'ensemble du Tableau : ainsi tout comme nous disons, *ils se réunirent*, moi *présent*, & non, *ils se réunirent*, je *présent*, puisque la premiere personne est ici

---

(1) Tome II, 104.

dans un sens absolu & non dans un sens relatif, de même les Latins ne disent pas en pareille occasion avec le Nominatif *ego præsens*, mais ils disent avec l'Ablatif *me præsente* : & comme nous disons, *je ferai cela, Dieu aidant*, ils disent également avec l'Ablatif *Deo juvante*.

Ajoutons que lorsqu'ils faisoient d'un Nom un Adverbe, c'étoit presque toujours l'Ablatif qu'ils employoient ; *incognitò, immeritò, hodiè, ergò, diù*, &c. sont tous des Ablatifs. Jamais les Latins ne recoururent dans ces occasions au Nominatif ou au Génitif : & si quelquefois ils employerent l'Accusatif, ce fut sous d'autres raports.

C'est encore à l'Ablatif que se sont transmis dans les Langues Françoise & Italienne les mots empruntés du Latin.

On ne peut en disconvenir pour cette derniere Langue : tous les mots qui s'y sont transmis du Latin, sont l'Ablatif pur : ainsi ils disent, *Cicerone*, Ciceron ; *pace*, paix ; *forte*, fort ; *templo*, temple ; *giuoco*, jeu ; *globo*, globe ; *terrore*, terreur ; *tendine*, tendon ; *glutine*, glu, &c.

Plusieurs mots François ne sont également que l'Ablatif Latin ; tels *Taureau*, en Latin *Tauró* ; *Tombeau*, en Latin *Tumbó*, le *Tumbó* des Grecs ; *Jouvenceau*, en Latin *Juvencó* ; *Pourceau*, en Latin *Porcó*.

Tous nos mots en *on*, opinion, religion, paon, carnation, ambition, oblation, &c. ne viennent point du Nominatif Latin, terminé toujours en *o*.

Nuit, que nous écrivions autrefois *Nuict*, ne venoit pas du Nominatif Latin *nox* qui est sans *t*, mais de l'Ablatif *nocte*. Il seroit absurde de dire que nos mots *Temple, exemple, déluge*, &c. viennent du Nominatif *Templum, exemplum, diluvium*, plutôt que de l'Ablatif *Templo, exemplo, diluvio*.

Puisque nos mots ont plus de raport avec l'Ablatif qu'avec le Nominatif, toutes les fois que ces deux Cas des Latins différent, on ne peut se refuser à l'idée que c'est de l'Ablatif que viennent tous les mots que nous tenons de cette Langue.

Il paroît même que dans l'origine, l'Ablatif étoit le premier Cas des Latins, puisqu'on trouve chez eux tant de traces de Nominatifs anciens parfaitement semblables aux Ablatifs actuels. Tels *pulvinare, laccunare, tapete, adagio* ; *oblivio*, ablatif *d'oblivium* ; *carnis, Apollinis* ; *pavo*, ablatif de *pavus*.

Si les Auteurs des Dictionnaires Latins y donnoient place aux Ablatifs, & non aux Nominatifs, ils se conformeroient infiniment plus au génie de cette Langue ; l'on apercevroit mieux le raport de ces mots avec leurs racines primitives,

tives, & de ces mêmes mots avec ceux qui en font venus dans les autres Langues : raports presque toujours anéantis par le désordre qui regne dans ces Ouvrages, auxquels on fut obligé de travailler dès les commencemens, sans aucun principe, & dans des tems où il falloit avoir du courage pour acquérir quelques connoissances & pour se mettre en état de faire des essais très-imparfaits ; mais il faudroit, à mesure que la lumiere augmente, travailler sur des plans mieux ordonnés & plus utiles.

I I.

De l'Accusatif, ou *Cas Passif*.

Au Cas Actif est oposé le Cas Passif; à *Je* est oposé *Me* : à *Filius*, Nominatif Latin, est oposé *Filium*, Accusatif : le premier de ces Cas peint les Êtres comme agissans : le second les peint comme étant les objets qui reçoivent les impressions de l'action dont on parle.

L'Accusatif des Latins est donc leur Cas Passif ; c'est par cette raison que je le place ici immédiatement après le Cas Actif : destinés à contraster l'un avec l'autre, il faut en parler dans le même tems, afin qu'on aperçoive mieux leurs raports & leurs différences.

On ne peut jetter les yeux sur les Nominatifs & sur les Accusatifs Grecs ou Latins, sans reconnoître aussi-tôt l'idée accessoire qu'ils ajoutent chacun au même mot, tout comme nous ne saurions considérer *Tu* & *Je* sans nous former aussi-tôt une idée de leurs différences.

Tel est l'avantage des noms Latins & Grecs, que leur seule inspection fait aussi-tôt connoître s'ils sont actifs ou passifs, s'ils sont le sujet ou l'objet des actions dont on parle ; ce que ne peuvent offrir les nôtres : il faut pour reconnoître la nature de ceux-ci, que nous voyons la place qu'ils occupent dans la phrase.

Il résulte encore de-là qu'en Latin & en Grec la place de l'accusatif sera indépendante des Verbes, tout comme en François pour les pronoms, tandis que nos noms sont toujours obligés d'être à la suite des Verbes lorsqu'ils en désignent l'objet.

Ainsi pendant que les Latins disent avec nous, *Enée enleva son Pere Anchise*, ils peuvent encore dire *son Pere Anchise Enée enleva* ; parce que le mot Pere étant objet ou passif, se prononce *Patrem* ; & que s'il étoit sujet ou actif, il se prononceroit *Pater*, ensorte qu'on ne peut jamais être en suspens sur sa valeur, en quelqu'endroit qu'il soit placé. Dès qu'on verra *Patrem*, on dira, c'eſt le Cas Paſſif; dès qu'on verra *Pater*, on dira, c'eſt le Cas Actif: au lieu qu'en François, c'eſt toujours *Pere* au ſens Actif comme au Paſſif.

L'avantage eſt donc ici tout entier du côté des Langues Grecque & Latine relativement à l'harmonie, parce qu'elles pourront choiſir entre pluſieurs places pour le Cas Paſſif & le mettre à l'endroit où il produira le plus grand effet: auſſi leurs Poëtes en tirerent grand parti: ils avoient moins de peine que les nôtres pour répandre de l'harmonie dans leurs compoſitions, & ils y parvenoient plus ſurement.

On a cru que cet Accuſatif, Grec ou Latin n'importe, étoit toujours précedé d'une prépoſition ſous-entendue, dont il tiroit toute ſa force: ce ſyſtême qui paroît d'abord ſpécieux, s'évanouit dès qu'on le conſidere avec quelqu'attention: que feroit là cette prépoſition? Les prépoſitions ſont deſtinées à marquer un raport qu'on ne pourroit apercevoir ſans elles: ici, au contraire le raport eſt ſi ſenſible que la prépoſition ne feroit qu'embrouiller l'idée, en paroiſſant préſenter un raport que la phraſe n'offre pas par elle-même. Dès que l'Accuſatif eſt deſtiné par lui-même à marquer l'objet Paſſif, tout eſt dit lorſque cet Accuſatif eſt prononcé: aller chercher quelqu'autre ſecours pour en rendre raiſon, ce ſeroit multiplier les Êtres ſans néceſſité: ce ſeroit vouloir apuyer ce qui n'a nul beſoin d'apui.

§. 2.

Obſervation ſur le Cas Actif.

La diſtinction des Pronoms en Actifs & en Paſſifs étant auſſi utile que conforme à la Nature, on ſera ſans doute ſurpris qu'aucun Grammairien ne l'ait aperçue; on objectera même que ces prétendus pronoms Actifs ſont employés eux-mêmes paſſivement, puiſqu'on dit, *je ſuis aimé*, *je ſuis lu*, tout comme on dit *j'aime*, *je lis*.

Il n'eſt pas étonnant que les Grammairiens n'ayent pas aperçu cette diſtinction, parce qu'aucun n'avoir pu conſiderer ces objets ſous le même point de vue: & de ce que les pronoms Actifs ſervent à former des Tableaux Paſſifs, il ne s'enſuit nullement que notre maniere de voir, ſoit contraire au fait.

On ne peut ſe diſpenſer de reconnoître des Pronoms qui ſont toujours Paſſifs: ce ſont ceux qui dans les Tableaux Actifs offrent les Perſonnes comme éprouvant les effets des actions des autres, & que les Grecs & les Latins mettent toujours à l'accuſatif; mais dès qu'il y a des Pronoms Paſſifs, il y aura donc nécessairement des Pronoms Actifs, ce seront ceux qui désigneront les Personnes comme faisant éprouver à d'autres les effets de leurs actions : ainsi les uns & les autres se trouveront dans les Tableaux Actifs & toujours en contraste. Ce sont-là des principes incontestables, & trop utiles pour qu'on puisse les sacrifier à aucune considération.

Il est vrai que ces mêmes Pronoms Actifs reviennent dans les Tableaux Énonciatifs & dans les Tableaux Passifs : mais dans les uns & dans les autres, ils sont seuls, ils ne sont jamais mis en oposition avec les Pronoms Passifs.

Il revêtent donc ici une propriété différente ; & cette propriété ne peut anéantir la précédente.

Sous ce nouveau point de vue, ils se présentent simplement comme les sujets du Tableau, & non comme ses sujets Actifs : c'est l'unique différence qu'il y ait entr'eux, & cette différence n'empêche pas qu'ils ne soient véritablement Actifs dans les Tableaux Actifs.

Dans ces trois Tableaux, JE *suis grand*, JE *lis*, JE *suis considéré*, JE sera toujours sujet : mais dans le second, il sera *sujet Actif* : & s'il se trouve dans le troisième, ce n'est que par un renversement de phrase, effet de convention & pour varier les formules actives : ensorte que ceci ne peut nuire à son essence, qu'il supose toujours, puisque c'étoit un Pronom Passif auquel on a substitué le Pronom Actif qui y correspond, mais en le dépouillant de son idée active, pour ne lui laisser que celle de sujet qu'il offre dans tous les Tableaux qui ne sont pas actifs : cette objection ne porte donc aucune atteinte à ce que nous avons avancé sur cet objet.

III.

De l'Ablatif.

Ces trois Tableaux, l'Enonciatif, l'Actif & le Passif, ont donc ceci de commun, qu'ils sont tous composés d'un Verbe & de son sujet : mais ils different en ceci ; que le Tableau Actif ne présente pas seulement un sujet, mais qu'il offre encore un objet ; qu'il réunit ainsi un Cas Passif avec un Cas Actif, un Nominatif & un Accusatif, tandis que dans les deux autres il n'y a point d'objet, point de Cas Passif, point d'Accusatif ; & qu'ils sont moins composés.

Mais, si les Tableaux énonciatifs sont complets avec un seul Cas, & si les Tableaux Actifs sont complets dès qu'ils en ont deux, les Tableaux Passifs seront-ils complets avec le sujet seul ?

Puisqu'un Tableau Passif, n'est qu'un Tableau Actif renversé, où le Cas Passif est devenu Actif, il faut nécessairement qu'on y trouve ce qui formoit le Cas Actif dans le Tableau actif. En effet, afin qu'il n'ait rien perdu dans ce changemeut, il faudra qu'il offre toujours les deux Personnages qui composoient le Tableau Actif ; celui qui remplissoit le rôle d'objet est devenu le sujet, & remplit le rôle principal : il faut donc que celui dont il a pris la place, remplisse un rôle subordonné : ainsi lorsqu'après avoir dit, *Enée enleva son Pere Anchise*, on retourne la phrase, & l'on dit, *Anchise, Pere d'Enée, fut enlevé*, il faut nécessairement ajouter *par Enée*, afin que la phrase soit complette & que le Tableau rende exactement la même idée.

De-là, un troisiéme Cas dans les Langues qui en ont pour les Noms; & ce Cas est l'Ablatif.

L'Ablatif indique donc les personnes & les causes par lesquelles on est transporté d'un état dans un autre; c'est-là sa véritable étymologie, AB QUO LATI *sumus*, cas *par lequel* nous sommes *portés* d'un état à un autre.

Cette étymologie, parfaitement conforme à la nature des cas & au génie de la Langue Latine, paroît ici pour la premiere fois. On avoit toujours dit que l'Ablatif étoit apellé de ce nom parce qu'il marquoit les moyens par lesquels une chose étoit enlevée : ce n'étoit embrasser qu'une très-petite partie des circonstances qui sont désignées par cet Ablatif. On a cru aussi qu'il avoit été apellé *Ablatif* parce que ce Cas est un retranchement que les Latins avoient fait au Datif Grec : mais il faudroit avoir prouvé auparavant que lorsque les Latins lui donnerent ce nom, ils s'étoient aperçus que c'étoit un retranchement fait au Datif Grec.

§. 2.

Sur les Prépositions qui accompagnent l'Ablatif & l'Accusatif.

Ce cas s'exprime en François, au moyen d'une Préposition qui est presque toujours *par* & souvent *de*. *Je suis aimé de mes Parens, je suis lu de tout le monde : il fut attaqué par des voleurs ; il est jugé par ses Pairs.*

L'Ablatif est toujours accompagné en Latin dans ces circonstances de la Préposition *a* : *amor a parentibus*; *legor à doctis*. C'est pour marquer le raport qui se trouve entre cet ablatif & le sujet de la phrase.

On demandera sans doute pourquoi les Latins admirent une Préposition avec l'Ablatif, puisqu'ils n'en admirent pas plus que nous pour l'Accusatif; mais la réponse est fort simple. L'Accusatif fut créé exprès pour marquer le cas passif; il n'avoit donc nul besoin de Préposition qui déterminât sa valeur. L'Ablatif au contraire indique le Nom pris abſolument & ſans raport avec d'autres mots : lors donc qu'il déſigne un Nom en raport, il faut néceſſairement qu'il ſe faſſe précéder d'une Prépoſition, pour déſigner cette nouvelle valeur; autrement il faudroit chercher quelle peut être ſa valeur, tandis qu'une phraſe doit être exprimée de façon qu'on n'ait pas beſoin de chercher les raports de ſes mots. Ajoutons que l'Ablatif ſervant également à déſigner les moyens par leſquels une choſe eſt faite, & la matière même dont elle eſt compoſée, il fallut diſtinguer par divers ſignes les emplois variés qu'on en faiſoit.

C'étoit donc ici le vrai emploi de la Prépoſition, puiſqu'elle ſert à marquer un raport entre deux Êtres, tandis que l'Ablatif ſeul ne marqueroit qu'une modification du nom qui le précéde.

C'eſt par la même raiſon que lorſque l'Accuſatif ſera deſtiné à marquer une modification, & non un objet différent de celui qui eſt déſigné par le reſte de la phraſe, on ſe ſervira d'une Prépoſition, afin de lier ce mot avec celui qu'il modifie : & tandis que nous diſons ſans Prépoſition, *j'aime la chaſſe*, *j'aime le chant*, parce que ces mots *chaſſe* & *chant* ſont ici des objets diſtinctifs de *je* : on dira avec une Prépoſition, *j'aime à chaſſer*, *j'aime à chanter*, parce que *chaſſer* & *chanter* ne ſont ici que de ſimples modifications du mot *j'aime*, & non des objets ou des êtres particuliers.

IV. Du Datif.

Nos actions ſont ordinairement relatives à quelque objet, auquel elles ſe raportent, & dont il eſt le terme; il faut donc un nouveau cas pour exprimer ce nouvel emploi des mots : c'eſt ce cas que nous déſignons en François par *me*, *te*, *lui*, pour les Pronoms : *il me dit*, *il lui dit*, *il me donne*, &c. & que nous marquons dans les Noms par la Prépoſition *à* :

> Cher Néarque, pour vaincre un ſi fort ennemi,
> Prête, du haut du Ciel, la main A ton ami.

fait dire Corneille à Polyeucte (1).

Ce raport ſe marque en Grec & en Latin par le cas qu'on apelle DATIF, parce qu'il indique la perſonne à laquelle on donne : ainſi dans ce tableau, *hanc epiſtolam ſcribo meo Principi* : J'écris cette lettre à mon Prince; ces

---

(1) Act. IV. Sc. I.

deux derniers mots, *meo Principi*, qui répondent à ces trois *à mon Prince*, sont au datif, parce qu'ils marquent le terme auquel se raporte l'action d'écrire.

Outre cette signification terminative, le datif des Grecs en présente une autre; celle que les Latins expriment par l'ablatif, ensorte qu'ils n'ont qu'un cas, là où les Latins en ont deux. C'est ce qui persuada à *Sanctius* & à *Port-Royal* que les Grecs avoient également un ablatif, & qu'il falloit apeller ainsi le datif toutes les fois qu'il offroit le même sens que les Latins expriment par l'ablatif.

Mais il suffisoit de distinguer les deux sens, sans en faire mal-à-propos deux cas différens, puisque dans toutes les occasions ils ne sont jamais distingués en Grec par aucune terminaison différente.

C'est ainsi que nous ne reconnoissons que trois cas à nos Pronoms? *je*, *me*, *moi*, quoique le second représente deux cas Latins; le datif & l'accusatif parce qu'il sert à marquer tantôt l'objet de l'action, tantôt le terme auquel elle se raporte.

C'est ainsi que *moi*, précédé de la Préposition *à*, répond à trois Cas Latins.

    C'est *à moi* qu'il écrit, qu'il parle; *datif* Latin:
    C'est *à moi* qu'il vient, *accusatif* Latin;
    C'est *à force* de voiles qu'il aborda; *ablatif* Latin.

Le premier & le second de ces *à*, indiquent le terme d'une action, & le troisieme une circonstance, le moyen par lequel on aborda.

Telle est la différence entre *me* & *moi*, ou *te* & *toi*, désignant le datif, que *me* & *te* marchent seuls & sans la Préposition *à*, qui marque dans notre Langue le terminatif, tandis que *moi* & *toi* se font accompagner de la Préposition: ceci paroîtra bisarre, & il ne l'est point: cette différence naît de la diversité de la place qu'ils occupent, ME est toujours devant le verbe; il est donc là simplement pour désigner la seconde Personne dans un état passif quel qu'il soit, & qui ne sera déterminé que par le verbe qui suit; *moi*, au contraire, suit toujours le verbe: étant ainsi déterminé par ce qui précéde, & ne pouvant l'être par ce qui suit, il faut qu'il s'accompagne d'une Préposition qui le lie au verbe; sans cela il seroit isolé, & il ne présenteroit aucun sens.

Tels sont les Cas qui constituent les grandes masses des tableaux de nos idées, qui en forment chacun une portion distincte de toute autre, & qui se répandent entre les trois espéces de tableaux qu'on forme par la parole:

UNIVERSELLE.

tableaux énonciatifs, où domine le Nominatif; tableaux paſſifs, compoſés & du Nominatif & de l'Ablatif; tableaux actifs où le Nominatif amene & l'Accuſatif & le Datif.

Nous n'avons plus, pour completter ce qui regarde les Cas, qu'à rendre compte du Vocatif & du Génitif, que nous avons rejettés ainſi à la fin, parce qu'ils n'ont pas la même influence que les précédens ſur les tableaux de la parole ; le Vocatif marchant iſolé, & le Genitif ne ſervant qu'à déterminer le ſens de l'un ou de l'autre des quatre premiers.

V.

Du Vocatif.

C'eſt le cas par lequel on s'adreſſe à une Perſonne, en la déſignant par ſon nom ou par quelque épithète, comme dans ces exemples :

> Prens un ſiége, Cinna.
> Approche, ſeul Ami que j'éprouve fidèle. (1)
> Pere dénaturé, malheureux Politique,
> Esclave ambitieux d'une peur chimérique,
> Polyeucte eſt donc mort, & par vos cruautés
> Vous penſez conſerver vos triſtes dignités ?...
> Donne la main, Pauline. (2)

Cinna & Pauline ſont des vocatifs qui déſignent par le nom même : *ami, pere, politique, esclave,* ſont des vocatifs qui déſignent par des épithètes.

Ce cas a beaucoup de raport aux Interjections ; on diroit qu'il n'en eſt qu'une ſuite : comme elles, il ne ſe lie avec aucune portion des tableaux où il entre ; iſolé comme elles, il ne reſſemble pas plus aux autres cas qu'elles ne reſſemblent elles-mêmes aux autres Parties du Diſcours. Nous l'apellerons par cette raiſon *Cas Interjectif.*

Le pronom de la ſeconde Perſonne eſt le ſeul qu'on puiſſe employer dans ce ſens ; ſon interjectif eſt *toi.*

Telle eſt la différence entre toi & tu, que le premier de ces mots indique ſimplement la perſonne à laquelle on s'adreſſe ; & que le ſecond la peint

---

(1) Cinna, Trag. de Corneille.
(2) Polyeucte, Trag. de Corneille.

comme le sujet actif de la phrase : cette différence paroît d'une maniere bien sensible dans ces vives apostrophes que nous fournit Racine.

> Noble & brillant Auteur d'une triste Famille,
> Toi dont ma Mere osoit se vanter d'être Fille,
> Qui peut-être rougis du trouble où tu me vois ;
> Soleil, je viens te voir pour la derniere fois (1) !
>
> O toi Soleil, ô toi qui rens le jour au monde,
> Que ne l'as-tu laissé dans une nuit profonde !
> A de si noirs forfaits prêtes-tu tes rayons ?
> Et peux-tu sans horreur voir ce que nous voyons ? (2)

Toi & tu, ne sont certainement pas le même cas ; & puisque *toi* est le cas interjectif, tu est nécessairement le cas actif ou le Nominatif.

Comment est-il donc arrivé qu'on ait dit que le Pronom tu ne peut avoir de Nominatif en quelque Langue que ce soit : que l'idée de la seconde personne étant essentielle à ce pronom, elle se trouve nécessairement comprise dans la signification du Cas qui le présente comme sujet de la Proposition, lequel est par conséquent un véritable Vocatif ; puisque le vocatif ajoute à l'idée principale du mot, l'idée accessoire de sujet de la proposition à la seconde personne ; & qu'il n'existe d'autre différence entre le Nominatif & le Vocatif, si ce n'est que le Nominatif fait abstraction de toutes les Personnes, & que le Vocatif exclut positivement les idées de la premiere & de la troisiéme personne, & suppose nécessairement la seconde ?

Mais de quelle maniere le Nominatif fait-il abstraction des Personnes ? *Je* & *il* ne sont-ils pas & des personnes & des Nominatifs ou des sujets de la proposition où ils se rencontrent ? & si *toi* est en effet un Vocatif, *tu* dans ces phrases, TU *aimes trop cette personne*, TU *as tort*, peut-il être regardé également comme un Vocatif ? Mais est-il isolé comme *toi* ? N'est-il pas étroitement lié aux verbes dont il est suivi comme en étant le sujet ?

---

(1) Phédre, Act. I. Sc. III.
(2) Les Freres ennemis, Act. I. Sc. I.

V I.

VI.

DU GÉNITIF.

§. I. Sa Description.

Un nom, comme nous l'avons vu, ne suffit pas toujours pour déterminer suffisamment l'objet qu'il doit peindre ; alors il faut recourir à un autre nom, qui, venant au secours de celui là, complette le sens qu'il avoit commencé. Les vers suivans nous offrent plusieurs mots pareils.

> Depuis le jour fatal que *la fureur des eaux*,
> Presqu'aux *yeux de l'Epire*, écarta nos vaisseaux,
> Combien dans cet exil ai-je souffert *d'allarmes* ! (1)

Ce qui écarta les vaisseaux, ce n'est pas *la fureur*, ce ne sont pas les *eaux*, c'est *la fureur des eaux*. S'ils furent écartés, ce fut *aux yeux*, mais aux yeux *de l'Epire* : ce n'est ni *combien* ni *allarmes* qu'on a souffert, mais *combien d'allarmes*.

Ainsi ces trois mots, *fureur des eaux*, ne présentent qu'un seul sujet ; ceux-ci, *yeux de l'Epire*, un seul circonstantiel ; *combien d'allarmes* un seul objet. Les premiers mots *fureur, yeux, combien*, commencent un sens ; *eaux, Epire, allarmes* le finissent.

Mais de quelle maniere ces mots s'uniront-ils pour ne former qu'un seul sens ? Ce ne sera pas en se mettant simplement l'un à la suite de l'autre ; il faudra donc un nouvel expédient, qui n'ait rien de commun avec ceux qui précédent un nouveau cas dans les Langues qui s'en servent par les Noms.

Les François employent dans cette vue la Préposition DE, & cette préposition ne remplit pas ici la même fonction que les autres mots de son espéce : celles-ci font connoître le raport qui est entre deux Noms ; celle-là détermine simplement le sens commencé par le nom qui la précéde : les autres Prépositions unissent des Noms qui expriment des objets absolument différens. Celle dont il s'agit ici, unit deux Noms qui n'expriment qu'un seul objet ; elle est donc d'une classe absolument différente ; on a donc tort de la confondre avec les autres. Il en est à peu-près de même de la Préposition

---

(1) Andromaque, Act. 1. Sc. I.

terminative *à*; elle doit être abſolument diſtinguée des autres, de même que *de*. C'eſt peut-être ici la meilleure ſolution de ce Problême qui nous a tant exercés, pourquoi *de* & *a* ſe trouvent ſans ceſſe à la ſuite des Prépoſitions. La raiſon en ſeroit très-ſimple : DE & A n'ont qu'une valeur déterminative, tandis que toutes les autres ſont comparatives ou relatives : elles ſont donc ſoumiſes à des régles abſolument différentes.

Les Latins & les Grecs qui n'avoient point de Prépoſitions déterminatives, & chez qui elles étoient toujours comparatives ou relatives, furent obligés par-là même pour unir les mots, dont le dernier déterminoit le premier, de recourir à une autre voie. Ils inventerent un nouveau cas, & on l'apella GÉ-NITIF.

§. 2.

Son Etymologie.

C'eſt ce cas qu'on a cru s'être formé du Nominatif, & qu'on a regardé comme le cas générateur de tous les autres, & c'eſt de-là qu'on dérivoit ſon nom. Je ne ſaurois être de cet avis : j'ai déja expoſé les raiſons qui me portent à regarder l'Ablatif comme le cas primitif des Latins, comme celui dont ſe forment tous les autres, & qui ne ſe forma lui-même d'aucun; mais uniquement de la racine primitive des mots Latins. C'étoit d'ailleurs multiplier les êtres mal-à-propos, que de ſupoſer deux cas générateurs ſur ſix, comme ſi un ſeul n'étoit pas ſuffiſant ; c'étoit avouer qu'on ignoroit quel des deux étoit le primitif : mais ici, une premiere erreur en entraînoit une autre. On s'étoit perſuadé, ſans raiſon, que le Nominatif étoit le premier cas, le cas primitif, & qu'il avoit produit le Génitif placé après lui ; mais on apercevoit beaucoup plus de raport entre le Génitif & les autres cas, qu'entre ceux-ci & le Nominatif ; c'étoit donc le Génitif qui les avoit produits : ainſi le Nominatif étoit comme le grand-pere, le Génitif comme le pere, & les autres les petits-fils. Cette multiplication de machines, pour rendre raiſon d'une choſe très-ſimple, devoit faire ſoupçonner le faux d'une pareille méthode : c'eſt ici où un Grammairien étonné auroit pu dire qu'il auroit donné de bons conſeils à ceux qui inventerent les cas. Le vrai eſt, qu'il n'exiſte qu'un ſeul cas générateur, l'Ablatif, duquel dérivent Nominatif, Genitif & tous leurs Compagnons.

Diſons plutôt que le Génitif prend ſon nom de ce qu'il ſert à marquer l'origine d'un objet, à indiquer ſa généalogie : ceci eſt ſi vrai que l'on ſuprimoit même dans cette occasion & en Grec & en Latin, le mot dont il étoit précédé: ainsi au lieu de dire, *Cimon fils de Miltiades*, *Alexandre fils de Philippe*, les Grecs & les Latins suprimoient le mot *fils*, & mettoient le mot suivant au Génitif ; ils disoient *Cimo Miltiadis*, *Alexander Philippi* ; tout comme nous suprimons le nom de *Seigneur* entre le nom de batême d'une personne, & son nom de terre ou de patrie ; *Charles de Bourbon*, *Jean de Meun*.

Ces mots déterminatifs ne se mettent pas seulement à la suite du sujet de la phrase, mais à la suite des autres membres d'une Proposition, à la suite des mots qui marquent l'objet, le terme, la circonstance, &c. Ces vers seuls suffiroient pour le prouver :

> En, voyez-vous un seul qui, sans rien entreprendre,
> Se laisse terrasser au seul nom D'*Alexandre* ;
> Et le croyant déja *Maitre* DE *l'Univers*,
> Aille, esclave empressé, lui demander des fers ?
> Loin de s'épouvanter à *l'aspect* DE *sa gloire*,
> Ils l'attaqueront même au *sein* DE *la victoire*. (1)

Ces mots *Alexandre*, *Univers*, *Victoire*, déterminent ceux auxquels ils sont unis par DE, & qui marquent des circonstances, tandis que le mot *Univers*, forme avec le mot *Maitre*, l'objet du Verbe *croyant*.

§. 3.

Avantages de ce Cas dans les Langues où il existe.

L'usage du Génitif prévenoit chez les Latins l'inconvénient dans lequel nous tombons, de désigner par la Préposition DE, deux idées très-différentes ; l'idée de détermination que présentent ces exemples ; & l'idée de relation ou de raport entre deux objets absolument différens, comme dans ces phrases, *il est venu DE Rome*, *il s'est acquitté DE sa mission* ; *ce fleuve descend DE montagnes élevées*.

Ce double emploi de la Préposition DE, ne répand pas seulement de la monotonie sur nos phrases, il en résulte encore beaucoup d'embarras lorsque DE paroît dans la même phrase avec ces divers sens : embarras qui redouble

---

(1) Taxile, dans l'Alexandre de Racine, Act. I. Sc. I.

quand il s'agit d'expliquer des Ouvrages écrits en Langues étrangères, & qui présentent le même inconvénient.

Le Tasse nous offre, par exemple, dans les vers suivans, un double DE qui doit se prendre dans des sens différens.

> Tu magnanimo Alfonso, il qual ritogli
> Al furor DI Fortuna,
> Forse un dì sia, che la presaga penna
> Osi scriver DI te quel c'hor n'accenna. (2)

» Magnanime Alphonse, qui m'arrachas à la fureur DE la fortune, peut-être
» verrons-nous arriver ce jour que je prévois, où j'oserai écrire DE toi (*à ta*
» *gloire*) ce qu'actuellement je prends plaisir à feindre ».

L'embarras augmente encore, lorsqu'on est obligé de rendre par ce même DE d'autres Prépositions: il est très-difficile, par exemple, de traduire sans obscurité ces vers du même Poëte:

> Chiama a se da gli Angelici splendori
> Gabriel . . . (3)

» Des demeures rayonnantes des Anges, il apelle à lui Gabriel «.

En ne considérant que l'expression, on ne pourra décider si la voix qui apelle Gabriel est hors des demeures des Anges, ou si c'est de-là qu'on apelle Gabriel : avec un peu d'attention, on comprend que la voix apelle Gabriel hors du séjour Angélique ; mais cela est difficile à rendre dans notre Langue d'une maniere claire, parce que nous nous servons de la Préposition DE, pour indiquer également & le lieu d'où l'on apelle, & le lieu d'où l'on est apellé ; tandis que les autres Langues emploient pour cela deux formules différentes.

Il arrive quelquefois que les Latins expriment par un cas semblable, des Noms séparés dans nos Langues modernes par la préposition *de*. Ainsi ils disent *Urbs Roma*, Ville Rome, tandis que nous disons *la Ville de Rome*: mais on a très-bien vu que ces différentes constructions provenoient d'ellipses différentes. Quand on disoit *Ville Rome*, on sous-entendoit des mots qui formoient cette phrase, Ville qui est apellée ou dont le nom est *Rome*: tandis

---

(2) Jerus. déliv. Chant I. Str. IV.
(3) Ib. Str. XI.

que notre conſtruction répond à cette phraſe, *Ville* qui porte le nom *de Rome.*

Les Latins étoient même à cet égard moins gênés que nous : car outre la tournure qui leur étoit propre, ils ſe permettoient encore très-ſouvent la nôtre. On trouve dans Ciceron, *Num honeſtior eſt civitas Pergamena quam Smyrnæ?* (1). *In oppido Antiochiæ* (2). Et dans Virgile : *Mediamque per Elidis urbem* (3). Ce Poëte s'eſt auſſi ſervi du génitif pour les noms de Fleuves ; *Flumen Hymelæ* ; & Pline, pour ceux des arbres ; *Arbor palmæ.*

§. 4.

Maniere dont il répond à l'Adjectif.

Le premier des exemples que nous venons de raporter & dans lequel Ciceron fait du nom d'une Ville un Adjectif, diſant la *Ville Pergaméenne,* au lieu de la *Ville de Pergame,* n'a rien qui doive nous ſurprendre. Cette tournure eſt parfaitement conforme à la nature du génitif : ce cas ſert, comme nous avons dit, à completter le ſens du nom qui le précéde ; il remplit donc les fonctions de l'Adjectif, puiſque les Adjectifs ſervent également à déterminer les Êtres dont on parle, ces expreſſions, *un jour glacial, un jour brûlant,* correſpondant parfaitement à celles-ci, *un jour d'Hyver, un jour d'Eté.* C'eſt en conſéquence de ces raports que nous changeons tous les Pronoms en Adjectifs, lorſqu'ils devroient être au génitif ; nous diſons *mon empire, ma fortune, mes richeſſes,* au lieu de dire *empire de moi, fortune de moi, richeſſes de moi* : & que nous diſons *Langue Latine,* au lieu de dire *Langue des Latins* : *les Rois Mérovingiens & Carlovingiens,* au lieu de dire *les Rois de la race de Merouée & de la race de Charles.*

Auſſi eſt-on ſans ceſſe obligé dans les Traductions de rendre des génitifs par des Adjectifs, & des adjectifs par des génitifs : nous diſons *avec le ſecours de la fortune,* tandis que les Latins employent cette formule *fortuna juvante,* (la fortune ſecourant) ; & ce que les Latins apellent *ramus aureus,* nous l'apellons *le rameau d'or.*

---

(1) Harangue en faveur de Flaccus.
(2) Lett. à Attic. Liv. V.
(3) Enéid. Liv. VI.

§. 5.

Diverses fonctions du Génitif.

Le Génitif Latin & la Préposition Françoise *de* ne s'employent pas seulement à la suite d'un nom ; mais ils servent également à déterminer le sens des Adjectifs, des Adverbes, & des Verbes.

On dit, avide DE gloire, altéré DE sang & DE carnage.

S'ennuyer DE la vie, s'affliger DE ses disgraces, se souvenir DES bienfaits, s'exempter DU service.

Je croyois aporter plus DE haine en ces lieux (1), fait dire Racine à un de ses Acteurs.

La Langue Latine nous offre également des Génitifs à la suite de ces diverses espéces de mots : mais lorsqu'il a fallu en rendre raison, ses Grammairiens ont été fort embarrassés ; ils n'ont rien vu de mieux que de suposer que ces Génitifs servoient de complément ou de déterminatifs à des noms sous-entendus : comme si nous disions que dans les exemples précédens, ces mots *disgraces* & *bienfaits* ne sont pas au Génitif pour déterminer le sens des Verbes *s'affliger* & *se souvenir* : qui a jamais vu en effet des Verbes avec un Génitif ? mais parce qu'ils servent à déterminer le sens de noms sous-entendus tels qu'*affliction* & *souvenir* : & qu'ainsi *s'affliger de ses disgraces*, c'est s'affliger par l'affliction de ses disgraces ; & *se souvenir des bienfaits*, c'est se souvenir par le souvenir des bienfaits ; ou plutôt que ces deux phrases signifient *être affecté par l'affliction* de ses disgraces, & *être affecté par le souvenir* des bienfaits.

N'est-il pas plus simple, plus naturel de regarder le Génitif en Latin & la Préposition déterminative *de* en François, comme des formules qui n'ont pas besoin d'un nom pour se lier avec l'objet qu'elles servent à déterminer : de regarder comme fausse ou comme inutile la régle qui prétend que tout Génitif est précédé nécessairement d'un nom ?

Ajoutons que si dans toutes ces occasions le second mot est au Génitif, même après un Verbe, tandis que le complément d'un Verbe se met ordinairement à l'Accusatif, comme dans ces exemples *écrire une lettre*, *aimer une personne*, c'est que le mot qui se met au Génitif n'offre pas un objet distinct du sujet

---

(1) Andromaq. Act. III. Sc. VII.

de la phrase, avec lequel celui-ci puisse être en raport ; tandis que le mot qui se met à l'Accusatif offre toujours un objet absolument différent du sujet. La personne que j'aime n'est pas moi, la lettre que j'écris n'est pas moi. Mais ces bienfaits dont le souvenir m'affecte, ces choses dont le désir m'occupe, ne sont pas dans ce moment distinctes de ce souvenir, de ce désir : elles en sont une partie essentielle ; car sans cela il n'y auroit ni souvenir, ni désir. Elles apartiennent donc au cas déterminatif, à ce cas qui sert à completter le sens commencé par le mot qui le précéde.

ARTICLE III.
CHAPITRE I.

Ces Cas sont Naturels.

Tels sont les Cas qui existent dans quelque Langue que ce soit à l'égard des Pronoms ; & dans presque toutes, à l'égard des Noms, quelle que soit la maniere dont on les exprime. On peut même les apeller *Naturels*, non relativement à la forme particuliere qu'ils prennent dans chaque Langue, mais relativement à la nécessité dans laquelle tous les hommes se trouvent de diversifier de quatre ou cinq manieres différentes les raports des noms & la forme qu'ils doivent avoir pour remplir dans les Tableaux des idées, les divers rôles qu'ils ont à soutenir.

Si d'autres Langues sont allées fort au-delà de ce nombre, elles ont distingué des Cas qui ne méritoient pas de l'être, n'y en ayant aucun qui ne rentre dans ceux que nous venons de déveloper.

CHAPITRE II.

Les Cas ne dépendent pas des Prépositions.

IL est très-inutile en effet d'avoir un cas pour chaque préposition ; il suffit de mettre la préposition entre deux noms, comme dans nos Langues modernes ; & le vœu de la parole sera parfaitement rempli à cet égard : la différence des cas n'y ajoutera absolument rien.

Cette derniere assertion est sans doute contraire à la maniere dont on envisage les prépositions Grecques & Latines : toutes nos Grammaires les représentent comme amenant à leur suite un cas ou un autre ; & elles font envisager ce Cas comme l'effet de la préposition ; mais ce n'est pas cela : les Cas sont déterminés par la nature même du langage : ainsi toute préposition a trouvé les Cas existans ; & bien loin de les déterminer, elle a été obligée elle-même de se joindre au cas avec lequel elle avoit plus d'analogie.

Ainsi les prépositions actives comme celles de mouvement, se sont unies aux *accusatifs*, parce que l'accusatif est dans ces Langues le cas actif. Ainsi les prépositions passives comme celles qui marquent le repos, la force, la contrainte, l'action d'enlever, de priver, &c. s'unissent aux *ablatifs*, parce que l'ablatif est le cas passif, le cas qui marque les impressions reçues & non les impressions qu'on donne.

De-là, ces Prépositions qui se trouvent tantôt avec l'accusatif, tantôt avec l'ablatif, parce qu'elles se rencontrent dans des phrases qui sont tantôt actives, tantôt passives ; & que ces Prépositions sont toujours nécessitées à suivre leur impulsion.

Un homme du Latium vouloit-il dire, par exemple, que l'Empire Romain étoit sans bornes ? il falloit qu'il se servît de l'*ablatif*, puisque dans cette maniere d'être il n'y a point de mouvement, point d'action ; il disoit *sine fine*. Vouloit-il dire que cet Empire s'étoit étendu au-delà des Mers ? il étoit obligé de se servir de l'*accusatif*, puisqu'il faut de l'action, du mouvement, pour s'étendre, pour se dévelloper, &c. Il disoit donc, *ultra maria*.

La préposition IN, qui signifie *dans*, *en*, sera employée avec un accusatif lorsqu'on voudra dire *aller dans un lieu* ; & elle sera employée avec l'ablatif, lorsqu'on voudra dire au contraire qu'on *est dans* ce lieu.

Ce

Ce ne font donc pas les Prépofitions qui amenent les Cas, qui les régiffent: on ne fauroit le foutenir fans leur attribuer une vertu occulte qu'elles n'ont pas & qu'elles ne fauroient avoir: ce feroit anéantir tout principe en fait de Langues: c'eft la prépofition au contraire qui s'affocie à des Cas exiftans, fuivant qu'elle a une analogie plus marquée avec les uns ou les autres.

CHAPITRE III.

Cas des Pronoms en François.

Il ne nous refte plus pour terminer cet objet qu'à faire l'expofition des Cas que notre Langue a admis relativement aux Pronoms, & qui relativement à la forme fe réduifent à trois au fingulier

Premiere Personne.		Seconde Personne.	
Sing.	*Plur.*	*Sing.*	*Plur.*
Je.		Tu.	
Me.	Nous.	Te.	Vous.
Moi.		Toi.	

Troifiéme Personne.

Mafculin,	*Pronom direct.*	*Féminin*,		*Pronom réfléchi.*
Il.	Ils, & Eux.	Elle.	Elles.	Se.
Lui.	Leur.	Lui.	Leur.	Soi.
Le.	Les.	La.	Les.	

Mais fi l'on confidere l'emploi qu'on en fait, on en trouvera un beaucoup plus grand nombre; n'y ayant aucun de ces Cas qui ne fe fubdivife en plufieurs autres: donnons-en des exemples pour la premiere perfonne.

Je, Cas actif.   Je fais tout ce que je m'aprête;
               Et je vois quels malheurs j'affemble fur ma tête. (1)
Je, en interrogation.   Ne me trompai-je point? L'ai-je bien entendue? (2)

---

(1) Mithridate, Acte IV. Sc. IV.
(2) Bérénice, Acte III. Sc. IV.

Me, Cas passif.	Mais le dessein est pris, rien ne peut m'ébranler ;
	Jugez-en, puisqu'ainsi je vous ose parler,
	Et m'emporte au-delà de cette modestie
	Dont, jusqu'à ce moment, je n'étois point sortie.
	Vos yeux me reverront dans Oreste mon frere. (3)
	.... Taisez-vous, & me laissez parler.
Me, Cas terminatif.	Elle vit ! & c'est vous qui venez me l'apprendre. (4)
	Il daignât m'envoyer ce gage de sa foi (5).
Me, Cas relatif.	Et sans me repentir de ma persévérance,
	Je me remets sur eux de toute ma vengeance. (6)

BAJAZET.

Moi, Cas interjectif. Qui, Moi ! Madame.

ROXANE.

Oui. Toi ! (7)

LE GRAND-PRÊTRE (8).

Vous.

ŒDIPE.

Moi !

LE GRAND-PRÊTRE.

Vous.

AGRIPPINE. (9)

Je connois l'assassin.

NERON.

Et qui ?

AGRIPPINE.

Vous.

---

(3) Iphigénie, Acte V. Sc. III.
(4) Ibid. Sc. dern.
(5) Mithrid. *ubi suprà.*
(6) Bérénice, Acte IV. Sc. V.
(7) Bajazet, Acte V. Sc. IV.
(8) Dans la Tragédie d'Œdipe, par M. de Voltaire.
(9) Britannicus.

UNIVERSELLE. 403

NERON.

Moi !
Et MOI, qui l'amenai triomphante, adorée,
Je m'en retournerai seule & défespérée. (10)

Moi, Cas passif.   Viens, suis-MOI ; la Sultane en ce lieu se doit rendre (11)

Moi, Cas terminatif.   Quand il vous donne A MOI, n'est-il point votre Pere ?

Moi, Cas relatif.   Quoi ! Madame, en ces lieux on me tient enfermée ?...

Et commençant PAR MOI sa noire trahison,
Taxile de son camp me fait une prison. (12)

Moi, Cas déterminatif ou de complément, se voit plusieurs fois dans l'exemple suivant, avec d'autres emplois du même mot.

BERENICE.

Tandis qu'autour DE MOI, votre Cour assemblée
Retentit des bienfaits dont vous m'avez comblée,
Est-il juste, Seigneur....

Mais parlez-vous DE MOI, quand je vous ai surpris ?
Dans vos secrets discours, étois-je intéressée ?...

Vous regrettez un Pere. Hélas ! foibles douleurs !
Et MOI (ce souvenir me fait frémir encore)
On vouloit m'arracher de tout ce que j'adore :
Moi, dont vous connoissez le trouble & le tourment,
Quand vous ne me quittez que pour quelque moment ;
Moi, qui mourrois le jour qu'on voudroit m'interdire
De vous... (13)

ANTIOCHUS.

Il ne m'a retenu que pour parler de vous.

BERENICE.

DE MOI !...

---

(10) Iphigénie, Acte IV. Sc. IV.
(11) Bajazet, Vers I.
(12) Alexandre, Acte III. Sc. I.
(13) Bérénice, Acte II. Sc. IV.

ANTIOCHUS.

> Mais, MOI, toujours tremblant, MOI, vous le savez bien,
> A qui votre repos est plus cher que le mien,
> Pour ne le point troubler j'aime mieux vous déplaire. (14)

Les quatre premiers Vers de la scene suivante, présentent onze fois le pronom de la premiere personne : c'est le même Antiochus qui parle :

> Ne ME trompai-JE point ? L'ai-JE bien entendue ?
> Que JE ME garde, MOI, de paroître à sa vue.
> JE M'en garderai bien. Et ne partois-JE pas,
> Si TITUS, malgré MOI, n'eût arrêté MES pas ?

Voilà donc dix emplois différens du Pronom de la premiere Personne, qui peuvent se réduire à six Cas.

Un Cas actif, JE.
Un Cas passif, ME & MOI.
Un Cas terminatif, ME & MOI.
Un Cas relatif, ME & MOI.
Un Cas déterminatif, MOI.
Un Cas interjectif, MOI.

Il en est de même des autres Pronoms ; ils donnent lieu aux mêmes observations & aux mêmes raports ; & les uns & les autres sont une preuve sensible de la variété qu'on peut jetter par-là dans les Tableaux de la parole ; on diroit que notre Langue a voulu se dédommager de la gêne où la jettoit la privation des Cas relativement aux noms, en doublant tous ceux des Pronoms. Ce n'est cependant pas par cette raison : mais pour éviter par-là tout ce qui pourroit avoir chez elle l'air des Cas. Ceux-ci se mettent indifféremment dans une place ou dans une autre : il n'en est pas de même en François : le Pronom se placera fort bien chez nous devant & après le Verbe ; mais en changeant de position, il change de forme : ensorte que le même mot qui se met avant, ne pourra pas se mettre après ; & que celui qui se met après, ne pourra pas se mettre avant : ainsi notre Langue rentre dans ses principes, lors même qu'elle paroît s'en éloigner le plus. N'en soyons point surpris : toute Langue doit tou-

---

(14) *Ibid.* Acte III. Sc. III.

jours être semblable à elle-même, & donner son empreinte à tout ce qu'elle adopte : autrement elle seroit composée de matieres héterogènes qui se combattroient mutuellement & anéantiroient par-là même son harmonie.

§. 6.

+ *Pourquoi d'autres Parties du Discours admettent également ces Cas.*

Observons enfin que les Cas n'étant donnés par la Nature que pour les Pronoms, & étant étendus par imitation dans quelques Langues jusques aux Noms, ils s'y étendent par concordance jusques aux Articles, aux Adjectifs & aux Participes : parce que ces mots étant faits pour aller de pair avec les pronoms & avec les noms, pour les accompagner & pour les modifier, ils doivent subir les mêmes changemens qu'eux & se conformer en tout à leur marche.

PARTIE III.
DE LA CONJUGAISON.

ARTICLE I.
DES MODES.

CHAPITRE PREMIER.
Diverses espéces de Modes.

LA Conjugaison a pour objet toutes les variétés que subit un Verbe, ou les diverses manieres dont le nom d'une action s'unit aux tems & aux Personnes: union d'où résulte le nom même de la Conjugaison, qui désigne, comme nous l'avons vu, l'acte d'unir, de mettre sous le même joug. Cette portion de la Grammaire offre donc un beaucoup plus grand nombre de combinaisons, que la portion dont nous venons de traiter.

Nous avons déja vu qu'un Verbe s'unit pour chaque époque à tous les Pronoms singuliers & pluriels, dans les Langues qui ne reconnoissent que deux Nombres ; & aux Pronoms duels, dans celles qui ont un duel. Ce qui donne six inflexions au moins dans chaque Tems, à raison de trois Personnes au singulier, & de trois Personnes au pluriel, sans compter celles du duel. Ce nombre double même, dans les Langues qui ont un genre différent pour chaque Personne : ainsi nous avons quatre Personnes au singulier, & autant au pluriel, parce que nous avons deux Pronoms à la troisieme Personne ; un masculin, & un feminin, *il* & *elle*.

Ces divers procédés ne sont que des extensions plus ou moins nombreuses des mêmes Principes; de ceux sur lesquels est fondée la Grammaire générale : & ces usages différens, qui étonnent lorsqu'on ne sait pas les raporter à leurs causes, deviennent très-intéressans dès qu'on peut les comparer & les ramener à leurs vrais principes, à des principes communs. C'est un spectacle brillant, où l'on voit un même esprit animer tous les Peuples, & présider à leurs Langues, quelque diverses qu'elle paroissent.

Nous avons encore vu, qu'en comparant les actions uniquement avec les époques dans lesquelles elles ont lieu, il en résulte neuf Tems fondamentaux qui constituent le Verbe considéré en lui-même, & à la réunion desquels on donne le nom d'*Indicatif*, parce qu'il indique l'action, purement & simplement, sans la subordonner à aucun autre Verbe.

L'Indicatif seroit donc composé en François de soixante & douze inflexions, en admettant huit inflexions par tems; & en y comptant vingt-deux tems, il seroit composé de cent soixante & seize inflexions.

Mais on ne s'est pas contenté de considérer une action relativement au tems où elle a lieu: ces considérations, quoiqu'étendues, sont trop bornées pour les besoins de la parole. On en a donc formé de nouvelles; & de la même maniere que nous mettons les noms en oposition entr'eux pour en marquer les divers raports, nous faisons contraster les Verbes les uns avec les autres, afin de peindre les divers sentimens dont nous sommes affectés, soit par nous-mêmes, soit à l'occasion de tout ce qui nous environne.

Il a donc fallu que nous oposassions action à action, tems à tems, afin qu'ils pussent remplir toute l'étendue de nos besoins; mais dès que nous les fimes contraster, dès que nous les employâmes à de nouveaux raports, il fallut que nous en changeassions les formes, afin qu'ils pussent offrir de nouvelles idées, & qu'ils produisissent tout l'effet que nous en attendions.

Nous aurons l'idée de toutes ces modifications, dès que nous apercevrons d'une maniere claire & déterminée les divers raports sous lesquels on peut considérer une action, & par là même, les combinaisons auxquelles il faut avoir recours pour faire face à tous ces raports; de-là les divers MODES dont chaque Verbe peut être susceptible.

I°. L'INDICATIF, qui peint l'action en elle-même, & relativement aux diverses époques dans lesquelles elle a lieu, le premier des Modes, & qui existe nécessairement dans toutes les Langues.

II°. Nous ne nous contentons pas d'agir; souvent nous en imposons aux autres l'obligation, ou nous les invitons à agir: les tems de l'indicatif ne sauroient remplir cette fonction; car un ordre ou une invitation n'est pas un récit: il faudra donc une seconde sorte de Tems: de-là, le Mode IMPERATIF.

III°. Sans agir & sans ordonner, nous n'en voudrions souvent pas moins qu'une action eût lieu: les Verbes que nous employons pour désigner ce sentiment de l'ame, n'expriment plus qu'un simple desir: de-là un nouveau Mode, l'OPTATIF, c'est-à-dire, *le Mode du désir*.

IV°. Nos actions dépendent souvent d'une multitude de circonstances, sans le secours desquelles nous ne saurions nous déterminer ; nous sommes alors réduits à dire ce que nous ferions en telle ou telle circonstance : de-là une nouvelle suite de Tems que nous apellerons CONDITIONNEL OU SUPPOSITIF.

V°. Plus souvent encore nous sommes obligés d'apuyer nos actions, de motifs propres à les justifier ou à les déterminer dans leurs effets : ainsi les tableaux de la parole seroient très-imparfaits, si nous n'avions pas quelque moyen de lier aux Verbes qui expriment ces motifs, ceux qui désignent nos actions même : de-là un cinquième ordre de tems apellés SUBJONCTIF, c'est-à-dire, *tems mis à la suite d'autres tems*.

VI°. Nous pouvons enfin considérer ces actions en elles-mêmes, en les comparant simplement avec le tems dans lequel elles ont lieu, sans les lier avec aucune Personne en particulier : ce sera donc ici une autre suite de Tems apellés INFINITIF, parce que ce Mode n'est limité à aucune personne en particulier. Celui-ci sera un des plus anciens, puisqu'il est le plus simple, & qu'il réunit moins d'idées accessoires qu'aucun autre.

Tels sont les six Modes qui composent les Verbes, de quelque nature qu'ils soient, & qui en renferment toutes les modifications répandues entre toutes les Langues.

Il y en auroit un septième, les PARTICIPES ; mais nous en avons fait une Partie du Discours séparée du Verbe. Et comme nous avons déja exposé dans le second Livre ce qui regarde l'Indicatif, nous commencerons par l'Impératif à déveloper ce que nous avons à dire sur les Modes.

CHAPITRE

CHAPITRE II.

De l'IMPERATIF.

L'IMPERATIF préſente l'action déſignée par le Verbe, comme devant s'exécuter, non volontairement, ce qui eſt le propre de l'Indicatif, mais en vertu de la volonté de celui qui parle. *Fais*, *viens*, *ſors*, ſont des Impératifs.

Mais ici nous ne voyons qu'un Verbe, celui qui déſigne l'action commandée : nous avons dit cependant que dans les Modes différens de l'Indicatif, on met deux Verbes en contraſte. Comment concilier cela avec notre définition ? Très-ſimplement ; l'Impératif n'eſt qu'une formule elliptique ſubſtituée à une phraſe compoſée de deux Verbes, & qui ne dit rien de plus : c'eſt comme ſi l'on diſoit : *Je veux*, ou *il faut*, *toi être faiſant cela* ; *toi être allant*, *venant*, *ſortant*.

Ce Mode n'a dans la Langue Françoiſe qu'une ſeule Perſonne au ſingulier ; c'eſt la ſeconde, *fais* ; & deux au pluriel *faiſons* & *faites*.

Il ne peut point avoir de premiere Perſonne au ſingulier : & par raport aux troiſiémes, nous ſommes obligés d'emprunter en François les troiſiémes Perſonnes du ſubjonctif, *qu'il faſſe*, *qu'ils viennent*.

On pourroit cependant regarder comme une troiſiéme Perſonne de l'Impératif François, cette troiſiéme Perſonne du ſubjonctif quand elle eſt dépouillée de la Conjonction & du Pronom, comme lorſque nous diſons :

FASSE le Ciel que mon vœu s'accompliſſe !

Quelques Langues ont conſacré une terminaiſon particuliere pour exprimer les troiſiémes Perſonnes de l'Impératif. Chez les Grecs & les Latins, c'eſt *eto*, Impératif du Verbe Etre ; ainſi de TUP, coup, les Grecs firent TUP-ETÔ, *qu'il frape* ; & de CAV, prudence, attention, les Latins firent CAV-ETO, *qu'il prenne garde* ; comme ſi l'on diſoit, *frapant-lui-ſoit* ; *prévoyant-lui-ſoit*.

Comme les Latins ſe ſervent auſſi de cette terminaiſon pour la ſeconde Perſonne de ce même tems, & qu'ils expriment également la troiſiéme impérative par la troiſiéme du Subjonctif, comme en François, il en réſulte deux Impératifs dans cette Langue.

Amat, amato, *aime.* | Doce, doceto, *enseigne.*
Amet, ameto, *qu'il aime.* | Doceat, doceto, *qu'il enseigne.*

Quelques Grammairiens ont cru que de ces deux espéces d'Impératifs, l'un désignoit le tems présent, l'autre le tems futur. Mais Sanctius (1), & après lui MM. de Port-Royal, dans leur Grammaire Latine (2), ont fait voir que ces deux sortes de terminaisons étoient employées indifféremment dans les mêmes phrases. Virgile se sert de l'une & de l'autre dans les préceptes qu'il donne aux Laboureurs.

Nudus ara, sere *nudus*; laudato *ingentia rura*, *exiguum* colito. « Nud
» laboure, & seme nud ; admire les vastes Campagnes, & n'en cultive qu'une
» d'une étendue médiocre ».

Il en est de même dans ce vers de Properce :

Aut si es dura Nega; *sin es non dura* Venito.

Et de ceux-ci de Virgile :

Et potum pastas Age, *Tytire, & inter agendum*
Occursare capro (cornu ferit ille) Caveto.

M. Beauzée, allant plus loin, a soupçonné très-ingénieusement que ces deux terminaisons n'ont pas la même valeur, non relativement à l'époque, comme si elles désignoient l'une un Présent, l'autre un Futur : mais relativement à l'intention de celui qui parle : & que la terminaison ETO, est beaucoup plus pressante que l'autre ; qu'elle y ajoute infiniment plus de vivacité & d'intérêt ; qu'elle est aussi absolue que l'autre l'est peu ; qu'on disoit *ama* d'un ton indifférent & négligé; mais qu'on ne prononçoit *ameto* qu'en y mettant une grande chaleur, qu'en montrant l'ardent desir qu'on avoit de voir l'exécution de ce qu'on disoit ; & voici comment il analyse ces trois derniers vers d'après cette idée.

» *Aut si es dura,* NEGA: c'est comme si Properce avoit dit : Si vous avez
» de la dureté dans le caractère, & si vous consentez vous-même à passer
» pour tel, il faut bien que je consente à votre refus, *nega*, » simple concession;
» *sin es non dura,* VENITO ; priere urgente qui approche du commandement
» absolu, & qui en imite le ton impérieux : c'est comme si l'Auteur avoit

---

(1) Minerva, Lib. I. C. XII. ad finem.
(2) Remarques sur les Verbes, Sect. III. Ch. II. Art. V.

» dit : » Mais fi vous ne voulez point avouer un caractère fi odieux, fi vous
» prétendez être fans reproche à cet égard, il vous eft indifpenfable de venir,
» il faut que vous veniez, *venito*.

» C'eft la même chofe dans les vers de Virgile : *Et potum paftas age, Ti-*
» *tyre* : ce n'eft ici qu'une fimple inftruction, le ton en eft modefte, *age*.
» Mais quand il s'intéreffe pour Tityre, qu'il craint pour lui quelque accident,
» il éleve le ton, afin de donner à fon avis plus de poids, & par-là plus de
» difficulté, *occurfare capro CAVETO* ; *cave* feroit plus foible & moins hon-
» nête, parce qu'il marqueroit trop peu d'intérêt, il faut quelque chofe de
» plus preffant, *caveto* : c'eft le ton même de la loi (3) ».

§. 2.
La Langue Françoife a plufieurs Tems dans l'Impératif.

Cet Imperatif fimple *aime*, *fais*, n'eft pas le feul qui exifte dans notre Langue, quoique ce foit le feul qu'on ait inféré dans nos Grammaires, juf-qu'à M. Beauzée, qui a imité en cela les Tables Grammaticales de M. l'Abbé de Dangeau, & l'Auteur de la Lettre fur les fourds & les muets.

Ce nouveau Tems eft un Prétérit, *aye fait*, *aye lu*. C'eft de ce tems que l'Auteur de cette Lettre fait ufage, en traduifant un paffage d'ÉPICTETE, afin de fe raprocher de la tournure grecque :

Ανθρωπε πρῶτον ἐπισκεψαι, ὁ ποῖόν ἐςι τὸ πραγμα; εἶτα καὶ τὴν σεαυτου φύσιν καταμαθε, εἰ δύνασαι, βαςάσας. Πένταθλος εἶναι βούλει, ἢ παλαιςής; ἴδε σεαυτου τοὺς βραχίονας, τοὺς μηροὺς, τὴν ὀσφῦν καταμαθι. (4)	Homme, *aye* d'abord *apris* ce que c'eft que la chofe que tu veux être ; *Aye étudié* tes forces & le fardeau ; *Aye vu* fi tu peux l'avoir fuporté ; *Aye confidéré* tes bras & tes cuiffes ; *Aye éprouvé* tes reins, fi tu veux être Quinquertion ou Lutteur.

Quelqu'un a dit à ce fujet : « on ne commande ni les chofes paffées, ni les
» préfentes : le commandement ne peut tomber que fur ce qui doit s'exécuter
» dans la fuite ; comment donc pourroit-il y avoir un Prétérit à l'Impératif
» qui eft un Mode de commandement ?

» Cette objection eft fpécieufe, répond M. Beauzée (5) ; mais elle a bien

---

(3) Gram. Gén. Tom. II. p. 215.
(4) Epicteti Enchiridion, cap. XXX.
(5) Gramm. T. II. p. 219.

» des défauts : 1°. Elle prétend fermer les yeux sur ce que l'usage le plus fré-
» quent nous montre tous les jours dans notre Langue, & qui est avoué pour
» la Langue Grecque. 2°. Elle tient à des notions fausses des tems. 3°. Elle
» donne du Mode Impératif, une idée qui n'est pas plus vraie ».

Il est très-vrai qu'on ne commande pas les choses passées, & cependant l'objection porte à faux : car ces choses ne sont pas passées pour le moment dans lequel on les ordonne ; puisque à cet égard, il n'y a nul ordre à donner ; mais futures, quant à l'époque où l'on parle : elles doivent avoir été faites au moment où l'on voudra qu'existe telle chose qui ne peut avoir lieu autrement. Ce que dit Epictete tombe donc sur l'avenir, mais sur un avenir relatif qui doit en avoir précédé un autre ; c'est comme s'il eût dit : lorsque vous voudrez être quelque chose, ayez auparavant apris en quoi consiste ce que vous voulez être, &c.

Il est vrai qu'on pourroit regarder comme un Impératif pour un tems passé avant celui dans lequel on parle, l'expression d'un Maître qui, irrité contre son Domestique, de ce qu'il n'a pas exécuté ses ordres, parce qu'il a fait d'autres choses utiles, lui répond ; AYE GARDÉ *la maison, ne* SOIS *pas* SORTI, *ne te sois pas* ENIVRÉ, *que m'importe, si tu n'as pas fait ce que je voulois* ? Mais au lieu d'en faire des Impératifs, puisqu'ici le Maître ne commande rien, il me paroît qu'il vaudroit mieux les regarder comme des Subjonctifs elliptiques, puisque si ce Maître ne répondoit pas avec chaleur, il diroit, sans renverser sa phrase, *que m'importe que tu ayes gardé la maison, que tu ne sois pas sorti, que tu ne te sois pas enivré, si tu n'as pas fait ce que je voulois* ? Cette phrase étant parfaitement la même, le personnage qu'on introduit sur la scène n'a donc pas changé de tems, il n'a fait qu'une inversion.

§. 3.

Tems de l'Impératif François.

Tels sont donc les Tems de l'Impératif François, simples ou associés avec le Verbe *Etre*.

PRÉSENT POSTERIEUR, *aime*.	*Arrive.*
PRÉTERIT POSTERIEUR, *aye aimé*.	*Sois arrivé.*

Les Verbes réfléchis, tels que *s'habiller, se réjouir*, forment leur Impératif, en plaçant le Pronom à la suite du Verbe :

PRÉSENT POSTERIEUR, *habille-toi, réjouis-toi.*

Le Prétérit postérieur n'a été jusqu'ici observé par aucun Grammairien, du moins au Positif; car on a très-bien vu qu'au Négatif on dit, *ne te réjouis pas*, *ne t'habille pas*: il existe cependant dans notre Langue; on peut dire, *soyez-vous habillé quand je viendrai vous prendre*; *soyez-vous repenti si vous voulez qu'on vous pardonne*: on diroit au singulier, si la rencontre des deux *oi* ne rendoit pas un son insuportable, *sois-toi habillé*, *sois-toi repenti*; comme l'on dit, *sois-moi favorable*.

§. 4.

Tems de l'Impératif Grec.

Les Grecs si riches en Tems, en eurent quatre pour l'impératif; un présent, Τύπτε, *tupté*; un aoriste premier, *tupson*, Τύψον; un aoriste second, Τύπε, *tupe*; & un prétérit, Τέτυφε, *tetuphè*.

Les trois derniers se réduisent à un seul chez les Latins : on les rend tous les trois par ces mots, *aye frappé*; comment n'a-t-on pas vu que c'étoit corrompre une Langue par une autre? Chacun de ces tems a sa valeur propre & déterminée, il doit être rendu par une tournure différente.

L'Impératif présent designera un événement, une action qui va commencer à l'instant : c'est l'explication même d'Apollonius (1), & il en donne cet exemple : Σκαπτέτω τὰς ἀμπέλους, *qu'il se mette à labourer les vignes*, ce qui s'accorde très-bien avec notre théorie sur les présens.

Les trois autres tems apellés *Futurs-Parfaits* par divers Savans, par Ramus, Sylburge, &c. sont tous des Prétérits postérieurs, comme *aye aimé*, c'est-à-dire, qu'ils désignent des événemens qui doivent avoir eu lieu avant un Tems qui est lui-même futur, relativement au moment où l'on parle, ensorte que cette action, future pour le tems où l'on parle, sera passée lorsqu'arrivera le tems dont on parle.

Ainsi l'aoriste premier sera le complément du Présent : on dira, *laboure ce champ*, non comme ci-dessus, pour dire qu'on doit commencer; mais comme si l'on disoit, *que ce champ soit entièrement labouré par toi*, *aye achevé de labourer ce champ*.

L'aoriste second sera notre impératif prétérit, postérieur absolu & sans aucun raport au commencement ou à la fin de l'événement : *aye labouré*, *aye fait*, *aye dit*, *aye écrit*.

---

(1) Gramm. Liv. I. Ch. XXX.

Le Prétérit qui désigne un tems déja passé quand un autre événement sera arrivé, répondra à notre Prétérit Comparatif, *aye eu labouré lorsque tu viendras*.

Il résulte de-là qu'on peut admettre quatre Impératifs dans toutes les Langues, & même dans la nôtre, & tous pour un *Tems futur*, ce qu'il ne faut jamais perdre de vue.

1. Présent commençant,   *Fais*, mets-toi à faire.
2. Présent finissant,   *Fais*, exécute entiérement.
3. Prétérit posterieur,   *Aye fait*, à une telle époque.
4. Preter. post. Comparatif, *Aye eu fait*, avant que telle chose ait été faite.

§. 5.

Impératif employé dans les Loix.

C'est l'Impératif qu'employerent les Législateurs Romains dans la promulgation de leurs Loix.

Patri. endo. Fidiom. ioustom. vitai. necisque. potestas. ESTOD. Terque. im. venom. darier. ious. ESTOD (1).

Sei. Pater. Fidiom. ter. venom. duit. Fidios. af. Patre Leiber. ESTOD (2).

Sei. Arbos. (3) emdo. vicinei. fundom. endopendet. XV. pedibus. Altius *SUBLUCATOR*. †

» Qu'un Pere ait puissance de vie & de mort sur un fils légitime, &
» qu'il ait le droit de le vendre trois fois.
» Qu'un fils ne dépende plus de son Pere, si celui-ci l'a vendu trois fois,
» Si un arbre s'éleve sur le fonds d'un voisin, qu'il soit coupé à la hauteur
» de quinze pieds.

---

(1) Tab. IV. Loi I. Denys d'Halyc. L. 2, c. 4.
(2) Ib. Loi 2. Ib.
(3) Tab. VIII. Loi 5. Ulpien, in L. 1. §. ult. *de arb. caed.*

(†) On voit dans ces exemples tirés des Loix des XII. Tables à quel point changerent l'ortographe & la prononciation de la Langue Latine entre le tems où ces Loix furent données & celui des beaux Tems de cette Langue : & avec quelle certitude on en retrouveroit l'origine si l'on avoit un Dictionnaire de ce vieux Latin ; mais les Anciens ne nous en

Les Grecs se servoient au contraire de l'Infinitif en pareille occasion.

Θεούς καρποῖς ἀγάλλειν, honorer les Dieux par des fruits.

Quelques Grammairiens en conclurent que l'Infinitif avoit la force de l'Impératif ; mais ce n'étoit qu'une ellipse : on suprimoit ces mots : *il est ordonné de.* Ces mots étoient censés se trouver à la tête des Loix. Ils sont exprimés, en effet, au commencement de celles que firent les Athéniens, après que Thrasybule leur eut fait recouvrer leur liberté.

Ἔδοξε τῶ Δήμῳ, Τισάμενος εἶπε. Πολιτεύεσθαι Ἀθηναίες κατὰ τὰ πάτρια. Νόμοις δὲ χρῆσθαι τοῖς Σόλωνος, &c. » Il a plu au Peuple, & Tisamène l'a lu ; les Athé- » niens se gouverner par les Loix de la Patrie : observer celles de Solon, &c ; comme si l'on avoit dit, *que les Athéniens se gouvernent*, &c.

Les Loix des Hébreux étoient exprimées par la seconde Personne du Futur : *Tu honoreras ton Pere, tu observeras le jour du repos*, &c. c'étoit une tournure plus pressante ; elle devenoit personnelle à chacun.

---

ont conservé que quelques mots : ils n'avoient pas assez de critique & ils n'étoient pas assez versés dans la métaphysique du langage pour en sentir l'utilité : ils s'en consoloient en pensant, comme de nos jours, que c'étoit folie d'y songer. C'est alors cependant que VARRON fut apellé *le plus savant des Romains,* parce qu'il avoit vu les raports de plusieurs mots Latins avec la Langue Grecque & avec celle des Osques. Quelle gloire n'auroit-il pas acquise s'il eût composé un Dictionnaire complet de la Langue Latine pour tous les tems pendant lesquels elle avoit été parlée ! Il étoit réservé à notre siécle de produire un Ouvrage de ce genre & plus étendu encore ; un Ouvrage qui offre tous les mots de la Langue Françoise depuis dix siécles : & ce qui est plus surprenant encore, une seule personne a eu le courage de l'exécuter : cinquante ans de travaux n'ont pu la rebuter : que l'Antiquité eût été fiere d'un pareil travail ! Au moyen de l'ortographe des XII. Tables, on voit le plus parfait raport entre la Déclinaison Grecque & la Déclinaison Latine : le nominatif *sidios*, qui devint ensuite *filius*, répond au Grec *Logos* : le génitif *vicinei* au Grec *Logoi*, & l'accusatif *sidiom* au Grec *Logon*. De-là, & d'après quelques autres monumens, ces raports :

Déclinaison Grecque.	Déclinaison Latine.	Déclinaison Grecque.	Déclinaison Latine.
Logos,	Dominos.	Mousa,	Mousa.
Logoi,	Dominei.	Mousai,	Mousai.
Logô,	Domino.	Mousan,	Mousam.
Logon,	Dominom.	Mousaôn,	Mousarum.
Loghé,	Domine.	Mousas,	Mousais.

Mais par la même raison que les Hébreux substituoient le Futur à l'Impératif, les Grecs substituoient l'Impératif au Futur : tournure qui répandoit un nouveau feu dans le discours : ainsi un Personage d'Euripides demande à un autre, οἶσθ᾽ οὖν ὃ δρᾶσον, *sais tu ce que fais ?* au lieu de dire, *sais-tu ce que tu dois faire ?* C'est une belle ellipse qui répond à cette phrase, *sais-tu ce sur quoi* les circonstances où tu te rencontres te disent *Fais :* la rendre simplement par le futur, ce n'est pas en faire sentir la beauté, ce n'est pas peindre le génie de cette Langue.

CHAPITRE III.

DE L'OPTATIF.

SI dans l'exposition des Modes, nous n'eussions fait attention qu'à la Langue Françoise, nous aurions avec tous les Grammairiens retranché l'Optatif du nombre des Modes; mais il existe dans la Langue Grecque en nature, il existe dans la nôtre, au moyen de formules particulieres ; tout homme en éprouve les effets par cette faculté qu'il a de passer de desirs en desirs : la Grammaire générale ne peut donc se dispenser d'en faire un des objets de ses recherches, & de le mettre au nombre des Modes.

Pour tenir lieu de l'Optatif, nous nous servons quelquefois des mots Plut a Dieu ! Plut au Ciel !

Plût à Dieu que mon cœur fût innocent comme elles ! (1)
Ah! Seigneur! *plût au Ciel* que je pusse en douter! (2)

Plût aux Dieux qu'à son sort inhumain
Moi-même j'eusse pu ne pas prêter la main ;
Et que simple témoin du malheur qui l'accable,
Je le pusse pleurer sans en être coupable ! (3)

---

(1) Phedre, Acte I. Sc. III.
(2) Iphigénie, Acte III. Sc. V.
(3) Mithridate, Acte V. Sc. IV.

UNIVERSELLE. 417

On désigne souvent encore ce Mode par la forme interrogative, avec la Conjonction QUE :

> *Que* ne puis-je payer ce service important
> De tout ce que mon Trône eut de plus éclatant ! (4)
> Sans perdre tant d'efforts sur ce cœur endurci,
> *Que* ne le laissons-nous périr ? (5)
> .... Elle expire ! ô Ciel ! en ce malheur
> *Que* ne puis je avec elle expirer de douleur ? (6)

On le désigne enfin par une simple interrogation exclamative :

> O désespoir ! ô crime ! ô déplorable Race !
> Voyage infortuné ! rivage malheureux !
> Falloit-il approcher de tes bords dangereux ? (7)

CHAPITRE IV.
DU CONDITIONNEL OU SUPOSITIF.

OUTRE les gradations que nous venons d'observer dans les modifications d'une action, & qui nous la présentent relativement à son *exécution*, relativement à l'*ordre* qu'on en donne, & plus simplement encore relativement au *desir* qu'on en a, on peut encore la considérer relativement à ce qu'on eût pu faire, si l'on avoit été placé dans telle & telle circonstance.

De-là un nouveau Mode ; le CONDITIONNEL OU SUPOSITIF.

> Je LIROIS, si j'avois des Livres instructifs & amusans.
> JE me PROMENEROIS, si j'en avois le loisir.

On se sert ordinairement de ce Mode à la suite d'une Interrogation, & pour y répondre : c'est comme si une personne demandant à une autre *pour-*

---

(4) Mithrid. Sc. dern.
(5) Bajazet, Act. V. Sc. III.
(6) Ib. derniers vers.
(7) Phédre, Act. I. Sc. III.

Gramm. Univ.

quoi ne lisez-vous pas ? que ne vous promenez-vous ? celle-ci lui disoit ce que nous venons d'alléguer, comme des exemples du Conditionnel.

Ce Mode n'est cependant pas toujours accompagné de la Conjonction *si*, du moins exprimée ; ainsi l'on dit encore :

>Que n'êtes-vous venu ? vous eussiez vu des choses étonnantes.
>Que ne m'avez-vous appellé ? j'eusse volé à votre secours.

C'est donc ici une nouvelle modification des Verbes ; & cette modification est donnée par la Nature même : aussi est-elle dans toutes les Langues, ou en nature ou exprimée par des circonlocutions qui en ont toute la force. Ainsi les Langues qui lui ont consacré des Tems particuliers, comme la nôtre, & qui en ont fait un Mode distinct, sont plus parfaites à cet égard que les Langues qui ne se sont pas ménagées cette ressource, telle que la Latine & la Grecque ; & quelque riche que cette derniere soit en Tems, nous avons encore des richesses qui lui manquent.

Telles étoient les vues bornées de nos Grammairiens, ou telle étoit la scrupuleuse imitation dans laquelle ils se concentroient relativement aux principes de la Grammaire Latine, qu'ils ne voyoient rien au-delà ; & que l'Abbé Girard fut le premier qui apperçut combien il étoit absurde de ne prendre pour régle de toute Grammaire que celle des Latins ; & quel affreux cahos il en résultoit pour la Grammaire Françoise, lorsqu'on vouloit réunir dans un même Mode des Tems disparates, & qui appartenoient à tout autre.

Mais telle étoit la force de l'habitude qu'on n'a fait nulle attention à ce qu'avoit si bien vu cet Auteur, & qu'on sacrifioit la Langue Françoise à ses préjugés d'enfance. M. Beauzée, fait pour sentir le vrai de quelque part qu'il vînt, est le premier qui ait adopté ce nouveau Mode, & qui en ait pris la défense, non comme le sentiment de tel ou tel, mais comme une vérité utile, qui fait une partie essentielle des Verbes dans la Langue Françoise, & qui constitue une des beautés de cette Langue, par lesquelles elle se distingue de la Langue Latine : ainsi s'exprime à cet égard M. Beauzée.

« Quelque frapante qu'elle soit (il s'agit de la preuve que le Supositif est
» un Mode distinct de tous les autres) je ne sache pourtant aucun Gram-
» mairien étranger qui l'ait apliqué aux Conjugaisons des Verbes de sa Langue :
» par raport à la nôtre, il n'y a que l'Abbé Girard qui en ait tiré parti, sans
» même avoir déterminé à suivre ses traces, aucun des Grammairiens qui
» ont écrit depuis l'Edition de ses *vrais Principes* ; comme s'ils trouvoient
» plus honorable d'errer à la suite des Anciens en les copiant, que d'adopter

» une vérité mise au jour par un Moderne que l'on craint de reconnoître
» pour Maître ».

Ce Mode renferme cinq Tems : un Présent, trois Prétérits & un Futur.

Présent.		Je chanterois.	J'arriverois.
Préter.	Positif,	J'aurois chanté.	Je serois arrivé.
	Comparatif,	J'aurois eu chanté.	J'aurois été arrivé.
	Prochain,	Je viendrois de chanter.	Je viendrois d'arriver.
Futur.		Je devrois chanter.	Je devrois arriver.

Ces Tems sont tous indéfinis, c'est-à-dire, qu'ils peuvent s'apliquer à toutes les époques antérieures & postérieures, relatives aux événemens dont on parle conditionellement.

De ces cinq Tems, l'un est simple, comme le Présent de l'Indicatif, *je serois*, *j'aurois*, *je serois*. Le second est composé de ces conditionnels, *j'aurois* ou *je serois* ; *j'aurois fait*, *je serois arrivé*. Le troisième est composé de ces mêmes conditionnels, *j'aurois* ou *je serois*, joints à leurs Participes ; *j'aurois eu fait*, *j'aurois été arrivé*, *je me serois eu réjoui*. Le quatrième est composé du conditionnel du Verbe *venir*, *je viendrois de faire*, *je viendrois d'arriver* : & le cinquième est composé du conditionnel du Verbe *devoir* ; *je devrois faire*, *je devrois arriver*.

M. Beauzée entre dans un grand détail pour démontrer que chacun de ces Tems est indéfini. Nous nous contenterons de le prouver par raport au premier : on pourra juger des autres par celui-là, ou recourir à cet Auteur.

Le Présent désigne l'époque actuelle dans ces vers :

> Quoi ! pour un fils ingrat toujours préoccupée,
> Vous croiriez... (1)

Et dans ceux-ci :

> L'éclat de mon nom même augmente mon supplice :
> Moins connu des mortels, je me cacherois mieux :
> — Je hais jusques au soin dont m'honorent les Dieux. (2)

---

(1) Mithridate, Acte IV. Sc. IV.
(2) Phédre, Sc. dern.

Il désigne le Préſent poſtérieur dans ceux-ci :

> De ſes feux innocens j'ai trahi le myſtere ;
> Et quand il n'en PERDROIT que l'amour de ſon Pere,
> Il en mourra, Seigneur. (3)

Il déſigne encore un Préſent antérieur, lorſqu'on diroit dans un récit, *il s'arrachoit les cheveux, il ſe jettoit à terre, il ſe relevoit, il* MOURROIT *s'il avoit une épée*. En effet, ce *il mourroit* eſt un Préſent actuel, relativement au tems dont on parle, qui eſt lui-même antérieur à celui où l'on parle.

RACINE, qui nous a fourni les exemples précédens, s'eſt ſervi d'un Conditionnel, qui a été cenſuré par l'Abbé d'OLIVET, & défendu par l'Abbé DES FONTAINES : c'eſt lorſqu'il fait dire par Phèdre à Hyppolite :

> Voilà mon cœur, c'eſt-là que ta main doit frapper.
> ... Ou ſi tu le crois indigne de tes coups,
> Si ta haine m'envie un ſupplice ſi doux,
> Ou ſi d'un ſang trop vil ta main SEROIT trempée,
> Au défaut de ton bras, prête-moi ton épée. (4)

L'Abbé d'Olivet, dans ſes Remarques ſur Racine, crut que cette expreſſion, *ſi ta main* SEROIT *trempée*, étoit un barbariſme.

L'Abbé des Fontaines (5) ſoutint au contraire que cette phraſe ne pouvoit être énoncée d'une maniere différente : il crut qu'elle rentroit dans cet exemple : » Qu'une perſonne diſe, *je ne veux pas que mon ami ſouffre, j'en ſerois fâché* ; » on lui répondra, *ſi vous en* SERIEZ *fâché, tâchez donc de le ſoulager* : Où » eſt donc ici le barbariſme, ajoute-t-il ? Peut-on parler autrement ? »

M. BEAUZÉE aprouve également (6) l'expreſſion de Racine, quoique par des raiſons différentes de celles qu'emploie l'Abbé des Fontaines. On peut voir dans l'endroit cité la maniere dont il y diſcute cet objet : nous nous contenterons de dire ici, qu'il trouve que cette expreſſion ſe juſtifie très-bien au moyen de la ſuppoſition énoncée par SI : *ſi en me frapant, ta main* SEROIT

---

(3) Mithrid. ibid.
(4) Phédre, Act. II. Sc. V.
(5) Racine vengé.
(6) Gramm. Gén. T. II. p. 239.

trempée d'un fang trop vil: ou plutôt, *fi tu ne veux pas me fraper, parce que ta main* SEROIT *trempée d'un fang trop vil.*

CHAPITRE V.
DU SUBJONCTIF.

Jusqu'ici nous avons vu chaque Tems marcher feul, & former une phrafe fans le concours d'aucun autre Tems; mais il nous arrive fouvent de lier nos phrafes les unes avec les autres; & de la même maniere que nous dévelopons ou que nous déterminons le fens d'un Nom, par un autre Nom qui vient fe ranger à la fuite de celui-là, nous fommes obligés très-fouvent de déterminer le fens d'un Verbe, par un Verbe qui vient fe placer à la fuite d'un autre.

Si ce fecond Verbe eft feul, il fe lie au premier, en fe plaçant fimplement à fa fuite fans aucun accompagnement: c'eft ainfi que dans les vers fuivans nous voyons les Verbes *oublier*, *cacher* & *rapeller*, employés à déterminer le fens des Verbes *je veux* & *vous ofez*.

> Cependant quand je veux OUBLIER cet outrage;
> Et CACHER à mon cœur cette funefte image,
> Vous ofez à mes yeux RAPPELLER le paffé! (1)

Mais fi ce fecond Verbe eft lui-même précédé d'un Pronom ou d'un fujet, enforte qu'il forme un fecond tableau, on fera obligé, pour le lier avec le premier, d'employer la Conjonction QUE, & de donner à ce fecond Verbe une forme différente de celle qu'offre le premier, afin qu'on voye de la maniere la plus précife qu'il lui eft fubordonné, & qu'il n'offre qu'un fens déterminatif. Les quatre vers qui précédent ceux que nous venons de citer, nous préfentent deux exemples de Verbes déterminatifs, qui étant accompagnés d'un

---

(1) Mithrid. Act. IV. Sc. IV.

sujet, n'ont pu se lier à ceux qui le précédoient, qu'au moyen de la Conjonction QUE.

> Attendiez-vous, pour faire un aveu si funeste,
> Que le sort ennemi m'EUST ravi tout le reste;
> Et QUE de toutes parts me voyant accabler,
> J'EUSSE en vous le seul bien qui me pût consoler?

Ces Verbes M'EUST RAVI & J'EUSSE, servent en effet à déterminer le sens de ces mots, ATTENDIEZ-VOUS ? Attendiez-vous que le sort m'eût ravi *tout le reste? & que j'eusse*, &c.

Les changemens que l'on fait dans ces occasions aux Verbes, afin qu'ils puissent former un seul corps avec les Tems de l'Indicatif, &c. constituent un cinquiéme Mode qu'on apelle SUBJONCTIF, c'est-à-dire, *Tems joints* à la suite d'un autre, comme on diroit *chose sous-jointe*.

Il résulte de-là que les Tems du Subjonctif ne peuvent jamais paroître seuls, qu'ils doivent toujours se raporter à un autre tems qu'ils déterminent; ce qui fait voir combien s'étoient trompés les Grammairiens Latins & les Grammairiens François, qui plaçoient le Prétérit positif postérieur, *j'aurai fait*, ou *fecero*, au nombre des tems du Subjonctif.

Il résulte encore de-là, que les tems du Subjonctif sont toujours précédés d'une Conjonction exprimée ou sous-entendue, en quelque Langue que ce soit.

L'on devra donc supléer cette Conjonction toutes les fois qu'elle sera sous-entendue, lorsqu'on voudra rendre compte de ces constructions qui semblent oposées aux régles de la Grammaire.

C'est ainsi que dans ces vers d'Horace :

> Cùm tot SUSTINEAS & tanta negotia solus,
> Res Italas armis TUTERIS, moribus ORNES,
> Legibus EMENDES : in publica commoda peccem,
> Si longo sermone MORER tua tempora, Cæsar. (1)

Tous ces Verbes qui sont au Subjonctif, *sustineas, tuteris, ornes, emendes, peccem & morer*, y sont en vertu de la Conjonction UT sous-entendue, puis-

---

(1) Second Livre des Epitres I.

qu'elle seule gouverne le Subjonctif, ou plutôt puisqu'elle seule sert à unir le Subjonctif avec le Verbe, dont il détermine le sens.

Il est vrai qu'ici, il n'y a point de Verbe avant SUSTINEAS & que le mot CUM est regardé comme une Conjonction qui gouverne le Subjonctif. Que répond à cela M. BEAUZÉE ?

1°. Que le Subjonctif n'est jamais réuni à l'Indicatif par la Conjonction CUM, qui se place elle-même avant l'Indicatif tout comme avant le Subjonctif, & qu'ainsi elle ne peut signifier tout-à-la-fois *lorsque* & *puisque*.

En effet, cette Conjonction présente toujours la même idée, soit avec l'Indicatif, soit avec le Subjonctif; & on peut la rendre dans toutes ces occasions par ces mots, *dans le tems où*, *à l'heure où*.

2°. M. Beauzée ajoute que ces deux mots *cùm* & *ut* ne pouvant se suivre immédiatement, il faut encore insérer entr'eux un autre Verbe qui suive *cùm* & qui amene *ut* avec le Subjonctif pour le déterminer, comme si Horace eût dit :

Cùm res est ita ut sustineas solus tot & tanta negotia, &c.

« *Dans le tems où* votre situation est telle que *vous soutenez* seul des » travaux si multipliés & pesans, que *vous protégez* par vos armes l'Empire » Romain, que *vous en faites* l'ornement par vos vertus, que vous le *restau-* » *rez* par vos Loix ; il arriveroit que *je manquerois* à ce que je dois au bon- » heur public, si je me conduisois de façon que *j'abusasse*, César, de votre tems » par un long discours ».

SANCTIUS, dans sa Minerve, avoit déja aperçu qu'il falloit avoir sans cesse recours à des suplémens de cette nature, pour rendre raison d'une infinité de formules pareilles.

M. l'Abbé VALART attaqua très-vivement ce Grammairien Espagnol, à la tête de la neuviéme Edition de son Rudiment : ces suplémens lui parurent « des expressions qui ne sont point marquées au coin public, des expressions » de mauvais aloi, qui doivent être rejettées comme barbares... qu'elles ne » sont les productions que de l'ignorance ».

M. Beauzée prenant ici la défense & de l'Espagnol & de ses propres principes, répond à ces épithètes de M. l'Abbé Valart : 1°. Que ces suplémens ne sont pas inconnus dans la Langue Latine, qu'elle offre des exemples qui ont beaucoup de raport avec eux : qu'ainsi dans ces passages de Térence : *si* EST *facturus ut* SIT *officium suum* (1) : *si* EST *reducere ut* VELIT *uxorem* (2); le Verbe EST suposé un sujet tel que *res*, & UT suposé un antécédent tel que *ita*; comme si l'on disoit, *si* res *est* ita *ut sit facturus officium suum*, *si* l'événement *est* tel *qu'il fasse son devoir*. Si res *est* ita *ut velit reducere uxorem*, *si* sa volonté *est* telle *qu'il consente à faire revenir son épouse*.

2°. Qu'on ne prétend pas que ces suplémens soient des locutions usitées dans le langage, mais des dévelopemens sans lesquels on ne pourroit analyser les phrases même dont l'usage est le plus commun; encore moins, les imiter à propos.

3°. Que dans toutes les occasions où le sens analytique & grammatical exige le suplément d'une ellipse, on est en droit d'y recourir, lors même qu'on n'en auroit aucun modéle dans la construction actuelle de la Langue. « La raison en est, ajoute cet Auteur, que souvent une ellipse n'est autorisée » dans une Langue que pour supléer à un point de vue qui n'y a pas reçu une » expression propre, & qui est pourtant nécessaire à l'exposition analytique » de la pensée. Tel est, par exemple, le Mode Supositif, qui, comme on l'a » vu, ne peut s'exprimer en Latin que par le Subjonctif construit elliptique- » ment. Personne apparemment ne s'est encore avisé de dire en François, *je* » *souhaite ardemment que le Ciel* FASSE *ensorte que nous ayons bientôt la* » *paix*; c'est néanmoins le développement analytique le plus naturel & le » plus raisonnable de cette phrase Françoise, FASSE *le Ciel que nous ayons* » *bientôt la paix* !

Ici M. Beauzée ajoute une régle générale relative aux ellipses de la Langue Françoise, que nous ne pouvons nous résoudre à omettre : « Je remarquerai, » dit-il à ce sujet, que c'est une régle générale de la Langue Françoise, & » qui peut-être n'a pas encore été observée, que quand un Verbe est suivi » de son sujet sans être précédé d'une Conjonction déterminative, il y a el- » lipse du Verbe principal auquel est subordonné celui qui est en construction » inverse. Telle est la phrase que l'on vient de citer: l'ellipse y est indiquée » & par l'inversion du sujet & par la forme subjonctive du Verbe, laquelle » supose toujours un autre Verbe à l'Indicatif : cet autre Verbe ne peut » être ici que le Verbe *je souhaite*: l'Adverbe *ardemment* que j'y ajoute, me » semble nécessaire pour rendre l'énergie du tour elliptique, qui donne à la » phrase le sens optatif; & *ensorte* est l'antécédent nécessaire de la Con-

---

(1) Adelphes. (2) Hecyre.

» jonction

UNIVERSELLE.

« jonction QUE, qui doit lier la Proposition Subjonctive à la principale ».

§. 2.

Tems du Subjonctif.

Tels sont les Tems du Subjonctif qui résultent du systême de M. Beauzée. Deux Présens, six Prétérits, & quatre Futurs.

PRÉSENTS.

INDÉFINI.	QUE *je chante*,	QUE *j'arrive*.
DÉFINI antér.	QUE *je chantasse*,	*j'arrivasse*.

PRÉTERITS.

POSITIFS.	INDÉFINI.	*J'aye chanté*,	*Je sois arrivé*.	
	DÉFINI ant.	*J'eusse chanté*,	*Je fusse arrivé*.	
COMPARATIFS.	INDÉFINI.	*J'aye eu chanté*.	*J'aye été*	*arrivé.*
	DÉFIN. ant.	*J'eusse eu chanté*	*J'eusse été*	
PROCHAINS.	INDÉFINI.	*Je viens de chanter*,		*d'arriver.*
	DÉF. ant.	*Je vinsse de chanter*,		

FUTURS.

POSITIFS.	INDÉFINI.	*Je doive chanter*,	*arriver.*
	DÉF. ant.	*Je dusse chanter*,	
PROCHAINS.	INDÉFINI.	*J'aille chanter*,	*arriver.*
	DÉF. ant.	*J'allasse chanter*,	

De ces douze Tems, les quatre premiers sont ceux qui ont été reconnus par tous les Grammairiens, & qu'on a long-tems regardés comme les seuls qui composassent le Subjonctif, lorsqu'on en ôtoit ceux qu'on lui avoit attribués mal-à-propos, tels qu'un Futur en Latin, & les Conditionnels ou Supositifs en François. Ces quatre tems du Subjonctif sont ceux que les Latins apellent *Présent*, *Imparfait*, *Prétérit* & *Plusque Parfait*.

GRAMMAIRE

§. 3.

Eclaircissement sur ces Tems.

Dans chacune de ces six Classes sont deux Tems, l'un *Indéfini*, l'autre *Défini antérieur*. Le premier désigne en effet une époque considérée comme ayant également lieu dans un Présent actuel ou dans un Présent postérieur.

  Je veux *que vous vouliez*, *Présens actuels*.
  Je voudrai *que vous vouliez*, *Présens postérieurs*.

Le Prétérit positif indéfini *j'aye voulu*, a lieu également avec ce Prétérit actuel *je veux*, & le Présent postérieur *je voudrai*.

  Je veux *que vous ayez voulu*.
  Je voudrai *que vous ayez chanté*.

Le second Tems de chacune de ces classes est un Tems Défini antérieur, parce qu'il n'a lieu que relativement au Présent antérieur.

  Je voulois *que vous voulussiez, que vous chantassiez*, &c.
  Je voulois *que vous eussiez voulu, que vous eussiez chanté*.

Puisque les tems du Subjonctif sont relatifs aux tems de l'Indicatif, l'idée qu'ils offrent est plus composée que celle de ceux-ci; ils offrent un raport de plus; mais les tems de l'Indicatif en offrent déja deux. *Je fis*, offre, par exemple, un raport d'existence passée ou antérieure, relativement au tems où l'on parle, tandis que les tems du Subjonctif, outre ces deux raports, offrent encore un raport avec le moment déterminé par l'Indicatif qui les précède.

Ainsi dans cette phrase, je *desirois que vous chantassiez en présence de cette Compagnie*, *vous chantassiez* désigne une action qui devoit être présente au tems dont on parle, qui est antérieure au tems où l'on parle, & qui est subordonnée au tems désigné par le Verbe *je desirois*.

Suivant que l'on considere les tems du Subjonctif relativement aux deux raports qui leur sont communs avec ceux de l'Indicatif, ils offrent dans chaque classe un tems Indéfini & un tems Défini, comme nous venons de le voir.

Mais dès qu'on les considere relativement aux trois sortes de raports qu'ils réunissent, ils deviennent tous Indéfinis, tous désignent le raport d'existence

UNIVERSELLE.

actuelle à l'égard d'une époque antérieure, actuelle ou postérieure.

Je voulois *que vous chantassiez hier*, époque actuelle.

Je ne vois pas *que vous chantassiez hier*, époque antérieure.

Je ne crois pas *que vous chantassiez jamais, lors même qu'on vous enseigneroit mieux*, époque postérieure.

Aussi ce même tems, *vous chantassiez*, s'exprime en Latin dans chacun de ces cas par un tems différent ; par un Présent, par un Prétérit & par un Futur ; *te cantare, te cantavisse, te cantaturum*.

C'est à cause de ce troisiéme raport, ou parce que les tems du Subjonctif sont toujours subordonnés à un autre tems, que tous les tems du Subjonctif, & sur-tout les Présents, sont regardés comme des Futurs : car ce qui est subordonné est comme un Futur, relativement à ce qui le met en jeu : je ne saurois dire, *je veux que vous sachiez*, sans que l'on considere ce mot *sachiez* comme un Futur, puisque la personne à qui l'on parle ne sait pas ce qu'on veut qu'elle sache, & qu'elle ne le saura qu'après qu'on le lui aura dit.

Il ne faut donc pas être étonné si nous voyons les Italiens, par exemple, employer le présent du Subjonctif au lieu du Futur : c'est donc *chez eux comme chez nous*. Le Tasse s'est servi du Présent du Subjonctif dans ce sens :

> Hor mentre guarda e l'alte mura e'l sito,
> De la Città Goffredo, e del paese ;
> E pensa, ove s'accampi, onde assalito
> Sia il muro hostil più facile à l'offese. (1)

« Cependant Godefroy considere les murs élevés & la situation de la ville
» & du terrein : il examine où *qu'il se campe* & d'où le mur ennemi *soit at-*
» *taqué* d'une maniere plus sûre ».

Nous dirions : « Il examine la place qu'*il doit choisir* pour son camp,
» & de quel côté *il sera plus aisé* d'attaquer le mur ennemi ».

---

(1) Jérus. déliv. Chant III. Stroph. LVIII.

Hhh ij

CHAPITRE VI.
DE L'INFINITIF.

§. I.

Fausses idées qu'on se formoit de ce Mode.

Nous voici parvenus enfin, à la derniere espéce des modifications que reçoit le Verbe relativement aux différentes Classes de Tems: c'est l'INFINITIF. C'est de ce mode que M. Beauzée a dit : » l'*Infinitif* est un des objets de la » Grammaire dont la discussion a occasionné le plus d'assertions contradictoires » & laissé subsister le plus de doutes : on ne finiroit pas s'il falloit examiner en » détail tout ce que les Grammairiens ont avancé à cet égard. Le plus court, » & apparemment le plus sûr, est d'analyser la nature de l'Infinitif d'après les » usages combinés des Langues. En ne posant que des principes solides, on » parvient à mettre le vrai en évidence ; & les objections sont prévenues ou » résolues ».

Ce Mode est d'une nature différente des autres Modes : il ne se lie point avec les Personnes, comme ceux-ci, tandis qu'il s'accompagne, comme les Noms, d'articles & de prépositions, & qu'il sert comme eux de sujet, d'objet, de terminatif, &c. ensorte qu'il reçoit des Cas dans les Langues où les Noms en sont susceptibles. Aussi a-t-on été tenté de le regarder comme un Nom.

D'un autre côté, au lieu de peindre des objets comme les Noms, il ne peint 1°. que des actions ou des états comme les Verbes, & il sert de complément aux Verbes avec lesquels il ne peint par-là même qu'une seule idée, qu'un ensemble; tout comme l'adjectif ne peint pas un objet différent du nom auquel il est associé, qu'il ne fait qu'un avec lui.

2°. Comme les Verbes, il s'associe à l'idée de Tems, qui est incompatible avec les Noms.

Il n'est donc pas un Nom, mais plutôt un Verbe, puisqu'il désigne & des actions & des tems comme les Verbes.

Il n'est donc pas un Verbe, mais plutôt un Nom, puisque, comme les Noms, il ne s'associe pas aux Pronoms ou aux Personnes, & qu'il s'associe au contraire comme eux aux Articles & aux Cas ?

Mais qu'eſt-ce qu'un mot qui tout à la fois eſt Nom ſans être Verbe, & Verbe ſans être Nom ? En fait-on mieux connoître la nature en l'appellant *Verbe-Nom* ou *Nom-Verbe* ? ou en le rangeant ſimplement dans la Claſſe des Verbes ou dans celle des Noms ?

Toutes ces dénominations ſont fauſſes ou incomplettes. Les Infinitifs, très-bien nommés ainſi, ſoit parce qu'ils n'ont point de limites pareilles à celles des autres Parties du Diſcours, qu'ils tiennent lieu de pluſieurs ; ſoit parce qu'ils ne tiennent à aucune Perſonne en particulier & qu'ils peuvent s'apliquer à toutes indiſtinctement ; les Infinitifs, dis-je, ne peuvent être raportés à aucune Partie du Diſcours en particulier, & on ne ſauroit leur donner un nom compoſé de deux autres, ſans en faire un tout bizarre compoſé de parties mal aſſorties. Ils ſont donc des mots elliptiques, des abréviations qui tiennent lieu elles ſeules de pluſieurs Parties du Diſcours, ſemblables en cela aux mots *mon*, *ton*, &c. qui repréſentent ſeuls les trois Parties du Diſcours auxquelles apartiennent ces mots *le... de moi*, *le... de toi*.

§. 2.

Sa définition & ſes propriétés.

L'Infinitif n'eſt autre choſe qu'une ellipſe, dans laquelle on a ſuprimé le nom d'action dans les Verbes actifs, & celui d'état dans les Verbes neutres & paſſifs, en conſervant le mot qui déterminoit la nature de cette action, de cet état &c. comme effet d'un agent qu'on ne déſigne pas, & qui eſt comme l'adjectif du nom ſuprimé. Ainſi quand nous diſons, *un jeune homme doit* étudier, c'eſt comme ſi nous diſions *un jeune homme doit* ſe livrer à ce genre d'actions qui eſt le propre d'un homme qui étudie, ou que nous apellons *étudier*.

Il eſt tems de parler, c'eſt-à-dire, *c'eſt le tems de l'action* par laquelle *on parle*, ou que nous apellons *parler*.

Mais comme le Verbe actif emporte avec lui l'idée d'action, & que cette répétition du mot *action* deviendroit très-fatiguante en allongeant le diſcours ſans le rendre plus clair, on ſuprime ce mot avec tous ſes accompagnemens, & l'on fait marcher le Verbe ſans y joindre l'idée d'aucun pronom, parce qu'on ne déſigne pas cette action comme étant l'effet de quelque agent déterminé.

De-là, découlent de la maniere la plus ſimple, toutes les propriétés de l'Infinitif & toutes ces bizarreries apparentes qui ſemblent faire la croix des Grammairiens.

1°. Il n'est jamais accompagné d'aucune personne, puisqu'il peint l'action en elle-même sans la considérer relativement à aucun agent.

2°. C'est un Verbe, parce que peignant des actions, il s'associe nécessairement à l'idée de Tems ; & que toute action peut être considérée en elle-même comme présente, passée ou future, quoiqu'on ne la regarde pas comme opérée par telle ou telle personne en particulier.

3°. Il s'employe comme un nom, parce qu'il tient la place d'un nom : nous disons *mentir est un crime*, comme nous dirions *l'action de mentir est un crime*.

4°. Dès-lors, l'Infinitif s'employe comme un nom à la suite des Verbes & avec des prépositions ; ainsi l'on dit : *il se plait à faire du bien* ; *il ne cesse d'étudier* ; *il est fait pour instruire ses semblables* ; *il veut toujours faire à sa tête*.

5°. Il s'accompagne même des articles, dans la Langue Italienne & dans la Langue Grecque ; & quelquefois dans la nôtre, où il devient alors une espéce de nom.

Ainsi nous disons le *boire* & le *manger*, l'*aller* & le *venir*, le *vouloir* & le *parfaire* : mais comme nous n'en faisons usage qu'avec quelques Verbes actifs, nous ne regardons ces formules que comme des noms : au lieu que dans les deux Langues dont nous parlons, le Grec & l'Italien, l'Infinitif ne cesse pas d'être Verbe, quoique précédé de l'Article.

Ainsi on dit en Italien, L'ASSIGNARE *il giorno* (*l'assigner un jour*,) pour dire *l'action d'assigner un jour* : IL REDURRE, (*le réduire*,) pour dire *l'action de réduire*.

C'est dans le même sens que les Grecs disoient, τὸ λίαν φιλεῖν τῦ μὴ φιλεῖν αἴτιον, *le beaucoup aimer n'est pas une raison d'aimer*.

§. 3.

Exemples qui justifient ces idées.

Démontrons la vérité de ces principes, & le bel effet des Infinitifs par ce passage d'un de nos Poëtes qui dans le court espace de vingt vers nous offre quinze Infinitifs (1).

---

(1) Bajazet, Act. V. Sc. IV. C'est ce Prince lui-même qui se justifie du reproche d'ingratitude que lui fait Roxane.

UNIVERSELLE.

Déja plein d'un amour dès l'enfance formé,
A tout autre desir mon cœur étoit fermé ;
Vous me vintes OFFRIR & la vie & l'Empire ;
Et même votre amour, si j'ose vous le DIRE,
Consultant vos bienfaits, les crut, & sur leur foi,
De tous mes sentimens vous répondit pour moi.
Je connus votre erreur ; mais que pouvois-je FAIRE ?
Je vis en même tems qu'elle vous étoit chere.
Combien le Trône tente un cœur ambitieux !
Un si noble présent me fit OUVRIR les yeux.
Je chéris, j'acceptai, sans TARDER davantage,
L'heureuse occasion de SORTIR d'esclavage :
D'autant plus qu'il falloit l'ACCEPTER ou PÉRIR.
D'autant plus que vous-même ardente à me l'OFFRIR ;
Vous ne craigniez rien tant que d'ÊTRE refusée ;
Que même mes refus vous auroient exposée ;
Qu'après AVOIR OSÉ me VOIR & me PARLER,
Il étoit dangereux pour vous de RECULER.
Cependant je n'en veux pour témoin que vos plaintes,
Ai-je pu vous TROMPER par des promesses feintes ?

Le premier de ces Infinitifs, OFFRIR, désigne le BUT qui avoit conduit Roxane vers Bajazet : c'est comme s'il eût dit, *vous vintes à moi dans l'action d'une personne qui offre & la vie & l'Empire.*

DIRE, désigne ce qu'ose Bajazet : *si j'ose* me livrer à l'action d'un personne qui *dit*.

FAIRE, désigne l'objet du Verbe *que pouvois-je ?* comme s'il eût dit, *pouvois-je* me livrer à l'action d'une personne *qui fait*, ou plutôt à quelqu'une de ces actions qu'on apelle *faire*, *pouvois-je* me livrer ?

OUVRIR, marque l'effet que produisit le présent de Roxane : *un si noble présent me fit* faire l'action d'une personne qui ouvre les yeux, ou cette action qu'on apelle *ouvrir les yeux*.

TARDER, est relatif au Tems, c'est mettre de la lenteur dans ses actions ; précédé comme ici de la préposition négative SANS, il désigne l'empressement avec lequel Bajazet reçut le présent de Roxane ; c'est comme s'il eût dit, *j'acceptai sans* l'action d'une personne qui *tarde*, ou *j'acceptai sans retardement*.

SORTIR, détermine l'occasion qu'accepta ce Héros de la piéce; aussi est-il joint à ce nom par la préposition déterminative DE : *j'acceptai l'heureuse occasion de sortir*, comme s'il disoit *l'occasion* de cette action par laquelle une personne *sort*.

§. 4.

Avantages de l'Infinitif.

Cette facilité de s'exprimer d'une maniere indéfinie donne beaucoup de grace au discours, & le rend beaucoup plus concis : aussi employe-t-on souvent l'Infinitif dans les expressions proverbiales & dans les sentences : ainsi l'on dira pour peindre le chagrin que cause une attente inutile : *Eh! quoi! toujours attendre, souffrir & ne voir rien venir!* Horace dit sentencieusement, *virtus est vitium* FUGERE, vertu est vice FUIR : pensée exprimée de la maniere la plus concise qu'il soit possible, & qu'on pourra tourner en François de plusieurs manieres qui la rendront plus longue sans rien ajouter au sens; comme si nous disions, *c'est une vertu de fuir le vice* ; ou, *l'éloignement pour le vice est une vertu* ; ou, *c'est déja une grande vertu que de savoir éviter le vice*.

Cet Infinitif produit même un effet beaucoup plus brillant que si l'on employoit un nom à sa place. Nous disons fort bien, *il est tems de me retirer*, & nous ne dirons pas *il est tems de ma retraite, de mon départ, de ma sortie d'ici*. C'est ainsi que Ciceron dit, *tempus est jam hinc* ABIRE *me*, il est tems de me retirer. C'est que l'Infinitif nous peint mieux comme agissans.

§. 5.

Autre propriété de l'Infinitif.

Mais les Verbes ne désignent pas seulement les actions; ils peignent encore les qualités, donnant ainsi lieu aux Tableaux énonciatifs & aux passifs. Il y aura donc des occasions dans lesquelles l'Infinitif ne pourra se résoudre que par les mots *qualité*, *état*, *situation*, au lieu du mot *action* : & ce sera toutes les fois que cet Infinitif sera exprimé par le Verbe ETRE. Nous en avons un exemple dans le discours précédent de Bajazet, lorsqu'il dit ;

Vous ne craigniez rien tant que d'ÊTRE refusée.

Ce mot d'ÊTRE *refusée*, sert de déterminatif ou de complément au mot *qualité*, sous-entendu, & qui n'a disparu que parce qu'il n'ajoutoit rien à l'énergie

& à la clarté de la phrase. C'est comme si on eût dit, *vous ne craigniez rien tant que* la qualité *d'être refusée, que* la situation, l'état d'une personne *qui est refusée.*

Il en est de même de cet exemple :

> Créon en est le Prince, & prend Jason pour gendre ;
> C'est assez mériter d'être réduit en cendre. (1)

Comme si Médée eût dit, *c'est assez mériter* l'état *d'un* objet qui est *réduit en cendre.*

C'est ainsi que l'on dit en Italien en parlant de Calypso abandonnée par Télémaque, *l'essere immortale*, expression qu'on ne rend point en François en disant *l'être immortelle*, parce que cette formule renferme une ellipse inconnue à notre Langue, & que par conséquent elle n'y présente aucune image; il faut donc nécessairement supléer les mots supprimés ; & dire, *la qualité d'être immortelle* augmentoit la douleur de Calypso.

C'est ainsi que l'ellipse ayant produit l'Infinitif, embellissoit le langage, tandis qu'elle en rendoit l'analyse presque impossible, en se cachant dans l'obscurité des Principes grammaticaux : de-là cet embarras dans lequel on s'est toujours rencontré, lorsqu'on a voulu rendre raison du Mode dont il s'agit ici, & qui paroissant tenir de plusieurs Parties du Discours, ne pouvoit être raporté à une seule sans tout brouiller.

Par-là se confirme toujours plus ce que nous avons dit au sujet de l'ellipse, & combien nous avons eu raison en lui donnant une place dans la définition même de la Grammaire.

§. 6.

Tems de l'Infinitif.

L'Infinitif sert à diriger également des états, & des actions passées, présentes & futures : il réunira donc divers tems, tous également elliptiques. On en peut compter cinq en François, tandis que le Grec en a six, & que le Latin n'en offre que trois. Voici ceux qui existent dans notre Langue.

---

(1) Médée, Acte I. Sc. IV.

		Chanter,	Arriver.
Présent,		Chanter,	Arriver.
Prétérits,	Positif,	Avoir chanté,	être arrivé.
	Comparat.	Avoir eu chanté,	avoir été arrivé.
	Prochain,	Venir de chanter,	venir d'arriver.
Futur,		Devoir chanter,	devoir arriver.

Les Latins réduisent les trois Prétérits à un seul ; AMAVISSE, *avoir aimé*.

Les Grecs, qui ont, comme nous, un Présent & trois Prétérits, ont deux Futurs : l'un qui désigne qu'on doit commencer telle chose, s'y adonner ; & l'autre qui désigne qu'on doit achever, mener à fin, faire complettement une chose.

Ces Tems sont tous indéfinis, ensorte qu'ils peuvent tous être ce qu'ils sont, dans des époques actuelles, antérieures & postérieures.

Cette maxime, *l'homme veut* ÊTRE *heureux*, est vraie pour tous les tems, pour les hommes qui sont, qui ont été & qui seront. Le mot ÊTRE suppose toutes les époques possibles.

Et si nous disons, *enfin je puis vous* SALUER, *je voulus vous* SALUER, *j'aurai le plaisir de vous* SALUER ; nous employons *saluer* comme actuel, comme antérieur & comme postérieur, relativement à l'époque où nous parlons.

Il en est de même du Prétérit, *j'ai cru vous* AVOIR SALUÉ, *je crois vous* AVOIR SALUÉ, *je croirai vous* AVOIR SALUÉ *en vous faisant un signe de tête*.

Ici, partage entre les Grammairiens. SANCTIUS à la tête d'un grand nombre de Partisans, a cru que les tems de l'Infinitif ne désignent un tems particulier qu'autant qu'ils sont unis à des Verbes qui n'étant pas à l'Infinitif, désignent un tems quelconque : d'après ce principe, le mot ci-dessus SALUER ne désigneroit par lui-même aucune époque, puisqu'il ne désigne une époque actuelle que parce qu'il est joint à un Présent *je puis* ; une époque antérieure, parce qu'il est joint à un Prétérit *je voulus* ; & une époque postérieure, parce qu'il est joint à un Futur *je croirai*. Mais, répond fort bien M. Beauzée (1), chaque tems de l'Infinitif désigne invariablement une époque qui lui est propre ; ainsi *saluer* est toujours un Présent, quelle que soit l'époque avec laquelle on l'associe : & *avoir salué* sera toujours un Prétérit, quoiqu'on le raporte à des époques actuelles & futures. Ce n'est pas leur valeur déterminée qui dépend des Verbes dont ils sont précédés : ceux-ci ne déterminent que le moment où ces actions eurent lieu, comme présentes ou comme passées, &c.

---

(1) Gramm. Gen. T. II. p. 274.

CHAPITRE VII.

Des Tems de l'Infinitif Latin, appellés GÉRONDIFS.

§. I.

Ce qui a donné lieu aux Gérondifs.

LEs Latins ont dans leur Infinitif une forte de Tems qu'on apelle Gérondifs, & dont jufqu'ici on ne s'eſt point formé d'idée nette & exacte, parce qu'ils paroiſſent abſolument bornés à cette Langue, quoique ce ne ſoit que relativement à la forme. Afin de pouvoir nous en rendre raiſon, rapellons-nous ce que nous avons déja vu, que les Infinitifs tenant lieu d'un Nom ſous-entendu, s'employent de la même maniere que s'employeroit ce Nom s'il étoit exprimé : qu'ils font ainſi ſucceſſivement ſujet, objet, terminatif, complément : qu'ainſi ÉTUDIER eſt ſujet, lorſqu'on dit ÉTUDIER *eſt une choſe utile* ; déterminatif ou complément dans cette phraſe, *il eſt tems* d'ÉTUDIER ; terminatif dans cette troiſiéme, *on lui donna la Grammaire à* ÉTUDIER ; objet enfin lorſqu'on dit, *il le fait* ÉTUDIER *du matin au ſoir*. Obſervons encore que ces divers emplois ne font déſignés que par des moyens étrangers au Verbe *étudier*, qui demeure toujours le même dans toutes ces circonſtances.

Les Infinitifs ſe trouveront donc néceſſairement chez les Latins dans les mêmes circonſtances : ils feront tour à tour ſujets, objets, terminatifs, &c. mais les Latins feront-ils obligés d'exprimer, comme nous, ces qualités diverſes par des marques étrangeres à l'Infinitif ? L'Infinitif ne pourra-t-il pas changer de terminaiſon, ſuivant la fonction diverſe qu'il aura à remplir ? Qu'eſt-ce qui l'empêcheroit, dans une Langue qui a déja des terminaiſons pour tous les rôles qu'ont à remplir les Noms ? On n'aura qu'à tranſporter ces terminaiſons aux Infinitifs, & ils indiqueront dès-lors par eux-mêmes le rôle qu'ils rempliſſent dans les tableaux où ils ſe trouvent. C'eſt ce que firent ſagement les Latins. L'Infinitif devenoit-il complément ou déterminatif ? ils changeoient ſa terminaiſon *are* ou *ere*, en ANDI ou *endi* : étoit-il terminatif ? ils la changeoient en NDO : étoit-il à la ſuite de la Prépoſition AD, qui marque le but ? ils changeoient cette terminaiſon en NDUM.

C'eſt ce qu'ils apellerent GÉRONDIFS, mot formé de GER*ere*, agir, gérer.

Mais que signifie ce nom, & pourquoi fut-il donné à cette portion de l'Infinitif? C'est ce qu'on chercheroit inutilement dans nos Grammairiens les plus célébres, qui n'ont rien de satisfaisant à cet égard. Il faut donc aller encore ici à la découverte.

§. 2.

Définition des Gérondifs.

Les Gérondifs expriment les divers raports qu'offrent les Présens des Infinitifs avec le reste de la phrase, de la même maniere que dans les Noms, les cas en désignent les divers raports. On peut dire dans ce sens qu'ils sont les cas de l'Infinitif.

L'Infinitif sert-il de complément à un Nom? On employe le Gérondif en *di*: il est tems d'étudier, *tempus est* STUDENDI.

Le Gérondif en DO, sert à marquer, comme le Datif, le terme d'une action ; ainsi pour dire je mettrai mes soins à chercher ce que vous desirez, on dit QUÆRENDO *quod optas operam dabo.*

Le Gérondif en DUM, désigne la destination, & sert également à rendre l'Infinitif propre à entrer dans des phrases où il est précédé d'une Préposition: il vint pour répondre, *venit* AD RESPONDENDUM; pour étudier, AD STUDENDUM.

L'Infinitif est-il employé comme un circonstantiel, pour désigner le moyen, &c. on se sert encore du Gérondif en DO, mais tenant lieu d'Ablatif: ainsi on dit, *memoria* EXCOLENDO *augetur*; comme si nous disions, la mémoire s'augmente *par cultiver elle*, au lieu de dire *en la cultivant.*

Par ce moyen, la Langue Latine étoit parfaitement semblable à elle-même: comme elle n'employe jamais les Prépositions que devant les cas, toute Préposition qui précédoit un Verbe, le voyoit au cas avec lequel elle s'associoit ; & tout Verbe qui servoit de complément à un Nom se trouvoit au cas qu'exige le complément.

Tandis que dans nos Langues sans cas, les Prépositions seules servent de lien entre un Infinitif & les mots avec lesquels il est en raport, parce que chez nous les Prépositions seules servent à marquer ces raports.

§. 3.

Origine des Gérondifs.

Mais quelle fut l'origine de ces Cas de l'Infinitif ? C'est une question encore en litige : car tel est le sort des Langues, de donner lieu à une foule de discussions intéressantes, qui semblent interminables : on diroit que leur génie se plaît à nous échaper : résout-on une difficulté ? il s'en éleve aussi-tôt une multitude aussi obscures. Disons-le hardiment ; la terminaison même du nom des Gérondifs, leur parfaite ressemblance avec les cas du participe en DUS, & le raport qu'ils ont, comme lui, avec l'idée soit du Futur, soit des tems postérieurs, tout prouve qu'ils ne furent autre chose dans leur origine que les cas même du Participe Futur Passif, de ce Participe terminé en NDUS ; & que d'Adjectifs Passifs comme lui, ils s'employerent insensiblement comme des noms actifs, par une ellipse semblable à celle dont nous usons lorsque nos participes prétérits passifs deviennent une portion de nos Tems actifs, & s'employent comme des Noms ; ainsi les Latins disent, *tempus est studendi lectionem*, il est tems *d'étudier* sa leçon, comme nous disons, j'ai *achevé*.

Des deux côtés, passif devenu actif, & adjectif employé comme un nom.

§. 4.

Controverse à ce sujet.

Vous renouvellez ici une vieille erreur, me dira-t-on : les Anciens ont cru en effet que les Gérondifs étoient les cas du Participe en DUS ; mais on leur a très-bien prouvé qu'ils se trompoient.

Je conviens de tout cela ; je sais que SANCTIUS, SCIOPPIUS, VOSSIUS, &c. ont dit ce que j'avance ici : je sais aussi que MM. de Port-Royal (1) & M. Beauzée ont très-bien réfuté les raisons dont ils appuyoient leur système : malgré cela, je ne puis me résoudre à adopter d'autre principe ; mais je l'éleve sur une base absolument différente de tout ce qu'ils ont dit, & qui me paroît aussi inébranlable que la leur étoit fragile.

Qu'on juge de celle-ci par la réfutation victorieuse qu'en a fait M. (2) Beau-

---

(1) Gramm. Gén. Part. II. Chap. XXI.
(2) Gramm. Gén. T. II. p. 287.

zée. « Les Grammairiens, dit-il, dont je combats ici l'opinion, en démon-
» trent eux-mêmes l'erreur par l'embarras & l'absurdité de la maniere dont
» ils sont forcés d'analyser les Gérondifs, qu'ils regardent comme participes
» passifs. Les uns sous-entendent l'Infinitif actif du Verbe même ; &, selon
» eux, c'est cet Infinitif sous-entendu qui régit l'accusatif. Ainsi, PETENDUM
» *est pacem à Rege*, signifie dans leur système, demander au Roi la paix
» est ce qui doit être demandé... Les autres sous-entendent le nom *nego-*
» *tium*, & commentent ainsi la même phrase, *negotium petendum à Rege*
» *est circa pacem*, la chose qui doit être demandée au Roi a pour objet
» la paix. Ni les uns ni les autres ne pourroient se tirer d'affaire avec les Gé-
» rondifs des Verbes neutres : car que voudroit dire, par exemple, *dormire dor-*
» *miendum est*, dormir doit être dormi ; *tempus dormire dormiendi est*, le tems
» dormir est de ce qui doit être dormi ; *negotium dormiendum est*, une chose
» doit être dormie ».

Certainement rien n'est plus ridicule que de pareilles explications ; elles prouvent que ces Grammairiens ne tenoient point le fil de la science dont ils s'occupoient, & d'après eux il étoit impossible d'admettre que les Gérondifs fussent les cas des participes en DUS.

J'avoue encore qu'en regardant les Gérondifs comme les cas purs & simples de l'Infinitif, ainsi que le propose M. Beauzée, on rend raison d'une maniere très-nette des phrases dans lesquelles ils se rencontrent. A cet égard, ce système ne laisse rien à désirer ; mais il laisse dans l'obscurité la plus profonde, l'origine des Gérondifs ; il ne rend pas raison de leur parfaite conformité pour le son avec les cas du participe futur passif, & il empêche de tirer de ce raport les conséquences intéressantes qui en résultent. Reprenons donc cette question, mais sous un nouveau point de vue.

§. 5.

Comment les Gérondifs sont nés du Participe en dus.

Il est incontestable 1°. que les Gerondifs sont parfaitement semblables quant au son, aux Cas du Participe futur en *dus* ; 2°. qu'ils leur sont parfaitement semblables quant au sens.

Point de différence à ces deux égards dans les phrases suivantes , entre *amandi*, génitif du participe en DUS, & *amandi* Gérondif: *tempus est amandi patris*, c'est le tems du Pere qui doit être aimé : *tempus est amandi*, c'est le tems de ce qui doit être aimé.

La seule différence qui y regne, c'est que dans la premiere, l'objet qu'on doit aimer est exprimé; au lieu qu'il ne l'est pas dans la seconde: qu'on s'exprime dans celle-ci d'une maniere indéfinie en faisant abstraction de tout objet: aussi tous ces Gérondifs ne sont autre chose que le genre neutre du participe; ce genre dont on se sert toutes les fois qu'on employe un Adjectif qui n'est accompagné d'aucun nom.

Il n'est pas moins certain que le Participe étant considéré sous ce point de vue indéterminé, devenoit parfaitement analogue à l'infinitif, qui est lui-même indéterminé; & qu'il étoit très-indifférent de dire, *c'est le tems d'aimer*, ou *il est le tems de ce qui doit être aimé*, & que cette derniere formule devoit même être préférée à la premiere chez les Latins qui avoient une prédilection singuliere pour les tournures passives.

Mais s'il étoit indifférent en soi de se servir de l'une ou de l'autre de ces formules, il ne l'étoit point relativement au génie de la Langue Latine: car il lui étoit impossible d'employer l'Infinitif, puisqu'il auroit dû être précédé d'une Préposition, ce qui ne se pouvoit: on profita donc de la ressource qu'offroit à cet égard le Participe en *dus*, au moyen de ses cas.

Ce n'est pas tout: ces cas du Participe étant toujours pris dans un sens indéterminé & parfaitement analogue à l'infinitif actif, se firent considérer insensiblement comme des tems actifs, & ils amenerent à leur suite l'accusatif tout comme s'ils avoient été actifs: ainsi l'on dit *tempus est* LEGENDI *hanc epistolam*, comme on diroit *tempus est* LEGERE *hanc epistolam*: le sens étoit parfaitement analogue de part & d'autre; & l'esprit qui concevoit une tournure active dans le premier cas *tempus est legendi*, disoit aussi-tôt *hanc epistolam*, comme si ce mot fût venu à la suite d'un Verbe actif.

C'est précisément de la même maniere que nous prenons dans un sens actif les Participes prétérits passifs lorsque nous disons *j'ai fait*, *j'ai aimé*, & que nous les employons comme des masculins dans ces phrases, *j'ai fait cette Dissertation*, *j'ai aimé cette personne*, tandis qu'ils devroient être au féminin, & qu'on devroit dire, suivant le sens primitif, *j'ai faite cette Dissertation*, *j'ai aimée cette personne*; tout comme nous disons *cette Dissertation que j'ai faite*, *cette personne que j'ai aimée*.

Mais accoutumés à considérer ces Prétérits passifs comme indéterminés, quand ils marchent les premiers, nous les employons comme s'ils n'avoient rien de commun avec les Noms dont ils sont suivis, & comme s'ils étoient actifs, d'autant plus qu'ils font partie de nos actions.

Ainsi les Latins accoutumés à considérer les cas du Participe en *dus*, d'une maniere indéterminée quand ils marchent sans nom, & comme désignant des actifs, les firent suivre de Noms à l'accusatif, tout comme s'ils avoient été des Tems actifs.

C'est donc des deux côtés une seule & même marche, & en François & en Latin : de part & d'autre des Participes passifs employés comme actifs, & revêtus de toutes les prérogatives de l'actif, non par eux-mêmes, mais en conséquence de la maniere dont l'esprit les incorpore avec l'actif, pour tenir lieu de Tems & de tournures qui devroient être actives, & que l'actif ne fournit pas.

Il est vrai que dans toutes les Grammaires Latines, on a distingué les Gérondifs des Participes, & l'on en a fait des Tems actifs : mais les Grammairiens Latins étoient conduits à cette distinction par l'usage qu'on faisoit des Gérondifs : c'est ainsi que nous pouvons considérer les Participes joints aux Verbes dans *j'ai fait*, *j'ai aimé*, &c. comme des tems différens du Participe *fait*, du Participe *aimé*, parce qu'ils se construisent différemment. D'ailleurs, lorsque ces Grammairiens auroient erré à cet égard, on n'en auroit pas dû être étonné, puisque dans ce tems-là on n'avoit nulle idée de la métaphysique du Langage : ils se trompoient cependant moins qu'on ne pense, puisqu'ils nous disent, comme par tradition, & sans en pouvoir rendre raison, que les Gérondifs viennent du Participe.

Ajoutons qu'il est d'autant moins étonnant que les Gérondifs représentent l'Infinitif qu'ils viennent eux-mêmes de ce Mode. Il est vrai que dans l'état actuel des Infinitifs Latins, on ne voit pas comment les Participes en *ndus* pourroient s'être formés de l'Infinitif toujours terminé en *re*. Mais cette terminaison est postérieure à celle qu'avoit l'Infinitif, lorsque le Participe en DUS fut établi. Ces Infinitifs Latins se terminoient alors en *n*, ou *ne* : on disoit par un son sourd *amane, legene*, là où l'on dit ensuite par un son aigu *amare, legere*.

Que les Infinitifs Latins se soient terminés ainsi, & que la syllabe *re* n'ait été chez eux qu'une altération de *ne*, c'est ce qui résulte incontestablement de la comparaison de ces Infinitifs avec ceux des autres Langues, dont le Latin ne fut qu'un Dialecte.

Ainsi les Grecs disent TIM-*an*, craindre ; PHIL-*ein*, aimer.

Les Peuples Germaniques, BRECH-*en*, faire brêche.

Les Persans anciens & modernes, NUSH-*ten*, écrire.

Les Goths, LUK-*an*, fermer.

Les Anglois qui supriment la terminaison des Infinitifs, l'ont conservée dans les cas où ces Infinitifs s'employent comme noms : ainsi ils disent THINK-*ing*, le penser, l'action de penser : PRAIS-*ing*, le priser, l'action de priser, de louer :

MEDDL-*ing*,

MEDDL-*ing*, l'action de se mêler d'une chose, de s'y intéresser. Il n'est pas besoin de faire observer qu'ici *ein* s'est écrit *ing* par laps de tems, & par l'oubli de l'origine de ces mots.

Ajoutons qu'il n'est rien de plus ordinaire que le changement de N en R, & de R en N. C'est ainsi que nous disons LONDRES au lieu de *Londen*, qui est la prononciation de *London*, & qu'il est des Peuples qui disent *verin* au lieu de *venin*.

C'est ainsi qu'un léger changement de lettres fait disparoître ou rétablit le raport des mots, & que les étymologies deviennent aisées ou difficiles à découvrir, suivant qu'on est plus ou moins fait à ces changemens.

CHAPITRE VIII.
DES SUPINS.

LES Supins étant de la même nature que les Gérondifs, ils n'auront rien d'embarrassant lorsqu'on les expliquera par les mêmes principes.

Ces Supins sont encore des Tems de l'Infinitif qui n'appartiennent qu'à la Langue Latine, & sur lesquels on n'étoit pas plus avancé qu'à l'égard des Gérondifs, & cela devoit être; car les lumieres acquises sur les uns, auroient dissipé les ténèbres dont les autres étoient offusqués.

Les Grammairiens Latins, toujours éloignés des principes du Langage, regarderent, à ce que nous dit CHARISIUS, les Supins comme des Adverbes. C'étoit s'arrêter à l'écorce.

MM. de Port-Royal (1) les ont envisagés comme des Noms Verbaux substantifs: ils ajoutent qu'ils se forment du Participe prétérit passif, & ils les rendent par un adjectif; *ventum fuit*, on est venu.

M. Beauzée les regarda (2) comme les Gérondifs du Prétérit de l'Infinitif, & comme lui servant de cas: d'où il conclut qu'ils sont tout-à-la-fois *Noms* & *Verbes*.

Ceci étoit très-bien vu: les Supins sont en effet au Prétérit de l'Infinitif ce que les Gérondifs sont au Présent; & comme ceux-ci sont les cas du présent, les

---

(1) Gramm. Latine, Remarq. particul. Sect. IV. Chap. II.
(2) Gramm. Gén. T. II. p. 327.

Supins sont les cas du Prétérit. Mais quelle est leur origine, & pourquoi donna-t-on des cas au Prétérit ? C'est ce qu'il s'agit de déveloper.

Nous verrons à cet égard que les Supins sont les cas du Participe prétérit passif, employés dans un sens indéterminé pour désigner les raports du Prétérit de l'Infinitif, comme les Gérondifs sont les cas du Présent de cet Infinitif.

En effet, le Prétérit de l'Infinitif qui n'a qu'une seule terminaison, ne pouvoit se prêter par lui-même à ce qu'exigeoient les diverses circonstances dans lesquelles il se rencontroit sans cesse : & l'on ne pouvoit y supléer par les Prépositions, puisque jamais Préposition ne se mit en Latin devant un Verbe.

Dans cette détresse, il ne resta qu'un parti aux Latins ; ce fut de changer leur marche ; & au lieu d'employer un Infinitif, puisqu'il n'avoit qu'une seule terminaison, de recourir au Participe prétérit, qui offroit toutes celles dont on avoit besoin : ainsi au lieu de dire, *ce Livre est digne d'avoir été lu*, phrase où la Préposition *de* auroit été devant un Infinitif, ils dirent, *ce Livre est digne* d'être chose *lue*, *liber dignus lectu*, & non *liber dignus lectum fuisse*.

Le Verbe désignant ici une circonstance, se trouve par-là même à l'ablatif apellé *Supin* en *u*.

On dit de même, *mirabile dictu !* admirable d'être chose dite, au lieu de, chose admirable à dire, ou à avoir été dite.

Il est un autre Supin, *le Supin est* UM : celui-ci est un Accusatif : il marque le but auquel tend une action, il indique ce qui en est l'objet : ainsi un personnage de Térence demande à un autre, *cur te is perditum ?* pourquoi vas-tu faire *toi perdu ?* comme nous dirions, *pourquoi vas-tu te perdre ?* De même au lieu de dire, *je vais me promener*, ils disoient, *je vais à ce que je me sois promené*, ou *je vais faire que je me sois promené*.

Eo lectum, je vais faire que cela ait été *lu* ; au lieu de dire, *je vais lire*.

Précisément comme nous disons *j'ai fait*, pour dire *j'ai* ou *je possède une chose faite* par moi ; & *je me suis perdu,* pour dire, je suis cause que je suis *perdu* : phrases dans lesquelles *fait* & *perdu* sont de vrais Participes, comme les Supins Latins.

Ces cas des Participes prétérits passifs, considérés ainsi sous un point de vue indéterminé, & sans être accompagnés d'aucun Nom, parurent bientôt n'avoir plus rien de commun avec les Participes dont ils étoient empruntés ; & étant synonimes de phrases actives, comme lorsque nous disons *chose admirable à voir*, ou *je vais me promener*, ils furent bientôt regardés comme apartenans à l'infinitif actif. entre les tems duquel nous les plaçons encore comme pour faire le tourment & des jeunes gens qui ne peuvent concevoir des tems pareils, & de ceux qui veulent les leur expliquer, & qui ne sachant comment s'y prendre, se rejettent sur l'usage.

Mais tout usage est fondé sur quelque raison, & c'est à découvrir cette raison que doit s'apliquer le Grammairien, sûr qu'on saisira l'usage & qu'on s'y conformera avec beaucoup plus de facilité, dès qu'on en apercevra la raison, & qu'on pourra le comparer avec les usages de sa propre Langue.

ARTICLE II.

DES FORMES.

CHAPITRE PREMIER.

Origine des Formes que prennent les Verbes.

Tous les Tableaux du Discours, comme nous l'avons déja vu, se divisent en trois classes ; Tableaux Énonciatifs, Tableaux Actifs & Tableaux Passifs : & chacune peint un état différent ; la premiere, l'état d'un Être doué d'une qualité quelconque ; la seconde, l'état d'un Être qui agit ; la troisiéme, l'état d'un Être sur lequel on agit, ou qui éprouve l'impression d'un Agent Étranger.

De-là naîtront trois sortes de Verbes, puisque le Verbe doit se prêter à toutes ces circonstances : des Verbes Actifs, tels qu'*aimer*, *lire*, *faire* ; des Verbes Passifs, tels qu'*être récompensé*, *être désiré* ; des Verbes Énonciatifs, tels qu'*être*, *devenir*, *arriver*.

Tout Verbe actif a un passif ; ainsi *aimer*, *lire*, *faire*, font au passif, *être aimé*, *être lu*, *être fait* : tout Verbe passif a donc un actif correspondant ; ainsi *être récompensé*, *être désiré*, font à l'actif, *récompenser*, *désirer*.

Mais le Verbe énonciatif marche souvent seul ; *être*, *dormir*, *arriver*, n'ont ni actif ni passif. Quelquefois cependant il correspond à des Verbes actif & passif : tel est FONDRE.

Il est actif dans cette phrase, *fondre* un lingot d'or.

Passif dans celle-ci, ce lingot *a été fondu*.

Énonciatif dans cette troisiéme, cet or *fond* au feu.

De-là résultent trois formes différentes dans les Verbes, forme *active*, forme *passive*, forme *énonciative*. C'est ce que l'on apelle dans les Grammaires Latines & Françoises Verbes *actifs*, Verbes *passifs* & Verbes *neutres*; neutres, parce qu'ils ne sont ni actifs ni passifs, qu'ils ne désignent qu'un état pur & simple sans aucun raport à l'idée d'action.

A ces trois sortes de Verbes, on en peut joindre deux autres distinguées en François & dans d'autres Langues par des formes qui leur sont propres. Ce sont ceux qu'on apelle RÉFLÉCHIS & RÉCIPROQUES.

Ceux-là, qui désignent l'état d'un Agent qui est lui-même l'objet de son action : ceux-ci, qui désignent des Agens qui éprouvent de la part de ceux qui sont les objets de leur action, la même impression qu'ils leur font éprouver.

Se blanchir, *se rougir*, *s'aimer*, sont des Verbes réfléchis.

S'entre-aider, *s'entre-aimer*, sont des Verbes réciproques.

Observons que les Verbes réfléchis se prennent souvent dans un sens neutre & dans un sens réciproque. Nous disons dans ce dernier sens, *on se querelle*, *on s'égorge*, *on s'aime* ; tandis que ces Verbes *se rougir*, *se blanchir*, *se colorer*, désignent également le sens énonciatif ou neutre, tout comme le sens réfléchi, puisqu'ils s'apliquent & à des Êtres qui se colorent entr'eux, & à des Êtres qui se colorent eux-mêmes, &c. & à des Êtres qui deviennent colorés, &c. par une cause étrangere, sans y avoir contribué par eux-mêmes. Ainsi l'on dit, *ces feuilles se colorent*, quoique leur action n'y entre pour rien, qu'elles ne contribuent nullement à se donner ce coloris : mais l'effet étant le même, on ne met point de différence dans l'expression.

CHAPITRE II.

Formes des Verbes de la Langue Françoise.

DE tout ce que nous venons de dire, on peut conclure que nos Verbes François ont trois formes différentes, & même quatre : la forme *énonciative*, la forme *active*, la forme *passive* & la forme *réfléchie*. Elles existent toutes quatre dans le Verbe *rougir*.

  ROUGIR au feu, Verbe neutre, Forme ÉNONCIATIVE.
  ROUGIR un fer, Verbe actif, Forme ACTIVE.
  ÊTRE ROUGI, Verbe passif, Forme PASSIVE.
  SE ROUGIR, Verbe réfléchi, Forme RÉFLÉCHIE.

Les Verbes RÉCIPROQUES s'analysant par ces derniers, peuvent en être regardés comme une nuance.

De ces Formes la premiere se conjugue, dans les Tems composés, tantôt par le moyen du Verbe ÊTRE ; tantôt par le moyen du Verbe AVOIR. Ainsi l'on dit, *je suis* arrivé, *j'étois* arrivé, *je serai* arrivé : tandis qu'on dit, *j'ai* dormi, *j'avois* dormi, *j'aurai* dormi.

Cet usage du Verbe *avoir* pour former les tems composés dans les Verbes énonciatifs ou neutres, le fait souvent employer mal à propos ; lorsqu'on dit, par exemple, *j'ai tombé*, & *j'ai descendu*, quand il s'agit de soi-même, au lieu de dire *je suis* tombé, *je suis* descendu.

La seconde Forme se conjugue avec le Verbe AVOIR, *j'ai aimé*, *j'ai fait*.

La troisième avec le Verbe ÊTRE dans les tems simples, & avec le Verbe *avoir* joint au participe *été* dans les tems composés : tandis qu'en Italien, *avoir* en est totalement banni, & que ces tems composés sont formés des tems simples du Verbe *être*, joints à son participe *été* : ainsi on dit en Italien, comme dans quelques Provinces du Royaume, *je suis été*, *je serai été*, & non *j'ai été*, *j'aurai été*.

La quatrième Forme ne se conjugue également qu'avec le Verbe ÊTRE : *je me suis* rougi, *je me serai* embarqué.

Trois de ces formes employent donc le Verbe Être : on dit également :

  Je suis arrivé, prétérit énonciatif ou neutre.
  Je suis aimé, présent passif.
  Je me suis agrandi, prétérit réfléchi.

Voilà donc trois Tems composés du Verbe *être* & qui apartiennent cependant à trois Formes différentes : en conclura-t-on qu'elles sont les mêmes ? non sans doute : mais que ces diverses circonstances tiennent entr'elles par un lien commun : tous ces Verbes offrent en effet une qualité pure & simple ; ils sont tous considérés comme s'ils étoient énonciatifs.

Je suis *arrivé*, peint l'état dans lequel la personne qui parle, se rencontre en conséquence du chemin qu'elle a fait.

Je suis *aimé*, peint l'état dans lequel elle se trouve, par un effet de l'attachement qu'on a pour elle.

Je me suis *agrandi*, peint son état, tel qu'il est en conséquence d'un changement qu'elle a aporté à sa situation.

Ces trois états sont présens ; car ils peignent tous l'état actuel. C'est actuellement que je suis dans cet état où je puis dire *je suis arrivé*, *je suis aimé*, *je me suis agrandi* : il est vrai que le premier & le dernier sont l'effet d'une action passée, ce qui les a fait mettre au rang des tems passés : mais parce que les états qu'ils peignent sont présens, on se sert pour les exprimer du présent *je suis* : *je suis arrivé*, comme on dit *je suis aimé*.

C'est donc par les raports sous lesquels on considere une même expression qu'elle devient neutre ou passive, présente ou passée ; & non par la forme matérielle qu'elle offre.

Il en est de même dans toutes les Langues : la distribution des Tems sous diverses Formes, fut toujours relative à la principale face sous laquelle on les considéra.

CHAPITRE III.
DES FORMES LATINES.

LA Langue Latine a moins de Formes que la Langue Françoise; elle est bornée à deux, l'Active & la Passive.

La Forme Active sert dans cette Langue pour les Verbes Actifs, Neutres & réfléchis. *Docet*, il enseigne; *rubescit*, il rougit; *evigilat*, il s'éveille; *evanescit*, il s'évanouit.

La Forme Passive répond à notre passif, *amor*, je suis aimé; *audior*, je suis entendu.

Mais sous cette Forme sont compris des Verbes qui tiennent lieu de Verbes Actifs, & qu'on apelle pour cette raison DÉPONENS, c'est-à-dire, des Verbes qui ont *déposé* la signification passive pour revêtir la signification active. Tels sont, *opperior*, j'attends; *polliceor*, je promets; *imitor*, j'imite; *sequor*, je marche à la suite, je suis.

De la maniere dont on définit ces Verbes en disant qu'ils ont la forme passive & la signification active, on en fait des êtres de raison, dont il est impossible de se former une idée. Les Latins ayant une forme uniquement destinée aux Verbes Actifs, diamétralement oposés eux-mêmes aux Passifs, par quel caprice ce Peuple, confondant toutes les idées, auroit-il exprimé des idées actives par des Verbes passifs? Ils auroient donc pu également exprimer des idées passives par des Verbes actifs; car la Loi devoit être égale: & pourquoi le même caprice qui se jouoit des Verbes passifs, n'auroit-il pas étendu sa bisarrerie jusques sur les Verbes actifs?

Je ne crains pas que l'on m'objecte ici quelques Verbes actifs des Latins, qu'on rend en François par des verbes passifs, *liceo*, être mis à prix; *vapulo*, être battu; *fio*, être fait; & *veneo*, être vendu: bien loin que ces Verbes anéantissent ce que j'avance, ils le confirment de la maniere la plus évidente. MM. de Port-Royal les apellent des Verbes *Neutres qui semblent avoir la signification passive* (1). Ils ne l'ont donc pas réellement; ils sont donc actifs: & c'est nous qui les dénaturons, en leur substituant un sens différent de celui qu'ils

---

(1) Nouv. Méth. Lat. p. 329. Regl. LXXVIII. sur les Prét. & Sup.

offrent. *Liceo* signifie permettre ; *vapulo*, pleurer, périr, sécher sur pied de douleur ; *fio*, être, exister ; *venco*, aller en vente.

Il en est de même des Verbes Passifs ; jamais ils n'ont servi à exprimer une idée active ; ces prétendus Verbes passifs pour la forme, actifs pour le sens, sont une vraie chimère, qui n'est propre qu'à brouiller toutes les idées grammaticales.

Tout ce qu'on en peut conclure, c'est qu'à une signification propre qui étoit passive, nous en avons substitué une qui étoit active & figurée : prouvons-le par l'analyse des Verbes Déponens que nous venons de donner pour exemples.

OPPERIOR n'est point actif, c'est le passif d'*opperio* ; celui-ci signifie *fermer, barrer le passage* : opperior signifie donc *être fermé, être barré par quelque obstacle qui ferme le passage* : telle est la signification propre de ce Verbe, fondée sur l'étymologie même de ce Verbe, qui vient de OB, *devant, contre* ; & de PER, *tout ce qui a raport au passage* : op-per-io, je mets sur ou contre le passage de quelqu'un : aussi son contraire *a-per-io* signifie ouvrir, c'est-à-dire, *ôter du passage*, A signifiant l'exclusion, l'action d'ôter.

Mais lorsqu'on est arrêté dans son chemin, il faut ou retourner sur ses pas ou attendre qu'on vienne nous débarrasser, qu'on vienne ouvrir. *Opperior* signifia donc au figuré *attendre* : mais lorsqu'on eut totalement perdu de vue le sens propre, on crut que le vrai sens de ce Verbe étoit le sens figuré : ce qui faisoit d'un passif un actif, & brouilloit tout.

POLLICEOR est le passif de *pollicere*, qui signifie *engager, arrêter quelqu'un à son service par promesse*. Ce verbe tint à POLITIO, qui signifie *l'action de s'engager auprès de quelqu'un pour labourer ses champs moyennant un salaire*; & d'où est venu notre terme *passer une police* ou *prendre un engagement, faire un traité*, &c. Mais puisque *polliceo* signifie engager, donner parole, *polliceor* signifiera être engagé, être lié par sa parole. Or *être lié par sa parole*, c'est en François *avoir promis* ; ce Verbe devint donc synonime de *promettre* ; & celui-ci prenant la place de la signification propre, a fait regarder comme actif un Verbe qui est réellement passif.

Imitor est également passif, il signifie *être fait semblable*. Avoir imité une personne, n'est-ce pas lui être devenu semblable dans ce en quoi on l'imita ? Insensiblement cette expression s'apliqua à l'action même par laquelle on devenoit semblable, & à celle par laquelle on rendoit une chose semblabe à une autre. Il en est de même de notre Verbe imiter. Nous imitons, en nous rendant semblables, en devenant l'image d'un autre : nous imitons en rendant une chose semblable à une autre : ce mot tient à celui d'IMAGO, *image*, qui n'est autre chose que *l'imitation d'un objet*.

SEQUOR

UNIVERSELLE.

Sequor, ne signifie *suivre*, *marcher à la suite*, que dans le sens figuré : le sens propre, c'est tout-à-la-fois *être séparé d'un autre objet, & être placé derriere lui*. Ce Verbe vient d'un mot qui s'écrivit indifféremment SEK, SEC, SEQ, qui désigne une *moitié*, l'état d'une chose partagée en deux, & qui forma en toute Langue une multitude de mots, dont personne n'avoit encore aperçu les raports.

1°. Des mots relatifs à l'action de partager en deux :

En Latin, Seco, couper.
 Sector, scieur.
 Sec-ula, faucille.
 Sica, poignard.
 Sicarius, assassin.

En Mede, *Sachs*, coûteau.

En Hébreu, שכין, *Sakin*, coûteau.

2°. Des mots relatifs à l'idée de portion, de partage :

 Secus & sexus, le sexe, les portions de la même espéce.
 Seculum, siécle, portion du tems.

3°. Des mots relatifs à la portion qui marche la premiere :

 Sectarius vervex, le bélier qui marche à la tête du troupeau.

4°. Des mots relatifs à la portion qui marche la derniere, ou après les autres :

 Sectator, qui suit, qui fait cortége.
 Sector,
 Sequor, } Suivre, venir après : 2°. Rechercher : 3°. Imiter.

5°. L'ensemble de ceux qui suivent :

 Secta, une secte.

Sequor est donc passif: il signifie mot à mot *être mis à la suite* d'un autre objet ; mais c'est ce que nous apellons *suivre*, Verbe qui s'employe dans un sens neutre & dans un sens actif: dans un sens neutre, les *saisons se suivent* : dans un sens actif, *je le suivis*, & qui a pour passif *être suivi*.

C'est ainsi qu'en s'astreignant à rendre raison de tout, & en ramenant tout à l'ordre naturel, à la seule marche qu'ait pu suivre l'esprit humain, tout s'explique, tout se classe : on voit que rien ne s'est fait sans cause ; que cette cause est toujours intéressante, & qu'on est toujours environné de lumiere.

Gram. Univ.

Des Verbes Impersonnels.

Disons un mot des Verbes Impersonnels en ET, *pænitet*, *pudet*, *piget*, &c. que nous rendons ordinairement par des Verbes réfléchis; *pænitet me*, je me repens, &c. On ne sauroit s'en former une juste idée qu'en les considérant comme actifs ; dès-lors *pænitet* signifiera peiner, faire de la peine : *pudet*, confondre, faire rougir; *piget*, ennuyer, excéder, lasser, &c.

Ces Verbes d'ailleurs seront toujours privés du sujet qu'ils déterminent, & ils feront ainsi portion de phrases elliptiques, parce que ce sujet n'ajouteroit rien à la clarté de la phrase & au dévelopement de la pensée; ainsi l'on dit :

Pænitet me tui verbi, *il me peine de ton discours*, ou, *de ton discours il me peine*.

Comme si l'on disoit, *le souvenir de ton discours me peine, me tourmente, m'afflige*; mais quelle nécessité d'exprimer le mot *souvenir*? peut-on être affligé d'un discours dont on a perdu tout souvenir ?

Mais dès que le sujet de ces Verbes consistoit dans un mot dont le sens étoit indéterminé, on étoit obligé de l'exprimer, puisqu'il eût été impossible de le supléer : nous en avons un exemple sensible dans ce vers de Térence :

... *Me, quantùm hîc operis fiat, pænitet.*
» Tout ce qui se fait là d'ouvrage me peine, me mécontente.

Le sujet *quantùm* est exprimé, parce qu'il est lui-même indéterminé, & que le mot *operis* seul ne pourroit en tenir lieu.

Ce n'est donc que dans un sens secondaire & figuré que ce même Verbe signifie se *repentir*, & même dans un sens très-resserré : car nous ne pouvons dire que nous nous repentons que de ce que nous avons fait ; au lieu que *pænitet* s'aplique à toute action qui nous peine, & à laquelle nous avons regret.

Ainsi ces prétendus Verbes irréguliers, & en apparence si contraires à la nature des choses, dont on embarrasse l'étude des Langues, rentrent tous dans l'analogie la plus parfaite de ces Langues, & laissent dans toute leur force les principes généraux de la parole, dont aucun Peuple ne put jamais s'écarter.

CHAPITRE IV.

De la Forme moyenne en usage chez les anciens Grecs.

Les Anciens Grecs avoient ajouté aux Actifs & aux Passifs qui leur étoient communs avec tous les autres Peuples, une troisiéme forme qu'ils apellerent LE MOYEN, & qui a été une source féconde de difficultés pour ceux qui ont voulu en expliquer la nature.

MM. de Port-Royal (1) le définissent ainsi : «Le Verbe moyen est celui qui
» tient comme le milieu entre l'Actif & le Passif, participant de l'un & de
» l'autre, soit en sa signification, soit en sa terminaison.

» Le Parfait & le plusque-parfait suivent en tous les modes, la Conju-
» gaison active ; & les autres tems, la passive.

» La signification en certains tems est Active, en d'autres Passive, & en
» quelques-uns même tantôt active & tantôt passive, ainsi qu'aux Verbes
» communs en Latin... De quoi il est assez difficile de donner d'autres regles
» que l'usage.

» On peut néanmoins remarquer que les Futurs, les Aoristes & les Préte-
» rits sont bien plus souvent Actifs que Passifs, sur-tout si c'est un Verbe qui
» n'ait point d'Actifs : car ceux même que Caninius dit être Passifs en ces
» tems, comme σἴσηπα, *computrui*; μέμηνα, *insanivi*; τέτηκα, *contabui*, & sem-
» blables, ne le sont pas véritablement; ou s'ils le sont, ce n'est qu'à raison
» de leur signification naturelle, qui semble avoir quelque chose de passif en
» quelque Langue que ce soit....

» Que si outre ceux-là, il se trouve quelques Verbes qui s'expliquent quel-
» quefois passivement, comme θρέψομαι, *nutrior*, ce n'est qu'une ellipse où
» il faut sous-entendre ἐμαυτόν, ou semblable.

KUSTER, mécontent de ces notions qui lui parurent trop imparfaites, & peu propres à donner une idée exacte de ces Verbes, composa un Traité qui tendoit à en expliquer la nature (2).

---

(1) Méthode Grecque, p. 195.
(2) De vero usu Verborum Mediorum 12°. Paris, 1714.

Il divisa les Verbes moyens en deux classes : 1°. Ceux qui s'accordent avec les Verbes actifs, quant à la signification, & qui répondent aux Déponens des Latins : 2°. Ceux dont l'action réfléchit sur l'agent même, & qui répondent aux Verbes réfléchis des François, Κοψασθαι, *Kopsasthai, se fraper à la poitrine par l'excès de sa douleur. Phulaxasthai*, Φυλαξασθαι, *être gardé par soi-même*. Επειγεσθαι, *Epeigesthai, se pousser, s'exciter*, & qu'on rend par *se hâter*, signification figurée qui ne paroît pas convenir à la forme du Verbe, & qui déroute, mais très-juste cependant, dès que l'on considere que ceux qui se hâtent se poussent & s'excitent eux-mêmes.

Kuster subdivise cette seconde classe en deux autres : 1°. l'une qui contient les Verbes réfléchis où l'action est considerée sans aucun raport à un agent étranger : 2°. l'autre est composée des Verbes réfléchis où l'action est considérée relativement à un agent étranger qui l'opere, & à la volonté de celui qu'elle a pour objet. C'est de cette maniere que les Grecs employoient le passif pour désigner l'état d'être habillé, parfumé, frisé, &c. par un agent étranger ; & le moyen, pour désigner que l'on étoit dans tel état par un effet de sa propre volonté.

Cette distinction n'étoit pas inutile en effet, & elle contribuoit à rendre le langage plus pittoresque, en le raprochant plus de la Nature.

Enfin, il reconnoît dans quelques Verbes moyens une signification passive, tel λεξυμαι, *lexymai*, qu'Euripide emploie dans le même sens que λεχθησομαι, *lechtéssomai, je serai lu*.

Ces idées furent attaquées avec beaucoup de vivacité dans une Dissertation insérée dans un Journal où elle occupe plus de cinquante pages (1). On y soutient, 1°. qu'il n'existe en Grec que des Verbes actifs & passifs ; que les tems dont on a formé les Verbes moyens apartiennent tous, les uns aux Verbes actifs & les autres aux Verbes passifs, & qu'on n'a qu'à les restituer à ces deux formes.

2°. Que Kuster réduisoit presque à rien l'objet principal de sa découverte, en le bornant à un petit nombre de Verbes, par la multitude de ses distinctions & de ses exceptions.

3°. Qu'il n'étoit point nécessaire de recourir à une troisiéme forme pour exprimer les Verbes réfléchis, qui pouvoient l'être au moyen du pronom comme en François.

4°. Que dans la plûpart même des exemples qu'il cite, le sujet que marque

---

(1) Dissertation envoyée de Paris au sujet du Systême de Kuster sur les Verbes moyens. Bibl. anc. & modérne, Tome V.

le Verbe moyen, peut fort bien, & sans faire violence au texte, être rendu de façon qu'on n'y aperçoive aucun vestige de sens réfléchi.

Je ne sais si Kuster répondit à cette attaque, qui pourroit bien être l'ouvrage de Le Clerc lui-même, Auteur de ce Journal : peut-être Kuster la dédaigna-t-il, quoique remplie d'observations fines & intéressantes ; mais le Critique avoit tort pour le fond. Il étoit absurde de nier que les Grecs eussent une forme différente de l'Active & de la Passive : c'est comme si l'on vouloit nier que ces mêmes Grecs avoient un genre neutre. Cette forme est trop caractérisée par des terminaisons qui ne sont ni actives ni passives, pour n'en être pas distinguée. D'ailleurs il n'est pas question de ce qui est nécessaire ou non, mais de ce qui est. Les Grecs ont-ils une troisieme forme ou non ? Tel est l'état de la question, dont il ne faut jamais sortir.

Il ne seroit pas surprenant qu'un Peuple aussi spirituel que les Grecs & qui avoit si fort renchéri sur tous les autres à l'égard des Tems, eût distingué par des inflexions propres, tous ces Verbes qui ne sont décidément ni actifs ni passifs, & qui peuvent être l'un ou l'autre, selon le point de vue sous lequel on les considere ; qu'ils eussent une forme neutre, comme ils avoient un genre neutre : car c'est-là le vrai sens qu'il faut donner au nom de *forme moyenne*, & qui termine cette controverse qui n'est qu'une dispute de mots, élevée dans un tems où l'on n'avoit aucune idée distincte des Langues, où l'on ne pouvoit les juger.

On peut donc comparer les Verbes moyens à nos Verbes neutres & à nos Verbes réfléchis, composés, comme ces Verbes moyens, de tems à forme active & de tems à forme passive, où nous disons *j'arrive* & *je suis arrivé* ; *j'arriverai* & *je serai arrivé*, &c.

En jugeant de la Langue Grecque par la nôtre, on est donc en droit de lui accorder trois formes, ou il faudroit dire que nos Verbes réfléchis ne sont pas distincts des Verbes actifs & passifs, parce que leurs tems se conjuguent en partie comme les Verbes actifs, tels que *j'arrive*, *j'arriverai*, &c. & en partie comme les Verbes passifs, tels que *je suis arrivé*, *je serai arrivé* : mais ce n'est pas à la forme des mots qu'il faut faire attention quand il est question de les classer, mais à leurs propriétés & à la maniere dont ils figurent dans le discours.

Cette facilité qu'a notre Langue de faire prendre à un même Verbe tant de formes différentes puisées également dans la Nature, & qui font qu'un même mot peut suffire à exprimer des idées très-variées, est un grand avantage : loin de le mépriser ou de le négliger, comme on ne fait que trop, on devroit en sentir tout le prix, & reconnoître combien notre Langue est supérieure à cet égard à celle des Latins ; obligés d'exprimer par la même tournure des Verbes actifs & des Verbes réfléchis : c'est ainsi que *studeo*, qu'on nous rend toujours par *étudier*, comme si c'étoit son sens propre, & qui à cet égard est un Verbe neutre, devient actif quand il signifie *desirer*, & réfléchi quand il signifie *s'attacher*, *s'étudier*.

Il est assez surprenant même que personne n'ait pensé jusqu'à présent à comparer à cet égard la Langue Françoise avec la Langue Grecque & avec la Latine, auxquelles on la croit inférieure en tout : il est certain qu'elle laisse la Latine fort loin derriere elle, relativement à l'objet dont nous parlons ici. On auroit d'excellentes choses à dire à ce sujet, & sur-tout sur les moyens par lesquels une Langue peut se perfectionner, non dans ses mots, mais dans sa Syntaxe, dans ses tems, dans ses terminaisons, &c. objets à l'égard desquels une Langue ne change jamais; mais s'anéantit plutôt, ce qui est très-fâcheux, chaque Langue restant jusqu'à sa fin avec tous ses défauts.

On peut donc dire que le Philosophe & l'Orateur ne contribuent en rien à perfectionner une Langue relativement à sa forme grammaticale ; ils sont forcés de suivre à cet égard les usages établis, quoiqu'on ne sache quand ils furent adoptés, ni pourquoi ni comment ils le furent ; & quoiqu'ils fussent susceptibles d'un haut degré de perfection à l'égard de la composition des mots, de la prosodie, de la structure de la phrase, des diverses Parties du Discours, &c. & relativement auxquelles on pourroit tirer grand parti des autres Langues. Toutes les Langues modernes d'Europe se raprochent de la Françoise ; elle seule ne pourra-t-elle profiter d'aucune ?

CHAPITRE V.

Des Formes en usage dans quelques autres Langues.

Les Verbes actifs, passifs, énonciatifs & réfléchis étant pris dans la Nature, existeront donc chez tous les Peuples & en toutes Langues; mais ils y existeront avec des modifications plus ou moins nombreuses, suivant le génie de chaque Peuple; cependant le plus léger examen suffira pour apercevoir le raport qu'ont tant de formes diverses, avec celles auxquelles se sont sagement bornées les Langues que nous venons d'analyser.

L'on ne sera donc point surpris de trouver des Langues qui ont un beaucoup plus grand nombre de formes que nous: on ne sera pas étonné que les Turcs en ayent au moins cinq, les Chaldéens six, les Hébreux huit, les Arabes treize, les Basques vingt-trois formes actives, sept formes neutres, &c. Ce ne sont que des nuances des formes que donne la Nature elle-même: elles se réduisent toutes à nos Verbes actifs, passifs, énonciatifs & réfléchis.

Ainsi les Turcs ont une forme active, *aimer.*

Une forme passive, *être aimé.*

Une forme active relativement à un autre, *faire aimer* quelqu'un.

Une réciproque, *s'entr'aimer, s'aimer mutuellement.*

Une réfléchie, *s'aimer soi-même.*

Elles se doublent en devenant négatives par le moyen de la syllabe *me*, qu'on insere dans le corps du Verbe.

Elles se triplent en se changeant en passifs, comme si nous disions *être fait aimé, être entr'aimé, être aimé de soi-même.*

Les Hébreux ont huit formes qu'on peut réduire à cinq:

La premiere apellée *Kal*, renferme les Verbes actifs & les Verbes énonciatifs ou neutres; tels que, *je visite, je sors.*

La seconde apellée *Niphal*, est la forme passive, *je suis visité.*

La troisieme & la quatrieme sont active & passive; elles répondent aux Verbes fréquentatifs des Latins, & désignent la réitération fréquente & multipliée d'une même action: nous dirions *je visite fréquemment, je suis visité fréquemment.*

La cinquieme revient à peu-près à la même chose; aussi est-elle suprimée par plusieurs Grammairiens.

La sixieme & la septieme sont aussi active & passive, & désignent une action qu'on fait faire ; c'est comme la troisieme des Turcs : nous dirions *je fais visiter*, & *on m'a fait visiter*.

La huitieme répond au moyen des Grecs & à nos Verbes réfléchis ; elle est passive, réfléchie, neutre, suivant la maniere dont on l'envisage : nous dirions *je suis passé en revue*, dans un sens passif, en indiquant que d'autres nous passent en revue ; & dans un sens réfléchi, en disant que c'est par nous-mêmes que nous sommes passés en revue.

Cette huitieme forme est la vraie forme passive chez les Chaldéens ; aussi est-elle formée du Verbe est היה, comme en Hébreu.

Leurs autres formes sont les mêmes que celles de l'Hébreu.

Les Arabes ont porté ce nombre jusqu'à treize ; & comme ces formes correspondent à un nombre presque égal de passives, ils leur donnent le nom de Conjugaisons ; dénomination impropre, que nous n'apliquons dans nos Langues Occidentales qu'aux différentes manieres de conjuguer des Verbes différens, comme *sortir*, *voir*, *aimer*, & non aux diverses manieres de conjuguer le même Verbe.

La premiere forme offre les Verbes actifs, comme, *il écrit* ; & les Verbes neutres ou énonciatifs, comme, *il est triste*, & qu'on apelle *intransitifs* dans toutes ces Langues Orientales, c'est-à-dire, *dont l'action* ne passe pas hors *de celui qui l'opere*.

La seconde & la troisieme sont transitives ; l'une par soi-même, *il a attristé* ; l'autre par autrui, *il a fait attrister*.

La quatrieme & la sixieme sont réciproques ; mais l'une marque une réciprocation successive, rendre la pareille, avoir son tour ; & l'autre une réciprocation actuelle, comme si nous disions *ils se sont battus l'un après l'autre*, & *ils ont lutté ensemble*.

Les cinquieme, septieme & huitieme sont passives ; celle-ci est le passif de la premiere forme, *il a été écrit* ; celles-là sont le passif de la seconde ; *je l'ai enseigné* & *il a été enseigné*, c'est-à-dire *il a apris* ; *j'ai brisé ce vase* & *il a été brisé*, ou *il fut brisé par moi*.

La neuvieme & la onzieme sont relatives aux couleurs & à la difformité ; mais l'une renchérit de beaucoup sur l'autre ; *il étoit fort jaune* ; *il étoit jaune au delà de toute expression*.

La dixieme est désidérative ; comme nous disons *il sollicita sa grace*, *il demanda à manger*, *il mourut de faim*.

Les deux dernieres, & qui sont très-rares, servent à marquer le superlatif, à renforcer

renforcer le sens du Verbe *il fut très-severe*, il *s'attacha fortement*.

Il n'est pas plus difficile de raporter les Conjugaisons ou les Formes des Biscayens & des Basques, aux Formes communes à tous les Peuples.

Leurs vingt-trois Formes actives & relatives se réduisent d'abord à la moitié, parce qu'il y en a toujours une pour le singulier & une pour le pluriel; singulier & plurier relatifs uniquement au nombre de l'objet sur lequel on agit; ainsi *je le mange* est une forme, & *je les mange* en est une autre. Les deux premieres sont actives, & les vingt-une autres relatives.

Ces Formes rélatives sont encore aisées à saisir: on y peint l'action, suivant qu'elle se porte de la premiere Personne à la seconde Personne & à la troisieme, & suivant que chacune de ces trois Personnes est au singulier ou au pluriel; ce qui donne autant de Formes que l'on fait par-là de combinaisons différentes.

Viennent ensuite les Formes qui peignent les actions de la seconde Personne à l'égard de la premiere & de la troisieme sous toutes ces faces, & enfin celles qui peignent les actions de la troisieme personne à l'égard des deux autres, sous les mêmes points de vue.

Les sept Formes des Verbes Neutres sont dans le même goût, toujours relatives aux personnes que ces Verbes ont pour objet: ainsi, *je viens vers toi, je vais vers lui, tu viens vers moi, tu vas vers lui*, &c. produisent autant de formes différentes.

Il n'est personne qui ne voye que toutes ces Formes ne sont que des aplications différentes de celles qu'offre la Nature, qui existent dans notre Langue, & qu'on pourroit multiplier à l'infini par des combinaisons de la même espéce si elles n'étoient pas plus embarrassantes que la méthode simple & belle que nous suivons, & que nous devons à des Peuples éclairés, qui avoient étudié avec soin la Nature, & qui avoient su distinguer une noble simplicité, d'une stérile abondance.

Gramm. Univ.   M m m

LIVRE IV.
DE LA SYNTAXE.
DIVISIONS.

Nous n'avons parlé jusqu'ici que des objets qui entrent dans le Discours, des Parties dont il est composé, des Formes que revêtent chacune de ces Parties, afin de pouvoir se lier avec l'ensemble du Discours ; mais ce détail ne suffit pas ; il faut connoître encore dans quelles occasions tous ces objets se lient les uns aux autres de telle ou de telle maniere, & la place qu'ils doivent occuper respectivement, afin qu'on aperçoive leurs raports, qu'on démêle celles qui sont principales d'avec celles qui sont subordonnées, & que le tableau produise le plus grand effet par la belle distribution de toutes ses parties.

Ainsi un Peintre habile donne à chaque figure la forme la plus propre à produire l'effet qu'elle doit opérer, & il les place de maniere que loin de se nuire mutuellement, elles s'apuient & se font valoir entr'elles, de façon qu'on aperçoit sans peine le sujet du tableau & tous ses accessoires.

Ce que le Peintre produit par des figures, celui qui parle l'exécute par les mots qu'il emploie ; ainsi il faut mettre entre ces mots la même harmonie, le même arrangement qu'on mettroit entre des figures qui peindroient la même chose.

On a donc deux objets à considérer, lorsqu'on veut peindre ses idées : 1°. La forme qu'exige chaque mot pour se lier avec ses voisins, suivant le rôle qu'il remplit dans ce tableau, suivant qu'il est sujet, objet, terminatif, &c. 2°. La place qu'il doit occuper d'après le rôle dont il est chargé ; & ces objets doivent être distincts & frapans, afin qu'on aperçoive à l'instant & sans étude la valeur de chaque mot, & ses raports avec l'ensemble.

De ces deux objets, relatifs, l'un à la *forme*, & l'autre à la *place*, le premier s'apelle proprement Syntaxe, c'est-à-dire, *arrangement réciproque* : car ce mot est composé des deux mots Grecs, *sun*, avec ; & *taxis*, arrangement. Le second s'apelle construction, parce que c'est par elle que s'éleve, que se construit, que se forme l'édifice.

La plûpart des Grammairiens n'ont pu concevoir qu'il y eût une différence entre la *Syntaxe* & la *Conſtruction* ; ils ont cru que ces deux mots ne déſignoient qu'une ſeule & même choſe. Ne ſoyons donc pas étonnés s'ils ont laiſſé de l'obſcurité ſur cette matiere. On devient néceſſairement obſcur, lorſqu'on ne diſtingue pas dans un Ouvrage, des Parties qui doivent l'être ; qu'on regarde comme ſemblables des objets dont on ne peut dire de l'un ce qu'on doit dire & affirmer de l'autre : confondre *Syntaxe* & *Conſtruction*, c'eſt commettre dans la Grammaire la faute dans laquelle tomberoit un Peintre qui confondroit *l'invention* de ſon tableau avec le *coloris* qui devra caractériſer chacune des figures qui entrent dans ce tableau. Quelque raport qu'ayent entr'elles la Syntaxe & la Conſtruction, elles différent par des caracteres particuliers à chacune, & qu'on ne ſauroit attribuer à toutes deux.

Un exemple fera ſentir vivement cette différence qui regne entre la Syntaxe & la Conſtruction. Dans ce vers :

La faute en eſt aux Dieux qui la firent ſi belle,

on a obſervé tout-à-la-fois & des régles de Syntaxe & des régles de Conſtruction.

C'eſt la Syntaxe qui a apris que l'article qui précéde le mot *faute*, devoit être au féminin ; que le Verbe qui ſuit ce mot devoit être au ſingulier & à la troiſieme perſonne ; que le nom *Dieux* devoit être au pluriel, & uni au Verbe par la Prépoſition A : qu'au lieu de dire *à les Dieux*, on devoit dire *aux Dieux* ; & que l'adjectif *belle*, devoit être au féminin, à cauſe du Pronom féminin *la* : enfin, que le Verbe *firent*, devoit être au pluriel, à cauſe du mot *Dieux*.

Mais c'eſt la Conſtruction, & non la Syntaxe, qui aprend que ces mots, *la faute*, doivent être placés à la tête de la phraſe : que le Verbe *eſt*, doit être après *en*, & non le précéder : que *belle*, doit être après ces mots, *la firent* ; & qu'on doit éviter tout autre arrangement, tel que celui-ci : *aux Dieux en eſt, qui ſi belle la firent, la faute*.

La Syntaxe habille les perſonnages qui figurent dans le Diſcours, elle les pare, elles les rend tels qu'ils doivent être pour remplir leur rôle : la Conſtruction leur aſſigne enſuite, & d'après cela, la place qu'ils doivent occuper, elle fixe les rangs, elle décide du droit de préſéance.

Nous les renfermons cependant ſous un titre général, parce que ces deux objets ſont étroitement liés, qu'ils marchent enſemble, & qu'ils perdroient à être trop ſéparés.

ARTICLE I.

DE LA SYNTAXE PROPREMENT DITE.

CHAPITRE I.

Ses Objets.

Toutes les régles de la Syntaxe se raportent à deux classes générales, Concordance & Dépendance.

La *Concordance* réunit tous les mots qui concourent à exprimer un seul & même objet : la *Dépendance* unit à l'objet principal, les mots qui indiquent les raports d'un autre objet avec celui-là.

En effet, les mots d'une phrase expriment les qualités de l'objet dont il s'agit dans cette phrase, qu'on y peint, qui en est le sujet ; ou ils expriment ses raports avec d'autres objets.

Dans le premier cas, tous ces mots portent la livrée du sujet, ils s'accordent avec lui, c'est *Concordance*. Dans le second cas, ils reçoivent les modifications nécessaires pour qu'on aperçoive le raport qu'il y a entr'eux & le sujet, pour qu'on s'assure qu'ils ne sont mis là qu'en second ; c'est *Dépendance*.

La *Dépendance* ne régle que les Parties secondaires du tableau ; la *Concordance* en régle les Parties premieres, celles qui font l'essence du tableau, sans lesquelles il n'y auroit point de tableau, & auxquelles se raportent toutes les autres.

Celles qui constituent l'essence du tableau, qui le forment, doivent harmoniser entr'elles, elles sont en *Concordance*.

Celles qui désignent les raports de quelques autres objets avec ceux-là, qui ne servent qu'à développer les parties concordantes, à les rendre nombreuses, variées, déterminées, qui en dépendent en un mot, sont dans leur *Dépendance*.

CHAPITRE II.
DE LA CONCORDANCE.

La Concordance est cette portion de la Syntaxe qui enseigne les moyens propres à faire accorder entr'eux, à mettre à l'unisson les mots qui peignent les diverses Parties d'une idée, de la même maniere que ces idées s'accordent entr'elles.

Elle regle sur-tout les mots qui peignent les Parties fondamentales d'un tableau, ces mots sans lesquels il n'y auroit point de tableau ; & qui existent nécessairement dans tous les tableaux de la parole, chez tous les Peuples & dans tous les tems. Ces parties sont au nombre de trois ou quatre au plus. Le *Nom* & son *Article* ; l'*Adjectif* qui peint la qualité attribuée à ce Nom, & le *Verbe* qui les unit : de même que le *Pronom*, lorsque le sujet du tableau n'est désigné que par un Pronom au lieu de l'être par un *Nom*.

Ces Parties ne forment qu'un tout, au point que quelques Peuples les ont quelquefois désignées par un seul mot : les Latins entr'autres, chez lesquels, *amat*, par exemple, est un tableau entier, correspondant à ces trois mots, *il est aimant* : elles doivent, par conséquent, être étroitement liées ; elles doivent porter avec elles les marques les plus sensibles de cette union ; toutes doivent présenter des caracteres communs auxquels on reconnoisse leur accord mutuel. Mais comment pourra-t-on assigner des caracteres communs à des mots aussi différens qu'un Article, un Nom, un Verbe & un Adjectif ? C'est ici que triompha l'esprit humain ; c'est ici qu'il survint à ses besoins avec une sagacité singuliere, mais que nous ne sentons plus, parce que nous en faisons un usage continuel, & que nous nous contentons de nous en servir, sans avoir jamais réfléchi sur la simplicité & la beauté de ce méchanisme.

Ces trois mots qui constituent la base de tout tableau de nos idées, le *Nom*, le Verbe & l'Adjectif, sont susceptibles de Nombres : ils peuvent être au singulier ou au pluriel. On pourra donc les réunir par ce moyen, les mettre à l'unisson, en leur assignant à tous le même nombre. Ainsi dans ces vers de Racine :

> Un autre vous diroit que dans les Champs Troyens
> Nos deux Peres sans nous formerent ces liens,

> Et que sans consulter ni mon choix ni le vôtre,
> Nous fûmes, sans amour, engagés l'un à l'autre, (1)

l'on voit que ces mots, *un autre diroit*, sont en concordance, parce qu'ils sont tous les trois au singulier : que ceux-ci, *nos deux Peres formerent*, sont également en concordance, parce qu'ils sont tous les quatre au pluriel; & qu'il en est de même de ceux-ci, *nous fûmes engagés*, parce qu'ils sont également tous les trois au pluriel.

Et que dans ceux-ci :

> Déja grondoient les horribles tonnerres
> Par qui sont brisés les remparts, (2)

ces mots, *grondoient les horribles tonnerres*, sont en concordance par la même raison.

Si le Verbe, le Nom & l'Adjectif ont un raport commun, celui du Nombre, ces deux dernieres Parties en ont un plus étroit; car à ce raport commun elles en ajoutent un, qui leur est particulier, c'est celui du genre : ensorte que ces deux mots ne se mettent pas seulement au même nombre, mais aussi au même genre : ainsi tandis que nous disons, *un homme prudent*, nous disons, *une femme prudente*, *un tems orageux*, *une mer orageuse*.

De-là résultent deux sortes de Concordances.

1°. La Concordance du Verbe avec le Nom & l'Adjectif.

2°. La Concordance de l'Adjectif avec le Nom & le Verbe.

La premiere n'a raport qu'aux Nombres ; la seconde embrasse & les Nombres & les Genres : elle est plus étendue dans les Langues où les Noms & les Adjectifs ont des cas ; car il faut encore qu'ils soient au même cas comme au même nombre & au même genre ; ensorte qu'il existe dans ces Langues une troisieme concordance, celle des Cas : par celle-ci, l'Adjectif sera au Nominatif, à l'Accusatif, au Datif, &c. lorsque le nom avec lequel il doit s'accorder sera à l'un ou à l'autre de ces Cas.

Ici se raportent un grand nombre de régles, qu'on a distinguées comme différentes, tandis qu'elles ne sont que l'aplication de ces trois concordances à diverses circonstances particulieres †.

---

(1) Androm. Acte IV. Sc. V.

(2) Racine, Idylle sur la Paix.

† Régles minucieuses, insipides même lorsqu'elles ne regardent que la Langue maternelle, celle qu'on a aprise sans régle, & sans en étudier le génie & la marche ; mais

CHAPITRE III.

Concordances du Verbe avec le Nom ou avec le Pronom.

1°. Tout Verbe qui est précédé d'un Nom auquel il se raporte, doit s'accorder avec lui pour le Nombre.

» Les SECRETS de son cœur & du mien
» SONT de tout l'Univers DEVENUS l'entretien. (1)

2°. Tout Verbe qui est précédé de plusieurs Noms, même au singulier, avec lesquels il doit s'accorder, se met au pluriel, parce que plusieurs Noms au singulier qui s'accordent avec un même Verbe, valent un Nom au pluriel : & si le Verbe ne se mettoit qu'au singulier, il ne s'accorderoit qu'avec un de ces Noms.

» Le RESPECT & la CRAINTE
» FERMENT autour de moi le passage à la plainte. (2)
» Que DIRONT avec moi la Cour, Rome, l'Empire ? (3)

3°. Si le Verbe se raporte à un Pronom au lieu de se raporter à un Nom, il naîtra d'ici une nouvelle concordance ; le Verbe devra se mettre à la même Personne que désigne le Pronom.

JE PERCERAI le cœur que JE N'AI pu toucher ;
Et tout ingrat qu'IL EST, IL me SERA plus doux
De mourir avec lui, que de vivre avec vous. (4)

4°. Si un Verbe se trouve à la troisieme personne sans Nom & sans Pronom,

---

essentielle dès qu'il s'agit d'une Langue qu'on ne connoit pas : ici tout embarrasse, tout arrête ; mais que ces difficultés s'aplanissent, dès qu'on peut apercevoir que les procédés en sont conformes à ceux de notre Langue, & qu'on en voit la raison !

(1) Bérénice, Acte II. Sc. II.
(2) Ib. ib.
(3) Ib. Acte III. Sc. I.
(4) Androm. Acte IV. Sc. IV.

ce qui arrive sans cesse dans la plûpart des Langues, en Grec, en Latin, en Italien même, &c. il s'accorde constamment avec un Pronom sous-entendu. Le Tasse, par exemple, en parlant du Roi des Danois :

> Precipitò dunque gl'indugi, e tolse
> Stuol di scelti Compagni audace e fero. (1)

„ Il précipita donc la fin de la trève, & prit avec lui une troupe de Com-
„ pagnons choisis, remplis de courage & de valeur ».

Precipitò & *tolse* tiennent lieu chacun de deux Parties du Discours, du Verbe & du Pronom de la troisieme Personne qu'on a suprimé, parce que ces mots sont, par leur propre terminaison, à la troisieme personne : c'est ainsi que le Pronom est suprimé même en François dans la traduction de ces deux vers avant le second Verbe, où nous disons, *& prit*, au lieu de, *& il prit* ; parce que ce Pronom *il*, est suffisamment désigné par le *il* qui précéde, & par le mot *prit*, qu'on voit être une troisieme Personne.

5°. Si le Verbe est précédé des Pronoms de plusieurs Personnes différentes, on le fait accorder avec le Pronom de la premiere Personne ; & s'il n'y en a point, avec le Pronom de la seconde Personne. C'est ainsi que Racine dit : (2).

> Ma Mere a ses desseins, Madame, & j'ai les miens.
> Ne PARLONS plus ici de Claude & d'Agrippine.

Comme s'il eût dit, vous & moi ne parlons plus, &c.

On dira également :

> Dans le tems où vous & lui PARTITES pour l'Armée.

Il seroit impossible de s'exprimer autrement, sans tomber dans des répétitions minucieuses & inutiles.

---

(1) Jérus. déliv. Chant VIII. Str. 8.
(2) Britann. Acte II. Sc. III.

CHAPITRE

CHAPITRE IV.

De la Concordance du Nom avec l'Adjectif.

L'Adjectif étant destiné à ne former qu'un ensemble avec le Nom, & devant porter par-là même sa livrée, devant avoir les mêmes caractères, la même couleur, en quelque sorte, afin qu'on ne les sépare point, s'accordera donc avec le Nom dans tout ce en quoi ils pourront s'accorder en Nombre & en Genre dans nos Langues modernes, le François, l'Italien, &c. tandis que dans les Langues Latine & Grecque, &c. ils s'accorderont non-seulement en Nombre & Genre, mais encore en Cas.

1°. Tout Adjectif doit se mettre au même nombre & au même genre que le nom auquel il se raporte, afin qu'ils ne fassent qu'un, de la même maniere que la qualité d'un objet & cet objet ne sont point séparés, & ne font qu'un ; ainsi l'on dit :

En François, une antique *Cité*.
En Italien, antica Citta.
En Latin, antiqua Civitas.
En Grec, Παλαιον Ασυ, *Palaion Asty*.

Dans toutes ces Langues, l'Adjectif *antique* est au même nombre & au même genre que le nom de cité ; il est au singulier dans toutes : au féminin dans les trois premieres, parce que le nom de Ville est féminin dans ces trois Langues ; & au neutre en Grec, parce que le nom de ville, *Asty*, ou *Astu*, est neutre dans cette Langue.

Dans cette même Langue & en Latin, l'Adjectif *antique* est de plus au Nominatif, parce que le nom de Ville y est aussi.

2°. Cet usage ne change point, quoique le Verbe *est*, soit entre l'Adjectif & le Nom, puisque ce Verbe ne sert qu'à cimenter leur union : ainsi l'on dira, *cette Cité est* antique, *hæc Civitas est* antiqua ; comme on disoit, *antique Cité, antiqua Civitas*, &c. parce que cette expression est toujours la même.

Il en est de même des Verbes qui ne changent rien à cette union ; tels que les Verbes, *devenir, naître*, &c. Ainsi l'on dit au même genre, au même nombre

(& au même cas, en Latin, en Grec, &c,) *cette plante* devient *très-belle*; *il* naquit *blanc*.

3°. De la même maniere & par la même raison qu'un Verbe se met au pluriel lorsqu'il a plusieurs sujets au singulier, ainsi l'Adjectif se met au pluriel lorsqu'il s'accorde avec plusieurs noms au singulier.

 Le Chêne, le Cédre, le Peuplier sont *élevés*.

4°. Quelquefois l'Adjectif n'est pas au même genre que le Nom auquel il se raporte; c'est qu'il s'unit à un autre nom qui désigne le même objet, & qui est du même genre que cet Adjectif, mais qui est sous-entendu. Les exemples en sont très-fréquens dans les Langues Grecque & Latine : on en trouve également dans la Langue Françoise, quoique plus rares. Après avoir indiqué, par exemple, un certain nombre d'hommes par le mot générique de *Personnes*, qui est du genre féminin, on se sert ensuite du pronom masculin *ils*, ou d'un adjectif masculin, quoique *personne*, soit du genre féminin, parce qu'on ne considere plus ce mot, mais l'objet même, les hommes qu'il désigne.

5°. Souvent le Nom auquel se rapporte un Adjectif n'est pas exprimé; mais l'Adjectif le fait suffisamment connoître par son genre. Quand nous disons, les *riches*, les *grands*, nous sous-entendons toujours le substantif *hommes*.

6°. Nous avons le mot, *que*, dont la concordance paroît difficile à définir dans ces phrases, *les Personnes que vous avez vues ne sont plus ici*; *le Livre que vous m'avez prêté est intéressant*. En Latin ce *que* seroit à l'Accusatif; & cependant les noms *Personnes* & *Livre*, auxquels il se raporte, sont au Nominatif. C'est qu'il s'accorde, dit-on, avec ces noms répétés au même cas que lui; comme si l'on disoit, *les Personnes* lesquelles personnes *vous avez vues*; *le Livre* lequel Livre *vous m'avez prêté*, &c. Ceci est vrai, mais mal exprimé. *Que* est un mot elliptique, qui tient lieu de la Conjonction *&*, de l'article *ce*, & du nom sous-entendu; c'est comme si nous disions, *les Personnes*, & ces personnes vous avez vues *ne sont plus ici*; *le Livre* & ce Livre vous m'avez prêté, *est intéressant*.

CHAPITRE V.
DE LA DÉPENDANCE.

Mais les tableaux de la parole ne sont pas uniquement composés d'un Nom, d'un Verbe, d'un Adjectif: ils renferment presque toujours un très-grand nombre d'autres mots, dont la réunion forme des phrases très-longues & chargées d'une multitude d'idées. Comment ces nouveaux mots se trouvent-ils dans ces tableaux? Auroient-ils été amenés par le hasard? N'est-il pas à craindre qu'ils n'altèrent par leur présence & par leur entassement le bel ordre & cette simplicité pleine d'harmonie qu'offrent les parties du tableau dont nous venons d'admirer le raport & la concordance? Mieux vaudroit qu'ils n'y fussent pas. Il faut donc que ces mots nouveaux ne portent aucune atteinte à l'ensemble du tableau, qu'ils n'en altèrent point l'unité & l'harmonie; que le tableau au lieu d'en devenir plus confus, & de paroître inintelligible ou bisarre, en devienne plus agréable, plus nombreux, plus frapant.

Il faut donc nécessairement que ces nouveaux mots ayent été ajoutés en faveur de ceux qui forment l'essence du tableau, qu'ils se raportent à eux, & à eux seuls, que ceux-ci en tirent plus de clarté, plus de force, plus d'intérêt; que malgré cette multitude de mots, on aperçoive toujours le sujet du tableau, qu'on ne le perde jamais de vue, qu'il n'en existe aucun autre.

Ces mots nouveaux ne seront donc que des mots subordonnés à ceux qui composent le fond du tableau; ils n'en détourneront point notre vue pour la porter sur d'autres objets; ils l'y rameneront au contraire, en les rendant plus lumineux, plus intéressans, en formant un tableau plus complet, plus détaillé, plus vif, plus nombreux.

Etant subordonnés aux parties essentielles du tableau, ils les éclairciront, & ils n'en détourneront point: ils les développeront & n'y jetteront aucun embarras; ils en feront portion, & ne présenteront pas de nouveaux objets.

Ainsi dans un nouveau Poëme, tout se raporte au Héros de la Piéce; il anime tout, il dirige tout, il est l'ame de tout: ainsi dans un tableau, tous les personnages qui y entrent se raportent à un seul, qui domine sur tous les autres & qui les explique tous.

Ces mots subordonnés & en dépendance, qui ne seroient rien sans le sujet principal, & qui à sa suite sont très-énergiques & très-intéressans, servent à déterminer ou le sujet seul, ou son adjectif, ou le verbe qui les unit : quelquefois aussi ils portent sur tout l'ensemble : ainsi on aura dans les tableaux de la parole, des mots en dépendance du Nom ; des mots en dépendance du Verbe; des mots en dépendance de l'Adjectif : & chacun devra se lier avec ceux dont il dépend, d'une maniere différente & toujours relative à la nature même de ces mots.

CHAPITRE VI.

Moyens par lesquels on peut désigner ces diverses Dépendances.

Nos Discours étant ainsi composés de deux sortes de mots très-distincts, il importera essentiellement qu'on puisse les reconnoître aussi-tôt à quelque marque particuliere, à la maniere dont ceux qui ne servent qu'à déterminer le sens des autres, seront liés avec les mots qui forment l'essence du tableau, ensorte qu'on ne puisse tomber à cet égard dans aucune équivoque. Ces tableaux paroîtroient, en effet, ou inintelligibles ou faux, à ceux qui prendroient les idées accessoires pour les principales, & qui ne feroient de celles-ci qu'un accessoire.

On peut réduire à trois classes toutes les marques propres à faire connoître la fonction que remplissent ces mots ajoûtés aux tableaux de la parole : 1°. La place qu'ils y occupent : 2°. Les mots auxquels on les unit, & par lesquels on les lie avec les autres : 3°. Le changement de terminaison qu'ils subissent. Ces trois façons différentes peuvent exister ensemble ou séparément dans chaque Langue. Dans nos Langues modernes nous n'employons que les deux premieres, hormis à l'égard des Pronoms: dans les Langues anciennes, telles que le Latin & le Grec, on n'employe que les deux dernieres.

Ainsi nous reconnoissons l'objet sur lequel porte l'action désignée par le tableau, en ce qu'il marche après le Verbe, tandis que le sujet marche le premier ; au lieu qu'en Latin on reconnoît celui-ci par sa terminaison nominative, & celui-là par sa terminaison accusative.

Nous employons la différence de terminaison à l'égard des Pronoms ; ainsi nous disons *je* pour la premiere personne, regardée comme le sujet de la phrase ; & nous employons *me*, pour cette même personne regardée comme objet de la phrase ; mais en même tems nous l'assujettissons à une place constante, qui eſt entre le ſujet & le Verbe : ce qui fait rentrer cet uſage dans le génie propre de notre Langue, qui ne diſtingue les mots que par leur place.

Par raport au ſecond des moyens dont nous parlons, & qui conſiſte à faire connoître par des mots conſacrés à cela, la valeur de ceux qu'on ajoûte à ce qui fait l'eſſence du tableau, il eſt commun à tous les Peuples, à toutes les Langues : aucune qui ne lie ces mots entr'eux par des Prépoſitions.

N'en ſoyons pas étonnés : les Prépoſitions ont les mêmes avantages que les terminaiſons, & elles leur ſont très-ſupérieures par leur variété, par l'étendue de leurs ſervices, par la grace qu'elles répandent dans les tableaux de la parole, par l'énergie qu'elles lui donnent. Elles uniſſent les mots de la maniere la plus intéreſſante, en nous faiſant voir les raports qu'ils ont entr'eux, & que tel mot correſpond & dépend de tel autre, avec lequel on n'auroit pas penſé de le comparer & entre leſquels ſans cela on n'apercevroit aucun raport.

CHAPITRE VII.

Mots en Dépendance du Nom ou du Sujet.

De quels mots s'accompagnera le Sujet ou un Nom qui puiſſent le déterminer ? Quels mots feront dans ſa dépendance ? ſi ce n'eſt ceux qui déveloperont ſa nature, qui feront connoître ſon origine, qui indiqueront les êtres auxquels apartient l'objet que déſigne ce nom.

Ceux-ci ſe lieront avec le ſujet du tableau, ou par un Adjectif, ou par le Conjonctif *qui*, ou par la Prépoſition *de*.

Lorſque la Fontaine dit :

>Maître Corbeau, ſur un arbre perché,
>Tenoit en ſon bec un fromage,

ces mots, *ſur un arbre perché*, ſont un acceſſoire, une dépendance du ſujet du tableau : ce ſujet eſt *Maître Corbeau*, en concordance avec le Verbe *tenoit* : ces mots, *ſur un arbre perché*, déſignent donc une circonſtance particuliere du ſujet ; c'eſt comme ſi l'on diſoit, *Maître Corbeau* qui étoit *perché ſur un arbre*, *tenoit*, &c.

Dans ces vers de Racine :

>Le farouche aſpect de ſes fiers Raviſſeurs,
>Relevoit de ſes yeux les timides douceurs.

Le sujet de la phrase, ce qui relevoit les douceurs de ses yeux, des yeux de Junie, c'étoit *le farouche aspect* ; mais ces mots ne présentent pas un sens complet & déterminé : on voudroit savoir d'où part ce farouche aspect, quelle en étoit l'origine : c'est ce que marque le mot *de* qui suit : il fait voir que c'étoit l'aspect des personnes mêmes qui avoient ravi Junie, l'aspect *de ses fiers ravisseurs*.

C'est par une raison pareille que ce mot *de* est répété dans les vers suivans, pour marquer quelles *douceurs* étoient relevées par cet aspect, la douceur *de ses yeux*.

En effet, *douceur* étant un Nom, de même que le sujet *aspect*, il se lie de la même maniere que lui avec les mots qui le déterminent. Il en est ainsi de tous les *Noms*, en quelque place qu'ils se trouvent ; ensorte que tout ce que nous dirons ici des mots qui se lient, soit avec le nom qui sert de sujet, soit avec son adjectif, sera vrai également des mots qui se lient avec des noms & avec des adjectifs, quelque fonction qu'ils remplissent dans le discours.

C'est ce qui fait que les Grammairiens ont consideré la maniere dont les mots se lioient en général avec d'autres, tandis que je ne considere ici ces choses que relativement à ce qui forme l'essence du tableau : cette maniere de voir étant beaucoup plus déterminée, & plus intéressante, elle m'a paru mériter la préférence.

Enfin, les mots qui déterminent le sujet, se lient souvent avec lui par le Conjonctif *qui* ou *que*, suivant la nature de la phrase.

Les Poësies *que composa Homere pour l'instruction des hommes*, se sont soutenues avec gloire dans tous les tems.

Rome, *qui, dans les commencemens, ne dominoit que sur un territoire très-borné*, parvint en peu de tems à la conquête de la Terre presque entiere.

CHAPITRE VIII.

Mots en dépendance du Verbe.

Le Verbe, de quelque nature qu'il soit, neutre ou énonciatif, actif & passif, a sous sa dépendance tous les mots qui désignent les circonstances dont le tableau est accompagné, de quelque nature qu'elles soient: ces circonstances sont l'objet, le but, le lieu, le tems, la cause, le moyen & l'état, ou la maniere d'être. Il est peu de discours qui n'offrent la plûpart de ces circonstances. On en voit plusieurs dans la priere que Racine fait prononcer par Agamemnon, obligé de sacrifier sa fille:

> Grands Dieux, si votre haine
> Persévere à vouloir l'arracher de mes mains;
> Que peuvent devant vous tous les foibles humains?
> Loin de la secourir, mon amitié l'oprime.
> Je le sais: mais, grands Dieux, une telle victime
> Vaut bien que, confirmant vos rigoureuses Loix,
> Vous me la demandiez une seconde fois. (1)

Ici, *l'arracher*, désigne l'objet du Verbe vouloir; *à vouloir*, est le but de cette *haine* qui persevere: *de mes mains*, est une circonstance de lieu; *devant vous*, est une circonstance de tems. *Loin de la secourir*, est une circonstance de moyen: *l'*, dans *l'oprime*, est l'objet de cette opression; c'est *elle* que mon amitié oprime. *Le*, dans *je le sais*, est encore l'objet du Verbe savoir. *Bien*, est la maniere d'être, la qualification du Verbe *valoir*. *Vos rigoureuses Loix*, sont l'objet du Verbe confirmant; comme *la*, est l'objet du Verbe demandiez. *Me*, est le terme de ce même verbe. *Une seconde fois*, est une circonstance de tems.

Les circonstances sont presque aussi variées dans ces vers, quoiqu'ils soient en moins petit nombre (2).

> Que présage à mes yeux cette tristesse obscure
> Et ces sombres regards errans à l'aventure?
> Tout vous rit, la Fortune obéit à vos vœux.

---

(1) Iphigén. Acte IV. Sc. IX.
(2) Britann. Acte II. Sc. II.

Que, marque l'objet du Verbe préſage.

A mes yeux, marque le terme de cet objet.

A l'aventure, marque la maniere dont errent ces regards.

Vous, marque le tems du Verbe *rit*. Tout *rit pour vous*, en votre faveur.

A vos vœux, marque le terme de l'obéiſſance de la Fortune ; c'eſt à vos vœux qu'elle obéit.

Voilà donc des mots de toute eſpéce en dépendance du Verbe.

Déſirez-vous des exemples d'objets ? vous en trouvez dans *une telle victoire* ; dans *que*, dans *la*, *le* ; *vos rigoureuſes Loix*, &c.

Des circonſtances de but, de terme ? en voici : *me*, *vous*, *à vos vœux*.

Une circonſtance de lieu, *de mes mains*.

Une circonſtance de tems, *une ſeconde fois*.

Une circonſtance de Cauſe, *la Fortune obéit à vos vœux* ; c'eſt ce qui eſt cauſe de ce qu'on vient de dire, de ce que *tout vous rit*.

Une circonſtance de Moyen, *loin de la ſecourir, mon amitié l'oprime*.

Une circonſtance tirée de la maniere d'être ; *bien*, qui déſigne ce que vaut une telle victime : *à l'aventure*, qui déſigne de quelle maniere errent ces ſombres regards.

Dans les ſix vers ſuivans, les deux mots en concordance, les deux mots qui forment le fond du tableau, qui en ſont l'ame, autour deſquels viennent ſe réunir tous les autres, ſe trouvent dans le dernier vers : les cinq premiers ne ſont que des acceſſoires, des circonſtanciels ; mais énoncés de façon qu'on voit qu'ils ne ſont pas les mots eſſentiels & en concordance, qu'ils ne ſont mis là que pour préparer ceux-ci. Tels ſont ces vers :

> Et ſoit que ſa colere
> M'imputât le malheur qui lui ravit ſon frere ;
> Soit que ſon cœur jaloux d'une auſtere fierté,
> Enviât à nos yeux ſa naiſſante beauté ;
> Fidéle à ſa douleur & dans l'ombre enfermée,
> Elle ſe déroboit même à ſa renommée. (1)

Elle déroboit, mots placés dans le dernier vers, ſont le Sujet, le Verbe &

---

(1) Britann. là même.

l'Adjectif ;

UNIVERSELLE.

l'Adjectif ; c'est comme si l'on disoit, *elle étoit dérobante*. Ce sont les seuls mots en concordance, relativement au fond du tableau : tous les autres, comme nous l'avons dit, ne sont que des accessoires.

> SE, marque l'objet que déroboit la personne dont on parle. C'est *se*, elle-même.
>
> *A sa renommée*, marque à qui ce vol étoit fait.
>
> *Fidéle à sa douleur, & dans l'ombre enfermée*, marquent la maniere dont elle se déroboit, *en se renfermant dans l'ombre, & en restant fidéle à sa douleur*.

Les quatre premiers vers indiquent les motifs de cette retraite, qui sembloit un vol fait au public : c'étoit *sa colere* pour la mort de son frere, ou *son austere fierté*.

Quelquefois cependant le sujet est envelopé dans des termes qui désignent la dépendance : on en a un exemple dans les deux vers qui suivent ces six :

> Et c'est cette vertu si nouvelle à la Cour,
> Dont la persévérance irrite mon amour.

C'est une phrase renversée, & dont les mots n'offrent pas l'accord qui doit se trouver entre les parties fondamentales d'une phrase. Le Verbe essentiel est certainement *irrite* ; mais quel est son sujet ? sera-ce *la persévérance* ? Mais ce mot est dépendant du Conjonctif *dont*, tandis que le sujet ne doit jamais être dépendant. Sera-ce *cette vertu si nouvelle à la Cour* ? Mais ce n'est pas elle qui irrite, c'est *sa persévérance* : nous voyons donc ici marcher comme sujet le mot qui devroit être en dépendance ; & en dépendance, le mot qui devroit être sujet : la phrase peut en effet se rendre ainsi : *c'est la persévérance de cette vertu si nouvelle à la Cour qui irrite mon amour*. Mais qu'a fait le Poëte ? Pour éviter le choc des deux voyelles qu'offroit *qui irrite*, il a été obligé d'énoncer sa phrase autrement, & de la tourner ainsi ; *c'est cette vertu qui par sa persévérance irrite mon amour*, en substituant *dont*, aux mots *qui par*, trop longs & trop prosaïques pour son vers.

Cette tournure devenoit très-belle & très-grammaticale, au moyen du Verbe *c'est*, qui offre un Verbe sur lequel se portent les régles grammaticales, parce qu'il devenoit pour elles le Verbe essentiel, dont *cette vertu* est le sujet, tandis que *c'* en est l'Adjectif, & que le second vers tout entier n'est que le dévelopement de cet Adjectif : tel est en effet le vrai sens de ces vers.

Cette vertu si nouvelle à la Cour, *est ce* dont la persévérance irrite mon amour.

Par cette tournure, tout est d'accord : les vers sont tels qu'ils doivent être, & à la place du sujet devenu mot dépendant, on a un autre mot qui a changé de Verbe avec lui : ainsi l'oreille & la Grammaire sont également satisfaites.

Enfin les Verbes Passifs ont toujours dans leur dépendance les mots qui marquent la Cause de cette existence passive. Dans ce vers, par exemple :

Ainsi par le destin nos vœux sont traversés, (1)

qui offre un tableau Passif, *des vœux traversés* ; la Cause qui fait que ces vœux sont traversés, est *le Destin*, & elle se lie avec le tableau entier, en François, au moyen de la Préposition *par* ; en Latin, au moyen de la Préposition A ; en Italien, au moyen de la Préposition *da*.

E lacerato il cuore
Da gli interni avoltoi, sdegni e dolore. (2)

» Son cœur est déchiré *par* des Vautours intérieurs, par l'indignation &
» par la douleur ».

―――――――――――――――――――

(1) Britannic. Acte III. Sc. VIII.
(2) Jérus. déliv. Chant X. Str. VI.

CHAPITRE IX.

Mots en dépendance de l'Adjectif.

L'Adjectif améne également à fa fuite des mots qui fervent à le déterminer, & ceux-ci défignent également des circonftances, des accefloires.

Les mots qui déterminent les Adjectifs font, 1°. les Adverbes de Comparaifon.

> Jamais crainte ne fut PLUS jufte *que la vôtre.*
> Il regne avec la PLUS grande équité.

2°. Des circonftances liées avec lui par des Prépofitions. La gloire qui vient de la vertu eft *fupérieure* A celle qui vient DE la naiffance : riche *en* moyens : grand *fans* oftentation.

Mais il arrive très-fouvent que l'Adjectif difparoît, & qu'il fait place aux mots même qui devroient le déterminer : de-là des tournures qui femblent contraires à toute Grammaire, & dont l'explication embarraffa toujours.

Telles font ces phrafes :

> Alexandre étoit Roi de Macedoine.
> Priam fut pere d'Hector.
> Paris eft la Capitale de la France.

Dans ces tableaux, on voit un fujet, *Aléxandre, Priam, Paris* : un Verbe, *étoit, fut, eft* ; & point d'Adjectif : à fa place, un Nom, *Roi, Pere, Capitale*. Qu'en a-t-on conclu ? Que ces Noms étoient des Adjectifs. C'étoit tout brouiller, c'étoit renverfer de fa propre main l'édifice qu'on avoit élevé avec tant de peine & de fagacité, & rendre inutile toute Grammaire : car fi un mot eft Nom & ne l'eft pas, Adjectif & non Adjectif, on ne fait plus rien, on ne peut plus rendre raifon de rien.

Ici, *Roi, Pere, Capitale*, font des Noms, des Subftantifs : c'eft comme fi nous difions, le Roi de Macédoine étoit Aléxandre ; le Pere d'Hector fut Priam, la Capitale de la France eft Paris.

Il faudra donc dire, que c'eft *Aléxandre, Priam, Paris*, qui font maintenant des Adjectifs. L'abfurdité d'une pareille décifion fe fait fentir d'elle-même. Mais comment ne s'en est-on pas aperçu ? Comment a-t-on pu se faire illusion à ce point ? C'est qu'on n'étoit pas assez ferme dans ses principes ; qu'on ne savoit pas à quel point l'ellipse domine dans le langage.

Toutes ces phrases sont elliptiques : le vrai Adjectif a disparu, il n'est resté que des Substantifs qui le déterminoient & qui le remplacent ; & le remplacent si exactement, qu'on les a pris pour autant d'Adjectifs ; ce qui étoit le comble de l'illusion.

Dans ces exemples, c'est l'Adjectif *revêtu*, ou tel autre semblable qui est suprimé. Aléxandre étoit *revêtu de la qualité de* Roi de Macédoine ; mais cet Adjectif n'ajoutoit rien à la clarté & à l'énergie de la phrase, on le suprima donc. De même lorsque nous disons que Paris est la Capitale de la France, nous voulons dire, que c'est cette Ville qui est revêtue de cette qualité, qui est reconnue pour Capitale du Royaume, qui a été élevée à cette qualité ; mais ces explications se sous-entendant d'elles-mêmes, il étoit inutile de les exprimer. On les suprime donc, & leur complément, les mots qui étoient dans la dépendance de ceux-là, prennent leur place, & en font les fonctions ; mais ils ne sont rien moins qu'Adjectifs ; ce sont des Noms, tout comme ceux qui précédent le Verbe *est*.

Observons en passant que ce mot, *la Capitale*, nous offre encore une ellipse : car ce mot, *capitale*, fait ici la fonction d'un nom, & c'est cependant un adjectif. On dit, *un point capital*, tout comme, *une remarque capitale* : ici c'est le nom de Ville qui est sous-entendu. *Paris est la* ville *capitale de la France.* Tant l'ellipse est commune, tant elle a d'influence sur le langage !

CHAPITRE X.

Mots en dépendance distribués en deux Classes.

Chaque portion primitive d'un tableau, le Nom, le Verbe & l'Adjectif, peuvent donc s'accompagner de mots qui servent à en déterminer le sens d'une maniere plus particuliere, à l'étendre ou à le resserrer suivant les occurrences.

Ces mots, en dépendance, forment quelquefois eux-mêmes des tableaux qui réunissent toutes les parties essentielles aux tableaux de la parole; ils offrent un Nom, un Verbe, un Adjectif, tout comme le tableau principal. Ceci a lieu lorsque l'ame est agitée de grandes passions, que les sentimens se pressent, que les idées se succédent rapidement les unes aux autres : il n'est donc pas étonnant que PHÈDRE réunisse plusieurs tableaux en un seul, lorsque dans un moment de désespoir elle s'adresse ainsi à Vénus :

> O toi qui vois la honte où je suis descendue,
> Implacable Vénus, suis-je assez confondue ?
> Cruelle, si tu veux une gloire nouvelle,
> Attaque un ennemi qui te soit plus rebelle:
> Hyppolyte te fuit, & bravant ton courroux,
> Jamais à tes Autels n'a fléchi les genoux. (1)

La premiere phrase qui n'est composée que de deux vers, renferme au moins trois tableaux qui offrent chacun un Nom, un Verbe, un Adjectif. 1°. Toi qui vois la honte : 2°. Je suis descendue : 3°. Suis-je assez confondue.

Ces trois en supposent un quatrieme, qui n'est qu'indiqué, parce que la plus grande partie en a disparu, & qu'il n'en reste que ces mots, *implacable Vénus* ; ceux-ci n'appartiennent à aucun des Verbes exprimés ; ils ne peuvent cependant exister sans un Verbe ; ce Verbe est donc sous-entendu, & il ne l'est que parce que son énoncé n'auroit fait que réfroidir la vivacité de l'action : ce Verbe est, *répons-moi.*

Implacable Vénus, *répons-moi ;* suis-je assez confondue ?

---

(1) Phèdre, Acte III. Sc. II.

Mais l'on ne fait une demande que pour avoir une réponse : il étoit donc inutile de dire, *répons-moi*.

Ces mots, *implacable Vénus*, forment eux-mêmes un cinquieme tableau dont le Verbe a disparu par la même raison : le véritable sens est celui-ci, *Vénus qui es implacable* à mon égard : mais ce dévelopement n'ajoute rien à la clarté du discours, & il en afoiblit l'énergie, on le suprime donc : & l'esprit n'étant plus arrêté par des expressions inutiles, saisit mieux l'essentiel, & devient plus sensible à la rapidité avec laquelle se succédent les pensées.

On peut donc distinguer en deux classes les mots en dépendance ; ceux qui sont seuls, ceux qui sont suivis eux-mêmes de mots avec lesquels ils forment un tableau particulier : de-là deux sortes de Complémens.

Un Complément *simple*, un Complément *complexe* : celui-ci qui embrasse un grand nombre de mots ; celui-là qui se borne à un, & qu'on pourroit apeller également *in-complexe*.

§. 2.

Du Complément complexe.

Le Complément complexe suit deux loix différentes, relativement au mot par lequel il commence, & relativement à ceux qui suivent celui-ci. A l'égard de ces derniers, il suit les régles même qui concourent à la formation des tableaux qui ne sont point en dépendance ; mais par raport au premier, il suit les régles des mots en dépendance.

C'est par cette raison qu'on a appellé le premier mot Complément *grammatical*, parce qu'il prend toutes les formes qu'exigent les régles de Grammaire : ou *initial*, lorsqu'il ne peut changer de forme, qu'il consiste, par exemple, en une Préposition.

Les mots qui suivent le Complément grammatical s'apellent Complément *Logique*, parce qu'ils présentent l'expression de *l'idée entiere*, qui est en dépendance.

La réunion du Complément Grammatical & du Complément Logique, forme le Complément *total*.

Dans ce vers, par exemple, déja cité :

> Attaque un ennemi qui te soit plus rebelle ;

les mots en dépendance sont, *un Ennemi qui te soit plus rebelle*, ils sont en dépendance du Verbe *attaque*, & lui servent ainsi de Complément total ;

mais dans ce Complément, il faut diftinguer le premier mot, un *Ennemi*, mot qui offre l'objet du Verbe *attaque* : dans la dépendance abfolue du Verbe, il doit fuivre toutes les régles qu'exige cette dépendance ; c'eft le Complément Grammatical.

Les autres font un Complément de ce premier, qu'ils fervent à déterminer ; *quel ennemi* ? un *qui te foit plus rebelle*. Ils s'accordent avec lui, & ne dépendent point du mot dont il dépend lui-même : c'eft le Complément Logique, ce Complément qui forme un tableau dans un autre tableau.

§. 3.

Ce qu'on entendoit par Régime.

Au lieu de ces expreffions, mots en concordance & mots en dépendance, ou *Accords & Complémens*, les Anciens fe fervoient des mots, *régiffant* & *régis*, ou *régime*.

Ainfi le fujet d'un tableau régiffoit le Verbe, & celui-ci régiffoit à fon tour l'objet & le terme du tableau. De ces trois mots, le premier étoit en régime *libre*, le troifieme en régime *affujetti*, & le fecond en régime *affujetti & affujettiffant*.

On a cru qu'il y avoit oppofition entre les deux mots de cette dénomination, *régime libre* ; mais cette oppofition n'eft qu'aparente. Le fujet d'une phrafe eft en régime ; car il faut qu'il fubiffe les régles du fujet : il eft *libre* ; car il n'eft régi par aucun mot particulier, il ne fe raporte à aucun, & tous fe raportent à lui.

Mais cette dénomination de *régime*, très-bonne pour le Complément Grammatical, ne peut s'apliquer que difficilement aux Complémens Logiques ; on a donc été obligé de recourir à une autre, plus générale & plus commode.

CHAPITRE XI.

De l'arrangement dont peuvent être susceptibles les Complémens d'un même Tableau.

Les Complémens d'un tableau étant en si grand nombre, & formant une partie si considérable des tableaux de la parole, il est très-important, sans doute, de les placer de maniere qu'ils n'alterent point l'harmonie qui doit y regner, & que leur belle distribution répande autant de grace que de clarté : sans cela on ne produiroit que des tableaux informes : mais ceci n'est pas aussi aisé à pratiquer qu'à sentir.

« L'arrangement des mots, dit Vaugelas (1), est un des plus grands se-
» crets du style : qui n'a point cela, ne peut pas dire qu'il sache écrire ; il a
» beau employer de belles phrases & de beaux mots ; étant mal placés, ils ne
» sauroient avoir ni beauté, ni grace, outre qu'ils embarrassent l'expression &
» lui ôtent la clarté, qui est le principal ».

C'est ce qui a fait dire à un autre Ecrivain (2) : « Lorsqu'une phrase
» manque d'harmonie, n'en cherchez la raison que dans le mauvais arran-
» gement des parties qui la composent : mettez entre toutes ses parties l'ordre
» le plus convenable, à coup sûr vous la rendrez harmonieuse.

Nous verrons ailleurs les régles qu'on peut suivre pour l'arrangement de chaque Partie du Discours ; mais nous indiquerons ici avec M. Beauzée qui a aprofondi cet objet, & auquel par conséquent, nous renverrons pour les détails (3), les précautions à prendre pour distribuer dans l'ordre le plus convenable les divers Complémens qui entrent dans un tableau.

1. De plusieurs Complémens qui tombent sur le même mot, il faut mettre le plus court le premier après le mot completté ; puis, le plus court de ceux qui restent, & ainsi de suite jusqu'au plus long de tous, qui doit être le dernier. Ainsi l'on diroit, *parer* LE VICE *des dehors de la vertu*, & *parer* DES DEHORS DE LA VERTU *les vices les plus honteux & les plus décriés.*

---

(1) Remarq. 454.
(2) Discours sur les Agrémens du Langage, Part. I.
(3) Gramm. Gén. T. II. p. 65. & suiv.

2. Si par ce moyen quelqu'un de ces Complémens se trouvoit trop éloigné du mot complette, & qu'on ne pût apercevoir bien clairement son raport avec ce mot, on n'a qu'à le placer avant. On peut même le faire pour mettre plus d'élégance dans le tableau. C'est ainsi que l'Auteur de Télémaque a dit : « *C'est un des trois qui ont*, APRÈS UN SIÉGE DE DIX ANS, *renversé la fameuse Troye.*

3. Ces régles cessent dès qu'il en résulteroit un sens obscur & équivoque. Ainsi au lieu de dire, d'après la seconde régle, *il se persuada qu'*IL RÉPAREROIT LA PERTE QU'IL VENOIT DE FAIRE, *en attaquant la Ville par divers endroits* ; il faut dire, *il se persuada qu'*EN ATTAQUANT LA VILLE PAR DIVERS ENDROITS, il *répareroit la perte qu'il venoit de faire*, puisque c'est l'attaque de la Ville qui doit réparer la perte, loin d'en avoir été la cause.

4. Si les divers Complémens d'un même mot ont sensiblement la même étendue, c'est au goût, c'est-à-dire, au jugement éclairé par une Logique fine, & surement fondée sur des principes certains, à en fixer la place. Il en est de même pour les différentes parties d'un même Complément. Il est mieux de dire, *je leur montrerai que sa façon d'écrire est excellente*, & QU'IL MÉRITE LE NOM DE POETE, que de dire, *je leur montrerai qu'il* MÉRITE LE NOM DE POETE, & que sa façon d'écrire est excellente.

5. Si le sujet de la phrase étoit précédé d'un Complément qu'il écartât trop de son Verbe, ce sujet doit être placé après le Verbe. Ainsi on ne dira pas avec l'Auteur de Télémaque : *C'est ce* QUE *Minos, le plus sage & le meilleur de tous les Rois, avoit compris* ; mais, *c'est ce* QU'*avoit compris Minos, le plus sage & le meilleur de tous les Rois.*

6. Il ne faut jamais séparer les portions du Complément par un autre complément : ainsi on ne dira pas, *il y a un air de vanité & d'affectation dans Pline le jeune qui gâte ses Lettres* ; mais, *il y a dans Pline le jeune, un air de vanité & d'affectation qui gâte ses Lettres.* On ne dira pas non plus avec l'Auteur de Zaïde, *je goûtois des délices dans ces commencemens, que je n'avois pas imaginés* ; mais *je goûtois dans ces commencemens*, &c.

CHAPITRE XII.

Des Parties conſtitutives d'une phraſe, & des Tableaux des idées.

JUSQUES ICI nous avons vu que les tableaux de la parole étoient compoſés de diverſes parties, les unes en concordance, les autres en dépendance : que les premieres étoient ſi eſſentielles à ces tableaux, qu'elles ſe rencontroient néceſſairement dans tous, & qu'il n'y en avoit aucun qui ne les ſuppoſât : tandis que la préſence des autres dans ces tableaux, dépendoit de la nature des objets qu'on avoit à préſenter ; mais nous n'en avons encore ni déterminé le nombre, ni indiqué les noms qu'on leur donne : nous allons donc nous en occuper ici.

Les Parties conſtitutives d'un tableau, quelqu'étendu qu'il ſoit, ſe réduiſent à ſept.

1°. Le SUJET ; ce ſujet dont nous avons déja tant parlé, & auquel ſe raporte le tableau entier.

2°. L'ATTRIBUT, toujours compoſé d'un Verbe, & d'un Adjectif exprimé à part, ou fondu dans le Verbe.

3°. L'OBJET, qui exprime les êtres qui reçoivent les impreſſions de nos actions.

4°. Le TERME, qui repréſente le but auquel aboutiſſent nos actions ou vers lequel ſe porte l'attribut.

5°. La CIRCONSTANCE, qui ſert à déterminer l'attribut, à énoncer les qualités particulieres qu'il renferme, relativement à tel ou tel objet.

6°. La CONJONCTION, qui ſert à unir deux objets qui ont raport l'un à l'autre.

7°. L'ADJONCTION, qui n'entre dans le diſcours que par forme d'accompagnement, & qui ne ſe lie à aucune de ſes portions.

On les voit tous ſept dans ces vers : (1)

>Non, je vous priverai de ce plaiſir funeſte ;
>Madame, il ne mourra que de la main d'Oreſte ;
>Vos ennemis, par moi vont vous être immolez,
>Et vous reconnoitrez mes ſoins ſi vous voulez.

___

(1) Andromaq. Act. IV. Sc. III.

UNIVERSELLE.

Je, est le sujet qui prive; *vous*, l'objet qu'on prive; & *priverai*, l'attribut.
De ce plaisir funeste, le terme de la privation, le but où elle aboutit.
Madame, une Adjonction à la phrase.
De la main d'Oreste, par moi, &c. sont des circonstances.
Et, la Conjonction qui unit deux tableaux. Chacune de ces portions s'approprie différentes parties du Discours, & elles se les partagent toutes.

Le sujet est désigné par les Noms & par les Pronoms, de même que l'objet & le terme. L'attribut, par le Verbe & par l'Adjectif.

L'objet & le terme, par les Noms & les Pronoms.

L'adjonction, par les *Interjections*.

La circonstance, par les *Prépositions*, & par les *Adverbes*.

La Conjonction, par la partie du Discours qui porte son nom.

De-là résultent sept places différentes dans les tableaux de la parole les plus complets; & qui prenant leur nom de leur nature, s'apellent:

Le Subjectif.	Le Circonstanciel.
L'Attributif.	Le Conjonctif.
L'Objectif.	L'Adjonctif.
Le Terminatif.	

Noms très-relatifs à leurs fonctions, mais inconnus jusqu'à l'Abbé Girard, auquel on doit ces dénominations; l'obligation que nous lui avons à cet égard, est d'autant plus grande, que ces Noms sont d'une nécessité indispensable pour exprimer les idées relatives à l'analyse du Discours.

On étoit privé avant lui de cet avantage, & l'on étoit réduit à employer les noms des Cas Latins qui répondent à ces dénominations.

Le Nominatif servoit pour exprimer le sujet.
L'Accusatif, pour l'objet.
Le Datif, pour le Terme.
L'Ablatif, pour la Circonstance.
Le Vocatif, pour l'Adjonctif.

Tandis que le *Verbe* répondoit à l'Attributif; & la Conjonction, au Conjonctif.

Mais écoutons cet Abbé lui-même; il mérite d'être entendu dans sa propre cause (1).

---

(1) Les vrais Principes de la Langue Franç. T. I. p. 96. & suiv.

« Aurois-je à craindre ici qu'on ne me fit un crime d'avoir substitué d'au-
» tres noms à ceux de *Nominatif, Verbe, Cas, Adverbe*, dont on s'est servi
» jusqu'à préfent dans les Écoles, pour nommer les parties de la frafe ? Non,
» on eft aujourdui trop dégagé des préjugés & trop amateur de notre Langue
» pour prendre parti contre une méthode, uniquement parce qu'il y en a une
» autre, fans examiner laquelle des deux a l'avantage, foit par raport à
» l'art, foit par raport à fon fujet. Je ne crois donc pas avoir des frondeurs
» à redouter ; & j'efpere que l'on conviendra avec moi que le refpect dû
» aux anciens ufages ne peut jamais fonder une prefcription contre la vé-
» rité ; qu'en fait d'arts & de fciences, la raifon eft fupérieure à l'autorité :
» que ce n'eft donc point par affectation ni par efprit de fingularité que j'ai
» abandonné ces termes de l'École ; mais uniquement, parce qu'ils m'ont
» paru ne pas convenir à la méthode Françoife. En effet, n'étant qu'au nombre
» de quatre, peuvent-ils répondre au nombre de fept ? qui, comme on vient
» de voir, eft fans conteftation, celui des membres qui peuvent entrer dans
» la ftructure de la frafe.

» De plus, ils n'indiquent pas nettement la nature de ce qu'on veut qu'ils
» défignent, ni la façon dont ces membres figurent entre eux. D'ailleurs éta-
» blis pour repréfenter d'autres idées totalement diftinguées de celles dont
» il s'agit ici, ils caufent de la confufion & de l'embarras dans l'efprit
» des perfonnes qui ne font pas accoutumées à ce ftyle fcolaftique & tergi-
» verfant, où les termes changent à tout moment de valeur, & où les mots
» introduits pour la précifion, ont fouvent eux-mêmes befoin d'un cortége
» d'obfervations pour être bien entendus : car enfin *Verbe* & *Adverbe* fervent à
» nommer deux efpéces dans les Parties d'Oraifon : *Cas*, eft un terme établi
» pour marquer en général les diverfes terminaifons dont les Subftantifs & les
» Adjectifs font fufceptibles dans les Langues tranfpofitives : & *Nominatif* eft
» le nom de l'un de ces cas, ou de l'une de ces terminaifons. Voilà les idées
» qu'ils préfentent d'abord, plutôt que celles de membres de frafe. Ce n'eft
» que par une feconde réflexion, & par une aplication nouvelle, qu'on rapelle,
» quand il le faut, ces dernieres idées, dont on les a encore chargés.

» Ajoûtez à cela que notre Langue ne connoît ni *Cas* ni *Nominatif*, &
» que fon régime ne fe manifefte pas, comme en Latin, par la variation des
» terminaifons. Ainfi ces expreffions n'ayant aucune analogie avec les raports
» qui y font figurer les mots, ou comme fujet, ou comme objet, ou
» comme terme d'attribution, ou comme circonftance, ou comme lien,
» elles lui font tout-à-fait étrangeres, & y forment un langage barbare.

» qui choque également l'oreille, le sens & le goût françois.

» Enfin dans toutes les Langues, même dans les transpositives, c'est souvent par toute autre chose que par des Nominatifs, des Cas & des Adverbes que l'on construit des frases & qu'on forme des sens, quoique toujours par le moyen des membres mentionnés ; auxquels il faut par conséquent donner des noms qui leur conviennent, sous quelque forme qu'ils se présentent. Lorsqu'on dit, par exemple ……

en Latin :

Tantis impediri occupationibus te præsente solet esse molestum ;

» ne voit-on pas cette frase formée des mêmes membres, sans qu'il y ait rien néanmoins de ce qui est proprement Nominatif, Cas & Adverbe ? Comment nommera-t-on dans le détail les expressions de chacun d'eux ? N'est-il pas choquant de donner à un Verbe & à une Préposition le nom de *Nominatif* ou de *Cas ?* & celui d'*Adverbe* à un Substantif ou à un Pronom accompagné de son Adjectif ? Quoi donc de plus à propos que de tirer de leurs propres fonctions des noms analogues, toujours convenables, qu'on puisse apliquer à toutes les sortes de mots, dont on voudra se servir pour remplir ces fonctions ?

» Ne se fait-on pas aussi mieux entendre des personnes qui ont le bon sens en partage, en disant que ces expressions servent à énoncer le sujet, l'attribution, la circonstance & l'objet de l'action, qu'en disant qu'elles font le Nominatif, le Verbe, l'Adverbe & le Cas de la frase ?

Il justifie toutes ces assertions par un exemple qui prouve à quel point on déraisonnoit, lorsqu'on vouloit rendre raison de la Langue Françoise par les principes qu'il combat, & qu'il étoit même impossible de surmonter les difficultés qui en étoient la suite.

« N'est-ce pas cet abus, dit-il, qui a fait voir à un de nos meilleurs esprits des chimères de difficultés dans notre Langue ? Il n'a pas hésité à dire que dans cette frase,

Une infinité de personnes ont résolu de se liguer ;

» le régime étoit contraire à la règle ordinaire de la Grammaire, en ce que le Verbe n'étoit pas régi par le Nominatif *infinité*, qui est au singulier ; mais par le Génitif *personne*, qui est au pluriel. Le terme de *Nominatif* lui a fait confondre ici l'idée d'un membre de frase, avec l'idée d'un cas de déclinaison. Ce qu'il n'auroit pas fait, si au lieu du terme de *nominatif*

» dans la structure de la frase, celui de *subjectif* avoit été en usage. Il
» auroit vu dans cet exemple, que ce membre ne consistoit pas seulement
» dans le mot *infinité*, mais dans ces quatre ensemble *une infinité de person-*
» *nes*; que par conséquent l'Attributif ou le Verbe étoit & devoit, selon
» la Syntaxe ordinaire, être régi par la collection de tous ces mots, &
» non par un d'eux séparément des autres. Il auroit encore vu, s'il avoit
» eu les idées Françoises, que notre Langue n'a point de cas: que *de*, n'est
» pas plus le caractere d'un Génitif, dans ce premier exemple, que dans
» celui-ci,

Il est parti de grand matin ;

» que ce petit mot est là une Préposition placée entre deux substantifs, pour
» marquer le raport qu'il y a de l'un à l'autre, consistant à spécifier l'infi-
» nité par l'indication de ce qui la compose.

L'Abbé Girard finit par s'excuser sur l'emploi de ces nouvelles expressions.
» S'il y a quelqu'un d'assez mauvaise humeur pour fulminer contre mes ter-
» mes, je le prie de m'en fournir d'autres, & le nombre convenable. Si
» l'habitude l'empêche de changer ses expressions, quoiqu'il en voye l'imper-
» fection & l'insuffisance, je respecterai une chaîne dont je connois la force,
» ma tâche ne consistant qu'à trouver le vrai & à dire ce que le sujet exige,
» non à le faire goûter aux hommes, c'est leur affaire propre. Tout Auteur
» ne doit avoir d'autre prétention ni d'autre vue que de bien traiter sa ma-
» tiere. Je demande seulement à cet homme, si constant dans les maximes
» qu'on lui a suggérées, qu'il ait la politesse de ne pas fronder un goût au-
» torisé par le génie de la Langue Françoise, fondé en raison, & qui n'a
» d'autre contradicteur que l'impuissance de renoncer à l'habitude : foiblesse
» aussi ordinaire à l'esprit qu'au cœur ».

ARTICLE II.

DE LA CONSTRUCTION.

CHAPITRE I.

Que la Conſtruction en fait de Langage, dépend de la Nature chez tous les Peuples.

Après avoir conſidéré, comme nous avons fait juſques ici dans leurs diverſes Parties & dans leurs différentes Formes, les matériaux dont nous nous ſervons pour peindre nos idées, examinons maintenant quel ordre nous devrons donner à toutes ces Parties, afin qu'elles préſentent un Tout lumineux & harmonique, où chaque objet ſoit à la place qu'il doit occuper, & dont toutes les portions ſe ſoutiennent & s'éclairent mutuellement.

Cette recherche eſt d'autant plus eſſentielle, que la force & l'intelligence du diſcours dépend abſolument de l'arrangement qu'on donne à ces diverſes portions qui le compoſent; ſur-tout lorſqu'il eſt queſtion d'un Tableau parlé & non écrit; car il faut que chaque mot ſucceſſif ſe lie & avec ceux qu'on a déjà prononcés & avec ceux qui doivent le ſuivre, de maniere qu'il n'y ait point de vuide, & point de déplacement; ſans cela le Diſcours ne préſenteroit aucune ſuite, on n'en pourroit jamais tenir le fil.

Quelqu'intéreſſante cependant que ſoit cette portion de la Grammaire, elle a été extrêmement négligée, on peut même dire preſqu'inconnue juſqu'à ces derniers tems, au point que pluſieurs Grammairiens, même de ce tems, n'ont pu ſe perſuader que la Conſtruction & la Syntaxe ne fuſſent pas la même choſe.

On n'en doit pas être ſurpris; les Régles de Conſtruction, leurs cauſes ſur-tout, ne peuvent être aperçues que par des obſervations très-difficiles à faire, à cauſe de leur grande ſimplicité; & parce que l'extrême habitude qu'on a contractée dès l'enfance de ranger les mots d'une phraſe de la même maniere que tous ceux avec leſquels on vit, au milieu deſquels on eſt né, & avec leſquels on a été élevé, nous empêche, non-ſeulement de ſoupçonner que l'arrangement des mots d'une phraſe ait jamais pu cauſer la moindre difficulté; mais nous perſuade même qu'il n'y a rien de plus naturel, & que ceux qui leur donneroient un autre ordre, s'écarteroient de la nature même : préjugés qui rendent toute étude des Régles inutile : car à quoi bon chercher des Régles là où il n'y a qu'une route ; & des motifs, là où l'on ne fait qu'obéir à la nature?

Il étoit impossible dès-lors de s'élever à des Principes généraux, au moyen desquels on pût juger la Méthode que chaque Langue suit à cet égard : l'on ne pouvoit que comparer leurs différentes Méthodes : toutes les observations, à cet égard, n'étoient plus que des observations locales & pratiques.

Ces observations montrant par-tout des Méthodes en sens contraire, qu'on ne pouvoit ramener à une mesure commune, ne pouvoient elles-mêmes que conduire à des conséquences précipitées ; en faisant conclure que de ces diverses Méthodes, une seule pouvoit être conforme à la nature, & que toutes les autres s'en éloignoient sans cesse. Ainsi l'esprit grammatical se rétrécissoit toujours plus ; & n'apercevant qu'une Méthode, il étoit dérouté dès que cette Méthode lui manquoit.

Ceci suposoit cependant que la Nature n'a qu'une marche, & qu'on a bien observé cette marche, qu'on l'a bien saisie, qu'elle n'a pu nous échaper : il auroit donc fallu commencer par prouver que la Nature n'a qu'une marche, & démontrer ensuite comment une chose aussi naturelle avoit pu échaper à la plus grande partie du Genre Humain : comment la plûpart des Peuples avoient pu méconnoître la Nature; comment les plus beaux Génies de l'Antiquité avoient été forcés de s'éloigner de cette Nature, & comment en s'en éloignant, ils avoient pu faire des Tableaux aussi sublimes, aussi énergiques, aussi brillans. La voie de la Nature seroit-elle donc la moins belle, la moins énergique ? & ne forceroit-elle pas tous les Hommes à la suivre ?

Nous-mêmes serions-nous forcés à cet égard de tomber dans la contradiction la plus grossiere, la plus contraire à nos principes sur lesquels s'elève la Grammaire entiere ? & après avoir dit dès l'entrée que tout ce qui étoit naturel, étoit commun à tous les Peuples, & qu'ainsi les Parties du Discours se trouvoient dans toutes les Langues, parce qu'elles sont données par la Nature, dirions-nous qu'il existe un arrangement de ces Parties, donné par la Nature elle-même, & que cet arrangement naturel n'est connu que de quelques Peuples, & qu'il n'a pas forcé toutes les Nations à se soumettre à ses loix immuables & nécessaires ?

Loin de nous de pareilles contradictions, qui anéantiroient tout ce que nous avons dit jusques ici, pour convaincre nos Lecteurs qu'il existe des principes communs à toutes les Langues, dont elles n'ont jamais pu s'éloigner,

&

& qui font la clé de toutes les Grammaires, parce que dans aucune on ne put en aucun tems s'éloigner de ces principes donnés par l'ordre même des choses, par des loix naturelles qui ne dépendirent jamais de l'homme, mais qu'il dut connoître, & auxquelles il ne put jamais se dispenser d'obéir. Loin de nous un système qui tendroit à prouver qu'il existe un Art dont le fondement n'est point appuyé sur la Nature, & qui a cependant perfectionné cette Nature, qui est allé fort au-delà de ses principes, de son énergie, des effets auxquels elle auroit dû conduire.

Ne soyons cependant pas étonnés que de beaux Génies, que des Grammairiens distingués par leurs connoissances, par la profondeur de leur Métaphysique, par la sagacité & la finesse de leurs Observations, n'ayent pû parvenir à cet égard jusqu'à la vérité, & qu'ils ayent cru que des deux espéces de Construction adoptées par les Langues, une seule pouvoit être conforme à la Nature, & que l'autre lui étoit oposée : ils y étoient entraînés par des Observations auxquelles il sembloit qu'il n'y avoit rien à répondre, & qui ne pouvoient s'éclaircir qu'en remontant à des Principes plus généraux, à ceux qui unissent toutes les Langues, & qui rendent raison de toutes les Méthodes qu'on y suit : Principes qu'on entrevoyoit, auxquels on cherchoit à s'élever ; mais qu'on ne pouvoit découvrir d'une maniere assûrée & évidente, qu'au moyen de ces Principes qui de toutes les Langues n'en font qu'une, & qui ont donné lieu à l'ensemble de nos recherches.

Afin qu'on soit mieux en état de se décider sur une question aussi importante pour la Grammaire universelle, nous allons donner une idée des régles que suivent la Langue Françoise & la Langue Latine, relativement à la Construction ; & un précis de tout qu'on a dit de notre tems pour déterminer quelle de ces deux Constructions étoit la plus conforme à la Nature.

CHAPITRE II.

Regles de construction, suivies par la Langue Françoise.

La connoissance de ces Régles est le résultat des Observations fournies par l'examen des Écrivains François : cependant peu de Grammairiens s'en sont occupés, parce qu'on abandonnoit ces recherches à l'usage. L'Abbé Girard est le premier qui en ait fait l'objet de ses soins ; il y fut conduit par la nature même de ses principes, qui montroient, pour la premiere fois, la différence qui regne à cet égard entre la Langue Françoise & la Latine. Nous devons à M. Beauzée les Régles sur la place que doivent occuper les Complémens dont nous avons déja parlé. M. de Wailly a suivi aussi l'exemple de M. l'Abbé Girard ; mais il est entré dans un beaucoup plus grand détail (1) : ainsi la Grammaire Françoise s'est enrichie d'un article important pour ceux qui sont obligés d'aprendre le François par principes. Nous allons indiquer les principales, afin qu'on se fasse une idée nette du génie de cette Langue, & qu'on puisse nous suivre dans ce que nous dirons, pour faire voir le motif de la marche qu'elle suit relativement à la construction de ses phrases.

Regles relatives à la Construction du SUJET.

La place du Sujet varie suivant que la phrase est narrative, impérative, interrogative ou optative.

1. Dans la phrase narrative ou expositive, le Sujet se place avant le Verbe :

Colomb fit connoître aux hommes un Monde nouveau.

Il en est de même dans la forme impérative pour la troisieme Personne :

Que tout obéisse à ses loix.

2. Mais dans la forme interrogative, le Sujet ne marche le premier, que

---

(1) Dans ses *Principes généraux & particuliers de la Langue Françoise*, sixiéme Edit. Paris 12°, 1770.

lorsqu'il est énoncé par le Pronom *qui*, ou par un nom précédé du mot *quel* :

> Qui trouvera le vrai système de la Nature ?
> Quelle RAISON triomphe du préjugé ?

Dans tout autre cas, le Sujet dans les phrases interrogatives se met après le Verbe :

> Ne m'as-TU point flatté d'une fausse espérance ?
> Puis JE sur ton récit fonder quelqu'assurance ? (1)

Il en est de même dans les phrases qu'on pourroit apeller *optatives*, qui marquent un desir, un souhait :

> Que ne puis-JE aussi-bien par d'utiles secours
> Réparer promptement mes injustes discours ? (2)

Et dans celles qui sont placées comme membres adjonctifs, pour apuyer ce qu'on dit :

> Le Ciel, dit-IL, m'arrache une innocente vie. (3)

4°. Le Sujet peut se placer après le Verbe dans la forme narrative, & quelquefois avec plus de grace que devant, lorsque le sens exclut tout objectif, ou que cet objectif n'est énoncé que par les mots, *le*, *se que*, *tel*.

> D'abord, paroit UN ÉDIFICE immense.
> Tel parut à nos yeux l'ÉCLAT de sa beauté.

REGLES relatives à la place que doit occuper le VERBE.

Le Verbe ne marche jamais à la tête de la phrase que dans les Formes Impérative, Interrogative, & Optative. C'est une conséquence de tout ce que nous venons de dire ; puisque dans ces occasions, le Sujet se met après le Verbe, il faut nécessairement alors que le Verbe soit le premier.

2°. Il est encore le premier, lorsqu'à l'Infinitif il tient lieu d'un Nom.

> ÊTRE ESTIMÉ, c'est le vœu de tous les hommes.

---

(1) Britann. Acte III. Sc. VI.
(2) Iphigén. Acte III. Sc. IV.
(3) Phédr. Acte V. Sc. VI.

3°. Il précede également le sujet dans le discours animé :

> Il périt, cet homme si cher à la France.

RÉGLES *relatives à la place que doit occuper l'Objet & le* **TERME.**

L'objet & le terme se placent ordinairement après le Sujet & le Verbe ; mais dans quelques occasions ils les précédent.

On les met avant le Sujet, lorsqu'ils sont énoncés par le Conjonctif-relatif, *que*, *qui*, *dont*, *quoi*, *lequel* :

> Le Plan que vous proposez est impraticable.
> A quoi nous déterminerons-nous ?

On les met avant le Verbe, lorsqu'ils sont énoncés par les Pronoms, *me*, *te*, *se*, *le*, par leurs pluriers, & par les mots elliptiques *en*, & *y* :

> Une fois l'an il me vient voir ;
> Je lui rends le même devoir.
> Nous sommes l'un & l'autre à plaindre ;
> Il se contraint pour me contraindre. (1)

2°. Et on les met après le Verbe, lorsqu'ils sont énoncés par les Pronoms *moi*, *toi*, *soi*, *lui*, & même par *y* :

> C'est a moi que ce discours s'adresse.
> Où la discorde regne apportez-y la paix.

3°. Il en est de même lorsque ces Pronoms désignent des circonstances :

> Elle vous l'a promis & juré devant moi.

Il est vrai que ce circonstanciel peut se placer devant le Verbe, lorsqu'on fait en Poësie inversion de la phrase entiere : ainsi Racine dit :

> L'aimable Iphigénie
> D'une amitié sincere avec vous est unie.

La phrase auroit été construite ainsi en prose, *l'aimable Iphigénie est unie avec vous d'une amitié sincere.*

---

(1) Gombaut.

4°. Dans les phrases où il y a deux Verbes, les Pronoms se placent auprès du Verbe dont ils sont l'objet ou le terme :

> On ne peut vous blâmer.
> Elle ne peut se consoler.

5°. Tout, servant d'Objectif, se place après le Verbe, si ce Verbe est dans un tems simple : *il engloutit* tout ; mais si le Verbe est dans un tems composé, *tout* se place entre les deux parties de ce tems, *il a* tout *englouti*. Ce qui rentre cependant dans le même principe, parce que le Verbe *il a*, est considéré comme le Verbe dont *tout* est l'objet, tandis que le mot *englouti* n'est considéré que comme un adjectif du mot elliptique *tout* : ce qui confirme notre doctrine sur les Participes.

REGLES *relatives aux* ADVERBES *&* aux CONJONCTIONS.

Il est difficile ou assez inutile de tracer les régles relatives à la place qu'on doit assigner, aux Adverbes parce que ces mots ont rarement une place fixe, & qu'ils dépendent à cet égard de l'harmonie & de la clarté de la phrase, se plaçant avant ou après le Verbe, suivant leurs divers effets à cet égard.

Tout ce qu'on peut dire de constant sur cet objet, c'est que les Adverbes se placent ordinairement après le Verbe qu'ils modifient :

> La victime marchera bientôt sur vos pas.

Sur-tout, s'ils marquent le tems d'une maniere relative :

> Nous sommes seuls encore.

Les Conjonctions doivent marcher nécessairement à la tête des phrases qu'elles lient.

> Quoiqu'il soit habile, il se trompe cependant assez souvent.

Mais ici il ne faut pas perdre de vue ce que nous avons dit sur le nombre des Conjonctions : car en le réduisant, comme nous l'avons fait, nous avons rendu inutiles nombre de régles qui n'avoient pour objet que des mots regardés mal-à-propos comme des Conjonctions.

Ajoutez à ces régles, celles qui regardent les Circonstanciels, & dont nous avons parlé plus haut, & vous aurez tout ce qui s'est dit de mieux à ce sujet.

CHAPITRE III.

Motifs ou sources de ces Régles.

Ces Régles ne sont, comme le dit fort bien l'Abbé Girard, que *l'usage attentivement consideré, & méthodiquement rendu.* Mais cet usage est fondé sur des motifs qui le rendent nécessaire, & qui doivent en faire la justification. Cherchons donc ces motifs : ils rendront ces régles moins séches & plus intéressantes : elles doivent résulter de la nature même du langage en général, adaptée au génie particulier de la Langue Françoise, ou plutôt aux moyens dont elle peut disposer pour s'énoncer.

La Langue Françoise dénuée, relativement aux Noms, de terminaisons ou de Cas, & obligée par raport aux Verbes, d'accompagner sans cesse de Pronoms leurs différentes modifications, ne peut faire connoître le raport des parties dont une phrase est composée, que par la place qu'elles y occupent.

Il résulte de-là, que chaque Partie du Discours occupe constamment la même place, tandis qu'elle indique le même raport ; & que cette place ne changera que lorsqu'elle énoncera un raport différent : car par ce changement, les raports sont changés & le tableau n'est plus le même.

De-là, toutes les régles que nous venons d'indiquer, & qui ne sont que des conséquences de ces principes, ou plutôt que des aplications de ces principes à tous les cas qui en résultent. Et ces régles seront communes à tous les Peuples, dont les moyens pour s'énoncer sont les mêmes que les nôtres.

Le Sujet est le mot principal du tableau, celui sur lequel roulent tous les raports de ce tableau : il est donc naturel que dans les Langues où les raports ne se connoissent que par la place, ce sujet soit à la premiere place, à la tête du Discours, afin qu'on aperçoive à l'instant & de la maniere la plus claire quel est le lien, le but de tous les raports dont il va être question ; & afin surtout qu'on ne puisse pas se méprendre sur ce but.

Mais dès que le sujet est toujours placé le premier dans les phrases expositives ou narratives, dans ces phrases qui forment la portion propre du langage, & le plus ordinaire, le Verbe marchera à sa suite, puis son objet & son terme ; quant aux circonstances, elles se placeront çà & là, suivant qu'elles auront un raport plus ou moins direct avec ces divers membres.

Lorsque le tableau changera de nature, qu'il deviendra Impératif, Inter-

UNIVERSELLE.

rogatif, Optatif, on n'aura qu'à changer le local de ces divers mots, & tout sera changé ; on aura de tout autres tableaux, des tableaux Impératifs, Interrogatifs, Optatifs, des phrases incises ou renfermées dans d'autres, parce qu'elles en sont des dépendances essentielles. Ainsi avec ces trois mots, *ciel*, *vous* & *dire*, on formera des phrases différentes en diversifiant leur position ; telles, celles-ci.

 Vous dites que le Ciel, *phrase narrative*.
 Dites-vous que le Ciel, *phrase interrogative*.
 Le Ciel, dites-vous, commencement d'une *phrase narrative*, interrompue par une *phrase incise*.
 Que le Ciel, dites-vous, *phrase optative* avec une *incise*.

En effet, dès qu'on est convenu que la place d'un mot fixeroit son raport dans une phrase, il ne peut changer de place sans que ce raport soit changé, & sans qu'il n'en résulte une idée différente ; d'autant plus que leur faisant changer de place, on les accompagne de tout ce qui est nécessaire pour qu'ils soient assortis à ce nouveau raport.

Mais si le sujet se trouve seul dans une phrase, peu importe la place qu'i y occupera, puisqu'on ne sera pas dans le cas de le démêler d'avec d'autres mots qui pourroient servir de sujet comme lui : on pourra donc le mettre après le Verbe, comme devant, étant impossible qu'il ne lui serve de sujet. Il vaudra même mieux le placer après le Verbe, parce que cet arrangement contrastera avec l'habitude où l'on est de le voir marcher le premier, & qu'il en deviendra plus piquant. On sera aussi clair, & l'on ne sera pas monotone ; ce qui jettera plus d'agrément par la variété & par la vivacité de l'expression.

En effet, l'expression devient par-là beaucoup plus vive, parce qu'on amene brusquement un raport auquel on ne s'attendoit pas, ce raport que le Verbe désigne ; & qu'on tombe tout de suite sur son sujet, sans que rien les sépare tandis que, sans cette inversion, le Verbe seroit beaucoup plus éloigné du sujet, & que la connoissance de leurs raports languiroit.

Les régles relatives au Verbe ne sont que l'inverse de celles-là, puisque, comme nous l'avons déjà dit, toutes les fois que le sujet vient après le Verbe, il faut nécessairement que le Verbe marche le premier.

Dès que les mots, *que*, *qui*, *dont*, *lequel*, &c. sont la réunion de la Conjonction, avec des mots qui expriment un objet ou un terme, comme nous l'avons prouvé en traitant des Conjonctions, il faut nécessairement que cet objet & ce terme paroissent' avant le sujet & avant le Verbe, puisque la Conjonction marche à la tête de la phrase qu'elle unit, & qu'elle s'accompagne de ses dépendances nécessaires.

Quant aux Pronoms qui marchent avant le Verbe, lors même qu'ils n'expriment pas des sujets, mais seulement des objets ou des termes de nos actions, & dont la construction paroît absolument contraire à notre Langue, & plus conforme au génie de la Langue Latine, ils ne lui sont cependant point oposés : premierement, parce que n'étant jamais semblables aux Pronoms qui désignent des sujets, peu importe la place qu'ils occupent, puisqu'on ne pourra jamais les confondre avec le sujet.

Ils rentrent, en second lieu, dans les principes de la Langue Françoise, puisque la forme qu'ils ont, tient essentiellement à leur place ; & que si on leur en fait changer, si on les met apès le Verbe, ils changent aussi-tôt de forme ; ensorte que leur signification & leurs raports tiennent toujours à la place qu'ils occupent.

C'est ainsi que lors même qu'une Langue paroît le plus oposée à elle-même, elle tient de la maniere la plus constante à ses principes : aucune Langue ne pouvant être contraire à elle-même, & ce qui nous paroît en elle une exception, un écart, ne paroissant tel que parce que nous en ignorons les causes ; & qu'il tient à des principes plus étendus que ceux auxquels nous le raportons.

M. l'Abbé Batteux a très-bien vu que toutes les Régles de la Construction dans notre Langue, avoient pour principe la nature même des Noms & des Verbes, de ces mots qui servent de sujet & d'attribut.

» N'ayant, dit-il, (1) dans nos Noms aucun caractere extérieur qui dis-
» tingue le Nominatif de l'Accusatif, (le sujet de l'objet,) il est indispensable que
» le régissant soit avant le régi, sans quoi on courroit risque de les confondre,
» & par-là de mettre le désordre dans les idées. Voilà une premiere cause de
» singularité dans nos Constructions. Il y en a une seconde, c'est la multitude
» des auxiliaires.

» Il y a des Langues où l'on a trouvé le secret d'attacher aux Verbes, par de
» légeres inflexions, une infinité de raports sans multiplier les mots pour expri-
» mer ces raports ; raports d'action, ou de passion, ou de réciprocité ; raports
» de tems, de lieu, de personnes, de genres, de nombre, de maniere....

---

(1) Principes de Littér. Tom. V. p. 207.

» Pour

»Pour exprimer tous ces raports, la Langue Françoise a besoin d'autant
» d'auxiliaires ; auxiliaire pour l'Actif, c'est le Verbe *avoir* : pour le Passif, c'est
» le Verbe *être*; souvent ces deux auxiliaires ensemble, *j'ai été enseigné* : au-
» xiliaire pour la personne, *je*, *tu*, *il* : auxiliaire pour certains modes, *que*.

» Qu'on y ajoute l'Adverbe *exactement*, le Verbe François est au Verbe en
» Hébreu, ce que cette phrase, *un être étendu*, *vivant*, *animé*, *raisonnable*, est
» au mot *homme* qui seul renferme toutes ces idées.

» D'où je conclus, que notre Langue doit avoir dans ces deux espéces,
» une autre Construction que les Langues qui ne sont point sujettes à ces deux
» inconvéniens.

» Ainsi nous ne préférons l'Actif au Passif,.. & les Infinitifs aux autres modes,
» que parce qu'ils nous débarrassent de quelques Particules qui se trouveroient
» sur notre route.

CHAPITRE IV.

Régles de la Construction Latine.

LE titre de ce Chapitre paroîtra nouveau, sans doute : en effet, point de Régle positive pour mettre constamment en Latin tel mot à telle place ; point d'arrangement fixe des parties d'une phrase : on diroit même que cette Langue, libre à cet égard comme les Peuples qui la parloient, n'avoit voulu aucune gêne, aucune contrainte. Cependant, plaçoient-ils leurs mots au hazard ? N'y avoit-il pas quelque borne à cette liberté ? N'étoit-elle pas assujettie, comme tout être libre, à un mieux qu'il falloit chercher, & qui devoit revenir souvent, & ramener sans cesse une marche à peu près uniforme ? N'étoient-ils pas même obligés d'avoir recours à des mots étrangers, pour se dédommager de l'avantage que nous avons de distinguer nos phrases impératives, interrogatives, narratives, &c. par un simple déplacement de mots ? & ne falloit-il pas que ces mots eussent une place constante, afin de produire le plus grand effet, mais un effet prompt & assuré ?

Il en sera ici comme dans notre Langue : dans celle-ci, nous mettrons à la tête le mot qui est le plus important par la liaison qu'ont tous les autres avec lui. Dans le Latin, on mettra à la tête le mot le plus important, non parce que tous les autres se raportent à lui, mais parce qu'il nous frape le premier entre tous : ce motif peut seul décider constamment de la place à donner à tous les mots qui entrent dans une phrase, lorsque ces mots n'ont point de place fixe ; l'harmonie seule pourra l'emporter sur ce motif, sur cet intérêt que nous nous sentons pour un de ces mots, de préférence à l'autre.

Mais ce premier mot paroît avec des marques qui le mettent dans la dépendance d'autres mots qui ne sont pas encore énoncés : preuve sensible que l'esprit a vu ces mots tous à la fois, & qu'il n'a pu se refuser à convenir qu'il y en avoit un autre auquel se raportoit la phrase entiere ; mais que prouve cela ? rien, si ce n'est qu'en Latin on est occupé tout à la fois de deux intérêts : premierement, de l'intérêt d'un objet qui frape ; & secondement de l'intérêt de lier cet objet avec une phrase entiere qui soit assortie à l'idée que nous voulons en donner, sans détruire l'intérêt particulier que nous prenons à ce mot. C'est comme si nous avions énoncé deux phrases successives ; l'une, formée de cet objet seul qui nous frape ; l'autre, composée de ce mot avec tous ceux avec lesquels il est en raport. Ainsi quand nous disons, *Mundum creavit Deus*, comme si nous disions *Monde créa Dieu*, au lieu de dire *Dieu créa le Monde* ; c'est comme si nous disions en deux phrases, *le Monde ! Dieu le créa* : car en disant *le Monde*, nous prononçons le nom d'un objet qui nous frape, qui est pour nous d'un grand intérêt ; & en disant *Dieu le créa*, nous racontons plus tranquillement ses raports avec l'idée de Dieu. Or ce que nous disons-là en deux phrases, parce que nous avons commencé par un mot qui ne peut plus être à la tête de la phrase que nous avons dans l'esprit, le Latin le dit en une seule ; parce qu'en mettant d'abord ce mot à l'accusatif, il n'a plus besoin de le remettre sous les yeux par le mot de *le* pour le lier avec ces mots *Dieu créa*.

Personne ne disconviendra que nous ne marquions plus d'étounement, que nous n'excitions plus d'intérêt en disant *le Monde ! Dieu le créa*, qu'en disant simplement *Dieu créa le Monde*. Et bien, ce plus grand intérêt, les Latins l'indiquoient & d'une maniere plus courte en disant *Mundum Deus creavit*. Et voilà qu'en nous livrant au même esprit, nous venons d'imiter les Latins, de mettre l'objet avant le sujet, en disant, *& bien !* CE PLUS GRAND INTÉRÊT, *les Latins l'indiquoient*, &c.

Il en est de même de cette phrase de Cicéron qui commence par un complément, *diuturni silentii finem hodiernus dies attulit*, & qui signifie, *d'un long silence, ce jour amene la fin*. L'esprit frapé de l'idée du long silence qu'on a gardé, commence par-là ; mais le liant aussi-tôt avec la fin de ce silence que le jour actuel amene, il l'unit en même tems, & sans le déplacer, avec ces mots auxquels il est relatif. C'est comme trois phrases, trois Tableaux qui se sont présentés succeſſivement, & que l'eſprit confond rapidement en un ſeul : c'eſt comme ſi l'on diſoit, un *long ſilence a regné*, mais voici *ſa fin, ce jour l'améne*; & que ſuprimant enſuite tous ces intermédiaires, on unît entr'eux les autres mots, ſans rien déranger à leur poſition : car il en réſulteroit la phraſe Latine ; *d'un long ſilence, la fin ce jour améne*.

La Conſtruction Latine eſt donc plus animée, moins réfléchie, moins compaſſée, moins contrainte que la Conſtruction Françoiſe : d'ailleurs, toutes les deux ſont aſſujetties à caractériſer ou à indiquer d'une maniere très-préciſe & très-claire, tous les raports que ſoutiennent entr'eux les mots d'une même phraſe.

Ajoutons que les Latins ont certains mots dont la place eſt toujours la même : ainſi la Prépoſition CUM (*avec*) ſe met conſtamment à la ſuite des Pronoms qu'elle régit : on dit, *mecum*, moi-avec, & non *avec moi* ; *te-cum*, toi-avec, & non *avec-toi*, &c. C'eſt de-là que vient l'expreſſion proverbiale, *c'eſt mon vade-mecum*, empruntée du Latin, & qui ſignifie mot à mot *c'eſt mon* VA-MOI-AVEC.

La Conjonction *que*, qui ſignifie *&*, & qui eſt le *τε* final des Grecs, ſe met comme lui après le premier mot de la phraſe qu'elle lie.

Pour déſigner les phraſes interrogatives, ils ſont obligés d'employer des mots interrogatifs, *num, an, ne*. Les deux premiers ſe mettent toujours à la tête de la phraſe ; & *ne*, toujours à la ſuite du premier mot. Ainſi l'on voit dans Térence (1) :

BACCHIS.   NUM ego inſto ?
            SYRUS.   At ſcin' quid ſodes ?
BACCHIS.   Quid ?
BACCHIS. Eſt-ce que je vous preſſe ? SYRUS. Mais ſavez-vous qu'il faudroit s'il vous plaît ? BACCHIS. Quoi ? (†)

Souvent encore le ſens ou le ton ſeul indiquoit les phraſes interrogatives. Lors, par exemple, que la même Bacchis dit un peu plus bas à Syrus : *Dignam me putas quam illudas*, le ſens ſeul fait connoître que c'eſt une interrogation ; qu'elle ne veut pas dire, *tu me crois propre à devenir ton jouet* ; mais qu'elle dit avec vivacité, *me crois-tu propre à devenir ton jouet ?*

---

(1) Heautontimorumenos, Act. IV. Sc. III.
(†) Ou, ſuivant la Traduction de M. l'Abbé LE MONNIER, quoi faire ?

C'eſt ainſi que dans les Langues qui employent, comme le Latin, les Verbes ſans Pronoms, le ton ſeul fait diſtinguer la phraſe narrative de la phraſe interrogative. *L'avez* ſignifie également en Languedocien, ſuivant le ton avec lequel on le prononce, *vous l'avez*, & *l'avez-vous* ?

Il en eſt de même en Italien. Le ſens ſeul fait connoître que la phraſe ſuivante eſt interrogative :

.... Dee quella mano
Che di morte sì ingiuſta è ancora immonda,
Reggerci ſempre. (1)

& qu'on doit la rendre ainſi : « Devons-nous obéir à cette main, encore » fumante d'un ſang verſé ſi injuſtement ? «

Ajoûtons que dans toutes ces Langues, l'interrogation eſt déſignée également par *que*, *quoi*, *qui*, *quel*.

Quid narrat ? Que raconte-t'il ? En Italien, *che narra* ? En Languedocien, *que narre* ?

---

(1) Jéruſ. déliv. Chant VIII. Str. LXIX.

CHAPITRE V.

Des Noms qu'on donne à ces deux sortes de Constructions.

IL existe ainsi deux sortes de Constructions oposées entr'elles, & adoptées chacune néanmoins par plusieurs Peuples : l'une anciennement par les Grecs, par les Latins, &c. l'autre en usage actuellement chez tous les Peuples, à quelques variétés près.

Mais dans nos Langues modernes, nous nous raprochons de la Construction Latine, toutes les fois que nous le pouvons, sans nuire à la clarté du sens.

De-là résulte une troisieme espéce de Construction composée des deux autres, qui peut en donner une idée, & qu'on pourroit nommer CONSTRUCTION MIXTE.

Nous apellerons les deux autres, l'une CONSTRUCTION LOCALE, & l'autre CONSTRUCTION LIBRE. Construction locale, où le raport des mots est marqué par la place qu'ils occupent : Construction libre, où ce raport est marqué par la terminaison des mots, par leur forme.

On leur a donné, à la vérité, des noms fort différens, apellant l'une Construction *analogue*, & l'autre Construction *transpositive*. L'Abbé Girard paroît être le premier qui ait employé ces dénominations, adoptées généralement par ceux qui ont écrit dès-lors sur cet objet ; mais nous ne saurions les admettre, parce qu'elles suposent la décision d'une question qui n'est rien moins qu'éclaircie.

En donnant à la Construction Françoise ou à celle de telle autre Langue que ce soit, le nom d'*analogue*, on suppose qu'elle a plus d'analogie, de conformité, de raport avec la Nature, & qu'elle est la Construction la plus parfaite : & en donnant à la Construction Grecque & Latine le nom de *transpositive*, on fait entendre que celle-ci intervertit l'arrangement naturel des mots, qu'elle donne lieu à un ordre oposé à celui de la Nature. On supose encore par-là, que la Nature a un ordre fixe qui lui est propre, & dont elle ne peut jamais s'écarter ; qu'elle est déterminée invinciblement à suivre la même route.

Mais ces questions ont-elles été décidées ? Pouvoient-elles l'être, du moins dans le tems où l'on commença à donner ces noms tranchans ? Ne précipita-t-on pas son jugement, d'après la différence qu'on voyoit entre ces deux sortes de Conſtructions ? & ces noms ne pouvoient-ils pas induire en erreur, en perſuadant qu'en effet le Latin renverſoit l'ordre de la nature auquel ſe ſoumettoient nos Langues modernes ?

Comme cette queſtion eſt importante, & qu'elle a donné lieu dans ces derniers tems à une Controverſe célèbre par ſes tenans & par les obſervations qu'elle a fait naître, nous avons cru devoir la traiter dans quelques détails, & mettre en même tems ſous les yeux du Lecteur un Précis impartial de tout ce qui s'eſt dit pour & contre.

CHAPITRE VI.

Précis de ce qu'on a écrit pour déterminer quelle de ces deux Conſtructions eſt la plus naturelle.

M. l'Abbé Batteux entra le premier en lice en 1748. dans des Lettres adreſſées à M. l'Abbé d'Olivet, & qu'il refondit pour en faire le cinquième volume de ſes Principes de Littérature, imprimé en 1764. ſous le nom de *Conſtruction Oratoire* : les vues qu'il y expoſe, furent adoptées par l'Abbé Pluche dans ſa *Méchanique des Langues & l'Art de les enſeigner*, &c. & par M. Chompré.

M. du Marsais poſa des Principes directement opoſés à ceux-là, dans ſon Traité de la *Conſtruction grammaticale*.

M. l'Abbé Batteux y répliqua dans ce cinquième volume.

M. Beauzée prit la défenſe de M. du Marſais dans le ſecond volume de ſa Grammaire générale; & il parut, peu de tems après, une Brochure en faveur des Principes de M. l'Abbé Batteux. Tels ſont les morceaux dont nous allons rendre compte. Nous nous flattons que cette analyſe fera plaiſir à nos Lecteurs, & ne déplaira pas aux Savans même dont nous extrairons ici les idées.

I. *M. l'Abbé Batteux.*

M. l'Abbé Batteux ſe propoſa dans ſon Traité de *la Conſtruction Oratoire*, de découvrir l'arrangement naturel des mots par raport à l'eſprit & par raport à l'oreille, & d'examiner la Conſtruction uſitée par la Langue Françoiſe en la considérant d'abord en elle-même, & la comparant ensuite avec la Construction de la Langue Latine.

« L'arrangement des mots, dit-il (pag. 3.), ne peut avoir pour objet que de satisfaire ou l'esprit ou l'oreille ; c'est-à-dire, de rendre le sens plus clair & plus fort, ou les sons plus agréables & plus convenables au sujet.

« Par raport à l'esprit, l'arrangement naturel des mots doit être réglé par l'importance des objets ; & il l'est ainsi dans les Langues qui sont assez flexibles pour suivre l'ordre de la Nature dans leurs Constructions.

« Afin d'établir que l'arrangement naturel des mots est réglé par l'importance des objets, examinons, ajoute-t-il, comment les idées entrent dans notre esprit & comment elles en sortent.

« Elles y entrent quelquefois en foule & pêle-mêle, comme quand nous jettons nos regards sur une vaste plaine qui nous offre une infinité d'objets : c'est la communication des idées par les yeux. Quelquefois aussi elles n'y entrent que seule à seule : ce qui arrive sur-tout quand la communication se fait par les oreilles, & principalement par le moyen des signes d'institution, tels que sont les mots. Comme les mots ne peuvent être proférés que les uns après les autres, les idées attachées aux mots ne peuvent aussi sortir qu'une à une de la bouche de celui qui parle ; & par conséquent, elles ne peuvent entrer autrement dans l'esprit de celui qui écoute.

« L'ordre dans lequel elles sortent, est-il indifférent, ne l'est-il pas ? Peut-on également présenter d'abord les idées principales ou les accessoires, les plus intéressantes ou celles qui le sont le moins ? En un mot, y a-t-il des objets qu'on doit préférablement offrir au premier moment, c'est-à-dire au moment le plus vif, de l'attention de celui qui écoute ?

« On ne seroit point dans le cas de faire cette question, si les Langues étoient assez flexibles pour se plier en tout aux divers mouvemens de l'ame. Il n'est pas douteux qu'alors elles suivissent constamment l'ordre qui seroit prescrit par l'intérêt ou le point de vue de celui qui parle.

« Mais comme dans plusieurs Langues, il se trouve des configurations grammaticales qui exigent une marche ou ordonnance particuliere, & que d'ailleurs l'esprit humain a travaillé lui-même sur ses propres idées, pour en reconnoître & distinguer les raports ; on a imaginé deux nouvelles sortes d'ordre ou d'arrangement pour les mots ; le *Grammatical*, qui se fait selon le raport des mots considérés comme régissans ou régis ; & le *Métaphysique*, qui considere les raports abstraits des idées. Si on y joint l'ordre *Oratoire*, qui ne considere que le but de celui qui parle, on aura trois espèces d'arrangement ou de Conſtruction, qui peuvent être employées dans le Diſcours.

« On dit dans la Conſtruction Grammaticale, *lumen ſolis*, la lumiere du ſoleil; parce que le mot *ſolis* eſt déterminé à être au génitif par le mot *lumen*; or, dit-on, le déterminant doit être avant le déterminé.

« L'ordre Métaphyſique veut que le ſujet d'une Propoſition ſoit avant ſon attribut, la cauſe avant l'effet, la ſubſtance ou l'exiſtence avant le mode ou les qualités qui lui apartiennent. Selon cet arrangement, il faudroit dire *ſolis lumen*, du ſoleil la lumiere, parce que le ſoleil eſt la cauſe de la lumiere. Mais dans les autres cas, cet ordre rentre à peu-près dans l'ordre Grammatical, parce que celui-ci, tout grammatical qu'il eſt, ſe trouve réellement fondé ſur la Métaphyſique.

« Au reſte, qu'on les diſtingue ou non, ils ne ſemblent faits ni l'un ni l'autre pour régler la marche du Diſcours Oratoire. L'ordre Grammatical eſt une entrave donnée à l'eſprit & aux idées, plutôt qu'une Régle de Conſtruction. Attaché au genre & à l'analogie particuliere d'une Langue, nulle part il n'eſt abſolument le même. Il y a des Langues où il eſt préciſément le contraire de ce qu'il eſt dans d'autres Langues : ce qui ne pourroit arriver s'il étoit naturel.. Il y a donc une de ces deux Conſtructions qui n'eſt point dans la Nature, puiſque la Nature n'a pas deux voies.

« Il en eſt de même de l'ordre Métaphyſique; il peut être bon quelquefois pour les Savans, quand ils diſcutent ou qu'ils analyſent leurs idées ; mais le Peuple pour qui & par qui ont été faites les Langues ; mais les femmes, dont le goût aide plus à polir & à perfectionner les Langues, que les diſcuſſions & les analyſes des Savans, ſe doutent-elles de ce que c'eſt que mode, ſubſtance, cauſe, effets, qualités ? Le Peuple ne connoît, ne voit, ne ſait, que par le ſentiment ou même par la ſenſation que l'objet produit en lui : c'eſt l'impreſſion réelle qui le détermine, qui le dirige. Il dira, *Alexandre a vaincu Darius*, ou *Darius a été vaincu par Alexandre*, ſelon qu'il eſt affecté, & que les objets le frapent : il ne connoît que cette Régle.

« Il faut donc en revenir à la troiſiéme eſpéce d'ordre ou d'arrangement, à celui qui eſt fondé ſur l'intérêt ou le point de vue de celui qui parle.

« Qu'eſt-ce qui ſe paſſe en nous-mêmes, lorſque nous nous déterminons à quelque mouvement? Je vois un objet; j'y découvre des qualités qui me conviennent ou qui ne me conviennent point, je m'y porte, ou je le fuis.. Je connois avant que de me mouvoir. Je veux aller au Louvre, je penſe d'abord au *Louvre*, enſuite *je vais*; *ad Regiam vado*, voilà ce qui ſe paſſe en moi-même.

« Si je veux faire entendre à un homme autre que moi qu'il doit fuir ou rechercher

rechercher quelque objet, commencerai-je par l'engager à avancer ou à s'éloigner ? Je lui montrerai l'objet, & l'objet lui dira ce qu'il doit faire : l'ordre que j'ai suivi pour moi, est le même à suivre pour lui : j'ai vu un serpent, j'ai fui : il faut donc que je lui donne d'abord l'idée du danger, si je veux qu'il se détermine à fuir... Ce n'est pas l'ordre de la Métaphysique grammaticale, mais celui de la Métaphysique oratoire, celui du sentiment & de la vérité.

« C'est donc l'objet principal (1) qui doit paroître à la tête de la phrase... Quand Scévola veut (2) aprendre à Porsenna qu'il est Romain, il dit, *Romanus sum Civis*, Romain suis Citoyen. Quand Gavius s'écrie, du haut de la croix où il est attaché, il dit, *Civis Romanus sum*, Citoyen Romain je suis ». C'est que la qualité de *Romain* étoit dans l'un l'objet principal; dans l'autre, c'étoit celle de Citoyen.

» De deux mots (3) qui concourent à ne former qu'une notion, l'idée qui présente la partie de la notion la plus importante, se montre la premiere : Neque *turpis* mors *forti viro*, nec *immatura* consulari, nec *misera* sapienti :
» Nulle mort ne peut être honteuse pour l'homme de bien, ni prématurée pour
» un Consulaire, ni malheureuse pour un Sage (†).

» Notre Auteur ayant ainsi dévelopé ses principes sur cet objet, fait voir que l'arrangement naturel des mots ne peut céder qu'à l'harmonie (4), & que c'est de cet arrangement naturel que résultent en partie la vérité, la clarté, la force, en un mot la naïveté du Discours (5).

Il examine ensuite un passage de Denys d'Halicarnasse sur le même sujet (6), & qui est trop intéressant pour que nous l'omettions : on y verra, d'ailleurs, l'attention que les Romains donnoient à cet objet ; & qu'il est impossible de résoudre une question de cette nature, quand on n'a pu se former une idée de la métaphysique des Langues par l'examen d'un très-grand nombre.

---

(1) Page 20.   (2) Page 21.   (3) Page 15.
(4) Chap. III. p. 34.   (5) Chap. IV. p. 44.   (6) Chap. V. p. 65.
(†) M. l'Abbé Batteux observe ici qu'il traduit les exemples Latins en suivant l'ordre des idées autant qu'il lui étoit possible, pour faire sentir qu'il n'est peut-être pas si difficile qu'on le pense de se conformer à la Construction Latine, ou du moins d'en approcher : il auroit donc traduit celle-ci d'une maniere encore plus assortie à ses vues, en la rendant ainsi : » Point de *honteuse* mort pour l'homme fort, ni de *prématurée* pour un
» consulaire, &c.

Denys d'Halicarnasse, dans son Traité de l'arrangement des mots, dit : » Qu'il a feuilleté tous les Auteurs anciens, & en particulier les Stoïciens, qui ont beaucoup écrit sur la nature & les régles du Langage ; mais il avoue qu'il n'a rien trouvé nulle part sur l'arrangement des mots, relativement à la perfection de l'éloquence. J'ai ensuite, dit-il, réfléchi en moi-même, & j'ai cherché si la nature ne nous auroit pas donné quelque principe sur cet objet : car en tout genre, c'est la nature qui sert de base, & qui fournit les vrais principes, *lorsqu'il y en a*. Je saisis d'abord quelques vues qui m'avoient paru assez heureuses ; mais bientôt il fallut les abandonner, parce qu'elles ne menoient point au but. Il m'avoit donc paru que la nature étoit un guide qu'il falloit suivre en fait de Construction Oratoire ; & d'abord que les Noms devoient précéder les Verbes, parce que le Nom exprimant la chose, & le Verbe ce qui se fait de la chose, il est dans l'ordre de la nature que l'idée de la chose soit avant l'idée de la modification de la chose »...

» Mais ce principe n'est pas juste, parce qu'il ne s'étend pas à tout, & qu'on trouve dans les Poëtes une infinité d'exemples du contraire, & la construction n'en est pas moins agréable... Je voulois (4) encore que les Substantifs fussent avant les Adjectifs... les Tems Présens avant les autres tems... mais toutes ces régles se sont trouvées contredites par la pratique... Je reviens donc à mon objet, & je dis que les Anciens, Poëtes, Historiens, Philosophes, Orateurs, ont donné la plus grande attention à cette partie de l'élocution. Ils ne plaçoient point au hazard ni les mots, ni les membres, ni les périodes. Ils avoient un certain art des régles, dont je vais tâcher de donner au moins les plus nécessaires.

Il les réduit au seul instinct de l'oreille, & ne considere les mots que comme le bois, les pierres & les autres matériaux qui entrent dans la bâtisse d'une maison ; mais il n'a pas vu, dit M. l'Abbé Batteux, que les mots ne sont pas seulement le corps & le matériel du Discours, mais qu'ils contiennent l'ame, les passions de celui qui parle, & que les passions ne peuvent être indifférentes ni à l'arrangement des idées, ni à celui des mots qui expriment ces idées : ce qui est singulier, c'est qu'il convient lui-même de cette vérité : « autre est la Construction, dit-il, dans le sang-froid, autre dans la passion, &c.

— » Denys d'Halicarnasse n'auroit donc pas dû chercher, conclut notre Auteur (1), la raison de l'arrangement des mots dans la seule sensibilité de l'o-

---

(1) Page 69.   (2) 73.

« reille; il auroit fallu y joindre la marche des idées & celle des paffions ».

Notre Auteur examinant enfuite l'arrangement naturel des mots par raport à l'oreille, dit (1), que l'oreille a trois points à juger dans l'élocution oratoire. 1°. Les fons qu'on lui préfente comme une fuite ou un courant d'impreffions qu'elle reçoit. 2°. Les interruptions qu'on met dans cette fuite, comme des points de repos, dont elle peut avoir befoin auffi-bien que celui qui parle. 3°. L'accord de ces fons & de ces repos, avec l'idée exprimée & le fujet traité: trois chofes qu'il défigne par ces mots, *Mélodie*, *Nombre* & *Harmonie oratoire*.

Nous ne le fuivrons pas dans tout ce détail, trop éloigné de notre objet: nous ne nous arrêterons qu'aux obfervations relatives à la conftruction, & à celles qui feront néceffaires pour lier toutes ces idées entr'elles.

Ainfi, il remarque que la Mélodie dans le difcours (2) dépend de la maniere dont tous les fons fimples ou compofés font affortis & liés entr'eux pour former les fyllabes, dont les fyllabes le font entr'elles pour former un mot, les mots entr'eux pour former un membre de période, enfin les périodes elles-mêmes pour former ce qu'on apelle le difcours.

Relativement aux fons, il faut dans notre Langue que les confonnes & les voyelles foient tellement mêlées & affortis qu'elles fe donnent les unes aux autres la confiftence & la douceur. Et par raport aux mots, il faut qu'ils ayent de la fermeté & en même tems de la douceur, qu'ils coulent librement, légèrement, qu'ils foient polis fans être mous, & foutenus fans être hériffés.

A l'égard du Nombre oratoire, il le confidere (3) comme une durée ou une fuite d'inftans, coupée par portions fymétriques, c'eft-à-dire, égales ou également inégales, & il fait voir de quelle maniere ces portions font marquées par la nature elle-même. Tout fe fait chez elle par mefure, tout y marche en cadence; nous le voyons fans fortir de nous-mêmes; tous nos membres ont une étendue proportionnelle; nos pas font égaux entr'eux, notre refpiration fe fait à tems égaux; nos artères ont des pulfations égales; le marteau du forgeron tombe en cadence; le Tifferand lance fa navette & frape fa toile en mefure: il n'eft pas jufqu'au Moiffonneur qui ne promene fa faulx avec nombre... Le nombre foutient les forces & les ranime.

2°. On ne compte pas feulement les fyllabes, on les mefure encore; c'eft-à-dire, on évalue les tems qu'on met à les prononcer.

---

(1) Page 74. (2) Page 84. (3) Page 94.

3°. On a soin de réserver pour la fin, les sons qui peuvent être les plus flateurs, afin que le repos de l'oreille n'ait rien que d'agréable.

4°. Enfin les mots se meuvent avec plus ou moins de vitesse & de force, suivant la nature de l'objet qu'ils peignent.

Ce qui forme autant de classes du *Nombre oratoire* qui influent sur la Construction des tableaux de nos idées; mais que nous ne saurions analyser, sans une trop grande digression.

Enfin au sujet de l'Harmonie, il la considere: 1°. relativement à l'accord des sons, des syllabes, des mots, des nombres, avec les objets qu'ils expriment: 2°. dans l'accord ou la convenance du style avec le sujet ou la matiere qu'on expose.

Notre Auteur apliquant ces principes à la Construction qui est particuliere à la Langue Françoise, observe que la diversité des Langues à l'égard de la Construction ou de l'arrangement de leurs mots, provient de la nature même de ces mots. « Toutes les Langues, dit-il (1), consistent dans des sons... figurés de telle ou telle maniere... Or ces sons figurés sont multipliés plus ou moins, ce qui fait abondance ou pauvreté: ils ont plus ou moins de force, ce qui fait énergie ou foiblesse: ils ont plus ou moins de fléxibilité, ce qui produit la douceur, la clarté, la justesse ».

De-là les différentes sortes de Constructions, chaque Langue étant obligée de s'écarter plus ou moins de la nature, par raport à l'arrangement de ses mots, suivant qu'elle y est forcée par la difficulté ou par la foiblesse, ou par l'inflexibilité. La différence qui regne entre le François & le Latin relativement à la Construction, n'a pas d'autre cause.

« J'entends dire tous les jours, & je lis dans tous les Livres, reprend à cet égard notre Auteur, que les Latins avoient beaucoup plus d'avantages que nous. Nous sommes obligés, dit-on, de suivre toujours le même arrangement, nominatif, verbe, régime, c'est une marche éternelle qui ne varie jamais. Les Latins, au contraire, maîtres de leur construction, placent leurs mots à leur gré, sans être asservis à aucune regle. C'est tantôt un Verbe qui se montre à la tête, tantôt un Adjectif, quelquefois un Adverbe, selon qu'il leur plaît, sans autre loi que celle de l'harmonie ».

« D'autres ont pris la chose d'une autre maniere qui sembleroit plus juste, si elle étoit fondée en raison. Bien loin de plaindre la Langue Françoise d'être

---

(1) Page 201.

aſſervie à une Conſtruction monotone, ils la félicitent ſur la clarté qu'ils prétendent que lui procure cette Conſtruction ».

Notre Auteur rejettant toutes ces idées, demande « ſi nous ſommes bien, nous François, placés, comme il faudroit l'être, pour juger des inverſions Latines & des nôtres... Il pourroit bien arriver que ce que nous croyons voir chez les autres, ne fût que chez nous ».

Les Latins ayant des cas dans leurs noms, ces noms pouvoient être régiſſans ou régis, indépendamment de la place qu'ils occupoient dans la phraſe : chez nous, on ne reconnoît leur valeur que par la place où ils ſont. Les Latins expriment par un ſeul mot, ce que nous ne déſignons en fait de Verbes que par deux ou trois : *docui*, j'ai enſeigné ; *doctus ſum*, j'ai été enſeigné, où nous réuniſſons trois Verbes différens pour un ſeul tems.

M. L'Abbé Batteux en conclut : 1°. Que notre Langue doit avoir dans ces deux eſpéces, une autre Conſtruction que les Langues qui ne ſont point ſujettes à ces deux inconvéniens. 2°. Que notre Langue doit reprendre les Conſtructions ordinaires aux autres Langues, quand elle n'eſt ni dans l'un ni dans l'autre de ces deux cas.

§. II.

M. DU MARSAIS.

M. DU MARSAIS parut contredire ces idées dans ſon Traité de la *Conſtruction Grammaticale* (2) ; il poſoit du moins des Principes différens, ſoit qu'il ne connût point ceux-là, ſoit qu'il n'eût pu les gouter.

» En termes de Grammaire, dit-il, on apelle CONSTRUCTION l'arrangement des mots dans le Diſcours. Ce mot eſt pris ici dans un ſens métaphorique, & vient du Latin *conſtruere*, conſtruire, bâtir, arranger.

« La Conſtruction eſt *vicieuſe*, quand les mots d'une phraſe ne ſont pas arrangés ſelon l'uſage d'une Langue.

« Elle eſt *louche*, lorſque les mots ſont placés de façon qu'ils ſemblent ſe raporter à ce qui précede, pendant qu'ils ſe raportent réellement à ce qui ſuit.

« On dit *Conſtruction pleine*, quand on exprime tous les mots dont les raports ſucceſſifs forment le ſens que l'on veut énoncer.

---

(1) Imprimé dans ſes Principes de Grammaire, Tome I. p. 159. &c. & dans le Dictionnaire Encyclopédique. Le Journal des Savans du mois de Juin 1755. en fit un extrait accompagné de grands éloges.

« Au contraire, elle eſt *elliptique*, lorſqu'un de ces mots eſt ſous-entendu....

« Il y a en toute Langue trois ſortes de Conſtructions (1).

« I. Construction nécessaire, significative ou énonciative; on l'apelle auſſi simple et naturelle. C'eſt celle par laquelle ſeule les mots font un ſens.... Elle eſt la plus conforme à l'état des choſes... le moyen le plus propre & le plus facile que la Nature nous ait donné pour faire connoître nos penſées par la parole.

« Elle eſt apellée nécessaire, parce que c'eſt d'elle ſeule que les autres Conſtructions empruntent la propriété qu'elles ont de ſignifier; au point que ſi la *Conſtruction néceſſaire* ne pouvoit pas ſe retrouver dans les autres ſortes d'énonciations, celles-ci n'exciteroient aucun ſens dans l'eſprit, ou n'y exciteroient pas celui qu'on vouloit y faire naître.

La ſeconde ſorte de Conſtruction eſt la Construction figurée.

La troiſiéme eſt celle où les mots ne ſont ni tous arrangés ſuivant l'ordre de la Conſtruction ſimple, ni tous diſpoſés ſelon la Conſtruction figurée. C'eſt la Construction usuelle, celle qui eſt le plus en uſage.

Pour faire connoître nos penſées, nous ſommes contraints de donner, pour ainſi dire, de l'étendue à celles-ci, & des parties; ces parties deviennent l'original des ſignes dont nous nous ſervons dans l'uſage de la parole; ainſi nous diviſons, nous analyſons, comme par inſtinct, notre penſée; nous en raſſemblons toutes les parties, ſelon l'ordre de leurs raports; nous lions ces parties à des ſignes.

Les enfans aprennent cette analyſe par les noms qu'ils entendent donner aux objets, par l'ordre ſucceſſif qu'ils obſervent qu'on ſuit en nommant d'abord les objets, & en énonçant enſuite les modificatifs & les mots déterminans.

Cette méthode eſt de tous les tems & de tous les pays : il n'y a donc dans toutes les Langues qu'une même maniere néceſſaire pour former un ſens avec les mots; c'eſt l'ordre ſucceſſif des relations qui ſe trouvent entre les mots, dont les uns ſont énoncés comme devant être modifiés ou déterminés, & les autres comme modifiant & déterminant.

« Cette maniere d'énoncer les mots (2) ſucceſſivement, ſelon l'ordre de la modification ou détermination que le mot qui ſuit donne à celui qui le précede, a fait regle dans notre eſprit. Elle eſt devenue notre modèle invariable;

---

(1) Page 162.   (2) Page 170.

au point que, fans elle, ou du moins fans les fecours qui nous aident à la rétablir, les mots ne préfentent que leur fignification abfolue, fans que leur enfemble puiffe former aucun fens. Par exemple :

> Arma virumque cano, Trojæ qui primus ab oris
> Italiam, fato profugus, Lavinaque venit
> Littora.

« Otez à ces mots Latins les terminaifons ou définences qui font les fignes de leur valeur relative, & ne leur laiffez que la premiere terminaifon qui n'indique aucun raport, vous ne formerez aucun fens. Ce feroit comme fi l'on difoit :

> Armes, homme, je chante, Troie, qui, premier, des côtes,
> Italie, deftin, fugitif, Laviniens, vint, rivages.

« Si ces mots étoient ainfi énoncés en Latin avec leurs terminaifons abfolues, quand même on les rangeroit dans l'ordre où on les voit dans Virgile, nonfeulement ils perdroient leur grace, mais encore ils ne formeroient aucun fens : propriété qu'ils n'ont que par leurs terminaifons relatives, qui, après que toute la propofition eft finie, nous les font regarder felon l'ordre de leurs raports, & par conféquent felon l'ordre de la *Conftruction fimple, néceffaire & fignificative.*

> *Cano arma atque virum, qui vir profugus à fato, venit primus, ab oris Trojæ, in Italiam, atque ad littora Lavina.*

« Tant la fuite des mots & leurs définences ont de force pour faire entendre le fens ! *Tantum feries juncturaque pollet* (3).

« Quand une fois cette opération m'a conduit à l'intelligence du fens, je lis & je relis le texte de l'Auteur ; je me livre au plaifir que me caufe le foin de rétablir, fans trop de peine, l'ordre que la vivacité & l'empreffement de l'imagination, l'élégance & l'harmonie, avoient renverfé ; & ces fréquentes lectures me font acquérir un goût éclairé, pour la belle Latinité.

« La Conftruction fimple eft auffi appellée CONSTRUCTION NATURELLE, parce que c'eft celle que nous avons aprife fans maître, par la feule conftitution méchanique de nos organes, par notre attention & notre penchant à l'imitation. . . .

---

(1) HORACE, *Art. Poetiq.* V. 240.

« Comme par-tout les hommes pensent, & qu'ils cherchent à faire connoître la pensée par la parole, l'ordre dont nous parlons est au fond uniforme par-tout ; & c'est encore un autre motif pour l'apeller *naturel*.

« Il est vrai qu'il y a des différences dans les Langues ; différence.... dans les noms... différence dans les terminaisons... & dans les tours... mais il y a uniformité, en ce que par-tout la pensée qui est à énoncer, est divisée par les mots qui en représentent les parties, & que ces parties ont des signes de leur relation.

« Enfin cette Construction est encore apellée NATURELLE, parce qu'elle suit la Nature, je veux dire, parce qu'elle énonce les mots selon l'état où l'esprit conçoit les choses. *Le Soleil est lumineux*. On suit ou l'ordre de la relation des causes avec les effets, ou celui des effets avec leur cause. La Construction *simple* procede ou en allant de la cause à l'effet, ou de l'agent au patient, comme quand on dit : *Dieu a créé le Monde : Auguste vainquit Antoine*.... où la Construction énonce la pensée en remontant de l'effet à la cause & du patient à l'agent ; *le Monde a été créé par le Tout-Puissant : Antoine fut vaincu par Auguste*....

« Or, dans l'un & dans l'autre de ces deux Cas, l'état des choses demande que l'on commence par le sujet. En effet, la Nature & la raison ne nous aprennent-elles pas : 1°. Qu'il faut être avant que d'opérer ? 2°. Qu'il faut exister avant que de pouvoir être l'objet de l'action d'un autre ? 3°. Qu'il faut avoir une existence réelle ou imaginée, avant que de pouvoir être considéré comme ayant telle ou telle qualité ? &c...

II. *De la Construction figurée.*

« L'ordre successif des raports (*p.* 182) n'est pas toujours exactement suivi dans l'exécution de la parole. La vivacité de l'imagination, l'empressement à faire connoître ce qu'on pense, l'harmonie, &c.... font souvent que l'on suprime des mots.... on interrompt l'ordre de l'analyse ; on donne aux mots une place ou une forme, qui au premier aspect ne paroît pas être celle qu'on auroit dû leur donner....

Cette seconde sorte de Construction est apellée *Construction figurée*, parce qu'elle prend une figure, une forme qui n'est pas celle de la Construction simple.

Notre Auteur observe ensuite qu'il y a six sortes de figures usitées dans cette espéce de Construction ; & il les considere successivement : arrêtons-nous à la à la quatriéme, ou l'HYPERBATE, la seule qui soit relative à l'inversion·

« HYPERBATE, dit - il (p. 205.) signifie *confusion*, *mélange* de mots. C'est lorsqu'on s'écarte de l'ordre successif de la Construction simple... Cette figure étoit, pour ainsi dire, naturelle en Latin.... au lieu que nous ne pouvons faire usage des inversions, que lorsqu'elles sont aisées à ramener à l'ordre significatif de la Construction simple. Ce n'est que relativement à cet ordre, lorsqu'il n'est pas suivi, qu'on dit en toute Langue qu'il y a inversion, *& non par raport à un prétendu ordre d'intérêt & de passion*, qui ne sauroit jamais être un ordre certain, auquel on peut opofer le terme d'inversion.

« En effet, on trouve dans Ciceron & dans chacun des Auteurs qui ont beaucoup écrit, le même fond de pensée, énoncé avec les mêmes mots, mais toujours disposé dans un ordre différent.

M. du Marsais passe ensuite à ce qui regarde la Construction usuelle : nous n'en raporterons que la définition.

« La troisiéme sorte de Construction (p. 216.) est composée des deux précédentes. Je l'apelle CONSTRUCTION USUELLE, parce que j'entends par cette Construction, l'arrangement des mots qui est en usage dans les Livres, dans les Lettres, & dans la conversation des honnêtes gens. Cette Construction n'est souvent, ni toute simple, ni toute figurée... &c.

§. III.

Extrait de l'Examen fait par M. l'Abbé Batteux, du syſtéme de M. du Marſais.

Cette Dissertation de M. du Marsais sur la Construction, ayant vu le jour, M. l'Abbé Batteux en fit une critique, insérée à la suite de son Ouvrage sur la Construction Oratoire (1).

Il observe d'abord qu'il y auroit eu plus d'exactitude à apeller l'Hyperbate *transposition* que *confusion* : ce dernier mot porte une idée de vice & de défaut : & l'Hyperbate est une beauté.

Mais de ce que, comme M. du Marsais en convient, l'Hyperbate étoit naturelle aux Latins, il en infere ou que cette figure n'étoit point sentie par ce Peuple, ou qu'il devoit la définir, non comme le renversement, mais comme l'observation de l'ordre successif de la Construction simple. Car l'Hyperbate, dans toute Langue où elle est figure, doit être le renversement de l'ordre qui y est usité. Il auroit donc dû, en voyant une Langue riche & parfaitement

---

(1) Part. II. Chap. III.

fléxible, suivre constamment un ordre contraire à celui qui nous paroît naturel, soupçonner qu'il pouvoit y avoir un autre ordre aussi naturel que celui qu'on dit être celui de l'esprit & des idées. Il seroit très-singulier que la Langue Latine, libre de suivre par-tout la Nature, qui est la seule voie de la persuasion, ne la suivît presque jamais; & que la Langue Françoise, enchaînée & contrainte par la roideur & la configuration de ses mots, la suivît presque toujours.

« M. du Marsais, ajoute-t-il (p. 231), confond l'instruction donnée avec l'impression reçue. L'ordre d'instruction est spéculatif sans doute, il ne peut être autre chose; c'est celui qui est suivi dans le procédé présenté par M. du Marsais. Mais celui de l'impression reçue qui est le plus fort, sans nulle comparaison, est au contraire tout relatif à l'action, à l'intérêt de celui qui l'a reçue. L'ordre de l'un ne peut donc pas être l'ordre de l'autre; il est essentiel de ne s'y pas tromper.

« Il est toujours à côté de la question (233.). On lui accordera aisément que sans l'expression des raports, les mots ne forment aucun sens : cela est vrai essentiellement, non-seulement dans le Latin, mais dans toute Langue. On lui accordera encore que l'esprit doit avoir prévu & comme pressenti le sens, avant que l'ame soit émue. Mais suit-il de-là que dans les Langues où les mots renferment en eux-mêmes l'idée de l'objet & celle de ses raports Grammaticaux, il faille que le mot qui signifie la cause, soit avant celui qui signifie l'effet ? Puisqu'on ne peut pas satisfaire complettement l'esprit en un seul mot, & qu'il en faut nécessairement plusieurs; si ces mots ont également chacun leur raport exprimé, pourquoi ne commenceroit-on point par ceux qui renferment en eux l'intérêt de la phrase ? Quand je dis *arma virumque,* l'accusatif m'annonce un Verbe actif qui suit : quand je dis *cano* tout seul, ce même Verbe étant actif, ne m'annonce-t-il pas un objet de ce chant, objet qui sans doute me sera bientôt présenté ? Ma pensée est donc également suspendue dans l'un & l'autre cas .. Il est donc indifférent pour l'intégrité du sens qu'on commence par le Verbe ou par le régime.

« Mais ce qui ne l'est point, c'est que M. du Marsais convienne lui-même que sa construction est *l'ordre, que la vivacité, l'empressement de l'imagination & l'harmonie avoient renversé.* Sa construction est donc contraire à la vivacité, à l'empressement de l'imagination, &c. C'est donc l'ordre contraire à l'Eloquence, & par conséquent l'ordre contraire à la Nature,

« Si je voulois faire sentir les différences de la Construction Latine, tant en prose qu'en vers, avec la Construction Françoise, j'userois d'un procédé plus simple que celui de M. du Marsais.

« Je lirois d'abord les deux vers de Virgile sans rien prononcer sur la Construction de leur phrase, *arma virumque cano*, &c. Ensuite je les mettrois en prose selon la Construction Latine : *arma atque virum cano, qui vir primus ab oris Trojæ, fato profugus, Italiam venit Lavinaque littora* : Construction qui ne diffère de celle du Poëte qu'en deux endroits, c'est-à-dire, qu'il n'y a que deux inversions.

« Je traduirois cette prose avec sa construction..... *Les armes & le Héros je chante, qui le premier des côtes de Troie, étant par le destin poursuivi, en Italie vint aux rivages Laviniens.* J'observerois que cette Construction, toute Latine & toute Gothique qu'elle est, nous donne fort bien le sens de l'Auteur sans avoir eu besoin de la Construction grammaticale qu'en a faite M. du Marsais.

« Je traduirois ce même Latin suivant la Construction Françoise : *Je chante les armes & ce Héros, qui, poursuivi par les destins, vint le premier des côtes de Troie en Italie, & s'arrêta sur les rivages de Lavinie*....

« Enfin, pour faire le cercle complet, je présenterois les vers de Despréaux.

> Je chante les combats & cet homme pieux
> Qui des bords Phrygiens conduit dans l'Ausonie,
> Le premier aborda les champs de Lavinie.

« Ces cinq Constructions de la même phrase en vers & en prose, en Latin & en François, feroient voir, 1°. combien peu les Poëtes s'écartent de la Construction naturelle de leur Langue...... Selon le système de M. du Marsais, il y auroit dans les deux vers de Virgile dix-huit ou vingt renversemens de l'ordre naturel. Quel cahos, quelle confusion dans le Peintre de la Nature le plus vrai, & dans une Langue qui fournit le plus de couleurs, de nuances & de Constructions !

« On y verroit, 2°. que la Construction Latine en prose donne le sens de la phrase, sans qu'on ait recours à la Construction grammaticale, telle que l'a faite M. du Marsais. 3°. Que dans notre Langue, nous n'employons cette Construction grammaticale, que lorsque nous ne pouvons employer l'autre, sans nous exposer aux équivoques : & qu'en Poësie même, nous ne pouvons nous raprocher de la Construction Latine par les inversions, que quand le sens n'en est ni moins clair ni moins précis.

» Il ne s'agit point ici de disputer du mot. Nous cherchons laquelle des deux Constructions est la plus vive & la plus naturelle, celle des Latins ou la nôtre, afin de savoir, si lorsque nous écrivons, nous devons tendre à nous raprocher ou à nous éloigner des Latins. Le mot *inversion*, dans le sens dans lequel je l'ai employé, ne signifie que le renversement de l'ordre naturel à l'éloquence. Toute la question se réduisoit à savoir si les Latins suivoient cet ordre ? S'ils le suivoient, nous le renversons, cela est évident. Or si nous le renversons, il est important de chercher les moyens de le rétablir s'il y en a, & d'aprocher des modeles qui l'ont suivi, & qui sont parvenus par cette voie à une éloquence qui semble au-dessus de nos forces »....

D'ailleurs, « il est aussi aisé de marquer l'ordre d'intérêt que de marquer l'ordre métaphysique, puisque ce sont deux corrélatifs, dont l'un excluant l'autre, donne par la simple oposition, une idée aussi nette de son contraire, que celle qu'on a de lui ».

« Enfin, toutes les fois que l'ordre simple ou spéculatif est renversé, M. du Marsais convenant que c'est par la passion ou par l'harmonie, cet aveu n'est-il pas un principe suffisant pour fonder l'art des Constructions oratoires ? »

« Il résulte de tout ce qui a été dit jusqu'ici, 1°. qu'il y a deux manieres d'arranger les mots, l'une selon l'esprit, l'autre selon le cœur de celui qui parle ou de ceux à qui l'on parle : 2°. Que la premiere maniere étant toute philosophique ou d'exposition, peut convenir ... à tout ce qui est purement spéculatif ; & que la seconde étant toute oratoire, toute livrée à l'intérêt ou aux passions, apartient de droit au Bareau, à la Chaire, à la Poësie, &c.... 4°. Que celle-ci est la seule vraiment naturelle, parce que dans toute Langue, c'est toujours pour quelque intérêt que l'on parle, & la seule que les Latins & les Grecs aient connue ... Et qu'il existe une inversion beaucoup plus importante que cette inversion grammaticale que M. du Marsais croit être unique, & qui méritoit d'être aprofondie au moins par les Orateurs & par les Philosophes, puisque c'est elle qui éloigne de la perfection de l'éloquence les Langues qui y sont assujetties par la structure de leurs mots & par l'embarras des auxiliaires trop multipliés ».

§. IV.

M. BEAUZÉE.

M. Beauzée a consacré à l'examen de cette question une portion considérable du second volume de sa Grammaire générale (1). Il s'y proposa de prendre la défense de M. du Marsais contre M. l'Abbé Batteux : & divisa son objet en trois articles.

---

(1) Tom. II. Liv. III. Chap. IX. p. 464.-566.

Il dévelope dans le premier, les fondemens de la Construction analytique & grammaticale; il fait voir qu'elle est la même dans les Langues analogues & dans les Langues transpositives; que c'est une vérité de fait & d'expérience, que dans toutes, le sujet précède le Verbe; que le Verbe est suivi de son complément; qu'un adjectif ne vient qu'après le nom auquel il est joint; que c'est l'effet de l'impression de la nature. « La pensée étant indivisible, ne peut être par elle-même l'objet immédiat d'aucune image, parce que toute image supose des parties assorties & proportionnées. C'est donc l'analyse logique de la pensée qui peut seule être figurée par la parole. Or il est de la nature de toute image de représenter fidélement son original; ainsi la nature du langage exige qu'il peigne exactement les idées objectives de la pensée & leurs relations. Ces relations suposent une succession dans leurs termes; la priorité est propre à l'un, la postériorité est essentielle à l'autre. Cette succession des idées, fondée sur leurs relations, est donc en effet l'objet naturel de l'image que la parole doit produire; & l'ordre analytique est le véritable ordre naturel, qui doit servir de base à la Syntaxe de toutes les Langues ».

Il releve ensuite la contradiction dans laquelle est tombé M. l'Abbé Batteux, en voulant prouver que la Construction Latine étoit plus naturelle que la nôtre, après avoir dit que les François ne sont pas placés comme il faudroit l'être pour cela; & il est bien éloigné d'admettre ce principe. Il ajoute que la Construction oratoire ne fut jamais de la compétence de la Grammaire, mais seulement l'analyse de la pensée, ou la Construction Grammaticale, & que celle-ci est de tous les Peuples, & puisée dans la nature.

Il s'apuie d'Isidore de Séville, de Servius, de Priscien, de Quintilien, de Denys d'Halicarnasse, de l'Abbé Pluche.

Dans l'Article II (p. 492) M. Beauzée passe à l'examen des preuves des nouveaux systêmes de Construction, & il s'attache en particulier à celui de M. l'Abbé Batteux.

« Je demande d'abord, dit-il, si les décisions de l'intérêt sont assez constantes, assez uniformes, assez invariables, pour servir de fondement à une disposition technique? Chacun sait que tels doivent être les principes des Sciences & des Arts; & il seroit, ce me semble, bien difficile de démontrer cette invariabilité dans le principe de l'intérêt: au contraire, dans ce principe, pour me servir des termes de l'Auteur de la *Lettre sur les sourds & muets*, ce qui sera inversion pour l'un, souvent ne le sera pas pour l'autre: car dans une suite d'idées, il n'arrive pas toujours que tout le monde soit également affecté par la même raison. Par exemple, si de ces deux idées contenues dans la phrase *serpentem fuge*, je vous demande quelle est la principale, vous me direz, vous, que c'est le serpent ; mais un autre prétendra que c'est la fuite, & vous aurez tous deux raison. L'homme peureux ne songe qu'au serpent ; mais celui qui craint moins le serpent que ma perte, ne songe qu'à ma fuite : l'un m'effraye, & l'autre m'avertit ».

On peut même oposer un autre principe à celui de M. Batteux. C'est de songer moins à ce qui nous intéresse, pour gagner un Auditeur, qu'à le déterminer par son propre intérêt. C'est l'amour des autres mis adroitement à la place de nous-mêmes.

« D'ailleurs rien de plus mobile, de plus inégal, de plus changeant, que l'intérêt : ce qui m'intéressoit hier, ne m'intéresse plus aujourd'hui, si même je ne m'intéresse à ce qu'il y a de plus oposé... Et l'on assignera ce principe si variable, comme la régle fixe & naturelle de l'élocution !...

« M. Batteux convient que le nombre & l'harmonie dérangent souvent la Construction que doit opérer son principe... Vous voilà au vrai principe de l'élocution oratoire dans la Langue Latine, dans la Langue Grecque, & sauf les modifications convenables, dans toutes les Langues du monde. C'est l'harmonie qui est la premiere, & peut-être l'unique cause, qui a déterminé le génie *des* deux Langues à autoriser les variations des cas, afin de faciliter les inversions de l'ordre grammatical, plus propre à flatter l'oreille par la variété, par la mélodie, par le nombre, par la marche inflexible & monotone de la Construction naturelle & analytique ».

Cicéron, Quintilien, Denys d'Halicarnasse n'ont consulté que l'oreille pour régler la Construction oratoire d'après les loix de l'harmonie. Le cœur & ses passions ne sont comptés pour rien à cet égard.

M. Beauzée attaque ensuite l'Auteur de la Lettre sur les sourds & muets, qui a pris le contre-pied de M. Batteux. Celui-ci ne regarde comme naturel que l'ordre dans lequel les idées sortent de notre esprit ; & celui-là, l'ordre dans lequel elles y entrent.

En effet, l'ordre de la génération des idées est tout aussi variable que celui de l'intérêt : elle dépend des hazards qui font naître fortuitement nos idées. 2°. Le but de la parole n'est pas plus de rendre cette génération des idées, que de les présenter dans l'ordre dicté par l'intérêt.

Le premier but du Langage est d'exprimer clairement nos pensées, & nos pensées ne sont rien autre chose que la perception intuitive ou raisonnée des raports qu'ont entr'elles les idées alors présentes à notre esprit. Or ces raports ne dépendent ni de l'ordre généalogique de nos idées, ni du degré d'intérêt que le hazard des circonstances peut donner aux unes plutôt qu'aux autres.

L'ordre analytique est seul & peut être seul le lien universel de la communicabilité entre les nations, & du commerce de pensées.... C'est donc l'art qui a introduit l'inversion dans notre Langue, & qui l'a rendue si commune dans la Latine : mais ces inversions sont justifiées par les moyens & par la fin :
» par les moyens, en ce que les mots portent par-tout le signe extérieur du
» poste que leur assigne la nature dans l'ordre analytique, dont les droits sont
» conservés : par la fin, en ce que les changemens faits à l'ordre analytique,
» sans rien ôter à la clarté de l'expression, y ajoutent & de l'harmonie pour
» flatter l'esprit par le plaisir de l'oreille, & de l'énergie pour arriver au cœur
» par la satisfaction inespérée de l'esprit.

Notre Auteur réfute ensuite le système de l'Abbé Pluche & de M. Chompré, qui consiste à ne faire jamais aucun changement à l'ordre des phrases Latines.

Il passe de-là à l'examen que M. l'Abbé Batteux a fait de la dissertation de M. du Marsais sur la construction grammaticale.

Il trouve que M. du Marsais n'a pas du être arrêté par les considérations dont parle M. Batteux, parce que l'ordre analytique étant une fois reconnu pour naturel, on ne doit pas juger d'après la marche du Latin qu'il y a un autre ordre aussi naturel au langage.

Mais quand il y auroit un ordre naturel pour l'élocution oratoire, s'ensuivroit-il que l'ordre analytique ne soit pas l'ordre naturel pour l'élocution purement grammaticale ?

» L'ordre analytique peut être contraire à l'éloquence sans être contraire
» à la nature du langage, pour lequel l'éloquence n'est qu'un accessoire artifi-
» ciel.... Si le Grammairien & le Rheteur ne doivent pas envisager la parole
» sous le même point de vue, l'opinion de M. du Marsais ne devroit im-
» porter en rien à M. Batteux, ni celle de M. Batteux à M. du Mar-
» sais....

» Une fois pour toutes, ce qui est naturel dans la Grammaire est acciden-
» tel ou étranger pour la Rhétorique ; ce qui est naturel dans la Rhétorique
» est accidentel ou étranger dans la Grammaire... Qu'il soit vrai ou non,
» que c'est toujours pour quelqu'intérêt que l'on parle ; il est d'une vérité an-
» térieure & plus certaine encore, que l'on parle pour faire connoître ses
» pensées.

M. Beauzée passant alors aux figures de Construction (1), en distingue deux, l'*Inversion* ou l'*Hyperbate* & l'*Hypallage*.

───────────────

(1) Art. III. p. 533.

» S'il est suffisamment établi, dit-il, par raport à la premiere, que l'ordre
» analytique est l'ordre naturel & fondamental de la phrase dans toutes les
» Langues ; c'est une conséquence nécessaire, que toute Construction qui
» s'écarte de la Construction analytique est vicieuse, si elle passe les bornes
» autorisées par l'usage légitime de chaque Langue ; & que c'est une Construc-
» tion figurée, si elle se renferme dans les bornes prescrites par l'usage, con-
» formément au besoin de la clarté. *Alexander vicit Darium* est donc une
» phrase naturelle & conforme à l'ordre analytique. *Darium vicit Alexander*
» est une phrase figurée, qui renverse l'odre de la nature ; il y a inver-
» sion.

Point du tout, reprend M. l'Abbé de CONDILLAC (2). » Car la subordi-
» nation qui est entre les idées autorise également les deux constructions Latines;
» en voici la preuve. Les idées... sont naturellement subordonnées entr'elles...
» à proportion que leur liaison est plus ou moins immédiate.... Il suffit donc,
» pour ne pas choquer l'arrangement naturel des idées, de se conformer
» à la plus grande liaison qui est entr'elles. Or c'est ce qui se rencontre
» également dans les deux Constructions Latines, *Alexander vicit Darium*,
» *Darium vicit Alexander* : elles sont donc aussi naturelles l'une que
» l'autre...

» Mais puisque la parole doit être l'image de l'analyse de la pensée, ré-
» plique M. Beauzée, en sera-t-elle une image bien parfaite, si elle se con-
» tente d'en crayonner simplement les traits les plus généraux ?... Il ne suffit
» pas de rendre sensible la liaison des mots... même en se conformant à la
» plus grande liaison,... il faut peindre telle liaison, fondée sur tel raport.
» Or ce raport a un premier terme, puis un second : s'ils se suivent immédia-
» tement, la plus grande liaison est observée ; mais alors même si vous nom-
mez d'abord le second & ensuite le premier, il est palpable que vous renver-
sez la nature, tout autant qu'un peintre qui nous présenteroit l'image d'un
arbre ayant les racines en haut & les feuilles en terre.

» Les précautions scrupuleuses que prend par-tout notre Langue pour suivre ou pour indiquer la marche de la Construction analytique, démontrent
évidemment que c'est la Construction unique qui ait sur la Syntaxe de toutes
les Langues une influence nécessaire, la seule qui contribue à donner aux
mots réunis un sens clair & précis, la seule dont l'inobservation feroit de la

---

(1) Essai sur l'Origine des Connoissances humaines, Part. II. Sect. I. ch. 12.

voix humaine un vain & simple bruit, la seule en un mot qui soit naturelle.

» On s'est encore trompé, lorsqu'on a cru que l'Hyperbate étoit la même chose que l'Inversion, tandis qu'elle n'en est qu'une espéce particuliere. Ciceron les a fort bien distinguées dans son dialogue sur la partition oratoire où il énumere trois sortes d'arrangemens de phrase.

» Le premier arrangement est naturel & direct; il doit être reconnu par tout le monde, parce que tout le monde connoît la voix de la nature; & il doit se faire sentir dans toutes les Langues, parce que la voix de la nature est une. C'est donc l'ordre analytique qu'envisage ici Ciceron.

» Le second arrangement est le renversement du premier, c'est l'Inversion proprement dite: dans celui-ci, on va de la fin au commencement, du dernier terme à l'origine, du bas en haut, *sursum versùs*; à reculons, *retroque*.

« Le troisiéme arrangement s'éloigne encore plus de l'ordre naturel; il en rompt l'enchaînement, ainsi que la liaison la plus immédiate des parties, *intercisè*; les mots y sont raprochés sans affinité & comme au hazard, *permistè*.

Si l'on renverse l'ordre des raports, on fait inversion; mais si outre cela l'on jette entre deux mots en raport, un troisiéme mot étranger au raport qui les unit, comme *Catonis omnes admirati sunt constantiam*, on fait alors Hyperbate, parce qu'on détruit tout-à-la-fois l'ordre & la liaison des raports.

M. du Marsais eut donc raison de dire que l'*Hyperbate* étoit confusion, mélange de mots. Ce mot vient de deux mots Grecs qui signifient *transgression*, *violation* de l'ordre.

Le reste de ce Chapitre consiste à faire voir que la prétendue figure qu'on a apellée *Hypallage*, c'est-à-dire, *subversion*, & qui est un renversement positif dans le raport des idées, ou n'existe point chez les Anciens, comme on l'a cru mal-à-propos, & d'après des passages mal entendus, ou que c'est un vice, & non une figure.

§. V.

Nouvel Examen du préjugé sur l'Inversion.

Cette défense des principes de M. du Marsais par M. Beauzée, fit naître un nouvel Ouvrage en faveur du systême de M. l'Abbé Batteux contre ceux de M. du Marsais & de M. Beauzée: & c'est la derniere piéce qui ait paru sur cette question importante (1). On y réduit toute cette controverse à ce point (2), que les Latins suivoient l'ordre naturel de l'élocution quand ils disoient *patrem amat filius*; & que nous, quand nous disons *le fils aime le pere*, nous ne le suivons pas. On s'apuie de ce raisonnement.

» Ou l'arrangement que nous suivons en François est l'ordre naturel des mots, ou il ne l'est pas: s'il ne l'est pas, il faut tendre à nous raprocher de celui des Latins: s'il l'est, il est évident que celui des Latins ne l'est point. Or comment seroit-il possible de croire que les Latins, ayant tous les arrangemens des mots à leur disposition, ayent constamment préféré ceux qui ne sont point naturels, & constamment rejetté celui qui l'est ?

On ajoute qu'en examinant la nature différente de ces Langues, » on a » cru tenir la raison de ces différences: la liberté d'un côté, la contrainte de » l'autre. On a dit que les Latins suivoient l'ordre naturel des idées, parce que » leurs mots pouvoient suivre les idées par-tout où elles se plaçoient d'elles- » mêmes; & que nous, nous ne le suivons pas, parce que nos mots ne » pouvoient se placer qu'en certains endroits, d'où dépend une partie de leur » signification ».

A l'assertion, qu'*il n'y a que l'ordre analytique qui puisse régler l'assortiment des mots*, on opose (3) que les raports grammaticaux étant toujours fondés sur les raports métaphysiques, il s'ensuit que l'ordre analytique est l'ordre des idées rangées selon leurs raports métaphysiques, & non uniquement l'ordre des raports grammaticaux correspondans à ces raports métaphysiques.

Déjà les Grammairiens d'Athènes & de Rome se persuadant que les régles de Syntaxe qu'ils avoient formées sur la Langue faite & établie avant eux, étoient la Nature même qui avoit présidé à la formation des Langues, avoient rendu problématiques les droits de l'ordre original de ces Langues.

« Dans les tems plus modernes, il se rencôntra des Langues, telles que la nôtre, où cet ordre de Syntaxe étoit nécessaire pour le sens. Ce fut un titre de plus pour les Grammairiens du dernier âge. Le préjugé s'accrédita au point qu'ils prétendirent, & avec eux tous leurs Eléves, que l'ordre essentiel de tout Langage étoit celui de leur Syntaxe; & que, sans cet ordre, les mots assemblés ne formeroient aucun sens.

« En parlant de la sorte, ils confondoient *les raports de Syntaxe* avec *l'ordre*

---

(1) Imprimé en 1767. sans nom de lieu & d'Auteur, en 78 pages.
(2) Page 5.   (3) Page 15.

UNIVERSELLE.

de Syntaxe. Deux choses si différentes, que les raports se concilient avec tous les arrangemens possibles, & qu'ordinairement ils ne se rencontrent pas avec l'ordre de Syntaxe. C'est pour cela que le Latin n'use pas de l'ordre de Syntaxe, parce qu'il a les raports de Syntaxe (1). C'est pour cela que le François en use, parce qu'il n'a pas les raports. Il falloit donc se contenter de dire que l'un ou l'autre étoit nécessaire dans le Discours, & que la Grammaire elle-même étoit indifférente au choix. Et de-là résulte évidemment que les Latins suivoient l'ordre d'intérêt, parce qu'ils le pouvoient, ayant les raports grammaticaux; & que les François ne le suivent pas, parce que faute de Principes grammaticaux, ils sont astreints à l'ordre de Syntaxe.

» L'analyse, dira-t-on, (2) décompose l'ordre de la pensée, & y voit des parties qu'elle arrange à sa maniere. Mais cette décomposition & cet arrangement sont l'ouvrage de l'Art, le travail de l'esprit qui revient sur sa propre production, qui la dénature par l'abstraction, pour la soumettre à une autre forme. ...

« Il ne faut donc point dire que l'ordre naturel de la pensée est le modéle de l'ordre naturel des mots, puisque ce n'est pas la même espéce d'ordre. Il faut dire encore moins que c'est celui de la pensée analysée, puisque celui-ci est factice & artificiel. Ce n'est donc pas l'ordre des idées qui regle l'ordre des mots.

Ainsi, lors même que l'ordre analytique est anéanti, la Syntaxe ne l'est pas; elle s'apuie encore sur les raports qui représentent cet ordre.

Notre Auteur conclut de tout ceci, que » puisqu'on ne peut trouver la » raison de l'ordre successif des mots dans la maniere dont l'esprit forme ses tableaux, il s'ensuit, ou qu'il n'y a point de regles sur cet objet, ou que ces regles, s'il y en a, ne peuvent être tirées que de la subordination des idées, par raport à leur degré d'importance, relativement à celui qui parle; ou peut-être de la délicatesse de l'oreille, qui demanderoit pour l'agrément, tel arrangement des sons plutôt que tel autre.

Ici, *intérêt* est tout motif qui détermine à parler celui qui parle. « On conviendra sans doute que quand on parle, on se propose toujours quelque objet; or c'est cet objet qui fait l'intérêt de la phrase. Quand on dit *le Soleil est rond*, il est évident qu'on veut faire entendre, non que le Soleil existe, mais qu'il existe sous une forme ronde. Ainsi l'intérêt de cette phrase est la *rondeur du Soleil*. Et de-là on conclut, selon le principe de l'intérêt, que si, *Sol est rotundus*

---

(1) Page 31.   (2) Page 34.

est bien dit, il est possible que, *rotundus est Sol* soit mieux dit encore, parce que l'intérêt exige que l'idée importante de la phrase soit présentée d'abord à la premiere attention de celui qui écoute.

» Or cet intérêt dans le discours porte tantôt sur la personne qui agit, tantôt sur l'action même, tantôt sur l'objet de l'action, quelquefois sur la maniere de l'action ; & alors, c'est ou le nominatif, Ille *ego qui quondam*, &c. ou le Verbe, Ferte *citi flammas*, date *telas*, scandite *muros* ; ou le régime du Verbe, Bella, horrida bella & Tybrim *multo spumantem sanguine cerno* ; ou l'adverbe, Tandem *aliquando*, Quirites, Catilinam, &c. qui porte l'intérêt de la phrase, & qui par cette raison doit marcher à la tête.

» L'aplication va plus loin (1). S'il y a deux substantifs dont l'un soit régi par l'autre, c'est le régi qui passe le premier, parce qu'il contient l'idée principale. Patriæ *fines*, Ciceronis *litteræ*, Virgilii *opera*. Si à un substantif on ajoute un adjectif, celui-ci paroît d'abord : Diuturni *silentii*, hodiernus *dies* ; par la raison que l'idée ajoutée par l'adjectif est ordinairement celle qu'il importe à celui qui parle, de bien placer dans l'esprit de celui qui écoute. Par ce moyen, la place de presque tous les mots de toute phrase se trouve réglée par l'intérêt ; sauf, comme on l'a dit, quelque exception pour l'harmonie.

» Eh ! comment le cœur (2), ce ressort si puissant, si universel, qui comprend l'homme tout entier, pourroit-il ne pas influer sur le langage, qui n'a été fait originairement que pour lui, pour demander le secours dans le besoin pressant ? Si on dit tous les jours que le langage du cœur est le langage de la nature, l'ordre du cœur dans le langage est donc aussi l'ordre de la nature.

» Il n'y a point de décisions qui agissent plus *constamment* sur le cœur humain que celles de l'intérêt : & si elles ne sont pas *uniformes*, c'est que leurs objets ne le sont point, c'est tantôt la personne, tantôt la chose, tantôt la maniere, &c. Elles ne peuvent servir de fondement à une disposition *technique*, qui ne peut convenir qu'à l'ordre analytique : mais elles servent de fondement à une disposition *naturelle*.

Si l'art de plaire (3) *prescrit un autre arrangement que celui de l'amour propre*, ce n'est pas un nouvel ordre de choses, c'est toujours *l'intérêt* qui

---

(1) Page 41.   (2) Page 43.   Page 47.

montre d'abord les idées dont il a besoin pour cacher celles qu'il ne veut pas montrer au grand jour.

Les Auteurs Latins qu'on cite comme ayant décidé cette question (1), Isidore de Seville , Servius , &c. ne pouvoient la décider ne l'ayant pas connue ; pouvoient-ils imaginer qu'il y eût une autre marche que la leur ? Le passage de Quintilien , où , après avoir vu une hyperbate dans cette phrase *in duas divisam esse partes* , il apelle *ordre direct* ou naturel cet arrangement , *in duas partes divisam esse* (2) , est entierement oposé à la question en faveur de laquelle on le cite , puisque cet arrangement *direct* est renversé relativement à la Langue Françoise.

Il en est de même des autres Auteurs Latins : chez eux l'*ordre direct* signifie l'*ordre naturel* , non le Grammatical ou analytique , mais celui qui se présentoit de lui-même à tout Romain.

CHAPITRE VII.

Conciliation des divers Systêmes relatifs à la Construction du Langage.

TEL est le précis de ce qu'on a dit de plus important au sujet de la différence qui régne entre la Construction des Langues qui ont des cas, telle que la Latine ; & la Construction des Langues qui n'en ont pas , telle que la Françoise : mais on attend sans doute de nous quelques observations qui fixent le parti qu'on doit prendre à cet égard : qui décident entre des Combattans célébres qu'on voit s'attaquer & se défendre avec tant de sagacité : qui fassent voir les raports étroits de cette intéressante question, avec les principes fondamentaux du langage, & expliquent cette question par ces principes même, comme n'en étant qu'une conséquence. Cette discussion n'est donc point étrangere à nos recherches : lors même que personne ne s'en seroit occupé , nous aurions été obligés de l'examiner , & de faire voir comment il étoit arrivé que la Langue Françoise & la Latine formées sur les mêmes principes , ces principes communs à toutes les Langues, different si fort à l'égard de la maniere d'arranger les parties constitutives d'un même Tableau.

---

(1) Page 55.　(2) Page 61.

On aura aperçu sans peine que les divers Auteurs dont nous venons de raporter les opinions, conviennent des mêmes faits, s'apuient des mêmes exemples, & ne diffèrent que sur les conséquences qu'on en doit tirer ; chacun regardant la construction pour laquelle il se déclare, comme la plus naturelle. Ces raports donneroient lieu de croire qu'ils sont moins oposés qu'il ne paroît au premier coup d'œil, & qu'ils ne le pensent eux-mêmes : ensorte que leur différend pourroit être plus aisé à terminer qu'on ne croit.

§. 1.

Nécessité pour les Langues de varier leur Construction.

On ne sauroit nier, que la construction des mots en François, & celle de ces mêmes mots en Latin, ne soient très-souvent directement oposées.

Il est certain encore, qu'elles se raprochent en un très-grand nombre d'occasions : qu'elles se suivent même très-souvent ; & que dans chacune de ces Langues, la Construction qui lui est propre, paroît si naturelle, si aisée, si conforme à son génie, qu'il semble qu'il ne peut en exister d'autre, & que toute Construction qui ne seroit pas semblable à celle-là, ne pourroit qu'être une Construction forcée & moins agréable.

Mais ces deux Constructions qui paroissent si oppofées, ne feroient-elles pas également conformes à la Nature ? Le naturel dans chaque Langue ne consisteroit-il pas, non dans l'exclusion de l'une ou de l'autre de ces Constructions, mais dans leur juste mélange ? Et ne se feroit-on pas trompé, en croyant qu'elles ne peuvent subsister ensemble ?

Ne pourroit-on pas dire que ces deux Constructions sont également fondées sur la nature ; & qu'elles sont admises toutes les deux par toutes les Langues, autant qu'elles peuvent se concilier avec le génie particulier de chacune, ensorte que lors même qu'elles different en construction, ce n'est que du plus au moins ; & jamais d'une maniere oposée, ou dénuée de tout raport ?

Ce sentiment paroîtra peut-être au premier instant un paradoxe insoutenable : il ne sera cependant pas difficile à justifier.

Pourvû que nos idées se peignent d'une maniere exacte & intelligible, qu'importe à la Nature que nos mots soient arrangés d'une maniere ou d'une autre ? qu'importe qu'on dise en Latin *Petrum amat Paulus*, ou *Paulus amat Petrum* ; & en François, *du Fils d'Anchise les grands exploits*, ou *les grands exploits du Fils d'Anchise* ; si le sens est parfaitement le même ; si les effets qui en résultent sont exactement semblables ?

Ne suivra-t-on pas même une marche très-naturelle en employant ces deux tournures dans une même Langue, s'il en résulte quelqu'avantage essentiel, si l'attention en est réveillée, si l'harmonie du discours en est plus belle, si le Tableau en devient plus vif, plus intéressant ?

Lors donc que l'on voit toutes les Langues se raprocher tour-à-tour de l'une & de l'autre Construction autant que leur génie, ou plutôt que les formes qui les restreignent, qui les emmaillottent, peuvent le leur permettre, lorsqu'on voit le Latin se raprocher souvent de la Construction Françoise, & le François imiter, le plus qu'il peut, la marche libre des Latins, peut-on se refuser à l'idée que ces deux Constructions sont également naturelles ? que la Nature nous entraîne tour-à-tour à ces diverses Constructions, qu'elle nous les offre elle-même, qu'elle nous les rend même nécessaires ? Comment seroit arrivé sans cela le mélange perpétuel que nous en faisons ? Comment après avoir adopté un de ces genres, reviendrions-nous sans cesse à l'autre, comme malgré nous, comme si nous ne pouvions nous dispenser d'être en contradiction avec nous-mêmes, ou comme s'il n'y avoit point de principe certain pour la Construction de nos mots, & qu'elle pût varier à volonté ?

La variété qui résulte de l'emploi de ces diverses Constructions, l'éclat des Tableaux où préside ce mélange, l'harmonie dont ils sont accompagnés, la propriété qu'ils ont de nous émouvoir, tout prouve que cette diversité est l'effet de la Nature, qu'elle est dans la Nature même. La Nature riche & féconde, ne se plut jamais à suivre tristement une seule & même route : sans cesse elle varie ses formes, toujours nous la trouvons différente d'elle-même, lors même qu'elle est le plus semblable à elle-même. Tel est son génie : telle est la profusion avec laquelle elle seme dans ses Ouvrages de la même espéce, la diversité la plus étonnante & la plus agréable.

Pourquoi n'en seroit-il pas de même de nos idées ? Pourquoi serions-nous obligés de suivre constamment une même route ; de ne pouvoir la varier à aucun égard ; de jetter tous nos Tableaux au même moule ? Pourquoi ne remonterions-nous pas, lorsque nous le voudrons, de l'effet à la cause, de même que nous descendons de la cause à l'effet ? Pourquoi serions-nous réduits, comme les Animaux, à ne nous écarter jamais de ce qui nous est prescrit par la Nature, ou à répéter en perroquets, nos mots toujours dans le même ordre ? La Langue la plus parfaite ne sera-t-elle pas celle où nous pourrons choisir entre plusieurs formes ; où nous pourrons les assortir à la nature de nos idées : où après avoir imité par l'arrangement de nos mots, le calme des idées contemplatives, nous pourrons par un autre arrangement suivre nos sentimens dans leur impétuosité, dans leurs écarts, dans ce désordre qui leur fait franchir comme par un bond, ce que l'idée suivroit pied à pied ; qui se prêtera par conséquent le plus à cette variété admirable que nous offre la Nature, & dont notre esprit fait une épreuve continuelle ?

Sans doute, l'arrangement de nos mots est en lui-même très-indifférent à la Nature ; ou plutôt il est très-naturel & très-important que notre Langue puisse suivre continuellement notre esprit : qu'elle puisse se prêter sans cesse à ses différentes manieres de voir : qu'elle en peigne les divers effets ; & nos mots, la diverse nature, par la diversité de leurs arrangemens.

Allons même plus avant, & ne craignons pas de dire ; loin de nous & oposée à la Nature, toute Langue qui n'auroit qu'une route, qui n'auroit qu'une maniere de rendre ses idées, qui seroit asservie à un seul arrangement de mots, qui pour donner une tournure à ses phrases, seroit obligée de revenir sans cesse à celle qu'elle employa pour la premiere fois : qui se mettroit à la torture pour rétrécir l'esprit, l'imagination, le goût de ceux qui seroient assez à plaindre que d'être forcés de la parler. Jamais on n'y verroit de Tableau riant, la Poësie y seroit inconnue, la prose elle-même en seroit informe, maussade, sans harmonie, toujours semblable à elle-même ; tout y étant du même ton, l'esprit n'y trouveroit nul repos ; & cette uniformité sans contraste lui deviendroit bientôt insuportable.

Il n'est peut-être aucune Langue, de quelque nature qu'elle soit, & quelque resserrée que soit sa marche, qui ne lutte contre la monotonie à laquelle elle est assujettie, qui ne s'indigne de la contrainte qui l'accable, qui ne fasse les plus grands efforts pour rompre ses entraves, pour diversifier l'arrangement de ses Tableaux.

§. 2.

Preuves qu'une double Construction existe dans toutes les Langues.

Que sont ces irrégularités qu'offrent toutes les Langues à l'égard des Pronoms, des Verbes les plus fréquens, des mots les plus communs, ces abréviations, ces syncopes, ces ellipses, ces sous-entendus dont les Langues sont remplies, si ce n'est tout autant de témoins qui déposent hautement que la Nature ne veut nulle contrainte, qu'elle ne peut souffrir une seule marche,

qu'il

UNIVERSELLE.

qu'il faut de la variété à l'esprit humain pour le réveiller, pour l'amuser, pour lui plaire, pour le mettre à même de s'aprocher toujours plus de la Nature, pour en devenir le Peintre le plus parfait ?

N'est-ce pas également à la Nature que nous devons les cas de nos Pronoms, ces cas au moyen desquels nous en varions la forme & la place ? & puisque nous les devons à la Nature, les Latins lui devroient-ils moins l'aplication qu'ils firent de ces cas à tous leurs Noms ? Dès que nous regardons comme très-naturelle l'inversion de nos Pronoms, regarderions-nous comme moins naturelle l'inversion des noms fondée sur les mêmes principes, effet des mêmes loix ? L'apellerons-nous même une inversion ? *Invertissons*-nous l'ordre de nos Pronoms, lorsque nous les plaçons avant les Verbes, tandis que dans d'autres Langues, & souvent même dans la nôtre, ils sont placés après ?

Ainsi, un même esprit anime toutes les Langues, un esprit de variété & d'harmonie qui les porte à fuir l'uniformité monotone & fatiguante ; & cet esprit leur est donné par la Nature. C'est elle qui nous porte à varier sans cesse la forme de nos phrases, & qui porta les Latins à les varier encore plus par le moyen des Cas, qu'ils étendirent à toutes le Parties du Discours qui en purent être susceptibles.

Ne faisons pas l'affront à ces génies créateurs & sensibles qui aperçurent le chemin agréable que leur traçoit la Nature en leur présentant la variété des Cas, & qui, pliant leur Langue à ces vues, la rendirent capable d'imiter la Nature de la maniere la plus parfaite, ne leur faisons pas l'affront de les regarder comme des personnes qui manquerent cette route, qui s'éloignerent de la Nature.

N'en concluons rien également contre ceux qui présiderent à la formation de notre Langue. Livrés dans leurs Forêts, à une vie plus dure, voyant une Nature moins agréable, un Ciel moins beau, connoissant moins les charmes d'une société perfectionnée par les beaux Arts, effet de plus heureux climats, il leur falloit une Langue moins variée, plus sévere, plus grave, qui se raprochât plus de la Nature qu'ils avoient sous les yeux. Notre Langue fut donc aussi naturelle que les autres, & si elle renferma moins de contrastes, elle n'en eut pas moins ses agrémens, ayant su par ces avantages qu'on admire en elle, compenser ceux dont elle étoit privée.

GRAMMAIRE

§. 3.

Examen de l'Objection tirée de la nécessité d'un Modèle.

Dira-t-on que tous ces arrangemens de mots ne font qu'en fous-ordre? qu'ils font précédés d'un acte de l'efprit qui décompofe fa propre idée, ou, fi l'on veut, qui en examine le tableau qu'elle offre, afin de pouvoir l'imiter au moyen des mots qu'il employera, & de l'arrangement qu'il leur donnera? Ajoutera-t-on qu'afin que l'efprit puiffe faire cet examen, il faut qu'il ait une marche fimple & unique, qu'il cherche d'abord le fujet de ce tableau, qu'il en voye enfuite les attributs, les circonftances, &c.? & qu'ainfi cette marche eft la feule naturelle, & que plus une Langue s'en raproche, plus fa conftruction devient conforme à la Nature?

Tout feroit dit en effet, fi cela étoit prouvé : il ne refteroit plus qu'à découvrir comment l'homme a pu former de fi beaux Tableaux, en s'éloignant fi fort de la méthode qu'il fuit pour analyfer ceux de la Nature, pour s'en rendre compte à lui-même afin de pouvoir les imiter : mais je doute fort que lorfque nous rentrons en nous-mêmes pour faifir les Tableaux qu'y forment nos idées, nous fuivions toujours une même méthode, & précifément celle dont il s'agit ici.

Nous nous accoutumons à analyfer nos idées, c'eft-à-dire, à nous parler à nous-mêmes, comme nous parlerons aux autres : mais nous ne nous foumettons pas à la peine d'un double travail auffi pénible que celui de décompofer les Tableaux de nos idées pour nous-mêmes, & de recompofer ces Tableaux d'une maniere différente pour les autres. Nous les faififfons au contraire d'une maniere proportionnée à nos forces, à notre façon de voir, à celle de nous exprimer : pourrions-nous fuivre une autre méthode? Et n'eft-ce pas ce que l'on apelle *fe parler à foi-même*; *penfer dans la Langue même dans laquelle on veut écrire* ?

Notre efprit eft accoutumé dès l'enfance à préfenter fes idées fous divers points de vue : de cette habitude, il paffe à celle de les analyfer de la même maniere : ainfi, bien loin que la maniere dont notre efprit analyfe fes idées, foit la régle de notre conftruction, cette régle que fournit la Nature, elle eft au contraire l'effet de l'Art, celui de l'habitude, de l'exemple; & elle varie chez tous les Peuples de la même maniere que l'expreffion.

C'eft ce raport intime du langage avec les procédés de notre efprit, qui fait que tant de perfonnes qui ne connoiffent que leur Langue maternelle &

qui la parlent cependant parfaitement, n'ont jamais soupçonné qu'il y eût un art à parler, que le Langage fût fondé sur des raisons métaphysiques, qu'on pût en analyser les procédés, & les rendre sensibles ; & qui fait qu'on a tant de peine à se rendre compte des procédés employés par les autres Langues. En effet, nous parlant toujours comme nous parlons aux autres, voyant dans notre esprit les Tableaux de nos idées comme nous les allons présenter aux autres, & faisant tout cela sans effort, sans fatigue, nous ne pouvons concevoir que tout cela ne soit très-naturel, & qu'il pût être autrement.

§. 4.

La diversité qu'on remarque à cet égard entre le Latin & le François, effet de la Nature.

La maniere dont naquit cet arrangement oposé des mots en Latin & en François, les effets qu'ils produisent sur la masse entiere du langage, l'impossibilité dans laquelle est chaque Langue de se réformer à cet égard, sont autant de preuves que la Nature y porta elle-même les hommes avec force.

Deux Chefs de Famille placés dans des Contrées différentes, d'ailleurs employant à peu près les mêmes mots pour désigner les mêmes objets, veulent peindre leurs idées à ceux qui les environnent, & leur aprendre eux-mêmes à peindre leurs propres idées. Ne s'étant point consultés à cet égard, n'ayant dans la tête aucune régle à ce sujet, n'étant dirigés par d'autre systême que par la nécessité de se faire comprendre, ils ne peuvent consulter que la Nature, elle est leur seul maître : ils se laissent donc diriger par elle : ce qu'elle leur dit la premiere fois, elle le leur dit toujours ; & comme en la prenant alors pour guide, ils s'en trouveront bien, ils la suivront donc toujours : ainsi s'établira parmi eux une façon d'arranger les phrases, qui se perpétuant d'âge en âge, ne changera plus, sous peine de n'être entendus de qui que ce soit ; & forcera les sages de s'exprimer à cet égard comme la multitude.

Cependant cet arrangement ne sera pas constamment uniforme, de par les Loix de cette même Nature, dont la devise est *diversité dans l'unité* : il différera encore plus dès le commencement de la part de celui de ces deux Chefs qui aura assigné à chaque objet un nom différent, suivant le rôle qu'il voit jouer à cet objet, suivant que cet objet agit lui-même ou qu'il reçoit l'impression d'une action, qu'il est cause ou effet : il suit encore en cela la Nature qui lui présente les Êtres sous des faces qui varient sans cesse ; mais en imitant si naturellement, par le changement des noms même, leur changement de rôle ; il en aquiert l'avantage de pouvoir varier infiniment plus l'arrangement de ses phrases, & de se prêter ainsi à toute l'harmonie dont le Discours peut être susceptible.

Concluons donc que la Construction Latine & la Construction Françoise furent toutes les deux l'effet de la Nature ; qu'aucune ne peut être apellée inversion de l'autre, ou une inversion de la Nature : que le germe de la Construction Latine existe dans la Construction Françoise : que toutes les deux sont conformes à l'analyse que l'esprit fait des idées; parce que cette analyse tombe plutôt sur les parties dont elles sont composées, que sur leur arrangement ; & qu'il est en notre pouvoir de nous rendre naturelles ces deux Constructions, en nous accoutumant à arranger nos idées & à les analyser d'après ces deux différentes méthodes : que de ces deux Constructions, l'une est plus relative au sentiment & à l'harmonie ; & l'autre, à la clarté, à la précision, à la gravité du Discours, & que de leur mélange doit résulter une variété de Tableaux plus agréable, & mieux assortie à la nature de chacun d'eux, puisqu'elle se prête à tous les genres, ainsi qu'à toutes les circonstances dans lesquelles on peut se rencontrer.

Appuyons-nous ici d'un Auteur qui auroit volontiers conclu comme nous, qui regardoit l'ordre que suit notre Langue dans sa Construction comme un effet de la *nécessité*, & qui auroit volontiers *contesté* que la Construction Latine fût *un défaut* ; qui s'attacha même à prouver que le *Discours en étoit plus clair & plus fort*. Ce qu'il dit à cet égard est trop bien vu pour le suprimer (†).

(†) Cet Auteur est le P. Lamy, de l'Oratoire : c'est dans sa *Rhétorique*, ou *Art de parler*, qu'il s'exprime ainsi, quatriéme édition. Nous saisissons avec empressement cette occasion que nous avons de le citer, pour dire que ce n'est pas sans raison qu'il y eut tant d'éditions de son Art de parler : il le remplit de choses précieuses, & souvent il avança comme des principes incontestables nombre de vérités qu'on a contestées dèslors, & dont nous démontrerons la certitude. Comme nous, il compara la parole à une peinture ; & par cette méthode, ses explications devinrent plus intéressantes. On voit ici que de son tems on avoit déja commencé à disputer sur les deux Constructions ; car notre Auteur releve avec force un Ouvrage sur les *Avantages de la Langue Françoise*, où l'on tournoit en ridicule la Construction Latine, d'après la traduction qu'on y donnoit de chaque mot en François, sans les mettre dans la place qui seule pouvoit en faire connoître les raports, & tenir lieu des Cas Latins. Ce Critique ignorant faisoit comme une personne qui démoliroit un édifice, & qui considérant ces matériaux confusément entassés, insulteroit à ceux qui avoient admiré la beauté de cet édifice.

« En quelque Langue que ce soit, dit-il, on n'aperçoit jamais parfaitement le sens d'une expression qu'après l'avoir entendue toute entiere : ainsi l'ordre naturel n'est pas si absolument nécessaire qu'on se l'imagine pour faire qu'un Discours soit clair. Celui qui dit *hominem fecit Deus*, ne considere l'homme que dans ce raport qu'il a avec Dieu qui est son Créateur. Cet accusatif marque ce raport. Ajoutez que le retardement que souffre le Lecteur, & l'attente qu'on lui donne d'une suite, le rendent beaucoup plus attentif... Aussi les expressions Latines sont plus fortes, étant plus variées.... Car le Lecteur est obligé, pour l'entendre, d'envisager toutes les parties ensemble ; ce qui fait que cette Proposition le frape plus vivement. Encore une fois, tout est coupé en François : nos paroles sont détachées les unes d'avec les autres ; c'est pourquoi elles sont languissantes, à moins que les choses dont on parle n'en soutiennent le tissu ». Il va plus loin, ajoutant ces paroles remarquables : » on peut même dire qu'un *arrangement est naturel*, lorsqu'il présente toutes » les parties d'une Proposition unies entr'elles comme elles le sont dans l'esprit ». Et il soutient que les Romains n'analysoient jamais une idée de la même maniere que nous, puisqu'ils l'énoncoient différemment & qu'ils l'exprimoient dans l'ordre même d'après lequel ils l'avoient analysée.

CHAPITRE VIII.
DE L'ELLIPSE.

CE que nous venons de dire sur l'origine des différentes Constructions admises dans une même Langue, se confirme d'une maniere frapante par l'usage que font de l'Ellipse toutes les Langues, & qui est si naturel, que ceux qui n'ont aucune idée de l'Ellipse, se servent très-souvent néanmoins de tournures elliptiques sans s'en douter, comme le bon M. Jourdain faisoit de la prose sans le savoir ; & que ceux même qui ont le plus réfléchi sur ce méchanisme, n'ont souvent pas raporté à l'Ellipse toutes les Constructions qui en sont l'effet.

L'Ellipse est une Construction abrégée, dont on a écarté divers mots que le sens supose & qu'il étoit inutile d'exprimer, parce que leur énoncé n'ajoutant rien à la clarté de la phrase, l'auroit rendue froide & languissante.

C'est par Ellipse que le *Héron* dédaigneur de la Fontaine, s'écrie en voyant passer des Tanches :

> Moi, des Tanches ! dit-il, moi Héron, que je fasse
> Une si pauvre chere ! Et pour qui me prend-on ?

Et qu'il ajoute au sujet des Goujons :

> Du Goujon ! C'est bien là le diner d'un Héron !
> J'ouvrirois pour si peu le bec ! Aux Dieux ne plaise !

Il fait parler de même cette Belle qui ne trouvoit point de partis dignes d'elle :

> Quoi ! moi ! Quoi ! ces gens-là ? L'on radote, je pense ;
> A moi les proposer ? Hélas ! ils font pitié !
> Voyez un peu la belle espéce ! (1)

Cette maniere de rendre ses idées est puisée dans la Nature même, qui ne veut rien d'inutile, sur-tout lorsque l'on est pressé & que les sentimens se succédant avec rapidité, ne permettent pas d'apuyer sur chacun : elle nous

---

(1) La Fontaine, Fab. IV. & V. du Liv. VII.

conduit alors à l'Ellipse, en ne traçant que les traits capitaux, ceux qui sont fortement caractérisés, & suprimant tous les autres qui empêcheroient l'esprit de suivre la rapidité avec laquelle se succédent les idées & les tableaux qui en résultent.

Aussi, est-on presque toujours obligé de parler un langage barbare & ridicule, lorsqu'on veut expliquer ces formules elliptiques, & présenter l'effet que produiroit l'expression de tout ce qui y est suprimé : parce que les Tableaux qui en résultent deviennent froids, languissans, contraires à la Nature.

Le nombre des Ellipses déja très-considérable dans notre Langue, le devient beaucoup plus d'après nos principes ; d'après ces principes par lesquels nous avons fait voir que la Langue Françoise réunit plusieurs Parties du Discours en un seul mot, afin de rendre le discours plus rapide & moins compliqué.

C'est ainsi que ces mots, *mon, ton, son, mes, tes, ses, y*, sont des mots elliptiques, parce qu'ils tiennent lieu de plusieurs Parties du Discours, d'un article, d'une préposition, d'un nom : ensorte que cette expression, *mon livre* tient lieu de cette phrase, *le livre qui est à moi* ; & que cette expression *il y est*, signifie *il est dans ce lieu là, dans le lieu dont* nous parlons.

C'est ainsi que les Verbes actifs sont autant de Formules elliptiques : *je lis*, au lieu de *je suis lisant* ; *je vins*, au lieu de *je fus venant*.

Notre expression *c'est* & nos verbes *il pleut, il neige*, &c. sont des formules elliptiques. *C'est*, tient lieu de cette phrase, *cet objet dont nous parlons, est*.... *C'est lui*, c'est-à-dire, *cette personne est celle-là même* dont nous venons *de parler*.

Il pleut, c'est-à-dire, *la pluie tombe*.

Nous avons vu également qu'un grand nombre d'Adverbes & toutes nos Conjonctions sont autant de formules elliptiques.

Toutes nos Formules, tous ces mots & pareils *adieu, bonjour, bonsoir, aujourd'hui, demain* : tous nos Proverbes, toutes nos phrases symboliques, &c. sont autant d'Ellipses. C'est ce qui rend ces expressions si difficiles à exprimer dans d'autres Langues, parce que ces Ellipses varient d'une Nation à une autre : & que tel Peuple abrége telle expression que tel autre Peuple peint avec tous ses dévelopemens, ou qu'il abrége d'une maniere absolument différente : c'est ainsi que l'Italien, au lieu de *mon*, dit *il mio* ; *e* au lieu de *c'est* ; *si*, au lieu de *on* ; & que le Latin dit *amatur*, l'action d'être aimé existe, là où nous disons *on aime*.

Nous nous servons encore avec tous les autres Peuples de l'Adjectif seul, au lieu d'une phrase entiere qui n'exprimeroit rien de plus : ainsi nous disons *les riches*, *les grands*, *les savans*, au lieu de dire *les* personnes qui sont *riches*, *les* hommes qui sont *grands*, *les* hommes qui sont *savans*.

La Langue Latine contient plus d'ellipses que la nôtre ; il n'est pas difficile d'en concevoir la cause : leurs terminaisons présentant chaque membre de phrase d'une maniere plus déterminée, mettoit plus à même d'en suprimer quelque portion sans nuire au sens. Les Grammairiens Latins en ont fait des Recueils très-étendus où l'on voit que cette Langue ellipsoit des Noms, des Adjectifs, des Verbes, des Adverbes même. Et quelque nombreuses que soient ces listes, elles n'en sont pas moins susceptibles d'augmentations.

C'est donc encore la Nature qui, non contente d'avoir conduit les hommes à la construction qu'offrent leurs Langues, leur a encore apris à modifier ces constructions, à les rendre plus simples, plus légeres, moins embarrassées, à élaguer tout ce qui ne feroit que rendre les masses plus lourdes, plus compliquées sans qu'aucun avantage compensât ces défauts.

Les sources de l'Ellipse, sa nature, ses avantages, ses effets avoient été presque toujours traités avec plus de légereté qu'elle ne méritoit, même par nos Grammairiens modernes. M. Beauzée s'en est aperçu, & y a suplée. Pénétré des avantages de cette Construction abrégée, il n'a rien négligé pour son dévelopemen, & il en a tiré un très-grand parti : on lira avec fruit ce qu'il dit sur les fondemens de l'Ellipse, sur ses diverses espéces & sur les erreurs dans lesquelles on étoit tombé faute de la connoître (1).

L'on sentira vivement l'importance de l'Ellipse, combien elle répand d'agrément sur les Tableaux de la parole, & l'obligation qu'on a aux génies actifs qui la mirent les premiers en œuvre, en considérant les avantages d'une Construction abrégée sur celle qui ne sait rien suprimer ; & qui sont apuyés sur un calcul très-simple. Une Langue elliptique renfermera beaucoup plus de choses dans un même espace : on y exprimera beaucoup plus de pensées dans un même intervalle de tems ; les Tableaux en seront plus aisés à saisir, & en paroîtront beaucoup plus vifs : on deviendra donc plus habile dans l'une que dans l'autre, à tems égal.

C'est ce que sentirent ceux qui ont inventé divers signes pour faciliter l'exposition des sciences, tels que les caractères d'Astronomie, de Géométrie,

---

(1) Gramm. Gén. T. II. p. 396.-449.

de Chymie, d'Arithmétique, d'Algébre, &c. & ce que fentirent ceux qui inventerent les Conjonctions elliptiques, les Terminaifons, &c.

Ajoutons que plus on fe fervira de l'ellipfe pour rendre raifon des régles d'une Langue, & plus on verra difparoître la plûpart de leurs difficultés : avec ce principe, s'évanouiffent la plus grande partie des régles de la Langue Latine, fur-tout de celles qui ne fembloient fondées que fur des exceptions ; comme fi une Langue pouvoit éluder des régles générales & effentielles ; fe faire des principes & les méconnoître fans ceffe, être ainfi continuellement opofée à elle-même. On s'affurera encore plus de l'influence de l'ellipfe fur la Langue Latine, & que ce qu'on prenoit pour des exceptions n'en étoient pas, lorfqu'on lira ci-deffous les raports intimes de la Grammaire Latine avec les principes généraux & univerfels que nous nous fommes efforcés de déveloper ici & de rendre fenfibles à nos Lecteurs.

CHAPITRE IX.
DU PLÉONASME.

A l'Ellipfe eft opofé le Pléonafme : à la fupreffion de mots, une abondance d'expreffions qui femblent fuperflues, ou repréfenter fimplement la même idée que d'autres mots ont déja préfentée dans le même Tableau.

Quelquefois cette furabondance eft utile, quelquefois elle ne l'eft point : on lui donnoit toujours le même nom ; c'étoit toujours Pléonafme. M. Beauzée a jugé avec beaucoup de raifon qu'une beauté & un défaut ne devoient pas porter le même nom : il a donc laiffé le nom de *Pléonafme* à une furabondance énergique, & il a donné celui de *périffologie* à la furabondance qui ne dit rien, & qui n'eft qu'une ridicule répétition de ce qu'on a déja mieux exprimé.

Lorfque nous difons, *je l'ai vu de mes yeux, je l'ai entendu de mes oreilles, je le lui ai dit à lui-même*, ces mots, *de mes yeux, de mes oreilles, à lui-même*, font une furabondance dont on pourroit fe paffer, puifqu'on ne voit que de fes yeux, qu'on n'entend que de fes oreilles, & que ces mots *lui-même* fe raportent à la même perfonne que *lui* : dans toutes ces occafions cependant, cette furabondance eft pléonafme & non périffologie, beauté & non défaut, parce qu'elle ajoute à l'énergie de l'expreffion ; qu'elle fert à affirmer la certitude de ce qu'on avance.

Lorsque Phédre, parlant des troubles qui s'éleverent dans Athènes & qui fournirent à Pisistrate les moyens de s'emparer de la souveraineté de cette Ville, dit que ce fut *conspiratis factionum partibus*, il tombe dans un pléonasme, puisque *factions* & *partis* sont termes synonimes : mais ce n'est pas un défaut, parce que le mot *faction* n'est ajouté à celui de *partibus* que pour lui servir d'épithète, *des partis factieux*.

C'est par cette raison que les Langues Orientales répetent le même nom dans ces phrases *siècle des siècles*, *flâme de flâme*, *vent de vent*, pour tenir lieu d'adjectif, pour désigner un tems *sans fin*, une flâme *prodigieuse*, un vent *impétueux*.

Formule qui étoit un reste de la Langue primitive, de cette Langue où n'existant encore que des noms, ces noms seuls pouvoient par leur répétition servir d'adjectifs.

M. Beauzée prouve très-bien contre LE CLERC si savant en Hébreu, que l'expression Orientale qui consiste à répeter un Verbe comme circonstance en même tems que comme action, & par laquelle on dit, en *mangeant tu mangeras*, en *dormant tu dormiras*, &c. est une expression qui avoit une valeur propre & une grande énergie, tandis que *le Clerc* soutenoit le contraire. Ce qui démontre que le goût est supérieur à la science : le Clerc nioit que ces expressions eussent de l'énergie, comme il nioit que les Fables fussent allégoriques ; le goût lui manquoit dans toutes ces occasions.

Enfin les phrases semblables à celles-ci, *il fut forcé* MALGRÉ LUI, *des demandes respectives* DE PART ET D'AUTRE, *avoir mal à* SA *tête*, *je vais aller*, *je vais l'aller chercher*, &c. sont des phrases périssologiques, d'une abondance vicieuse, parce que ces expressions *malgré lui*, *de part & d'autre*, *sa*, &c. n'ajoutent rien à la valeur de celles qu'elles accompagnent, & ne présentent qu'une vaine répétition.

CHAPITRE X.

De la Phrase, ou du Tableau même de nos idées.

AYANT ainsi examiné les diverses parties qui composent les Tableaux de nos idées, leurs différentes coupes, la maniere dont on les réunit, & l'ensemble qui en résulte, rien ne nous manque pour être en état de rendre raison de ces Tableaux, de les définir, de les analyser ; puisqu'ils ne sont que le résultat de tous ces objets ; qu'ils ne sont autre chose que l'emploi de tous ces matériaux, mis en œuvre d'une maniere conforme à cette Construction qui peut seule en faire un tout clair & intéressant.

Nous aurons ainsi terminé ces principes généraux de Grammaire, lorsque nous aurons distingué ces Tableaux en leurs diverses espéces & que nous en aurons analysé quelques-uns d'après ces principes.

Prenons pour exemple ce Tableau que fait de la Fourmi notre Poëte Satyrique (1).

> La Fourmi, tous les ans traversant les guérêts,
> Grossit ses magasins des trésors de Cérès ;
> Et dès que l'Aquilon ramenant la froidure,
> Vient de ses noirs frimats attrister la Nature ;
> Cet animal, tapi dans son obscurité,
> Jouit, l'Hiver, des biens conquis durant l'Eté.
> Jamais on ne la voit d'une humeur inconstante ;
> Paresseuse au Printems, en Hiver diligente,
> Affronter en plein champ les fureurs de Janvier,
> Ou demeurer oisive au retour du Bélier.

Ce Tableau est composé de la réunion d'un grand nombre d'autres : or suivant que la peinture d'une idée est seule ou unie à la peinture d'autres idées, elle prend un nom différent.

Ainsi les deux premiers vers forment un Tableau particulier qu'on apelle *Phrase*.

---

(1) Despréaux, Satyre VIII.

Cette phrase avec la suivante forment un Tableau plus étendu qu'on apelle Période.

Et cette Période unie à la Période qui compose le reste du Tableau, portent le nom de Discours.

Un Discours est donc la réunion de toutes les phrases ou de toutes les Périodes qui ne forment qu'un Tableau.

Lorsqu'une phrase est considérée comme l'énoncé d'un jugement, comme l'affirmation qu'il regne un tel raport entre tel objet & telle qualité, elle prend le nom de Proposition, & elle est affirmative ou négative suivant que ce raport est un raport d'affirmation ou de négation, de convenance ou de disconvenance.

Quand notre Poëte dit que la Fourmi grossit tous les ans ses magasins, c'est une *Proposition affirmative*.

Il en employe une *négative* quand il dit, qu'on ne la voit jamais oisive au retour du bélier.

Le moindre Tableau, la moindre phrase supose trois Parties du Discours ; un *Nom*, un *Verbe*, un *Adjectif*: cependant elle peut exister avec un seul mot: c'est que ce mot est un mot elliptique qui seul tient lieu de tous les autres par la maniere dont il est construit ou mis en œuvre. Il n'est aucun mot qui dans son état naturel puisse représenter une phrase. *Soleil*, *je*, *lire*, ne formeront jamais un Tableau, de quelque maniere qu'on les considere & dans quelque Langue que ce soit : en Latin, par exemple, ce sera toujours *Sol*, *ego*, *legere*, toujours des mots isolés. Mais le troisiéme de ces mots, les Verbes ont cette propriété qu'ils se chargent de terminaisons au moyen desquelles ils représentent tout à la fois un *sujet*, un *Verbe*, une *qualité*, c'est-à-dire, tout ce qui est nécessaire pour constituer une phrase : ainsi *legimus* dit autant lui seul que ces trois mots, *nous sommes lisans* : *amamur*, que ces trois *nous sommes aimés*.

Ainsi lorsque les uns ont dit qu'une Proposition étoit un assemblage de mots, & que d'autres ont dit qu'un seul mot pouvoit former une Proposition, ils se sont exprimés d'une maniere inexacte. Il falloit dire qu'une Proposition est formée de trois Parties du Discours, le *sujet*, le *Verbe* & la *qualité*, exprimées par autant de mots, ou réunies par l'ellipse en deux mots ou même en un seul.

Ces Formules elliptiques ne changent donc rien à la définition des Tableaux de la parole, puisqu'elles en tirent toute leur énergie, & qu'elles en tiennent lieu par leurs terminaisons.

Lorſqu'une Propoſition ne renferme qu'un ſujet & qu'une qualité, elle eſt SIMPLE.

Telles ſont celles qui compoſent le Tableau que nous venons de citer.

Elle devient COMPOSÉE, lorſqu'elle renferme pluſieurs ſujets, ou pluſieurs qualités, ou pluſieurs objets, pluſieurs circonſtances.

Ainſi ces phraſes,

> Philemon & Baucis nous en offrent l'exemple;
> Hymenée & l'Amour, par des deſirs conſtans,
> Avoient uni leurs cœurs dès leur plus doux Printems!
> Ni le tems ni l'Hymen n'éteignirent leur flamme.

ſont compoſées, parce que chacune a deux ſujets : *Philemon & Baucis* ; *Hymenée & l'Amour* ; le *Tems & l'Hymen*.

Celle-ci eſt compoſée par ſon objet :

> Des Miniſtres du Dieu les Eſcadrons flottans
> Entraînerent ſans choix animaux, habitans,
> Arbres, maiſons, vergers, toute cette demeure.

Les Propoſitions ſont encore *complexes* ou *incomplexes*, comme nous l'avons vu, ſuivant que leurs divers membres ſont exprimés par un ſeul mot ou par une longue ſuite de mots.

Souvent encore une phraſe eſt compoſée de pluſieurs Propoſitions, dont l'une eſt *principale*, tandis que les autres ne ſervent qu'à la développer ou quelqu'une de ſes parties. Celles-ci s'apellent *propoſitions incidentes* ; & elles ſont de deux eſpéces, ſuivant qu'elles ſervent à expliquer le ſens de la principale, ou à en limiter l'étendue, à la déterminer.

§. 2.

De la Ponctuation.

Lorſqu'une fois on eſt parvenu à ce point, & qu'on peut rendre raiſon de l'aſſemblage d'une phraſe, l'on n'a plus beſoin des Grammairiens; & l'on eſt en état de profiter de leçons plus relevées, de celles qui ont raport à l'harmonie des mots, à leur pureté, à leurs effets ; & qui forment la RHÉTORIQUE : & de celles qui ont pour objet la juſteſſe du ſens offert par une propoſition, en quoi consiste la LOGIQUE : ces deux arts étant, comme nous l'avons dit au commencement, la science de donner aux Tableaux de nos idées le plus beau coloris & l'expression la plus juste.

Il ne nous reste plus qu'à dire un mot sur la ponctuation & à terminer ce quatriéme Livre & tout ce que nous avons dit sur la Grammaire, par l'analyse d'un morceau en notre Langue d'après tous les principes que nous venons d'exposer.

Afin qu'un Tableau, formé de la réunion d'un grand nombre d'objets, produise l'effet auquel il est destiné, il faut que chacune de ses parties soit présentée d'une maniere distincte ; qu'on ne risque point de la confondre avec ses voisines ; ainsi un Peintre distingue les diverses portions de son Tableau par les ombres & par la diversité des surfaces ou des plans sur lesquels sont placés les objets qu'il représente. Ainsi celui qui parle, distingue par des repos les diverses phrases qu'il prononce.

Il faut donc que dans les Tableaux écrits, on distingue par des signes particuliers les phrases diverses dont ils sont composés & les portions de chaque phrase. C'est ici une autre branche de la Grammaire, & c'est ce que l'on apelle PONCTUATION.

" La Ponctuation, dit l'Abbé Girard (1), indique les endroits où il faut
" se reposer pour prendre sa respiration, & combien de tems on y doit mettre.
" Elle contribue à l'honneur de l'intelligence.... Elle tient en régle l'attention
" de ceux qui écoutent & leur fixe les bornes du sens : elle remédie aux obscuri-
" tés qui viennent du style.

Les anciens Peuples ignoroient totalement cet art ; les monumens qui nous en restent n'offrent aucune distinction entre leurs phrases : ils en avoient moins besoin, il est vrai, parce qu'ils écrivoient moins, & que des personnes savantes étoient établies pour expliquer tout ce qu'on écrivoit, parce qu'il ne s'écrivoit rien qui ne fût consacré à l'utilité publique.

Il n'est donc pas étonnant que nous trouvions tant d'obscurité dans des ouvrages, où il faut la plus grande attention pour s'apercevoir de l'endroit où finit un Tableau & où commence un nouveau. Déja du tems d'Aristote, on sentoit combien les anciens ouvrages étoient obscurs par cette raison. Ce Philosophe se plaignoit de ce qu'on ne pouvoit ponctuer les écrits d'Héraclite, celui qu'on apelloit *le Ténébreux*, sans risquer de faire quelque contre-sens. Mais

---

(1) Tom. II. p. 435.

l'exemple qu'il en donne & tiré du commencement de l'ouvrage d'Héraclite, étoit mal vu, selon moi. Ainsi s'énonce Héraclite : Τȣ̃ λόγȣ τȣ̃δ' ἐόντος αἰεὶ ἀξύνετοι ἄνθρωποι γίγνονται ; ce qui signifie mot à mot, *de la raison qui est toujours sans sentiment les hommes naissent*. Sur quoi Aristote dit qu'on ne sait s'il faut mettre une virgule avant *toujours* ou après. Si on la met avant, Héraclite dira que les Hommes naissent toujours sans avoir le sentiment de la raison ; si on la met après, il aura dit que les Hommes naissent sans avoir le sentiment de cette raison qui existe toujours. Mais comment Aristote n'a-t-il pas vu qu'il ne faut mettre ici de virgule ni avant ni après ? qu'Héraclite qui affectoit une concision extrême a placé exprès ce mot *aiei* (toujours) entre les deux portions de sa phrase, afin de marquer qu'il se raportoit à toutes les deux ? & que la vraie explication de ce passage, est que les Hommes sont *toujours* privés en naissant du sentiment, de la connoissance de cette raison qui existe *toujours*, qui ne cesse d'être, quoique méconnue.

Il en est de même de l'adverbe *Omninò* dans la seconde Fable de Phédre, lorsqu'en parlant de la dépendance dans laquelle étoient les Athéniens sous Pisistrate, il l'apelle,

Grave OMNINÒ insuetis onus.

Et où cet adverbe placé entre deux adjectifs convient également à tous les deux, *un poids* tout-à-fait *pesant* pour ceux qui n'y sont *point* du tout *accoutumés*. Ensorte qu'on ponctueroit mal, en plaçant une virgule avant ou après.

L'Imprimerie seule, en facilitant la multiplication d'un ouvrage, pouvoit fournir les moyens nécessaires pour ponctuer avec exactitude ; & ce qui le prouve démonstrativement, c'est que dans ce tems même où la ponctuation est portée à un si haut point de perfection dans nos livres, elle est très-négligée dans tout ce qui s'écrit à la main.

Nous n'entrerons point ici dans le détail des régles relatives à cet objet : nous ne ferions que répeter ce qu'en ont dit, mieux que nous ne le dirions, de savans Grammairiens, & en dernier lieu M. Beauzée, à la fin du second Volume de sa Grammaire générale.

Nous nous contenterons de dire qu'il seroit à désirer que l'on consacrât des signes particuliers pour ponctuer l'expression de quelques sentimens de l'ame différens de l'interrogation & de l'exclamation ; & que l'on plaçât différemment les signes de celles-ci, de l'interrogation & de l'exclamation.

Ceux-ci sont quelquefois trop éloignés du commencement de la phrase :

sur-tout les exclamatifs : ce qui trompe les Lecteurs, s'ils ne sont pas sans cesse sur leurs gardes, pour découvrir le point exclamatif dans les endroits où il est comme caché. Nous en allons voir à l'instant un exemple.

Il est impossible, par exemple, qu'un Lecteur ordinaire puisse saisir avec notre ponctuation ordinaire, le vrai sens de ce discours d'Agrippine.

> Hé-bien ! je me trompois, Burrhus, dans mes soupçons,
> Et vous vous signalez par d'illustres leçons.
> On exile Pallas, dont le crime peut-être
> Est d'avoir à l'Empire élevé votre Maître.
> Vous le sçavez trop bien : jamais, sans ses avis,
> Claude qu'il gouvernoit, n'eût adopté mon Fils.
> Que dis-je ? A son Epouse on donne une Rivale,
> On affranchit Néron de la foi conjugale !
> Digne emploi d'un Ministre, ennemi des Flatteurs,
> Choisi pour mettre un frein à ses jeunes ardeurs,
> De les flatter lui-même, & nourrir dans son ame
> Le mépris de sa Mere, & l'oubli de sa Femme ! (1)

On ne voit dans ce discours, d'après la maniere dont il est ponctué, qu'une phrase interrogative, *que dis-je ?* & qu'une exclamation, placée à la fin de ce discours. Cependant combien ne se tromperoit-on pas, si l'on en concluoit que tout le reste de ce discours est prononcé avec le ton calme d'une conversation ordinaire ? Tout en est agité, tumultueux : à chaque vers, l'ame est déchirée par un nouveau sentiment.

Il faudroit donc que chacun d'eux fût ponctué d'une maniere conforme à ce sentiment, afin qu'on ne donnât pas le ton du calme aux effets de la chaleur & du ressentiment : le ton de la louange, aux reproches les plus piquans.

Ce discours commence par une exclamation interrogative, *hé-bien* : il falloit donc la désigner par la ponctuation.

Le second vers, *& vous vous signalez par d'illustres leçons,* est un reproche ironique & sanglant, qu'il falloit indiquer également. *On exile Pallas,* est un récit d'étonnement ; il faudroit donc le faire connoître. *On affranchit Neron de la foi conjugale,* emporte un ton d'indignation & d'horreur, que la ponctuation néglige totalement ; & pour savoir que le vers suivant, *digne emploi d'un*

---

(1) Britann. Acte III. Sc. III. Edit. de 1702.

Ministre,

Ministre, commence par une exclamation. Il faut que l'œil se transporte quatre vers plus bas.

Tandis que notre ponctuation est si vicieuse, qu'elle note des minucies ou des sentimens aisés à connoître, pendant qu'elle néglige des objets intéressans & bien plus difficiles à saisir, qui mériteroient par conséquent ses soins d'une maniere particuliere, on ne sauroit la regarder comme parfaite : & il seroit digne de ceux qui présidént aux Editions de nos grands Poëtes & qui travaillent sur notre Langue, d'aller à cet égard plus loin que ceux qui ne s'occupent que d'ouvrages en prose, moins susceptibles de cette grande variété de sentimens, & plus aisés à ponctuer & à lire.

ARTICLE III.

Analyses d'une Fable Françoise & d'une Fable Latine.

§. I.

Fable de la Fontaine, intitulée LE POUVOIR DES FABLES.

Dans Athène autrefois, Peuple vain & léger,
Un Orateur voyant sa Patrie en danger,
Courut à la Tribune, & d'un art tyrannique,
Voulant forcer les cœurs dans une République,
Il parla fortement sur le commun salut.
On ne l'écoutoit pas : l'Orateur recourut
    A ces figures violentes
Qui sçavent exciter les ames les plus lentes.
Il fit parler les morts, tonna, dit ce qu'il put.
Le vent emporta tout; personne ne s'émut.
    L'animal aux têtes frivoles
Etant fait à ces traits, ne daignoit l'écouter.
Tous regardoient ailleurs; il en vit s'arrêter
A des combats d'enfans, & point à ses paroles.
Que fit le Harangueur ? Il prit un autre tour.
Cérès, commença-t-il, faisoit voyage un jour
    Avec l'Anguille & l'Hirondelle :
Un fleuve les arrête ; & l'Anguille en nageant,

Comme l'Hirondelle en volant;
Le traversa bientôt... L'Assemblée à l'instant
Cria tout d'une voix: Et Cérès, que fit-elle?
Ce qu'elle fit? Un prompt courroux
L'anima d'abord contre vous.
Quoi! de contes d'enfant son Peuple s'embarrasse!
Et du péril qui le menace,
Lui seul entre les Grecs, il néglige l'effet!
Que ne demandez-vous ce que Philippe fait?
A ce reproche, l'Assemblée
Par l'Apologue réveillée,
Se donne entiere à l'Orateur:
Un trait de Fable en eut l'honneur.

§. 2.

Si l'on vouloit analyser cette Fable sous toutes ses faces, on passeroit en revue toutes les régles de la Grammaire, de la Rhétorique & de la Poësie: ce n'est en effet qu'autant qu'on possède les principes de ces divers arts, qu'on peut saisir les beautés des Tableaux de la parole composés par nos Écrivains les plus illustres & qu'on peut se mettre en état de les imiter: mais comme nous ne nous proposons ici que de donner un échantillon de la facilité que fournit notre méthode pour analyser la Langue Françoise, nous nous bornerons aux remarques purement Grammaticales: encore même les resserrerons-nous autant qu'il se pourra, en renvoyant pour les preuves aux dévelopemens que nous venons de donner dans ces principes de Grammaire générale.

I°.

Telle est la premiere phrase:

Dans Athène autrefois, Peuple vain & léger,
Un Orateur, voyant sa Patrie en danger,
Courut à la Tribune.

C'est un Tableau actif composé de deux Circonstanciels, d'un Sujet, d'un Attribut & d'un Terme.

Le premier Circonstanciel consiste dans ce vers, *dans Athène autrefois, Peuple vain & léger*; il désigne le lieu de la scène.

UNIVERSELLE.

Le Sujet eſt *un Orateur.*

Son Attribut, *courut.*

Le Terme, le lieu où il courut, c'eſt *la Tribune.*

Et le raport de ce mot avec l'attribut *courut*, eſt déſigné par la prépoſition *à.*

Voyant ſa Patrie en danger, eſt un autre Circonſtanciel qui marque le motif qui engagea l'Orateur à courir.

Ayant ainſi diviſé ce Tableau dans ſes diverſes Parties, paſſons à l'analyſe de chacune de ces Parties.

Le premier circonſtanciel eſt compoſé de ſept mots.

1°. *Dans*, Prépoſition qui marque le raport de contenance intérieure, d'un lieu où l'on eſt renfermé.

2°. *Athène* marque ce lieu où étoit renfermé l'Orateur.

Le nom de cette Ville ſe termine toujours par un S; mais on a ſuprimé ici cette Lettre afin que ce nom pût entrer dans le vers.

3°. *Autrefois*, eſt un adverbe qui marque le tems où ſe paſſa cet événement, & qui l'indique d'une maniere éloignée, mais très-vague, ſans déſigner l'époque avec préciſion.

4°. *Peuple vain & léger*, c'eſt une phraſe inciſe, qui ſert d'épithète aux habitans de la Ville dont on vient de parler. On les apelle *un Peuple vain & léger.* Cette épithète n'eſt pas inutile: elle fait connoître le caractère de ce peuple, & elle prépare à la légereté avec laquelle on le verra ſe conduire dans cette Fable.

Mais ici, le Poëte a changé de figure; il tranſporte ſon épithète aux habitans, tandis qu'il ne parle que de la Ville. Cette façon de s'exprimer n'eſt point admiſe en proſe: on la pardonne aux Poëtes lorſqu'ils ne travaillent pas dans le genre élevé; il faut même qu'ils n'abuſent pas de la permiſſion. Notre Auteur auroit pu ſubſtituer à ces mots *dans Athène autrefois*, ceux-ci *chez les Athéniens*: mais le vers eût trop abondé en nazales, il eût été trop ſourd: au lieu qu'il eſt très-ſonore.

Le ſujet de cette phraſe eſt compoſé de deux mots, d'un article & d'un nom, *un Orateur.* Ce Nom eſt déſigné d'une maniere indéterminée par l'article *un*; on ſait la qualité du perſonnage, mais il n'eſt indiqué que vaguement, individuellement, ſans que rien déſigne quel eſt cet Orateur.

L'attribut *courut*, eſt compoſé d'un ſeul mot; mais c'eſt un mot elliptique, au lieu de *fut courant*, un Verbe & un Adjectif, ou Participe Actif, mots qui seuls peuvent former un attribut. Comme cet attribut désigne une action, le Tableau en devient Actif.

Le second circonstanciel est composé de cinq mots, *voyant sa Patrie en danger* : elle exprime le motif de sa course ; c'est comme si l'on eût dit, *parce qu'il voyoit sa Patrie en danger*. Ceci forme un nouveau Tableau enchâssé dans un plus grand. On y voit un sujet, *il* ; un attribut, *voyoit* ; un objet, *sa Patrie* ; une circonstance, *en danger* ; une Conjonction, *parce que*, renfermée par ellipse dans le sujet & l'attribut *voyant*, qui exprime parfaitement une circonstance : ensorte qu'on a pu suprimer *parce qu'il*, ce mot seul tenant lieu de tous les trois.

Ajoutons que *sa* est un mot elliptique qui tient aussi lieu de trois autres : c'est comme si l'on avoit dit, *voyant en danger la Patrie de soi-même*.

Courut est au singulier à cause que le sujet est au singulier. C'est la troisiéme Personne du prétérit, *je courus, tu courus, il courut* : on peut aussi l'apeller avec M. Beauzée *le présent antérieur*. Il vient du Verbe *courir*, qui se forma du Latin CURR-*ere*, & qui signifie la même chose. Il tient à nos mots *course, coursier, coureur* ; & à nos Verbes *accourir, recourir, secourir*.

La, qui précéde Tribune, est l'article indicatif féminin ; il détermine comme connu, l'objet dont on parle.

II°.

> Et d'un art tyrannique,
> Voulant forcer les cœurs dans une République,
> Il parla fortement sur le commun salut.

Ceci est une seconde phrase qui s'unissant à la premiere par la Conjonction &, ne forme avec elle qu'une période. Elle est composée de cinq membres, 1°. un Conjonctif, & : 2°. un circonstanciel très-composé, *d'un art tyrannique voulant forcer les cœurs dans une République* : 3°. un sujet, *il* : 4°. un attribut, *parla fortement* : 5.°. le terme de ce discours, *le salut commun*.

D'un art tyrannique, indique le moyen par lequel l'Orateur vouloit forcer les cœurs. Cette expression est une ellipse ; on sous-entend, *au moyen* : au moyen d'un art tyrannique. Ainsi ces mots, *d'un art*, servent de complément à des mots sous-entendus.

Art est un substantif masculin, dont *un* est l'article, & *tyrannique* l'adjectif. Le premier de ces mots est le Latin ART-*e* & le Grec *Areté* ; tous viennent du mot primitif AR, la Terre. C'est cette force, cette valeur, cette vertu avec laquelle on met la Terre en valeur, on lui fait produire des choses admirables, les hommes même.

Tyrannique vient de *tyran* : mais ce mot est Grec & Latin, il vient du primitif *Tyr*, *Tur*, *Tour*, un Château, une Forteresse. Un Tyran étoit celui qui dominoit sur toute la Contrée & qui habitoit la Forteresse, le Palais. C'étoit le Chatelain, le Castellan ; tous ces Maîtres de petits Châteaux se rendoient odieux par leurs vexations sur leurs malheureux sujets : leur nom devint infâme.

Voulant forcer les cœurs, désigne le motif de l'Orateur, son but. Il est composé de trois mots, du participe *voulant* qui est à la place de ces mots, *parce qu'il vouloit* : du Verbe *forcer*, qui est le complément du premier, il *vouloit* : quoi faire ? *forcer* : les *cœurs* en est l'objet : c'est ce qu'il vouloit forcer.

Vouloit vient du Verbe *vouloir* qui est Grec & Latin.

Forcer vient de *fort*, mot Latin & Celte.

Les *cœurs*, mot au pluriel & qui apartient également au Grec, au Latin, à l'Italien, &c.

Dans une République, ces mots marquent le lieu où il vouloit forcer les cœurs ; & on le met en oposition avec la vue tyrannique de l'Orateur. *République*, est un nom féminin qui désigne une Ville dont les Citoyens se gouvernent eux-mêmes sans dépendre d'un Maître : aussi leur pays s'apelle de deux mots RE-PUBLIQUE, *la chose publique*, la chose qui apartient à tout le peuple, à la Nation.

Il, est le sujet ; c'est le pronom masculin singulier de la troisiéme personne : il indique la personne dont on parle, & qui est nommée dans la premiere phrase, l'*Orateur*.

Parle est le Verbe & la qualité, pour *est parlant*. Ce Verbe à la famille duquel apartiennent *parole* & *parleur*, vient du primitif *bar*, *var*, *par*, qui est devenu en toute Langue la racine du mot *parole*.

Fortement est un adverbe ; il sert à déterminer la maniere dont parle l'Orateur ; c'est *fortement*, c'est-à-dire, d'une maniere extrêmement forte ; telle est la signification de *ment*, *mant*, *maint*. Il apartient à la même famille que *forcer*, *effort*, *renfort*, &c.

Sur le commun salut, est le terme de son discours, l'objet dont il discourut : cet objet eſt *le ſalut commun* : on le voit par la prépoſition *ſur*, qui marque le raport de ces mots avec le Verbe *il parle*.

Le *ſalut* eſt un nom maſculin, il eſt Latin & Hébreu.

Commun eſt ſon adjectif, il eſt Latin également ; & déſigne ce qui appartient à toute la Société, apellée COM en Langue primitive, d'où vint le nom de *Comices*, donné en Latin à l'aſſemblée du Peuple ; & la prépoſition *cum*, qui ſignifie *avec*, *enſemble*.

III°.

Notre Poëte a mis ici l'adjectif avant le nom ; il l'eût mis le dernier s'il eût écrit en proſe. On dit le ſalut commun, le bien commun. Cependant beaucoup d'adjectifs ſe mettent en François avant le nom ; ils choqueroient même l'oreille s'ils étoient placés après : ainſi on dit, petits moutons, innocens animaux, fiere raiſon, douce oiſiveté, vaſte Univers, & non *moutons petits, raiſon fiere, oiſiveté douce*, &c.

Nos Grammairiens n'en ont jamais indiqué la cauſe. Qui ne ſeroit étonné de voir que M. du Marſais ſe contente de dire, à ce ſujet ? » parce que l'eſprit » aperçoit dans le même inſtant le nom & l'adjectif, & qu'ils ne ſont di- » viſés que par la néceſſité de l'énonciation, la conſtruction uſuelle place » au gré de l'uſage certains adjectifs avant, & d'autres après leurs ſubſtan- » tifs (1).

Lorſque nos Maîtres ſont réduits à balbutier, on doit trembler pour ſoi ; mais l'effroi ne mene à rien : eſſayons de réſoudre ce problême, & de dire pourquoi l'on met certains adjectifs avant & certains adjectifs après ; rien de plus aiſé : le croira-t-on ? ce qui égaroit, c'eſt qu'on attribuoit à l'uſage, c'eſt-à-dire, à ce qui n'eſt point cauſe, un effet qu'il ne pouvoit produire, & qu'on laiſſoit de côté la vraie cauſe, *l'oreille*. En effet, conſidérés tous ces adjectifs qui ſont placés les premiers, ils ſeroient inſoutenables pour l'oreille étant placés les derniers. Conſidérés les Noms qui ſont les premiers, ils rendroient un ſon inſuportable s'ils étoient placés à la fin. *L'Univers vaſte, la raiſon fiere, les moutons petits*, ont auſſi peu d'harmonie qu'en offre l'arrangement contraire ; qu'on diſe au contraire, *un criminel ſoin, un cruel loup, un violent feu*, les oreilles en ſeront agacées, déchirées, comme elles le ſont par de faux tons. Mais quelle eſt la nature de ces adjectifs & de ces noms dont la place déplaît ? c'eſt qu'ils ſont précédés de mots plus longs ; c'eſt qu'un

---

(1) Princip. de Gramm. p. 280.

son sec & cassant suit un son plein; c'est que le repos se fait à contre-tems: mettez le ton sec le premier, que le ton plein & moëlleux suive & fasse le repos, & tout ira bien. En veut-on une autre preuve ? c'est que lorsque les tons du nom & de l'adjectif seront de la même nature, il sera très-indifférent quel on place le premier. On dira également bien, aparence trompeuse & trompeuse aparence, plaisirs solides & solides plaisirs.

C'est par la même raison que ces noms *homme* & *femme* précédent ordinairement l'adjectif: leur son est trop sourd pour figurer convenablement le dernier. Ainsi l'on dit un homme fort, un homme courageux, une femme prudente, une femme généreuse; *un fort homme, une prudente femme*, plairont beaucoup moins: & l'on ne mettra ces noms les derniers que lorsqu'ils seront accompagnés d'un adjectif dont le son est trop sec, trop court pour se trouver le dernier. Ainsi l'on dit un *bel homme*, une *belle femme*.

IV°.

On ne l'écoutoit pas.

Cette phrase est composée de trois Membres. Un sujet, *on*; un attribut négatif, *n'écoutoit pas*; un objet, *le*.

On, fut dans l'origine le mot *homme*, & au pluriel; les anciens auroient dit, *homs ne l'écoutoient pas*.

Ce mot devint si commun qu'il s'altéra & se changea en *on*, qui ne signifioit plus rien, & qu'on mit au singulier comme s'il étoit un nom singulier: & puis il devint un *pronom*. En effet, c'est quelqu'un qu'on apelle *on*: mais ce quelqu'un, c'est ici tous *ceux auxquels* l'Orateur parloit.

Le est un des cas du pronom singulier masculin de la troisiéme personne, *il*. Nous avons vu dans le chapitre des Pronoms que ce mot *le* est dans toutes ces occasions un pronom & non l'article *le*.

V°.

    L'Orateur recourut
  A ces figures violentes
Qui savent exciter les ames les plus lentes.

Cette phrase n'est composée que de trois Membres, un sujet, un attribut, un terme; mais le dernier est très-composé.

Le sujet est *l'Orateur*: il réunit deux mots, un nom & son article *le*. Ici on dit *l'Orateur* & non un Orateur, parce qu'on parle d'un Orateur connu ; c'est celui qui a été à la Tribune ; qui parla fortement ; ainsi il suffit d'indiquer que c'est le même ; c'est ce que fait l'article *le*.

A ces figures violentes, c'est le terme, composé de quatre mots ; de la Préposition *A*, qui montre que *ces figures* sont ce à quoi recourut l'Orateur. L'Article *ces*, pluriel féminin, qui montre l'objet auquel recourut l'Orateur, *ces figures violentes* ; ce n'est ni à *une* figure ni à *des* figures ; mais à *ces figures* déterminées, bien connues, qu'on voit de maniere à ne pouvoir les méconnoître. Viennent ensuite, le nom *figures*, pluriel féminin, & son adjectif, *violentes*. Ce nom & cet adjectif nous viennent de la Langue Latine ; mais le dernier étoit commun à cette Langue avec le Grec.

Ce terme *à ces figures violentes*, est accompagné d'un Complément qui forme lui-même un nouveau Tableau renfermé dans ce premier, & qu'on apelle par cette raison *une incise*. C'est cette phrase, *qui savent exciter les ames les plus lentes*. On y voit un sujet, *qui* ; un Verbe, *savent* ; le complément de ce Verbe, *exciter* ; & un objet, *les ames les plus lentes*. Cet objet est lui-même composé d'un nom & d'un adjectif, & cet adjectif est un superlatif *relatif*, pour le distinguer du superlatif absolu *très-lent*.

Qui, est un mot qu'on a apellé *Pronom relatif*, & que nous avons vu être un Conjonctif elliptique ; en effet, lorsqu'on dit *il recourut à ces figures violentes qui savent exciter les ames les plus lentes*, c'est comme si l'on disoit, *il recourut à des figures violentes & ces figures savent exciter les ames les plus lentes* : mais pour ne faire de ces deux phrases qu'une, on suprime d'abord la répétition du nom, *figures* : on change l'article *les* en *ces* ; on dit, *il recourut à ces figures* ; & au lieu de *&... figures*, on met le conjonctif *qui*. Ensorte que cette seconde phrase dit exactement la même chose que la premiere ; mais elle le dit d'une maniere plus concise & plus agréable.

Savant, est la troisiéme personne plurielle du présent *je sais*, du Verbe *savoir*. Ce Verbe suit les mêmes inflexions que le Verbe avoir. *J'ai*, je sais ; *nous avons*, nous savons ; *j'eus*, je sus ; *j'aurai*, je saurai ; *eu*, scu. Il tient aux noms *savans*, & le *savoir*. Il vient du Verbe Latin *sapere*, qui signifie au sens propre sentir, avoir le goût, le sentiment d'une chose, reconnoître ses qualités. Et par-là il tient à nos mots *saveur*, *savourer*, *insipide* ; & dans un autre sens, à notre vieux mot *sapience*, & à nos mots *sage* & *sagesse*, formés de *sapiens* & de *sapientia*, qui furent formés eux-mêmes de *sapor* saveur. Mais dira-t-on, comment *insipide* tient-il à la famille de *saveur*, *sage*, *savant* ? D'une maniere très-simple & très-naturelle. Les Latins apelloient SAP-
idus

idus, un objet plein de goût : pour défigner le contraire, ils ne faifoient que mettre la négation IN à la tête de ce mot ; & parce que ce mot devenoit dès-lors compofé, *a* s'y changeoit en *i* ; de-là *in-fip-ide*, mot à mot, *une chofe qui n'a point de goût.*

Exciter eft l'infinitif : c'eft un Verbe compofé de la prépofition Latine *ex*, qui défigne le lieu d'où l'on fort ; & de *citus*, apellé, qu'on fait venir ; lequel *citus* vient du primitif *ci*, qui défigne le lieu, la place. *Exciter*, c'eft *faire fortir promptement, faire aller vite.*

VI°.

Il fit parler les morts, tonna, dit ce qu'il put.

Cette phrafe n'eft compofée que de trois membres, d'un fujet, d'un attribut, de deux objets ; mais l'attribut eft fort compofé ; car il préfente trois Verbes pour un feul fujet ; *il*, eft le fujet ; *fit, tonna, dit*, fon attribut ; c'eft comme trois phrafes dans une, *il fit, il tonna, il dit* : en n'en faifant qu'une, le Tableau devient plus rapide.

Le premier Verbe a un complément, *parler* ; & un objet, *les morts*. Le troifiéme eft accompagné d'un objet qui forme une incife elliptique, *ce qu'il put* ; elle tient lieu de celle-ci, *il dit beaucoup de chofes ; ces chofes qu'il put dire. Ce*, eft donc ici article & fon nom eft fous-entendu. Ici encore, un fingulier indéterminé au lieu d'un pluriel ; tout comme dans *on*, & comme dans *tout* : TOUT CE *que vous faites, eft bien.* Voilà en François même des Verbes au fingulier qui devroient être au pluriel : car on devroit dire, *toutes* les chofes que vous faites *font bien*. Ceci fervira à expliquer une Conftruction Grecque, dont il feroit difficile de rendre raifon fans cela.

Deux Verbes de cette phrafe font irréguliers, *fit* & *put*. Le premier fe conjugue ainfi, *je fais, je fis, je ferai, faire, fait*. Le fecond, *je peux, je pouvois, je pus, je pourrai, pouvoir, pu*.

Tous les deux font des altérations de Verbes Latins, l'un de FAC-*ere*, faire ; & l'autre, de *poffe*, pouvoir. *Poffe* lui-même étoit une fyncope au lieu de *pot-effe*, Verbe compofé de deux mots, *effe*, être ; & POT, élevé, fort ; plein de pouvoir. De *pot-fum*, prononcé *poffum*, nous avons fait *je puis* ; & de *je puis*, nous avons fait *puiffant* & *puiffance*. Tout comme de POT nous avons fait *pot-entat, des-pote, des-pot-ique*, qui n'ont plus de raport avec *puiffance*, quoique venus de la même famille.

Tonner eft un Verbe formé par onomatopée, fur le nom TON, un ton ;

qui repréſente le ſon même du bruit : il nous eſt commun avec les anciens Celtes & les Latins. Les Orientaux pour exprimer la même choſe diſoient *Rom* : c'eſt un ſon plus éclatant.

Juſques ici nous avons analyſé chaque vers : mais en voilà ſans doute aſſez : en continuant de la même maniere, nous ne ferions que répeter les mêmes obſervations : contentons-nous de remarquer dans le reſte de la Fable, des objets qui n'ont nul raport avec les obſervations que nous venons de faire.

VIIᵉ.

Perſonne, ſe prend ici dans un ſens abſolu, au lieu de *aucun des Specta‑ teurs*.

L'animal aux têtes frivoles. Figure ingénieuſe de Rhétorique. De tout le Peuple Athénien, le Poëte en fait *un animal* à pluſieurs têtes qui ne reſpirent que la frivolité.

Que fit le Harangueur ? Que au lieu de *quelle choſe* ; *le Harangueur* eſt le ſujet de la phraſe, & cependant il eſt après le Verbe ; c'eſt que la phraſe eſt interrogative.

> Et du péril qui le menace,
> Lui ſeul entre les Grecs, il néglige l'effet.

Cette phraſe eſt la ſeule où il y ait inverſion. *Du péril qui le menace* eſt le complément du mot *effet*, l'effet du péril. Ainſi le complément précede de beaucoup le mot qu'il complette. Mais il a pu s'en ſéparer, parce que la pré‑ poſition *de* qui eſt à la tête, prouve qu'il eſt complément.

A ce reproche. Ici la prépoſition *à* offre un ſens particulier : il tient la place des mots *en conſequence de*.

L'Aſſemblée réveillée par l'Apologue en conſéquence de ce reproche, & à l'inſtant même, &c. car telle eſt la force entiere de cet *à*, qui répond ici au Latin AD.

Se donne ; *ſe* eſt eſt le pronom de la troiſiéme perſonne, celui qui précéde le Verbe, tandis qu'il devient *ſoi* quand il ſuit le Verbe. C'eſt un uſage parti‑ culier à notre Langue.

Un trait de Fable, ſujet complexe, un nom & un complément lié avec lui par la prépoſition *de* : ici *Fable* détermine de quelle eſpéce de *trait* on parle, puiſqu'il y en a de pluſieurs ſortes ; un *trait* qu'on lance ; un *trait* ou courſe continue, ſans aucune interruption ; un *trait*, ou paſſage d'un Auteur qu'on lance à travers les autres preuves.

UNIVERSELLE.

§. 3.

Analyse de quelques Vers de la premiere Fable de Phédre en Latin.

Ces mêmes principes serviront également à analyser la Langue Latine, & à la comparer avec la Langue Françoise. Pour s'en convaincre, analysons quelques vers de la premiere Fable de Phédre : de cette Fable que savent par cœur tous ceux qui ont quelque teinture du Latin, tout comme on sait, *la Cigale ayant chanté tout l'Été.*

I°.

Ad rivum eumdem Lupus & Agnus venerant
Siti compulsi.

Cette phrase est composée de quatre mots. Un terme, *ad rivum eumdem*, à un même ruisseau ; un sujet composé, *Lupus & Agnus*, le Loup & l'Agneau ; un Verbe, *venerant*, étoient venus ; une circonstance, *siti compulsi*, poussés par la soif. Le terme se reconnoît à la préposition *ad* & à l'accusatif, cas où est *rivum*. Le sujet, *Lupus & Agnus*, se reconnoît par le nominatif. Le *Verbe*, parce qu'il est à la troisiéme personne, & au pluriel ayant deux nominatifs singuliers. Le circonstanciel se reconnoît parce que *compulsi* est un participe ; & *siti* étant à l'ablatif, marque la cause par laquelle étoient poussés le Loup & l'Agneau.

Il devroit y avoir ici un cinquiéme membre, qui désigneroit l'objet de la venue du Loup & de l'Agneau à un même ruisseau ; mais on l'a omis parce qu'on ne peut s'y tromper : quand on a soif & qu'on va à un ruisseau, c'est pour *boire* : a-t-on besoin de le dire ? Pour qui nous prendroit le Poëte ?

II°.

Superior stabat Lupus,
Longèque inferior Agnus.

„ Le Loup étoit placé en haut, & l'Agneau beaucoup plus bas. Voici deux phrases réunies en un seul Tableau par la Conjonction *que*. Chacune de ces phrases est composée d'un sujet & d'un attribut. Le Loup est le sujet de la premiere, & l'Agneau est le sujet de la seconde ; on les reconnoît parce qu'ils sont au nominatif.

L'attribut est composé dans la premiere, de ces deux mots, *superior stabat*, étoit placé plus haut.

L'attribut de la seconde est formé du même *stabat* qu'on a sous-entendu comme inutile, & de *longè inferior*.

Superior & *inferior* sont au nominatif tout comme le sujet, parce qu'ils font partie essentielle de son attribut, & qu'ainsi ils sont en concordance avec lui.

III°.

>Tunc fauce improbâ
>Latro incitatus, jurgii causam intulit.

» Alors par sa cruelle voracité ce brigand entraîné suscita un sujet de
» querelle.

Cette phrase est composée de cinq membres.

Un adverbe de circonstance, *tunc*, alors.
Un sujet, *Latro*, ce brigand; aussi est-il au nominatif.
Une circonstance, *fauce improba incitatus*, entraîné par sa cruelle voracité.
Un attribut, *intulit*, suscita.
Un objet, *jurgii causam*, un sujet de querelle.

Le circonstanciel, *fauce improba incitatus*, est composé d'un participe, *incitatus*, & d'un nom, *fauce*, qui exprime le motif par lequel fut poussé le Loup, *par sa voracité cruelle*. Aussi ce nom est-il à l'ablatif, ce cas étant toujours consacré à la cause par laquelle une chose a lieu. Il vient de *faux*, *faucis*, qui signifie mot à mot *gosier*, *gueule* : mais nous ne disons pas *un cruel gosier* ; ainsi on substitue *voracité* à *gosier*, l'effet du Tableau restant le même.

Improbus, *ba*, *bum*, adjectif du mot Latin *faux*, signifie mot à mot *scélérat* ; il vient de *in*, non ; & de *probus*, bon, droit, honnête.

L'objet se reconnoît par l'accusatif *causam*, cas qui lui est consacré ; & le complément de *causam* se reconnoît par le génitif qu'offre *jurgii* ; ce cas est consacré au complément, comme nous l'avons vu lorsque nous avons expliqué sa nature.

IV°.

>Cur, inquit, turbulentam fecisti aquam mihi
>Bibenti ?

» Pourquoi, dit-il, as-tu rendu l'eau trouble à moi qui bois *tranquille-*
» *ment*, ou pourquoi me troubles-tu l'eau tandis que je bois ?

Cette phrase dont la rudesse *cur , inquit , turbulentam fecisti aquam mihi bibenti* , peint parfaitement le ton querelleur & aigre du Loup , est composée d'une Conjonction , d'une incise , d'un Verbe , d'un objet & d'un terme.

Cur, pourquoi , est la Conjonction. C'est une ellipse , au lieu de ces mots *par quelle raison. Inquit* , dit-il , est l'incise. On reconnoît l'objet par l'accusatif *aquam* ; son adjectif, par ce même accusatif féminin *turbulentam* ; & le terme , par le datif *mihi* , car c'est son cas propre.

V°.

La réponse de l'Agneau n'est pas peinte avec moins d'énergie que la plainte féroce & injuste du Loup : elle présente les sons les plus doux , les plus agréables.

   Laniger contra timens,
 Qui possum, quæso, facere quod quereris, Lupe?

» L'animal à laine, saisi de crainte, répondit: comment puis-je faire, je vous prie, seigneur Loup, ce dont vous vous plaignez ?

   A te decurrit ad haustus meos liquor.

La premiere de ces trois phrases renferme un sujet ; *Laniger* , l'animal à laine ; son adjectif *timens* , saisi de crainte ; son attribut sous entendu en partie, & exprimé en partie , *contra* , au contraire : le mot *répondit*, en exprime l'ensemble.

Il n'est pas plus difficile d'analyser le reste de cette Fable de la même maniere , & de connoître par quelle raison les membres de chaque phrase ne sont pas toujours arrangés dans le Latin de même qu'en François. N'omettons pas que cet arrangement est exactement le même dans le premier des deux vers que prononce l'Agneau : *Qui possum, quæso , facere quod quereris*, comment puis-je, je vous prie , faire ce dont vous vous plaignez ? En effet la Langue Latine maîtresse de suivre notre construction & de s'en écarter pour en suivre une autre , s'attache à celle qui se prête le mieux à l'harmonie de chaque Tableau : ayant su se rendre toutes les deux aussi naturelles l'une que l'autre , elle s'est ménagée de plus grandes ressources.

LIVRE V.
GRAMMAIRE COMPARATIVE.

EN QUOI CONSISTE CETTE GRAMMAIRE.

Ainsi s'élèvent sur l'ordre naturel, base de toute science & de tout art, les Principes généraux du Langage, ces principes au-delà desquels il n'y a plus rien, & qui devenant la source des usages pratiqués par chaque Nation, constituent la Grammaire de chaque Langue. Ces principes sont un préliminaire indispensable pour l'étude de quelque Langue que ce soit : ils préparent à tous les phénomènes qu'elles offriront, & on trouve en eux la cause de tout ce que ces Langues contiennent de plus difficile en fait de régles grammaticales ; celles-ci ne seront plus un amas indigeste de préceptes bizarres & absurdes qui offusquent la raison, & sous la tyrannie desquels elle étoit obligée de ployer, comme on cède à un Despote aux caprices duquel on ne peut se soustraire. Un spectacle nouveau va donc s'ouvrir : toutes les Grammaires se tiendront comme par la main ; toutes ensemble ne seront qu'une seule & même Grammaire, la Grammaire Universelle transmise dans toutes les Langues, & assortie avec la plus grande simplicité au génie particulier de chacune : ensorte que par tout où ce génie cesse d'agir on retrouve la Grammaire Universelle ; & que par-tout où il agit, il n'est jamais en contradiction avec elle & n'agit jamais qu'en vertu des Loix même qu'elle lui impose.

Les Grammaires particulieres ne sont en effet que les principes de la Grammaire Universelle & primitive, modifiés par le génie particulier de chaque Langue ; elles peuvent donc toutes se ramener à une mesure générale ; ainsi se formera la GRAMMAIRE COMPARATIVE qui fait voir les raports de toutes les Grammaires particulieres, & de quelle maniere les principes communs à toutes se modifient dans chacune, avec les raisons nécessaires de chacune de ces modifications. Spectacle brillant & unique, où l'œil aperçoit la raison de tout, & où l'on dévelope à chaque Peuple les causes de toutes les régles qu'il suit dans les Tableaux de ses idées, & dont il ne pouvoit connoître les raports avec l'ordre nécessaire des Langues.

UNIVERSELLE.

La Grammaire Comparative devient ainſi la démonſtration la plus complette de la bonté de nos Principes ; & d'une utilité indiſpenſable pour abréger l'étude des Langues, & pour faire ſaiſir ſans peine quelque Grammaire que ce ſoit.

On ſent encore que cette Grammaire Comparative embraſſe toutes les Langues ; & qu'ainſi, nous ne ſaurions la préſenter ici ſous toutes ſes faces ; que rien ne ſeroit plus faſtidieux, lors même que nous pourrions en parcourir à préſent toutes les branches.

Ce n'eſt pas en effet notre deſſein : il ſuffira pour nos vues que nous analyſions la Grammaire de deux ou trois Langues qui paroiſſent avoir le moins de raport entr'elles & qui ayent toujours été de la plus grande difficulté à aprendre ; enſorte que ſi elles s'expliquent très-bien par nos Principes, on ne puiſſe douter qu'il en eſt de même de quelque Langue que ce ſoit ; & qu'elles furent par conſéquent toutes formées d'après un même modèle, modifié ſuivant le génie & la maniere de voir de chaque Peuple.

Pour cet effet, nous choiſirons d'abord la Grammaire de la Langue Chinoiſe, de cette Langue parlée par un Peuple placé à l'extrémité de notre Hémiſphère, dont l'origine remonte à des milliers d'années ſans avoir jamais varié, du moins dans les maſſes eſſentielles, & qui a été conſtamment regardée comme n'ayant aucun raport à aucune de nos Langues ; & comme ayant été ſoumiſe par conſéquent à des Loix abſolument différentes.

Nous paſſerons enſuite à l'examen de la Grammaire Latine, qu'on a encore regardée comme étant différente de la nôtre & comme contenant des régles dont on ne peut rendre raiſon, & contraires à ces Loix générales auxquelles toute Langue doit obéir.

Nous jetterons auſſi un coup d'œil ſur la Grammaire de la Langue Grecque, Langue la plus riche & la plus harmonieuſe, & dont le génie grammatical ne differe preſqu'en rien du génie de ſa ſœur la Langue Latine.

Les raports de toutes ces Grammaires entr'elles & leur parfaite harmonie avec la Grammaire Univerſelle, ſeront, je le répete, la démonſtration la plus complette de nos principes, de la ſource commune des Langues, ainſi que de la facilité qu'on acquerra par-là pour en connoître le plus grand nombre poſſible ; & pour n'être jamais arrêté par aucune de ces difficultés déſeſpérantes qui donnent tant de peine à ceux qui ne veulent pas ſavoir les Langues ſimplement de mémoire, & qui voudroient pouvoir ſe rendre compte de tous les phénomènes que leur préſentent les Grammaires qu'ils ſont dans l'obligation d'étudier.

ARTICLE PREMIER.

Grammaire de la Langue Chinoise, comparée à nos Principes Généraux.

LA Langue Chinoise se divise en Langue parlée & en Langue écrite ; c'est comme chez nous relativement à la science du calcul ; nous avons nos nombres parlés & nos nombres écrits ou chiffrés, qui n'ont aucun raport les uns aux autres. Ainsi ce qu'ils apellent *sem* dans leur Langue parlée, offre cette figure dans leur Langue écrite, (Planche 1. Nº. 1.) Tous les deux désignent l'*existence* ou la *vie*.

Ces caractères sont, comme nos mots, formés les uns de caractères simples, primitifs & radicaux ; les autres sont des composés de ces caractères simples, ils sont la réunion d'un, de deux, de trois & jusques à dix-huit de ces caractères simples.

Chacun de ces caractères simples ou composés, marche seul, comme nos mots ; mais au lieu de s'écrire à la suite les uns des autres, de gauche à droite, ils s'écrivent perpendiculairement du haut en bas, par Colonnes, & ces Colonnes s'avancent de droite à gauche.

Enfin, chacun de ces caractères est comme nos mots radicaux qui ne présentent que des Noms d'objets, & qui sont tour à tour Noms, Verbes, Adjectifs, Prépositions, &c. suivant la place où ils se trouvent : ensorte qu'on ne peut connoître quelle partie du discours ils présentent, que par le sens de l'ensemble.

On sera cependant nécessairement aidé par deux moyens différens pour reconnoître ce sens. 1º. Par la place ; car dans une Langue comme celle-là, la place des mots doit autant influer sur leur valeur que dans la nôtre.

2º. Ces caractères seront précédés ou suivis d'autres caractères qui tiendront lieu des Cas & des Tems ; ils répondront à nos prépositions pour les raports des Noms, & à nos terminaisons pour les Tems des Verbes, à ces terminaisons que nous avons vu être autant de signes relatifs aux diverses portions du Tems : ainsi on y exprimera par deux ou trois caractères détachés, ce que nous exprimons par un seul mot composé de plusieurs.

De-là résulteront toutes les régles de la Grammaire Chinoise, parfaitement
semblables

semblables à celles de la Grammaire Universelle, & qui ne diffèrent des nôtres qu'en cela seul, que chez ce Peuple, non-seulement chaque mot est séparé, mais encore chacun des mots qui ne sont employés que pour marquer les diverses acceptions d'un autre.

De-là, & de-là seul, résulteront toutes les différences qui existent entre notre Grammaire & celle des Chinois; & celle-ci ne nous offrira aucun Phénomène que nous ne puissions prévoir & résoudre d'après ces principes.

Nous pourrons même dire, pourquoi ils n'ont pas raproché comme nous en un seul caractère, tous ceux qui sont relatifs à un mot; & nous pourrons indiquer les grands avantages que la connoissance des caractères & leur étymologie, retireroient de cette méthode si elle étoit toujours bien observée.

Dans l'exposition que nous allons faire de cette Grammaire, nous nous servirons des Ouvrages de deux Savans distingués en Langue Chinoise : du *Museum* Chinois de BAYER, imprimé en deux volumes à Petersbourg en 1730. & qui contient entr'autres choses une Grammaire & un petit Dictionnaire Chinois; de la *Grammaire* Chinoise de M. FOURMONT, imprimée à Paris in-folio en 1743. & de ses Méditations Chinoises qui avoient paru dans le même format dès 1737. Nous y joignons le secours d'un Dictionnaire manuscrit où les mots sont d'abord par clés & répétés ensuite sous les monosyllabes de la Langue parlée, auxquels ils répondent, rangés par ordre alphabétique.

Nous n'ignorons pas qu'on a prétendu que M. Fourmont ne savoit pas le Chinois & qu'aucun Européen ne pouvoit le savoir. Je n'en doute pas, tout comme on sait qu'un Étranger ne peut savoir le François aussi parfaitement qu'un Seigneur qui aura toujours été élevé à Versailles. Je ne voudrois pas même assurer que nos Européens-Chinois ne fassent des fautes lourdes, en traduisant en leur Langue des Livres Chinois : c'est ainsi que l'on surprend tous les jours en faute nos plus habiles Traducteurs Latins, Grecs, Hébreux, &c.

Mais cette inhabileté n'influe en rien sur la portion des Langues dont il s'agit ici. BAYER & FOURMONT & nombre d'autres peuvent s'être mépris grossierement dans des Traductions Chinoises, & sur-tout en traduisant des titres de Livres, genre de traduction tout-à-fait ingrat, & avoir composé des Grammaires de Langue Chinoise, très-exactes.

L'accord qui regne entre celles de ces deux Savans est encore un puissant préjugé en leur faveur; d'autant qu'ils n'ont point été à même de profiter mutuellement de leurs ouvrages; la Grammaire de M. Fourmont ayant déja été déposée entre les mains de M. l'Abbé Bignon dès l'année 1729.

Ajoutons que ce préjugé se change en une parfaite certitude, lorsqu'on voit M. l'Abbé Bignon écrire à M. Fourmont le 20 Février 1730. que sa Grammaire ressemble si parfaitement à celle du P. PRÉMARE qu'on venoit de recevoir de la Chine, qu'on auroit pu l'*accuser* lui M. Fourmont *d'avoir pillé le Savant Jésuite*, si l'on n'avoit été assuré par les *précautions prises d'avance que son travail étoit fait dès* le mois d'Août 1728. & lorsqu'on voit M. de MONTIGNI, que M. le Duc d'Antin avoit consulté à ce sujet comme un Juge compétent, puisqu'il avoit fait un long séjour dans la Chine en qualité de Missionnaire, assurer ce Seigneur qu'il a *admiré* les Ouvrages de M. Fourmont sur la Langue Chinoise, & qu'il a *tellement aplani les difficultés…. qu'on peut en peu de tems avec le secours de ses Livres se mettre en état* D'ENTENDRE *& de* TRADUIRE *le Chinois*.

M. Fourmont attaqua il est vrai la Grammaire de Bayer dans la Préface qu'il mit à la tête de ses Méditations Chinoises : mais seulement sur des objets accessoires : sur ce qu'il n'avoit pas fait usage des accens pour les mots de la Langue parlée, & sur ce que ses caractères de la Langue écrite n'étoient pas gravés avec plus d'exactitude.

Mais ces reproches n'inculpent point les principes même de la Grammaire Chinoise établis par Bayer : & puisque ces deux Rivaux se rencontrent à cet égard, & qu'ils sont d'accord avec les Grammaires faites dans la Chine même, on ne peut s'empêcher de reconnoître que le fond en est vrai.

Le même caractère Chinois est tour à tour & suivant le sens de la phrase, Nom, Adjectif, Verbe, Adverbe, &c. Ainsi le caractère *Sĭn* (n°. 1.) signifie tout à la fois *vie*, *existence*, *vivre*, *vivant*, &c.

Il en est donc ici comme de la Langue primitive, & de toutes les autres, où les mots qui composent toutes les Parties du Discours sont empruntés des Noms & n'en sont que des dérivés ; les objets étant les seuls Êtres existans, & par-là même les Langues ne pouvant offrir pour mots radicaux que des Noms.

Il ne s'agit plus que de voir comment ces Noms tiennent lieu successivement des autres Parties du Discours.

I°. ADJECTIFS.

Les Adjectifs Chinois se forment de la même maniere que dans la Langue primitive, par un Nom qui en précéde un autre. C'est une preuve que ce second descend du premier, ou que ce premier sert à completter le second, qu'il est le mot déterminant de l'idée que présente celui-ci. Ainsi ce caractère *haò* (n°. 2.) qui signifie *bonté*, étant suivi du caractère *gin* (n°. 3.) qui signifie un *Être humain* en général, devient l'adjectif *bon*, & ces deux caractères font nos mots, *homme de bonté* ou *homme bon*.

Ciên (n°. 4.) qui signifie *Antiquité* étant au-dessus du caractère *Vâm* qui signifie *Roi*, présente cette phrase, *les Rois de l'Antiquité*, ou *les Anciens Rois*.

C'est ainsi que le nom qui sert de complément à un autre, le précéde dans plusieurs Langues: en Anglois, *King's son*, de Roi Fils, pour dire *Fils de Roi*. En Latin, *diuturni silentii finis*, d'un long silence la fin, pour dire *la fin d'un long silence*.

Si ces substantifs se déplacent, qu'*homme* soit le premier, & *bonté* le dernier, le sens n'est plus le même: c'est une nouvelle phrase qui signifie *bonté humaine*.

Souvent encore on fait suivre un nom d'un autre nom qui répond à nos terminaisons adjectives, telles que IL dans FAC-*ile*, *ain* dans *rom-ain*, *iste* dans *art-iste*, ou à nos mots, *de*, *qui est*, &c.

Ainsi ces trois caractères (n°. 6.) *ciàm*, *gin* & *tiĕ*, qu'on rend, le premier par *Art*, & qui signifie proprement *incision*, *taille*, *action de couper*, le second par *homme*, & le troisiéme par *qui*; signifient *homme qui est de l'Art*, & répondent à nos trois syllabes ART-IST-E qui signifient, E un homme, IST qui est, ART *de l'Art*.

Ce mot *tiĕ* qui signifie *qui*, est souvent remplacé par cet autre mot *chè* (n°. 7.) qui a beaucoup de raport avec lui, & qui signifie également *qui*, à ce qu'on nous assure; cependant associé avec le caractère du feu (n°. 8.) il signifie *cuire*.

Ce n'est donc pas une particule, un pronom, un mot explétif comme l'ont apellé nos Grammairiens Chinois: c'est un vrai nom, qui répond à l'idée de *qualité*, à la propriété d'être doué, d'embrasser une qualité. C'est en effet le sens propre de ce mot; il est composé des deux caractères, *ge* (n°. 9.) & *paó* (n°. 10.) qui signifient, le premier, *le Soleil*, *le jour*, la qualité d'être, de voir le jour; & le second, *lien*, *action d'embrasser*, d'environner, de saisir. Les trois caractères du n°. 6 signifient donc mot à mot *un homme qui a la propriété d'embrasser un art*, *de le saisir*, de le posséder, un ARTISTE en un mot.

Plusieurs Noms de suite tiendront lieu d'autant d'adjectifs. Ainsi ces trois

Noms (n°. 11.) *fù* richesses, *kúei* honneurs & *gîn* homme, signifient *un homme élevé en richesses & en honneurs.*

Mais on met ordinairement alors, entre les noms qui doivent servir d'adjectifs & celui qui sert de nom, la marque adjective ; ainsi ces quatre caractères (n°. 12.) *kô* , *ngái*, *chi*, *mù*, dignité, amour, qui, Mere, signifient *Mere qui est digne d'être aimée.*

On peut encore mettre dans ces occasions à la tête de tous, le mot qui doit rester nom & devenir le sujet de la phrase ; & les arranger ainsi, *Mere, dignité, amour, qui.*

II°. Diminutifs.

Les diminutifs subiront les mêmes loix : ils feront tous désignés par des noms, comme dans toutes nos Langues, à leur origine.

Ces deux caractères (n°. 13.) *fiē* médiocrité, & *mí* riz, signifieront *un peu de riz.*

Les augmentatifs se formeront aussi, comme dans la Langue primitive & même comme chez nous, par la répétition du même mot.

Ce caractère (n°. 14.) redoublé, *liō*, *liō*, petitesse, petitesse, signifie très petit, très-grande petitesse.

III°. Noms d'action.

Puisque les Noms deviennent Verbes dans cette Langue comme dans les nôtres, il en résulte nécessairement que les mêmes caractères qui désigneront les Verbes à l'infinitif, serviront également à désigner les Noms des Actions, & de ceux qui en portent le nom, ainsi que des professions qui en résultent.

Le caractère *tim* (n°. 15.) signifie action de se déterminer, détermination, déterminer.

Le caractère *yo* (n°. 16.) action de vouloir, volonté, vouloir, voulant.

IV°. Des Genres.

Les Genres seront encore nécessairement désignés par des Noms, ou par des caractères détachés.

Ainsi le caractère du Genre-Humain, de l'*Homonéité* pour ainsi dire, s'associera avec le mot *male* pour indiquer un sexe, avec celui de *femelle* pour

UNIVERSELLE. 565

indiquer l'autre sexe : *nân gin* (n°. 17.) signifiera *homme-male*, & *niu gin* (n°. 18.) *homme-femelle*, tout comme de HOM, désignant en Latin le Genre-Humain, viennent *homin-e*, un homme ; & *homin-a*, puis *fœmin-a*, une femme.

Un chien est désigné par les caractères *kiuen* (n°. 19.) chien & *kù*, fait, vieux : sa femelle, par le même caractère *kiuen* (n°. 20.) & par celui de *mù*, mere.

SEIGNEUR se dit chez eux d'*Empire-Homme*, chù-gin (n°. 21.) & DAME, d'*Empire-Mere*, chù mù (n°. 22.)

V°. DES NOMBRES.

Les NOMBRES des Noms se marqueront, le singulier par le nom seul, ou par les noms de l'unité ; & le pluriel, par des noms qui marquent pluralité ; ou par des singuliers universels, comme en François *tout Homme*.

Ainsi, *gin* signifiant homme ; & *muén*, pluralité, multitude, ces deux caractères *muen gin* (n°. 23.) signifieront *Hommes*, ou mot à mot *pluralité Homme*.

Ngô signifiant moi, *ngô muen* signifiera *nous*, mot à mot *pluralité de Je* (n°. 24.)

VI°. SIGNES QUI INDIQUENT LES DIVERS RAPORTS D'UN MÊME NOM.

Les Chinois n'auront point de Cas, puisqu'ils n'ont point de terminaisons : ils auront donc des signes comme nous pour marquer les divers rôles que jouent les noms dans une même phrase.

Ainsi le même caractère qui sert à marquer l'adjectif, tiendra lieu du génitif, comme nous l'avons déja vu.

Les mots qui désignent le terme ou le datif, ont au-dessus d'eux un caractère qui signifie *en faveur, pour*.

Les Noms au vocatif ont au-dessus d'eux un caractère qui répond à notre *oh!* Tandis que les noms qui désignent des circonstances, & que les Latins mettroient à l'ablatif, ont au-dessus d'eux des prépositions ; ainsi ce caractère *tum* (n°. 25.) qui signifie *avec*, étant mis au-dessus des deux caractères du n°. 24, donne ce membre de phrase, *avec nous*.

GRAMMAIRE

VII°. Dégrés de Comparaison.

Les noms qui désignent augmentation & multitude, seront nécessairement les caractères du comparatif & du superlatif; comme nos mots *plus* & *très*, dont le premier désigne augmentation, & le second *multitude*, *trois*; en prenant ici trois pour un nombre indéfini, comme lorsque nous disons, *trois fois heureux ceux qui n'ont que des désirs aisés à contenter.*

Ainsi ce caractère *kem* (n°. 26.) signifiant *plus*, & le caractère *kuo* (n°. 27) signifiant *surpasser*, ils marquent le Comparatif quand ils sont au-dessus du caractère d'un nom. *Plus-bonté*, sera donc notre mot *meilleur*, mot à mot *plus grand en bonté*. Ils diront, *en bonté aller au-delà de lui*, pour dire *valoir plus que lui*.

La Superlatif se reconnoît à divers caractères, placés, les uns devant, les autres après; tels que *haò* (n°. 2.) qui signifie *bon*, & qui se prenant adverbialement, signifie *très*, *extrêmement*; tout comme nous disons *il y a* très-*long-tems*.

Les caractères *té*, dégré, & *yĕ* (n°. 28.) qui signifie *unité*, *premier*, & dont la réunion est, *au premier chef, au plus haut dégré*, marquent également le superlatif.

Il en est de même des caractères *xe*, dix; & *fuen*, portion, partie, fois (n°. 29.) qui équivalent à *très*, au plus haut dégré; *dix fois savant*, comme nous disons *ignorant à vingt-quatre karats*.

Les caractères *te kin* (n°. 30.) *atteindre au Ciel, grand jusqu'au Ciel*, sont un superlatif, une expression prise dans la Langue primitive, & qui s'accorde exactement avec l'expression *d'une tour qui atteint au Ciel*. Ainsi ces mots (n°. 31.) *tièn chù kiáo xi chin te kin*, répondant à nos mots *Univers Maître Loi être vérité atteindre Ciel*, signifient en conséquence de leur place, *la Loi du Maître de l'Univers est infiniment vraie*, ou *est d'une vérité qui atteint aux Cieux*.

VIII°. Pronoms.

Ils ont le moins de Pronoms qu'il soit possible : un seul pour chaque Personne. *Ngò*, je & moi, (n°. 24.) Ni, *tu & toi* (n°. 31.) & qui est formé de caractères dont l'un signifie *homme*; l'autre, *élevé*; ce qui s'accorde fort bien avec la valeur que nous avons assignée à ce pronom. Ta (n°. 32.) signifie, *il*, *lui*, *soi*; il est composé de deux caractères, dont l'un signifie *homme*; & l'autre, *ce*.

Les mots *xi*, être, (n°. 33.) *fu* (n°. 34.), homme; *xin* (n°. 35.) corps, &c. se prennent également pour des Pronoms de la troisiéme personne; le premier signifie *celui-ci*; le second, *celui-là*; le troisiéme, *le même*, &c. Celui-ci tient au caractère *yeu* qui désigne l'existence, la qualité d'être, d'avoir, de se porter bien ou mal, de produire du fruit, être fécond, être enceinte; un corps, ce qui existe.

Tandis que les pronoms eux-mêmes se prennent pour des Noms & pour des Verbes, *ngo* signifiant *essence*, *personne*, *être*, comme l'assure Bayer lui-même (1); ce qui démontre de la maniere la plus victorieuse ce que j'ai avancé, que les Pronoms étoient pris d'entre les noms eux-mêmes, & que le pronom de la premiere personne *je*, en Latin *ego*, en Chinois *ngo*, en d'autres Langues *Iou*, signifie l'*Être existant* par excellence, celui qui a le sentiment de soi-même.

Les pluriels des Pronoms se marquent comme les pluriels des Noms. Il en est de même de leurs cas, ou plutôt des divers raports qu'ils soutiennent comme membres de phrase.

On juge bien que la Langue Chinoise n'a point d'adjectifs pronominaux, & qu'au lieu de nos mots elliptiques *mon*, *ton*, &c. elle employe simplement les Pronoms en les accompagnant des prépositions. Ainsi ces mots NGO CHI TE (n°. 36.) qui dans le même sens sont *je de vertu*, signifient *vertu de moi* ou *ma vertu*.

Et cette phrase, *ki çu chi ngô* (n°. 37), qui se lit, *lui fils de vice*, signifie *le vice du fils de lui*, ou *de son fils* (†).

Les Habitans de la Chine distinguent encore avec plus de soin que nous les divers ordres des Membres d'une Famille & de l'État, en substituant divers mots aux Pronoms par lesquels on les désigneroit. Ainsi un Fils apelle son Pere, en lui parlant, le Seigneur de la maison; un Domestique apelle son Maître, le *Maître de la maison*; & sa Maitresse, la *Maitresse de la maison*.

Un Beau-Pere est apellé par ceux qui parlent aux personnes dont il est Beau-Pere, *Noble Altesse Vénérable*.

On ne dit pas *Mere de moi*, mais *Mere de la maison*; & pour l'Ayeule, *feu la bonté de la maison*, comme nous disons d'*heureuse mémoire*.

---

(1) Bayer, Tom. I. p. 22.

(†) M. Fourmont, p. 66. met tout ceci au pluriel, & lit, *les vices de ses fils*: il l'a donc rendu ainsi, d'après le sens d'autres mots qu'il a supprimés.

Plus on se sert de termes relevés à l'égard des parens des autres & en parlant de leurs dignités & qualités, & plus on se sert de termes humbles à l'égard de ses propres parens, de sa femme, de son fils, de sa fille, de sa maison, de ses dignités, de ses qualités.

M. Fourmont est entré sur cet objet dans le plus grand détail : il lui a consacré plus de trente pages *in-folio*. Il pensoit par-là sans doute relever à nos yeux l'urbanité Chinoise ; mais cette affectation de politesse n'est point dans la nature ; elle ne produiroit que des automates, si elle ne dégénéroit en simple étiquette.

IX. Verbes.

Nous avons déja vu que, pour former leurs Verbes, les Chinois prennent toujours un nom. Celui-ci devient Verbe, comme tous nos noms radicaux, au moyen des personnes & des noms de tems dont on l'accompagne.

Ainsi le Prétérit du Verbe *aimer* est composé, 1°. du pronom personel ; 2°. du nom *amour*, *action d'aimer* ; 3°. du mot *leao* (n°. 38.) qui signifie *fin*. Ces trois caractères *ngó ngái leaó* (n°. 39.) signifient *j'ai aimé*; mot à mot, *j'ai mis fin à l'action d'aimer*.

Ngó muên ngái leaó, nous avons aimé.

Ni ngái leaó, tu as cessé d'aimer, *ou* tu as aimé, &c.

Le Présent se désigne par le mot *kīn*, maintenant, l'instant présent (n°. 40.) placé entre le pronom & le nom de l'action, ou de la qualité ; ensorte que *ngó kīn ngái*, mot à mot, *je instant présent action d'aimer*, signifie *j'aime*.

Le Futur s'exprime par le caractère *ciām* (n°. 41.) placé après le pronom, & qui signifie *préparation*, action de se préparer ; ainsi *ngó ciām ngái*, signifie *je me dispose à aimer*, ou *j'aimerai* (†).

Ils ont aussi un *imparfait* & un *plusque parfait* qui se désignent par des noms de tems déja passés, & auxquels nous ne nous arrêterons pas.

X. Des autres Modes.

Le second Mode est l'Optatif ; on le reconnoît au caractère *yuén* (n°.

(†) La seconde maniere dont ce caractère *ciām* est formée, est empruntée de Bayer & il dérive ce caractere d'un autre, qui a un très-grand raport avec celui-là, & qui signifie lance.

42.)

生好好人前王匠人的者
煮日夕富貴人可愛之母
些米略略定欲男人女人
六犬犬母主人主母人們
我們同更過第十分得緊

UNIVERSELLE.

42.) qui signifie *désir, action de désirer, désirer*; *ngò yuén ngaï*, je désirerois d'aimer, j'aimerois, plût à Dieu que j'aimasse!

Ou à ces caractère *pā pŏ tĕ̆* (no. 43.) craindre non arrive : il ne m'arrivera pas de craindre que, &c. ou *je ne craindrai pas de*, &c.

C'est ce que M. Fourmont apelle premier & second Optatif ; & qui ont chacun tous les tems de l'Indicatif : mais Bayer ne parle que du second, de l'Optatif désigné par *pā pŏ tĕ̆*.

L'Impératif s'exprime ou par le seul nom de l'action qu'on ordonne, ce qui s'accorde parfaitement avec ce que nous avons dit de l'origine des Verbes, & en particulier de l'origine de ce mode ; ou par l'addition du Verbe *Être*, qui signifie alors soit; ou en l'accompagnant des Verbes *je vous prie*, ou *commence*.

Les Participes se reconnoissent aux noms dont nous avons déja parlé comme formant les adjectifs, (n°. 6. 7. & 12.).

Tels sont les Tems des Verbes Chinois. Si l'on demande à M. Fourmont d'où vient donc que les Chinois n'ont point de Subjonctifs, d'Infinitifs, de Gérondifs, de Supins, il répond que toutes ces choses ne sont point nécessaires ; que les autres Langues Orientales, *qui sont les plus belles de toutes les Langues*, s'en passent fort bien ; & que tout cela se suplée par des *prépositions* & des *postpositions*. C'est-à-dire, que toutes ces choses s'expriment dans la Langue Chinoise comme dans celles d'Orient, & même à plusieurs égards dans nos Langues modernes, non par des terminaisons différentes, mais par des formules qui en tiennent lieu.

Mais ces Formules ne doivent-elles pas être regardées comme des tems, puisqu'elles en tiennent lieu ? & ne constituent-elles pas le génie même de la Langue qui les employe ? Il est vrai qu'on ne met ordinairement au nombre des Tems de Verbes, que ceux qui different par l'expression, & qu'on ne tient nul compte de ceux qui ne different que par le sens. Mais cette marche est-elle exacte, & propre à donner des Langues, l'idée qu'on en doit avoir ? Non sans doute, puisque dès ce moment, les Langues qui ne font nul usage des terminaisons se trouveroient privées de presque tout ce qui constitue une Langue: que plusieurs Modes manqueroient dans la nôtre, & que les Chinois n'auroient presqu'aucune de nos Parties du Discours. Qu'importe au fond qu'une idée soit exprimée par un seul mot ou par une formule entière si cette idée existe & que son expression soit nécessaire ? Faudra-t-il la confondre avec d'autres, parce qu'elle n'a pas un terme qui soit à elle seule ? Aurons-nous bonne grace à ne point distinguer, *falloit-il !* de *il falloit*, sous prétexte que

Gram. Univ.

le premier n'eſt qu'une inverſe de l'autre ? Mais cette inverſion ne prouve-t-elle pas évidemment que l'idée de l'un n'eſt point l'idée de l'autre ; & que ſi la ſeconde expreſſion eſt un indicatif, la premiere ne peut & ne doit en aucune maniere être regardée comme un indicatif & qu'elle répond à une idée que d'autres Langues auroient ſûrement exprimée par un Mode tout différent ? Tenons donc compte de toutes ces différences, puiſqu'elles ſont eſſentielles, & ſoyons une fois bien convaincus que les diverſes Parties du Diſcours ne ſe reconnoiſſent pas ſeulement à leurs différentes terminaiſons, mais à leurs valeurs différentes : tout comme un même ſon qui a deux valeurs abſolument différentes, n'eſt pas regardé comme un même mot ; que nous enviſageons *ſon* ſignifiant *de ſoi*, comme un adjectif ; & *ſon* déſignant la criblure du grain, comme un *nom*. Il faut néceſſairement convenir de ces principes ſi l'on veut analyſer les Langues, les ramener à une meſure commune, s'entendre & être entendu. Les noms des Cas, des Tems, des Modes, deviendroient une ſource d'erreurs s'ils devenoient des mots excluſifs & qu'on ne vît rien au-delà de ce à quoi l'on auroit une fois aſſigné ce nom ; & vouloir régler toutes les Langues par le ſens qu'on leur auroit déja donné dans une Langue, c'eſt regarder comme une meſure commune ce qui n'en peut être une ; c'eſt ſubſtituer une diſpute de mots à l'expreſſion ſimple & belle de la vérité.

La Langue Chinoiſe y auroit tout à perdre & rien à gagner, puiſque le même caractère parcourt chez elle toutes les Parties du Diſcours : car il en réſulteroit qu'elle n'en a qu'une ſeule ; toutes les autres étant exprimées par le nom ſeul : mais pourquoi ſe décideroit-on à leur égard par des principes différens de ceux qui ſerviroient de baſe à nos Grammaires ? M. Fourmont aura donc tort, quelque parti que l'on prenne : ſoit en bornant à l'Indicatif & à l'Optatif les Modes des Verbes Chinois, puiſque des formules y tiennent lieu du ſubjonctif, &c. ſoit en mettant l'Indicatif & l'Optatif Chinois au nombre des Modes, puiſque ceux-ci ne méritent pas plus ce nom que le ſubjonctif auquel il le refuſe, n'étant exprimés comme lui que par des formules.

XI. Du Passif.

Le Passif ſe déſigne par le Verbe Etre, *xi* (n°. 44.) ſeul ou accompagné de la prépoſition *pi* (n°. 45.) qui ſignifie *de*, *par* ; ou des Verbes qui ſont relatifs au Verbe *être*, tels que *devenir*, *être fait*, en Chinois *guéi* (n°. 46.).

Ainſi *ngo* pi *ngái leaò*, ſignifiera j'ai été aimé par.

UNIVERSELLE.

Ngo xi *ngái tie*, mot-à-mot, *je étre aimé qui*, je suis celui qu'on aime, je suis aimé.

Sem guéi *gin*, l'homme devint existant.

II.

Des mots qui ne changent point de Forme : & 1°. des Interjections.

Les Chinois ont, comme nous, des Adverbes, des Prépositions, des Conjonctions, & des Interjections. Ces dernieres sont même en beaucoup plus grand nombre que chez nous, parce que les Habitans du vaste Empire de la Chine, s'occupent infiniment plus que nous de témoigner par leur extérieur les sentimens dont ils sont affectés relativement aux personnes auxquelles ils tiennent : ensorte que l'usage beaucoup plus fréquent des Interjections, les a mis dans la nécessité d'en épuiser le nombre & toutes les nuances.

Ces Interjections sont également prises dans la nature, comme les nôtres : mais les autres espéces de mots dont il s'agit ici sont empruntées des Noms relatifs aux mêmes idées que présentent ces mots, comme dans toutes les autres Langues.

II°. *Des Adverbes.*

Leur négation, par exemple, *fi* (n°. 47.) composée de deux caractères oposés, comme deux E qui se tourneroient le dos ƎE, est certainement tirée de la figure de l'E primitif signifiant existence ; & qui étant connue des Chinois, devint très-propre par cette oposition à désigner la non-existence.

Leurs adverbes qui répondent à nos mots hautement, beaucoup, peu, &c. sont empruntés des mots ou des caractères qui signifient hauteur, abondance, goûte, &c.

Il en est de même des Adverbes de tems. *Aujourd'hui* est composé des deux caractères *ge* & *kin*, dont le premier signifie *Soleil, jour*, (n°. 9.) & l'autre (n°. 40.) *actuel*.

Pour dire *hier*, ils employent le même caractère *ge* & le caractère *çõ* (n°. 48.) qui signifie *passé*. Ce dernier caractère est parlant ; étant formé de deux autres ; du caractère de l'existence (E) & du caractère *ge*, Soleil, qui étant placé derriere le précédent, désigne un Soleil, un jour qui n'est plus.

Ce qui s'accorde très-bien avec la maniere dont nous avons dit que les

Orientaux marquoient le paſſé des Verbes, en mettant le pronom après le Verbe, l'action derriere le dos.

Quelquefois deux ſubſtantifs ſe réuniront pour former un adverbe ; ainſi les mots *ku* & *xi* (n°. 49) qui ſignifient *Antiquité* & *Tems*, répondent à notre mot *anciennement*.

Le dernier de ces caractères *xi* eſt compoſé de trois autres ; de celui qui déſigne le Soleil & qui eſt à gauche, de celui qui déſigne la Terre & qui eſt le plus haut des deux à droite, & de celui qui ſignifie *embraſſer*, *meſurer* & qui eſt au-deſſous. Le tems ſe meſure, en effet, par les révolutions du Soleil à l'égard de la Terre.

Le même mot *xi*, ſignifiera auſſi *tout ce qui ſe fait pendant une longue ſuite de tems*, l'aſſiduité, & *aſſidument*.

III°. Des Prépoſitions.

Les Prépositions ſe diviſent en deux claſſes, celles qui ſe mettent avant les mots dont elles déſignent le raport, & celles qui ſe mettent après. Ainſi *dans* ſe met avant, & *entre* après.

N'en ſoyons pas ſurpris : la place des Prépoſitions eſt très-indifférente en elle-même, nous l'avons vu à leur article ; on a dû par conſéquent, dans une Langue telle que le Chinois où l'on étoit ſans ceſſe aſſervi à conſerver la même place pour la plûpart des mots, ſecouër ce joug dès qu'on pouvoit le faire ſans inconvénient. Et nous devons regarder comme des Prépoſitions tout ce qui en tient lieu dans leur Langue, quelle que ſoit leur place, & lors même qu'on a cru devoir appeller la plûpart d'entr'elles *poſt-poſitions*.

Cette Claſſe de mots ne diffère en rien des autres à l'égard de ſon origine ; toutes les prépoſitions ſont tirées de noms : ainſi *kien* entre (n°. 50) formé du caractère du jour ſitué entre les deux battans d'une porte, ſignifie comme nom *ouverture*, *fente*, *hiatus* ; & comme Verbe, *ſéparer*, *diviſer*, *être en deux*, *éloigner*.

Elles ſe forment auſſi par opoſition. Ce caractère *xàm* (n°. 51.) par exemple, ſignifie *deſſus*, *ſur* ; & ſon contraire, *hia* (n°. 52.) ſignifie *ſous*, *au-deſſous* ; tandis que comme Verbes, ces mêmes caractères ſignifient, l'un monter, & l'autre deſcendre.

IV°. Des Conjonctions.

Les Conjonctions changent chez les Chinois, ſuivant qu'elles lient des

PL.II. Gram. Univ. P. 572

時⁵⁰間⁵¹上⁵²下⁵³而⁵⁴或⁵⁵田⁵⁶毋⁵⁷京⁵⁸鯨	願⁴²巴⁴³不得是⁴⁴被⁴⁵爲⁴⁶非⁴⁷昨⁴⁸古⁴⁹	之惡了³⁸(ou)我愛了³⁹今將⁴⁰將⁴¹(ou)	你³¹他³²是³³夫³⁴身³⁵我之德³⁶其³⁷子

UNIVERSELLE.

Noms, des Verbes, ou des Prépositions. Nous ne connoissons rien de pareil dans nos Langues ; c'est que nous n'avons pas besoin de cette distinction, tandis qu'elle est indispensable pour les Chinois. Le sens déterminant seul chez eux la valeur qu'on doit assigner à un caractère, s'il doit être pris comme Nom, comme Verbe, ou comme Préposition ; la Conjonction vient au secours de l'esprit, par ses divers caractères, qui font connoître à l'instant dans quel sens on doit prendre les signes ou mots qu'ils accompagnent : il en résultoit de trop grands avantages relativement à la clarté du discours & à la rapidité de ses effets, pour qu'on les négligeât.

Les caractères par lesquels les Chinois expriment les Conjonctions ne sont pas moins énergiques que les autres mots & ne prouvent pas moins que tout mot dut toujours être une peinture de la chose même qu'il devoit désigner. Ainsi, le caractère *ŭlh* (n°. 53) qui signifie *&*, & le caractère *hoĕ* (n°. 54.) qui est notre disjonctif *ou*, désignent, le premier, des objets suspendus à une même chaîne ; & le second, une personne qui tire de l'arc contre une autre. Le premier étoit donc très-propre à désigner l'*union*, & ce dernier l'*oposition*, la séparation.

Façons de parler qui leur sont propres, ou Chinismes.

Comme on apelle Hellenismes, Latinismes, Gallicismes, &c. les façons de parler particulieres aux Grecs, aux Latins, aux François, nous apellerons *Chinismes*, les façons de parler particulieres aux Chinois. Ce peuple en a un très-grand nombre, & la plûpart remontent à la plus haute Antiquité ; M. Fourmont en a donné une liste très-étendue, divisée en trois Classes ; mots expletifs relatifs aux Noms, mots expletifs relatifs aux Verbes, & mots expletifs relatifs à l'abondance & à la beauté de la phrase. C'est ainsi qu'ils apliquent à un grand nombre d'usages différens le mot *çu*, qui signifie *Fils* ; de même que les Hébreux, à l'exemple des Tems primitifs, apliquent le mot *ben* qui signifie également *Fils*, à un grand nombre d'objets différens. Ce qui provient, comme l'a très-bien établi M. l'Abbé Bergier (1), de ce que ces mots ont une signification beaucoup plus étendue.

Expressions figurées.

Les Chinois ont également un grand nombre d'expressions figurées qui justifient tout ce que nous avons avancé au sujet de l'origine des mots, en les

---

(1) Elémens primitifs du Langage, pag. 194.

regardant comme puisés dans l'ordre physique de l'Univers. Ainsi pour dire un excellent Ouvrier, un grand Artiste, ils disent *main de Vieillard*.

Un Copiste, un Écrivain est chez eux *la main des Livres*. *Main des Vaisseaux* est un Pilote: n'est-ce pas dans le même sens que nous disons un *manœuvre*, mot à mot, *main d'ouvrage* ?

Longue bouche, signifie chez eux un homme qui aime à parler, comme nous disons *avoir les mains longues* pour désigner le pouvoir, le crédit.

Syntaxe & Construction.

Dans une Langue de cette nature, les régles de la Syntaxe sont presque nulles: on n'a nul besoin de faire accorder l'adjectif avec son substantif, le tems avec sa personne, &c. puisque chaque mot & chaque signe ne varient jamais, & que ce que nous opérons par des changemens faits à chaque mot, s'opere chez eux par des mots qu'on ajoute ou qu'on suprime à volonté & suivant le besoin.

Il est vrai que tout ce que nous avons dit jusques à présent paroît se raporter à la Langue écrite des Chinois, & non à leur Langue parlée qui en diffère si fort: mais elles ne different qu'en un point qui n'a nul raport à la Syntaxe; & uniquement en ce qu'on n'a pas su assigner à chaque caractère radical un son particulier; ensorte qu'on ne lit pas le Chinois comme nous lisons nos mots, dont chaque lettre a un sens propre. La marche des deux Langues est d'ailleurs exactement la même.

Dans la Langue parlée, comme dans la Langue écrite, chaque mot est un nom; l'ensemble seul fait voir entre tous les noms qui composent une phrase, quel doit être pris comme adjectif, quel comme Verbe, quel doit rester nom, &c. Ainsi lorsqu'un Chinois entend prononcer ces mots *kò ngài chi mù*, dignité amour qui Mere, il aperçoit aussi-tôt cette phrase, *Mere qui est digne d'être aimée*; elle est tout aussi claire pour lui que lorsqu'il la voit écrite.

Ces mots prononcés ne sont ni plus ni moins isolés que les caractères écrits, & ils sont tout aussi invariables: aucun ne change dans aucune phrase: l'intelligence de celle-ci, le sens qu'on doit assigner à chacun de ses mots, les idées accessoires qui déterminent ce sens, tout s'opere par des Élémens séparés.

Il résulte de tout ceci que les Chinois ont plus de mots que nous dans leurs Tableaux de la parole, & que nous avons plus de syllabes: ce qui revient au

UNIVERSELLE.

même, puisque chacune de nos syllabes répond exactement à un mot. Notre mot, par exemple, *indifférent* est composé de quatre mots, autant qu'il a de syllabes, *in*, *di*, *fer* & *ent* : & ces mots sont même arrangés à la Chinoise, le nom essentiel à la fin. ENT, signifie un Etre ; FER, porter ; DI, d'un autre côté ; IN est la négation. C'est mot à mot *un Être qui ne se tourne pas d'un autre côté*, qui demeure le même malgré ce qui arrive, qui n'en devient pas différent, qui n'en est pas affecté.

Ainsi tout se compense dans les Langues ; & la pensée est toujours peinte, toujours énoncée, toujours communiquée, de quelque maniere qu'on en rassemble & qu'on en groupe les divers signes.

La construction que sont obligés de suivre les Chinois, n'est également ni la construction des Latins ni celle des François : mais elle tient de toutes les deux ; & elle s'accorde même avec la derniere en ce point fondamental, que la valeur de chaque mot dépend de la place où il se trouve. Ce qui confirme ce que nous avons avancé au sujet de *l'Inversion*, que la Syntaxe & la Construction d'une Langue dépendent toujours du génie de cette Langue, de son caractère intrinseque, ensorte qu'elle ne renferme rien dont on ne puisse rendre raison, & dont on ne puisse prouver que ce sont des conséquences immédiates de ce qu'exige le vœu de la parole, modifié par telle Langue.

Il résulte de tout ce que nous venons de voir, que le tissu de la parole est plus sensible chez les Chinois, que l'art s'y laisse voir plus à découvert, qu'ils sont plus près de la Nature. On peut dire qu'il y a entre leur Langue & les nôtres la même différence qu'entre les régles de calcul exécutées par l'Algébre ou par l'Arithmétique, celle-ci ne montrant que les résultats, & celle-là mettant sous les yeux toutes les opérations d'une maniere très-distincte & les séparant toutes les unes des autres. Ceux qui négligeoient des Langues de cette nature en cherchant à découvrir l'origine du langage, se privoient donc des objets de comparaison les plus essentiels, & qui étoient les plus propres à leur faire connoître la route qu'ils devoient suivre pour retrouver le fil des diverses révolutions qu'ont éprouvé les Langues.

Si la Langue Chinoise est barbare, & de ses raports avec la Langue des Galibis dans l'Amérique Méridionale.

Ceux de nos Lecteurs qui ne sont pas accoutumés à analyser les Langues, auront sûrement trouvé bien extraordinaires le génie de cette Langue Chinoise & celui de sa Syntaxe ; & que s'ils sont plus conformes à la Nature, c'est à une Nature sauvage, informe, sans goût, qui est encore dans l'enfance ; & nous n'en serons point surpris : nous aurions plus lieu de l'être du jugement qu'on a porté de cette Langue dans le Journal des Savans (1), si nous ne savions que jusqu'à présent on a parlé de la barbarie & de la prééminence des Langues, de leurs richesses & de leur beauté, ou de leurs défauts & de leur pauvreté, sans avoir une idée juste de toutes ces choses.

C'est à l'occasion des Galibis, Peuples de la Guyanne dans l'Amérique Méridionale, qu'on s'est exprimé dans ce Journal très-inexactement sur celle des Chinois. Après avoir dit que la Langue des Galibis » est celle qu'employe » un enfant qui commence à savoir quelques mots.... que c'est la Langue » d'un Peuple sauvage qui a peu d'idées, & *pour porter nos réflexions plus* » *haut*, que c'est une Langue qui est construite comme a dû l'être celle des » premiers hommes ; & qu'en effet l'Hébreu, l'Arabe & toutes les Langues » Orientales ont conservé des traces de ce premier procédé, » on ajoute : » Nous ne pouvons mieux comparer cette Langue des Galibis, pour ce qu'on » appelle la marche grammaticale, qu'à la Langue parlée des Chinois. Celle- » ci est tout aussi barbare & aussi sauvage que celle des Américains.... On » peut même assurer qu'elle est plus barbare, puisque le même mot y est tout » à la fois substantif, adjectif, verbe & adverbe.... Ce qui prouve évidem- » ment que cette Langue est celle de quelque Peuple sauvage. «

Voilà donc la Langue Chinoise déclarée plus barbare que les Langues de l'Amérique, aussi sauvage que celle des premiers hommes, & la Langue d'un Peuple qui a peu d'idées, parce que le même mot y est tout à la fois substantif, adjectif, verbe & adverbe ; & parce qu'elle n'a point de finales qui servent à faire reconnoître *le genre*, *le nombre & les cas*.

L'Auteur de cet Extrait peut être très-savant en Langues, mais moins bon Logicien en fait de Langues. A qui prouvera-t'il que la Langue Chinoise est celle d'un Peuple sauvage & qui a peu d'idées, tandis que ce Peuple est policé & a traité de toutes les Sciences ? Il falloit du moins dire ce que c'est qu'une Langue barbare & une Langue non barbare. Toute Langue est barbare pour qui ne l'entend pas : mais un Philosophe, mais une personne qui veut remonter à l'origine des choses, découvrir les raisons de tout & en porter un jugement assuré, doit commencer par mettre de côté tout préjugé, toute expression partiale, toute épithète qui ne fait rien à la chose.

---

(1) Mois de Février 1764.

Que sont nos finales, si ce n'est des mots réunis à d'autres ? Mais qu'importe que ces mots soient seuls ou réunis, si l'effet est exactement le même, si l'idée est aussi-bien rendue, si l'on s'entend avec la même promptitude & la même clarté ? car c'est ce qui importe, ce qui doit décider de la bonté ou de la barbarie d'une Langue. La nôtre sera donc barbare, parce qu'elle n'a point de Cas, parce qu'elle sépare les Pronoms, les Articles, les Conjonctions, ne les réunissant pas aux Noms : parce qu'elle a emprunté tous ses mots des Noms seuls, ainsi que la premiere des Langues, & celle des Chinois & celle des Galibis ; & parce qu'il est impossible de rendre raison d'aucun de ses mots, qu'en les ramenant à ces noms qu'elle n'a fait que déguiser légerement pour les métamorphoser en adjectifs, en verbes, en adverbes, &c.

On dit une Langue barbare & un homme barbare ; mais si c'est dans le même sens, on ne peut désigner autre chose, sinon que cette Langue est absolument étrangere pour nous & que les mœurs de cet homme ne sont pas les nôtres : mais qu'en résulte-t-il pour la chose même ? Peut-on en conclure que cette Langue est inférieure à la nôtre, & cet homme un monstre ? Rien ne seroit plus absurde ; rien cependant de plus ordinaire : un Chinois est un barbare à Paris, comme un Parisien le seroit à Quanton ou à Pekin, & comme dans une grande Ville l'habitant d'un quartier est un barbare pour l'habitant d'un autre.

Une Langue sera barbare & sauvage lorsqu'elle ne pourra servir à peindre toutes les idées de ceux qui la parlent, lorsqu'elle ne prendra pas la route la plus abrégée & la plus sure, lorsqu'elle sera sans grace, sans ellipses, sans harmonie : mais quelle Langue est absolument dénuée de ces avantages ? Et si une Langue est barbare, dès qu'elle ne les réunit pas au plus haut dégré, que sera notre Langue elle-même en comparaison de la Langue Grecque ? notre Langue qui n'a point de mots à elle, qui est obligée d'en emprunter de toute main, où ils ne sont point représentatifs, où leur origine est presque toujours inconnue, où ils semblent n'avoir qu'une existence de hazard & de convention ?

Des caractères Chinois, & des erreurs dans lesquelles on étoit à leur égard.

En attendant que nous développions, dans notre Volume suivant, l'origine de la Langue Chinoise, & celle de ses caractères, ajoutons ici que tout ce que nous avons dit sur l'origine des mots & sur le petit nombre des racines primitives de chaque Langue, est confirmé par l'examen de ces caractères Chinois qui semblent si barbares, & dont on a dit que la connoissance de l'un étoit nulle pour acquérir la connoissance de l'autre; ensorte que celui-là étoit bien habile qui en pouvoit connoître un quart ou un tiers, vingt ou vingt-cinq mille.

Tous les caractères Chinois sont formés d'un certain nombre de signes simples & primitifs, qu'on apelle CLÉS, parce qu'ils sont comme des clés au moyen desquelles on parvient à l'intelligence de tous les mots de cette Langue écrite. Ces clés sont au nombre de deux cent quatorze; ce n'est rien en comparaison des quatre-vingt mille caractères que renferme cette Langue; & c'est peu de chose même en comparaison du nombre des mots radicaux qu'on a compté jusques à présent en Grec & en Hébreu. Nous pouvons dire cependant hardiment, qu'il y en a à peu près les deux tiers de trop; qu'on peut réduire ces clés au tiers, les autres n'étant que des variétés de celles-là, ou des caractères composés de plus simples.

On a regardé, par exemple, comme des clés très-différentes, & on a rejetté dans deux classes non moins différentes, ces deux caractères *mù* (nº. 56), & *tièn* (nº 57), dont le premier signifie *Mere*, & le second *Champ*.

Cependant ces deux caractères se ressemblent parfaitement, ils ne different que le moins possible, & ne sont que des dérivés l'un de l'autre. La Langue Chinoise étoit en cela conforme à toutes les Langues anciennes, dans lesquelles les Champs, la Terre cultivée, les Villes mêmes furent apellées *Meres nourrices*, *Meres nourricieres*, comme nous l'avons déja vu dans nos Allégories.

Les Dictionnaires de la Langue Chinoise n'ont donc pas été mieux traités que les nôtres: par-tout on a méconnu la vraie filiation des mots, par-tout on a multiplié les êtres mal à propos, par-tout on a mis les plus grandes entraves aux progrès de l'esprit humain; & pouvoit-il en être autrement, puisqu'on ne consideroit jamais qu'une portion d'un tout immense; & que le même esprit régnoit par-tout?

Il n'est donc pas étonnant qu'on n'ait jamais aperçu les raports de la Langue Chinoise avec les nôtres, & qu'on se soit persuadé qu'elles n'avoient rien de commun: on s'étoit ôté tout moyen de les comparer.

Mais nous venons de voir que leur Grammaire est la même que la nôtre, toutes les deux puisées dans la Nature; & nous verrons dans notre Volume suivant que leur Langue parlée & leur Langue écrite furent également données par la Nature, & qu'elles descendent toutes les deux de la Langue & de l'écriture primitive.

UNIVERSELLE.

Un exemple fera sentir vivement ces raports & de quelle maniere les Chinois procédent dans la composition de leurs caractères.

King est un mot Chinois qui réunit toutes ces significations.

1°. Élévation, éminence, colline.
2°. Grand, élevé, éminent.
3°. La force, la puissance, qualités de ce qui est éminent, élevé.
4°. Chef, Prince, Roi.

Mais ce mot vient de la Langue primitive, & il n'a pas été conservé seulement par les Chinois ; mais par toutes les Langues de l'Asie & par les Langues Septentrionales de l'Europe. Ainsi King signifie en Angleterre un *Roi*, tout comme à la Chine. C'est l'Hébreu כהן, *khen*, que les Massoréthes prononcent & écrivent *kuen*, *kohen*, & qui signifie, Prince, Noble, le Chef de l'Empire & du Sacerdoce.

Le caractère Chinois qui répond à ce mot est un vrai hiéroglyphe, une vive représentation de la chose (n°. 58). Il est formé de trois caractères simples, d'un *sceptre*, d'un *œil* qui le surmonte, & qui a pris depuis long-tems une forme quarrée, ainsi que les autres caractères de cette Langue qui étoient circulaires dans l'origine comme les objets qu'ils représentoient ; & du caractère *haut* qui est au-dessus des deux autres. Un Roi fut toujours regardé comme une personne élevée qui veille pour ceux qu'elle gouverne. C'est la *Providence* humaine. Et telle est la maniere dont elle étoit peinte en Egypte.

Les Chinois veulent-ils désigner une *Baleine*, le plus grand des animaux marins ? Ils mettent le caractère qui peint les poissons à côté du caractère *king* (n°. 59).

Veulent-ils peindre l'éclat, la splendeur du jour ? ils tracent le caractère du Soleil à côté de ce même caractère *king*.

Ecriture admirable, dira-t-on, qui s'explique par elle-même, où tout est mis en action, où tout se peint, où rien n'est l'effet du hazard, mais toujours l'effet d'une expérience consommée, & d'une sagacité peu commune.

Hé-bien ! il en est de même de la nôtre : nos mots ne sont pas moins représentatifs ; ils ne sont pas moins le fruit d'une sagesse habile, d'une main éclairée & savante.

Et l'on dira que ce sont des Langues sauvages & barbares, inventées par des hommes qui n'avoient que peu d'idées, qui n'ont agi que par hazard, & qui végéterent pendant une longue suite de siécles ! Mais ne sera-t-on pas tenté de regarder un jour comme barbares eux-mêmes ceux qui portoient un jugement si faux de l'origine des Langues, & qui en parloient d'autant plus en aveugles qu'ils se donnoient pour avoir à cet égard des lumieres supérieures ?

Il est vrai que nous avons tous laissé perdre, Chinois, Indiens, Egyptiens, Peuples d'Asie & d'Europe, le souvenir de cette auguste origine ; & que nous sommes tous très-étonnés, lorsqu'on nous propose de nous y faire remonter ; mais la raison goûte ces raports : & la facilité avec laquelle ils feront acquérir la connoissance des mots, en assurera à jamais la mémoire.

Finissons par une observation relative au mot de *king*. C'est un des mots qui composent la Langue parlée des Chinois, Langue qui ne contient que des radicaux, tandis que la Langue écrite contient & radicaux & dérivés sans nombre.

On ne sauroit douter que ce mot *king* ne vienne aux Chinois de la Langue primitive : pur hazard, dira-t-on, & pur hazard aussi les raports pareils qu'offrent nombre d'autres mots Chinois : mais outre qu'il seroit très-singulier que le hazard occasionnât un si grand nombre de raports, que deviendra une pareille assertion lorsqu'on verra qu'il n'est aucun mot de la Langue parlée des Chinois qui n'ait existé dans la Langue primitive, & qui ne subsiste dans une foule d'autres Langues ? Dira-t-on encore que c'est le hazard ? Heureux hazard qui produit tous les effets de la vérité !

Il est donc vrai : la Syntaxe, la Construction, la Grammaire de la Langue Chinoise sont conformes aux principes généraux de toutes les Langues : leurs mots & leurs caractères sont puisés dans cette source commune où tous les Peuples ont eu recours : un même esprit fit naître & anime toutes les Langues ; & elles n'offrent aucune différence qui ne se concilie parfaitement avec les principes qui formerent la premiere Langue & auxquelles elles furent toutes obligées de se soumettre.

ARTICLE II.

GRAMMAIRE LATINE COMPARÉE.

Les régles de la Langue Latine different si prodigieusement des régles de la plûpart des autres Langues, & sur-tout de la Langue Françoise, qu'on n'a presque jamais soupçonné qu'elles eussent une source commune; & les causes de ces régles étoient si peu connues, qu'on ne cherchoit pas même à en rendre raison : on pensoit que les Peuples du Latium avoient suivi l'usage, comme tous les autres; & que la nécessité ayant fait recourir dans le commencement à une maniere quelconque de peindre ses idées, elle étoit devenue, sans autre raison, une loi à laquelle on ne pouvoit plus se soustraire.

Ce système, commode pour ceux qui ne veulent ou qui ne peuvent remonter aux premiers principes, ne pouvoit qu'avoir de funestes suites pour les progrès de l'esprit humain, qui ne sont assurés qu'autant qu'on peut se rendre raison de sa marche & de toutes ses opérations : aussi nombre de jeunes gens n'ont renoncé à l'étude, ou n'en ont fait de si mauvaises, que parce qu'ils n'apercevoient aucune lumiere dans les régles grammaticales qu'ils étoient forcés d'aprendre, & qui ne leur causoient que de l'ennui & du dégoût : l'homme destiné à la lumiere & à la vérité, ne peut goûter que ce qu'il sent.

Heureusement, ces désavantages ne sont pas l'effet nécessaire des Langues: elles ne renferment aucune régle qui ne porte sur un motif raisonnable, & qu'on ne puisse justifier : elles sont toujours l'effet des principes universels du langage modifiés par le génie particulier de chaque Langue : dès qu'on connoit ces principes universels & le génie particulier d'une Langue quelconque, on en voit naître aussi-tôt toutes les régles de celle-ci : & ce qui paroissoit l'effet du hazard ou de l'usage, devient l'effet nécessaire de la Nature & du génie de chaque Peuple.

Par ce moyen, l'étude des Langues se simplifie ; & toutes ces régles dont elles étoient hérissées, comme pour en défendre les aproches, se réduisent au plus petit nombre possible & ne sont que des conséquences nécessaires de quelques principes bien connus & incontestables. De la même maniere qu'en ramenant tous les mots d'une Langue à ses racines, & les racines de toutes les Langues à celles d'une seule, on voit fondre cette multitude immense de mots dont elles font compofées ; ainfi, lorfqu'on raproche toutes les régles d'une Langue, du génie de cette Langue, & des principes univerfels du Langage, on voit fe réduire prefqu'à rien cette effroyable quantité de régles qu'elles ont offert jufqu'à préfent.

Chaque Tableau de nos idées étant, par une fuite du génie néceffaire & univerfel du Langage, un compofé de parties différentes qui fe raportent toutes à une feule, à un Nom dont elles ne font qu'un dévelopement, & qui font liées entr'elles de façon qu'elles ne forment qu'un feul tout ; & le génie particulier de la Langue Latine étant de lier ces diverfes Parties, non-feulement par des mots détachés tels que les *Prépofitions*, comme dans notre Langue, mais fur-tout par des terminaifons qui accompagnent la plûpart de ces Parties du Difcours, telles que les Noms, les Adjectifs, les Participes, les Verbes ; on voit réfulter de-là toutes les régles de la Langue Latine & tous fes procédés fans aucune exception ; aucune formule, aucune régle de cette Langue n'ayant pu être opofée à ce génie univerfel du Langage, & aux modifications qu'y aporte la Langue Latine.

§. I.

Génie particulier de la Langue Latine.

On doit donc, lorfqu'on veut fe former une idée fatisfaifante de la Langue Latine & de fes régles, commencer par l'examen de ce qui conftitue le génie de cette Langue, & qui confifte dans la maniere dont elle modifie tout ce qui forme le génie univerfel du Langage ; il feroit impoffible fans cela de voir ces raports par lefquels elle fe lie avec ce génie univerfel, & de découvrir la caufe de fes régles.

La Langue Latine obligée, comme toutes les autres, de diftinguer par divers fignes les rôles différens qu'un même mot peut remplir dans les Tableaux de la parole, elle les fait connoître par les terminaifons différentes que revêt chaque nom, fuivant le rôle qu'il doit jouer : eft-il fujet ? il prend la terminaifon nominative : eft-il objet ? il prend la terminaifon de l'accufatif. *Première modification* générale & qui influe fur la maffe entiere du Latin, parce qu'il ne peut exifter chez eux aucun Tableau d'idées qui n'éprouve les effets de ce génie particulier.

Au lieu d'avoir deux mots différens pour défigner les Pronoms & les Verbes qui les déterminent, ils n'en ont également qu'un feul ; les différentes terminaifons des Verbes tenant lieu des Pronoms. Doit-on indiquer le Pronom

UNIVERSELLE. 583

de la premiere Personne ? le Verbe a une certaine terminaison : doit-on indiquer le Pronom de la seconde Personne ? le Verbe prend une autre terminaison. *Seconde modification* générale ; & qui n'influe pas moins que la précédente sur la masse entiere de cette Langue, puisqu'elle revient également dans tous les Tableaux de la parole, sans aucune exception.

De-là & de-là seul, cette différence extrême qui regne entre cette Langue & nos Langues modernes ; & toutes les régles particulieres que suivent les Latins & qu'on multiplie sans fin, comme si elles n'étoient pas de simples conséquences d'un principe commun : en effet, il sera impossible de prononcer dans cette Langue une seule phrase sans lui faire subir toutes ces modifications.

Chacune de ces modifications influe d'ailleurs sur tous les autres mots, & donne lieu à des façons de parler particulieres à cette Langue ; d'où naissent de nouvelles modifications, dont on aperçoit toujours moins la cause & qui paroissent toujours plus bisarres, à mesure qu'elles s'éloignent du premier chaînon, qu'on les lie moins au principe général : tandis que rien n'est si simple, lorsqu'on tient la chaîne entiere.

On peut donc raporter toutes les régles Latines à ces trois Classes :

I. Les régles qui sont parfaitement d'accord avec la Grammaire Universelle.

II. Les régles qui sont l'effet nécessaire des Cas & des Terminaisons des Verbes.

III. Les régles qui résultent des ellipses & des façons de s'énoncer particulieres aux Latins.

I. *Classe des régles de la Langue Latine. Celles qui lui sont communes avec toutes les autres.*

La véritable maniere d'étudier un nouvel objet, consistant à y observer premierement tout ce qu'il peut avoir de connu, & à chercher ensuite à pénétrer par ce qu'on en connoit dans ce qui en est inconnu, méthode que suivent avec le plus grand succès les Géometres & les Mathématiciens, on aura toujours un pareil succès, lorsqu'on apliquera cette méthode à l'étude des Langues & de leurs Grammaires : parce que cette étude en est tout autant susceptible qu'aucune science que ce soit.

Ceux qui voudront étudier la Langue Latine d'après cette méthode, & qui sauront déja les principes généraux & universels du Langage, commenceront conséquemment par mettre de côté tous les objets suivans.

1°. Tout ce qui a raport aux Parties du Discours; en observant que la Langue Latine en renferme autant que les nôtres, sans en excepter les Articles que nous tenons de cette Langue elle-même, quoiqu'elle fasse moins d'usage que nous de l'article indicatif, à cause des terminaisons qui en tiennent lieu.

2°. Tous ces mots qui réunissent en eux plusieurs Parties du Discours, qui ne sont pas moins abondans chez les Latins que chez nous, & qui ont fait croire qu'ils étoient privés de quelques-unes de ces Parties; d'où l'on inferoit qu'elles n'étoient pas nécessaires. Tels sont les mots *meus*, *tuus*, &c. semblables à nos mots *mon*, *ton*; *ibi*, *ubi*, &c. qui correspondent à ces mots, *en ce lieu*, *en quel lieu*; *amatur*, *legit*, qui tiennent lieu de ces trois Parties du Discours, *il est aimé*, *il est lisant*, &c.

3°. Tout ce qui regarde les divers membres d'une phrase : les Tableaux Latins offrent en effet, comme ceux des autres Langues, un sujet, un attribut, un objet, un circonstanciel, un terme, des complémens : ensorte que leur analyse s'opere de la même maniere que celle des Tableaux de la parole, en quelque Langue que ce soit.

4°. La distinction de ces divers membres relativement à la Syntaxe de concordance & à la Syntaxe de dépendance ou de régime : distinction qui est de toute Langue.

5°. Les régles relatives à la concordance, & qui sont en assez grand nombre en Latin, & souvent énoncées d'une maniere très-obscure. C'est ainsi que la régle où l'on établit que *les Verbes substantifs ont après eux le même cas qui les précéde* (1), paroît renfermer une observation très-importante & très-différente des autres régles relatives également à la concordance & qui précédent celle-ci : tandis qu'elle n'est qu'une conséquence de la régle universelle de concordance.

En effet, tous ces Verbes qu'on apêle substantifs, *devenir*, *naître*, *exister*, &c. ne sont autre chose que des Verbes qui unissent l'attribut avec son sujet, ou le nom avec l'adjectif; mots qui sont nécessairement en concordance; & par conséquent au même cas en Latin; ensorte que ces Verbes sont entre deux cas semblables par la nature même de la chose, sans qu'il en puisse être autre-

---

(1) Cinquième Régle de la Syntaxe de MM. de Port-Royal.

ment

ment : enforte que cette régle n'en est pas une ; & qu'il faut pour qu'elle ait été érigée en régle , qu'on n'ait eu aucun principe de Syntaxe, ou qu'on les ait tous oubliés : elle n'est qu'un résultat pur & simple du principe universel de la concordance qui doit régner entre le nom & l'adjectif, afin qu'on aperçoive leurs raports & qu'ils peignent un même objet.

II. *Classe des régles de la Langue Latine : celles qui sont relatives aux Terminaisons.*

Ce qui constitue donc essentiellement la Grammaire Latine, ce sont les régles relatives à ses Terminaisons, c'est-à-dire celles qui ont pour objet les *Cas* relativement aux Noms ; & les *Tems* & les *Modes* relativement aux Verbes. Ces régles sont en grand nombre & absolument différentes de celles qui sont en usage dans nos Langues modernes : d'ailleurs presque toujours séparées de leurs principes ; en sorte qu'elles nous paroissent extraordinaires, & l'effet du caprice, tandis qu'il n'en est aucune qu'on ne puisse calculer, qui ne soit nécessaire & qui ne résulte de nos principes. Telle est la fameuse régle du *que* retranché qui paroît si difficile, & qui n'est qu'une conséquence très-simple de l'usage qu'ont les Latins d'employer des Cas.

I. *Régle du* que *retranché.*

Il arrive très-souvent que le Latin exprime par un accusatif suivi d'un Verbe à l'infinitif, ce que nous exprimons au moyen d'un nom précédé de *que* & suivi d'un Verbe au subjonctif : MM. de Port-Royal en donnent cet exemple ; *volo vos benè sperare*, je veux que vous ayez bonne espérance. Et c'est ce que l'on apelle *que* retranché. Il est vrai que ce *que* François ne paroît pas dans le Latin ; mais cela n'aprend point comment un accusatif en tient la place. Rien de plus aisé cependant, dès qu'on remonte aux principes.

Nous avons vu que l'accusatif est toujours la marque de l'objet, dans la Langue Latine : cela ne souffre nulle difficulté, quand l'objet n'est exprimé que par un nom ; mais l'objet d'une phrase est souvent composé d'un nom & d'un Verbe, soit en François, soit en Latin, ou en toute autre Langue : on a alors un Nom entre deux Verbes, un Nom qui est objet du premier, & qui se lie cependant avec le dernier. En François où l'on n'a point de cas, on lie ce Nom avec le premier Verbe, au moyen de la Conjonction ; je désire *que* vous veniez : en Latin, au contraire, on met ce nom simplement à l'accusatif, puisqu'il marque un objet; & le Verbe qu'il précéde se met à l'infinitif, *volo te venire*; comme si nous disions, *je veux toi venir*. Cette tournure insupportable en François où l'on n'a point d'accusatif pour les noms, est parfaitement conforme au génie de la Langue Latine qui fait usage des accusatifs.

Le croira-t-on ? Nous avons cependant des exemples de cette Construction dans notre propre Langue, parfaitement analogues à ceux de la Langue Latine; elle a lieu lorsque nous employons l'accusatif de nos Pronoms. Ainsi quand nous disons, *on l'a envoyé exécuter sa commission, on me fait marcher plus que je ne voudrois*, nous employons la tournure Latine; c'est comme si nous disions *on fait que je marche*, ou *on fait moi marcher*, &c. on a envoyé *lui* exécuter, &c. ou *afin qu'il exécutât*, &c.

Ces exemples pris dans notre propre Langue, font sentir vivement la régle Latine; & cependant personne que je sache n'a aperçu ces raports, tant on marchoit sans principes, ou tant ils sont difficiles à apliquer dans une matiere aussi compliquée & aussi métaphysique.

II. *Régle du Relatif.*

La seconde régle de la Syntaxe de MM. de Port-Royal, par laquelle le relatif *qui*, s'accorde avec son antécédent en genre & en nombre, tandis qu'il s'accorde en cas avec son conséquent, régle si fort embrouillée pour les jeunes gens, n'est pas moins simple, lorsqu'on la présente sous son vrai point de vue; elle n'est également qu'une conséquence du génie de la Langue Latine combiné avec les principes universels du Langage.

Le relatif *qui*, nous l'avons vu, tient lieu d'un nom déja exprimé : il faut donc qu'il soit au même genre & au même nombre que le nom auquel il se raporte, puisque sans cela on n'apercevroit pas ce raport; & telle est la Loi de Concordance universelle; mais ce *qui*, se trouve dans une autre phrase que celle où est le mot auquel il se raporte, & il peut y jouer un rôle très-différent; être objet tandis que ce nom est sujet; ou être un sujet, tandis que ce nom est objet. Ainsi quand nous disons, *admirez la Nature qui se pare des couleurs les plus belles*, ces deux mots *Nature* & *qui*, ne jouent pas le même rôle, quoiqu'en raport; *Nature* est objet du Verbe *admirez*; & *qui*, est sujet du Verbe *se pare*.

Mais en Latin les objets, les sujets, &c. se reconnoissent par les cas : ainsi *qui*, ne sera pas au même cas que *Nature*; l'un sera à l'accusatif, l'autre au nominatif; quoiqu'ils se raportent l'un à l'autre, & qu'ils soient en conséquence tous les deux au même genre & au même nombre.

Ainsi le relatif subit tout à la fois les effets de la Régle de concordance & de la Régle de dépendance.

III. *Régle relative aux Adverbes qui sont suivis d'un Génitif.*

Un principe fondamental de la Langue Latine, est que le génitif ne peut être qu'à la suite d'un Nom, parce qu'il ne peut servir de complément qu'à cette Partie du Discours. Et voici cependant une Régle (1), où l'on voit des génitifs servant de complément à des adverbes ; à *tunc* & à *instar*, par exemple : *tunc temporis, instar montis* ; comme si nous disions, *alors de ce tems, comme de Montagne*. Le vrai est que ces prétendus adverbes sont des ellipses des noms, auxquels ces génitifs servent de complément.

Tunc, tient en effet la place de ces mots, *en ce point, en ce moment*; *instar*, la place de ceux-ci, *en la forme* : il faut donc qu'ils soient accompagnés d'un Génitif; sans cela, le sens de la phrase seroit anéanti : l'ellipse induiroit en erreur, & nuiroit au lieu de servir.

IV. *Régle des Verbes qui s'accompagnent d'un Datif.*

Les jeunes gens sont toujours étonnés lorsqu'ils entendent dire que des Verbes qui sont suivis en François d'un objet, & qui devroient être par conséquent suivis en Latin d'un Accusatif, sont au contraire suivis d'un Datif : cette oposition entre les Régles, ne peut entrer dans leur tête ; & ils ne voyent dès-lors dans la Langue Latine que des bisarreries inconcevables. Mais la Régle est mal proposée : on ne doit pas dire que les Verbes, étudier, *studeo*; favoriser, *favere*; guérir, *mederi*, &c. veulent au Datif ce qui leur sert d'objet en François, la chose qu'on étudie, la personne qu'on favorise, le malade qu'on guérit ; puisque ce seroit une violation des Principes fondamentaux de cette Langue relativement aux cas : mais on doit dire que ces Verbes sont relatifs en Latin à nos Verbes neutres : que *studeo* ne signifie pas mot à mot *étudier*, mais être apliqué : que *favere* signifie être favorable : *mederi*, être en secours, &c. par conséquent qu'ils ne comportent pas après eux un objet, mais un Terme, ou un Datif. Alors, on

---

(1) La huitième dans MM. de Port-Royal.

saisira très-bien cette leçon : elle n'offrira pas une nouvelle Régle ; ce ne sera qu'une observation Grammaticale aisée à aprendre.

L'on voit de la même maniere que lorsque d'autres Verbes actifs sont suivis d'un Datif tel qu'*amo*, on doit rendre ce Datif par le mot *pour*, marque du terminatif ; *tibi amas*, vous aimez pour vous ; *illi peto*, je demande pour lui : ces Pronoms étant le terme de cet amour, de cette demande.

Il en est de même des Verbes Latins, suivis de la préposition *ad* qui désigne le terminatif, tout comme *à* en François ; *id ad te pertinet*, cela apartient à vous : *hoc ad illum spectat*, cela se raporte à lui.

Et c'est par cette raison qu'on dit également, *scribere alicui* ou *ad aliquem*, pour dire, écrire à quelqu'un.

Objets, cependant, dont on a fait autant de régles, & qui ne sont que de simples observations, dont la raison se fait sentir par la seule comparaison des deux Langues.

V. *Régle des deux Accusatifs.*

L'on explique encore très-bien par les mêmes principes, la Régle XXIV. de Port-Royal, où l'on voit des Verbes avec deux accusatifs ; l'un marquant l'objet, & l'autre, le terme, ce terme qui doit être au datif, ou à l'accusatif avec la préposition *ad* ; & jamais simplement à l'accusatif, à la suite de quelque Verbe que ce soit ; ce qui ne pourroit se faire sans renverser les principes fondamentaux de la Langue Latine. Cette régle n'est donc qu'un piége tendu aux jeunes gens, comme pour les surprendre, & pour donner un air de mystère & d'énigme à une chose très-simple. Si deux accusatifs marchent après un Verbe, si l'on voit un terminatif à l'accusatif, de même que l'objet de la phrase dont il fait partie, si l'on dit *moneo te hanc rem*, comme si nous disions *je vous avertis cette affaire*, au lieu de dire je vous avertis à l'égard de cette affaire, &c. c'est qu'on a fait l'ellipse de la préposition *circa*, qui désigne cet accusatif. Et si on l'a sous-entendue, c'est qu'il étoit si aisé de la remplacer, elle étoit si nécessaire au sens de la phrase, qu'elle devenoit inutile à exprimer.

Il ne falloit donc pas mettre ceci au nombre des Régles de la Langue Latine ; c'étoit suposer une exception aux principes généraux, qui n'existe pas : il est vrai que les Grammaires mettent le remede à la suite de cette Régle ; mais d'un côté, elles ne le garantissent pas ; d'un autre, pourquoi faire des Régles qui ont besoin d'éclaircissement ? C'est empêcher qu'on voye devant soi ; c'est multiplier inutilement les Régles & les changer en un joug tyrannique, dont on ne voit pas la raison & qui ne cause que du dégoût. Aussi, avec quel plaifir ne les oublie-t-on pas? Mais, s'il faut les enseigner à son tour, comment se sauver de ce dégoût? Comment éviter d'imposer aux autres ce joug sous lequel on a gémi soi-même?

VI. *Régle des Verbes qui sont suivis tantôt d'un cas, tantôt d'un autre.*

La Régle XI. de Port-Royal est très-singuliére, & paroit indéfinissable : on y voit que les Verbes *refert* & *interest*, il importe, &c. sont toujours suivis du génitif, hormis lorsqu'ils se raportent à quelqu'une des trois personnes ; car au lieu d'employer alors le génitif d'un pronom, on se sert d'un adjectif pronominal à l'ablatif feminin. Ainsi pour dire, il importe à tous, on dit *interest omnium* : & pour dire *il m'importe*, on dit *interest mea.*

Pour le coup, ceci ne ressemble à rien, & on diroit que la Langue Latine a toujours extravagué. Mais le croira-t-on? Ce n'est pas cette Langue qui a tort ; elle est parfaitement conforme à la plus exacte analogie : ce sont les Grammairiens qui embrouillent leur sujet, afin d'avoir la gloire de le débrouiller. Nulle oposition entre *omnium* & *mea* ; tout s'explique par l'ellipse.

Omnium est au génitif, non à cause *d'interest*, mais à cause d'un nom sous-entendu : & ce nom est *l'avantage, les affaires* : *interest omnium*, il importe aux affaires *de tous* : remettez *negotia*, tout est clair, tout est simple. *Interest mea*, signifiera donc *il importe à mes* affaires : car ici *negotia* est sous-entendu, tout comme devant *omnium*. Ainsi il y a double ellipse dans cette derniere phrase : premierement l'ellipse du mot *negotia* ; secondement l'ellipse du pronom *moi* ; tout comme nous disons en François *mes affaires*, au lieu de dire *les affaires de moi.*

En sous-entendant *negotia*, *mea* est un accusatif pluriel ; mais quelquefois il est à l'ablatif singulier feminin : on sous-entend alors *causâ* ou *re* : *interest mea*, il importe à ma cause, à mon intérêt.

C'est une Régle que M. l'Abbé LE MONNIER a developée avec beaucoup de sagacité, à la fin du premier Volume de sa Traduction des Comédies de Térence.

VII. *Régle de l'Ablatif absolu.*

Celle-ci n'a pas été expliquée aussi heureusement par d'autres Grammairiens ; & leurs efforts n'ont servi qu'à la rendre plus obscure.

« L'Ablatif absolu, disent MM. de Port-Royal (1), est celui qui est seul

---

(1) Régle. XXXIV.

» & comme indépendant dans le discours »: & ils ajoutent, » qu'il est tou-
» jours néanmoins gouverné par une préposition sous-entendue; car, *me con-*
» *sule,* c'est-à-dire *sub me consule* ; *regina ventura,* c'est-à-dire *de regina*
» *ventura* «.

Mais pourquoi recourir ici à une préposition, & quelle lumiere nous don-
ne-t-elle? C'est vouloir expliquer le clair par l'obscur. N'est-il pas de fait que
l'ablatif est destiné aux circonstanciels ? tout circonstanciel sera donc mis en Latin à l'ablatif, par lui-même & sans qu'on ait besoin de recourir à une préposition : recourir à elle, c'est mettre une cinquiéme roue à son char ; c'est embarrasser sa marche ; c'est manquer au génie de la Langue qu'on veut enseigner.
Les Latins dirent, *me consule, urbe capta, Regina ventura*; comme nous disons,
la Ville prise, la Reine allant arriver ; *étant Consul, je,* &c. Vrais circonstanciels qui n'ont besoin d'aucun signe étranger pour faire sentir leur valeur :
signe qui deviendroit même ridicule ; ne le seroit-il pas de dire *sous moi
consul* ; *de la Ville prise* ; *de la Reine allant arriver ils se réjouissoient* ? Langage barbare, qu'on ne prête aux Latins, que parce qu'on ne voit rien de
mieux.

Il est vrai qu'on est obligé très-souvent de supléer des mots dans ces occasions ; mais c'est lorsque la phrase ne peut être complette sans eux : ici, au contraire, le mot qu'on veut sous-entendre, ne sert qu'à l'embarrasser. Les Latins
étoient obligés de mettre ces expressions à l'ablatif, parce qu'ils ne pouvoient
absolument point employer d'autre cas : il étoit donc inutile d'indiquer par une
préposition que c'étoit un ablatif absolu.

Il est encore vrai qu'on voit assez souvent dans la Langue Latine les ablatifs absolus accompagnés d'une préposition ; mais on peut dire qu'alors ils ne
sont plus envisagés comme de simples ablatifs absolus ; mais qu'ils soutiennent
avec le reste de la phrase un raport plus étroit, & tel est le cas de l'exemple cité
par MM. de Port-Royal, pour prouver que l'ablatif absolu est toujours précédé
d'une préposition, *non licet tibi jam A tantis rebus gestis, non tui similem esse* :
» Après tant de grandes actions, écrit Ciceron à Dolabella, il ne vous est pas
» permis de n'être pas semblable à vous-même ».

Il est assez surprenant qu'on n'ait pas vu que dans cet exemple il n'y a point
d'ablatif absolu ; qu'il ne s'agit point ici d'une simple circonstance ; mais d'un
motif, d'une cause, d'un agent qui doit être précédé d'une préposition, précisément afin qu'on ne le confonde pas avec l'ablatif absolu. Cicéron ne veut
pas dire simplement à Dolabella, qu'après avoir fait de si grandes actions, il
doit être semblable à lui-même, il ne doit pas dégénérer : mais il lui dit que

les grandes actions qu'il a faites, lui imposent la nécessité de les soutenir. C'est comme s'il lui disoit : » De par vos grandes actions, il ne vous est pas permis » de n'être pas semblable à vous-même ». Où est l'ablatif absolu ?

Cependant qu'on ne soit pas étonné de cette méprise : elle étoit presque inévitable dans ces tems où l'on avoit des idées imparfaites du génie des Langues : on n'a pu arriver au vrai, qu'après une longue suite d'erreurs : combien de travaux n'a-t-il pas fallu soutenir pour aplanir le moindre sentier où l'on marche maintenant sans peine ?

III. *Classe. Formules & Ellipses propres à la Langue Latine.*

Chaque Langue ayant son génie propre, a nécessairement des façons de parler qui lui sont propres, parce qu'elles sont l'effet indispensable de ce génie, & qu'on en voit clairement la raison dès qu'on est au fait de ce qui le regarde. Ces Formules constituent donc une troisième Classe de Régles ou d'Observations, nécessaires lorsqu'on veut se rendre raison de tout ce qui entre dans le Langage : celles-ci apartiennent moins à la Syntaxe qu'à la pureté du style, & à son énergie. Aussi est-il impossible d'écrire ou de s'énoncer avec grace dans une Langue quelconque, lorsqu'on n'est pas au fait de ces formules : sans elles, on s'énonce toujours dans une autre Langue, comme dans la sienne propre : on employe à la vérité d'autres mots ; mais on les assujettit à la 1er [...] e de sa Langue : c'est ne parler ni l'une ni l'autre ; mais faire des deux un mélange barbare.

Les Grammairiens l'ont bien senti ; & c'est pour prévenir ces abus, qu'ils ont essayé de rassembler en un corps les observations relatives à cet objet. On peut, par exemple, raporter à cette Classe tout ce qu'a dit Sanctius dans sa Minerve au sujet des *Verbes Neutres* & des *Ellipses*, & qui en font une portion considérable.

Ici, se raportent encore tous ces Recueils d'Observations faites sur les *Particules* & sur les élégances de la Langue Latine : mais Recueils indigestes, & qui auroient besoin d'être refaits par un habile Critique, qui sût faire sentir le prix de ces Observations, qui les liât avec le Génie de la Langue Latine, & qui fît remarquer ce en quoi elles différent du Génie de la Langue avec laquelle il les compareroit.

On devroit faire la même chose à l'égard de toutes les Langues dont on compose des Grammaires : ce seroit une collection très-précieuse, & qui faciliteroit singulièrement l'étude des Langues ; puisque rien ne retarde plus les progrès, que les difficultés que font naître des formules inconnues qu'on rencontre à chaque pas.

 Au défaut de ces Recueils, ceux qui étudient une Langue devroient en faire un pour eux-mêmes; ils en retireroient les plus grands avantages, celui de réunir les Régles les plus profondes avec l'usage le plus réfléchi : ce qui prouve combien on avoit tort de dire qu'il ne falloit que l'usage, & point de Régles, pour aprendre les Langues. On doit aprendre par Régle tout ce qui peut s'aprendre de cette maniere & qui ne peut s'aprendre autrement : il faut aprendre par observation tout ce qui n'exige que le coup-d'œil : mais plus ce coup-d'œil sera dirigé par la Régle, & plus il sera juste & perçant.

ARTICLE III.

Observations sur la Grammaire de la Langue Grecque.

La Langue Grecque ne fournit pas moins d'observations que la Langue Latine, lorsqu'on veut la ramener aux principes généraux du Langage, & trouver la raison de toutes ses régles. Fondées sur les mêmes principes, admettant toutes deux des Cas pour les Noms, & des Terminaisons pour chaque personne des Verbes, elles auront toutes deux exactement le même génie, & l'on retrouve une dans l'une toutes les régles que l'autre aura offertes à cet égard. Ainsi la connoissance de l'une, sera un puissant secours, une grande avance pour la connoissance de l'autre.

 Il n'est donc pas étonnant que lorsqu'on connoit déja les principes généraux du Langage & ceux de la Langue Latine, on connoisse les principes de la Langue Grecque relativement aux régles qui entrent dans les deux premieres des trois Classes entre lesquelles, comme nous l'avons déja dit, peuvent se distribuer toutes les régles d'une Langue. C'est ainsi que nous avons vu l'origine des Cas chez les Grecs, & celle de leurs Déclinaisons & de leurs Verbes.

 Quant à la troisieme Classe qui comprend les Formules propres à la Langue Grecque, elle offre des Phénomènes fort différens à plusieurs égards de ceux qu'on remarque dans le Latin : & la cause en est fort aisée à découvrir. Toutes les beautés de la Langue Latine étoient en quelque sorte concentrées dans le corps des Orateurs, en plein Sénat, ou au milieu de la Place publique; & ces Orateurs parloient à un Peuple grave, & qui ne connut pendant longtems

tems que sa charrue ou son épée. Il falloit donc qu'ils se renfermassent dans les bornes d'un langage serré & majestueux.

D'ailleurs cette Langue ne subsista dans son éclat que pendant un très-court espace de tems ; Térence commença à la polir, & elle dégénéroit déja sous Pline le jeune.

Il n'en fut pas de même de la Langue Grecque. En usage dans un grand nombre de Villes différentes, & égales en dignité, elle ne put être astreinte à une marche uniforme : parlée par des Peuples adonnés aux beaux Arts, à l'Eloquence, à la Métaphysique, à la Poésie, elle dut devenir verbeuse, & se charger d'une multitude de formules particulieres : & ayant fleuri pendant un grand nombre de siécles, ces formules eurent le tems de prendre elles-mêmes un grand nombre de formes différentes.

I. *Observation sur les mots Elliptiques, & en particulier sur les Participes.*

C'est parce que la Langue Grecque étoit moins concise, plus verbeuse que la Langue Latine, qu'elle a moins d'Ellipses, & qu'on y trouve moins de ces mots qui réunissent en eux plusieurs Parties du Discours.

Ainsi l'Article n'y est pas supléé par le Nom, comme dans le Latin : & à cet égard la Langue Grecque se raproche plus de la nôtre.

Les Pronoms n'y sont pas toujours supléés par des Adjectifs ; on y dit fort bien *de moi, de toi*, au lieu de *mon & ton*, &c.

Les Participes y figurent très-bien, au lieu de se réunir en un seul mot avec le Verbe : & c'est une des grandes beautés de la Langue Grecque ; beauté que partage avec elle la Langue Angloise.

C'est ce qu'a très-bien senti un Grammairien Anglois, qui a travaillé avec succès à ramener sa Langue maternelle aux principes généraux du Langage, pour la faire servir chez les Anglois de base à l'étude des Langues savantes. Voici comment il s'exprime à ce sujet (1).

« The English having Participles active and passive in all Verbs, resembling
» the Greek, can equal the Greek in their use, and even excell it and the
» Latin in forming compound Sentences : Which are so free and natural
» to the English Language, that they may be considered as one of

---

(1) Anselme BAYLY, Sous-Doyen de la Chapelle Royale, *a plain and complete Grammar of the English Language*, &c. Lond. 1772. à la pag. 95.

» its beauties: nothing can exceed the beauty of periods in our old wri-
» ters, Askam and Hooker.

» La Langue Angloise admettant des Participes actifs & passifs dans tous
» les Verbes, ressemble à la Langue Grecque, qu'elle peut non-seulement
» égaler, mais surpasser à cet égard, de même que la Langue Latine, par les
» Tableaux qui en résultent, & qui sont si aisés & si naturels dans cette Langue,
» qu'on peut les regarder comme une de ses beautés : rien ne pouvant être
» comparé à l'agrément qu'offrent les périodes de nos anciens Ecrivains Askam
» & Hooker ».

Ainsi les Grecs disent, d'après les Elémens primitifs du Langage : Ἀγαπῶν με
διατέλει, *aimant moi continuez* : δ' εἶχε θαυμάσας, *les choses qu'il a été admi-*
rant.

Ils aimoient les Participes, au point de s'en servir, lors même qu'ils ne sembloient pas nécessaires, comme pour donner plus de force au discours. C'est ainsi
que Démosthènes dit : ἐχθρός γε ὑπῆρχεν ὤν, *il se montroit étant ennemi* : &
Platon, οἴχεται ἀπιών, *il est allé s'absentant.*

II. *Verbes au singulier, avec un Nominatif neutre au pluriel.*

Un usage singulier des Grecs, & qui paroît contredire la régle universelle de
Concordance, c'est que les Verbes qui accompagnent & qui déterminent les
Noms neutres, sont au singulier lors même que ces Noms sont au [pluriel]. Ils
disent : Ζῶα τρέχει, *les animaux court*, au lieu de dire, *les animaux courent.*

MM. de Port-Royal ont très-bien dit (1), que cette formule étoit un effet
de la Syllepse ; qu'on se représentoit ces animaux comme une seule masse,
comme un tout ; tandis qu'Apollonius n'en avoit donné qu'une très-mauvaise
raison, comme ils le démontrent.

C'est ainsi que nous disons en François *tout est bien*, employant au singulier un Verbe dont le nom indique un grand nombre d'objets : mais ces
objets ne sont envisagés que comme un seul, par leur réunion, & par le singulier *tout*, au genre neutre en quelque sorte ; mais qui est un vrai pluriel. N'est-ce
pas de la même maniere que nous mettons un Verbe au pluriel à la suite d'un
nom au singulier, dans cette phrase, *la plûpart sont déja venus ?*

Ajoutons que si les Grecs se servirent constamment de cette formule pour

---

(1) Grammaire Grecque, p. 397.

les noms neutres, c'est qu'on les envisagea sous un point de vûe absolument différent des pluriels masculins & feminins. On considéra ceux-ci comme des objets distincts, parce qu'ils représentoient des Etres animés ; tandis que les neutres se prenoient en bloc, parce qu'ils désignoient dans l'origine, des Etres inanimés, dans lesquels il n'y avoit point de différence de sexe.

On trouve un autre contraste fort-aprochant de celui-là entre le Grec & le François. Tandis que nous disons au singulier, *la plûpart des hommes*, les Grecs disent au pluriel, πολλοὶ τῶν ἀνθρώπων, *plusieurs des hommes*.

III. *Noms à la suite d'un Comparatif.*

Les noms qui servent de conséquent à un Comparatif, se rendent en Grec par un Génitif: on y dit : Μείζων ἐμοῦ, *plus grand de moi* ; comme si c'étoit un complément ; & non *plus grand que moi*. Mais c'est la tournure Italienne ; *più grand di me*, plus grand *de moi*, disent-ils également. Et cela n'est point contradictoire ; *de* est une liaison tout comme *que*.

IV. *Du Génitif.*

Les Grecs aimoient autant le Génitif que nous. Ils disoient, comme nous : Πεποίηται λίθου, *il est fait DE pierre* : ἔπιον τοῦ οἴνου, *j'ai bû DU vin* : Ἡμέρας καὶ νυκτὶ *méditer DE jour & DE nuit* : Τῆς ἀρετῆς ἐφικέσθαι, *acquérir DE la vertu*. Et même avec l'Infinitif après un autre Verbe : Κωλύει τοῦ γίνεσθαι οἰκίαν, *il empêche DE bâtir une maison*.

A cet égard, les Grecs se raprochent d'autant plus de notre Syntaxe Françoise, qu'ils n'ont point d'ablatif proprement dit, & qu'ils mettent en complément, comme nous, ce que les Latins mettent à l'ablatif avec la préposition *de* ou *ex*.

MM. de Port-Royal suposent que ce Génitif est l'effet d'une préposition sous-entendue : c'est chercher du mystère où il n'y en a point. Ces mots désignent des complémens : mais le Génitif en est le cas : tous ces mots sont donc nécessairement au Génitif, par une suite du rôle qu'ils jouent ici, & sans le secours d'aucune préposition.

V. *Du Datif.*

Le Datif se met à la suite de plusieurs Verbes qui semblent actifs, & qui devroient être par conséquent suivis d'accusatifs : le vrai est que ces Verbes ne sont point actifs par eux-mêmes, ou du moins que tous ces Datifs ne désignent que des terminatifs, ensorte que ces formules sont parfaitement conformes aux plus purs principes de la Grammaire.

Il ne faut donc pas rendre cette expression, Προσκυνεῖν τῷ Θεῷ, par celle-ci, *adorer Dieu*, puisqu'il seroit absurde de mettre au Datif (τῷ Θεῷ) un nom qui devroit être à l'accusatif. *Adorer* n'est qu'un mot substitué au sens propre de *Proskuneim*: celui-ci signifie mot à mot *baiser la main*, *faire ses baise-mains*, *adresser un salut* : il doit donc être suivi d'un Datif. Ce Verbe est composé de la préposition Προς, *Pros*, qui signifie *à*, *vers* ; & du Verbe, Κυω, *Kyó*, qui signifie faire un baiser, & qui subsiste dans l'Anglois *Kiss* & dans l'Allemand *Kuss*, qui signifient un baiser.

V I. *Du Cas absolu*.

Les Latins n'ont qu'un Cas absolu, l'ablatif : les Grecs employent indifféremment trois Cas en pareille occasion ; ils ont des Génitifs, des Datifs & des Accusatifs absolus : c'est comme les Italiens qui mettent un même nom après un même Verbe & après la même préposition au génitif, au datif, & à l'accusatif, comme nous l'avons vu au Chapitre des Prépositions. C'est une preuve frapante de la grande liberté que les Grecs se donnoient dans leur langage : ils ne vouloient point de gêne, & ils recherchoient la plus grande variété possible, dans leur langage comme dans leurs actions.

Si l'on adoptoit le systême de plusieurs célebres Grammairiens, ne seroit pas un datif, mais un ablatif absolu qu'auroient les Grecs ; ce qui raprocheroit encore plus cette Langue de la Latine. Ces Grammairiens font du datif un ablatif toutes les fois qu'il désigne un circonstanciel, & non un terminatif : parce que, selon eux, les Parties du Discours doivent être distinguées par leurs usages, lors même que leurs formes sont semblables ; tout comme nous distinguons deux mots, parfaitement les mêmes quant au son, mais très-différens quant au sens ; & tout comme en François les mêmes pronoms, tels que *me*, *te*, remplissent des fonctions très-différentes, tenant lieu de datifs & d'accusatifs Latins.

V. II. *Des Pronoms actifs & passifs tout à la fois.*

Les Génitifs des Pronoms personnels se prennent en Grec au sens passif, tout comme au sens actif : on y dit *l'ami de moi*, & *mon ami*, pour désigner également une personne qui nous aime & une personne que nous aimons : *vos regrets*, votre *bienveuillance*, pour dire les regrets qu'on a de votre absence, la bienveuillance qu'on vous porte.

Il en étoit de même de la Langue Hébraïque, cultivée long-tems avant la Grecque: ceci tenoit au génie de la Langue Primitive. *Ma violence*, signifie en Hébreu comme en Grec, la *violence qu'on me fait*, ce que je fais malgré moi, tout comme ce que je fais faire malgré soi. *Mon injustice*, c'est l'injustice qu'on me fait: cette expression pouvoit être très-obscure, dans quelques occasions; & c'est par cette raison qu'on la remplaça dans la suite des tems par une plus claire.

VIII. *Des Articles.*

Finissons par l'Article. Ce mot, que des Grammairiens n'ont pas voulu reconnoître comme une Partie du Discours, est cependant commun à la Langue Françoise, avec les Langues modernes, & entre les anciennes avec la Langue Grecque & la Langue Hébraïque, même dans son sens le plus resserré, & en le bornant à l'Article indicatif, *le*.

MM. de Port-Royal qui ont discuté fort au long dans leur Grammaire Grecque, (1) tout ce qu'ils ont aperçu dans cette Langue de relatif aux Articles, n'ont fait également attention qu'à l'Article indicatif; & par-là ils ont nui à cet égard à ceux qui les ont pris pour guides dans l'étude du Grec, & ils les ont confirmés dans l'idée qu'il n'y avoit qu'un Article. D'un autre côté, ils font mal-à-propos du relatif *qui*, un Article, qu'ils apellent *post-positif*; c'est-à-dire, *Article qui se place* ap.... Ainsi ils mettent au nombre des Articles ce qui n'en est pas, & ils n'y raportent pas ce qui devroit en faire partie. Ce n'est pas la Langue Grecque qui leur manque, c'est eux qui manquent à la Langue Grecque, en n'y remarquant pas tout ce qui y est: tant il est difficile d'observer comme il faut, si l'on ne voit que d'après un système ou d'après une mesure donnée.

La vraie maniere d'analyser une Langue, ce seroit d'en classer tous les mots dans l'ordre le plus propre à les faire distinguer, suivant les propriétés qu'on y aperçoit: on verroit alors naître à leur égard le meilleur système possible: on s'assureroit, par exemple, par-là, que les Grecs n'avoient pas seulement l'Article indicatif *le*, & l'Article Démonstratif *ce*, divisé en deux: *houtos*, ce qui est près, ici; *ekeinos*, ce qui est loin, là: mais qu'ils ont encore l'Article Enonciatif *un*, exprimé par *Tis*. Celui-ci est continuellement employé dans les

---

(1) Liv. VIII. Chap. IV. & V.

Fables d'Éfope, écrites d'un ftyle fimple & populaire : on y voit :

Ἔν τινι παγίδι, dans un filet.

Τῶν δὲ παρόντων τις, un des affiftans.

Ἐπί τινος οἰκίας, dans une maifon.

Objectera-t-on que ce mot *Tis* eft rendu en Latin, non par un, mais par le mot *quidam*, certain ; certain filet, certaine maifon ? Mais qu'en réfulteroit-il, fi ce n'eft que QUIDAM en Latin, & CERTAIN en François, devroient être confidérés comme des Articles énonciatifs, toutes les fois qu'ils en rempliffent les fonctions ?

CONCLUSION.

QUEL vafte champ de conféquences importantes n'offre pas à l'efprit humain l'analyfe que nous venons de faire des Principes généraux du Langage & des nuances qu'ils reçoivent chez les divers Peuples qui fe font formés fur la furface de la Terre ! C'eft déja, fans doute, un fpectacle auffi intéreffant que nouveau, que cet accord merveilleux qui régne entre la Nature & la Grammaire Univerfelle, & entre celle-ci & toutes l   particulieres : par-tout un feul principe, un feul modèle, modiñe à l'infini par des caufes conftantes & reconnues, & dont on peut toujours calculer les effets : par-tout la Nature conduifant les Hommes vers leur plus grand bien, & les y conduifant par des routes fimples & fûres : par-tout les Hommes ne devant qu'à l'imitation ce qu'ils croyoient devoir à leur feule imagination, à leur fimple caprice ; par-tout ces hommes fuivant la même route & opérant d'après les mêmes principes, tandis que les effets font fi prodigieufement variés, qu'on étoit tenté de croire qu'il n'y avoit nuls raports, nulle harmonie, nul principe commun, que l'art grammatical avoit été abandonné au génie de quelques hommes, & qu'il n'auroit dépendu que d'eux d'en établir un tout opofé.

On favoit à la vérité qu'il exiftoit de très-grands raports entre les principes fur lefquels étoient fondées les Grammaires de tous les Peuples : un fentiment confus faifoit entrevoir même que ces raports ne pouvoient être l'effet du hazard ou du caprice ; plutôt, celui d'une caufe conftante & fupérieure aux Hommes ; & c'eft à cette caufe qu'on tâchoit de s'élever par ces recherches immenfes qu'on a faites fur les principes du Langage, & dans lefquelles on s'eft fi fort aproché du but. Restera-t-il quelque incertitude à cet égard, lorsqu'on voit les Principes généraux du Langage ramenés à la simple imitation de la Nature; & nous donner à leur tour les principes de chaque Langue en particulier: lorsqu'on voit que les Langues, les plus éloignées, & en aparence les plus oposées, la Langue Chinoise, & la Langue Françoise, la Langue Grecque, la Latine, celle des Hébreux, les Langues même des Sauvages de l'Amérique, sont fondées sur la même base; qu'elles analysent leurs pensées & qu'elles les peignent d'après les mêmes principes; & que tous les Peuples de la Terre, qui se ressemblent déja à tant d'égards, se ressemblent encore à celui-ci & d'une maniere si sensible?

Que ce raport, que cette simplicité, que cette unité, doivent paroître agréables à ceux qui sont obligés de se livrer à l'étude d'un grand nombre de Langues! Qu'il doit être satisfaisant de trouver par-tout, au lieu de ces objets isolés, de ces régles absurdes, de ces pratiques dont on ne peut se rendre raison, de ces usages sans principes qu'offroient jusques-ici toutes les Grammaires, de trouver par-tout, dis-je, des objets liés étroitement entr'eux, des régles justes & nécessaires, des pratiques fondées en raison, des usages toujours liés avec des principes immuables! & en même tems, quelle facilité ne doit-on pas s'en promettre pour l'étude de toutes ces Grammaires, puisqu'on pourra toujours se rendre raison d   hénomènes les plus singuliers, & les ramener à des principes connus.

Ces raports du Langage toujours constans, toujours simples & clairs, toujours satisfaisans pour la raison, toujours conformes à nos principes, sont bien propres à en démontrer la bonté, & à donner une idée avantageuse de ce qui nous reste à dire. Ce n'est que la Nature même des choses, qui peut nous conduire avec tant de facilité à travers des routes qui paroissoient si tortueuses, si oposées, si difficiles à apercevoir; & qui nous ayant fait découvrir dans les Allégories de l'Antiquité, dans ce Langage figuré qui fit ses délices, les principes sur lesquels il fut fondé, nous a conduits également aux principes du Langage même le plus simple, le plus naturel, le moins allégorique; & nous a fait voir qu'ils ne furent pas moins l'effet de la Nature, que les principes sur lesquels s'éleva la brillante Allégorie.

Puisque de quelque point que nous partions, nous parvenons aux mêmes résultats, que par-tout nous découvrons l'effet de la Nature, jamais celui du hazard ou de l'arbitraire, par-tout des conséquences nécessaires, nulle part des effets sans cause; & qu'après avoir montré les principes du Langage figuré, nous avons indiqué avec la même simplicité, si ce n'est avec le même intérêt, ceux du Langage ordinaire, n'est-il pas à présumer, que nous ramènerons également à des principes aussi simples, & de la même nature, l'origine des mots eux-mêmes, de ces mots au moyen desquels les Hommes ont fait l'aplication de ces principes du Langage; & que ces mots n'auront pas eu moins de raport avec les idées qu'ils furent destinés à peindre, que les principes du Langage en ont avec les objets qu'on devoit imiter par leur moyen?

Ces premiers succès doivent être auprès de toute personne raisonnable, une preuve de la bonté de notre méthode, & un heureux augure pour l'avenir.

D'ailleurs, quelle méthode peut être plus satisfaisante pour l'esprit humain! Peut-il exister une maniere plus agréable d'envisager les connoissances humaines, qu'en les ramenant à la Nature même des choses? Quelle assurance pouvoit-on avoir de leur bonté intrinsèque, lorsqu'on ne voyoit en elles que l'effet de la volonté humaine, celui d'une expérience que rien ne dirigeoit, & qui ne pouvoit éclore qu'après une longue suite de générations chez qui n'avoit jamais brillé aucune étincelle de génie, & qui avoient été constamment privées de ce qui caractérise même la plus informe des Sociétés modernes?

Si les hommes avoient été abandonnés à eux-mêmes, s'ils n'avoient trouvé aucun secours, aucun modèle dans la Nature, ils seroient encore tels que dans leur origine; encore aujourd'hui ils ne sauroient ni parler, ni écrire, ni se réunir en Sociétés, ni dompter la Terre, les Elémens & les Animaux: nos propres connoissances privées d'une base immuable, ne seroient que des connoissances précaires, & nous aurions toûjours lieu de croire que des hazards plus heureux, nous faisant découvrir de nouvelles séries, une nouvelle maniere de voir, pourroient renverser toutes nos connoissances actuelles, & en offrir d'absolument différentes.

Ajoutons que cette marche est plus satisfaisante pour l'homme & plus digne de lui, de la noblesse de son Etre, de l'excellence de sa raison : au lieu de ne voir par-tout que des institutions d'homme, que des effets d'une volonté qui agit au hazard, & qui profite plus ou moins heureusement des circonstances d'après lesquelles elle opere; au lieu d'entendre donner pour toute raison, *c'est l'usage*, ou *un tel a dit*; n'est-il pas plus satisfaisant, plus flatteur, de ne reconnoître pour Maître qu'une Loi constante & immuable, supérieure aux hommes, née avant eux, conforme à leurs plus grands intérêts, & à laquelle

ils

UNIVERSELLE. 601

ils doivent le soumettre, comme à une portion de ce grand ordre, sans lequel rien ne peut subsister?

Les Hommes seroient-ils assez déraisonnables pour se plaindre de ce qu'on veut parler à leur raison; de ce qu'on veut leur faire sentir la cause des objets qu'ils doivent étudier; leur donner pour guides, non des Etres semblables à eux, mais la Nature elle-même; leur faire connoître cet ordre auquel tout est soumis, & sans la connoissance duquel l'Homme lui-même est une énigme à ses propres yeux?

Si l'on est obligé de suivre dans tous les Arts, dans toutes les Sciences, une route fixe, connue & nécessaire, le seroit-on moins dans un Art aussi excellent, aussi agréable, aussi intéressant, aussi utile, que l'Art de peindre ses idées? Auroit-il été livré au caprice du premier venu; & les objets que nous devions prendre pour modèles, ne nous auroient-ils pas dirigés nécessairement dans cette peinture?

Lorsqu'on réfléchira attentivement sur ces choses, on ne comprendra pas qu'on ait jamais pû être d'une autre opinion; & l'on n'en aura que plus d'ardeur pour suivre avec empressement une maniere d'étudier aussi satisfaisante.

C'étoit une méthode bien contraire aux droits de la raison, que celle des Anciens qui ne donnoient pour toute raison d'un précepte ou d'une opinion, si ce n'est qu'un tel l'avoit dit. Mais qu'importoit tel ou tel qui avoit pu se tromper, & qui n'étoit qu'un point pour la masse entiere des Etres? Ce qui importoit, c'est que ce précepte ou cette opinion fut conforme à la raison, & que c'étoit à celle-ci qu'on obéissoit comme à la Reine du Monde, en soutenant tel précepte, en embrassant telle opinion. Qu'étoient les noms les plus illustres, un Aristote, un Platon, un Socrate? que sont Descartes, Leibnitz, Newton, en comparaison de cette Souveraine donnée par la Divinité même, pour éclairer & pour conduire les Hommes? S'ils ont fait tant d'écarts, s'ils ont été exposés à tant de préjugés, à tant d'erreurs, à tant d'ignorance, c'est qu'ils ont toujours cherché à apuyer leur foiblesse sur le roseau cassé de l'opinion, & jamais sur celui de l'ordre.

On pouvoit apeller crime de lèze-raison cette ambition singuliere des Hommes de ne voir jamais que l'arbitraire, leur caprice, leur simple volonté dans la plûpart de leurs institutions; comme si les Hommes pouvoient être mus par d'autres considérations que par celle de l'Ordre auquel est attaché le bonheur physique & moral de l'humanité entiere, & par conséquent celui de chaque individu.

Ce raport des Hommes avec l'Ordre universel, demontré également par

Gramm. Univ. Gggg

l'analogie de toutes les Grammaires, fera un nouveau point de comparaifon à ajouter à tous ceux qu'on raffemble depuis fi long-tems pour arriver à l'Hiftoire Naturelle de l'Homme, & fans la réunion defquels il eft impoffible de completter cette Hiftoire.

En effet, fi l'on ne peut élever un fyftême que fur des faits, & fi le meilleur fyftême eft toujours celui qui raproche le plus grand nombre de faits, & qui les réunit de la maniere la plus naturelle, on ne fauroit fe promettre de connoître parfaitement l'Hiftoire Naturelle de l'Homme, celle qui nous importe le plus, qu'en connoiffant tous fes raports avec l'Ordre, jufques à quel point il s'en aproche, & à quels égards il en eft éloigné ; & en étendant ces raports fur tout ce qui conftitue l'Ordre.

La Grammaire fera donc dans la Nature comme tous les autres Arts ; c'eft-là que nous devrons puifer également celle de tous les Peuples : mais puifque toutes nos connoiffances font dans la Nature, qu'eft-ce donc que cette Nature dans laquelle nous trouvons l'origine de toutes nos idées, de toutes nos connoiffances ; & qu'eft celui-là même de qui dépend la Nature entiere, & qui fit cet Ordre auquel tout obéit, & dont nos connoiffances les plus vaftes ne font que de légeres parcelles ?

Ces raports du Langage, toujours conftans, toujours conformes à nos principes, toujours calculables d'après ces principes, en démontrent évidemment la bonté, & doivent donner une idée avantageufe de ce qui nous refte à dire. En effet, plus nous irons en avant, & plus nous les verrons confirmés par des raports toujours plus frapans, & d'autant plus qu'on fera mieux au fait de notre méthode, & qu'on en fentira mieux les avantages.

Mais comme les fuccès font toujours proportionnés aux moyens, plus on comprendra l'Art d'après lequel l'Homme rend fes propres idées, cet Art fans lequel il eft impoffible de faire des progrès dans l'étude dès Langues, & plus ces progrès feront rapides & fatisfaifans ; fur-tout fi l'on s'y habitue dès l'enfance : car dejà dans cet âge, on eft en état de faifir par la raifon les vérités les plus abftraites : il eft vrai qu'elles doivent être finguliérement fimplifiées ; mais qu'on les fimplifie, & auffi-tôt que l'efprit les aura une fois goûtées, il n'y aura rien dont il ne puiffe être capable.

GRAMMAIRIENS,

Et AUTEURS cités pour la discussion de quelques Articles de Grammaire.

ACADÉMIE FRANÇOISE, au sujet des Participes, 202
ANONYME, ou nouvel examen du préjugé sur l'Inversion, 8°. 521-525
   Sur la forme moyenne des Grecs, dans la Bibliothéque ancienne & moderne, Tom. V. 452
APOLLONIUS, sur le nombre des Parties du Discours, 32
   Sur les Tems de la Langue Grecque, 254
   Sur les Impératifs, 413
ARISTOTE, sur le nombre des Parties du Discours, 32
   Relevé sur les Conjonctions, 329
   Et sur la ponctuation d'une phrase, 542
AULUGELLE, sur les Cas, 381
BARTHELEMY, (M. l'Abbé) sur les Verbes, 236
BATTEUX, (M. l'Abbé) causes de la Construction Françoise, 496
   Système sur la Construction, 502
   Son examen du système de M. du Marsais, 513
   Défense de son système, 521
BAYER, Professeur de Petersbourg, Grammaire & Dictionnaire Chinois, dans son *Museum Sinicum*, 561
BAYLY, (M.) Grammaire Angloise, sur les Parties du Discours, 33
   Sur les Participes, 593
BEAUZÉE, (M.) sur les Parties du Discours, 33
   Sur les Genres, 75
   Sur les Articles, 103-107
   Son opinion sur *qui*, 123
   Nom qu'il donne au Superlatif, 143
   Releve Port-Royal sur le Verbe *Être*, 177
   Sur les Participes, 207. 211
   Son système des Tems, 255-268
   Combien doit être étudié, 270
   Ce système comparé, &c. 271
   Sur les Prépositions, 283. 301
   Combien il en compte, 297
   Sur les Adverbes, 317
   Sur les Conjonctions, 329
   Combien il en compte, 330
   Ses idées sur le relatif, 341
   Sur la Conjonction *si*, 347
   Sur les Cas, 381
   Sur les Impératifs, 410-411
   Sur le Mode supositif, 418
   Sur ses Suplémens elliptiques, 423

Sur les Supins, 441
Régles sur les Complémens, 480
Son syſtême ſur la Conſtruction, 516
Ses idées ſur le Pléonaſme, 537
On renvoye à lui,
1°. Sur divers mots regardés mal à propos comme Pronoms, 163
2°. Sur la diſtribution des Complémens, 480
3°. Sur la Ponctuation, 543
BERGIER, (M. l'Abbé) ſur les Verbes, 235-237. 244
BONAMI, ſur les Articles Latins, 114
BROSSES, (M. le Préſident de) ſur le Tems primitif des Verbes, 244
BUFFIER, (le P.) ſur les Parties du Diſcours, 33
BUXTORFF, Grammaire Hébraïque,
CANINIUS, ſur les Conjonctions, 350
CHANGEUX, Bibliothéque Grammaticale, Diſcours Préliminaire.
CHARISIUS, ſur les Supins, 441
CICERON, ſur les Cas, 381
Sur l'arrangement des mots, 521
CONDILLAC, (M. l'Abbé de) ſur la Conſtruction Latine, 520
M. l'Abbé C… Eſſai Synthetique ſur l'origine & la formation des Langues, Diſcours Préliminaire.
DANGEAU, (Abbé de) ſur les Prétérits Comparatifs, 267
Sur la Prépoſition après, 302
DENYS d'Halicarnaſſe, ſur la Conſtruction, 506

DIDEROT, (M.) ſur l'Impératif, 413
DIEU, (Louis de) Grammaire Perſane,
DONAT, ſur les articles Latins, dans ſon Traité des Parties du Diſcours, 114
DUCLOS, ſur les Genres, 75
Sur les Articles, 107
Sur les Participes, 207
Sur les Adverbes, 315
ERPENIUS, Grammaire Arabe.
ETIENNE, (Robert) Grammaire Françoiſe, ſur le Verbe Etre, 177
FAUVET, Grammaire Baſque.
FONTAINES, (Abbé des) ſur le Génie de la Langue Françoiſe, 274
Sur l'uſage du Supoſitif, 420
FOURMONT, Méditations Chinoiſes, Grammaire Chinoiſe. 561
FRISCH, au ſujet des Participes, 209
FROMANT, (M. l'Abbé) ſur le, 127
GAZA, ſur les Tems, 254
GIRARD, (l'Abbé) ſur les Parties du Diſcours, 33
Diſtingue le Nom de l'Adjectif, 39
Sa diviſion des Articles, 102
Sur les Participes, 205
Son ſyſtême des Tems, 250
Sur quelques mots regardés comme des Prépoſitions, 283
Combien compte de Prépoſitions, 297
Et de Conjonctions, 330
Sur la Conjonction ni, 332

GRAMMAIRIENS, &c.

Sur les Parties Conſtitutives d'une phraſe, 483-486
GOULIER, (M.) Grammaire Latine avec des diſſertations ſur la Syntaxe, *Diſcours Préliminaire.*
HARRIS, (John) *Eſquire*, ſur les Parties du Diſcours, 32-33
Diſtingue le Nom de l'Adjectif, 39
Sur les Genres, 75
Son ſyſtême des Tems, 252
Sur les Conjonctions, 329
ISIDORE, Origines, cité en divers endroits,
KUSTER, ſur la forme moyenne des Grecs, 451
LAMY, (le P.) ſur la Conſtruction, 532
LANCELOT, voyez Port-Royal.
LARRAMENDY, Grammaire Biſcayenne ou Baſque,
LE CLERC, ſur le Pléonaſme, 538
LEIBNITZ, ſur le Tems primitif des Verbes, 244
LOWTH, (Mylord) ſur les Parties du Diſcours, 33
MAFFEI, (le Marquis de) ſur les Articles, 114
MARSAIS, (du) ſur les mots figurés, 91. 93. 103
Reconnoît des articles chez les Latins, 113
Sur *le* & *la*, 127
Sur les Participes, 206. 211
Sur les Adverbes, 316
Sur les Noms qu'il prend pour Adjectifs, 320

Sur les Conjonctions, 329
Combien il en compte, 330
Sur le Nominatif, 382
Son ſyſtême ſur la Conſtruction, 509
MASCLEFF, Grammaire Hébraïque.
MENAGE, ſur la Langue Allemande, 231
Sur *Mais*, 348
MENINSKY, Grammaire Turque.
MILL, Grammaire Indienne.
NUNNESIUS, ſur les Conjonctions, 350
OLIVET, (l'Abbé d') ſur une expreſſion de Racine, 420
PALOMBA, (M.) ſur les noms des Tems, 275
PLATON, ſur les Parties du Diſcours, 32
Que le Langage eſt une peinture, *Vignette.*
PORT-ROYAL, (MM. de) ſur les Parties du Diſcours, 33
Sur le Verbe, 176
Sur les Participes, 205
Sur les Adverbes, 313
Sur les Conjonctions, 328
Sur le Relatif, 339-341
Sur l'Origine du duel en Grec, 371
Sur les Supins, 441
PRISCIEN, ſur les Parties du Diſcours, 32
Sur les Participes, 191
RAMUS, ſur les Impératifs Grecs, 413
SAINTE-PALAYE, (M. de) ſur des

Formules anciennes, 147
Et son Dictionnaire de la Langue Françoise, 415
SANCTIUS, sur les Parties du Discours, 33
    Sur les Conjonctions, 328
    Sur les Cas, 379
SCHULTENS, Grammaire Arabe, 32
SERVIUS, sur les Cas, 381
SYLBURGE, sur les Impératifs Grecs, 413

WAILLY, (M. de) sur les régles de la Construction Françoise, 490
WALLIS, sur les Parties du Discours, 32
VALART, (M. l'Abbé) sur les Suplémens Elliptiques, 423
VARRON, sur les Tems, 265
    Sur les Cas, 381
VAUGELAS, sur l'arrangement des mots, 480
VOSSIUS, sur la Conjonction UT, 350

OBSERVATIONS
GRAMMATICALES,
SUR DIVERSES LANGUES PARTICULIERES

ALLEMANDE (*Langue*) ET THEUTONNE.

Combien elle a de cas, 379
A un duel, 371
N'a point d'imparfait, 249
Comment termine son Infinitif, 440
Ses passés composés, 212
A des Prépositions initiales, 310.
                                311
Genres de ses Pronoms, 369
A des Tems simples, 247
Forme ses Verbes sur les noms, 226

ANGLOISE.

A des Genres & quels ils sont, 75
Comment termine ses pluriels, 79
A des Prépositions initiales, 310
Genres de ses Pronoms, 369
Combien a de Tems simples, 247
Comment forme quelques Tems, 274
Distingue par des noms les Tems des Verbes, d'avec le Tems, 243
D'où vient sa terminaison en *ing*, 440
Forme ses Verbes sur les Noms, 226

ARABE.

Combien a de cas, 379
Défectuosité de ses Dictionnaires, 84. 85
Diverses significations d'un de ses Verbes, arrangées suivant leur ordre naturel, 85
Formes de ses Verbes, 456

ARMENIENNE.

Combien a de Cas, 379

BASQUE.

Combien a de Cas, 379
Formes de ses Verbes, 457

CHALDÉENNE.

Comment forme ses Tems, 245

CHINOISE.

Sa Grammaire analysée, 560

EGYPTIENNE.

Comment forme ses Tems, 245

ESCLAVONNE.

A un duel, 371.

Ethiopienne.

Comment forme ses Tems, 245

Flamande.

A des Prépositions initiales, 310
Genres de ses Pronoms, 369
Forme ses Verbes sur les Noms, 226

Françoise.

Combien paroît irréguliere d'après des Grammaires défectueuses, 274
Causes de sa Construction, 529
A des Cas pour les Pronoms, 373
Ses Genres, 368
Ses Prépositions, 283
En a d'initiales & quelles, 310-312
Combien a de Tems simples, 247
Formes de ses Verbes, 445
A plusieurs Verbes semblables aux Noms, 226
Peu variée dans les Terminaisons de ses Adjectifs, 41
Origine de sa Terminaison plurielle, 371

Galibis. (*Langue des*)

Ses raports avec la Langue Chinoise, 575

Gothique.

Forme ses Verbes sur les Noms, 226

Grecque.

Ses Articles, 14
Combien a de Cas, 379
N'en a qu'un pour le Datif & l'Ablatif, 390
A un duel, 79. 371
A des Prépositions initiales, 310
Mots qu'elle employe comme prépositions, 285
Comment forme ses Participes, 198-200
Et ses Verbes, 234. 235
Comment fléchit le Verbe Être, 185
Combien a de Tems simples, 247
Tems de son Impératif, 413
De sa forme moyenne, 451
Comment termine son Infinitif, 440
Combien elle a de tems à l'Infinitif, 433
L'accompagne d'articles, 430
L'employe pour les Loix, 415
Employe le relatif par Ellipse, 339

Hébraïque.

Fausses idées sur le nombre de ses mots, 227
Ses mots radicaux ne subsistent souvent que dans d'autres Langues, 228
Analyse de son Verbe BEL, *ib.*
Elle a un duel, 371
Comment forme ses Verbes, 234
Ses Prétérits & ses Futurs, 245
Se sert du Futur dans ses Loix, 415
Formes de ses Verbes, 455

Indienne.

Comment elle employe le Verbe *Être*, 184

Italienne.

Ses formules elliptiques, 535

Aime les diminutifs, 97
A deux genres pour l'article pluriel, 110
Ses signes de Comparaison, 144
Comment oppose deux noms au Comparatif & au Superlatif, 147
Ses Prépositions, 299. 300
Les accompagne de *a* & de *di*, 286
Ses Prépositions initiales, 310. 311
Adopte notre formule *je viens de*, 249
Accompagne ses Infinitifs d'articles, 430
Décline le participe passé joint à *j'ai*, 219
Ses passés composés, 212
Terminaisons de ses pluriels, 79.

LAPONE.

Combien a de Cas, 379
A un duel, 371

LATINE.

Aime moins les aspirations que la Langue Grecque, 186
A plus d'ellipses que la Françoise & pourquoi, 536
Mots qui y ont une place fixe, 280
Régles de sa Construction, 497
A six Cas, 379
Un septiéme, selon quelques-uns, 381
Ses signes de Comparaison, 144
Ses Prépositions initiales, 310
Comment fléchit le Verbe Etre, 186
Combien a de formes, 447

Gramm. Univ.

Ses Déponens sont des Verbes passifs, 447
Comment forme ses Participes, 198
Ses Verbes actifs & passifs, 234. 235
Et ses Tems, 254. 265. 272
Combien en a de simples, 247
Leur Correspondance avec les nôtres, 275
Ses prétérits formé sur celui des Orientaux, 245
Ses prétérits plus simples que ses présens, & pourquoi, 246
N'a qu'un présent & qu'un passé antérieurs, 263
Combien a de tems à l'Infinitif, 433
Ne les fait jamais précéder de prépositions, 439
Ses Gérondifs, 435
Ses Supins, 441
Sa Syntaxe comparée,

MALABARE.

Combien a de Cas, 379

Oc. (*Langue d'*)

Aime les diminutifs, 97
Comment forme ses Participes, 198

ORIENTALES. (*Lang.*)

Terminaisons de leurs pluriels masculins, 79
Leurs Verbes semblables aux Noms, 228

Hhhh

PERSANE.

Comment fléchit le Verbe *Être*, 186. 187
Comment forme ses Verbes Actifs, 235
Terminaison de son Infinitif, 440

PHÉNICIENNE.

Comment formoit ses Tems, 245

SYRIAQUE.

Comment forme ses Tems, 245

TIBET (*Langue du*).

Ses raports avec les Orientales, *Disc. Prélim.*

TURQUE.

Formes de ses Verbes, 455

FAMILLES PRIMITIVES.

Aid, Id, *Main*, 9
Ain, *An*, *Œil*, 307
Ba, Va, *aller*, 64
Ban, Bar, } *Élevé*, 135
Bel, *Belier*, 71
BEL, Vel, Fel, *Vite, Trait*, 228-233
Bou, *Grand*, 71
Brec, Fric, Frac, *Brèche, Fracas*, 246
Cap, *Extrémité, Sommet*, 136. 137
Car, Gar, Gher, *Discours*, 349
Com, *Avec, Assemblage, Nation*, 550
Cra, Gra, *Gravure*, 5
Cu, Kue, Que, *Force, Puissance*, 342
Cur, Cyr, *Cercle*, 84-89
Dun, *Profond, Haut*, 136
E, *Existence*, 179. 181
Fac, *Action*, 137. 138
Fu, *Fuite, Action de fuir*, 187
Gen, *Production*, 367
Hor, Or, *Lumiere*, 308
Hul, Hyl, Syl, *Plante*, 244
Id, Oed, *Tems*, 241
Ker, *Ville*, 68. 88
Lab, *Main, action de prendre*, 244

Lac, *Envoi, Mise, Action de mettre*, 311
Las, *Misere*, 357
Mag, Maj, Mak, *Grand, Habile*, 94. 145
Man, *Main, qui conduit*, 325
Math, *Mesure*, 244
Min, *Petit*, 145
Nam, *Nom*, 60
No, *Science, Connoissance*, 61
Par, Bar, Var, Ver, *Passage*, 2°. *Brillant, qui laisse passer la lumiere*, 173
Pot, *Élévation, Profondeur*, 138
Sac, Sec, Sic, *Couper*, 449
Sen, Hen, *Vieillesse*, 244
S-per, *Brillant, formé sur* Par, *Paré, Beau*, 535
Tac, *Coup, Tact, Touché*, 246
Tan, *Feu*, 64
Then, *Don*, 244
Theut, *Pays*, 69
Ti, *Auguste*, 64
Tor, Tour, Tur, Tyr, *Force*, 2°. *Tour dans tous les sens*, 549
Tup, *Coup, Tope*, 244
Up, Op, *Sur*, 305
Væ, Ouæ, *Ouais, Malheur*, 357

H hhh ij

ÉTYMOLOGIES FRANÇOISES.

Ablatif,	388	Captieux,	ib.
Admettre,	312	Captif,	ib.
Alcaïde,	124	Car,	349
Alcide, *le Cid*,	125	Cavé,	137
Alcoran,	124	Caverne,	138
Alembic,	ib.	Ce,	126
Alexandre,	125	Cercle,	84
Almanach,	124	Cere, & le Caire,	68
Alors,	323	Cerites,	ib.
Amphitrite,	64	Cerner,	89
Arbalette,	232	Chef,	136
Ariès,	71	Chercher,	89
Ariette,	95	Cirque,	ib.
Assassin,	449	Comestible,	183
Assez,	324	Commettre,	311
Aujourd'hui,	323	Comparoître,	312
Avant,	307	Contredire,	312
Baliste,	232	Corde,	89
Banneret,	136	Cordilleres, (*les*)	ib.
Banniere,	ib.	Cordon,	ib.
Baron,	135	Courbe,	ib.
Bel,	134-135	Courge,	ib.
Belier,	72	Coy,	343
Bellone,	233	Défaire,	312
Bête,	183	Déluge,	384
Capable	136-137	Désormais,	323
Capacité,	136	Devant,	307
Capitaine,	ib.	Dissemblable,	312
Capital,	137	Don,	136

ETYMOLOGIES FRANCOISES.

Donc,	351	Gourdin,	ib.
Dont,	339	Grammaire,	4
Dunciade,	336	Graver,	5
Dunes,	ib.	Greffer,	ib.
Dynamique,	ib.	Greffier,	5
ÉCRIRE,	5	Guirlande,	89
Edifice,	182	HÉBÉ,	183
En,	324	Hors,	307
Encore,	323	Houblon,	305
Entraîner,	312	Houpelande,	ib.
Eſt, (l'Orient)	182	Hupe,	ib.
Éteindre,	319	IDÉE,	8
Être,	179	Idole,	9
Eve,	183	Il,	167
Exemple,	384	Impatienter,	312
Extraire,	312	In, négatif,	334
FACETIEUX,	137	Inextinguible,	313
Factice,	ib.	Inquiétude,	343
Faire,	ib.	Inſipide,	552
Faubourg,	307	Interpoſer,	312
Feu,	187	Jadis,	324
Fléche,	231	Jamais,	348
Flibot,	233	Je,	166
Floccon,	230	Jehovah,	ib.
Forain,	307	Jouvenceau,	384
Fuir,	187	Jubilé,	71. 72
Fumée,	ib.	Jupiter,	166
Fut,	186	LA,	324
GÉNITIF,	394	Le,	126
Gerfaud,	187	Lierre,	324
Girandole,	88	Loiſir,	ib.
Giroflée,	ib.	Lors,	323
Girouette,	89	Lui,	125. 167
Gourde,	ib.	MAÇON,	94

Majeur,	145	Que,	ib.
Maint,	325	Quérir,	89
Maintenant,	324	Qui,	126
Mais,	348	RECOMPOSER,	313
Maison,	93	Redefaire,	ib.
Maxime,	146	Redevenir,	ib.
Méprifer,	312	Refaire,	312
Métropole,	73	Reprendre,	ib.
Meilleur,	145	République,	549
Mineur,	ib.	Rien,	303
Minime,	ib.	SAGE,	552
Moult,	323	Salut,	550
NICOLAS,	66	Savant,	552
Nom,	59	Savoir,	ib.
Nuit,	384	Scieur,	449
OBELISQUE,	232	Secte,	ib.
Offrir,	312	Seigneur,	145
On,	551	Sem,	66
Onques,	323	Sexe,	70. 449
Or,	350	Si,	347
Ortographe,	5	Siécle,	449
Oueft,	183	Situation,	126
PAROLE,	173	Sous,	306
Participe,	193	Soutenir,	312
Permettre,	312	Souvent,	324
Perfonne,	161	Sur,	305
Phœbé,	64	Surmonter,	312
Pourceau,	384	Sufanne,	66
Prédire,	312	Syntaxe,	458
Promettre,	ib.	TATER,	166
Prote,	308	Taureau,	71
Proue,	ib.	Temple,	384
Puiffance,	138	Theutons,	69
QUAI,	342	Titan,	63

Tombeau,	384	Vesta,	182
Tour,	549	Vignoble,	93
Transférer,	312	Vision,	19
Tranquille,	343	Voir,	9
Très,	144	Volage,	229
Trop,	324	Volatil,	ib.
Tu,	166	Voler,	ib.
Tyran,	549	Vue,	9
Un,	125	Y,	324
Verbe,	173		

ÉTYMOLOGIES
DE LANGUES ÉTRANGERES.

ALLEMAND.

Ain, *un*,	181
Einen, *rassembler*,	ib.
Es, *lui*,	ib.
Ewig, *éternel*,	182
Fliége, *mouche*,	232
Flitsch-Pfeil, *flèche*,	231
Floh, *puce*,	232
Flug, *vol*, & sa famille,	231
Gurren, *gronder*,	88
Gurt, *ceinture*, &c.	86
Hupfen, *houblon*,	305
Ist, *il est*,	180
Kurbe, *manivelle*,	88
Kurbis, *courge*, &c.	87
Lag, *position, situation*,	311
Legen, *mettre*,	ib.
Et sa famille,	311. 312
Man, *plusieurs, quantité*, & sa famille,	326
Manige, *multitude*,	ib.
Name, *nom*,	60
Ober, *sur*,	305
Pfeil, *flèche*,	233
Uber, *sur*,	305
Vor, *avant*,	307

ANGLOIS.

A, *un*,	181
Bale, *tristesse*, & sa famille,	232
Curl, *boucle*,	88
Eis, *ou*, ys, *il est*,	188
Flea, *puce*,	232
Fleet, *vite*, & sa famille,	ib.
Flits, *flèche*,	231
Fly, *mouche*,	232
Fly-boat,	233
Fore, *avant*,	307
Gird, *ceinture*,	86
Gird, *raillerie*,	88
Heap, *tas*,	306
Hop, *saut*,	ib.
Hope, *espérance*,	ib.
How, *comment*,	315
Howp, *hupe*,	305
Know, *connoître*,	61
Known, *connu*,	ib.
Make, *faire*,	94
Many, *multitude*,	326
Over, *sur*,	305
The, *le, son origine*,	126
Up, *haut*, & sa famille,	ib.

ANGLO-

ÉTYMOLOGIES DE LANGUES ÉTRANGERES.

ANGLO-SAXONS.

An, *un*,	181
Bæl, *triste*,	232
Cyrfaelle, *gourde*,	87
Fla, *fléche*,	231
Flæne, *lance*,	ib.
Fleam, *fuite*, & sa famille,	ib.
Gyrdan, *tourner*,	86
Et sa famille,	ib.
Ho, *comment*,	351
Hop, *saut*,	306
Hopa, *espérance*,	ib.
Hupe, *monceau*,	ib.
Mænige, *multitude*,	326
Nama, Noma, *nom*,	60
Usera, *plus haut*,	306

ARABE.

Balatz, *s'enfuir*, & sa famille,	230
Hei, *il est*,	180
Heioun, *vivant*,	182
Kur, Kyr, *tour*,	84
Sa famille,	ib.
Ses significations,	85
2°. Raillerie,	88
No, *voix, parole, bruit*,	61

BAS-BRETON.

Cern, *circuit*,	87
E, *lui*,	181
Ew, *il est*,	180
Gair, Guer, *discours*,	349
Geiriog, *orateur*, & sa famille,	ib.
Gnou, *connu*,	61
Gouris, *ceinture*,	87
Guerzit, *fuseau*,	ib.
Ha-no, Hanw, *nom*,	60
Hanwa, *nommer*,	ib.

BASQUE.

Etea, *maison*,	182
Et sa famille,	ib.
Gur, *autour*,	87
Et sa famille,	ib.
Izan, *être*, & sa famille,	180

CHALDÉEN.

As, Es, *être*,	180

CHINOIS.

Ye, *un*,	181

CORNOUAILLIEN.

Anow,	60

ÉGYPTIEN.

Nov, *Dieu, Esprit*,	61

ESPAGNOL.

Corba, & sa famille,	88
Girandola,	ib.
Girar,	ib.
Et sa famille,	ib.

ÉTRUSQUE.

Aisoi, *les Dieux*,	181

FLAMAND.

Een, *un*,	181
Eeuwe, *siècle*,	182

Eis, *ys*, *il est*,	180
Gier, *vautour*,	87
Gorde, *ceinture*, &c.	86
Gorren, *gronder*,	88
Het, *elle*,	181
Hop, *houblon*,	305
Hy, *lui*,	181
Leggen, *poser*,	311
Menig, *multitude*,	326
Op, *sur*,	305
Over, *sur*,	ib.
Vlieg, *mouche*,	232
Vloo, *puce*,	ib.
Voor, *avant*, & sa famille,	307
Vlugt, *légereté*, *vol*,	232

GALLOIS.

Addef, *maison*,	182
Aid, *habitation*,	ib.
Chweris, *devidoir*,	87
Enw, *renommée*,	ib.
Enwm, *nom*,	60
Enwi, *nommer*,	ib.
Gair, *discours*,	349
Guri, *tour*, *ceinture*, & sa famille,	86
Oed, *tems*, & sa famille,	182

GOTHIQUE.

Ains, *un*,	181
Aiw, *toujours*,	182
Menag, *multitude*,	326
Namo, *nom*,	60

GREC.

Aei, *toujours*, & sa famille,	182
Anta, *devant*, & sa famille,	307
Belos, *flèche*, & sa famille,	230
Ei, *si*,	346
Eis, *un*,	181
Ekei, *là*,	126
Esti, *il est*,	180
Ethos, *habitation*,	182
Gar, *car*,	349
Garus, } *discours*, *raisonnement*,	
Gherus, } *voix*, & sa famille,	349
Gnoeo, *connoître*,	61
Gnotos, *connu*,	60
Goriâô, *railler*,	88
Gorutos, *carquois*,	ib.
Gramma, *lettre*, *incision*, & sa famille,	4
Guros, *cercle*, & sa famille,	86
Hôs, *comme*,	350
Huper, *sur*,	305
Hupo, *sous*,	306
Ide, *voilà*, *voi*,	8
Et sa famille,	ib.
Idris, *savant*, & sa famille,	9
Kai, *Et*,	342
Kirkos, } *Epervier*,	
Kirris, }	87
Proï, *le matin*,	308
Prora, *proue*,	ib.
Protos, *Prote*,	ib.
Zaô, *vivre*,	126
Zoon, *animal*,	ib.

ÉTYMOLOGIES DE LANGUES ÉTRANGERES.

HÉBREU.

Aish, ish, *homme*,	181
Bel, vel, *troubler*,	228
Ghor, *blâmer, critiquer*,	88
Gra, *incision*,	5
Gur, Gyr, *assembler*,	85
Et sa famille,	ib.
Heié, *vie*,	181
Het, *il est*,	180
Ho-Gyr, *nom d'oiseau*,	87
Huphe, *rameau*,	306
Huuphel, *éminence*,	ib.
Kei, &,	342
Khe, &,	ib.
Lac, *mettre*,	311
Nam, *parole*,	60
Nama, *parler*,	ib.
Oed, *tems*,	182
Quouhé, *force, lien*,	342
Ze, *ce*,	126

INDIEN.

He, *être*,	180
Naom, *nom*,	60

IRLANDOIS.

Ainim, *nom*,	60
Cor, *ceinture*,	86
Curnin, *boucle*,	88
Edean, *asyle*,	182
Gno, *illustre*,	61
Nos, *connoissance*,	ib.
Notha, *découvert*,	ib.

ISLANDOIS.

Ein, *un*,	181

Gyrta, *ceinture*,	86

ITALIEN.

Che,	342
Cerchio,	88
E,	180
Ghirlanda,	88
Girandola,	ib.
Giro,	ib.
Lasso,	357
Mai,	346
Mettere, & sa famille,	310
Tamanto,	325

LANGUEDOCIEN.

Girouflado,,	88
Houpe,	305

LATIN.

Ædes,	182
Ætas,	ib.
Ævum, & sa famille,	ib.
Antæ,	307
Ante,	ib.
As,	181
Balare,	72
Bellona,	233
Bellum,	ib.
Bestia,	183
Capax,	137
Et sa famille,	ib.
Capiens, & sa famille,	ib.
Cavatus, & sa famille,	ib.
Circanea,	87
Circos,	ib.

Circulus,	86	Quot,	ib.
Circus, & sa famille,	ib.	Sapor, & sa famille,	552
Cirri,	88	Si,	346
Cucurbita,	ib.	Sub,	306
Dos, *don*,	244	Super,	305
Ecce,	126	Tranquillus,	343
Ejus, *ea*,	181	Unus,	181
Enim,	60	Ut,	350
Esse, *manger*,	182	Velox, & sa famille,	229
Esca,	ib.	Vesperus, *voyez* ouesperus.	
Est,	180	Vesci,	183
Facilis, & sa famille,	137	Vetus,	182
Floccus, & sa famille,	230	Video, & sa famille,	9
Foras,	307	Volo, & sa famille,	229
Forum,	308		

LORRAIN.

Fucus,	187		
Garrio, & sa famille,	349	Gouret, *boule*,	86
Gurus,	86		

PERSAN.

Gyrus,	ib.	Aist, *il est*,	180
Gyrofalco,	87	Ku, *force*,	343
Idea,	8	Nam, *nom*,	60
Jupiter,	166	Qhe, *lien*,	342

PORTUGAIS.

Legare,	311		
Lupulus,	306	Maïs, *plus*,	348
Machio,	94		

RUNIQUE.

Magis,	348		
Nam,	60	Ais, *unité*,	181
Nequeo,	343	As, *Dieu*,	ib.
Numen,	61		

SUEDOIS.

Ouesperus, *son origine*,	335	Namn, *nom*,	60
Potens, & sa famille,	138		

VALDOIS.

Prora,	308		
Queo,	343	Ma, *mais*,	348
Quietus,	ib.	Qoué, *force*,	343

TABLE DES MATIERES.

A

A, suprimé après des Impératifs, devant un Pronom, 282
S'il change la nature d'une préposition en se mettant à sa suite, 283 & *suiv.*
A, *Préposition*, sa valeur relativement au lieu, 292
    Relative à la Propriété, 294
    Relative à l'objet, 296
    Pourquoi se place à la suite des prépositions, 287
    Et son Origine, *ib.*
    Quand est-ce qu'il précède l'Infinitif François, 389
    Répond au Datif Latin, *ib.*
    N'a qu'une valeur déterminative, 390
A, *Préposition Latine*, pourquoi précède l'Ablatif, 388
A L'ENCONTRE, phrase prépositive, 298
ABLATIF, cas générateur en Latin, 383
    Sa définition & pourquoi accompagné en Latin d'une préposition, 388. 389
ABSOLU en fait de Superlatif, 143
ABSOLUS, tems qui le sont, 259
    Et selon l'Abbé Girard, 250
ABSTRAITS (*noms*), fort différens des Appellatifs, 59
    Leur définition. 58
ACCUSATIF, cas Passif des Latins, 385
    Ne dépend pas de sa place, *ib.*
    Préposition qui l'accompagne, 388
ACTIONS, considerées sous deux points de vûe, 190. 213
    Leur diversité & leurs effets, 195
    Prépositions qui y sont relatives 295
ACTIF, défini, 213
    (*Cas*) pourquoi paroît pris passivement, 386
    Donné par la nature, 379. 382
    Comment apellé en Latin, 382
    (*Participe*) son origine, 190
ACTIFS, (*Verbes*) comment se forment, 234

(*Tableaux*) résultent des Participes Actifs, 191
    —— ont deux cas, 387
(*Tableaux*) définis, 51. 113
ACTIVITÉ & *Passivité*, sont dans les Pronoms & non dans les Verbes, 155. 185
ACTUEL, en fait de Tems. 258
AD & A, Prépositions Initiales, 312
ADJECTIF, sa définition, 37
    En quoi diffère du Nom, 38. 43. 132
    —— de l'Article, 104. 132
    —— des Participes, 189
    Leurs avantages, 129
    Pourquoi apellés ainsi, 130
    Leurs Propriétés, 131
    Comment on fut conduit aux Adjectifs,
    1°. Par comparaison, 132
    2°. Par dérivation, 136
    Phrases elliptiques qui en résultent, 139
    Portent la livrée des noms, *ib.*
    Leurs Terminaisons, 141
    Leurs degrés de Comparaison, 142
    Intérêt & énergie qui en sont la suite, 148
    Pourquoi déclinables, 364
    Son raport avec le Génitif, 397
    Sa concordance avec le nom, 465
    Mots qu'il a sous sa dépendance, 475
    Ellipsé, 476
    Pourquoi mis en François, tantôt avant, tantôt après les Noms, 550
ADJONCTION, une des Parties constitutives d'une Phrase, 482
    Comment désignée, 483
ADVERBES définis, 46. 318
    Examen de ce qu'en ont dit les Grammairiens, 313
    On ne peut les définir d'après les Principes de Port-Royal, 315
    Mots qui n'en sont pas, selon M. BEAUZÉE, 318
    Destination des Adverbes, 319

Ne modifient que le Verbe, *ib.*
En quoi different de la Préposition, 320
Sont une Ellipse, 321
Et de trois espèces, *ib.* & 322
Ils ne désignent que le raport d'une qualité avec un objet, 321
Naissent toujours d'un nom, 323
En quoi ils en différent, 322
Ne doivent pas être confondus avec les Adjectifs, quoiqu'ayant le même son, 324
Pourquoi indéclinables, 364
Formules adverbiales, 325
Leur division, 326
Régles de leur construction en François, 493
AFIN, conséquences qui résultent de ce qu'il n'est pas une conjonction, 344
Ses raports avec la conjonction Latine *ut*, 350
Est une Ellipse, 351
AH ! Interjection, 355
AIR, pourquoi du genre masculin, 73
AL, Article Oriental, uni à divers mots, 124. 125
ALLÉGORIES, leur définition, 99
Leur Origine, 98
Erreurs qu'elles occasionnent, 100
ALLER, Tems qui en sont composés, 255
Tous prochains, 268
L'éfinition de *je vais*, 274
AMOUR, pourquoi des deux genres, 370
ANALYSE d'une Fable Françoise, 545
D'une Fable Latine 555
ANTÉCÉDENT d'une préposition, 281
ANTERIEURS, (*Tems*) quels sont apellés ainsi, 257. 261
ANTI, sa valeur, 307
AORISTES, selon M. l'Abbé GIRARD, 250
Selon M. HARRIS, 252
Grecs, leur valeur, 413
APELLATIFS, (*Noms*) définis, 58
Leur Origine, 66
Aussi anciens que les noms propres, 67
Comment des noms propres devinrent Apellatifs, *ib.*
APRÈS, valeur générale de cette préposition, 292. 302-304
ARRIERE, Phrase prépositive, 298
ARTICLES, Partie du Discours, 39. 43. 102
Définis, 40
Nécessaires au Discours, 101
En quoi différent de l'Adjectif, 104. 134
Combien on en doit compter, 105. 107

Leurs Caractères, 107
Leur emploi à l'égard des Noms propres, 109
Livrée qu'ils portent, 110
Ont deux genres au Pluriel en Italien, *ib.*
Place qu'ils doivent occuper, 111
Les Latins en ont, 112. 113
Nos Articles nés de ceux des Latins, 114
Avantages qui en résultent, 115
Usage qu'en font les Poëtes, 117
Des mots qu'on a regardés comme Articles, 122
Inséparables de quelques Mots, 124
Leur Origine, 125
Le, Article, ne doit pas être confondu avec *le*, Pronom, 127
Pourquoi se déclinent, 364
ARTISTES anciens employoient au bas de leurs Ouvrages l'Imparfait, & pourquoi, 254
ASPIRATIONS, changées en *ʃ*, 186
ATTENDU, Préposition, sa valeur, 295
ATTRIBUT, en quoi consiste, 174
Une des Parties constitutives d'une Phrase, 482
Comment désigné, 483
AUGMENTATIFS, 94
AUX ENVIRONS, *au-dessus*, *auprés*, Phrases prépositives, 309
AUPRÈS, AUTOUR, Phrases prépositives, 298
AVANT, Préposition, sa valeur, 291
Son Origine, 307
AVEC, Préposition relative à l'existence, 294
Relative au moyen, 296
AVOIR, Tems qui en sont composés, 255

B

BEL, famille de ce mot radical, 228
Gradation de ses divers sens, 233

C

CAR, Conjonction par Ellipse, 348
Sa valeur propre, 349
Son Origine, *ib.*
CAS, troisiéme modification d'un Nom, 365
Définis, 372
Leur Origine, 373

TABLE DES MATIERES.

Peignent la chose même qu'ils désignent, 365
Leur étendue dans diverses Langues, ib.
Leurs effets dans le Langage, 374. 376
De leur nombre, 379
Comment ont été inventés, 373
Furent un trait de génie, 376
Cas Actif & Passif donnés par la Nature, 379
CAS *Latins*, 381
   Quel le premier, 383
   Ils sont naturels, 399
   Ne dépendent pas des prépositions, 400
   Des Pronoms en François, 401
   Relatifs en François, 402
   Pourquoi admis par d'autres mots que par les Pronoms & les Noms, 405
   Comment répondent aux parties constitutives d'une Phrase, 483
CE, *Article démonstratif*, 105. & *suiv.*
   Son changement avant une Voyelle, 110
   Son étymologie, 125
CHEZ, Préposition, sa valeur, 293
CIEL, pourquoi du genre masculin, 73
CIRCONSTANCE, une des parties constitutives d'une Phrase, 482
   Comment désignée, 483
COM, Préposition Initiale, 312
COMPARAISON, utilité de cette méthode, 30
COMPARATIFS, Tems qui le sont, 266
   Comment appellés par l'Abbé de DANGEAU, 267
COMPLÉMENT, ses diverses espèces, 478
   Arangemens dont il est susceptible, 480
COMPLEXE, proposition, en quoi consiste, 541
COMPOSÉE, proposition, en quoi consiste, *ib.*
CONCERNANT, préposition, sa valeur, 296
CONCORDANCE, portion de la Syntaxe: sa définition, 461
   Sa division en deux branches, 462
   Du Verbe avec le Nom & avec le Pronom, & ses Regles, 463
   Du Nom avec l'Adjectif, & ses Régles, 465
CONDITIONNEL, voyez *supositif.*
CONJONCTIONS, définies, 47
   Nécessité d'avoir des mots qui lient les diverses parties d'un Tableau, 327
   Les Conjonctions remplissent cet objet, 328

Sentimens des Grammairiens à ce sujet, *ib.*
Oposition des Grammairiens sur le nombre des Conjonctions, 330
On n'en doit compter que quatre, *ib.*
Conjonctions Copulatives, 331
Conjonction Déterminative, 335
Conjonctions tirées de l'Ellipse, 343
Ne sont pas l'effet du hazard, 344
Quelles elles sont, 346
Les mots d'une Langue, correspondans aux Conjonctions d'une autre Langue, sont nécessairement des Conjonctions, 344
Principe pour distinguer une Conjonction de ce qui ne l'est que par Ellipse de la Conjonction, 345
Pourquoi indéclinable, 354
Une des parties constitutives d'une Phrase, 482
Comment désignée, 483
Régles de leur construction en François, 493
CONJUGAISON, sa définition, 366
   Ses dévelopemens, 406
CONSÉQUENT, d'une Préposition, 281
CONSTRUCTION des Langues, dépend de la Nature, 487. 531
   Précis de ce qu'on a écrit pour décider quelle est la plus naturelle, 502-525
   Conciliation de ces systêmes, 525
   Ses Régles pour la Langue Françoise, 490
   Motifs de ces Régles, 494
   Latine, ses Regles, 497
   Varie, suivant les Langues, 501
   Et nécessairement dans chaque Langue, 526
   Preuves qu'il en existe une double dans chaque Langue, 528
   Sens du mot, Construction, & son Etymologie, 509. 513
   Pourquoi differe dans chaque Langue, quoique formée d'après un modèle commun, 529-531
CONTRE, Préposition Initiale, 312
   Préposition énonciative, sa valeur, 291
   —— d'action relative au modele, 297
COPULATIVES, *Conjonctions*, leurs fonctions, 331
   Sont au nombre de trois, *ib.*
   Leur Origine, 334

D

Dans, Préposition, fa valeur, 290
Datif, en quoi consiste en Latin, 389
   En Grec, 390
De, sert à désigner le contraste de deux noms relativement au Superlatif, 146
   Liaison Comparative en vieux François, ib.
   Et en Italien, 147
   A la tête d'un sujet, est un mot Elliptique, 282
   Préposition, sa valeur relative au lieu, 292
   ——— relative à l'action, 295
   ——— relative à l'Origine, 294
   Préposition Initiale, 312
   S'il change la nature d'une Préposition en se mettant à sa suite, 283 & suiv.
De, pourquoi se place à la suite des Prépositions, 287
   Et son Origine, ib.
   En François, réunit des raports exprimés par diverses prépositions dans d'autres Langues, 396
   Préposition Déterminative, 395
   Défaut qu'offre son usage, ib.
   Ses divers emplois, 398
Deçà & Dela, Phrases Prépositives, 298
Déclinables, quels mots le sont, 362
Déclinaison, ce qu'elle embrasse, 365
   Ses dévelopemens, 367
   Grecque & Latine, comparées, 415
Dedans, dehors, dessus, dessous, devers, phrases Prépositives, 298
Définis, (*Tems*), 263
Degrés de *Comparaison*, 143
   Liaisons comparatives, 146
Demonstratif, (*Article*), 105-106
   Les Latins en ont deux, 113
Dépendance, Prépositions qui indiquent ce raport, 294
   Sa définition, 460
   Ses causes, sa nécessité, 467
   Comment se reconnoit, 468
   Mots en dépendance, distribués en deux classes, 477
   Dépendance du sujet, 469
   ——— Du Verbe, 471
   ——— De l'Adjectif, 475
Déponens, (*Verbes*), sont des Verbes Passifs dans toute l'étendue du mot, 448

Depuis, Préposition; sa valeur, 293
Dérivés, (*mots*), 90
Derriere, Préposition; sa valeur, 290
Déterminative, (*Conjonction*), 335
Devant, Préposition; sa valeur, 290
Devoir, Tems qui en sont composés, 255
   Définition de, *je dois*, 274
   En quoi differe du Verbe *aller*, ib.
Dez, Préposition; sa valeur, 293
Dictionnaires, leurs défauts relativement aux familles des mots, 91
   ——— *Arabes*, défectueux dans la maniere dont ils présentent la signification d'un même Verbe, 85
   Pourquoi défectueux sur le rang des significations d'un mot, 229
   Et inutiles pour la comparaison des Langues, ib.
   Pourquoi si défectueux, 384-385
Dictionnaire de la Langue Françoise, par M. de Sainte-Palaye, 415 *note*.
Diminutifs, usage fréquent qu'en faisoient nos anciens Poëtes, 95-96
   ——— Italiens, 97
   ——— Languedociens, ib.
Dis, Préposition initiale, 312
Discours, voyez *Parties*.
Définis, 540
Divinité, pourquoi du genre neutre dans quelques Langues, 74
Donc, Conjonction par Ellipse, 351
   Son Origine, ib.
Duel, (*Nombre*), défini & son Origine, 79
Durant, Préposition; sa valeur en quoi differe de *Pendant*, 293

E

E, forme les Participes Grecs, 198
E, Préposition initiale, 312
Écrivains, quels sont ceux qui rendent les Langues célèbres, 62
Écriture, ses avantages, 15
   Ses désavantages, 16
Ellipses, leur définition & leur cause, 17. 54. 534
   (*Exemples d'Ellipses*), 139. 162. 423
   Ont lieu sur-tout dans les Participes, 194
   Dans les Tableaux qui désignent les raports des objets, 279
   Du Participe Passé Actif, 215
   D'une Préposition, 282
   D'une Portion du sujet, ib.
   Adverbes, sont des Ellipses, 326

Prépositions,

TABLE DES MATIERES.

Prépositions s'employent par Ellipse, 306
Ellipse qui a lieu dans *sur*, &c. ib.
Conjonctions qui naissent de l'Ellipse 336-337
Diverses, 322-323
Jamais contraires à la vraie construction d'une Phrase, 428
Ellipses d'Adjectifs, 476
De diverses espèces, 535
Leurs avantages, 536
Plus nombreuses en Latin, & pourquoi, 536
Font disparoitre la plûpart des Régles, 537
Régle générale à leur sujet, 424
ELLIPTIQUES (*mots*), forment une classe nombreuse, 124
Combien ils étonnent ceux qui ne s'en doutent pas, 51. & suiv.
Leur utilité, 52
Se trouvent dans toutes les Parties du Discours, 54
Leur connoissance indispensable pour le Grammairien, ib.
Définis, ib.
Pris pour articles, 122
De, à la tête d'un sujet, 282
Dont, mot Elliptique, 339
Qui, mot Elliptique, ib.
Infinitif, mode Elliptique, 432
ELLIPTIQUES, (*Phrases*), & expressions, 52
Occasionnées par les Adjectifs, 139
(*Pronoms*), 167
Verbes Actifs sont des mots Elliptiques, 53. 194. 197. 221
Définis, 54
(*Suplémens*) attaqués par M. l'Abbé VALLART, 423
Défendus par M. BEAUZÉE, ib.
EN, Préposition, sa valeur, 292
Préposition Initiale, 312
ÉNONCIATIF, Article, 105-106
Les Latins en ont un, 113
(*Tableaux*) définis, 51-213
——— Complets avec un seul cas, 387
(*Verbes*), en quoi ils consistent, 443
Apellés Neutres, 444
ÉNONCIATIVES, Prépositions, 288
EN PRÉSENCE, Phrase Prépositive, 298
ENTRE, Préposition; sa valeur, 292
ENVERS, Préposition; sa valeur, 296
ENVIRON, Préposition; sa valeur, 293
EPITHÉTES, leurs beautés, 148

Doivent être ménagées, 150
Es, Préposition Françoise hors d'usage, 299
EST, ce Verbe nécessaire aux Tableaux de la parole, 50
Comment se trouve dans les Verbes Actifs, 51. 55
Sert à former les Adjectifs, 136
Et le Pronom *Je*, 166
Donné par la Nature, 170
Lie les qualités avec les objets, 171
Est seul Verbe, 177
Son Origine, 179
En toute Langue, 180
S'associe aux Pronoms, 184
Comment il se combine avec eux, 185
Pourquoi *fut* désigne son passé, 186
Pourquoi *er* désigne son futur, 187
Forme les Participes, 197. 198
Souvent suprimé dans les Tableaux énonciatifs, 236
Forme la Conjonction *Et*, 334
Et la Conjonction *si*, née du Grec *ei*, 347
Peint la respiration, 179
ÊTRE, Tems qui en sont composés, 255
Force qu'il acquiert en s'unissant aux Participes, 228
ET, Conjonction Copulative. 331
Son Usage, 332
Son Origine, 334
ETYMOLOGIES, pourquoi si imparfaites, 144
EXAMEN, sa nécessité sur-tout pour ceux qui veulent instruire, 269. 270
EXCEPTÉ, Préposition; sa valeur, 294
EXISTENCE, Prépositions qui indiquent ce raport, ib.

F

FABLE Françoise, analysée, 545
——— Latine, analysée, 555
FAMILLES de mots, leurs utilités, 91
FEMINI, pourquoi *je* & *tu* n'en ont pas, &c. 154. 168
FI, Interjection, 357
FIGURÉS, (*mots*) leur utilité, 98
Leur antiquité, 100
Erreurs qui en résultent, ib.
Comment se forment, 134
FLÉCHIR un Verbe, en quoi consiste, 185
FOIN, Interjection, 357
FORMES des Verbes, définies, 366
Leur dévelopement, 443
Leur Origine, ib.
Des Verbes François, 445
——— Latins, 447

TABLE DES MATIERES.

 Moyenne des Grecs, 451
 De diverses Langues, 455
Fut, pourquoi désigne le passé, 186
Futur, second des Tems, 243
 Comment se forma, 245
 Comment fut désigné, 187
 Pourquoi se rend par le Subjonctif, 427
 Au nombre de trois, 259
 Antérieurs & postérieurs, 257
 Prochains, 266. 274
 Indéfini, 265
 Différence à cet égard entre quelques Verbes, 274

G

Génitif, défini, 393
 Son étymologie, 394
 Son utilité, 395. 398
 Répond à l'Adjectif, 397
Genre, premiere modification d'un nom, 365
 Définis, 367
 Genres des Pronoms, 368
 Diverses classes de Genres, 369
 Mots de deux Genres en François & pourquoi, 370
 Origine des Genres, 69
 Pris dans la Nature, 70
 Donnés par analogie, 72
 Bisarrerie des Genres, 74
 Leurs avantages, 76
 Des Grammairiens ont souhaité qu'il n'y en eût point, & pourquoi, 75
 Embellissent & animent le Langage, 76
Gérondifs, leur Origine, 435-437
 Leur définition, 436
 Sont les cas du Participe en *dus* pris activement, 437
 Comment ils en sont nés, 438
 S'il en existe en François, 200-204
 Admis en François, par Port-Royal, 205
 Et rejettés par l'Abbé Girard, ib.
 Admis, par M. Duclos à un égard, 207
 François, qu'admet l'Abbé Girard, 201
Gestes, voyez *Langage*.
Grammaire, son étymologie, 4
 Sa définition, 6. 18
 Sa division, 6
 Fondée sur la Nature, selon Dénys d'Halycarnasse, 506
 Doit être toute en action, 23

 De la plus grande difficulté à connoître, 178
Grammaire universelle ; son existence nécessaire, 7
 C'est une peinture, 8
 Son essence, 344
 Comment elle rend son objet, 11
 Différe de la Logique & de la Rhétorique, & en quoi, 12
 Préside à toutes les manieres possibles de peindre ses idées, 16
 Qualités qu'elle doit avoir, 17. 23
 Ses utilités, 18
 Pourquoi elles ont été peu sensibles jusques-à présent, 21
 Mieux connue dans ce siècle, 22
 Jugement sur les Grammaires Générales, ib.
 Point de vûe sous lequel nous l'envisageons, 23
 Ses influences, sur les Grammaires particulieres, 28
 Objets qu'elle renferme, 29
 Comparée avec la Logique relativement au Verbe, 174
Grammaires *particulieres*, sont des branches de la Grammaire universelle, 24
 Leurs causes, 25
 Pourquoi invariables dans leur marche, ib.
Grammaire *Comparative*, en quoi consiste, 558
 Prouve la bonté de nos principes, 559
 Chinoise comparée, 560
Grammaire *Françoise*, long-tems calquée sur la Latine, 21
Gueres, nom, devenu adverbe par ellipse, 323

H

Hai, interjection, 357
Harmonie, ses objets, 508
Hélas, interjection, 355
Hormis, Préposition ; sa valeur, 294
 Préposition, & pourquoi, 283
Hors, sa valeur, 290. 294
 Son Origine, 307
Hypallage, sa définition, 521
Hyperbate, dispute à son sujet, 513 & 521

I

Idées, leur peinture est l'objet de la Grammaire, 8

TABLE DES MATIERES.

Etymologie de leur nom, *ib.*
Leur Origine, 10
Diverses manieres dont on peut les peindre, 14
Qualités que doit avoir leur peinture, 17
Leur peinture composée nécessairement de parties, 30
Différens Tableaux qui en résultent, 48. 54
IDÉES *Négatives*, comment s'expriment, 306
Comparatives, comment s'expriment, *ib.*
IL & ELLE, Pronoms, 153
Leur Origine, 167
IMITOR, Verbe Passif & son Origine, 448
IMPARFAIT, ses significations, usage qu'en faisoient les Artistes anciens, 254
IMPÉRATIF, sa définition, 409
N'a qu'une personne, *ib.*
S'il a deux tems en Latin, 410
A plusieurs tems en François, 411
Ses tems en Grec, 413
Employé dans les Loix, 414
Tient lieu du Futur, 415
Pourquoi monosyllabe, 241
Le plus simple des tems, 241
Premier Tems, 240
Prouvé par les Langues même, 243
Son énergie, 244
IMPERSONNELS, (*Verbes*) en *et*, comment s'expliquent, 450
IN, Préposition initiale, 312
INCHOATIFS, Verbes Latins; ce qu'ils désignent, 254
INCIDENTE, Préposition, en quoi consiste, 541
INCISE, (*Phrase*), 495
INCOMPLEXE, Proposition, en quoi consiste, 541
INDÉCLINABLES, quels mots le sont, 362
INDÉFINIS, Tems qui le sont, 263. 259
Tout les Tems du Supositif le sont, 419
Tems du Subjonctif qui le sont, 426
Présent, 264
Prétérit, *ib.*
Futur, 265
INDICATIF, Article, 105. 106
Les Latins en ont un, 113
INDIVIDUEL, (*Nom*), défini, 58
INFINITIF, fausses idées qu'on s'en formoit, 428
Défini, 429
Ses Propriétés, 430

Ses Avantages, 432
Ses Tems tous elliptiques, 433
Partage des Grammairiens à ce sujet, 434
De ses Gérondifs, 435
INFINITIF *Latin*, Origine de sa terminaison, 440
INTER, Préposition initiale, 312
INTERJECTIF, (*cas*), 380
INTERJECTIONS, définies, 47
Sont entre les parties du Discours, 352
Peu variées par le son & beaucoup par le sens, 353
En quoi différent des autres Parties du Discours, *ib.*
Enumération des principales, 355
Du nom de *particules* qu'on leur a donné, 358
Pourquoi indéclinables, 364
INTERROGATIVE (*Phrase*), 495
INVERSION,
Systêmes à ce sujet, 502-525
N'est que relative, 532
IOU, interjection, 358

J

JE, Cas Actif, 373. 401
Pronom Actif, 153
Ses fonctions dans les Tableaux Passifs, 157
Son Histoire, 163
Son Origine, 166
JUSQUES, Préposition, & pourquoi, 283
Sa valeur, 291

L

LA, Pronom Passif, 155
LANGAGE, est un besoin, 133
Difficulté de découvrir la source de ses opérations, 361
Combien seroit ridicule sans pronoms, 152
Rien n'y est arbitraire, 168
Tout y est l'effet de l'imitation, 171
Formé dès les premiers instans, *ib.*
Perfectionné par les meres de famille, 133
Comparé à la peinture, 6. 8. 66
Toujours assorti au geste, 142
Se raproche du geste dans le pronom, 167
LANGAGE *de gestes*, 14. 16
LANGUES, avantages qui résultent de leur étude, 175

Causes de leurs différentes constructions,	508	Occasionnées par les mots,	145
		MER, pourquoi du genre féminin,	74
Difficultés pour les perfectionner,	454	MERES de Famille, leur influence sur le Langage,	133
Ne peuvent se rencontrer que sur trois tems,	248	MIS, ME, Préposition initiale,	312
Fausses idées sur leur pauvreté,	227	MODES, définis,	366
Simplicité de leurs opérations,	79	Leurs diverses espèces,	406
Harmonie qui y regne,	81	MODELE, Prépositions qui indiquent ce raport,	297
Cause de la confusion aparente qu'on y voit,	82	MOI, répond à trois cas Latins,	390
Comment naquirent leurs mots figurés,	134	Est un Datif ou Terminatif,	ib.
		Et un Accusatif ou Objectif,	ib.
LANGUES anciennes, plus hardies que les nôtres dans leurs Ellipses,	345	MON, mot Elliptique,	122. 167
		MORT, masculin en Anglois & en Grec,	75
LANGUE Grecque, change le R du Futur en S,	188	MOTIF, Prépositions qui indiquent ce raport,	295
LAS, Interjection & son Origine,	396	MOTS, comment doivent se distinguer,	209
LE, Article Indicatif,	105	Comment on reconnoit ceux en dépendance,	467
Son usage à la tête des noms,	109		
Son changement devant une voyelle,	110	Leur arrangement dans le discours, indifférent en soi-même,	26
Pronom,	127. 128	Sources de cet arrangement,	27
Pronom Passif,	155	Nécessité de suivre dans leur arrangement des routes différentes,	527
LE LONG DE, Phrase prépositive,	309	Aucun qui ne tienne à une famille,	234
LÈS, Préposition Françoise hors d'usage,	299		
LIEU, Prépositions qui indiquent ce raport,	292	Familles partagées entre plusieurs Langues,	233
LIGNE DES TEMS, son utilité,	271	Mot placé entre deux autres, se lie avec le premier plutôt qu'avec le dernier,	219
Sa division,	272		
LOGIQUE, son objet,	12	Primitifs, pourquoi toujours Noms & Adjectifs,	135
En quoi differe de la Grammaire,	13		
Comparée avec la Grammaire au sujet du Verbe,	174	Radicaux, avantages de leur petit nombre,	227
LOIN, Préposition, & pourquoi,	283	Ne sont jamais des Verbes,	ib.
Sa valeur,	290	Ceux d'une Langue ne sont souvent conservés que dans une autre Langue,	218
LORS, Ellipse,	322		
LUI, Pronom terminatif,	156		
De la troisiéme personne,	157	MOYEN, Prépositions qui indiquent ce raport,	296
LUMIÉRE SOIT, en quoi consiste le sublime de cette expression,	241	(Verbe) des Grecs, idées qu'on en a eues,	451
LUNE, pourquoi du genre féminin,	72	Son raport à nos neutres,	453
		MOYENNANT, Préposition; sa valeur,	290

M.

MAIS, Conjonction par Ellipse,	347		

N.

Son sens primitif,	348	N, idées que ce ton fut propre à exprimer,	334
MALGRÉ, Préposition, sa valeur,	297		
MASQUES des Anciens, leur forme,	161		
ME, Pronom Passif,	155	N, se change en R,	441
Cas Passif,	373. 402	NARRATIVE (Phrase),	495
MÉLODIE, ses causes,	507	NATURE, coupée en deux par les sexes, & distinguée par Osiris & Isis,	367
MÉPRISES, doivent être pardonnées à cause des difficultés à les éviter,	178		

TABLES DES MATIERES.

Simple dans ses principes, & riche dans leur aplication, 24
Préside à la Grammaire, 7
Guide des Langues, selon DENYS d'Halicarnasse, 506
Sa devise, 531
Conduit elle même aux cas, 374
Régle la construction des Langues, 487

NAVIRE, pourquoi du genre masculin en François, 74
NE & NON, 334
NEUTRE, (Genre) défini, 368
Nous avons des Formules qui en tiennent lieu, ib.
(Verbe) sa forme, 447
NI, Conjonction Copulative, 331
Son Usage, 332
Son Origine, 334
NOM, l'ame du discours, 32. 65
Sa définition, 37
Ne doit pas être confondu avec l'Adjectif, 38
Grammairiens qui les ont distingués, 37
Pourquoi à la tête des parties du Discours, 55
Son utilité, 56
Ses différentes espèces, 57
Son étymologie, 59
Considéré comme le sujet des Tableaux des idées, 61
Sujet & objet, 65
Origine des Noms, 66
Racine de tous les mots, 80
Eux-mêmes donnés par les objets qu'ils désignent, & nécessaires, 81
Leur invention, 82
Dérivés & composés, 90
Diminutifs & Augmentatifs, 94
Figurés, 98
A la suite d'un autre servoit d'Adjectif, 133. 135
Sa concordance avec l'Adjectif, 463
Pourquoi déclinable, 364
Mots qu'il a sous sa dépendance, 469
NOMS sont toujours des Epithétes, 71
Pris mal à propos pour Adjectifs après le Verbe, 320
NOMBRES définis, 371
Forment la seconde modification d'un nom, 365
Leur utilité dans les noms, 78
Leur universalité, 79

Quelles Parties du Discours ils modifient, 16
Origine de celui qu'on apelle duel, 371
NOMBRE ORATOIRE, en quoi consiste, 508
NOMINATIF, s'il est un cas, 382
NONOBSTANT, Préposition ; sa valeur, 297

O

OB, OF, Préposition initiale, 312
OBJET ; Prépositions qui indiquent ce raport, 296
Une des parties constitutives d'une Phrase, 482
Comment désigné, 483
Régles de sa construction en François, 492
OH, interjection, & sa valeur, 355-357
OPTATIF, s'il existe en François, 416
OPTATIVE (Phrase), 495
OPPERIOR est un Verbe Passif, son origine, 448
OR, Conjonction par Ellipse, 349
Son Origine, 350
ORGUE, pourquoi des deux Genres, 370
ORIGINE, Prépositions qui indiquent ce raport, 294-295
OU, Conjonction Copulative, 331
Son usage, 332
Son Origine, 335
OUAIS, Interjection, son origine, 357
OUF, Interjection, 357
OUTRE, Préposition, sa valeur, 291

P

PAR, Préposition énonciative, 292
—— D'action, 295
—— Relative au moyen, 296
PARMI, Préposition ; sa valeur, 292
PAROLE, ses avantages, 15
PASSÉ, comment fut désigné, 186
PASSÉS, (tems), 258. 264. 266
PASSIF, supose deux personnes, 158
(Cas) donné par la Nature, 379
Comment apellé en Latin, 385
PASSIFS (Tableaux), définis, 51. 213
—— qui résultent des Participes Passifs, 191
Ont deux Cas, 387
Tems Passifs employés comme Actifs, 439
(Verbes), comment se forment, 235
Tems devenus Actifs, 437

PARTICIPE, Partie du Discours, 42
 Une des plus mal traitées, 192
 Sa définition, 42. 189
 En quoi diffère de l'Adjectif, 189
 Et du Verbe, 192
 Ses divisions, 190
 Objets qu'on y remarque, ib.
 Actifs, ib.
 Passifs, ib.
 Leur différence dans les Verbes, pourquoi a été méconnue, 194
 Tableaux qui en résultent, 191
 Origine de leur nom, 192
 Leur utilité, 195
 Leur formation dans diverses Langues, 197
 Antérieurs aux Verbes Actifs, 193
 Tems qui en résultent, 198
 Leur forme, 200
 Du Participe qui sert à former le Verbe Actif, 204
 Opinion des Grammairiens à ce sujet, 205
 Observations particuliers, 210
 Participe présent, joint au Verbe être, 212
 Participe Passé Passif, joint au Verbe Avoir, 213. 216
 Ellipse qui en résulte, 216
 Comment le Participe passé Actif s'ellipse, 215
 Participe Passif employé comme circonstantiel, 219
 Participes *Elliptiques*, voyez *Verbes*,
 Participe Actif en *ant*; Langues où il se décline, 200
 Est un circonstantiel, ib.
 Pourquoi indéclinable en François, 202
 Principes à son sujet, 203
PARTICULES, ce qu'on pourroit désigner par-là, 45
 Ce nom donné mal à propos aux interjections, 358
PARTIES du Discours, leur division & ses Causes, 30-43
 Leurs caractères distinctifs, 34
 Enumération de celles qui changent de formes, 37
 Et de celles qui n'en changent pas, 44
 Trois sortes de Tableaux qui en résultent, 48
 Loi constante à leur égard, 109
 Formes qu'elles prennent, 360
 Leurs divisions relativement à la forme, 362. 363
 Causes de leurs modifications, quant à la forme, 363
 Ne se lient pas de la même maniere, 361
PENSER *dans une Langue*, ce qu'on doit entendre par-là, 27
 Avantages qui en résultent, ib. & 28
PER, Préposition Initiale, 312
PERIODE, definie, 540
PERSONNE, diverses significations de ce mot, 161
 Origine de ce nom, ib.
 Il n'y en a qu'une à l'Impératif, 409
 Formule Françoise, ib.
 Personnes du Verbe, expression impropre, 184
PEU, ellipse, 322
PHRASE, ses Parties constitutives, 482
 Ses diverses espèces, 495. 539. 541
 Prépositives, 298
PLÉONASME, sa définition & ses espèces, 537
PLURIEL, ses terminaisons dans diverses Langues, 79
POESIE, source d'ellipses, 136
POLLICEOR, *Verbe Passif*; son origine, 448
PONCTUATION, ses avantages, 541
POSITIF, ce qu'il désigne dans les Adjectifs, 143
 Tient lieu des Superlatifs, ib.
POSTÉRIEURS, Tems qui sont appellés ainsi, 257. 261
POUR, Préposition; sa valeur, 296
PRÉ, Préposition Initiale, 312
PRÉPOSITIONS, définies, 46
 En quoi différent de l'Adverbe, 310
 Indéclinables & pourquoi, 364
 Leurs effets, 276
 Leur nécessité, 277
 Destinées à marquer les raports des Objets, 278
 Tableaux qui en résultent, 279
 Etymologie de ce nom, 280
 Lient quelquefois deux mots, dont l'ensemble ne présente qu'un objet, 281
 Leur place varie, ib.
 Ont un sens propre & général, 301
 Leur origine, 304
 FRANÇOISES, distribuées par Classes, 283
 Nécessité de classer les Prépositions, ib.

Mots qu'on doit regarder comme des Prépositions, ib.
Et pourquoi, 284
Énonciatives divisées en V. Classes, 288
Prépositions relatives aux actions, 295
Phrases prépositives, 298
Prépositions Françoises hors d'usage, 299
Prépositions d'une Langue à l'autre, non correspondantes, ib.
Prépositions *Italiennes*, ib.
INSÉPARABLES ou Initiales, 303
—— Leur usage, ib.
—— Leur utilité, ib.
—— Communes à toutes les Langues, 310
Initiales Françoises, ib.
—— Italiennes, ib.
—— Allemandes, 311
Initiales devant d'autres Initiales, 312
Italiennes, se réduiroient à rien, si l'on ôtoit de ce nombre celles qui sont suivies de *a* ou de *de*, 300
Prépositions qui accompagnent l'Accusatif & l'Ablatif Latin, 388
PRÈS, Préposition & pourquoi, 283
Sa valeur, 290
PRÉSENT, n'est rien dans la Langue de la Nature, 248
N'est pas le premier tems, 244
PRÉSENS, (Tems), 258. 262. 264
PRÉTÉRIT, second tems, 242
Comment se forma dans l'Orient, 245
Postérieur, existe dans l'impératif des Verbes réfléchis, 413
Prochains, 266
Comparatifs, ib. 267
Antérieurs & Postérieurs, 257
Indéfinis, 264
Latins, plus simples que les présens, 246
PRINCIPALE, *Proposition*; en quoi consiste, 541
PRO, des Latins & des Grecs; son origine, 308
Préposition Initiale, 312
PROCHE, Phrase prépositive, 298
PROCHAINS, (Tems) ceux qui le sont, 266
PRONOM, Partie du Discours, 41. 43
Sa définition, 41
Nécessité d'en avoir, 151
Leur Enumération, 153
Pronoms Actifs & Passifs, 154

Réciproques, 156
Terminatifs, ib. & 163
PASSIFS, sont objets, 155
ACTIFS, sont en même tems sujets, 158
Fonctions des Actifs dans les Tableaux Passifs, 157
N'est pas un nom, 158
Origine des mots qui nous servent de Pronoms, 165
Pronoms Elliptiques, 167
Pronoms, pourquoi déclinables, 364
Distingués par les Genres, 368
Ont des cas en François, 373
PROPOSITION, définie, 540
Chaque science peut se réduire à une Proposition, 174
PROPRES, (*Noms*) définis, 58
Leur Origine, 66
Pourquoi on en donne à des objets qui ont déja des noms Apellatifs, 69
PROPRIÉTÉ, Prépositions qui indiquent ce raport, 294

Q

QUALITÉS des objets, nécessité de les peindre, 129
Mots qui en résultent, 130
QUE, Conjonction déterminative, 335
Se subdivise en quatre, 336
1°. Conjonctif, ib.
2°. Comparatif, 337
3°. Exclamatif ou Interrogatif, ib.
4°. Relatif, 338
Origine de cette Conjonction, 342
Liaison Comparative, 146
Tient lieu d'une Phrase entiere, 123
QUI, mot Elliptique, 122
Son Origine, 126

R

R, choisi pour marquer l'existence future, & pourquoi, 188
Se change en N., 441
RACINES des Langues, leur origine, 83
RAPORTS, objets de nos idées, 30
Chaque être en soutient un grand nombre, 44
Lient les objets de la Nature, 278
Définis, 279
Analyse des Tableaux qui peignent des raports, ib.
Raports des objets désignés par les prépositions, 278

Raports d'objets à objets, désignés par des prépositions, 321
——— Des qualités aux objets désignés par des Adverbes, ib.
RE, Préposition Initiale, 312
RÉCIPROQUES, (*Verbes*). 444
   Comment se conjuguent, 445
RÉFLÉCHIS, (*Verbes*) 444
   Comment se conjuguent, 445
RÉGIME, ce qu'on entendoit par-là, 479
RELATIF (le), n'est ni Pronom, ni Article, 341
   Son usage, 338
   Est une conjonction plutôt qu'un Pronom, 338. 340
   Indéclinable & sans Genre dans l'Origine, 339
   Mot Elliptique chez nous, 338. 339
   L'étoit déja chez les Grecs, 339
   Et chez les Latins, 340
   Si l'on sous-entend après lui, le même nom que devant, 341
   Superlatif, 143
   Relatifs, Tems qui le sont, 250
RÈS, Préposition Françoise hors d'usage, 299
RHÉTORIQUE, son objet, 12
   En quoi diffère de la Grammaire, 13
RIERE, Préposition Françoise hors d'usage, 299

S

S, ajoutée au présent du Verbe être, 186
   Au futur du même verbe, 188
   Du futur Grec doit avoir pris la place du R, ib.
   Remplace l'aspiration, 186
SANS, Préposition; sa valeur, 294
SAUF, Préposition; sa valeur, 296
SE, Pronom réciproque, 156
SELON, Préposition; sa valeur, 297
SENSATIONS, leur langage est celui des interjections, 353
   En quoi diffère de celui des idées, 354
SEQUOR, Verbe Passif & son Origine, 449
SEXES, Origine de ce nom, 70
   Comment leur différence fut peinte par la parole & dans le même mot, 71
   Allégoriques, 72. 367
SI, Conjonction par Ellipse, 346
   A une valeur suppositive, ib.
   Son Origine, 347
SIMPLE, Proposition; en quoi consiste, 541
SYNTAXE, sa division en deux branches, 458

Différente de la construction, 459
De la Syntaxe proprement dite, 460
Se divise en concordance, ib.
Et en dépendance, ib.
Différences entre ses raports & son ordre, 522. 523
SITUATION; Prépositions qui indiquent ce raport, 289
SOI, Pronom Terminatif de la troisième personne réciproque, 157
SOLEIL, pourquoi du genre masculin, 72
SOMMEIL, masculin en Grec & en Anglois, 75
SOU, Préposition Initiale, 312
SOUS, Préposition; sa valeur, 289
   Son Origine, 306
STOÏCIENS, ont beaucoup écrit sur la Nature, & les Régles du Langage, 506
SUBJONCTIF, en quoi consiste ce mode, 421
   Son Etymologie, 422
   Toujours précédé d'une Conjonction, ib.
   Ses tems, 425
   Remarques à leur sujet, 426
SUIVANT, Préposition; sa valeur, 297
SUJET, une des parties constitutives d'une Phrase, 482
   Comment désigné, 483
   Sa définition, 65. 174
   Sujet d'une Phrase, ses influences sur le Discours, 62
   Régles de sa construction en François, 490
SUPERLATIF, sa définition & ses espèces, 143
   Comment désignés en Latin, en François & en Italien, 144
   S'il y en a un *ampliatif*, 143
SUPIN, François, selon M. Duclos, 207
   Et M. Beauzée, 208
   Si on peut en admettre, 211
   Latins, erreur où l'on a été à leur sujet, 441
   Sont les cas du Participe en *tus*, 442
SUPOSITIF, en quoi consiste ce mode, 417
   RACINE censuré & défendu sur un Supositif, 420
SUR, Préposition Initiale, 312
   Son Origine, 305
   Sa valeur, 289

T

TABLEAU, des Articles, 106
   Des Pronoms François, 162
   Des Pronoms Actifs, 154

Des

TABLE DES MATIERES.

Des Pronoms Paſſifs, 155
Des Parties du Diſcours, 48
Des Tems, ſuivant l'Abbé GIRARD, 250
—— Suivant M. HARRIS, 252
—— Suivant M. BEAUZÉE, 256
—— Le même, d'une autre façon, 260
Général des Tems, 268
Qui réſulte des raports des objets, déſignés par les Prépoſitions, 279
Des Prépoſitions Initiales Françoiſes, 312
Des Interjections, 355
Des Cas des Pronoms en François, 401. 404
Des Tems du Supoſitif, 419
Des Tems de l'Impératif, 412. 414
Des Tems du Subjonctif, 425
Des Tems de l'Infinitif, 434
Des Participes, 199
Tableaux réſultans de la peinture des idées, divisés en trois claſſes, 48. 54

TE, Pronom Paſſif, 155
Cas Paſſif, & Cas Terminatif, 380

TEMS, pourquoi ce mot eſt du genre maſculin, 74

TEMS des Verbes, en général, 239
L'Impératif eſt le premier, 240
La connoiſſance de ſes diverſes Parties, contribue à la perfection de l'homme, 239
Leur néceſſité, 240
Chacun eſt accompagné de deux tems de la même eſpèce, un qui le ſuit, & un qui le précéde, 258. 260
Indéfinis & abſolus, 259
Si l'on doit refuſer ce titre à un tems, parce qu'il forme une Phraſe, 273
Prépoſitions qui indiquent ce raport, 293
Se réduiſent à trois, dont les autres ne ſont que des nuances, 248
Paſſés, plus abondans, & pourquoi, 249
Leur diſtinction ſi ſimple qu'on eſt toujours embarraſſé pour en rendre raiſon, 250
Élémens d'après leſquels eſt calculée la diviſion qu'en a fait M. BEAUZÉE, 256
Compoſés, ne ſont pas un défaut, 247
Pourquoi ce nom donné aux portions d'un Verbe, 243
Tems des Verbes arrangés d'une manière opoſée à leur Origine, 243
Ne ſont pas les mêmes par-tout, 247
Cauſes de ces différences, 248
Leur ſyſtême, ſuivant l'Abbé GIRARD, 250
Suivant M. HARRIS, 252
Suivant M. BEAUZÉE, 255
Trois paſſés, 258
Trois Préſens, ib.
Trois Futurs, 259
Avantages de ce ſyſtême, 261. 269
Second Préſent antérieur, 262
Second Paſſé antérieur, 263
Indéfinis & Définis, ib.
Préſent indéfini, 264
Prétérit indéfini, ib.
Futur indéfini, 265
Cinq Tems prochains, 266
Quatre Prétérits Comparatifs, ib.
Tableau général, 268
Simplicité de ce Syſtême, 269
Ligne du Tems, 271. 272
Noms qu'on pouroit donner à chacun, 273

TERME, une des Parties Conſtitutives d'une Phraſe, 482
Comment déſigné, 483
Régles de ſa conſtruction en François, 492

TERMINAISON de l'Infinitif en an, commune à la plupart des Langues, 440
De l'Infinitif en are & ere, née de la Terminaiſon en en, ib.
Angloiſe en ing, d'où elle eſt née, ib.

TERMINAISONS Adjectives, 141
Peu variées en François, ib.
Leur Origine, ib.
En ar, ur, homme, 138
En iſhe, femme, ib.
Autres, 137
En o & en a, & leur Origine, 139

TERMINAISON Adverbiale en ment, ſon Origine, 325

TERMINAISONS des Participes, leur Origine, 197

TERMINAISON en eau & en on, leur Origine, 384
En ette, 95
Pour les deux Sexes; avantages qui en réſultent dans le Diſcours, 77
Plurielle des François, ſon Origine, 371

TERMINATIF, (Cas), 380. 402
TERRE, pourquoi du Genre féminin, 73

Pourquoi apellée Mere,	ib.	Tirent toute leur force du Participe,	193
Toi, Pronom Terminatif,	156	Origine du seul Verbe qui existe,	180
Cas Interjectif,	391	Langues où il existe,	ib.
Et Passif,	380	Familles qui en descendent,	181
Ton, mot Elliptique,	122. 168	Comment s'associa avec les Pronoms,	184
Touchant, Préposition; sa valeur,	296		
Toujours, Ellipse,	322	Défini,	174
Tour, mot Elliptique,	124	Pourquoi conjuguable,	364
Tient lieu d'une Phrase,	123	Mots qu'il a sous sa dépendance,	471
Trans, Préposition Initiale,	312	Régles de sa construction,	491
Tu, Pronom,	153	Verbes, difficultés qu'ils offrent,	221
Est Actif,	154	Sont le plus noble effort du Langage,	222
Ses fonctions dans les Tableaux Passifs,	157	Quels effets ils produisent,	ib.
Histoire de ce Pronom,	163	Leur Origine,	224. 225
Son Origine,	166	Actifs, différens du Verbe être, & nés de l'Ellipse du Participe,	221
S'il est Nominatif,	390	Avantage de réunir le Participe & le Verbe,	223
Cas Actif,	392	Tirent toute leur force du Participe,	193

U

Un, Article Énonciatif,	150	Tout Verbe Actif est Elliptique,	226. 228
Son Étymologie,	125	Et vient d'un nom,	ib.
Unus, ou un, employé en Latin comme Article,	114	Erreurs à cet égard,	217
Ut, Conjonction Latine par Ellipse, & son Origine,	350	Comment le Verbe se sépare de son nom radical,	233
		Verbes Elliptiques Actifs, comment se formerent chez les Hébreux, les Grecs & les Latins,	234

V

Venir, Tems qui en sont composés,	255	Passifs, comment se forment dans les mêmes Langues,	235
Tous prochains,	266	Sentimens de quelques Savans conformes à ces Principes,	236
Verbe, l'ame du Discours,	32	Verbes Latins, pris mal-à propos pour Déponens,	448
Sa définition,	38	Vérité (la), sa connoissance tient souvent à de petites choses qu'on néglige,	145
Nécessité de cette Partie du Discours,	169	Vers, Préposition; sa valeur,	291. 300
Donnée par la Nature,	170	Vocatif, sa définition,	391
Pourquoi apellée Verbe,	173	Vû, Préposition; sa valeur,	295
Ses différences en Grammaire & en Logique,	174		
Sources des méprises à son égard,	175		
Il n'existe qu'un Verbe,	177		
Verbes Actifs, sont Elliptiques,	178		

Fin de la Table des Matières.

CORRECTIONS.

Pag. 3. lig. 7. qu'il, *lis.* qui.
11.—31. feront, *lis.* ferons.
49.— 5. dirons, *lis.* difons.
98. derniere, *au lieu de* & moraux, *lis.* qui ne s'apliqueroient qu'à des objets spirituels ou moraux.
107.— 4. *commençant par le bas*, de neuf, *lis.* neuf.
125.— 5. s'agit, *ponctuez* s'agit:
160.—20. on à , *lis.* ou à.
176.—20. l'ufage fut , *lis.* l'ufage du verbe fut.
195.—19. pouvoit, *lis.* pourvoit.
259.— 9. en effet, *lis.* de même.
284.—12. & , *lis.* &c.
285.— 7. en comm. par le bas, *Mehri* , lif. *Mekhri.*
299.— 3. en comm. par le bas , *Fra* , lif. *Trd.*
341. *note.* Tom. p. *lis.* Tom. I. p.
379.— 4. *effacez* & le Bafque.
409. *avant derniere ligne* , en place de ce qui eft effacé, fubftituez en *réfulte.*
415 *dernier mot.* Moufais, *lis.* Moufas.
544.—13. conjugale ? *ponctuez* conjugale.
545.— 1. exclamation. Il faut , *ponctuez* exclamation, il faut.
552.—28. Savant, *lis.* favent.

De l'Imprimerie de Valleyre l'aîné, rue vieille Bouclerie, à l'Arbre de Jeffé.

SECONDE LISTE

DE MM. LES SOUSCRIPTEURS,

PAR ORDRE ALPHABÉTIQUE,

Pour servir de suite à celle qui a été imprimée avec le GÉNIE ALLÉGORIQUE.

A

M. d'ALEMBERT, de l'Académie Françoise & de plusieurs autres.
M. ALLARD, Curé de la Paroisse de Notre-Dame, à Versailles.
Dom AMÉ, Prieur de l'Abbaye de Saint Nicaise, à Rheims.
M. ANDRÉ, Négociant, à Nimes.
M. l'Abbé ARNAUD, des Académies Françoise & des Inscriptions & Belles-Lettres.
M. ASSELIN, Lieutenant Général du Bailliage, à Chartres.
M. ASTRUC.

B

M. Jules BARAGNON, Avocat, à Nimes.
M. BARENNE, Avocat en Parlement, à Bordeaux.
M. l'Abbé BARRÉ, Lieutenant Général de Police, à Saumur.
M. BARRÉ, Directeur des Domaines de Monseigneur le Duc d'Orléans, à Chartres.
M. le Comte de BEAUHARNOIS, Chef d'Escadre.
M. de BEAULIEU.
M. le Marquis de BELESTAT de GARDOUCH, à Toulouse.
Le R. P. PRIEUR des BENEDICTINS de l'Abbaye de la Grasse, près Carcassonne.
Dom BRISSAC, Religieux Bénédictin de la Daurade.

SECONDE LISTE

Le R. P. Prieur des Bénédictins de Saint Pierre en Vallée, à Chartres.
Le R. P. Prieur des Bénédictins de Josaphat, près la Ville, à Chartres.
Bibliothéque des RR. PP. les Benedictins de Sainte Croix, à Bordeaux.
——— Des RR. PP. les Bénédictins de Toulouse.
——— Des RR. PP. Benedictins de Marmoutier.
——— Des RR. PP. de l'Ordre des Freres Prêcheurs, rue S. Dominique à Paris.
——— Des RR. PP. de l'Oratoire, rue Saint Honoré à Paris.
M. le Comte Charles de Bentink, à la Haye.
M. de Bentink, Seigneur de Roon, à la Haye.
M. Bertin, Ministre & Secrétaire d'État, à Versailles.
M. Blanc, Négociant, à Nimes.
M. Blanchot, Trésorier des Troupes, à Huningue.
M. Blanquet, Chanoine de l'Eglise Cathédrale & Vicaire Général du Diocèse, à Chartres.
M. de Blyswyek, Conseiller Pensionnaire, à la Haye.
M. Boisson, Chanoine du Chapitre de la Cathédrale de Saint André, à Bordeaux.
M. Desprez de Boissy.
M. de Bongars, Ancien Intendant de Saint Domingue & Président du Parlement de Metz.
M. Nicolas Delmas de Bon-Repos, Président de la Cour des Aides, à Bordeaux.
M. Bonnafoux, Négociant à Bordeaux.
M. Charles Bonnet, de plusieurs Académies, à Genève.
M. de Bons, Professeur en Théologie, à Lausanne.
M. de Boynes, Ministre & Secrétaire d'Etat, à Versailles.
M. de Bordenave, Seigneur de Salles & autres lieux, ancien Conseiller au Parlement de Navarre, à Pau.
M. Bordeu, Docteur-Régent de la Faculté de Médecine.
MM. Boucherie, Freres, Négocians, à Bordeaux.
M. Bousquet, Avocat en Parlement, à Bordeaux.
Mgr. de Beauteville, Evêque d'Alais.
M. Breant, Chanoine & Grand-Pénitencier, à Chartres.

DE MM. LES SOUSCRIPTEURS.

M. de Brequigni, des Académies Françoise & des Inscriptions & Belles-Lettres.

Mgr. de Brienne, Archevêque de Toulouse.

M. Brochard du Fresne, Avocat du Roi au Bailliage-Présidial, à Chartres.

M. Jean Baptiste Brun, Négociant, à Lyon.

M. Burdin, de l'Académie de Lyon, à Tours.

C

M. Cailleau, Libraire.

M. Campan, Maître de la Garderobe de Madame Adelaïde, à Versailles.

M. Carcy, Négociant, à Bordeaux.

M. Cardonne, premier Commis au Contrôle de Madame la Comtesse de Provence, à Versailles.

M. de la Cariere, ancien Capitaine de Dragons, & Chevalier de l'Ordre Royal & Militaire de S. Louis, à Chartres.

M. l'Abbé Carrere, Grand-Archidiacre d'Agde, Vicaire Général d'Auch, Conseiller de Grand-Chambre au Parlement de Toulouse.

M. Chalopin, Libraire, à Caën, *pour six Exemplaires.*

M. Champion, Avocat, à Chartres.

M. de Chamseru, Docteur-Régent de la Faculté de Médecine.

M. de Chancour.

M. Chantepie de Boivies, à Caën.

M. Chardon, Contrôleur Ambulant du Domaine du Roi, à Chartres.

MM. Charmet, Freres, Libraires, à Besançon.

M. Chedé, Prêtre & Maître de l'Hôtel-Dieu, à Chartres.

M. Chef-d'Hôtel, de l'Acad. Roy. des Sc. de Rouen, à Ponteau-de-mer.

M. Cheneau, à l'Académie, à Bordeaux.

Sir. John Chichester, Baronet, à Londres.

M. Chimbon, à Bordeaux.

M. Chicoisneau, à Tours.

M. Chiron, à Genève.

M. Claparede, Pasteur & Professeur en Théologie & Recteur de l'Académie, à Genève.

M. l'Abbé COCHET de MAGNY, à Dijon.
M. de COSSIGNY, Maréchal de Camp.
M. COUBRÉ, Conseiller au Bailliage-Présidial, à Chartres.
S. A. M. le Prince Adam CZARTORINSKY, Général de Podolie, &c.

D

M. Paul DALGUES, à Saint Hippolyte en Cevennes.
M. DARCHAMBAULT, Abbé Commendataire de l'Abbaye Royale de Saint Laurent, à Chartres.
M. DARCHE de LASSALLE, à Bordeaux.
M. DARDALHON, Architecte, à Nimes.
M. DAUGNY, Aide-Major aux Gardes Françoises, à Versailles.
M. DEBOSQUE, Chanoine, à Beziers.
M. DECOSNE, Chanoine de la Cathédrale, à Chartres.
M. DELEAU, Professeur au Collége Royal de Guyenne, à Bordeaux.
M. DEMBEAUX, Libraire, à Toulouse, *pour douze Exemplaires.*
M. DESEZE, Pere, Avocat en Parlement, à Bordeaux.
M. DESHAYES, Conseiller au Bailliage-Présidial, à Chartres.
M. DESPRÉS de FOURCY.
M. DESTANDAU, Seigneur des Leix, Valet-de-Chambre de Sa Majesté Catholique.
M. Pierre DIERX, ainé, Négociant, à Bordeaux.
M. J. C. DIETERICH, Libraire, à Gottingue.
M. DOIG, à Stirling en Ecosse.
Révérend Docteur DOMVILLE, à Londres.
M. DOUAT, Avocat Général de la Cour des Aides, à Bordeaux.
M. DUCHESNAY, Lieutenant des Maréchaux de France, à Chartres.
Mad. veuve DUCHESNE, Imprimeur-Libraire.
M. DUFOUR, Receveur des Tailles de Verneuil, à Chartres.
M. DUFOUR, Libraire, à Maestricht, *pour quatre nouveaux Exemplaires.*
M. DURAND, Chevalier, Seigneur de Pisieux, &c. à Chartres.
M. DURAND, Curé de Crucé, Diocèse de Chartres.
M. DUTASTA, Négociant, à Bordeaux.

DE MM. LES SOUSCRIPTEURS.

M. DUTERTRE, Notaire.
M. Paillard DUTERTRE, Avocat, à Chartres.
M. DUVAU, Tréforier de France, à Tours.
M. DUVERGIER, ancien Notaire, Officier au Grenier à Sel, à Chartres.

E.

M. EDME, Libraire.
M. J. G. ESLINGER, Libraire à Francfort fur le Mein.
M. EWARRE, à Bordeaux.
M. d'EXPILLY, Libraire.
M. EYMAR, Négociant, à Marfeille.

F.

Le R. P. FABRICY, de l'Ordre des FF. Prêcheurs & de l'Académie des Arcades, à Rome.
M. FAGEL, Greffier de Leurs Hautes-Puiffances, à la Haye.
M. FAURIE, Négociant, à Bordeaux.
M. FAUVET du HARD, Libraire, à Bayonne, *pour quatre Exemplaires.*
M. le Marquis de FLAMENVILLE.
M. FLORENTIN, Huiffier-Commiffaire-Prifeur.
M. FLORET, Négociant, à Bordeaux.
M. FOREAU, Avocat, Lieutenant de Maire de la Ville, à Chartres.
M. de FORNIER, Avocat à Gineftat, près Narbonne.
M. FRENAIS, Intendant de M. le Marquis de Neflé.

G.

M. GACHON, à Nimes.
M. GALAFRÉS, Avocat, à Nimes.
M. le Prince Demetrius de GALLITZIN, à la Haye.
M. GARAT DON COSSEPH, Avocat en Parlement, à Bordeaux.
Madame de GATEBOIS.
M. GAY, Négociant, à Sainte-Foi.
M. GELIOT, Penfionnaire du Roi.

Le R. P. GILLES, Minime, à Chartres.
M. GILLET, Inspecteur du Château de Versailles.
M. GLACON, Libraire, à Laigle, *pour six Exemplaires.*
M. GRANDET de la VILLETTE, Subdélégué de l'Intendance d'Orléans, à Chartres.
M. GRANGENEUVE, Avocat en Parlement, à Bordeaux.
M. l'Abbé de GUIDY.
M l'Abbé GUENET.
M. le Comte de GUISNES, Ambassadeur de S. M. T. C. à la Cour d'Angleterre.
M. GUILLORIT, à Bordeaux.
M. GUINAUDIE, Maître Ecrivain Juré, à Bordeaux.

H.

M. le Marquis de HAUTEFEUILLE, Colonel du Régiment de Normandie, Infanterie.
M. le Docteur Georges HAY, à Londres.
Weston HELYAR, Esquire, à Londres.

I.

Mademoiselle d'IFS, à Ifs en Normandie.
M. JOURNU, Fils, Négociant, à Bordeaux.
Mgr. de JUIGNÉ de NEUCHELLES, Evêque de Châlons sur Marne.
M. le Marquis de JUIGNÉ, Maréchal des Camps & Armées du Roi.
M. de JUIN de Carenac, près Narbonne.
M. JULIENNE de BELAIR.

K.

M. Guillaume KOPS, à Harlem, *pour deux Exemplaires.*
M. G. T. KORN, Libraire Privilégié du Roi, à Breslau.
M. de KOSIUSKO, Gentilhomme Polonois.

L.

M. L'ABHART, Banquier à Slekborn, près Bâle.
M. LAFOND de LADEBAT, fils, Négociant, à Bordeaux.
M. LAGOUTE, Sous-Fermier des Postes.
M. LAGRANGE, Avocat en Parlement, à Bordeaux.
M. LAMAIGNERE, Greffier du Sénéchal de Guyenne, à Bordeaux.
M. LAMARQUE, à la Rochelle.
M. le Président de LAMOIGNON.
M. de LAMONTAIGNE, fils, Conseiller au Parlement, à Bordeaux.
M. LAROQUE, Curé de Targon, près Bordeaux.
M. de LAVIE, fils, à Bordeaux.
M. LEBOUCQ, Chanoine de la Collégiale de Saint André & Professeur de Rhétorique au Collége Royal, à Chartres.
M. LECLERC de SEP-CHESNE, Secrétaire du Cabinet du Roi.
M. LECUREAU, Lieutenant Criminel du Bailliage-Présidial, à Chartres.
M. LEGRAND, Prêtre & Clerc de l'Oeuvre de l'Eglise Cathédrale, à Chartres.
M. LEMAIRE de CROUY, premier Avocat du Roi au Bailage-Présidial, à Chartres.
M. LEMARECHAL, Commis des Finances.
M. LEMIERE, Chanoine de l'Eglise Cathédrale, à Chartres.
M. l'Abbé LEMONNIER.
Mad. veuve J. LEROUX, Libraire, à Dunkerque.
M. Jean LESPINASSE, fils, Négociant, à Bergerac.
M. LETELLIER, Avocat, à Chartres.
M. LEVÉE, Conseiller en l'Election, à Chartres.
M. de LEYDE, à Bordeaux.
M. LIGEON, Commis au Domaine de Monseigneur le Duc d'Orléans, à Chartres.
M. LOMBARD, à Usez.
M. LORET, Chanoine de la Cathédrale de Meaux.
Réverend M. LORT, à Londres.
M. de LUIGNY, premier Valet de Chambre de Monseigneur le Comte d'Artois, à Versailles.

M. le Chevalier de LUXEMBOURG, Capitaine des Gardes.

M.

M. MAHON, Docteur en Médecine, à Chartres.
M. le Président de MALESHERBES.
M. MANOURY, fils, Libraire, à Caën.
M. de MAZIN, Commandeur de Malthe.
MM. MASI & Compagnie, Libraires, à Livourne.
M Paul MARAZEL, à Bréau en Cevennes.
M. MAUPOINT, Professeur au Collége Royal de Chartres.
M. Jean Antoine LE BLANC de MAUVESIN, ancien Conseiller en Grand-Chambre du Parlement de Bordeaux.
M. Louis MAZOYER, Négociant, à Nimes.
M. MELOT, Employé dans les affaires Étrangeres.
M. MENARD, Receveur des Décimes du Diocèse de Chartres.
M. MERLIN, Libraire.
Madame du MESNIL BACLAY, à Caën.
M. Regnier de MIROMENIL, Bailli de Versailles.
M. de MONCHANIN.
M. MONORY, Libraire.
M. de MONTAIGU, Chanoine de l'Eglise Cathédrale de Chartres.
Mgr. de MONTAZET, Archevêque de Lion.
M. MONTET, à Beaulieu en Cevennes.
M. le Marquis de MONTILLET, Brigadier des Armées du Roi, Cavalerie.
M. MOULON de la Chesnaye, Lieutenant des Maréchaux de France, à Tours.
M. MOULTOU, à Genève.
M. MOUTARD, Libraire.
Madame du MOUTIER du Vatre, à Saint Quentin.
M. Jacques MULLER, Négociant, à Bâle.

N.

M. NAPLETON, Docteur de l'Université d'Oxfort, à Londres.

DE MM. LES SOUSCRIPTEURS.

M. de NEUILLY, Écuyer, Commandant de la petite Écurie du Roi, à Versailles.

M. NICOLE, Écuyer, Lieutenant Général Honoraire du Bailliage-Présidial, à Chartres.

Mgr. de NOÉ, Évêque de Lescar en Béarn.

O.

M. O-GORMANNE, d'Irlande.

M. OLDECOP, chargé des affaires de Russie, à Amsterdam.

M. l'Abbé OLIVIER, Vicaire au Gros-Caillou.

M. le Marquis d'ORBESSAN, en Guyenne.

P.

M. PANCOUCKE, Libraire.

M. PAROCEL, Aide-Major des Gardes du Corps, à Versailles.

M. PATAS, Négociant, à Tours.

M. PELISSIER, Pasteur, à Leyde.

M. PERERE, Junior, à Bordeaux.

M. de la PERRIERE, Chevalier, Seigneur de Roissé.

M. PHELLION, à Tours.

M. PHELY, Curé de Merignac dans les Graves Bordeloises.

M. PHILIPPE, Maître en Chirurgie, à Chartres.

M. PINEAU, Avocat.

Le R. P. Louis de POIX, de l'Ordre des Capucins.

M. POLIER, Seigneur de BOTENS, Doyen des Pasteurs, à Lausanne.

M. POLVEREL, Avocat en Parlement, à Bordeaux.

M. de POUGEAN.

M. de PRESSIGNY, Fermier Général.

M. PYNYOT, Chevalier de GIRONDIN, à Caën.

Q.

M. QUILLAU, Libraire.

R.

M. RHODON, Curé des Chatelées, Diocèse de Chartres.

SECONDE LISTE

M. le Maréchal Duc de RICHELIEU.
M. RIEUSSET, à Ganges.
MM. RIGAUD, PONS & Compagnie, Libraires, à Montpellier, *pour quatre Exemplaires.*
M. RIVET, Secrétaire du Roi.
M. RIVET, Bourgeois, à Nimes.
M. RIVIERE, Avocat.
M. ROBERT de HESSELN, à Versailles.
M. ROBILLARD, Procureur du Roi de l'Election, à Chartres.
M. ROBITALLIS, Médecin du Roi, à Huningue.
M. le Prince Camille de ROHAN, Chevalier de Malthe, Brigadier des Armées du Roi.
M. ROMEGOUX, Professeur au Collège Royal de Guyenne, à Bordeaux.
M. ROMIER de PRETOUVILLE, Avocat, à Chartres.
M. de la ROQUETTE, à Breau en Cevennes.
M. ROSSET, Libraire, à Lyon, *pour deux nouveaux Exemplaires.*
M. l'Abbé ROUBAUD.
M. ROULLIER, à Moulchard près Brou.
M. ROUSSILLON, à Bordeaux.
M. de la RUE, Doyen de l'Eglise Cathédrale de Chartres.

S.

M. de SABRAN, Chanoine de l'Eglise Cathédrale, Aumônier du Roi, Vicaire Général du Diocèse de Chartres, Abbé Commendataire de Josaphat, nommé à l'Evêché de Nancy, à Chartres.
MM. SAILLANT & NYON, Libraires, *pour cinq Exemplaires.*
M. de SAINT-ANDRÉ, Ingénieur en Chef de la Province de Guyenne, à Bordeaux.
M. de SAINTE-PALAYE, des Académies Françoise & des Inscriptions & Belles Lettres.
M. de SAINT-PERN, Aumônier de la Reine, Archidiacre de Vendôme, Vicaire Général du Diocèse de Chartres.
M. de SAINT-ROCH, Négociant, à Bordeaux.
M. le Marquis de SAINT-SIMON, à Utrecht.

DE MM. LES SOUSCRIPTEURS.

M. de SALIGNY.
M. SALLES, Bourgeois, à Nîmes.
M. le Docteur SAUNDERS, à Londres.
M. SAUSSAYE, Receveur de Capitation de la Ville de Paris.
M. de SEYMANDY, Seigneur de Saint-Gervais, à Bedarieux.
M. SEYMONIN, premier Commis au Dépôt des affaires Étrangeres, à Versailles.
M. SOCHON de BROSSERON, Président du Bailliage-Présidial, à Chartres.
M. l'Abbé SOLDINI, Confesseur de M. le Dauphin, à Versailles.
M. SORBIER de JAURE, Seigneur de Lespinassat, à Bergerac.
M. SOULIER, à Sauve en Cevennes.
M. Magnus SWEDERUS, Libraire, à Upsal.
M. le Comte SZYMANOWSKY, en Pologne.

T.

M. TAVAN, Pasteur, à Lausanne.
M. THIBAULT, Avocat en Parlement, à Bordeaux.
M. de THORIGNÉ, Chanoine de l'Eglise Cathédrale, à Chartres.
M. THOUVENOT des SABLONIERES.
M. le Prince de TINGRY, Capitaine des Gardes.
M. TRIBALLET, Receveur des Tailles, à Chartres.
M. de TRUDAINE, Conseiller d'Etat, Intendant des Finances, &c.

V.

M. VALDEC de LESSART, Maître des Requêtes.
M. le Major Charles VALLANCEY, Secrétaire de la Société des Antiquaires d'Irlande, à Dublin.
M. VANDER SCHILDEN, Négociant, à Bordeaux.
M. l'Abbé de VAUCELLES, Grand-Vicaire du Diocése de Noyon, Bibliothécaire de Monseigneur le Comte d'Artois, à Versailles.
M. de VIGOERE, à Genève.
M. VENDRIER, Avocat en Parlement, à Bordeaux.
M. VERDIER, Docteur en Médecine & M. FORTIER, Chefs de Pension.

M. de VERTHAMON de SAINT-FORT, à Bordeaux.
M. VINCENT, Banquier.
M. le Marquis de VOYER D'ARGENSON, Lieutenant Général des Armées du Roi.

W

M. le Comte de WALLEN.
M. WEITBRECHT, Libraire de l'Académie Impériale à Saint Péterſbourg.

7.

M. ZATTA, Libraire, à Veniſe.

CORRECTIONS

Pour la premiere Liſte de MM. les Souſcripteurs.

PAG. xvj, M. le Marquis de MAMDRAGON, &c. *liſez* M. le Marquis de MONDRAGON, Premier Maître d'Hôtel ordinaire du Roi.

P. xvij, M. le Comte de MONTORSON-CHABRILLAN; *liſez* M. le Comte de MORE-TON-CHABRILLANT, Capitaine des Gardes de Monſeigneur le Comte de Provence.

P. xxj, M. TRINCANOT; *ajoutez*, de l'Académie d'Angers, Profeſſeur de Mathématiques des Pages de la Chambre du Roi, de Madame la Dauphine & de Madame la Comteſſe de Provence.

www.ingramcontent.com/pod-product-compliance
Lightning Source LLC
Chambersburg PA
CBHW050322020526
44117CB00031B/1331